MÉMOIRES

pour servir à l'histoire

DES

COMTÉS DE VALENTINOIS ET DE DIOIS

PAR

LE CHANOINE JULES CHEVALIER

professeur d'histoire au grand séminaire de Romans

TOME PREMIER

LES ANCIENS COMTES DE DIE ET DE VALENCE

LES COMTES DE VALENTINOIS DE LA MAISON DE POITIERS

PARIS

LIBRAIRIE D'ALPHONSE PICARD ET FILS

RUE BONAPARTE, 82

LES COMTÉS
DE
VALENTINOIS ET DE DIOIS

DU MÊME AUTEUR

Essai historique sur l'Eglise et la ville de Die. Tome Ier (Montélimar, 1888, in-8°, 512 p.) ; tome II (Valence, 1896, in-8°, 616 p.).

Ces deux volumes ont été honorés de la seconde mention au concours des Antiquités de France en 1897.

Le troisième et dernier volume est en préparation.

Mémoires des frères Gay, de Die, pour servir à l'histoire des guerres de religion en Dauphiné et spécialement dans le Diois, publiés d'après les manuscrits originaux, avec un texte supplémentaire, des notes généalogiques et des documents inédits. Montbéliard, 1888, in-8°, 353 pages.

Quarante années de l'histoire des évêques de Valence au moyen âge (Guillaume et Philippe de Savoie), 1226 à 1267. Paris, 1889, in-8°, 102 pages.

Mémoire historique sur les hérésies en Dauphiné avant le XVIe siècle, accompagné de documents inédits sur les sorciers et les Vaudois. Valence, 1890, in-4°, 164 pages.

MÉMOIRES

pour servir à l'histoire

DES

COMTÉS DE VALENTINOIS ET DE DIOIS

PAR

LE CHANOINE JULES CHEVALIER

Professeur d'histoire au grand séminaire de Romans

TOME PREMIER

LES ANCIENS COMTES DE DIE ET DE VALENCE

LES COMTES DE VALENTINOIS DE LA MAISON DE POITIERS

PARIS

LIBRAIRIE D'ALPHONSE PICARD ET FILS

RUE BONAPARTE, 82

1897

MÉMOIRES
POUR SERVIR A L'HISTOIRE
DES
COMTÉS DE VALENTINOIS
ET DE DIOIS

Le 4 juillet 1419, Louis II de Poitiers, comte de Valentinois et de Diois, mourut au château de Baix, en Vivarais. Par un testament, fait le 12 juin, il institua pour son héritier universel Charles, dauphin de Viennois, fils du roi Charles VI. Ses états se composaient d'un grand nombre de terres et de châteaux forts, disséminés dans l'étendue des diocèses de Valence et de Die. La mort de ce puissant seigneur, avec qui s'éteignait la branche aînée de la maison de Poitiers, fut le signal, comme on le sait, de ces longues contestations, qui devaient durer pendant plus d'un siècle entre les papes, les rois de France, les ducs de Savoie et les seigneurs de Saint-Vallier, tous désireux de se mettre en possession d'un héritage, auquel ils prétendaient avoir les meilleurs droits.

L'histoire de ces longs démêlés, pour lesquels furent mis en jeu tous les ressorts de la diplomatie et dépensés des flots d'encre et de paroles, se trouve racontée, avec beaucoup de détails et de nombreuses pièces à l'appui, dans un mémoire anonyme et demeuré jusqu'à ce jour inédit. Il existe une copie de ce travail dans les archives municipales de Montélimar, et ce fut le savant historien de cette ville, M. le baron de Coston, dont nous étions devenu le concitoyen, qui voulut bien nous la signaler avec un généreux désintéressement. Nous nous empressâmes de transcrire cette pièce, qui nous paraissait fort intéressante, avec le dessein bien arrêté de la publier un jour. Depuis cette époque, des années se sont écoulées ; mais si les circonstances ne nous ont point permis de réaliser ce projet, nous n'avons du moins jamais perdu de vue notre précieux mémoire, et au milieu des occupations les plus diverses, nous n'avons jamais cessé de rassembler, au fur et à mesure qu'ils se présentaient à nous, les éléments qui dans notre pensée devaient être utilisés plus tard pour une préface et des annotations. Nous ne regrettons point aujourd'hui d'avoir poursuivi ce travail avec une lenteur, que nos amis nous ont plus d'une fois reprochée. Quand nous nous sommes enfin décidé à mettre la main à l'œuvre, nous avons été nous-même étonné de l'abondante moisson de notes et de documents qu'il nous avait été donné de faire dans les bibliothèques et les archives; nous n'avons pas tardé à comprendre que nous ferions bien de modifier notre plan primitif et de grouper de telle sorte nos renseignements qu'il nous devînt possible d'écrire, sous forme de mémoires, une histoire abrégée des comtés de Valentinois et de Diois, avec indication précise des principaux documents, qu'on devra plus tard consulter pour une histoire complète et détaillée.

Notre travail est divisé en trois parties ou mémoires, correspondant aux trois périodes bien marquées de l'histoire des comtes de Valentinois et de Diois.

Dans un premier mémoire, après avoir présenté un exposé rapide des origines féodales de ces petits états, nous rassemblerons toutes les données, tous les renseignements que fournissent les chroniques et les cartulaires sur l'histoire des premiers comtes de Die et de Valence ; nous verrons ensuite les efforts de la maison de Poitiers pour accomplir, au sein des diocèses de Valence et de Die, une œuvre tout à fait analogue à celle que poursuivait, dans ceux de Vienne et de Grenoble, la puissante famille des comtes de Vienne et d'Albon. Ces efforts, comme on le sait, tendaient à former, avec quelques débris mutilés des anciens royaumes d'Arles et de Bourgogne, une vaste principauté. La décadence de la maison de Poitiers suivit de près l'apogée de sa puissance.

Le second mémoire nous donnera quelque idée de ce fameux procès, de ces longues querelles, qui eurent lieu entre les divers prétendants à la succession de Louis II de Poitiers ; il embrassera l'histoire des comtés depuis la mort de ce prince, en 1419, jusqu'en l'année 1498, époque où le Valentinois et le Diois furent érigés par Louis XII en duché-pairie, en faveur de César Borgia.

Enfin le troisième mémoire signalera brièvement les principaux faits de l'histoire féodale du Valentinois depuis Louis XII jusqu'à la grande Révolution. Les noms de César Borgia, de Diane de Poitiers et des Monaco marquent les points saillants de la dernière partie de notre travail.

PREMIER MÉMOIRE

ORIGINE ET FORMATION DES COMTÉS DE VALENTINOIS ET DE DIOIS. GRANDEUR ET DÉCADENCE DE LA MAISON DE POITIERS.

Sous la domination mérovingienne, l'ancienne Burgondie était divisée en trois gouvernements, la Cis-Jurane, la Trans-Jurane et la Viennoise (1). A la tête de chacune de ces pro-

---

(1) DE GINGINS-LA-SARRA. *Mémoires pour servir à l'histoire du royaume de Provence et de Bourgogne-Jurane. Première partie: Les Boso-*

vinces était un fonctionnaire public, une sorte de vice-roi, revêtu du titre de patrice, et qui remplissait le rôle de gouverneur et de général en chef (1). Le patrice de la Viennoise gouvernait tout le pays soumis à l'autorité primatiale de l'évêque de Vienne, c'est-à-dire les diocèses renfermés entre le Rhône, la Durance et les Alpes Pennines. Le premier patrice de Vienne fut Naamat en 535 (2). On trouve ensuite le duc Ansemonde vers 543 (3), Celse, qui mourut en 570 (4) et Amat, qui périt en 570 dans un combat livré

---

nides. Lausanne, 1851, in-8°, p. 16. Le royaume fondé dans les Gaules par les Burgondes au V⁰ siècle embrassait six grandes provinces romaines, dont les cités furent comprises à peu près en entier dans ce nouveau royaume, savoir : la *Grande Sequanaise*, les *Alpes Graies et Pennines*, la *Première Lyonnaise*, les *deux Viennoises* et les *Alpes Maritimes*. Quant à la portion des deux dernières provinces, située au midi de la Durance jusqu'à la mer et qui se trouvait déjà occupée par les Wisigoths avant l'arrivée des Burgondes, elle fut tour à tour prise et reprise par ces deux peuples, qui se disputaient cette partie importante du littoral de la mer. Les territoires entre la Durance et la mer formèrent la Provence et furent cédés aux Francs par les Goths en 536 ; ils dépendirent successivement des royaumes d'Austrasie et d'Aquitaine et eurent des gouverneurs particuliers nommés ducs ou recteurs, quelquefois patrices.

(1) Le titre de patrice était particulièrement affecté aux gouverneurs des provinces burgondes ; il était du reste connu dans le pays et plusieurs chefs en avaient été honorés par les empereurs (D. Bouquet. *Recueil des historiens des Gaules et de la France*, t. II, p. 214, note). L'autorité des patrices était supérieure à celle des comtes ; ils administraient plusieurs provinces, composant par leur réunion un duché (*ducatus*), ou un patriciat (*patriciatus*). (Guérard. *Essai sur les divisions territoriales de la Gaule*, p. 45. — Du Cange, verbo *Patricius*.)

(2) *Epitaphium Namatii episcopi* (Viennensis), dans Bouquet. t. II, p. 534 :
    Patricius, præsul, patria rectorque vocatus.

(3) Mermet. *Hist. de Vienne*, p. 131.

(4) S. Gregorius, episc. Turon., *Historia Francorum*, lib. IV, c. 24 (Bouquet. t. II, p. 214) : « Cum autem Guntchramnus rex, regni partem,

contre les Lombards (1), puis le célèbre Mummole, qui par exception fut en même temps duc de Provence et patrice de Vienne et qui eut la gloire de délivrer sa patrie, en refoulant au delà des Alpes ces terribles envahisseurs (2). Entre les années 587 et 673, nous trouvons les noms des patrices Leudegisile (3), Nicetius (4) et Hictor (5); vers 710, celui d'Agnarius (6). Le successeur de celui-ci, Abbon, fut le dernier et le plus célèbre des patrices de Vienne. Avec des qualités personnelles remarquables et de hautes vertus, Ab-

---

sicut fratres sui, obtinuisset, amoto Agricola patricio, Celsum patriciatus honore donavit, virum processum statu, in scapulis validum, lacerto robustum, in verbis tumidum, in responsis opportunum, juris lectione peritum.... » La chronique de l'évêque Marius (BOUQUET, t. II, p. 18) place sa mort en 570.

(1) S. GREGORIUS TURON., (ibid., p. 224) : « Igitur prorumpentibus Langobardis in Gallias, Amatus patricius, qui nuper Celsi successor exticerat, contra eos abiit, commissoque bello terga vertit ceciditque ibi. Tantamque tunc stragem Langobardi feruntur fecisse de Burgundionibus ut non possit colligi numeros occisorum. »

(2) S. GREGORIUS TURON., (ibid., p. 224) : « Quibus (Langobardis) discedentibus, Eunius, qui et Mummolus, arcessitus a rege, patriciatus culmen meruit. Inruentibus iterum Langobardis in Gallias et usque Mustias-Calmes accedentibus quod adjacet civitati Ebredonensi, Mummolus exercitum movet et cum Burgundionibus illuc proficiscitur. Circumdatisque Langobardis cum exercitu, factis etiam concidibus, per devia silvarum inruit super eos, multos interfecit, nonnullos cepit, et regi direxit. Quos ille per loca dispersos custodire præcepit, paucis quodammodo per fugam elapsis, qui patriæ nuntiarent. » Cette victoire doit se placer en l'année 572. Mummole périt assassiné par ordre de Gontran en 585. FREDEGARIUS, Chronicum (BOUQUET, t. II, p. 418).

(3) S. GREGORIUS TURON., (BOUQUET, t. II, p. 308, 310, 322 et 326).

(4) DE GINGINS LA SARRA, op. cit., p. 18.

(5) Vita Sancti Leodegarii, episcopi Augustodunensis, dans BOUQUET, t. II, p. 614 et 615.

(6) Agnarius fut patrice de Vienne en 722 pendant qu'Antenor était duc de Provence 710-14. Il est mentionné dans le testament de son successeur.

bon possédait une fortune immense, dont il sut faire le plus noble usage. D'après son testament, document historique d'un prix inestimable, nous voyons qu'il avait des domaines sur les deux versants des Alpes, mais surtout dans les diocèses de Vienne, de Grenoble, de Die, d'Embrun, de Vaison et de Gap. Ses libéralités furent vraiment royales ; elles couvrirent nos montagnes de monastères et d'églises florissantes (1).

L'autorité quasi souveraine, dont les patrices étaient investis leur vie durant, ne pouvait manquer de porter ombrage à une dynastie nouvelle. Aussi Pépin le Bref s'empressa-t-il, après la mort d'Abbon, d'abolir le patriciat (2). On substitua aux patrices des inspecteurs généraux, appelés *missi domi-*

---

(1) Le testament du patrice Abbon a été publié dans un grand nombre de recueils : Achéry, *Spicilegium*, t. IV, p. 540 ; Mabillon, *De re diplomatica*, 2ᵉ édition, p. 507, 512, 647 ; Muratori, *Rerum Italicarum scriptores*, t. II, part. II, col. 744 ; *Recueil des historiens des Gaules*, t. V, p. 770. « Il résulte de ce testament, dit M. de Gingins-La-Sarra (op. cit., p. 17), qu'Abbon avait été revêtu de la dignité de patrice de Vienne par Charles-Martel, prince des Francs, et qu'il avait succédé à Agnarius, qui exerçait cette charge en 722. Il paraît en outre qu'après la rebellion et la chute de Mauronte, duc ou recteur de Provence, ce prince avait réuni le gouvernement de ce duché à celui du patrice Abbon en 736. La grande irruption des Maures ou Sarrasins, vaincus par Charles Martel, en 732, avait forcé ce patrice à se réfugier à Suze, au milieu des Alpes. C'est dans cette ville, qui dépendait alors de l'évêque de Maurienne, suffragant de l'archevêque de Vienne, qu'il stipula la fondation de l'abbaye de la Novalèse en 726 environ ; il paraît toutefois que ce patrice faisait sa résidence ordinaire dans l'un des châteaux forts qui dominaient l'ancienne cité de Vienne. » Datta, *Di Abbonne fondatore del monastero Novaliciense e del preteso suo patriciato*, dans *Memorie accad. di Torino* (1826), A, XXX, II, 177-212. Pagi, *Crit. Annalium Baronii*, ad an. 739, n. 12-15. P. Guillaume, *Notes sur l'institution des patrices dans les Alpes françaises*, dans *Bullet. de la soc. d'étude des Hautes-Alpes*, t. III (1884), p. 427 : Abbon fut-il patrice ?

(2) Guérard, *Essai sur le système des divisions territoriale de la Gaule*, p. 67-9.

nici, dont les fonctions étaient temporaires et essentiellement révocables (1). Le ressort de ces inspecteurs généraux, formant une légation ou missie (*missaticum*) embrassait d'ordinaire plusieurs diocèses ou *pagi* (2). Comme par le passé,

---

(1) Théodulf, évêque d'Orléans, a composé un poème sur le voyage qu'il fit en 798 comme *missus dominicus* dans la vallée du Rhône, la Provence et la Septimanie. La première édition de ce poème fut donnée par Pierre Daniel à Paris, 1598, in-4°. La plus récente et la meilleure est celle que nous devons à M. Duemmler dans son recueil des *Poetae latini aevi Carolini*, qui fait partie de la série in-4° des *Monumenta Germaniae*. Théodulf et l'archevêque de Lyon, Leidrad, sont chargés de veiller à la prospérité des villes, de protéger l'Église, de faire respecter partout l'ordre et la règle dans les synodes du clergé, dans les tribunaux du peuple (v. 107-10). Ils partent ensemble de Lyon et visitent successivement Vienne, Valence, Rochemaure, Orange, Avignon, Nîmes, Maguelonne, Soutancion, Agde, Béziers, Narbonne, Carcassonne, le Razès, puis retournent à Narbonne, qui est le but principal de leur voyage (v. 123-147).

(2) GUÉRARD, *Essai sur le système des divisions territ. de la Gaule*, p. 47 ; et *Polyptyque de l'abbé Irminon*, t. I (prolégomènes), p. 41. « Le *pagus* représente tantôt le territoire d'une cité, tantôt une partie seulement de ce territoire, tantôt un district plus ou moins étendu, appartenant à différentes cités. En général on doit le considérer comme d'origine gauloise, et comme ayant été, dans les commencements, le pays habité par chaque petit peuple gaulois. Au-dessus de la cité ou *pagus major* était la province, *provincia*. La division de la Gaule en dix-sept provinces, formant cent quinze cités, est d'institution romaine. Cette division ayant été modifiée par les Francs, la Gaule se trouva divisée, sous Charlemagne, en dix-huit provinces et subdivisée en cent vingt-quatre cités ou diocèses.... Les pays, *pagi*, formant donc de grands pays, *pagi majores*, qui sont les cités ou les diocèses, ou de petits pays, *pagi minores*, qui sont des subdivisions des premiers, ou simplement des régions ou des territoires qui n'appartiennent à aucun ordre divisionnaire de la cité. » C'est ainsi que nous trouvons dans le *pagus Diensis*, cité ou diocèse de Die, qui représente la portion septentrionale du territoire de l'ancienne population vocontienne, quelques *pagi minores*, formés des anciens districts vocontiens : le *pagus Deobensis*, le *pagus Juliensis*, le *pagus Epotius*, le *pagus Gaudensis*. « Les archidiaconés, dont l'institution paraît dater du règne de Charlemagne, ont été composés en grande partie avec les *pagi minores*.... »

on maintint à la tête des *pagi* des fonctionnaires, appelés comtes, *comites provinciales*, dont le pouvoir dépendait essentiellement de la volonté souveraine (1). Ces comtes ou gouverneurs des cités, représentants du prince, avaient été presque toujours en lutte plus ou moins ouverte avec les évêques, qui étaient tout à la fois chefs spirituels des peuples et grands propriétaires fonciers.

Dans le midi de la France, la lutte que nous signalons fut plus générale et plus vive que partout ailleurs. Nos pays en effet ne s'étaient jamais pleinement résignés à subir le joug des Francs, et l'antipathie de nos populations pour la race conquérante se manifestait à chaque occasion favorable. L'évêque partageait naturellement les sentiments de son peuple et se voyait dans la nécessité de défendre ses intérêts contre une domination étrangère (2). Grâce à une politique habile, Charlemagne sut conserver dans une sorte d'unité les éléments disparates qui formaient son immense empire. Après sa mort, l'ordre se maintint encore quelques années, tant avait été énergique l'impulsion donnée aux affaires de

---

(1) Le comté est beaucoup moins ancien que le *pagus*. Le mot *comitatus* servit à désigner la dignité de comte bien avant de signifier le territoire où ce magistrat exerçait son autorité. Cette dernière signification ne fut même d'un usage général qu'au moment où l'office de comte devint héréditaire. Il y eut sous la domination des Francs plusieurs ordres de comtes et de comtés, de même qu'il y eut plusieurs ordres de pays. Le comté comprenait tantôt le territoire entier de la cité, c'est-à-dire du diocèse, tantôt seulement une partie de ce territoire, tantôt un territoire qui ne formait pas une division de la cité : en un mot il y eut pour chaque ordre de pays un ordre de comté correspondant. La plupart des pays ont fini par obtenir le titre de comté, et même au milieu de l'anarchie féodale, ce titre passa des territoires à de simples villes, bourgs et châteaux. » GUÉRARD, op. cit., p. 41-2.

(2) Sur les causes de cette antipathie des populations du midi pour la race franque, voir : FAURIEL, *Histoire de la Gaule méridionale sous la domination des conquérants germains*. Paris, 1836 (4 vol. in-8°), t. III, d. 455-66.

l'État, tant était puissant encore le prestige exercé par le nom du grand empereur. Mais des jours de tristesse sombre, des temps orageux ne tardèrent point à se lever : les peuples se virent menacés au dehors par les invasions des Sarrasins et des Normands, tourmentés au dedans par le fléau des guerres civiles, abandonnés à leur malheureux sort par des princes incapables de les défendre et qui ne songeaient qu'à se disputer entre eux l'héritage paternel. Au milieu des malheurs publics, on comprit qu'il fallait faire revivre ces traditions nationales, que de longs siècles n'avaient pu effacer des souvenirs. Le démembrement de l'empire devint en quelque sorte une condition de salut, et chaque peuple de race différente tendit dès lors à se reconstituer en corps de nation et à se grouper autour d'un chef. Les grands bénéficiers (1) de la couronne, les représentants du prince, se gardèrent bien de manquer une occasion aussi favorable pour faire un pas vers l'indépendance, et exploitant avec habileté, pour leur propre avantage, cette disposition générale des esprits, ils se mirent à la tête du mouvement et, forts de l'appui des populations, réussirent tout d'abord à arracher au faible Charles le Chauve, en 877, le fameux capitulaire de Kiersy-sur-Oise, qui érigeait en droit l'hérédité des bénéfices et des offices royaux et autorisait la construction des châteaux forts (2). Cette première usurpation n'aurait sans

---

(1) Sur les bénéfices, dont l'histoire est si intimement liée à celle des origines féodales, voir : GUÉRARD. *Polyptyque de l'abbé Irminon*, t. I, p. 503 et suiv. « Le bénéfice est une espèce d'usufruit qui met l'usufruitier dans la dépendance personnelle du propriétaire, auquel il doit fidélité et dont il devient l'homme. »

(2) D'après ce règlement, lorsqu'un comte venait à mourir en laissant un fils absent ou mineur, il devait être pourvu à l'administration du comté par des commissaires. De même, des commissaires devaient administrer les bénéfices des vassaux, tant de l'empereur que des évêques, des abbés et des comtes, dans le cas où ces vassaux ne laissaient à leur mort que des fils mineurs ou absents : ce qui implique évidemment

doute pas eu autant de succès, si elle n'eût point répondu aux vœux des populations, aux nécessités de l'heure présente. Les bénéficiers, devenus princes héréditaires, ne devaient point tarder à franchir le degré qui les séparait de l'indépendance complète, de la souveraineté.

Nous n'avons point à raconter ici les grands événements, qui amenèrent la fondation du royaume de Bourgogne et d'Arles (1). On sait qu'au synode de Mantaille, tenu au mois d'août 879, le comte Boson, que Charles le Chauve avait investi du gouvernement de Vienne dès l'année 870, fut élu librement et proclamé roi par les prélats et les seigneurs, qui étaient accourus en grand nombre à cette assemblée. Le souvenir du roi Boson est demeuré légendaire dans nos pays; mais ce qui prouve mieux encore que la persistance de ce souvenir, combien la cause de ce prince était vraiment la cause du peuple, c'est que tous les efforts de Charles le Gros pour anéantir ce nouveau royaume, toutes les mesures violentes qui suivirent la prise de Vienne, ne réussirent point à ébranler la fidélité de ses partisans. Le cœur de la nation était avec lui. Aussi, après un règne de dix ans, put-il sans secousse transmettre sa couronne à un fils encore en bas âge. Louis l'Aveugle occupa pendant quarante ans le trône que lui avait laissé Boson, son père; les malheurs ne firent que le rendre plus cher à son peuple; il mourut au mois de septembre 928, entouré de l'affection de tous.

Cependant la création du royaume de Bourgogne et d'Arles ne devait pas amener immédiatement de profonds change-

---

que les bénéfices vacants étaient dévolus aux fils, lorsque ceux-ci étaient présents ou majeurs. De plus à la mort de l'empereur, le vassal qui voulait renoncer au monde avait le pouvoir de transmettre son bénéfice, soit à son fils, soit à un autre parent, capable de servir la république. GUÉRARD, op. cit., p. 545.

(1) Pour l'histoire du royaume de Bourgogne et d'Arles, voir : DE GINGINS-LA-SARRA, op. cit.; — DE TERREBASSE, *Œuvres posthumes. Histoire de Boson et de ses successeurs*. Vienne, 1875, in-8°.

ments dans l'organisation intérieure du pays. Comme par le passé, des comtes essentiellement amovibles (1) continuèrent à être chargés du gouvernement des diocèses ou *pagi* et à y exercer les pouvoirs civils et militaires. Les nouveaux souverains toutefois s'étaient appliqués à diminuer leur puissance en diminuant l'étendue territoriale de leur juridiction ; les grands diocèses ou *pagi majores* avaient été divisés et le nombre des fonctionnaires s'était accru. Cette mesure, que commandaient peut-être les circonstances, était certainement destinée à prévenir toute tentative de révolte. On pensait avec raison que l'exemple donné par les grands bénéficiers ne pouvait manquer de trouver des imitateurs dans les rangs inférieurs de la hiérarchie. En effet, sous Louis l'Aveugle et les faibles princes, ses successeurs, nous voyons les comtes travailler à l'envi à conquérir l'hérédité de leurs charges, en attendant l'heure, qui ne tardera point à sonner, où ils pourront se tailler parmi les lambeaux déchirés du royaume une petite seigneurie indépendante.

---

(1) Le fils de Boson, Louis III, empereur et roi de Provence, accorda par un diplôme, daté de l'an 903, au comte de Valence, Adalelme, et à Rotlinde, sa femme, la propriété héréditaire de tous les domaines dont il n'avait joui jusqu'alors qu'à titre bénéficiaire et qu'ils tenaient de la libéralité du roi Boson. CHORIER. *État politique*, t. I. p. 252. Le temporel des églises et des monastères était depuis longtemps considéré par les souverains comme pouvant être l'objet d'un bénéfice, aussi ne se faisaient-ils pas faute d'en disposer. En 888, Rodolphe, roi de Bourgogne Transjurane, donna en bénéfice à sa sœur Adélaïde l'abbaye de Romans-Moutiers, dans le pays de Vaud, avec la faculté de la transmettre à celui qu'elle voudrait de ses héritiers (BOUQUET, t. IX, p. 691). Les biens des évêchés eux-mêmes étaient tenus par les prélats à titre de bénéfice, révocable de sa nature ; c'est ce qui explique pourquoi les souverains confirmaient les évêques dans la possession des terres et des revenus de leurs églises, usage qui s'est perpétué pendant de longs siècles. Nous citerons encore un diplôme de Louis III, de l'an 894 : « Donum quod pius genitor noster Boso rex fecerat de ecclesiis Sanctæ Mariæ seu Sancti Donati.... confirmamus. Est autem ipsa ecclesia sita in comitatu Viennensi, in vico Jovinziaco. » (BOUQUET, t. IX, p. 675).

Pour être juste, nous devons reconnaître que les événements, plus encore que les vastes ambitions, contribuèrent au morcellement du royaume de Bourgogne et d'Arles. Cette révolution s'est accomplie au milieu d'un de ces concours de circonstances extraordinaires qui précipitent les peuples et leurs chefs dans des voies inconnues. C'était à une époque où les invasions sarrasines, puissamment favorisées par la faiblesse des souverains, terrorisaient le pays (1). Tous les points du territoire se voyaient pour ainsi dire menacés à la fois. Chaque cité dut songer à sa propre défense et en chercher les éléments dans son sein. Le faible fut contraint de se rapprocher du plus fort et du plus habile. Les comtes, investis déjà du commandement militaire, et sur plusieurs points les évêques eux-mêmes furent appelés à prendre en main les intérêts des populations et à les protéger contre les barbares. Dans les chroniques contemporaines, nous retrouvons les noms de quelques-uns de ces hommes illustres, qui au milieu des calamités publiques surent relever le courage de leurs compatriotes et justifièrent par leurs exploits la confiance qu'on avait placée en eux. C'est à cette époque orageuse de notre histoire que les comtes de Valence et ceux de Die nous apparaissent avoir conquis d'une manière définitive l'hérédité de leurs charges : les peuples s'habituent à les considérer comme leurs chefs, pendant que l'autorité royale s'affaiblit de jour en jour.

En l'année 972, une circonstance vint tout à coup généraliser la lutte contre la domination étrangère et précipiter le mouvement qui conduisait à l'indépendance féodale; nous voulons parler de l'arrestation de saint Mayeul, abbé de Cluny, par les Sarrasins, qui étaient établis entre Gap et

---

(1) Voir pour l'histoire des invasions sarrasines : REINAUD, *Invasions des Sarrazins en France et de France en Savoie, en Piémont et dans la Suisse*. Paris, 1836, in-8°.

Embrun, sur une hauteur en face du pont d'Orcières (1). Le saint et les compagnons de son infortune ne purent recouvrer leur liberté que par une rançon de mille livres d'argent, somme qui représente une valeur intrinsèque de 80,000 francs de notre monnaie et relative au pouvoir d'aujourd'hui d'environ 700,000 francs (2). A cette nouvelle un cri d'indignation s'éleva de toutes parts, et les chrétiens prirent les armes pour demander vengeance d'un pareil attentat. Les chroniqueurs ont enregistré les faits d'armes de Beuvon, que la reconnaissance populaire mit au nombre des saints, de Rotbold et de son frère Guillaume, qui chassèrent les barbares de toute la Provence et transmirent à leurs descendants les comtés de Forcalquier, de Montfort et d'Embrun (3). A côté de ces guerriers illustres, dont l'histoire a conservé le souvenir, on vit alors s'élever une multitude de chefs secondaires, qui reçurent ou plutôt se donnèrent la mission de grouper leurs compatriotes en vue de la commune défense. L'ère féodale venait de s'ouvrir. Les grands seigneurs avaient

---

(1) *Ex vita S. Maioli Cluniacensis abbatis,* dans Bouquet, t. IX, p. 126-7.

(2) Ce calcul est basé sur les données et les appréciations de M. Guérard (*Polyptyque de l'abbé Irminon,* t. I, p. 109-58).

(3) Reinaud, op. cit., p. 205 et suiv. — *Ex libro primo historiarum Glabri Rodulphi,* dans Bouquet, t. VIII, p. 239-40. St Odilon, abbé de Cluny, dans la vie de St Mayeul, dont il a été le successeur, est plus explicite : « Inter coetera mala quae populus nefandissimus gessit, beatissimum patrem Maiolum, a liminibus apostolorum redeuntem, fraude et insidiis cepit, rebus omnibus expoliatum alligavit, fame et siti afflixit. Ille vero divinitus absolutus ac postremum monasterii sui pecuniis redemptus, de manibus illorum, Domino protegente, evasit illaesus : et ejus injusta captio expulsionis illorum et perpetuae perditionis fuit occasio.... (Nam Dominus) per Wuillelmum, illustrissimum virum et christianissimum principem, meritis b. Maioli, jugum Sarracenorum ab humeris Christianorum deposuit et multa terrarum spatia, ab eis injuste possessa, ab eorum tyrannica dominatione potenti virtute eripuit. »

autrefois donné l'exemple ; maintenant les petits les imitèrent : l'appropriation se fit en bas aussi bien qu'elle s'était faite en haut. Les vassaux avaient agi contre leurs suzerains ; les colons et les serfs réagirent contre les vassaux et leurs maîtres.

Telle était la situation politique de nos pays à la mort de Conrad le Pacifique, arrivée le 19 octobre 993. L'autorité n'était plus en réalité unie à la couronne ; elle était divisée, morcelée entre une multitude de petits seigneurs, qui avait su parvenir au commandement par leur service ou par leur audace. Sous le fils et successeur de Conrad, le faible Rodolphe III, le mal fut à son comble : aussi l'histoire, pour flétrir la mollesse insouciante de ce prince, lui a-t-elle donné le surnom de *Fainéant*. Dégoûté d'un royaume, où il ne rencontrait que des humiliations et des ennuis, cet infortuné monarque résolut, en 1016, de transmettre sa couronne et ses droits à l'empereur Henri II, son neveu ; il lui en fit une donation, dans une entrevue qu'ils eurent cette même année à Strasbourg (1). Mais les grands de son royaume,

---

(1) Les détails que les chroniqueurs fournissent sur cet événement nous montrent à quel degré d'indépendance étaient parvenus les grands du royaume de Bourgogne (THIETMARUS, *Chronicon*, dans PERTZ, *Scriptores*, t. III, p. 845 ; — *Annal. Saxon.*, ibid., t. VI, p. 669). Les sujets de Rodolphe refusèrent de reconnaitre les droits attribués à Henri et soutinrent que d'après les lois burgondes, on ne pouvait leur imposer pour roi celui qu'ils n'avaient point élu et proclamé. « Legem hanc perpetuam Burgundionum esse ut hunc regem haberent quem ipsi eligerent atque constituerent (ALBERTUS, *De diversitate temporum*, ibid., t. VI, p. 716). En 1018 Rodolphe renouvelle par serment ses engagements envers l'empereur, et celui-ci s'avance en Bourgogne, jusqu'au Rhône, pour faire reconnaître son autorité (THIETMARUS, ibid., p. 863 et 867 ; — *Annal. Einsiedl.*, ibid., t. III, p. 144) ; puis il se retire par Zurich en Allemagne. Enfin, vers 1020, les troupes de l'empereur, sous la conduite de Werner, évêque de Strasbourg, livrent bataille aux Bourguignons et remportent une victoire (HERMANNUS-CONTRACTUS, ibid., t. V, p. 119).

qu'effrayait la puissance d'un empereur, refusèrent de ratifier cet acte et se soulevèrent en masse contre Rodolphe pour l'obliger à garder ce semblant d'autorité, dont il était revêtu. Le pauvre roi fut donc contraint de régner encore et de voir de ses propres yeux les seigneurs, grands et petits, se créer définitivement au sein de son malheureux royaume une multitude de principautés indépendantes. Lorsqu'il mourut à Lausanne, le 6 septembre 1032, toutes les usurpations étaient consommées, et les seigneurs, assurés dès lors de garder leurs conquêtes, n'opposèrent plus de difficultés pour saluer les empereurs d'Allemagne du titre de souverains : Rodolphe en effet, faisant parvenir à Conrad le Salique la lance de Saint-Maurice, insigne vénérée du royaume de Bourgogne, ne lui transmettait plus que le symbole d'une autorité perdue (1).

Nous ne voulons pas entrer dans plus de détails sur les origines féodales, mais nous renfermant dans un cadre plus restreint, nous allons essayer, à l'aide des chroniques et des chartes, d'écrire l'histoire des premiers comtes de Die et de Valence. Ce travail sera complété par l'histoire généalogique des comtes de Valentinois et Diois de la maison de Poitiers.

SECTION PREMIÈRE

LES ANCIENS COMTES DE DIE

Nous n'aurons point la témérité de vouloir établir la filiation des premiers comtes de Die ; il est impossible, avec les données vagues et incomplètes, que nous ont transmises les

---

(1) HERMANNUS-CONTRACTUS, dans Pertz, *Scriptores*, t. V, p. 121 : « Rodulfus ignavus regulus obiit, et diadema ejus regnique insignia, Counrado imperatori per Seligerum allata sunt. » D'après Otton de Freising (BOUQUET, t. XI, p. 260), c'est à Henri, fils de Conrad, que le diadème et les insignes auraient été envoyés.

documents, de faire ici un travail définitif. Laissant donc à l'antiquité des secrets qu'elle n'a point encore voulu nous livrer, nous nous bornerons à exposer au lecteur le résultat de nos recherches, tout en indiquant, avec une scrupuleuse exactitude, les diverses sources où nous avons puisé (1).

Une charte tirée des archives de l'Église d'Embrun mais dont l'authenticité est fort douteuse, renferme une donation qu'auraient faite le 5 décembre 1027, Bertrand, comte de Forcalquier, de Montfort et d'Embrun, Geoffroy et Guillaume, ses frères, du consentement de leur mère, Aleyris, comtesse de Die (2). Cette comtesse aurait épousé Guillaume II, comte de Forcalquier, l'un des descendants en ligne directe de ce fameux Rotbold, qui de concert avec son frère Guillaume avait délivré le pays du joug des Sarrasins. Bertrand, fils de Guillaume et d'Aleyris, que cet acte qualifie comte de Forcalquier, serait alors sans doute le père de Guillaume-Bertrand et de Geoffroy ou Ponce, comte de Die, qui en l'année 1058 et le 7 juillet, confirmèrent l'élection de Winiman, archevêque d'Embrun, élection faite par le clergé et le peuple (3).

---

(1) Les comtes de Valence, Adalelme, Odilon et Geilin ont exercé certains actes de juridiction dans le Diois, au Xe siècle; d'où M. de Gingins a conclu qu'ils étaient en même temps comtes de Die. Nous renvoyons à la section suivante les détails concernant ces divers personnages.

(2) « Ego Bertrannus, comes Fortiscalquerii et Montisfortis et Ebredunensis et Gaufredus et Guillelmus fratres mei, cum consilio matris nostræ dominæ Aleyris, comitissæ Diensis, ut ipse Dominus noster in præsenti sœculo et in futuro misericordiam præstare dignetur, donamus Deo et S. Michaeli Archangelo.... aliquid de hæreditate nostra, quæ nobis pertinet in comitatu nostro Ebredunensi.... Facta ista donatione seu laudatione in ecclesia de Culca, coram altari S. Michaelis, nonis decembris anno Domini millesimo vigesimo septimo, indictione XI, regnante Rodulpho in Gallia. » (FANTONI CASTRUCCI, *Istoria della citta d'Avignone*. In Venetia, 1678, in-4°, t. II, p. 32-3).

(3) « Antiqua auctoritate sanctorum prædecessorum nostrorum, clerus et populus Ebredunensis eligimus, laudamus et corroboramus Wini-

Il est fait mention de Ponce, comte de Die, dans plusieurs chartes du cartulaire de Domène. Comme tous les autres petits tyrans, nés du sein de la féodalité, ce comte ne se faisait aucun scrupule de retenir des églises et de s'en approprier les revenus ; à l'exemple de ses prédécesseurs, il en disposait même comme d'un bien patrimonial. Cependant, vers la fin de sa vie, considérant l'énormité de ses fautes, et la pensée du jugement ayant fait naître en lui une crainte salutaire, il résolut de réparer quelques-uns des torts, dont il s'était rendu coupable. Par un acte, auquel on peut assigner la date de 1062, Ponce, comte de Die, et son vassal, Rolland de Puy-Boson, chevalier, donnèrent aux religieux du prieuré de Domène deux églises, l'une dédiée à Sainte-Marie et l'autre à Saint-Jean ; elles étaient situées au diocèse de Die, dans une localité du Trièves, appelée depuis Saint-Jean-d'Hérans. Rolland avait des droits sur ces églises, soit à titre héréditaire, soit par suite de donations, que lui avaient faites Ponce et ses ancêtres. Le comte et son vassal restituèrent donc tout ce qu'ils possédaient injustement en cet endroit. Ponce fit encore au prieuré un don de douze setérées de terre (1).

Ponce eut une fille, Wuillelma, qui devint l'épouse de Guigues de Domène, fils de Rodolphe, seigneur de Domène et frère d'Aynard Ier, tige des Monteynard. Le cartulaire de Domène nous a conservé plusieurs actes, concernant cette fille du comte de Die, et nous apprend qu'elle aussi ne sut point se tenir en garde contre la faute commune à cette

---

mannum archiepiscopum in sede archiepiscopali Ebredunensi, præcipiente summo pontifice et universali papa Victore, confirmante Wuillelmo Bertrando et Gaufredo seu Poncio Diensi comite, ita ut præsideat et regat omnes ecclesias supradictæ civitatis, sicut scriptum est in privilegio quod dominus papa Victor, illius consecrator, auctoritate romana sibi contulit.... » (*Gallia Christiana*, t. III, instrum., col. 179).

(1) *Cartulare monasterii beatorum Petri et Pauli de Domina*. Lugduni, 1859, in-8°, p. 6.

époque, l'usurpation des terres appartenant aux églises (1).
Ponce fut encore très probablement le père de ce Guillaume,
comte de Die, grand détenteur de biens d'église et qui pour
ce motif s'attira de St Grégoire VII des menaces d'excommunication, dans les circonstances que nous allons relater.

Vers le milieu du XIe siècle, la société religieuse offrait
un bien triste spectacle. Les biens des églises, comme nous
venons de le dire, étaient livrés au pillage et devenaient la
proie des seigneurs; mais d'autres maux plus douloureux
encore s'étalaient au grand jour et mettaient la foi des fidèles
à une redoutable épreuve. Peu satisfaits de disposer en partie
des revenus ecclésiastiques, un certain nombre de petits
tyrans féodaux, suivant en cela l'exemple des rois et des empereurs, se mirent à vendre au plus offrant les bénéfices et
même les évêchés. Les acheteurs ne furent, hélas ! que trop
nombreux, et comme un désordre en appelle un autre, on
vit bientôt, avec la simonie, pénétrer dans les rangs du
clergé l'insubordination, l'ignorance et l'immoralité. Le diocèse de Die eut particulièrement à souffrir, durant ces tristes
temps, et le siège épiscopal qu'avaient autrefois illustré les
vertus de Saint Pétrone et de Saint Marcel, fut occupé un
instant par un pontife simoniaque, du nom de Lancelin.

Mais la Providence veillait sur son Église, et au milieu de
la confusion universelle, on vit tout à coup surgir des papes,
des évêques remarquables par leur sainteté autant que par
leur indomptable énergie. Qu'il suffise de rappeler ici les
noms à jamais célèbres de Grégoire VII et d'Urbain II. Un
homme en France s'est rencontré qui a saisi mieux que tout
autre la pensée de ces grands papes, qui a eu la gloire d'être
associé à leurs travaux, et dont la vie s'est consumée dans
cette œuvre de régénération du clergé de France ; nous voulons parler de Hugues de Romans, évêque de Die, dont le
nom retentit alors dans toute la chrétienté.

---

(1) *Cartulare... de Domina*, p. 5, 17, 18.

La chronique de Verdun, composée par Hugues de Flavigny, nous a retracé en quelques pages fort intéressantes le récit des événements qui amenèrent l'expulsion de Lancelin et l'élection de Hugues de Romans (1). C'était en l'année 1073. Le chroniqueur ajoute ces curieux détails qui peignent au vif le déplorable état dans lequel était tombée l'Église de Die. Hugues, nous affirme-t-il, « trouva un diocèse qui ne « lui offrait que des sujets de tristesse ; un diocèse en proie « à toutes les tribulations et qui réclamait les soins d'un « pasteur vigilant, infatigable. Les biens de l'évêché avaient « été tellement gaspillés que les revenus qui restaient n'au- « raient pu suffire à l'entretien de l'évêque et de ses servi- « teurs, même pendant une seule journée. De toutes les « églises du diocèse, c'est à peine si on lui avait laissé sa « cathédrale : les autres étaient au pouvoir des nobles et de « toute espèce d'aventuriers » (2). Hugues rendit un décret qui défendait aux laïques d'occuper des églises et de percevoir une portion quelconque de leurs revenus. Mais cette mesure était impuissante à porter remède à tant de maux. Il se rendit à Rome, où sa piété et la noblesse de son caractère attirèrent l'attention de l'homme de génie qui gouvernait

---

(1) Hugo, abbas Flaviniacensis, *Chronicon*, dans Migne, *Patr. lat.*, t. CLIV, col. 274-5. Voir notre *Essai historique sur l'Église et la ville de Die*. Montélimar, 1888, t. Ier, p. 137-9. La légation de Hugues de Romans, évêque de Die, a fait naguère l'objet d'une intéressante monographie : Mevs (W.), *Zur Legation des Bischofs Hugo von Die unter Gregor VII*. Ereifswald, 1888, in-8°, 44 pages.

(2) « Invenit itaque civitatem angoris plenam, tribulationibus circumseptam, vigilantia multa egentem, res episcopi direptas, ita ut non invenerit unde vel uno die de reditibus domus episcopalis vivere potuerit, ita omnia attriverant qui ante eum fuerant, adeo ut de omnibus totius episcopatus ecclesiis vix unam haberet domus episcopalis aut mater ecclesia, cum fere omnes possiderentur a militibus et quibuslibet secularibus. Nec diu passus est suo in tempore tantam videre contritionem et concalcationem ecclesiæ, quin potius statuit decretum ut nullus laicus obtineret ecclesiam aut partem acciperet in reditibus ecclesiarum. » Hugo Flaviniacensis, ibid., col. 275.

alors l'Église. Grégoire VII voulut de ses propres mains conférer successivement à l'élu de Die la prêtrise et l'épiscopat (16 et 17 mars 1074) (1); puis le renvoyant dans son diocèse, il lui remit la lettre suivante, qui devait être l'arme au moyen de laquelle il pourrait avoir raison de l'orgueil et de l'opiniâtreté du principal ennemi de l'Église de Die, de celui autour duquel se groupaient naturellement tous ceux qu'effrayait le zèle du nouveau pasteur.

« Grégoire, évêque, serviteur des serviteurs de Dieu, à
« Guillaume, comte de Die, et à tous les fidèles et sujets de
« cette Église, salut et bénédiction apostolique.

« Nous avons accueilli avec bienveillance Hugues, votre
« évêque, qui est venu auprès de nous, et parce que nous
« avons appris que vous vous êtes accordés à l'élire d'une
« voix unanime, nous l'avons ordonné pour votre pasteur
« en lui conférant la consécration épiscopale, afin qu'ins-
« truits sous sa conduite de la science du salut, vous puis-
« siez recevoir de la libéralité divine les fruits de votre foi
« et la gloire éternelle. Ayant donc rempli à son égard tous
« les devoirs de notre charge, nous vous le renvoyons en
« toute charité et vous exhortons, au nom de la foi dans
« laquelle vous avez été rachetés et sauvés par Jésus-Christ,
« à le recevoir avec l'honneur et le respect qui lui sont dûs
« et à lui prêter obéissance et appui pour tout ce qui est de
« sa charge épiscopale. Quant à nous, nous lui avons, entre
« autres choses, soigneusement recommandé de s'élever de
« toutes ses forces contre la simonie, de ne consacrer aucune
« église de son diocèse et de ne permettre la célébration de
« l'office divin dans celles qui auraient déjà été consacrées,
« sans qu'auparavant elles n'aient été délivrées des mains
« laïques et rendues, selon les canons, à son autorité et à sa
« vigilance épiscopales. C'est pourquoi, de l'autorité aposto-
« lique, nous défendons sous peine d'anathème de le gêner

---

(1) HUGO FLAVINIACENSIS, ibid., col. 276.

« dans l'exécution de nos recommandations. Quant à vous
« en particulier, comte, nous sommes fort étonné qu'après
« avoir élu, par inspiration de la divine clémence, notre
« frère pour évêque, du consentement de tous, et lui avoir
« promis fidélité selon l'usage, vous ayez, nous ne savons
« pour quelle cause, osé exciter en sa présence des troubles
« contre lui et depuis qu'il est venu auprès du siège aposto-
« lique piller les ecclésiastiques et les citoyens, et ce qui est
« un crime énorme, jeter un clerc en prison (1). Quoique
« pour tant d'audace et de cruauté, vous ayez provoqué
« contre vous les censures du siège apostolique, neanmoins,
« sur les instances de votre évêque, nous avons différé de
« vous frapper, comme vous l'avez mérité. Au reste, pour
« que notre patience ne vous enfle point d'audace et ne nous
« attire le reproche de négliger les intérêts de la justice,
« nous vous avertissons et nous vous ordonnons, en vertu
« de l'autorité apostolique, de réparer sans délai tous les

---

(1) « Te autem, prædicte comes, singulariter alloquentes, valde miramur quod, postquam præfatum confratrem nostrum, instinctu divinæ clementiæ, cum consensu omnium aliorum in episcopum elegeras, et fidelitatem sibi ex more feceras, nescio quibus de causis elatus, et præsentem commotionem adversus eum agere præsumpsisti, et postquam ad apostolica limina venit, clericos et cives urbis deprædatus es et, quod valde nefandum est, quemdam clericum cepisti. Quamvis igitur in hac tanta et tam crudeli præsumptione censuram apostolicæ animadversionis in te provocaveris, rogatu tamen ejusdem episcopi tui, adhuc debitæ, ultionis jaculum in te vibrare distulimus. Ceterum ne hæc patientia nostra te in audaciam erigat, et nos in culpam neglectæ justitiæ trahat, apostolica te auctoritate monemus.... » GREGORII VII, *Registrum*, dans MIGNE, *Patr. lat.*, t. CXLVsss, col. 343-4. Guillaume, comte de Die, en agissant de la sorte à l'égard de son évêque, n'était peut-être que l'instrument de son suzerain, l'empereur Henri IV, qui suscitait alors à S. Grégoire VII toute sorte de difficultés. Ce prince ayant appris qu'on venait d'élire Anselme pour le siège épiscopal de Lucques et Hugues pour celui de Die, et que le pape se disposait à consacrer les deux élus, envoya immédiatement à Rome des ambassa-

« torts que votre témérité et votre injustice vous ont fait
« commettre envers Hugues et l'Église confiée à ses soins,
« et nous vous défendons de le contrarier et de le molester à
« l'avenir. Sinon, sachez que l'évêque que nous avons établi,
« vous repoussera, pour obéir à l'autorité apostolique, des
« portes de l'église, comme ennemi et violateur de la justice,
« et qu'il vous frappera de l'anathème. Que si, ce que nous
« ne croyons pas, retenu par la crainte ou la faveur, il refu-
« sait d'agir, nous, nous ne laisserions pas un tel forfait im-
« puni, et l'évêque se verrait par la négligence de ses devoirs,
« exposé à de graves peines de notre part.

« Donné à Rome, le 17 des calendes d'avril, indiction XIIe
« (23 mars 1074) » (1).

Cette lettre n'obtint qu'imparfaitement le résultat désiré.
L'enthousiasme avec lequel on avait acclamé l'élection de
Hugues de Romans avait fait place chez quelques-uns à l'in-
différence, chez d'autres à une hostilité systématique. On
murmurait hautement contre les mesures sévères qu'il était
obligé de prendre pour arracher à des mains laïques les
églises de son diocèse et leurs dépendances. La lettre suivante du pape St Grégoire VII nous fera connaître en partie

---

deurs pour y former opposition, prétendant qu'avant leur sacre, ces
nouveaux évêques devaient recevoir des mains royales l'investiture. S.
Grégoire VII avait ajourné le sacre d'Anselme, mais pour celui de l'é-
vêque de Die, il ne s'était point rendu aux observations de l'empereur
et avait passé outre : « .... In Lucensi tamen electo eis adquiescit, ut
consecrationem ejus differet, donec investituram episcopatus ex regio
dono accepisset. In Diensi vero adquiescere noluit.... » HUGO FLAVINIA-
CENSIS, ibid., col. 277. Mr de Montalembert (*Les moines d'Occident*,
Paris, in-8°, t. VI (1877), p. 528) a fait remarquer la curieuse distinc-
tion que S. Grégoire VII constata lui-même en cette circonstance entre
l'investiture telle qu'elle s'exerçait en Italie, ou bien dans d'autres
pays, dans le royaume d'Arles, par exemple, qui relevait également de
l'empire.

(1) S. GREGORII VII, *Registrum*, loc. cit., col. 343.

les obstacles contre lesquels était venu se heurter le zèle ardent de l'évêque et nous peindra l'état des esprits dans le Diois : dans ce document le comte de Die n'est pas nommé, mais on ne saurait douter que sa conduite n'y soit spécialement visée.

« Grégoire, évêque, serviteur des serviteurs de Dieu, à
« Hugues, évêque de Die en Bourgogne, salut et bénédiction
« apostolique.

« Nous sommes d'avis que vous acceptiez cette partie des
« biens de votre Église, qu'offrent de vous restituer quelques-
« uns de vos diocésains. Vous pouvez les absoudre, à la
« condition toutefois qu'ils s'engagent avec serment à vous
« accompagner à Rome pour assister au synode, que nous
« espérons, avec la grâce de Dieu, célébrer prochainement,
« et à se soumettre par avance à ce que nous croirons devoir
« nous-même statuer à leur égard. Nous aimons mieux
« qu'on vous reproche parfois trop de condescendance, que
« si vous vous rendiez odieux à vos diocésains par un excès
« de sévérité. Vous devez d'ailleurs considérer que vos fils
« sont grossiers et ignorants : il faut les provoquer douce-
« ment à mieux faire, car personne n'atteint tout d'un coup le
« sommet de la perfection et les grands édifices ne s'élèvent
« pas en un seul jour.

« Donné à Rome aux nones de janvier, indiction XIII
« (5 janvier 1075 » (1).

Toutes ces difficultés devaient bientôt disparaître devant des événements d'une importance considérable, qui allaient être pendant de longues années la grande préoccupation des peuples, et dont personne ne pouvait alors mesurer les conséquences. On approchait d'un de ces moments solennels dans l'histoire des sociétés, qui marquent la fin d'un ancien ordre de choses, et le commencement d'une ère nouvelle.

---

(1) S. Gregorii VII, *Registrum*, loc. cit., col. 394.

Le 5 août 1095, le pape Urbain II se trouvait à Valence ; accompagné de douze évêques, il consacrait solennellement la cathédrale de cette ville et la dédiait à la Sainte Vierge et aux martyrs Corneille et Cyprien (1). Le pape, comme on le sait, était venu en France (2) pour y mettre à exécution le projet qu'il nourrissait depuis longtemps, celui de faire cesser les querelles intestines qui armaient les uns contre les autres les seigneurs féodaux, et de donner à cette ardeur belliqueuse de la noblesse un but noble et utile. On sait avec quel enthousiasme furent accueillies ses prédications et acclamé le plan d'une croisade (3). Plus de trois cent mille personnes avaient, dit-on, pris la croix avant le printemps de l'année 1096.

La Provence fut un des premiers pays de la chrétienté qui

---

(1) PERROSSIER (l'abbé C.), *Inscriptions chrétiennes du dioc. de Valence*, dans le Bullet. d'hist. eccl. de Valence, t. II (1882), p. 103-6. — RUINART, *B. Urbani II vita*, dans MIGNE, *Patrol. lat.*, t. CLI, col. 155.

(2) Par quelle voie Urbain II vint-il en France ? On n'est point encore fixé sur ce point à cause des témoignages discordants des chroniqueurs. Bernold de Constance dit que ce fut par mer, « in Gallias marino itinere cœpit divertere » (MIGNE, Pat. lat., t. CXLVIII, col 1425 ; Albert d'Aix (RUINART, loc. cit., col. 155), et Guillaume de Tyr (MIGNE, Pat. lat., t. CCI, col. 231) affirment qu'il franchit les Alpes : « discedens ab Italia Alpes transcendit. » Guillaume de Malmesbury est aussi de ce dernier sentiment : « pervasis Alpibus, venit in Gallias. » Cf. BOUQUET, t. XII, p. 3.

(3) Le grand mouvement des croisades ne s'est pas produit par explosion ; il était depuis longtemps préparé. Depuis l'époque de Charlemagne les relations entre nos contrées et la Palestine étaient devenues de plus en plus fréquentes. On peut, sur ce point si intéressant et si peu connu de notre histoire, consulter : *Archives de l'Orient latin*. Paris, in-8°, t. 1er (1881), p. 9-89 ; — RIANT (le comte), *La donation de Hugues, marquis de Toscane au saint sépulcre et les établissements latins de Jérusalem au Xe siècle*. (Extrait des Mémoires de l'Académie des Inscriptions et belles lettres). Paris, in-4°, 49 pp.

répondit à l'appel du chef de l'Église (1). On désignait alors, sous le nom de Provence, les contrées situées sur les deux rives du Rhône, depuis l'Isère jusqu'à la mer, qui avaient autrefois formé sous les Romains la Narbonnaise. On qualifiait de Provençaux les Septimaniens, les Toulousains, tout comme les habitants des seigneuries au sud de l'Isère et ceux de la Provence proprement dite. Des droits de suzeraineté sur la plupart de ces régions méridionales étaient revendiqués alors par la famille des comtes de Provence et par celle des comtes de Toulouse. Ces derniers tenaient leur droit, paraît-il, du mariage de Guillaume Taillefer, un de leurs ancêtres avec Emme, fille du célèbre Rotbold, comte de Provence. Profitant de la guerre des investitures et de diverses circonstances, Bertrand, comte et marquis de Provence, avait, par un acte solennel de l'année 1081, renoncé à l'obéissance de l'Empire pour ne relever que de l'Église romaine (2). Il laissa en mourant tous les droits qu'il pouvait prétendre sur la partie septentrionale de la Provence, qui s'étendait de l'Isère à la Durance et qu'on appelait le mar-

---

(1) Les sanctuaires latins de Jérusalem avaient des biens dans nos pays dès le milieu du XIe siècle, biens que le saint siège se chargeait d'administrer. Des moines étaient envoyés périodiquement d'Orient pour percevoir ces revenus et en même temps recueillir les aumônes des fidèles. Ces biens ayant été dans la suite confondus avec ceux du saint sépulcre, il n'est pas facile aujourd'hui de déterminer leur situation et leur étendue (*Archives de l'Orient latin*, t. Ier, p. 28; — SAIGE, *De l'ancienneté de l'Hosp. de St-Jean*, dans : *Bibliothèque de l'École de Chartes*, t. XXV (1863), p. 552 et s.; RIANT, *La donation de Hugues....*, p. 44-5). Nos populations méridionales, au temps où fut prêchée la première croisade, n'étaient donc pas étrangères aux affaires de la Terre Sainte ; on peut trouver là une des raisons qui firent accueillir le projet d'Urbain II avec autant d'enthousiasme.

(2) BARONIUS, ad an. 1081, n° 13. Dans notre second Mémoire, lorsque nous aurons à faire connaître les revendications exercées par les souverains pontifes sur la suzeraineté de nos pays, nous reviendrons sur l'acte important, que nous signalons ici.

quisat de Provence, à sa fille, épouse de Raymond, comte de Saint-Gilles. Ce dernier, ayant acheté en 1088 de son frère Guillaume, privé d'enfant mâle, le droit de succession au comté de Toulouse et ayant de plus recueilli différents héritages, par suite de l'extinction des branches cadettes de sa famille, était devenu un des plus puissants princes de la chrétienté (1) ; il allait bientôt se rendre célèbre par ses exploits.

N'ayant pu assister en personne au concile de Clermont, Raymond envoya au pape des ambassadeurs pour demander la croix. Il fut le premier des grands seigneurs à faire vœu d'entreprendre la guerre sainte. Il s'engageait à partir avec l'élite de ses guerriers et parmi ceux qui avec lui prirent la croix et qui devaient bientôt après se couvrir de gloire, nous sommes heureux de trouver d'illustres compatriotes, Raimbaud d'Orange, Gérard de Roussillon, Guillaume-Hugues de Monteil, et Isoard, comte de Die (2). Nous allons, guidés par les chroniqueurs contemporains, les suivre dans cette expédition à jamais mémorable.

Le comte de Toulouse, ayant avec lui Adémar, évêque du Puy et légat du saint siège (3), partit, à la tête de ses Pro-

---

(1) Devic et Vaissette, *Histoire générale de Languedoc*. Toulouse, in-4°, t. IV (1872), p. 57-75.

(2) Guillelmus, Tyrensis arch., *Historia rerum transmarinarum*, dans Migne, Pat. lat., t. CCI, col. 236. « .... Isoardus, comes Diensis, Rainbaldus, comes Aurasicensis, Wuillelmus, comes de Forcis.... » — Ordericus Vitalis, *Hist. eccl.*, dans Migne, Pat. lat., t. CLXXXVIII, col. 659.

(3) Adémar, évêque du Puy et légat du saint siège à la première croisade, serait, d'après le cartulaire de Saint-Barnard de Romans, frère de Lambert-François, seigneur de Peyrins, et appartiendrait donc à l'illustre famille des seigneurs de Royans. Il fut le premier à prendre la croix au concile de Clermont : « De præsentibus igitur qui interfuerant concilio, multi cum gaudio susceperunt insitum verbum, quorum primus fuit dominus Ademarus, bonæ memoriæ Podiensis episcopus, vir vitæ venerabilis, qui postea apostolicæ sedis legatione functus,

vençaux, vers la fin d'octobre 1096. Il franchit les Alpes, puis tournant à l'est, il se porte par la Lombardie vers le Frioul, traverse l'Esclavonie et gagne les terres de l'empire d'Orient.

Le chroniqueur Raoul de Caen nous a tracé le tableau de l'armée du comte de Toulouse. Voici en quels termes il parle de nos compatriotes. « Raymond, dit-il, se distinguait « entre tous par ses richesses, sa puissance, sa sagesse et le « nombre de ses guerriers : dans le cours de l'expédition, « lorsque tout l'argent des autres eut été dissipé, le sien « sembla se multiplier. Les gens de Provence, qui l'accom- « pagnaient, ne prodiguant point leurs ressources, recher- « chaient l'économie autant que la gloire : effrayés par « l'exemple de leurs compagnons, ils mettaient tous leurs « soins, non à dépenser comme les Français, mais à aug- « menter incessamment leur avoir. Aussi ce peuple bon « ménager et soigneux de l'avenir ne souffrit pas que son « seigneur fût jamais dans la détresse, et le comte de son « côté se montra toujours équitable et ennemi de l'oppres- « sion, tel qu'un agneau pour les hommes timides, tel qu'un « lion pour les orgueilleux » (1). Les Provençaux firent des

---

in eadem expeditione populo Dei tam fideliter quam prudenter præfuit. » GUILLELMUS Tyrensis, op. cit., col. 235. Guillaume-Hugues, seigneur de Monteil, son frère, prit aussi la croix. Le cartulaire de St-Barnard (ch. 210) nous apprend encore que Lambert François, seigneur de Peyrins, autre frère d'Adémar, en 1097, sur le point de partir pour la Terre Sainte, se trouvait à Romans « cum omni fere comitatu et cum multa suorum militum multitudine. » Il confirma toutes les donations faites par ses ancêtres au monastère et recommanda à Raynaud, son fils, neveu de l'archevêque de Vienne, Guy de Bourgogne, d'approuver cet acte. Adémar, comme on le sait, mourut à Antioche, le 1er août 1098. Cf. ROCHER, *Note sur Adémar de Monteil, év. du Puy*, dans *Tablettes hist. de la Haute-Loire* (1871), p. 395-408.

(1) RADULPHUS, Cadomensis, *Gesta Tancredi*, dans MIGNE, *Pat. lat.*, t. CLV, col. 504.

prodiges de valeur au siège de Nicée et à travers les régions montagneuses de l'Asie-Mineure, notamment à Dorylée (1); mais ce fut surtout au siège d'Antioche et après la prise de cette ville qu'ils rendirent des services signalés à l'armée chrétienne. Isoard, comte de Die, se distingua entre tous, autant par sa bravoure que par la sagesse de ses conseils; aussi jouissait-il d'une haute estime dans l'armée et d'un grand crédit auprès des chefs. Raymond des Agilles, chanoine du Puy et chapelain d'Adémar, dans sa curieuse chronique dédiée à l'évêque de Viviers, fait ce bel éloge du comte de Die : « Isoard, comte de Die, se montrait toujours autant « qu'il était en lui fidèle à son Dieu et utile à nous tous par « sa sagesse et sa loyauté. *Erat enim Ysoardus, comes Dien-* « *sis, vir in quantum noverat, Deo fidelis et omnibus nobis* » *sapientia et probitate utilis* » (2). Un prêtre qui l'accompagnait et lui servait de chapelain, fut, au témoignage du même chroniqueur, favorisé d'une foule de visions merveilleuses et releva souvent par ses discours enflammés, par ses prédictions, le courage abattu des croisés (3).

Le 28 juin 1098, les chrétiens s'éloignent d'Antioche et prennent la route de Jérusalem. Ils se divisent en plusieurs corps d'armée: le onzième est placé sous les ordres d'Isoard,

---

(1) Voir *La chanson d'Antioche* en Provençal, dans *Archives de l'Orient latin*, t. II, p. 470.

(2) Raimundus de Agilers (d'Aiguilhe), *Historia Francorum qui ceperunt Jerusalem*, dans Migne, *Pat. lat.*, t. CLV, col. 648.

(3) Raymundus de Agilers, op. cit., col. 648. « Adstitit ei idem sanctus in visione post aliquot dies atque multum comminatus est quod mandatum a Domino neglexisset et nisi usque ad quintam feriam sustulisset eas reliquias, esset sibi grave damnum et domino suo Ysoardo comiti.... » Ibid., col. 655 : « .... mandavit nobis (Deus) per episcopum Podiensem dominum Ademarum qualiter iram ejus placare possemus... Cumque hæc dixisset sacerdos ad fratrem ipsius episcopi Willelmum Hugonem et ad Ysoardum comitem dominum suum et ad quosdam de clero, coadunaverunt consilium de principibus et de omni populo, et dixerunt : viri fratres... »

comte de Die, de Raymond Pelet, de Gaston de Béziers, de Girard de Roussillon et de Guillaume de Montpellier (1). L'année suivante, au mois de juin, nous retrouvons tous ces vaillants guerriers au siège de Jérusalem, combattant sous les ordres de Raymond de Toulouse. On leur avait d'abord assigné comme point d'attaque cette portion du rempart qui s'étendait de la porte dite de l'Angle jusqu'à la porte occidentale ; mais ils purent bientôt se convaincre que de ce côté la ville, protégée par de hautes et épaisses murailles, leur opposerait une résistance contre laquelle viendraient se briser inutilement tous leurs efforts. Ils obtinrent, tout en conservant leur premier poste de combat, de transporter ailleurs une partie de leur camp, entre l'église de Sion et les remparts (2). C'est là qu'après de formidables luttes, après des prodiges de valeur comme il n'est donné d'en voir que rarement dans le cours de l'histoire, ils furent enfin assez heureux pour se rendre maîtres d'une des portes de la ville : le 5 juillet 1099, le comte de Toulouse entrait dans Jérusalem, suivi de ses intrépides compagnons ; au premier rang

---

(1) GUILLELMUS Tyriensis, loc. cit., col. 270 : « Undecimam vero Isoardus, comes Diensis, Raimundus Peletus, Gastus Biterensis, Girardus de Roscilon, Wilhelmus de Montepesulano, Guilhermus Amancus tenuerunt. »

(2) RAYMUNDUS DE AGILERS, op. cit., col. 651 : « Comes autem et exercitus ejus sedit ab occidente et obsedit eam ab obsidione ducis (Flandrensis) usque ad descensum montis Sion ; sed quia non poterant homines ejus plane accedere ad oppugnandum murum civitatis, quia vallis quaedam erat in medio, volebant mutare castella sua et locum. » Nos compatriotes, durant ce siège, occupaient ainsi l'église de Sion ; ils gardèrent encore cette première position pour ne pas laisser profaner ce monument par les infidèles, qui dans une de leurs sorties auraient pu y pénétrer. Raymond d'Aguilhe, qui raconte avec complaisance les faits et gestes des compagnons de Raymond de Toulouse, dit de cette église : « Sunt autem in ecclesia illa haec sacra : sepulcrum regis David et Salomonis, et sancti protomartyris Stephani ; migravit ibi beatissima virgo Maria de saeculo..... »

figurait Isoard, comte de Die (1). Le même jour, Godefroy de
Bouillon, qui ignorait le succès obtenu par les Provençaux,
pénétrait de son côté dans la cité sainte.

Nous ne connaissons aucun autre détail concernant
Isoard Ier, comte de Die. La générosité et la valeur qu'il
déploya durant cette guerre le couvrirent sans doute de gloire
et rendirent son nom à jamais célèbre dans le Diois ; mais, à
en juger par les documents que nous avons entre les mains
et que nous aurons en partie à faire connaître dans ce Mémoire, toutes les qualités, tous les brillants faits d'armes de
notre héros servirent bien peu à la prospérité temporelle de
sa famille. Il est probable qu'à l'exemple de la plupart des
seigneurs féodaux, qui prirent part à la croisade, il commit la
faute d'aliéner quelques-unes de ses terres pour faire face aux
dépenses énormes, qu'entraînaient ces lointains voyages et un
séjour prolongé en Palestine. Ce qui est certain, c'est qu'à
partir de cette époque, les comtes de Die virent leur autorité

---

(1) Guillelmus Tyriensis, loc. cit., col. 428 : « Cum comes adhuc Tolosanus et principes alii qui cum eo erant, circa montem Sion decer-
tantes urbem captam et nostrorum victoriam ignorabant; sed excito de
nostrorum introitu et strage civium ingenti clamore et horrendo sonitu,
admirantibus qui in ea parte resistebant civibus quidnam sibi vellet
clamor insolitus et populi vociferantis tumultus, cognoverunt urbem
violenter effractam et nostrorum immissas legiones : unde relictis tur-
ribus et muro, ad diversa fugientes loca, saluti propriæ consulere sata-
gebant. Hi, quoniam præsidium civitatis in vicino constitutum erat, ex
parte plurima se in arcem contulerunt ; at vero exercitus, pontem libere
et sine difficultate super murum aptantes et scalas aplicantes mœnibus,
certatim in urbem, nemine obstante, ingressi sunt. Intromissi autem portam australem, quæ illis erat contermina, statim aperuerunt, ut reli-
quus sine difficultate populus admitteretur. Ingressus est igitur vir insi-
gnis et strenuus Tolosanus comes et Isoardus, comes Diensis, Raimondus Pelez, Willelmus de Sabran, episcopus Albariensis et alii multi
nobiles, quorum numerum et nomina nulla nobis tradit historia. Hi
omnes unanimiter, junctis agminibus, ad unguem armati, per mediam
urbem discurrentes, stragem operati sunt horrendam. » — Ordericus
Vitalis, loc. cit., col. 769.

diminuer sensiblement, pendant que grandissait la puissance des évêques. Ceux-ci, profitant habilement des circonstances et cherchant un appui dans les empereurs d'Allemagne, travaillèrent avec une admirable persévérance à secouer le joug, qui pendant de si longues années s'était appesantie sur leur Eglise. Les empereurs de leur côté ne manquèrent pas de saisir l'occasion d'opposer les évêques aux seigneurs laïques et d'en faire les instruments de leur politique : ramener à l'Empire les provinces qui ne leur appartenaient plus que de nom, tel est le but qu'ils ne cessèrent de poursuivre en comblant de privilèges les évêques, accessibles à leur influence et désireux par là d'échapper aux vexations de leurs voisins.

Il est aisé de le comprendre, cette révolution ne devait pas s'opérer sans provoquer des résistances ; mais le clergé pouvait alors avec succès soutenir la lutte, car les événements accomplis depuis St Grégoire VII, et surtout depuis la croisade, lui avaient assuré dans la société un rôle prépondérant. La guerre des Albigeois ne devait point tarder encore à mettre entre ses mains un pouvoir redoutable.

Josserrand, comte de Die, ne nous est connu que par des chartes de 1159 et de 1168, qui ne le concernent pas directement ; elles nous apprennent qu'il était mort à cette époque et avait laissé de sa femme, Béatrix, un fils appelé Isoard, comme son illustre aïeul.

Isoard II, comte de Die, nous apparaît pour la première fois dans une charte du cartulaire de Durbon, datée de 1149, par laquelle il donne à ce monastère tout ce qu'il possède dans les quartiers de Rioufroid et de Garnaisier.

Anno ab incarnatione Domini nostri Jhesu Xpisti M° C° quadragesimo nono, domini vero W¹, Vapincensis episcopi, nono decimo, Ego Ysoardus comes Diensis, consilio et laude virorum qui mecum sunt : Raimundi videlicet de Morgiis et Galterii Ruffi, W¹ Alberti de Lunis et W¹ de Laia, Gerardi de Breta et Humberti de Mirabel, Arberti de Monte Claro et Guigonis de Cugneto, dono et laudo plene atque perfecte et absque omnimoda contradictione vel retentione Deo et beate

Marie et sancto Johanni de Durbone et Otoni ejusdem loci priori et fratribus secum cohabitantibus, presentibus et futuris, non solum quicquid in Rivo Frigido et Garnagia requirebam, verum etiam quicquid dominii vel juris ad meam pertinens dignitatem habeo in universa Durbonensi heremo, secundum ejusdem heremi terminos constitutos, quatinus predicti fratres hec omnia perfecte et quiete usque in eternum habeant et possideant. Hanc autem donationem et laudationem facio ego predictus comes tali tenore secundum quod inter nos constat : quod nec ego, nec quispiam meorum, nec aliquis, pro me vel meis, ex hoc tempore et deinceps, parvum quid vel grande ex omni requisitione, que fit in terra, habeamus vel debemus facere in suprascripta terra. Facta est enim predicta donatio et laudatio in prato, quod situm est inter grangiam Rivi Frigidi et collem Loterii, in presentia scilicet domini Petri Arberti Durbonensis, procuratoris, Rogerii quoque et Andree atque W¹ de Cornelione, ejusdem domus fratrum et quorumdam insuper amicorum suorum, quos secum habebant, videlicet Petri Raimundi de Monte *Mauro* et filii ejus Lantelmi, cum Petro Rainerii ejusdem loci, Richaudi *etiam* de Monte *Amato* et Poncii Richaudi fratris ejus, Pontii Galterii et Odonis de Menz, ubi prefatus comes ex pacto, quod cum supra nominato priore habebat ac fratribus suis, promisit se prefatam domum non tantum a suis sed etiam, si qua, quod absit, adversitas ingruerit, ab aliis fideliter defensurum, et cunctorum. Que supra scripta sunt ne oblivioni tradantur, cartam jussit conscribi in qua prenominati viri et qui cum illo erant et qui erant cum predictis fratribus omnes conscribi se testes negocii prescripti rogaverunt, quorum hec sunt nomina : Raimundus de Morgiis, et Galterius Ruffus, Guillelmus Albertus de Lunis et Guillelmus de Laia, Geraldus de Breta et Umbertus de Mirabel, Albertus de Monte Claro et Guigo de Cugnet, Petrus Rainaudi et filius ejus et Petrus Rainerii de Monte Mauro, Richaudus et Poncius Richaudi de Monte Amato, Pontius Galterii et Odo de Menz, qui ommes testes sunt (1).

Quelques années après, en 1166, le comte Isoard, avec le consentement de Pierre Isoard, son fils, vendait aux chartreux de Durbon, pour le prix de 50 sous, le bois de Ramail

---

(1) Archives des Hautes-Alpes. Fonds de Durbon, H, I, 31. Copie de la fin du XII⁰ siècle ou du commencement du XIII⁰ ; parchemin de 10 lignes 1/2. Communication de M. l'abbé Paul Guillaume.

et la montagne de Chamousset. Cette même année et toujours avec le consentement de son fils, on le voit encore, pour une somme de 200 sous, accorder à Durbon les pâturages de la Jarjatte et le droit de prendre du bois dans les mandements de Thorane, du Pilhon, de Lesches, de Luc et de Quint. Voici du reste les deux chartes, qui nous ont conversé ces détails, et que nous devons, comme la précédente, à l'obligeance de M. l'abbé Paul Guillaume, archiviste des Hautes-Alpes.

Ego Ysoardus, comes Diensis, et Petrus Ysoardi, filius meus, intuitu divino, pro animabus nostris parentumque nostrorum, Deo adjudicantes donamus et tradimus bona fide et sine ulla retentione Deo et beate Marie et sancto Johanni Baptiste et Bertrando, priori Durbonensi, et fratribus in eodem loco, presentibus et futuris, cohabitantibus, omne jus quod habemus et tenemus, vel alii pro nobis, in nemore dels Ramails et in montanis de Chamosset, ab eo loco qui vocatur Aigacha usque ad cacumen de Rimart. Et ut donatio hec firmitatem habeat in perpetuum ego et Petrus Ysoardi, filius meus, tactis sacrosanctis evangeliis, juramus quatinus hanc rem predictam fratribus tam presentibus quam futuris Durbonensibus in pace tenebimus et ab omnibus inquietantibus perpetuo defendemus. Ex hoc beneficio, de elemosinis hujus domus L solidos viennensis integre monete accepimus. Hujus rei testes sunt : Stephanus Faber, Stephanus Bulco, Benedictus, Guillelmus Borreli, Poncius Caprarius, Guigo Correardi, Ermengaudus Bofaz, Guillelmus de Comba Foucher, Poncius Andree, Odo de las Chesas, Raimbaldus de Fabricis, Guillelmus Donz, Guigo del Maz. Hoc factum fuit ante domum furni, anno M°.C°.LX°.VI° ab incarnatione Domini, episcopatus Gregorii, Vapincensis episcopi, VIIII (1).

Ego Isoardus, comes Diensis, et ego Petrus Isoardi ejusdem filius, prestita jusjurandi religione, donamus Deo et beate Marie et sancto Johanni Baptiste et Bertrando, priori Durbonensi, et Andree procuratori et fratribus, tam presentibus quam futuris, in eodem loco cohabitantibus, universa in

---

(1) Archives des Hautes-Alpes. Fonds de Durbon, H, 1 et 31. Copies de la fin du XII° ou du commencement du XIII° siècle. Communication de M. l'abbé Paul Guillaume.

nemoribus et montaneis de Gargata et quod de nemoribus Gargata possunt abscidere et accipere ea que fuerint necessaria ad domum suarum utilitatem et pascua universa que sunt in mandamento de Torena et de Alpilione et de Lechis et de Luco et de Quinto. Harum omnium rerum, sub eodem tenore jusjurandi promittentes, nos et heredes nostri legitimi defensores erimus in perpetuum et non paciemus vos inquietari vel impediri ab aliquo vel ab aliquibus, nec pascua predicta aliis concedimus, exceptis propriis nostris animalibus et animalibus hominum qui in singulis horum locorum sunt fundati. Pro hac elemosina, quam nos ipsis facimus, ipsi fratres Durbonenses dant michi Isoardo CC solidos viennensis integre monete. Hoc factum est anno ab incarnatione Domini M°.C°.LX° sexto, episcopatus vero domini Gregorii, Vapincensis episcopi VIIII. Testes sunt: Isoardus, Pe. Isoardi, Raimondus et Alnardot, Albertus de Morgias, Stephanus de Bar, Odo de Mez, Guillemus de Ebreduno, Andreas procurator, Stephanus de Bulco, Johannes sacerdos sancti Juliani. Hoc fuit factum in claustrum superioris domus (1).

Mais deux autres documents, que nous possédons encore sur Isoard, sont d'une importance plus grande. Le 11 août 1145, Hugues II, évêque de Die, était parvenu, non sans difficulté et sans payer une grosse somme d'argent, à obtenir l'hommage féodal d'Arnaud de Crest, pour son château de Crest et pour ses terres d'Aouste et de Divajeu. Il réclame bientôt après l'hommage du comte de Die pour le château de Luc. Isoard refusa énergiquement d'obtempérer aux désirs du prélat. Après de longues contestations, l'évêque et le comte finirent par prendre pour arbitre de leur différend Raymond V, comte de Toulouse, à qui son titre de marquis de Provence donnait quelque autorité sur les pays compris entre l'Isère, le Rhône, la Durance et les Alpes. L'affaire fut discutée et définitivement jugée le 22 mars 1159, dans le cimetière de Saint-Saturnin (Pont-Saint-Esprit), village sur les bords du Rhône. Après avoir pris les conseils de personnages considérables, d'Adalbert, évêque de Nimes, de Ber-

---

(1) Archives des Hautes-Alpes. Fonds de Durbon, II, 2 et 31. Original parch. de 14 lignes 3/4 et copies.

trand, abbé de St-Gilles, de Bermond d'Uzès, de Guillaume de Sabran, connétable, et de plusieurs autres, Raymond prononça ce jugement : « Nous avons décidé que le comte « Isoard et ses successeurs doivent fidélité et hommage aux « évêques de Die pour le château de Luc et qu'ils sont obli-« gés de faire gratuitement le serment de le rendre. Toutes les « fois donc que l'évêque de Die, par lui ou par son envoyé, « réclamera le château à son vassal, celui-ci dans un délai de « quatorze jours devra le remettre sans aucune tergiversa-« tion. » Parmi les témoins, nous remarquons Bérenger, évêque de Vaison, les chanoines de Die Pierre Arman et maître Etienne Algicius, Hélie, camérier de l'évêque, et Guillaume, son cuisinier (1).

Pierre III, successeur de l'évêque Hugues II, obtint du pape Alexandre III une bulle délivrée à Sens, le 28 mars 1165, par laquelle l'Eglise de Die fut solennellement confirmée dans toutes ses possessions et ses privilèges. Or, dans l'énumération des châteaux et des terres relevant de cette Eglise, nous voyons figurer Luc, Beaurières et le Pègue, qui appartenaient à Isoard ; la bulle signale encore *les possessions de Guillaume de Poitiers dans le diocèse de Die* (2). L'évêque Pierre ne tarda pas à réclamer à Isoard l'hommage que le vassal devait à son nouveau seigneur. Le cartulaire de l'Eglise de Die nous a heureusement conservé la formule du serment, que le comte dut prêter en cette circonstance ; nous donnerons ici la traduction de ce curieux document (3).

---

(1) CHEVALIER (l'abbé C.-U.-J.), *Documents inédits relatifs au Dauphiné*. Grenoble, 1868, in-8°. *Tituli Ecclesiæ Mariæ Diensis*, p. 44 : « Notum sit omnibus presentibus et futuris quod Ego Raymundus, dux Narbone, comes Tolose, marchio Provincie, controversiam de castello quod appellatur Luc in(ter) Hugonem (episcopum) et Ysoardum, Diensem comitem diu agitatam... judiciali sententia diffinimus.... »

(2) *Tituli Dienses*, p. 20-2. Voyez notre *Essai hist. sur l'Eglise et la ville de Die*, t. I, p. 208.

(3) *Tituli Dienses*, p. 28. — *Gallia christiana*, t. XVI, inst., col. 188. — COLUMBI, *Opuscula varia*, Lugduni, 1668, in-f°, p. 288. Voir notre *Essai*

« Ecoutez, Pierre, évêque de Die. Moi Isoard, fils de Jos-
« serand et de Béatrix, je ne prendrai point les châteaux ou
« les fortifications qui vous appartiennent ou qui sont du
« domaine de votre Eglise. Je n'arrêterai ni ne ferai arrêter
« quelqu'un de vos clercs ; je n'attenterai point à votre vie ni
« à celle de vos diocésains et je ne vous ferai aucune bles-
« sure. Lorsque quelqu'un aura mal agi envers vous ou les
« vôtres, j'employerai toutes mes forces pour en tirer ven-
« geance. Quant à la ville de Die, à ses propriétés et à ses
« coutumes ; quant aux droits régaliens et sacerdotaux ;
« quant aux châteaux, villages ou terres que vous possédez
« ou qu'un autre possède en votre nom ou que vous pour-
« rez acquérir dans la suite : toutes ces choses, je les respec-
« terai et j'empêcherai qu'on y touche. Si toutefois quelqu'un
« essaye de vous les ravir ou de vous molester à ce sujet,
« je vous viendrai en aide, ainsi qu'à vos successeurs et à
« votre Eglise : je me montrerai toujours fidèle défenseur
« de vos droits. De plus, si l'on vous enlevait quelque chose
« et qu'il me fût possible de le recouvrer, je vous le rendrais
« sans m'en faire prier. Toutes les fois que le château de Luc
« me sera demandé par vous, ou vos successeurs ou vos repré-
« sentants, je le rendrai sans difficulté avec toutes ses fortifi-
« cations, comme avec toutes celles que je pourrais y cons-
« truire dans la suite : pendant que vous le tiendrez, je
« n'essayerai point de vous l'enlever, et si quelqu'un vous
« l'enlève, je vous viendrai en aide pour le recouvrer. Par
« ces saints objets, je jure d'observer tout cela, et ce serment,
« je le fais à vous, et à vos successeurs et à votre Eglise, en
« cas de vacance du siège épiscopal. Je veux que mes descen-

---

hist. sur Die, p. 209-11. « Audi, Petre, Diensi episcope, Ego Isoardus, filius Jaucerandi et Beatricis, non te decipiam nec ecclesiam tuam de munitionibus vel firmitatibus vestris; te vel clericum tuum non capiam nec capi faciam, nec vitam vel membra tibi vel eis auferam nec auferri faciam.....

« dants fassent la même chose, et j'oblige à ce serment tous
« mes héritiers. A vous, à vos successeurs, en toutes choses
« et par tous les moyens, je serai fidèle selon la justice, et je
« reconnais tenir en fief de vous et de votre Église tout ce
« que je possède directement ou indirectement dans la ville
« de Die et son mandement. J'ai constitué comme otages et
« garants de cet acte et de ce serment : Hugues d'Aix, Eschaf-
« fin, G. de Guisans, G. de Luzerans, Giraud, Odon et
« Humbert de Quint, Gaucerand de Vérone, Amaury d'Au-
« celon, P. Rainier d'Oza, Arbert de Montclar, Ponce de
« Romeyer, P. Moine, Hugues Rainier, Isoard viguier,
« (*vicarii*). J'ai constitué seulement à titre de garants et
« de témoins : Nicolas, doyen de Die (1), et Jarenton de
« Quint (2). Ont été simples témoins : Bérenger de Borne,
« Etienne, sacristain..... Cet acte et ce serment ont été faits
« l'an de l'incarnation 1167 (n. s. 1168), sous le pontificat
« d'Alexandre, sous le règne de Frédéric, roi des Romains,
« le 13 janvier, la quatrième année de l'épiscopat de Pierre,
« évêque de Die. »

Le comte Isoard II fut le père de Pierre-Isoard, de Roais, d'Isoarde et, si nos conjectures ne nous trompent point, de la célèbre comtesse de Die, qu'on range parmi les troubadours.

Pierre-Isoard ne paraît pas avoir survécu à son père. Il est mort sans laisser de postérité : c'est du moins ce qui semble ressortir clairement des chartes, que nous allons analyser ou reproduire.

Le personnage quelque peu légendaire, désigné sous le nom de comtesse de Die, est probablement l'aînée des filles

---

(1) Nicolas, doyen de Die, devint évêque de Viviers. Il gouvernait cette Église en 1177. On pense que c'est lui qui fut déposé par les légats d'Innocent III en 1205. Le chanoine de Bannes l'appelle, dans une page de ses annales, Nicolas *des Almuces*. Cf. *Gallia christiana*, t. XVI, p. 557-8. Columbi, *Opuscula*, p. 212-6.

(2) Jarenton de Quint devait occuper le siège épiscopal de Die de 1191 à 1198. Cf. notre *Essai hist. sur Die*, t. I, p. 245-54.

du comte Isoard II. Dans un recueil de poésies des troubadours, qui par son ancienneté mérite une certaine créance, nous lisons cette notice, malheureusement trop laconique, placée en tête des pièces de la célèbre dame : « La comtesse « de Die était une dame aussi bonne que belle ; elle épousa « Guillaume de Poitiers et devint amoureuse de Raimbaud « d'Orange, pour lequel elle fit maints bons vers. *La comtessa* « *de Dia si fo moiller d'en Guilhem de Peitieus, bella dompa-* « *na, e enamoret se d'en Raembaut d'Aurenga, es fetz de lui* « *mains bons vers.* (1) » Guillaume de Poitiers, fils d'Aimar, est le premier personnage de cette famille illustre des comtes de Valentinois, sur lequel nous possédions un certain nombre de renseignements bien certains. Il sera question de lui plus loin ; nous dirons seulement ici que dès l'année 1163 (2) il occupait dans le Diois une haute situation, qui n'était pas sans donner quelque inquiétude à l'évêque. Aussi Robert, évêque de Die, ayant obtenu le 30 juillet 1178 de l'empereur Frédéric Ier une bulle confirmant à son Eglise la possession de nombreuses terres, avait eu soin d'y faire insérer une clause, par laquelle ce prince lui reconnaissait particulièrement le haut domaine sur tout ce que Guillaume de Poitiers possédait dans le Diois (3). Guillaume mourut vers 1185. Quant à Raimbaud d'Orange, ce serait, d'après l'abbé Millot, le fils de Guillaume d'Omélas, de la maison de Montpellier, et de Tiburge d'Orange, qui par son testament fait en 1150, lui donna la moitié de cet ancien comté, dont il prit le nom (4) ; on le fait mourir vers 1173. Un Raimbaud d'Orange testa

---

(1) RAYNOUARD, *Choix des poésies originales des Troubadours.* Paris, in-8°, t. V (1820), p. 125.— PAPON, *Hist. gén. de la Provence*, 1778, in-f°., t. II, p. 382.

(2) Voir notre *Essai hist. sur Die*, t. I, p. 207.

(3) CHEVALIER, *Tituli Dienses*, p. 4-6. & *Gallia Christiana*, t. XVI, inst., col. 188-90. — COLUMBI, *Opuscula*, p. 290.

(4) MILLOT, *Hist. littéraire des Troubadours.* Paris, 1774, in-12, t. I, p. 161.

en 1217 ou 1218, léguant aux religieux de St-Jean-de-Jérusalem de la maison de St-Gilles la moitié de la ville d'Orange et quelques autres terres (1). On le voit, les données fournies par la notice concordent assez bien avec celles que nous rencontrons dans les chartes de l'époque. Nous ajouterons qu'une comtesse de Die figurait au nombre des dames composant la cour d'amour de Signes et de Pierrefeu en Provence, vers 1156 (2).

Il nous reste quatre pièces de vers, adressées par la comtesse de Die à Raimbaud d'Orange; elles ont été publiées par M. Raynouard (3), qui a tout particulièrement fait ressortir, dans la première de ces compositions, la délicatesse des sentiments et le tendre coloris des images (4). Quelques historiens ont trop facilement accepté les récits romanesques qui avaient cours dans les traditions de Provence sur notre célèbre comtesse. On raconte en effet que l'épouse de Guillaume de Poitiers aurait eu une fille, héritière de ses talents pour la poésie : Alix, car c'est de ce nom qu'on devrait désigner cette autre comtesse, fut elle aussi aimée et chantée par un jeune troubadour, Guillaume-Adhémar, dont la mort prématurée la rendit inconsolable; si grande fut sa douleur, que dès ce jour elle résolut de dire adieu aux joies du monde,

---

(1) Archives des Bouches-du-Rhône, B, 310.
(2) *Hist. littéraire de la France*, t. XV (1820), p. 446-7. — Rochas, *Biog. du Dauphiné*, t. I, p. 355.
(3) Raynouard, Op. cit., t. III, p. 22-6.
(4) Dans le commentaire qui accompagne la première pièce, M. Raynouard dit entre autres choses : « C'est le sentiment le plus vrai et le plus exquis qui a dicté cette pièce. J'avoue que j'ai essayé vainement d'en faire une traduction. Le sentiment, la grâce ne se traduisent pas. Ce sont des fleurs délicates dont il faut respirer le parfum sur la plante. Leur odeur s'exhale, leur éclat se ternit à l'instant qu'on les détache de la tige naturelle. Que l'on compare cette pièce avec celle de Sapho, et l'on aura une idée juste du caractère de la littératute classique et du caractère de la littérature que créèrent les troubadours.... »

et d'aller ensevelir ses affections brisées dans la pieuse solitude d'un cloître. Elle se retira, dit Nostredame, au couvent de Tarascon, où elle composa un traité de la Tarasque, en rimes provençales (1). Tout ceci sans doute ne manque pas de charme ; mais il est du devoir de l'historien de ne point laisser le lecteur s'attarder sur des fictions poétiques. Abordons maintenant un terrain plus solide.

Isoarde, fille d'Isoard II, épousa Raymond d'Agoult, d'une très noble famille qui possédait en Provence de vastes domaines. Raymond fut un des plus grands seigneurs de son temps. On le trouve au couronnement de l'empereur Frédéric Barberousse à Arles, le 30 juillet 1178. Quelques jours après, le 6 août, accompagnant ce prince dans son voyage à travers la Provence et étant à Montélimar, il en obtint une bulle solennelle qui lui assurait toute juridiction féodale sur la vallée de Sault et lui reconnaissait les droits de péage, tant par eau que par terre, qu'il exerçait ou auxquels il pouvait légitimement prétendre dans l'étendue du comté de Die (2). Il paraît qu'à l'exemple des autres seigneurs, il ne

---

(1) *Les vies des plus célèbres et anciens poëtes provensaux qui ont fleury du temps des anciens comtes de Provence...*, par Jean de Nostre-Dame. Lyon, 1575, in-8°, ch. VIII et IX. On peut encore voir sur la comtesse de Die : *Histoire littéraire de la France*, t. XV (1820), p. 446-7 (l'article est de M. Ginguené) ; — Du Verdier, *Bibliothèques françaises*. 1772, t. III, p. 462-3 ; — *Histoire générale de Languedoc*, t. III (1872), p. 860. — Nous ajouterons ici pour mémoire que le 10 août de cette année 1888, on a inauguré solennellement à Die, sur la place de l'évêché le buste de la comtesse de Die ; ce buste est dû au ciseau de Mme Clovis Hugues.

(2) C.-U.-J. Chevalier, *Diplomatique de Bourgogne* par Pierre de Rivaz. 1875. in-8°, p. 77-8 (pièces annexes)... « Nos tibi, Raimunde de Agolt, ob fidelitatis obsequia, que tua nobis industria habunde exhibuit, totum territorium quod dicitur Vallis Saltus, scilicet castra et villas, et quicquid infra predictos terminos continetur, sive terra sit culta sive inculta, ad fidelitatem imperii et corone perpetuo habendum concedimus..... Preterea quicquid juris habes in strata, vel in pedagio, vel in

se faisait pas faute de lever ces sortes d'impôts forcés, et même on l'accuse d'avoir empiété sur les droits de l'évêque de Die. Celui-ci du reste se vit dans la nécessité de recourir à l'empereur, et le 21 juillet 1188 Henri VI écrivait de Lyon à Aymar, comte de Valentinois, à Raymond d'Agoult, à Hugues d'Aix et à Eschaffin, pour leur rappeler que le droit d'établir et d'exiger des péages dans toute l'étendue du diocèse de Die était réservé à l'évêque, en vertu des privilèges impériaux; il les menaçait de toute son indignation s'ils continuaient à inquiéter le prélat (1). Les conflits de juridiction féodale entre l'évêque et les seigneurs surgissaient d'autant plus souvent que leurs droits respectifs étaient pour la plupart très incertains et mal définis. Une charte de l'année 1184, citée par Claude Le Laboureur dans *Les mazures de l'abbaye royale de l'Isle-Barbe*, nous apprend que Raymond d'Agoult et Isoarde, sa femme, confirmèrent les donations faites à la chartreuse de Durbon par Isoard, père d'Isoarde, et Pierre-Isoard, frère de celle-ci (2). Nous n'avons malheureusement pas le texte de ce document ; mais les autres pièces citées par le même auteur sur Isoarde et ses fils étant exactes, comme le lecteur pourra en juger, nous n'avons pas de motif pour contester l'authenticité de celle-ci.

Raymond d'Agoult et Isoarde eurent trois fils : Raymond d'Agoult, Bertrand de Mison et Isnard d'Entrevennes. Il n'entre pas dans notre cadre de dresser la généalogie et de faire l'histoire de cette famille nombreuse et puissante, qui a possédé dans le Diois beaucoup de terres et de châteaux, et dont le nom se retrouve pour ainsi dire à chaque page de nos

---

toto comitatu Diensi, vel de jure habere debes, id tibi plenissime confirmamus...Datum apud castrum Montilium Adimar, anno Dominice incarnationis M°.C°.LXX°VIII°, indictione XI°, VIII° idus augusti mensis. »

(1) C.-U.-J. CHEVALIER, *Tituli Dienses*, p. 23; — STUMPF, *Die Reichskanzler*, t. II, p. 420-1.

(2) *Les mazures de l'abbaye royale de l'Isle Barbe*. T. II. (Paris, 1681, in-4°), p. 104.

annales. Nous nous contenterons d'analyser ici quelques pièces qui permettront au lecteur de faire connaissance avec les premiers d'Agoult, fils et héritiers de celle que les chartes appellent la *noble dame Isoarde*.

En 1205, Raymond d'Agoult et Isnard d'Entrevennes, son frère, engageaient entre les mains de Guillaume IV, comte de Forcalquier, la terre de Saint-Geniès, en garantie d'un prêt de 6,000 sous viennois (1). C'est vers cette époque que mourut Isoarde. Pour des raisons qui nous sont inconnues, elle s'était placée sous la protection de Humbert, évêque de Die, et lui avait fait hommage pour toutes ses possessions dans le Diois, dont la principale était la vallée de Thorane ; après sa mort, ses fils renouvelèrent cet hommage en faveur de Didier, successeur de l'évêque Humbert. Ces détails se trouvent consignés dans la bulle que l'empereur Frédéric II accorda à l'Eglise de Die, le 23 novembre 1214 ; par cette bulle, il lui reconnaît les privilèges qu'elle avait obtenus de la libéralité de ses prédécesseurs et la confirmait dans la possession de ses domaines, au nombre desquels sont enumérés la vallée de Thorane et tout ce que noble dame Isoarde avait dans le Diois (2). Le 12 décembre 1220, Raymond d'Agoult, fils de feue dame Isoarde, confirme aux Chartreux de Durbon et aux Templiers de Lus toutes les donations que leur avaient faites autrefois Isoard, comte de Die, Pierre-Isoard, son fils, ainsi que Raymond d'Agoult et Isoarde, père et mère du confirmant (3).

Cette même année 1220 et le 31 décembre, Didier, évêque

---

(1) Archives des Bouches-du-Rhône, B, 303.
(2) C.-U.-J. CHEVALIER, *Tituli Dienses*, p. 8-11 ; — HUILLARD-BRÉHOLLES, *Historia diplomatica Friderici secundi*. Parisiis, 1852, in-4°, t. I, p. 330-32 : ... Preterea vallem de Torena et quicquid nobilis mulier Isoarda in episcopatu tuo tenebat, et quicquid filii ejus in eodem adipisci poterunt, sicut ipsa coram predescessore tuo Humberto recognovit in vita sua et etiam coram te, et postea filii ejus post mortem matris coram te confessi sunt, de dominio tuo esse volumus... »
(3) Archives du dép. de l'Isère, B, 3312.

de Die, au nom de son Eglise, inféode à Bertrand de Mison, fils d'Isoarde, le château de Recoubeau ; il le lui cède, à lui et à ses enfants, à titre de fief rendable. Bertrand promet de défendre l'évêque contre tous ses ennemis, excepté pourtant contre Raymond d'Agoult, son frère, et les fils de celui-ci. Il l'accompagnera à la guerre et assistera à ses plaids. Cet acte nous apprend que Bertrand avait un fils de même nom que lui, qui prit envers le prélat de semblables engagements. La charte rédigée à cette occasion fut revêtue des sceaux de l'évêque de Die, de Raymond d'Agoult et de Bertrand de Mison (1).

Parmi les pièces justificatives qui accompagnent le premier volume de notre *Essai historique sur Die* (p. 481), le lecteur pourra trouver une charte datée de Die, le 9 août 1240, par laquelle Bertrand de Mison, seigneur de Recoubeau, donne à Lantelme, commandeur de l'hôpital de Recoubeau, la faculté de prendre de l'eau du canal de son moulin pour arroser le pré de l'hôpital, pré dans lequel se tiennent les foires de Recoubeau. L'année suivante et le 30 mai, Bertrand d'Agoult, dit de Mison, vendit à Pierre-Isoard, seigneur d'Aix, le château de Recoubeau (*castrum de Ricobello*) et tout ce qu'il possédait à Menglon, Aix et Valdrôme. Comme ces terres étaient de la mouvance de l'Eglise de Die, l'évêque Humbert dut intervenir et approuver ce contrat (2).

Il nous reste encore à faire connaître une pièce intéressante qui concerne Isoarde et ses deux fils : c'est le règlement que firent entre eux, au mois de mars 1225, Bertrand de Mison

---

(1) C.-U.-J. CHEVALIER, *Tituli Dienses*, p. 62.
(2) *Recueil de documents sur Valdrôme*. Mss. des archives de Mme de Félines, à Die. « ... Vendo et titulo perfecte venditionis trado tibi Petro Ysoardi, pretio decem milia solidorum castrum de Ricobello, cum tenemento et cum omnibus juribus et pertinentiis ejusdem et quidquid in castro de Menglone et ejus mandamento vel in mandamento de Aysio, vel in castro de Vallisdroma vel ejus mandamento, et generaliter quidquid ubicunque in Diensi episcopatu habeo et habere debeo, homines, servitia... »

et Isnard d'Entrevennes, touchant leurs droits respectifs sur l'héritage de Raymond d'Agoult et d'Isoarde. Bertrand déclare se contenter de la part qui lui a été attribuée en vertu d'une décision prise dans une sorte de conseil de famille et abandonner tout le reste à son frère. Or cette part est définie en ces termes par Bertrand lui-même : « Je déclare, en présence « des témoins sous nommés, et à toi Isnard d'Entrevennes, « mon frère, avoir reçu et posséder de l'héritage de feu mon « père l'*affar* (ou tènement) du Curban et Monestier, avec ses « droits et dépendances, que notre père avait à l'époque de sa « mort, plus une certaine somme de sous viennois, que tu « m'as comptée, pour que cette portion des biens paternels « m'agréât davantage. De plus, je reconnais avoir reçu des « biens de ma mère l'*affar* (ou tènement) de Valdrôme, deux « parts de la vallée de Thorane, le château de Bezaudun avec « son tènement, l'*affar* de Die... » L'acte fut rédigé au château de Sault dans la salle de justice d'Isnard d'Entrevennes, en présence de Décan, prieur de l'église de Serres, délégué d'Isnard, évêque de Carpentras, dont le sceau en plomb fut apposé à la charte (1).

---

(1) *Recueil de documents sur Valdrôme*, Mss., l. c. « Anno dominice incarnationis M°.CC°.XXV°, in mense martis, notum sit... quod ego Bertrandus de Misone... confiteor me donasse... tibi Isnardo de Entravenis fratri meo, omne jus et omnes actiones, si que mihi contra te competunt... tam super hereditate d. Raymundi de Agouto, quondam patris mei... quam super hereditate d. Ysoarde, nobilis quondam matris mee. exceptis et detentis his que mihi obvenerunt de utriusque hereditate, tam paterna quam materna, in familiajuriscunde judicio.... Confiteor...me habere et possidere de hereditate quondam patris mei affare Curbantis et Monasterii, cum omnibus juribus et pertinentiis suis, quod pater noster tempore mortis habebat vel habere debebat, et multos solidos viennenses quos mihi de tuo in solidum numerasti pro divisione hereditatis paterne, ut magis essem de bonis paternis contentus. Item de bonis maternis confiteor me habuisse et habere affare Vallisdrome, et duas partes vallis Thorane, et castrum Bezauduni cum suo tenemento, et affare de Dia, que omnia mihi obvenerunt in familiajuriscunde judicio..... Actum in castro de Saltu, in curia Isnardi de Entravenis.... »

La postérité des d'Agoult s'est perpétuée dans le Diois durant de longues années. Voici quelques pièces qui nous permettent de juger de l'étendue des domaines de cette famille, l'une sans contredit des plus illustres du Dauphiné. Geoffroy d'Agoult, seigneur de Mison, Val-Thorane, vivait en 1269 ; il avait épousé Claire de Rémusat. Bertrand d'Agoult, son fils, accorda une charte de libertés aux habitants de Val-Thorane en 1301 (1); celui-ci eut cinq fils et une fille, qui se partagèrent ses biens, comprenant, outre la vallée de Thorane, Beaurières, Luc, le Pilhon, Charens, Lesches, la Beaume-des-Arnauds et Savournon. Barral d'Agoult, un des fils de Bertrand, fut délégué, le 25 août 1329, par sa femme, noble dame Albarone, pour prendre possession du château de Jonchères, que celle-ci venait d'acquérir. Le 3 septembre suivant, il en prit possession avec tout le cérémonial en usage en pareille circonstances (2). Noble Bertrand d'Agoult, frère de Barral, fit hommage à Henri de Villars, évêque et comte de Valence et de Die, le 9 février 1338 (n. s.) pour le château de Beaurières et son mandement, comme pour ses autres possessions dans la vallée de Thorane, à Pont-Manavelles, à Chalancon, à Lesches, au Pilhon, à la Bastie de Val-Thorane, pour son fief *(factum suum)* de Valdrôme qui appartenait à feue dame Agnescette, et pour tout ce qu'il avait à Bourdeaux (3). Par testament en date du 22 février 1439 (n. s.), Raymond d'Agoult, seigneur de Savournon, au diocèse de Gap, qui possédait une partie de la terre et seigneurie de Valdrôme avec Louis d'Agoult, seigneur de Beaurières, disposa de sa part en faveur de l'évêque de Die, à qui

---

(1) Charrenci, not. à Die. Archives de Mme de Félines, à Die.

(2) Archives de Mme de Félines, à Die. Original parch. « ..... eidem Agouto... tradidit, aperiendo insuper portas dicti ortalicii, eumque infra dictum fortalicium inducendo et per domos et cameras dicti fortalicii, ac monstrando postmodum territorium dicti castri in signum aliorum pertinencium... »

(3) *Recueil de documents sur Valdrôme*. l. c.

il donna encore ses droits sur Jonchères et Poyols (1). Louis d'Agoult, qui figure ici, mourut en 1457, laissant pour héritière universelle Albanette d'Agoult, sa fille, épouse de Guilaume d'Agoult, seigneur de Cipières, qui, la même année et le 10 novembre, fit hommage, au nom de sa femme, à Louis de Poitiers, évêque de Valence et de Die, pour Beaurières et ses autres possessions de Thorane, Pont-Manavelles, Cherens, Lesches, le Pilhon, les Prés et Valdrôme (2). Nous ajouterons que la plupart de ces terres passèrent aux Armand, seigneurs de Lus, par la vente qui en fut faite le 19 août 1603, au prix 62,100 livres, à Pierre Armand par Chrestienne d'Aguerre, veuve de haut et puissant seigneur messire François-Louis d'Agoult de Montauban de Vesc, comte de Montlaur et de Sault, chevalier des deux ordres du roi, capitaine de 50 hommes d'armes (3).

Roais, fille d'Isoard II, comte de Die, eut de l'héritage paternel les châteaux et les terres qui devaient former la baronnie de Châtillon, dans le Diois, et dont nous verrons plus loin le dénombrement. Elle porta ses biens dans la maison des seigneurs d'Aix, près de Die, par son mariage avec Hugues d'Aix. En 1176, cette dame confirmait solennellement à Chabert, prieur de Durbon, les donations faites à la Chartreuse par Isoard, son père, et par Pierre Isoard, son frère.

Ego Roais, uxor Hugonis d'Ais, filia Isoardi comitis, laudo et confirmo bona fide et sine ulla retentione, Deo et beate Marie et sancto Johanni Baptiste et Charberto, priori

---

(1) *Recueil de documents sur Valdrôme.* l. c.
(2) Archives de Mme de Félines, à Die.
(3) Mêmes archives. — Les chartes concernant les d'Agoult du Diois sont fort nombreuses. Nous avons des copies de plusieurs testaments, actes d'hommage, etc., qu'il serait fastidieux d'énumérer ici. La plupart de ces documents seront utilisés pour une généalogie des d'Agoult du Diois que nous donnerons dans les notes supplémentaires du deuxième volume de notre *Essai historique sur Die.* Voir encore : *Archives dauphinoises de M. Henry Morin-Pons.* Lyon, 1878, in-8°, p. 89-104 (65 pièces analysées concernant les d'Agoult).

Durbonensi, et fratribus in eodem loco presentibus et futuris cohabitantibus quicquid pater meus et frater meus Petrus Isoardi donaverunt et vendiderunt, et ab omnibus inquietantibus perpetuo defendam. Hujus rei testes sunt : Chabertus, procurator, Petrus Gauterii, conversus, Odo de las Chesas, Raibaldus de Lunis, Gaufredus de Bordeuz, Agnellus, Virgilius. Hoc factum fuit intra passulum de Lunis, anno ab incarnatione Domini M°. C°. LXX°. VI°. (1).

Par son mariage avec la fille du comte Isoard II, Hugues d'Aix était devenu un des plus puissants seigneurs du Diois ; il ne portait pas seulement ombrage à l'évêque, mais, paraît-il, il empiétait encore sur ses droits. Ce qui est certain, c'est que celui-ci, comme nous l'avons déjà vu plus haut, lui fit écrire en 1188 par l'empereur Henri VI pour lui enjoindre de ne pas continuer à lever des péages dans l'étendue du diocèse. En 1191, Hugues d'Aix confirma à Chabert, prieur de Durbon, les possessions de son monastère au Ramail, à Chamousset et à la Jarjatte ; par le même acte, Guillaume Artaud et Guigues Artaud, fils de Hugues et de Roais, confirmèrent à leur tour les libéralités de leurs ancêtres maternels au couvent de Durbon. Quelques jours après, cette reconnaissance fut renouvelée à Die, en présence de l'évêque Jarenton de Quint et de ses chanoines.

Ego Hugo d'Ais, intuitu pietatis, pro remedio anime mee et parentum meorum, bona fide, concedo Deo et beate Marie et sancto Johanni Baptiste et Chatberto, priori de Durbone, et fratribus tam presentibus quam futuris, in eodem loco Deo servientibus, quicquid juris ego habeo pro Guillelmo Bertrandi vel alia de causa els Ramails et in Chamosset et quicquid infra terminos domus de Durbone continetur et similiter in pascuis Gargate. § Item ego Guillelmus Artaldi et ego Guigo Artaldi, cum consilio patris nostri Hugonis d'Ais, laudamus, confirmamus, donamus in perpetuum predicto priori et

---

(1) Archives des Hautes-Alpes. Fonds de Durbon. Copie de la fin du XII° ou du commencement du XIII° siècle ; parch., 6 lignes 1/4. Autre copie, parch., 2 lignes 2/3. Communication due à l'obligeance de M. l'abbé Paul Guillaume.

predictis fratribus ejusdem domus predictas donationes factas ab avo nostro Ysoardo et avunculo nostro Petro Ysoardo et matre nostra Roais et patre nostro Hugone d'Ais, et tactis sacrosanctis evangeliis promittimus bona fide nos fore defensuros predictum priorem et predictos fratres, si quis eos injuste super predictis rebus vellet inquietare. Etiam item promittimus nos defensores et custodes ejusdem domus super possessionibus emptis vel donatis a militibus et hominibus nostris, si in aliquo vellent eos inquietare vel perturbare. Pro hac donatione predicti fratres patri nostro et matri et fratri meo donant quadringentos solidos. Hoc factum fuit in exitu Rivi Frigidi. Testes hujus donationis sunt : W. prepositus Sistariensis, Sigaudus sacerdos, Hugo de Borna canonicus, Humbertus de Borna, Silvio de Crest, Rotbertus Tialgars, Poncius Gatberti sacerdos, W. Gebelini, sacerdos, Andreas monachus, Nicholaus procurator, Chatbertus, Lambertus, Humbertus, Raimondus: isti sunt monachi ; Stephanus de Bulco, Julianus, Petrus Galterii, Dio de Torena, Jordanus de Veenes, Humbertus de Casis, Villelmus de Monte Amato, miles, Raimbaldus de Lunis, Petrus Arberti, Bermundus Ferrandi, Gaufredus de Veronna, Gauterius Agni, Hugo Gaucerandi, W. Faisans, Johannes de Martoredo, Nicholaus de Maris, Nicholaus Dorca. § Hec donatio iterum confirmata fuit in camera episcopi, presente Jarentone episcopo, et Chatberto priore de Durbone. Testes sunt : Arbertus sacrista, Petrus Pinet', Humbertus de Borna, Philippus Aimo, Humbertus de Sancto Boneto, Helyas procurator, Rotbertus Tialgars, Petrus d'Urre, Ademarus Ardenes, Rainaldus prior Sancti Marcelli, Hugo Longuavilla, Raimbaldus, Guillelmus d'Aigleon, Petrus Beroardi. Isoardus prior de Saillenz, Odo de Valserra, Poncius de Belmont, Guio de Torena, Poncius de Torena, Odo de las Chesas, Chatbertus Paella, Lantelmus Paella, Artaldus d'Aigleon, Petrus de Veronna, Petrus de Poigros, Fromenz. Anno ab incarnatione Domini M°. C°. nonagesimo primo (1).

Hugues d'Aix survécut à sa femme, qui mourut probablement vers l'année 1198. Le désir de mener une vie plus parfaite et d'acquérir devant Dieu plus de mérites, peut-être aussi

---

(1) Archives des Hautes-Alpes. Fonds de Durbon. Copie du commencement du XIII° siècle, parch., 25 lignes. Autre copie de la même époque, parch., 11 lignes 1/4; quelques variantes de peu d'importance. Communication de M. Paul Guillaume.

ce désenchantement de toutes choses qui grandit avec l'âge le déterminèrent à quitter le siècle et, à l'exemple de tant d'autres seigneurs ses contemporains, il voulut terminer ses jours dans le cloître. C'est dans le prieuré bénédictin de St-Marcel de Die qu'il vint chercher un asile. Il y fit profession religieuse et prit rang parmi les chanoines réguliers de cette maison, au mois de septembre 1211. A cette occasion, il fit don à la communauté, représentée par son prieur Hugues de Longueville, des dîmes de tout le territoire de Gresse. Cet acte devait rencontrer quelques difficultés. Humbert, évêque de Die, avait des prétentions sur les revenus de ce petit pays, perdu pour ainsi dire au milieu d'âpres et inaccessibles montagnes. Toutefois le différend fut de courte durée. Très attentif à sauvegarder les intérêts temporels de son Eglise, Humbert n'était pas moins désireux de la prospérité d'une maison qu'il chérissait, disait-il, comme sa fille: il se désista de ses droits et même, du consentement du chapitre de sa cathédrale, il plaça sous la dépendance des chanoines de St-Marcel l'église paroissiale de St-Barthélemy de Gresse, leur en abandonnant les dîmes et les revenus; il ne retint pour l'Eglise de Die qu'une rente annuelle en nature de 10 setiers de pur froment et de 20 setiers de menus grains (orge ou avoine) mesure de Die, avec une autre rente en argent de 15 deniers. Nous avons publié ailleurs le texte de la charte qui mentionne ces arrangements; on y voit encore, entre autres détails intéressants, que Guillaume Artaud avec son fils Isoard, et Hugues d'Aix, le jeune fils de feu Guigues Artaud, approuvèrent l'un et l'autre la cession faite par Hugues, leur père et aïeul. Plusieurs personnages importants, parmi lesquels figure une comtesse Béatrix, furent choisis pour témoins de ces diverses conventions, passées au château de Châtillon, dans la salle de justice, le 2 février 1212 (n. s.) (1).

---

(1) *Essai historique sur Die*, t. I, p. 466-8. — Columbi, *Opuscula*, p. 296.

Hugues d'Aix, appelé quelquefois l'Ancien *(Senior)*, avait eu de Roais, sa femme, deux fils: Guigues Artaud et Guillaume Artaud.

Guigues Artaud était déjà mort en 1205, comme nous pourrons bientôt le constater. Il avait épousé Almonde de Mévouillon, fille de Raymond III de Mévouillon et de Saure de Fay (1). Cette dernière, fille de Guillaume Jourdain, seigneur de Fay, et de Météline de Clérieu, avait une sœur mariée à Aimar II de Poitiers, comte de Valentinois. Cette alliance avec la famille de Mévouillon attesterait à elle seule la haute situation qu'avaient su acquérir les Artaud dans le Diois. De ce mariage étaient nés deux fils, Hugues d'Aix le Jeune, et Rostaing de Sabran, et une fille qui s'appelait Aalis, du nom d'une de ses tantes, Aalis de Mévouillon, épouse d'Agout de Sault. Hugues d'Aix le Jeune était sous la tutelle de sa mère et de son oncle Guillaume Artaud en 1205; nous l'avons vu figurer dans l'acte de 1212 analysé plus haut. Il ne vécut pas longtemps, car dès l'année 1223 nous verrons Guillaume Artaud recueillir son héritage et soutenir à cette occasion de grands procès contre l'évêque de Die; celui-ci prétendait que les domaines laissés par le défunt étaient de la mouvance de l'Eglise de Die et réclamait en conséquence l'hommage du nouveau seigneur. Quant à Rostaing de Sabran, il parait s'être établi dans le Midi, où sa mère possédait des biens.

---

(1) Nous donnerons dans les notes supplémentaires du second volume de l'*Essai historique sur Die* une généalogie de la famille de Mévouillon. Le 4 juin 1237, une sentence, rendue à la suite d'un procès entre Raymond IV de Mévouillon et les habitants du Buis, déclare que ces derniers ont à contribuer à l'aide en argent que les vassaux doivent à leur seigneur dans les cas suivants: quand le seigneur mariera ses filles, quand il sera armé chevalier, quand il achètera des terres, quand il partira pour la croisade, pour un pèlerinage à Saint-Jacques ou pour un voyage à la cour romaine. Dans les considérants de l'acte, on rappelle que Raymond III ayant autrefois marié sa fille *Aalmos*, Raymond Malcap et ses frères refusèrent de contribuer à l'aide de 1,000 sous viennois demandée par le seigneur, bien qu'ils fussent bourgeois *(municipes)* du Buis et y possédassent des biens. (Archives de l'Isère, B, 3637.)

Almonde de Mévouillon, avait hérité de son fils, Hugues d'Aix, des châteaux de Gensac et de Barnave. Cette dame, que de plus grands intérêts retenaient loin du Diois, vendit en 1227 ces deux châteaux avec toutes leurs dépendances à l'évêque Bertrand d'Etoile, pour le prix de 16,000 sous viennois ou valentinois, somme qui équivaudrait à environ 110,000 fr. de notre monnaie : 6,000 sous furent payés comptant ; le reste devait être donné en différents termes, d'après un règlement spécial arrêté sur ce point entre les contractants. Almonde prévoit dans cet acte tous les cas juridiques qu'elle ou ses héritiers pourraient invoquer dans la suite pour faire annuler la vente ; l'énumération détaillée de ces cas ne manque point d'offrir un certain intérêt pour l'histoire du droit civil à cette époque. Elle déclare par avance renoncer à tous les bénéfices de la loi, et si le prix de vente venait plus tard à être reconnu trop inférieur, elle veut que le surplus soit considéré d'ores et déjà comme un don pur et simple qu'elle fait à l'Eglise de Die pour le bien de son âme et pour le repos de celle de son fils Hugues d'Aix. Les deux enfants qui lui restaient encore, Rostaing de Sabran et Aalis, promirent de respecter ce contrat. L'acte de cette vente fut écrit dans l'église cathédrale de Die, le 10 juin 1227, en présence de plusieurs personnages appartenant tous à d'anciennes familles, dont les noms se retrouvent fréquemment dans les annales dioises : Rostaing et Colomb Perdrix, Pierre Brun, Pierre Escoffier, Guigues Ruine, Pons Faure (1). Le 4 mars 1230, peu de temps sans doute après la mort de sa mère, Rostaing de Sabran faisait avec serment, dans une salle de l'évêché de Die, une renonciation plus explicite à toutes les prétentions qu'il pourrait élever sur les terres de Gensac et de Barnave. Bertrand et ses chanoines, à la tête desquels paraît le doyen Richard de Chaussent, reçurent ces solennelles promesses (2).

---

(1) *Tituli Dienses*, p. 65.
(2) *Tituli Dienses*, p. 67.

Guillaume Artaud, second fils de Hugues d'Aix l'Ancien et frère de Guigues, devait continuer la glorieuse lignée des seigneurs d'Aix, qui avaient recueilli une part considérable de l'héritage des comtes de Die. On le trouve pour la première fois, jeune encore, au milieu de cette foule nombreuse d'évêques et de seigneurs qu'avait attirés dans la cité d'Arles la cérémonie du couronnement de Frédéric Barberousse, au mois de juillet 1178. Dès cette époque, il était marié à une de ses parentes, Rainaude d'Aix, fille d'un autre Hugues d'Aix et d'Amalburge ; elle avait un frère appelé Chabert d'Aix, qui mourut jeune et sans postérité : les chartes de cette époque ne le mentionnent du moins qu'une seule fois.

Par Amalburge, sa mère, la femme de Guillaume Artaud se rattachait à deux familles riches et puissantes : l'une possédait Châteaudouble ; l'autre, une portion de la seigneurie de Crest. Voici dans quelles circonstances ces curieux détails généalogiques ont été consignés par écrit et ont pu de la sorte parvenir jusqu'à nous. En l'année 1178, Aelmos ou Almonde, dame de Châteaudouble, veuve d'un nommé Chabert, donnait à perpétuité aux moines de Léoncel certains pâturages situés dans le mandement de Châteaudouble, moyennant un cens annuel de 15 sous : pour les droits d'investiture, elle reçut 100 sous et son baile 50. L'acte fut passé à Châteaudouble et accepté par Ponce, abbé de Léoncel, en présence de plusieurs témoins, entre autres de Roger de Crest. Quelques jours après, l'abbé se transportait à Die, afin de faire approuver cette donation par Amalburge, fille d'Aelmos, et par Hugues d'Aix, son époux ; ceux-ci consentirent bien à faire ce qui leur était demandé, mais ils exigèrent à leur tour, outre une somme de 100 sous pour les droits d'investiture, un cens annuel de 15 sous sur ces mêmes biens. Le contrat fut rédigé dans le château près de la ville. Désireux de prévenir toute difficulté, les moines de Léoncel voulurent encore obtenir des enfants d'Amalburge la promesse formelle qu'ils respecteraient la double cession consentie par leur aïeul et par leur mère : intervint alors un nouveau contrat ; Chabert d'Aix se fit payer 100 sous et Rainaude, sa sœur, 20 sous (1). Ces détails peignent bien les mœurs de l'époque. Ce que les chartes, dans le but de flatter l'amour-propre d'une famille, décorent souvent du titre de pieuse donation, n'était parfois rien moins que de pures libéralités. Les seigneurs féodaux, pour la plupart, se montraient âpres au gain et ils étaient généralement pour les clercs et les moines des voisins dangereux. Une vingtaine d'années plus tard, la dame de Châteaudouble, parvenue alors à un âge avancé, « mue par des sentiments pieux, lisons-nous, et voulant se montrer plus généreuse encore que par le passé envers les moines de Léoncel, leur donne la maison de Peyrus qu'ils ont naguère fait construire avec toutes ses dépendances, acquises à divers titres. » Elle fait ce don pour le bien de son âme et pour attirer les miséricordes de Dieu sur l'âme de feu Chabert, son mari, et sur celle de feue Malbérione, sa fille. Les moines toutefois n'oublient pas de mentionner dans l'acte qu'ils ont promis 100 sous à la donatrice et lui ont remis à cet effet un gage d'une valeur de 40 sous. Ces conventions furent faites à Crest, dans la maison de Pierre Roger, et Arnaud de Crest, fils de la noble dame Amalburge, y donna son consentement (2). Guillaume Artaud avait donc épousé la nièce de cet

---

(1) *Cartulaire de Léoncel*, n° 27, p. 31-32. « ..... Amalburgis etiam, predicte domine Aelmos filia, omnia pascua mandamenti Castri Duplicis... domui Lioncelli cum viro suo Hugone d'Ais perpetuo tenenda dedit ; insuper et donum matris sue Lioncellensibus laudavit... et habuit inde C solidos pro investitura, XV solidos censuales pro eisdem pascuis singulis annis sibi persolvendos retinens. Hoc factum est apud Diam, in castro quod est juxta civitatem, in manu domini Poncii, Liuncelli abbatis... —Ad hec sciendum est quod Chatbertus, filius ejusdem Amalburgis, ipsa pascua..., habitis inde C solidis, dedit et laudavit.... — Insequenti vero anno Reinauda, filia predicte venerabilis Amalburgis et maritus ejus Villelmus Artaudi donaverunt et laudaverunt prefate domui predicta pascua, eodem tenore et eadem conditione, habitis inde XX solidis... »

(2) *Cartulaire de Léoncel*, n° 63, p. 68.

Arnaud de Crest et nous allons voir la fille d'Isoard d'Aix faire revivre avec éclat le nom de sa tante Malbérione.

Dès l'année 1199, Guillaume Artaud s'était mis en possession d'une partie des biens de sa mère, situés dans le diocèse de Gap. A cette date, les chartreux de Durbon le prirent pour arbitre dans un démêlé qu'ils avaient avec les habitants de Lus à l'occasion de certains droits de pacage à la Jarjate. Après avoir terminé cette affaire, Guillaume consentit, sur la demande des chartreux, à confirmer les donations de ses ancêtres ; en présence de Pierre Pinet, chanoine de Die, un des grands bienfaiteurs de leur ordre (1), il reconnut solennellement tous les droits et privilèges dont jouissaient les religieux dans l'étendue de son comté (*per totam terram comitatus sui*) (2). Quelques années plus tard, les chartreux ayant fait de nouvelles acquisitions sur les terres des seigneurs d'Aix,

---

(1) Nous avons donné une courte notice sur ce chanoine Pierre Pinet dans l'*Essai hist. sur Die*, t. I, p. 423-6. — Voir aussi : Trépier, *Recherches hist. sur le décanat de St-André*. Pièces justificatives. Chambéry, 1888, in-8°, p. 118-20.

(2) Archives des Hautes-Alpes. Fonds de Durbon. Original, parch. de 36 lignes 1/3 ; traces de sceau. «..... Sequenti etiam die in Olchiis d'Aut Vilar, coram P. Pineti et aliis clericis et militibus suis, per totam terram comitatus sui (Willermus Artaudi) laudavit et dedit predictis fratribus pascua et pedaticum et, sicut supradictum est, quicquid ipse vel pater ejus et antecessores ipsius et milites et alii homines sui donaverunt vel vendiderunt eidem domui, nominatim quicquid juris in Gargata habebat Gaudemaretz et Richaus de la Balma, cum idem Richaus et etiam filius ejus quicquid juris ibi habebant bona fide et absque omni dolo in manu G., prioris, predictis fratribus antea jam dedissent et ab ipsis pro helemosina tunc X solidos accepissent. Hujus ultime donationis Willermi Artaldi testes sunt : P. Galterii, conversus Durbonis... Ut autem omnia que hic scripta sunt majorem habeant firmitatem et omni contradictione remota vera esse credantur, ego Willermus Artaldi, qui hec omnia sicut in hac carta continentur audivi, sigillo patris mei Ugonis d'Ais, cum sigillum proprium non haberem, presentem cartam muniri precepi. Hec omnia facta sunt anno ab incarnatione Domini M°. C°. XC°. VIIII. »

Guillaume dut intervenir, et le 21 octobre 1205, tant en son nom qu'en celui de Hugues Artaud, son neveu, encore en bas âge, il reconnut leurs droits sur les territoires de Vaux, dont les confins sont soigneusement marqués dans l'acte : il reçut 20 livres pour l'investiture et Isoard, son fils, perçut de son côté 20 sous pour son approbation.

Anno ab incarnatione Domini M°. CC°. V°, indictione octava, mense octobri, XII° kalendas novembris, Innocentio papa residente, Philippo Romanorum rege existente. Noverit etas presentium et futura quod ego W. Artaudi donavi W° Gebelini, priori Durbonensium, nomine domus accipienti, et fratribus predicte domus, qui nunc sunt vel in posterum sunt futuri, pro redemptione anime mee et antecessorum meorum, proprietatem et dominium et jura universa et singula michi et nepoti meo Hugoni Artaudi competentia et que competere poterant in futurum in territorio Vallium, quod territorium ex una parte per rupem Molerie clauditur, ex altera vero per montem Fontis Vinose, sicut mons dirigitur usque ad altitudinem montane Chalveti. In hac vero donatione continetur quod ea que fratres predicte domus infra hos terminos acquirere poterint a feudatariis vel ab aliis quibuscunque, donatione, venditione, permutatione vel alio quocunque modo, libere habeant et possideant et absque ulla a nobis vel ab aliis facienda exactione. Fuit etiam in hac donatione expressum ut nulli religiosi vel alii infra hos terminos, exceptis Durbonensibus, quicquam acquirere possint. Illud non inepte presentibus duximus inserendum quod ego W. Artaudi, in manu supradicti prioris, promisi hec omnia et singula me observaturum et contra hec vel aliquod istorum nunquam venturum et, si quis contra veniret, defensurum ; et cum nepos meus Hugo Artaudi fuerit etatis legitime, ipsum hec omnia et singula laudaturum et rata habiturum. Pro hac autem donatione donant michi fratres predicte domus XX libras viennensis et valentinensis monete. Preterea filius meus Ysoardus supradicta omnia in manu prioris laudavit atque concessit, cui etiam predicti fratres XX solidos donaverunt. Facta fuit hec donatio in castro d'Ais in terraciis juxta muros supra portam ejusdem castri, in presentia Petri Lautardi, prioris Guiniasie, Stephani de Bolc, conversi Durbonis, Poncii Monachi, Diensis ecclesie canonici, Stephani de Valentia, clerici ejusdem ecclesie. Hanc ipsam donationem ego W. Artaudi recognovi et feci in domo Durbonis, in claustro superioris habitationis : cujus rei testes sunt Rainerius, Johannes Fabri, procurator, Petrus Lautardi,

Petrus de Plos, Petrus de Castro Novo, Petrus Pectinati, Petrus de Devolodio, hi monachi ; Thomas, novicius ; conversi vero Lautardus, Rollandus, Ugo, W. Bonitori, Barnardus Becca, Julianus, Stephanus Becca, novicius ; Petrus Moterii, Bernardus Luceti, W. Arnaldi. Ut autem hec omnia et singula firmius et inconcussa bona fide in perpetuum observentur, ego W. Artaudi presentem paginam sigilli mei munimine roboravi (1).

En 1214, nous retrouvons Guillaume Artaud et son fils Isoard au château de Morges, où ils furent témoins, en compagnie de Didier, évêque de Die, et de plusieurs seigneurs, d'une donation faite à Durbon par Guigues Béranger : celui-ci se disposait à entreprendre un pèlerinage au tombeau des saints apôtres Pierre et Paul et voulait par cette pieuse libéralité se ménager les faveurs divines pour ce lointain et pénible voyage (2).

Peu de temps après, Guillaume Artaud se trouva mêlé à un épisode de la guerre des Albigeois, sur lequel nous reviendrons plus loin avec quelques détails ; nous voulons parler du siège de Crest par Simon de Montfort, en l'année 1217. On ne saurait douter qu'il ne s'agisse de notre seigneur d'Aix dans le passage, malheureusement trop laconique, que la *Chanson de la croisade* consacre à cet événement demeuré célèbre dans l'histoire de nos pays. La présence de Guillaume à ce siège s'explique naturellement : sa famille était alliée à celle d'Aimar de Poitiers, contre qui se portait tout l'effort des croisés, et l'on n'a pas oublié qu'il était par sa femme le neveu d'Arnaud de Crest. L'auteur de la chanson raconte que Simon franchit le Rhône avec des bateaux que lui fournit l'évêque de Viviers, et il ajoute : « Puis (Simon) entre à Mon-

---

(1) Archives des Hautes-Alpes. Fonds de Durbon. Original parch. de 36 lignes d'une grosse et belle écriture. Restes d'attaches de peau. Au dos : *De prima donatione Vallium*. (Communication de M. Paul Guillaume.)

(2) Le texte de cette charte est publié dans notre *Essai hist. sur Die*, t. I, p. 470.

« teil, où Lambert le conduisit. Il se dirigea vers le Crest-
« Arnaud et l'assiégea et en eut par capitulation maint bon
« baron prisé : Guillem Arnaut de Die au cœur généreux et
« Berbon de Murel avec sa suite. L'évêque de Die commit
« une bien mauvaise action lorsqu'il rendit le château qu'il
« tenait (1). »

Ce fut en l'année 1223 que Guillaume Artaud, ainsi qu'on a pu le lire plus haut, fut appelé, sans doute en vertu d'un testament, à recueillir le riche héritage de son neveu Hugues d'Aix, héritage qui comprenait la moitié des châteaux ou seigneuries d'Aix et de Molières, les châteaux de Ravel, de Borne, de Glandage et de Lus, avec tous leurs mandements. Cette succession fit naître un différend entre Guillaume et Bertrand, évêque de Die. On sait que le droit féodal prescrivait aux vassaux de renouveler entre les mains du seigneur, le serment et l'hommage à des époques déterminées, notamment chaque fois que le fief passait à un nouveau possesseur. L'évêque réclama l'hommage de Guillaume Artaud pour les diverses terres dont il venait d'hériter, alléguant que le précédent seigneur, Hugues d'Aix, les tenait en fief de Didier, évêque de Die, et lui en avait prêté hommage. Guillaume rejeta hautement les prétentions de l'évêque, disant à son tour que les affirmations du prélat n'étaient point conformes à la vérité. L'affaire devenait délicate; elle ne pouvait plus être tranchée que par une guerre ou par un arbitrage. Les parties

---

(1) P. Meyer, *La chanson de la croisade contre les Albigeois*. Paris, 1879, t. II (traduction), p. 295 ; t. I (texte), p. 241 :

> E intrec al Montelh on Lambert l'a menat ;
> Anec al Crest Arnaut e a l'asetiat,
> On ac per establida mot bon baro prezat :
> W. Arnaut de Dia ab fi cor esmerat,
> En Berbo de Murel mot be acompanhat :
> E l'avesque de Dia fetz gran malignitat
> Quel castel que tenia l'a rendut e livrat.

recoururent à ce dernier moyen et il fut convenu qu'on s'en rapporterait à la décision de Guillaume de Bourdeaux, doyen de Die, et de Rambaud d'Ozasèches. Après mûres délibérations, les deux arbitres réglèrent que Guillaume Artaud et ses successeurs seraient obligés de prêter hommage à l'évêque de Die, de lui jurer fidélité, d'assister à ses plaids et de marcher avec lui en cas de guerre. Isoard, fils de Guillaume, consentit à l'acte par lequel son père se soumettait à ces conditions et, comme il était émancipé, il déclara de plus renoncer en faveur de son père à tous les droits qu'il pourrait invoquer du chef de sa mère sur le château de Molières, afin que l'acte en question fût définitif et inattaquable. La charte constatant cet accord fut rédigée le 30 juin 1224 dans le jardin de l'évêché et scellée par l'évêque et le seigneur d'Aix (1).

Les chartes de Durbon rappellent encore, entre les années 1205 et 1230, diverses donations de Guillaume Artaud. Nous nous bornerons à reproduire le texte d'une de ces pièces, datée du 20 mars 1230, dans laquelle figurent Isoard et Pierre Isoard, les deux fils de Guillaume.

Anno ab incarnatione Domini M°. CC°. XXX°., mense madii, XIII° kalendas junii, Gregorio papa residente. Noverint universi, presentes et posteri, quod ego W. Artaudi donavi Deo et Garnerio, tunc priori Durbonensi, nomine domus accipienti, et fratribus predicte domus qui nunc sunt vel in posterum sunt futuri, pro remedio anime mee et antecessorum

---

(1) *Tituli Dienses*, p. 68-70. « ... Judices vero... cognoverunt quod d. Ugo d'Ays terram suam accepit in feudum a dom. Desiderio, Diensi episcopo, scilicet medietatem castri d'Ays et de Moleriis cum eorum mandamentis; item castrum de Revello, castrum de Borna, castrum de Glandagio et de Lunis, cum eorumdem mandamentis, item omnia feuda que dictus U. d'Ays habebat : ita scilicet quod pro dicta terra et feudis que a dicto U. d'Ays habebantur, hominium dicto episcopo fecit et fidelitatem et valentiam sibi juravit de placito et de guerra. Unde quia dictus W. Artaldi prefatam terram dicti Ugonis habet... »

meorum, dominium et proprietatem et omnia jura que michi competebant et que competere poterant in futurum in territorio castri de Montmaur a stricto passu de Montmau, ubi appellatur ad molendinum de Nermena, sicut dividit rivus de la Beos versus castrum de Clusa, quantum protenditur territorium dicti castri et conjungitur usque ab terminos Durbonenses; et ex alia parte sicut dividit territorium de Veene a montana de la Chalaiaia, sicut descendit versus Tumbarel usque ad dictum molendinum de Nermena. In hac vero donatione continetur quod ea que fratres predicte domus Durbonensis infra hos terminos adquirere poterint a vassalis sive a feudatariis, a militibus vel a rusticis, vel aliis hominibus quibuscunque, donatione, venditione, permutatione vel alio quocumque modo, libere habeant et possideant dicti fratres et absque ulla a nobis vel ab aliis exactione. Illud autem non inepte presentibus duximus inserendum quod ego W. Artaudi, in manu dicti prioris, promisi hec omnia et singula me in perpetuum servaturum et contra hec vel aliquod istorum non venturum, et si quis contra veniret promisi me defensurum. Et idem promisit et sacramento corporaliter presuto juravit filius meus Petrus Ysoardi. Actum est in domo Durbonis, inter ecclesiam et cymiterium, presentibus infra scriptis, quorum nomina sunt hec: Johannes Fabri, Thomas, Stephanus Temperii, Petrus Barchani, Petrus Ainardi, Johannes de Corvo, Petrus Regis, Garnerius, W. Goirandi, Jacobus Achardi, Arnaldus de Turnone, Raimundus Chaisne: hi monachi; Hugo Escofferii, W. Bontos, Hugo Bontos, Martinus, Peire Bachaza, Petrus Martore, Petrus Aloardi, Stephanus Achis, Raimbaldus Polla: hi conversi; Geraldus, donatus; W. Parrochie, canonicus Vapincensis; Falco de Veene, Rodolphus Bonifili, Arbertus Phasani, Gugo de Poi Boson, Bertrandus del Vilar, Hugo Rufi, tunc procurator domini W. Artaudi, Lambertus de Montbrant et W. Augerii de Montbrant, Philiponus, balisterius, W. Caulet, Petrus Carump, Gordonas, Raimundus Michaelis, Bachassa, Pontius de Bolc, Rotbertus, Geraldus Polleni, Johannes de Gap, Paragetus, Petrus Achardi, W. Balbi, P. Moreti, Petrus Baio, Geraldus Tauri, Raimundus Ursi, P. Janzandi, B. Rollandi, W. Jaufre, P. Jaufre, Petrus Rufi, Arnaldus Conversus. — Hanc eamdem donationem ego W. Artaudi recognovi post triduum in domo Guiniasie et filius meus Ysoardus huic donationi consentivit, laudavit et approbavit prestando juramentum super sancta evangelia in manu dicti prioris quod nunquam contra hanc donationem veniret, sed sicut melius et sanius intelligi potuit, ita modis omnibus se promisit supradicta inviolabiliter observaturum. Prior vero Durbonis et predicti fratres de voluntate sua dederunt michi

XXX^ta V libras viennensis et valentinensis monete et filio meo Ysoardo C solidos, quam summam recepit pro nobis Hugo Ros supradictus procurator. Actum est hoc in capitulo Guiniasie. Testes sunt isti: Lantelmus prior Guiniasie, P. Chais, Odo de Maenzac, P. de l'Escharena, G. Lautiers, Po. Rovors, Jo. Faias, Po. de Montmaur, Ugo Richaus, Asiers, Odo Galgars, Richaus, Jo. Archo, B. Maureuz, Vincencius, Ugo Ros, Garis de Revel, G. de Cornila, Umbertus Claveuz, Martinus conversus, P. Martore, conversus. Ut autem omnia et singula firmius et inconcusse bona fide in perpetuum observentur, ego W. Artaudi presentem paginam sigilli mei munimine roboravi, et rogavi ut sigillis domini W. Vapincencis episcopi, et domini B. Diensis episcopi presens pagina similiter muniretur (1).

Les derniers actes où il est fait mention de Guillaume Artaud sont de l'année 1239. Il fit hommage à l'évêque de Die, Humbert IV, le 21 février 1239 (n. s.), pour Treschenu, les Nonières et Archiane. En cette même année, et probablement non sans quelques difficultés, il reconnut tenir en fief de ce prélat le château et la terre de Châtillon (2).

Guillaume Artaud laissait deux fils, qui se partagèrent son

---

(1) Archives des Hautes-Alpes. Fonds de Durbon. Original parch. de 45 lignes 2/3, d'une belle écriture. Traces de trois sceaux ; il reste partie des attaches en peau du 1er, partie des tresses blanches, jaunes et grises du 3e, et un fragment du 2e, sur attaches de peau. Ce fragment en cire blanche de 35 sur 45 millimètres appartenait à un sceau d'au moins 60 millim. imprimé des deux côtés : d'un côté un casque (?) et autour (Sigillu)M VILLE(mi)... ; du côté opposé, château avec porte surmontée d'une tour plus petite. Au dos, mais d'une écriture du XVe siècle : *Donatio territorii de Vallibus facta per W. Artaudi, confirmata (per) dictum Vuillelmum et filium ejus Ysoardum, cum dominio sine ulla retentione.* (Nous devons encore communication de cette charte et de cette note à l'extrême obligeance de M. Paul Guillaume.) — Les chartes de Durbon, que nous publions ici pour la première fois, n'étaient cependant pas inconnues. Elles ont été utilisées par M. J. Roman pour un travail sur *Les derniers comtes de Die et la famille Artaud de Montauban.* Voir le *Bulletin de la Société arch. de la Drôme*, t. XX (1886), p. 367-73 et 426-33.

(2) Columbi, *Opuscula*, p. 299.

héritage : Isoard d'Aix, l'aîné, eut un certain nombre de châteaux et de terres dont l'ensemble prit le nom de baronnie de Châtillon ; Pierre Isoard, le plus jeune, garda les biens que sa famille possédait à Aix, ainsi que plusieurs fiefs dans le Trièves, à Gresse, Château-Bernard, Miribel, Esparron. Ces deux fils de Guillaume devinrent les chefs de deux puissantes familles, qui ont joué un rôle considérable dans les annales de la province : nous allons recueillir les faits principaux qui ont marqué leur existence et faire connaître sommairement quelques-uns de leurs descendants ; nous disons sommairement, car si nous entreprenions de raconter leur histoire, avec quelques détails, outre que nous sortirions complètement du cadre de cette étude, nous serions dans la nécessité d'écrire tout un volume.

A. Branche des seigneurs de Chatillon.

Isoard d'Aix, fils aîné de Guillaume Artaud, avait hérité non seulement de la baronnie de Châtillon, en Diois, mais encore d'un certain nombre de châteaux et de domaines, situés au diocèse de Gap et apportés en dot par sa mère. Aussi le voyons-nous dès l'année 1239 donner à Garnier, prieur de Durbon, des pâturages en Dévoluy et à la Cluse ; par le même acte, il confirme, non sans quelques difficultés, les libéralités faites autrefois par ses ancêtres, notamment par son père, à la Chartreuse, et s'engage à faire ratifier plus tard par son fils Raymond tout ce qu'il vient d'accorder aux moines. L'acte rappelle qu'il reçut à cette occasion trente livres viennoises, au moyen desquelles il se remit en possession du château de Montmaur.

Sciant presentes et posteri quod anno ab incarnatione Domini M°. CC°. XXX°. VIIII°. ego Ysoardus, filius domini Wⁱ Artaldi quondam, bone memorie, pro redemptione anime mee et parentum meorum, dono et concedo Deo et beate Marie Virgini et Garnerio, priori domus Durbonis, nomine ipsius domus accipienti, pascua animalibus fratrum Durbonensium per totam terram, quam in Devolodio habeo et teneo, vel in futurum possem acquirere a militibus de Peira vel ab aliis quibuscunque, in tota terra illa et etiam in territorio de Clusa, ratas et firmas habens omnes donationes quas homines mei fecerant vel alii facient in futurum de pascuis in dictis terris domui Durbonis, recognoscens et ratas similiter habens omnes donationes quas pater meus et omnes antecessores mei et homines terre mee fecerant domui Durbonis de pascuis per terram meam. Item, quia dicebam quod non placebat michi donatio quam fecerat pater meus dicte domui Durbonis de territorio de Vauz, scilicet a stricto passu Montis Mauri, ubi appellatur ad molendinum de Nermena, sicut dividit rivus de Labeos versus castrum de Clusa usque ad rochaz dez Normanz a parte que respicit en Lechaz, et ex alia parte sicut dividitur territorium Montis Mauri a territorio de Veeneto: ego, sana mente et puro animo et bona voluntate, absque omni dolo et fraude, laudo et confirmo donationem sive donationes, quas fecerat pater meus domui Durbonis de toto territorio de Vauz sub istis dictis terminis comprehenso. Promitto eciam me, bona fide, salvare et defendere dictam donationem sive donationes, pro posse meo, ab omnibus hominibus, et de cetero infra dictos terminos nunquam aliquid repetere, unde domus Durbonis posset inquietari vel molestari; immo si aliquid competebat michi infra hos terminos, jure vel causa dominii, sive possessionis, vel eciam ullo modo posset competere in futurum, totum causa elemosine donc, laudo et concedo dicto priori, sicut melius potest intelligi, ad ipsius domus Durbonis utilitatem. Preterea omnes donationes, quas fecerat pater meus et omnes predecessores mei domui Durbonis, generaliter et specialiter concedo, laudo et confirmo. Insuper promitto me firmiter et inviolabiliter observaturum in perpetuum et nunquam per me vel per aliquam personam interpositam contra venturum, et totam domum et res et possessiones ejusdem domus, pro posse meo, promitto me bona fide salvaturum et defensurum. Actum est hoc in villa Montis Mauri, prope turrem P. Raimundi in presentia domini Osasecha. Ego Ysoardus juravi super sancta evagenlia, in manu ipsius Osasecha, qui juramentum recepit pro domo Durbonis, omnia ista me inviolabiliter observaturum. Testes qui vocati et rogati fuerunt sunt isti: P. de Breta, Odo de las Chesas, Marchis de Spina, Ar. Faisas. Lam. de Trisoaut, W. de Claret, prior Montis Mauri, Gi. sacerdos, P. Laurenz, W. de Chesas, W. Arbertz, Saureuz, P. Blancs, Ri. de l'Escharena, Boso de Veene, Bornos, Dius, Rai. de las Chesas, Umberz Rotllena, Gi. Maureuz, P. Arberz, P. Bachaza, W. Bostos. Ut autem omnia ista firma essent in perpetuum, ego Ysoardus presentem cartam sigillo meo sigillavi et ad majorem firmitatem rogavi dominum Rotbertum, Vapincensem episcopum, et dictum Osasecha ut sigilla sua similiter apponerent huic carte. Filium autem meum, Raimundum nomine, promisi omnia ista juraturum et observaturum. Et domus Durbonis donavit michi XXX libras Viennensium, de quibus redemptum fuit castrum Montis Mauri (1).

Isoard d'Aix avait épousé Dragonette de Montauban, qui lui avait apporté en dot des châteaux et diverses terres dans les diocèses de Die et de Vaison. De ce mariage étaient nés deux enfants : une fille appelée Malberjone, du nom d'une de ses tantes Malberjone d'Aix, et un fils qui est ce jeune Raymond, que nous venons de voir figurer dans la pièce précédente et que les chartes posterieures appellent Raymond de Montauban. En l'année 1239, le baron de Châtillon donna sa fille en mariage à Raymond Ier de Baux, prince d'Orange, fils de Guillaume Ier de Baux et d'Ermengarde de Mévouillon : celle-ci se rattachait par des liens de parenté à la famille de Montauban. La dot de la jeune princesse d'Orange fut constituée par acte du 17 juin 1239 et comprit la plupart des châteaux et des fiefs que Dragonette de Montauban sa mère tenait de ses parents : c'étaient les châteaux et seigneuries de Condorcet, de Montjoux, de Teyssières, d'Aubres, de Venterol, de Noveysan, de Rocheblave et de Marsanne avec leurs territoires et dépendances. Malberjone reçut en outre 10,000 sous de Viennois (2). En donnant à sa fille les terres que nous venons d'énumérer, Isoard voulait se décharger de lourdes

---

(1) Archives dép. des Hautes-Alpes ; fonds de Durbon, original parch. de 29 lignes et 1/2, d'une grosse et belle écriture. Au bas, sur trois attaches de peau blanches, fragments de trois sceaux. Communication de M. P. Guillaume. — Voir la description du sceau d'Isoard d'Aix, dans : J. Roman, *Sigillographie du dioc. de Gap*, Grenoble, 1870, in-4°, p. 147, et planche XX, n° 83.

(2) Dr L. Barthélemy, *Inventaire chronologique et analytique des chartes de la maison de Baux*, Marseille, 1882, in-8°, p. 79, n° 280.

préoccupations et se mettre en mesure de repousser avec succès les revendications que pourrait un jour exercer Dragonet de Montauban, un neveu de sa femme. Mais pour l'intelligence des événements que nous avons à signaler, il est nécessaire d'entrer ici dans quelques détails généalogiques, qui ne seront peut-être pas sans intérêt pour le lecteur.

Le 14 octobre 1201, l'abbesse de Saint-Césaire d'Arles donnait à Dragonet, seigneur de Montauban, et à Raymond de Montauban, son fils, les droits qu'elle avait sur quelques feudataires nobles de Vinsobres (1). Dragonet, qu'un acte cité plus loin appelle Dragonet de Montdragon, avait sans doute épousé une héritière des Montauban, ce qui explique le nom porté par son fils. Il fut aussi le père de Dragonette de Montauban, l'épouse d'Isoard d'Aix. En l'année 1214, il eut avec les Mévouillon un grand procès, au sujet de quelques seigneuries, dont on lui contestait les droits de propriété : l'affaire fut heureusement terminée le 1er mai de cette même année, grâce à la médiation de Guillaume de Baux, qui réussit à faire accepter aux deux parties les conditions d'une paix définitive. Nous avons encore le texte de la sentence prononcée à cette occasion ; on y trouve quelques précieux renseignements pour l'histoire de ces familles illustres. Raymond III de Mévouillon, agissant en son nom et au nom de Saure, son épouse, fille de Guillaume-Jourdain de Fay, seigneur de Mézenc, et de Météline de Clérieu, réclamait à Dragonet et à Raymond de Montauban, son fils, la moitié du château de Valréas et de ses dépendances, la moitié des châteaux de Montbrison et de Rossieu, la quatrième partie de Cairanne,

---

(1) Bibliothèque de Grenoble. Ms. U, 486, f° 65. — Dans une sentence arbitrale de juin 1201, Dragonet de Saint-Pasteur, Fontin de St-Just, Pierre de Sérignan et Gérard de Pierrelatte, sont déclarés vassaux de Dragonet de Montdragon et de Guillaume Artaud, seigneur de Montauban. (*Inventaires des archives des Dauphins*, en 1346, n° 1436. — Cf. LACROIX, *L'arrondissement de Montélimar*, t. VII, p. 19.)

le fief de Guillaume de Mirabel et quelques autres terres d'une importance secondaire : ces châteaux et ces domaines, ainsi que l'affirmait Raymond, avaient appartenu à Mételine, sa belle-mère et Guillaume-Jourdain son époux en avait eu l'administration. Raymond réclamait encore le Pègue, disant que ce château avait appartenu à Roger de Cléricu, père de Mételine et aïeul de Saure. D'autre part, Dragonet, en son nom et au nom de Raymond de Montauban, son fils, rappelait que Sibuida, aïeule de ce dernier, était la sœur de Raymond II de Mévouillon, père de Raymond III de Mévouillon, partie dans le procès : que cette dame n'avait jamais rien reçu de l'héritage de ses parents, ni comme dot, ni à aucun autre titre ; il était donc de toute justice, ajoutait-il, de leur abandonner, à lui et à Raymond son fils, comme payement de la dot de Sibuida, les châteaux et les terres dont ils s'étaient mis en possession. Guillaume de Baux déclare qu'il a pesé longtemps les raisons alléguées de part et d'autre, et que n'osant, dans une affaire aussi importante, se fier à ses seules lumières, il a consulté Bernon, évêque de Viviers, Ripert, évêque de Vaison, et D., abbé de Sénanque. Après avoir ainsi étudié le cas avec tout le soin possible, il donne gain de cause à Dragonet et à Raymond de Montauban, son fils, les maintenant dans la possession des châteaux énumérés, les obligeant toutefois à rendre aux Mévouillon le château de Saint-Marcellin (1). »

---

(1) Archives de l'Isère, B, 3159. « In nomine..., anno incarnationis ejusdem M°. CC°. XIIII°, 1° Kal. madii, Othone et Frederico inter se de imperio confligentibus, controversia vertebatur inter Draconetum nomine suo et Raimundum de Monte Albano, filium ejus, ex una parte, et Raimundum de Medullione, nomine suo et nomine Saure uxoris sue, ex altera parte, litigantes in manu domini Wuillelmi de Baucio. Petebat siquidem predictus Raimundus de Medullione, nomine dicte Saure uxoris sue, a Draconeto et Raimundo de Monte Albano, filio suo, medietatem dominationis et honoris quam predictus Draconetus vel filius ejus predictus in castro de Vairias... tenet... vel alii tenent... nomine eorum,

Raymond de Montauban ne survécut pas à son père ; il laissa un fils, Dragonet de Montauban, et une fille, Bonafos, qui devint prieure de Saint-Césaire de Nyons (1). Dans des analyses d'actes concernant les Montauban, analyses faites par Chorier et conservées à la Bibliothèque de la ville de Grenoble, nous trouvons un résumé du testament de Drago-

---

et medietatem Montisbrisonis quam predictus Draconetus vel filius ejus prefatus tenet vel possidet, et medietatem Crillonis... et totum castrum de Rossieu... et quartam partem Cairane... et dominationem Willelmi de Mirabel et duas condaminas, quarum una est *al roure bel* et alia ad *Mesolon*, et Giraldum Fabrum cum suo tenemento, et hec omnia petit ideo quia dicit ea fuisse Meteline, matris Saure uxoris sue, scilicet Raimundi de Medullione et dicit quod hec omnia predicta tenuit et habuit predicta Metelina et maritus suus Wuillelmus Jordanus de Fains, pater uxoris predicte. Item petit Opigum, nomine suo et nomine Saure uxoris sue predicte, dicens quod predictum castrum fuit Rogerii de Claireu, avi predicte Saure, uxoris ipsius scilicet Raimundi de Medullione. E contra, Draconetus, nomine suo et filii sui Raimundi de Monte Albano, et ipse Raimundus similiter dicebant quod Sibuida fuit avia predicti Raimundi de Monte Albano et soror Raimundi de Medullione, patris istius Raimundi de Medullione qui litigat, et eam nichil de bonis patris sui vel matris sue habuisse, unde illud quod de bonis patris vel matris ipsius Sibuide ad ipsam Sibuidam pertinebat vel pertinere debebat predictus Draconetus et predictus filius ejus ex causa successionis avite petebant. Sane super prefata controversia... predicte partes... in me Wuillelmum de Baucio, tanquam in judicem ordinarium, convenerunt... Auditis igitur allegationibus..., prefate controversie... finem impono in hunc modum : Draconetus et filius ejus Raimundus de Monte Albano universa et singula que Raimundus de Medullione petebat ab eis, nomine suo vel uxoris sue, habeant, retineant... Ad hec Raimundus de Medullione et heredes ejus habeant... quicquid Draconetus et filius ejus Raimundus a Raimundo de Medullione superius petebant... Et ego idem Wuillelmus de Baucio sepedictus precipio quod, ex causa predicte compositionis..., Draconetus... et Raimundus filius ejus dent in perpetuum Raimundo de Medullione quicquid habent in castro de Sancto Marcellino... Factum fuit hoc apud Vasionem. Testes interfuerunt B., Vivariensis episcopus, R. Vasionensis episcopus, et D., abbas Sinaci... »

(1) Dr BARTHÉLEMY, op. cit., p. 129, n° 449.

net (de Montdragon), daté du 18 janvier 1232 (n. s.), dans lequel, après avoir mentionné Dragonette, sa fille, épouse d'Isoard d'Aix, il institue pour son héritier universel Dragonet de Montauban, fils de feu Raymond, son fils (1). Quatre ans plus tard, dans le but sans doute d'empêcher le démembrement de la baronnie, Dragonet de Montdragon se dépouillait de tous ses biens en faveur de son petit-fils et lui en faisait une cession pleine et entière par un acte de donation entre vifs qui porte la date du 18 janvier 1236 (n. s.) (2). Il mourut peu de temps après. Que se passa-t-il entre Isoard d'Aix et Dragonet de Montauban, à la suite de ces événements ? Nous ne sommes pas en mesure de le dire, mais en voyant le jeune Dragonet protester contre l'occupation de certaines terres par Isoard, on peut conjecturer que celui-ci, après la mort de son beau-père, s'était mis en possession de ce qu'il estimait être la portion légitime de son héritage. Ces biens, dont la propriété lui était contestée, devenaient pour lui une source d'inquiétude et nous croyons n'être pas téméraire en avançant que ce fut pour se créer au besoin un appui, un allié qu'il les transmit au prince d'Orange, en lui donnant en mariage sa fille Malberjone.

---

(1) Bibliothèque de Grenoble. Ms. U, 486, f° 65.
(2) Archives de l'Isère, B, 3159 : « Noscant presentes et posteri quod anno Dominice incarnationis millesimo ducentesimo tricessimo quinto, XV kalendas februarii, Domino Frederico, Dei gratia Romanorum imperatore et semper Augusto regnante, Nos Draconetus de Monte Dracone, non errans... dono tibi Draconeto, nepoti meo, filio scilicet quondam Raimundi de Monte Albano, filii mei, donatione inter vivos mera et irrevocabili, omnia jura mea, et bona, et seignorias ubicunque sint et quecunque, et quanticunque adeo quod si donatio ista videretur immensa et D. excederet aureos, insinuatione non indigeat et nullo jure... valeat irritari... Concedo etiam plenissimam potestatem ut auctoritate tua possessionem vel quasi ingrediaris omnium predictorum... Et ad perhennem hujus rei memoriam presentem cartam, per manum Elisarii notarii mei scriptam, bulla mea plumbea per ipsum notarium roborari precepi. Acta fuit in camera dicti domini apud Valriacum... »

Quoiqu'il en soit, dès l'année 1239, on pouvait s'attendre à voir une guerre éclater entre les familles d'Aix et de Montauban. Le jeune Dragonet commençait à se révéler avec une hardiesse, une violence de caractère, qui faisait aisément prévoir une lutte prochaine. Il n'avait pas craint de s'attacher au comte de Toulouse, réputé alors pour fauteur des hérétiques. Le 15 juillet 1240, Zoen Trencari, vicaire du cardinal légat Jacques de Préneste, le comprit dans la sentence d'excommunication lancée contre ce prince et quelques-uns de ses partisans : on leur reprochait d'avoir violé tous leurs serments, d'avoir favorisé les ennemis de l'Eglise en attaquant l'archevêque d'Arles et le comte de Provence, comme aussi de s'être rendus coupables de vols et de désordres dans beaucoup de lieux du Comtat, notamment à Avignon, à Barbantane et à Vaucluse (1). L'année suivante, il tournait ses armes contre Isoard d'Aix et son gendre Raymond de Baux. Il ne nous est malheureusement parvenu qu'un très petit détail touchant ces tristes démêlés ; mais il suffit pour nous laisser entrevoir que le sort des armes ne dût point être favorable au baron de Châtillon. Comme il s'était un jour réfugié dans le château de Condorcet, il y fut tout à coup assiégé par Dragonet et se vit dans la nécessité de prendre la fuite, pour ne point tomber entre les mains de son ennemi. Cette guerre se termina l'année suivante. Les deux partis, las de la lutte, firent un compromis et déclarèrent, pour le règlement de leurs difficultés, s'en rapporter à la sagesse de Raymond IV de Mévouillon, dit l'Ancien. Celui-ci les cita à comparaître devant lui au château de Treschenu, dans le Diois, le 3 mai 1242, à l'effet d'y entendre la sentence qui devait mettre fin à cette déplorable querelle. Au jour marqué, Dragonet ne comparut point en personne, mais se fit représenter par un fondé de pouvoirs,

---

(1) Elie Berger, *Les Registres d'Innocent IV*. Introduction, p. XLVIII. — D' Barthélemy, op. cit., p. 81, n° 287.

Gaucelin de Laurac. Le jugement de l'arbitre fut en sa faveur. En conséquence, Dragonette de Montauban, épouse d'Isoard d'Aix, Raymond de Montauban, son fils, et Malbérione, sa fille, épouse du prince d'Orange, renoncèrent formellement à toutes les prétentions soulevées par eux, à titre de succession, de dot et d'échange, sur les châteaux et les terres, objets du litige ; puis le même jour, par un acte spécial, ils firent à Dragonet de Montauban, représenté par son procureur, une cession pleine et entière des châteaux de Montjoux, de Teyssières, de la Bâtie de Pierre Roux, d'Aubres, de Venterol, de Noveysan et de Rocheblave, avec leurs mandements et dépendances. Isoard d'Aix et Raymond de Baux s'engagèrent en outre à renoncer à toutes poursuites contre Dragonet, à l'occasion des dommages faits par celui-ci lorsqu'il attaqua à main armée le château de Condorcet et en chassa honteusement le seigneur de Châtillon. Tout ceci se passa devant de nombreux témoins, dont les noms figurent dans l'acte. Enfin Humbert, évêque de Die, Raymond de Baux, prince d'Orange, Isoard d'Aix et l'arbitre Raymond de Mévouillon apposèrent leurs sceaux à la charte, qui fut écrite et signée par le notaire Bonami (1).

---

(1) Archives de l'Isère, B, 3638. « Manifestum sit... quod anno M°. CC°. XL°. II°., V° nonas madii, ad postulationem Gaucelini de Laurac, ad infra scripta facienda et recipienda procuratoris specialiter instituti a domino Draconeto de Monte Albano, compromissum quod fuit factum inter dominum Raimundum de Baucio, principem Aurasice et valitores suos ex una parte et dominum Draconetum de Monte Albano et valitores suos ex altera super mutuis controversiis... in dominum Raimundum de Medullione Majorem de communi consensu arbitrum et arbitratorem... et compositio seu compositiones... universa mandata... fuerunt lecta et diligenter intellecta a domina Draconeta, filia quondam domini Draconeti de Monte Albano et uxore domini Isoardi de Ays et coram domino Raimundo de Monte Albano, filio domini Isoardi et domine Draconete, et coram domina Malboriona, filia domini Ysoardi et domine Draconete, uxore domini Raimundi de Baucio, quorum videlicet... tenor talis

Durant les années 1242 et 1243, le nom d'Isoard d'Aix se retrouve plusieurs fois dans les chartes de Bertaud, monas-

---

est : Dominus Raimundus de Baucio, princeps Aurasice, pro se et hominibus suis... et pro valitoribus suis specialiter pro domino Dalmatio de Castro Novo, ex una parte, et dominus de Monte Albano... ex altera, volentes plenum facere compromissum de omnibus petitionibus... dampnis datis, de treuga fracta et rebus aliis compromiserunt in dominum Raimundum de Medullione arbitrum... sub obligatione omnium bonorum suorum et sub pena V milia marcharum argenti........ — Preterea domina Draconeta, Raimundus de Monte Albano et domina Malboriana, ex causa predicte compositionis,... remiserunt dicto G. de Laurac, procuratori domini Draconeti de Monte Albano..., omne jus et omnem actionem, quod et quam habebant vel habere debebant et ex causa successionis, dotis, permutationis... in castro de Monte Jovis et de Tesseriis et in castro Bastie Petri Rufi et in castro de Arboribus et in castro de Ventoirol et in castro de Novaisano et in castro de Rupe Blava et in eorum territoriis et tenementis. Item... omne jus et omnem actionem... contra dominum Draconetum pro fructibus perceptis in castro de Condorces et de rebus inventis et amissis in predicto castro, tempore invasionis quam d. Draconetus fecit vel dicitur fecisse in castro de Condorces, quando dominus Ysoardus de Ays fuit dejectus de possessione dicti castri de Condorces et illi qui erant in predicto castro pro dicto domino Ysoardo de Ays, et penam legalem quam d. Draconetus poterat conveniri et erat obligatus domino Raimundo de Baucio et aliis predictis pro predicta invasione et ablatione castri de Condorces. Quod autem omnia predicta universa et singula... juraverunt... Actum apud Trescanutos, in presentia testium subscriptorum, videlicet Raimundi de Blacos, Bertrandi de Blacos, Latgerii de Monte Jovis, Guill. d'Aucello..... Nos Humbertus, Dei gratia Diensis episcopus, et R. de Baucio, princeps Aurasce, et Ysoardus d'Ays, et R. de Medullione, predictus arbiter, ad preces utriusque partis, presentem cartam sigillorum nostrorum munimine roboramus... » — Dragonet de Montauban, seigneur de Montauban et de Montdragon, fut un des plus grands princes de son temps. En 1244, il figure dans le contrat de mariage d'Amédée de Savoie et de Cécile de Baux, en qualité de garant des promesses faites alors par Raymond, comte de Toulouse (TEULET, *Layettes du trésor des chartes*, t. II, p. 542). L'année suivante, il épousa Almuse de Mévouillon, fille de Raymond III et de Saure de Fay : il lui fallut une dispense de parenté du quatrième degré, dispense que lui accorda le prieur des Dominicains d'Avignon, délégué du pape, le 13 décembre 1245 (Bibliothèque de Grenoble. Ms.

tère de chartreusines, au diocèse de Gap ; mais les faits qui

U, 486). Sa femme lui apportait en dot un certain nombre de terres, dont nous trouvons l'énumération dans une charte du 18 juin 1252, par laquelle Raymond IV de Mévouillon, son beau-frère, reconnaît que les châteaux suivants ont été attribués en dot à Almuse, par leur père commun : les Piles, Montolieu, Rochebrune, Aulon, St-Marcellin, Roche-St-Secret et Blacons (Archives de l'Isère, B, 3639). Comme seigneur de Valréas, il fit faire une enquête en 1248 contre les juifs de cette localité, accusés du meurtre d'une petite fille, ce qui donna lieu à une série d'événements regrettables, dont on peut lire le récit dans : ELIE BERGER, *Les Registres d'Innocent IV.* Introduction, p. 218. Le 22 mars 1278 (n. s.), il reçut l'hommage de Guillaume Falcon, seigneur d'Odefred, qui reconnut tenir de lui en fief cette terre et la 5ᵉ partie de Venterol. Il mourut cette même année, laissant deux filles : Randone, qui suit ; et Dragonette, qui épousa en premières noces Bertrand de Baux, des seigneurs de Pertuis, mort jeune et sans enfant, après avoir testé le 13 avril 1274, et en secondes noces Giraud Adhémar, seigneur de Rochemaure et co-seigneur de Montélimar (BARTHÉLEMY, op. cit., p. 165, nᵒ 578, et suppl., nᵒ 15). Dragonette fit son testament le 27 janvier 1291 en faveur de son dernier mari, Giraud, avec des legs aux religieuses d'Aleyrac et de Bouchet, aux églises de Sainte-Croix, de N.-D. d'Aigu, etc., aux œuvres des ponts d'Aigu et du Fust à Montélimar, etc. Elle voulut être ensevelie chez les Franciscains de Valréas, dans la tombe de Randone, sa sœur. (*Archives de M. Morin-Pons*, nᵒ 8). — Randone de Montauban fut héritière de la baronnie. Le 13 novembre 1278, l'année même où elle recueillait l'héritage de son père, elle fit hommage, avec son mari Raymond Geoffroy, seigneur de Castellane, au dauphin Jean Iᵉʳ, et reconnut tenir de lui en fief : Montauban, Montguers, Ryons, Saint-Auban, Sainte-Euphémie et Vercoyran. Elle renouvela ce même hommage le 7 juillet 1283 en faveur de la dauphine Anne et d'Humbert Iᵉʳ, son époux. Devenue veuve une seconde fois, elle abandonna, par un acte de donation entre vifs, du 2 novembre 1284, la baronnie de Montauban à Ronsolin de Lunel, son fils unique, qu'elle avait eu d'un premier mariage avec Gaucelin, seigneur de Lunel (Archives de l'Isère, B, 3159; VALBONNAYS, t. II, p. 118). Le 7 janvier 1292 (n. s.), Ronsolin, seigneur de Lunel et de Montauban, faisait hommage au dauphin Humbert Iᵉʳ pour Montauban, Ryons, Montguers, Sainte-Euphémie et Vercoyran (*Inventaire des archives des Dauphins en 1346*, nᵒ 1304). Il avait épousé Béatrix de Genève, sœur d'Amédée, évêque de Die, et d'Aimon, évêque de Viviers,

s'y rattachent sont d'une importance secondaire (1). Des documents d'un plus grand intérêt sollicitent maintenant notre attention.

Le traité conclu à Treschenu entre Dragonet de Montauban et la famille d'Aix avait enlevé, comme nous l'avons dit, au prince d'Orange les biens qu'Isoard avait donnés en dot à sa fille Malberjone. Le seigneur de Châtillon dut songer à procurer à son gendre une juste compensation. Il résolut donc de faire lui-même le partage de ses biens entre ses deux enfants : il destina, pour la part de Raymond son fils, toutes les propriétés qu'il avait au diocèse de Gap; quant à Malberjone, l'aînée de ses enfants, il voulut lui assurer la baronnie de Châtillon et ses dépendances. La cession de cette baronnie se fit bientôt après de la manière la plus solennelle, afin de donner à cet acte important toutes les garanties possibles de stabilité, car on prévoyait déjà que Raymond, jeune encore, pourrait bien un jour trouver le partage inégal et revendiquer des droits sur la part assignée à sa sœur. Le 16 août 1246, les chanoines de Die, seigneurs suzerains de Châtillon, se réunissaient capitulairement dans une des salles du palais épiscopal de Die, sous la présidence de Jean de Bernin,

---

et n'en eut pas d'enfant. Ainsi privé d'héritier et sentant la mort approcher, il fit son testament en 1294, suivi bientôt après d'un codicille où il énumère toutes les bonnes œuvres qu'il veut être faites pour le repos de son âme (Archives des Bouches-du-Rhone, B, 397 et 1088 ; — Archives de l'Isère, B, 2997 et 3022). Il désigna pour son héritier universel Hugues Adhémar de Monteil, son oncle. Mais ce dernier, trouvant la succession chargée de beaucoup trop de dettes, se vit dans la nécessité, au bout de quelques années, de céder ses droits au Dauphin; ce qui eut lieu, non sans de longues contestations de la part de Charles II, roi de Sicile et comte de Provence. Voir sur ces événements : Archives des Bouches-du-Rhône, B, 1088. — VALBONNAYS, t. I*r*, p. 260-1, et t. II, p. 115-23; — H. DE PISANÇON, *Etude sur l'allodialité dans la Drôme*, Valence, 1878, p. 268-75.

(1) PAUL GUILLAUME, *Chartes de N.-D. de Bertaud*, Gap, 1888, in 8°, p. 35, 38, 301.

archevêque de Vienne : à cette assemblée se trouvèrent présents Arbert de Foillans, sacristain de Die, Arbert de Chabeuil, sacristain de Romans, Fromond de Morges, Guillaume de Marignac, Raimbaud d'Arces, Odon de Mensac, Jean d'Aspres, Hugues Brun, Amblard de la Tour, Mallen de Puy-Boson, Guillaume Ruine, Pierre Ruine, Bertrand de Beauregard, tous chanoines de Die. Isoard d'Aix parut devant eux, comme devant ses seigneurs suzerains *(coram ipsis canonicis predictis... pro tribunali sedentibus et judicialem auctoritatem et pres(id)entialem potestatem habentibus)*, et leur déclara qu'il abandonnait d'une manière définitive et irrévocable à son gendre Raymond de Baux, prince d'Orange, la totalité de la baronnie de Châtillon, s'en réservant toutefois la jouissance et les revenus durant sa vie. Il fit l'énumération détaillée des châteaux et des terres qui composaient cette baronnie : elle comprenait, outre le bourg fortifié de Châtillon, les châteaux de Ravel et de Mensac, celui de Treschenu et la vallée de ce nom, le fief de Boulc, le mandement et le col de Glandages *(mandamentum et colletum de Glandaies)*, le château de Borne, Grimone, Creyers, Bonneval, la bâtie de Beauvoir et celle de Percy. A ces vastes domaines dont il cédait la propriété, Isoard ajoutait encore ses possessions de Valdrôme. On n'eut garde d'oublier les formalités juridiques en usage à cette époque pour donner à l'acte une valeur absolument inattaquable. Enfin les chanoines de Die, attentifs à sauvegarder leurs propres intérêts, ne manquèrent pas de profiter de l'occasion pour obtenir d'Isoard une sorte de dénombrement des fiefs qu'il tenait du chapitre : celui-ci reconnut donc qu'il leur devait foi et hommage pour les châteaux de Châtillon, de Treschenu et de Mensac, pour Creyers, les Nonnières, Archiane et toutes les autres terres précédemment nommées. L'acte rédigé par Rostaing Benoît, notaire d'Orange, se termine par une énumération de nombreux témoins, parmi lesquels nous remarquons Pierre Passemar, archiprêtre de Crest. L'archevêque de Vienne, le prince d'Orange, et le seigneur de Châtillon apposèrent leurs sceaux à cette pièce importante (1).

Un peu moins de deux ans après cet événement, le 29 mars 1248, Isoard d'Aix émancipait son fils, le jeune Raymond. Cet acte s'accomplit à Die, dans le palais épiscopal, en présence de l'évêque Amédée de Genève, du sacristain Arbert de Foillans, et de plusieurs chanoines. Dans cette même circonstance, Isoard donne à son fils la propriété des châteaux et mandements de Boulc, du collet de Glandage, de Borne, de Grimone, de Bonneval, de Luce, de Biochau, de Montbrant, de la Baume-des-Arnaud, de la Cluse, de Montmaur et de Dévoluy. Il se réserve l'usufruit de toutes ces terres, à l'exception toutefois des châteaux de Dévoluy, de la Cluse et de Montmaur, dont il veut bien lui laisser d'ores et déjà l'administration et les revenus (2).

Raymond de Montauban se mit aussitôt en possession des terres que son père consentait à lui laisser administrer. Ses débuts ne nous le font pas connaître sous un jour favorable. On voit qu'il eut avec les moines de Durbon des querelles assez sérieuses, au point que ces religieux sollicitèrent et obtinrent du Dauphin Guigues VI, le 4 mai 1248, des lettres de sauvegarde contre les entreprises de Raymond et celles de Guillaume Artaud (seigneur d'Aix, son cousin) (3). Le 7 octobre de la même année, il détacha quelques terres de la seigneurie de Montmaur, qu'il vendit aux chartreusines de

---

(1) Archives de l'Isère, B, 3521. Nous avons donné ce document dans notre *Essai historique sur la ville et l'Eglise de Die*, t. Ier, p. 484-9.

(2) Paul Guillaume, *Chartes de N.-D. de Bertaud*, p. 51, n° 57.

(3) Archives de l'Isère, B, 2002, f° 136. « ..Cum nos ex potestate nobis a Deo commissa, teneamur pia loca... defendere... et precipue domum sanctam Cartusie tam in capite quam in membris, quam nos affectuose tenemur diligere et quondam nostri perfectius dilexerunt...., domum de Durbone... in nostra securitate defensione... recipimus... Datum apud Bellum Montem IIII nonas maii, anno Domini millesimo CC° quadragesimo octavo, indictione sexta. »

Bertaud. Comme ces territoires relevaient du fief de l'Eglise de Gap, l'évêque Robert dut donner son consentement à la vente. L'acte rédigé à cette occasion ne manque pas de rappeler que Raymond avait été émancipé et se trouvait par là même dans les conditions requises pour pouvoir aliéner une portion de ses domaines (1).

Si le lecteur prend la peine de comparer entre elles les donations faites par Isoard d'Aix à son fils et à son gendre, il remarquera que plusieurs terres, comme Boule et Glandage, figurent au même titre dans les deux actes. Le seigneur de Châtillon, prévoyant le mécontentement de son fils, aurait-il voulu, pour augmenter sa part, revenir sur la cession consentie précédemment en faveur du prince d'Orange? Nous n'avons à cet égard aucune donnée positive ; nous savons seulement que le partage qui avait eu lieu donna bientôt naissance à de tristes querelles, qui assombrirent les dernières années d'Isoard d'Aix. Une véritable guerre finit par éclater entre Raymond de Montauban d'une part, Isoard d'Aix et Raymond de Baux de l'autre : les choses furent poussées à un tel excès que Raymond ne craignit pas de marcher les armes à la main contre son père. Un pareil attentat autorisait Isoard à user de toutes les rigueurs des lois féodales. Aussi, par un acte public et solennel, le 11 novembre 1261, il déclara deshériter son fils pour avoir manqué à la foi jurée, pour avoir marché contre lui et ses amis les armes à la main, et pour s'être emparé violemment de ses biens. Puis, par le même acte, il déclara léguer en augmentation de dot à sa fille Malberjone, épouse du prince d'Orange, tous les châteaux et tous les domaines qu'il avait autrefois cédés à ce fils coupable (2).

Isoard d'Aix, seigneur de Châtillon, mourut peu de temps après. Il n'eut pas la joie de voir la paix et la concorde renai-

---

(1) *Chartes de N.-D. de Bertaud*, p. 58, n° 61.
(2) D\` Barthélemy, *Inventaire des chartes de la maison de Baux*, n° 463.

tre au sein de sa famille, car ce ne fut que cinq ans plus tard, le 16 juin 1266, qu'une sentence arbitrale, rendue au Buis par Raymond d'Agoult, seigneur de Luc, réussit à mettre un terme à ces tristes démêlés. L'arbitre nommé déboute les parties de leurs demandes réciproques et déclare que les châteaux de Châtillon et de Condorcet appartiendront à Raymond de Baux, à son épouse Malberjone et à leurs descendants ; que les châteaux de Montmaur et de Volvent sont attribués à Raymond de Montauban, qui tiendra en fief sous la suzeraineté du prince la seigneurie de Boulc, donné à son épouse en augmentation de dot, et que le restant dû de la dot de Malberjone sera à compenser avec la demande faite par Raymond de Montauban d'une partie de la dot de Dragonette sa mère, assignée sur le château de Châtillon. L'acte constate ensuite que les deux parties acceptèrent la sentence (1).

Le sceau de Raymond de Montauban est appendu à une charte de 1256, par laquelle ce seigneur confirme diverses donations faites au monastère de Durbon par Bruno de Montmaur (2). Nous trouvons son nom parmi ceux des témoins du traité conclu le 17 juillet 1257 entre Charles d'Anjou, comte de Provence, et le dauphin Guigues VI, touchant l'hommage du Gapençais (3). En 1270, Raymond prit part à la dernière croisade de St Louis et accompagna le roi de France dans son expédition contre Tunis (4). Le 12 septembre 1278, agissant

---

(1) Dr Barthélemy, op. cit., n° 513.
(2) J. Roman, *Sigillographie du dioc. de Gap*, p. 147.
(3) Valbonnays, t. Ier, p. 205 ; — Brisard, *Histoire généalogique de la maison de Beaumont*, Paris, 1779, in-f°, t. II, p. 12.
(4) Raymond de Montauban, durant le cours de la croisade et pendant son séjour en Afrique, perdit la matrice de son sceau. Elle a été retrouvée dernièrement en Tunisie, pendue, en guise d'amulette, au harnachement du cheval d'un chef arabe. Elle est venue rejoindre dans les collections de M. Chaper, à Grenoble, tant de si précieuses antiquités dauphinoises qui s'y trouvent réunies. Cette découverte a fait

au nom de Guillaume Artaud, il rendit hommage pour la seigneurie d'Aix au dauphin Jean Ier (1). Le dernier acte, à notre connaissance, qui le concerne directement, est une ligue offensive et défensive qu'il fit le 5 février 1280 (n. s.) avec Didier de Sassenage, Guillaume Artaud, seigneur d'Aix, Aynar de la Tour, seigneur de Vinay, Gilet Alleman, Guigonnet Alleman, François et Hugues de Sassenage, et Lantelme de St-Quentin (2).

Raynaud de Montauban, son fils, lui succéda dans la seigneurie de Montmaur. Nous ne donnerons qu'une analyse rapide de quelques actes pouvant servir à l'histoire de ce personnage. En l'année 1281, il fit un compromis avec Guillaume, prieur de Durbon, à la suite duquel il dut confirmer aux chartreux toutes les donations qui avaient été faites par ses prédécesseurs. Les cas où il pourrait exercer sa juridiction seigneuriale furent ensuite soigneusement précisés (3). Quelques années après, en 1287, intervint un nouvel accord entre le seigneur de Montmaur et les moines, au sujet de certains droits de pâturage sur le territoire d'Aiguilles (4). L'année suivante, Raynaud faisait hommage à l'évêque de Gap pour sa seigneurie de Montmaur (5). On trouve son sceau appendu à la charte, par laquelle la dauphine Anne, se trou-

---

l'objet d'une communication intéressante de M. J. Roman à la Société des Antiquaires de France (*Bulletin de la Société nationale des Antiquaires de France*, 1886, p. 280). Le même érudit avait déjà, dans la *Sigillographie du dioc. de Gap* (p. 147, planche XX, n° 83), décrit le sceau de Raymond, dont la légende porte :
S. RAIMVDI DE MONTEALBANO

(1) Inventaire des archives de la Chambre des Comptes. A l'article Aix.
(2) Denis de Salvaing, *Traité des fiefs*, Grenoble, 1731, in-f°, t. Ier, p. 98.
(3) Archives des Bouches-du-Rhône, B, 1102.
(4) J. Roman, *Sigillographie... de Gap*, p. 148.
(5) J. Roman, op. cit., p. 42.

vant à Vienne le 13 juillet 1292, renouvela à son fils Jean la cession du Dauphiné, en présence du roi de Sicile, de cinq prélats et d'une noblesse nombreuse (1). Nous allons le voir intervenir en 1294 dans un procès que Malberjone, sa tante, eut à soutenir contre Bertrand de Baux, prince d'Orange. Un document de 1305 vient encore nous apprendre que de nouvelles divisions éclatèrent entre Raynaud de Montauban et Romain, prieur de Durbon : on régla les services et les devoirs dont seraient tenus envers le monastère les habitants de Montmaur, qui possédaient des biens sur le territoire de Vaux ; on fixa les limites des domaines de la chartreuse, et de part et d'autre on promit de solliciter du roi de Sicile la confirmation de cet accord (2).

D'après un tableau généalogique de la famille Artaud, tableau fait dans le dernier siècle et se trouvant dans les archives de M. Morin-Pons, Raynaud de Montauban eut trois enfants : 1º Raymond, seigneur de Montmaur, qui suit ; 2º Guillaume, seigneur de Saint-André-de-Val-Beauchêne, père de Dragonet et de ce Raymond de Montauban, qui fit hommage au roi-dauphin Charles V pour Val-Beauchêne ; 3º Raymond, seigneur de Beaume-Noire (3). Nous pensons qu'il faut lui donner encore : 4º Dragonet, qui fut successivement évêque de Saint-Paul-Trois-Châteaux (1311-1328) et de Gap (1328-1349) (4) ; et 5º Mabille de Montauban, épouse de Guillaume Artaud, seigneur d'Aix.

---

(1) J. ROMAN, op. cit., p. 148.

(2) Archives des Bouches-du-Rhône, B, 1102. — L'histoire de ces violents démêlés entre les chartreux de Durbon et Raynaud de Montauban a été racontée avec des détails fort intéressants par M. CHARRONNET, *Monastères de Durbon et de Bertaud*, Grenoble (s. d.), in-8º, p. 28-41.

(3) CHEVALIER et LACROIX, *Inventaire des archives dauphinoises de M. Henri Morin-Pons*, Lyon, 1868, in-8º, t. Iᵉʳ, p. 153, nº 631.

(4) Voir sur cet évêque les savantes recherches de M. le chanoine ALBANÈS, *Histoire des évêques de Saint-Paul-Trois-Châteaux au quatorzième siècle*, Montbéliard, 1885, in-8º, p. 6-9.

Raymond de Montauban, seigneur de Montmaur, prit une part glorieuse, avec la fleur de la noblesse dauphinoise, à la bataille de Varey, gagnée par le dauphin Guigues VIII sur Edouard, comte de Savoie, en 1325 [1]. L'année suivante, il eut avec le roi de Sicile, comte de Provence, et le Dauphin un conflit de juridiction qui nous peint au vif l'enchevêtrement des droits féodaux au moyen âge et les difficultés de toute sorte contre lesquelles venaient se heurter à chaque instant les officiers de justice. Deux brigands, Pons *de Villa* et Peyronnet *Gartiferi*, étaient entrés de nuit dans une grange des chartreux de Durbon et y avaient volé un cheval gris pommelé *(pili liardi)* appartenant aux religieux. Comme la grange se trouvait dans la seigneurie de Montmaur, le juge de Raymond fit arrêter les deux voleurs, qui furent mis en prison, en attendant leur procès. Mais le juge royal, siégeant à Sisteron, crut devoir intervenir; il écrivit en conséquence à Raymond d'avoir à lui envoyer sous bonne garde les coupables, disant que l'affaire relevait de son tribunal, et il fondait ses prétentions sur ce que le monastère de Durbon et ses dépendances étaient sous la protection du roi. D'autre part, voici que les officiers du Dauphin, attentifs à profiter de toutes les occasions pour affirmer et au besoin étendre les droits de leur maître, protestèrent hautement, soutenant que l'affaire devait d'abord être jugée par eux. Ces deux voleurs, comme on le voit, créaient un singulier embarras aux trois juridictions féodales qui se disputaient l'honneur de les juger. Toutefois l'évêque de Gap vint à propos au secours de Raymond de Montauban, son feudataire immédiat; agissant en qualité de seigneur suzerain, il enjoignit, sous peine d'ex-

---

(1) Brisard, *Hist. générale de la maison de Beaumont*, t. II, 95-6; Compte-rendu par Jacquemet de Die, dit Lapon, de tout ce qu'il avait reçu et délivré aux officiers de cavalerie du Dauphin, qui étaient à Varey et en Bresse... (Figurent dans la liste des officiers du Dauphin : Raymond de Montauban, Pierre de Montauban.

communication, au châtelain et au bailli de Montmaur, de ne remettre les coupables ni à la justice du roi, ni à celle du Dauphin. Les officiers de Raymond purent ainsi poursuivre le procès commencé, qui se termina, comme on le pense bien, par la condamnation des deux voleurs (1).

Raymond mourut sans enfant vers l'année 1338. Par testament, il avait légué la seigneurie de Montmaur et tous ses biens à sa sœur Mabile de Montauban, épouse de Guillaume Artaud, seigneur d'Aix et de Bellegarde, à la condition qu'un de leurs fils prendrait le nom et les armes des Montauban

Quelques mots maintenant sur Malberjone et ses descendants compléteront nos recherches historiques sur Isoard d'Aix, seigneur de Châtillon.

Malberjone d'Aix avait, comme nous l'avons dit, épousé en 1239 Raymond Ier de Baux, prince d'Orange. Deux fils étaient nés de ce mariage : Guillaume, qui mourut avant son père, laissant de Guize de Lunel, sa femme, une fille nommée Etiennette, et Bertrand IV de Baux. Le testament de Raymond est daté du 10 avril 1281. Ce prince choisit sa sépulture dans l'église des Frères Mineurs d'Orange, fait de nombreuses libéralités aux communautés religieuses établies sur ses terres, assure 30,000 sous à Etiennette, sa petite fille, si elle se marie, et 10,000 seulement si elle entre en religion, et institue pour héritier universel Bertrand de Baux, son fils. Il nomme encore pour exécuteurs testamentaires l'évêque d'Orange, son épouse Malberjone, le gardien des Frères Mineurs d'Orange et le chevalier Girard de Mordella. Il reconnaît avoir reçu pour la dot de sa femme Malberjone 15,000 sous de viennois, pour la sûreté de laquelle il lui donne en gage ses château, territoire et dépendances de Gigondas jusqu'à ce qu'elle soit intégralement payée. Malberjone aura en viager les revenus de ce château et sera maîtresse absolue

---

(1) Archives des Bouches-du-Rhône, B, 1102.

de tous ses biens (1). Raymond Ier de Baux mourut l'année suivante et Bertrand IV son fils resta seul héritier de toute la principauté d'Orange.

En 1291, les habitants des Piles eurent d'assez sérieuses difficultés avec ceux de Condorcet. Malberjone, qui était dame de cette dernière localité, chargea son fils de régler cette affaire avec Philippe de Bernisson, recteur du Comtat, dont la juridiction s'étendait sur les Piles : on fixa les droits réciproques de ces communautés pour les pâturages, et on détermina les lieux où les bestiaux pourraient être envoyés, ainsi que le temps où il serait défendu de les faire paître, à cause des cultures (2).

Mais des difficultés d'un autre genre et d'une gravité extrême ne devaient point tarder à surgir. Cette fois le différend fut entre la mère et le fils. Les documents que nous avons pu recueillir touchant ces contestations, nous laissent entrevoir, plutôt qu'ils ne le disent explicitement, les véritables causes de ces divisions de famille. L'importante baronnie de Châtillon était trop voisine de Die pour ne pas faire naître chez les chanoines de cette ville le désir de voir un jour cette portion de l'héritage des anciens comtes venir s'ajouter à leurs autres possessions. Du reste, le lecteur pourra lui-même en juger, ce n'est pas sans motif que dès cette époque nous prêtons aux chanoines des projets d'annexion. En 1294, Bertrand, prince d'Orange, se plaignait amèrement de ce que sa mère voulait disposer de la baronnie comme d'un bien lui appartenant en toute propriété et de ce que, ayant emprunté une somme de 500 livres viennoises au chapitre de Die, elle avait remis en gage à celui-ci le château et le bourg de Châtillon : il se plaignait en outre de ce que le chapitre avait fait occuper par ses troupes le château et l'avait mis en état de défense, comme s'il eût redouté un siège. Le château de Châtillon et

---

(1) Dr Barthélemy, op. cit., n° 619.
(2) Dr Barthélemy, op. cit., n° 714. Archives de la Drome, E. 3029.

toutes ses dépendances, disait-il, étaient incontestablement sa propriété ; il en avait hérité de Raymond de Baux, son père. Il soutenait que par suite de cette violation manifeste de ses droits, le chapitre de Die avait perdu le haut domaine sur toute la baronnie. Les chanoines, comme on le pense bien, ne demeuraient pas sans réponse. Ils prétendaient de leur côté que d'après les lois féodales le fief de Châtillon était tombé en commise et qu'ils pouvaient dès lors en rester les maîtres absolus : le prince, disaient-ils, après la mort de son père a négligé de s'acquitter envers le chapitre de Die des devoirs d'un vassal ; il s'est mis en possession de la baronnie et ne s'est soucié ni d'en demander l'investiture, ni d'en prêter hommage. Bertrand opposait un démenti à ces allégations plus subtiles que sérieuses : Malberjone sa mère, ajoutait-il, après la mort de Raymond, avait recouvré de ses deniers le château et la terre de Châtillon ; elle s'en était mise alors en possession, et dans les délais fixés par le droit, elle en avait demandé l'investiture et prêté hommage, tant pour elle-même que pour lui. Les raisons présentées par les chanoines étaient donc sans valeur. Il y avait encore un point sur lequel Bertrand, Malberjone et le chapitre se trouvaient divisés. Les chanoines de Valence et de Die prétendaient avoir le haut domaine sur le château de Condorcet. Le prince, loin d'écouter leurs revendications, soutenait que ce fief n'avait d'autre seigneur suzerain que lui, qu'en conséquence sa mère lui en devait hommage, que celle ci s'étant mise en possession de ce fief sans accomplir les formalités de droit, il avait eu raison d'occuper avec ses troupes le château de Condorcet comme tombé en commise (1).

---

(1) Archives de la Drome. Fonds du chapitre de Die. — « In nomine Domini. Amen. Anno incarnationis ejusdem M°. CC°. monagesimo tercio, scilicet IIII idus martii, cum questiones essent seu esse sperarentur inter magnificum virum Bertrandum de Baucio, Dei gratia principem Aurasice ex parte una, et capitulum ecclesie Dyensis et Valentinensis

Ces discussions éclairent d'un grand jour les événements qui vont suivre. Bertrand, Malberjone et les chanoines n'auraient jamais vu la fin de leurs querelles, s'ils n'avaient confié la défense et le règlement de leurs intérêts réciproques aux mains d'un homme sage et ami. Raymond d'Agoult, seigneur de Luc, fut choisi pour arbitre. Les chanoines de Valence l'agréèrent dans leur assemblée capitulaire du 5 mars 1294 'n. s.'; ceux de Die, dans leur assemblée du 11 mars suivant. Une première réunion, à laquelle assistèrent le prince, sa mère et quatre chanoines fondés de pouvoirs des chapitres de Valence et de Die, se tint le 10 mars dans le

---

ex alia, et etiam inter dictum dominum principen ex parte una et nobilem dominam Malberionam, matrem ejus, ex parte altera, occasione castri de Castellione et territorii ejusdem et fortalitii dicti castri et occasione baronie pertinentis ad dictum castrum..., quod castrum et totam baroniam dicebat dictus dominus princeps ad se pertinere et pertinere debere, tanquam ad filium et heredem domini Raimundi de Baucio, quondam patris sui, dicta domina Malberiona contrarium asserente ; dicente etiam dicto domino principe capitulum Dyense et Valentinense admisisse dominium quod habebant in dicto castro Castellionis et ejus territorio et fortalitio dicti castri et in baronia, ex eo quia muniverant fortalicium castri Castellionis et munitum tenerent cum hominibus armatis contra ipsum dominum principem ; dicto capitulo contrarium asserente et dicente quod dictus princeps non petierat investituram predicti castri a dicto capitulo nec sacramentum fidelitatis prestiterat, prout jura volunt infra tempus a jure statutum, quare admiserat feudum ; dicto domino principe replicante quod domina Malberiona, mater sua, emerat castrum Castellionis post mortem patris sui, de sua voluntate et assensu, que dicta domina Malberiona, pro seipsa et pro ipso domino principe, investituram petiit infra tempus a jure statutum et sacramentum fidelitatis prestitit ; asserente etiam dicto capitulo se habere jus in majori dominio castri de Condersesio, ex eo quia domina Malberiona acceperat ipsum in feudum pro capitulo ecclesiarum Dyensium et Valentinensium : dicto domino principe dicente quod castrum de Condersesio tenebatur ab ipso in feudum et teneri debebat et territorium predicti castri et quod domina Malberjos mater sua non steterat infra tempus a jure statutum, sibi sacramentum fidelitatis, nec investituram petierat, et sic dictum castrum... de facto acceperat in feudum... »

couvent des Frères Mineurs à Die. Les parties s'engagèrent.
sous peine d'une amende de 1000 marcs d'argent fin, à accepter la sentence de Raymond d'Agoult; elles donnèrent pour garants de ces promesses Guillaume Artaud, seigneur d'Aix. Raynaud de Montauban, seigneur de Montmaur, Giraud Amic, seigneur de Châteauneuf, Hugues d'Aix, Bertrand Clastre, Garin Brun, Girard de Verdel, docteur ès-lois. Pierre *de Octavis* et *Mydello Guionis*, chevaliers, Guillaume de Ravel et Hugues Rabey, damoiseaux. Plusieurs bourgeois de Die avaient été invités à cette assemblée en qualité de témoins. Le lendemain, Raymond d'Agoult signifia aux parties qu'elles eussent à comparaître devant lui à Die le 4 avril suivant, dimanche avant la fête des Rameaux pour y formuler leurs dernières plaintes ; il promettait de leur faire entendre le jour suivant le prononcé de la sentence.

En effet, le lundi 5 avril 1294, le seigneur de Luc, fidèle à ses promesses, publia solennellement la sentence tant désirée devant les parties et de nombreux témoins réunis pour la circonstance. Après avoir en quelques mots rappelé les prétentions réciproques de Bertrand de Baux, de Malberjone et des chapitres de Valence et de Die (1), l'arbitre déclare que Mal-

---

(1) Même document. — «... Anno Domini M°. CC°. nonagesimo quarto, scilicet die lune ante ramispalmarum..., comparuerunt partes, videlicet dictus dominus princeps et domina Malberiona, mater sua, et discreti viri domini Gaufridus de Chasta, decanus Valentinensis, et Aymarus Gaudini, canonicus Valent. et Dyen., procuratores capituli Valent.. Item comparuerunt pro capitulo Dyensi discreti viri Guillelmus de Meysenas et Guillelmus de Sancto Laurentio, canonici, procuratores... Dicebat siquidem domina Malberiona predicta castra et alia dependentia ab eisdem, videlicet castrum de Treschanus cum villis de Nuneriis et de Archiana, et castrum de Maensac et Creers et castrum de Bulg. et de Sobrerocha et de Sparono et de Revello et bastidam de Fontibus, que omnia sunt dependentia a predictis castris et baronia predicta, sua esse et a domino Ysoardo, quondam patre suo, predicta omnia sibi data fuisse et terram predictam esse et fuisse suam et dotalem, ac post mortem prefati domini principis, mariti sui, se habuisse et habere de-

berjone possédera en viager la baronnie de Châtillon et toutes ses dépendances, comprenant notamment le château de Treschenu avec les villages des Nonnières et d'Archiane, le château de Mensac, Creyers. le château de Boulc, Soubreroche, Esparron, Ravel et la Bâtie-des-Fonts, qui lui furent donnés en dot par son père sous la suzeraineté du chapitre de Die avec pouvoir d'en disposer après la mort de son mari ; que le prince payera immédiatement au chapitre de Die les 500 livres viennoises que Malberjone en avait empruntées et pour lesquelles le château de Châtillon avait été remis en gage au chapitre ; qu'après la mort de sa mère, le prince donnera aux exécuteurs testamentaires de celle-ci 1000 livres viennoises, dont 500 devront être payées dans l'année du décès : toute la baronnie deviendra ensuite la propriété exclusive du prince, sous la suzeraineté de l'Eglise de Die ; il ne pourra ni la distraire de la principauté d'Orange, ni la donner en gage pour cause d'emprunt ; il ne pourra pas non plus la livrer aux ennemis du chapitre ou aux bourgeois de la ville de Die. S'il agissait autrement, la baronnie tomberait en commise et de plein droit deviendrait la propriété du chapitre.

Malberjone parvint à un âge très avancé. Dans ses dernières années, elle se déchargea sur son fils des soucis que lui apportait l'administration de ses vastes domaines. Nous voyons en effet Bertrand de Baux, le 26 février 1304 (n. s.) agir en qualité de seigneur de Châtillon et octroyer aux habitants de

---

bere de illa libertatem plenariam disponendi, ac per hoc castra predicta de Castillione et de Treschanus, de Maensac et de Creers cum eorum pertinentiis, que castra tenentur et teneri debent in feudum a capitulo Dyensis ecclesie, prefata domina sibi dare petivit et dominium castri de Condorsesio capitulo Dyensis et Valentinensis ecclesie..., procuratoribus supradictis dicentibus... prefata omnia esse vera ac fortiter asserentibus prefata castra eidem ecclesie Dyensi esse donata, et ex diversis causis eadem castra tanquam feudalia predicto capitulo ea fuisse et esse commissa et etiam pluries eisdem commissa... ; ipso domino Bertrando, principe Aurasice, in contrarium asserente... »

ce bourg une importante charte de libertés, dont nous possédons encore le texte. Il confirme toutes les concessions de même nature, faites autrefois par son aïeul et par son père ; il entre ensuite dans une foule de détails, qui nous font pénétrer dans la vie et les mœurs d'une petite communauté rurale et qui nous prouvent clairement que les habitants de Châtillon jouissaient au commencement du XIVe siècle d'une somme de libertés et de bien-être matériel que leurs descendants pourraient justement leur envier aujourd'hui. Par un article spécial, il règle que ceux d'entre les habitants qui ont été affranchis par sa mère, devront comme les autres contribuer à toutes les charges publiques. Enfin il est spécialement constaté dans l'acte que le prince a prié sa mère de vouloir bien ratifier la présente charte et y apposer son sceau (1).

Le 8 mai 1305, Malberjone et son fils avaient alors quelques différends avec le procureur des anniversaires de l'Eglise de Die, à propos des 32 setiers de froment, qu'ils étaient obligés de donner annuellement et de toute antiquité à cette Eglise. Les parties convinrent que dorénavant ces 32 setiers seraient perçus sur les revenus des moulins, avant que les princes d'Orange eussent pris ce qui leur était dû (2). Deux ans plus tard, par un acte daté de Die, le 13 septembre 1307, Malberjone, dame de Châtillon, grande princesse d'Orange, réduit à 20,000 sous viennois, en vue de favoriser les mariages de ses petites-filles, la somme de 34,000 sous que son fils

---

(1) Archives communales de Châtillon. — «... Item concessit... quod non obstantibus libertatibus olim per dominam Malberionam, matrem ejusdem dicti domini principis, concessis aliquibus habitantibus in dicto castro, super affranchimentis eorumdem, quod voluit quod nichilominus predicti sic affranchiti teneantur contribuere in omnibus in quibus alii... contribuere sunt soliti..... Rogans dictus dominus princeps dictam dominam Malberionam, matrem suam, ut predicta omnia et singula placeat sibi laudare... Acta fuerunt hec in domo Columbi Bajacii, apud Aurasicam... »

(2) Dr BARTHÉLEMY, op. cit., n° 877.

Bertrand s'était engagé par convention, à payer après sa mort à divers légataires (1). C'est le dernier acte à notre connaissance, émané de Malberjone d'Aix.

Bertrand IV de Baux, prince d'Orange, survécut peu d'années à sa mère. Il fit son testament le 21 juillet 1314 et institua pour héritier universel Raymond, l'aîné de ses enfants, lui donnant outre la principauté d'Orange, la baronnie de Châtillon et toutes ses possessions du diocèse de Die, exceptant toutefois de ces dernières Condorcet, Saint-Ferréol, Guisans et Gumiane (2). Dès l'année suivante, Raymond, nouveau prince d'Orange, agissait en qualité de seigneur de Châtillon : le 3 septembre 1315, il reçut l'hommage de Guillaume de Ravel qui déclara tenir en fief de lui le château de Ravel et son territoire, avec tous ses droits et juridictions, promettant de le servir comme son seigneur en temps de paix ou de guerre. Le prince se réserva tous les droits plus considérables, auxquels il pourrait prétendre sur ce fief en qualité de petit-fils de Raymond de Baux et de Malberjone (3).

La baronnie de Châtillon était bien éloignée des états du prince d'Orange ; elle était de plus séparée des plaines du Rhône par de hautes montagnes et des ravins profonds : la nature semblait avoir accumulé les obstacles pour en rendre l'accès difficile. L'impossibilité d'administrer avec suite cette portion isolée de ses domaines et peut-être aussi le besoin

---

(1) D' BARTHÉLEMY, op. cit., n° 903.
(2) D' BARTHÉLEMY, op. cit., n° 299.
(3) D' BARTHÉLEMY, op. cit., n° 1002. — Nous trouvons dans les archives communales de Châtillon des conventions passées le 11 août 1380 entre noble Humbert Claret, seigneur de Treschenu, et dame Clémence de Ravel, dame de Creyers et de Mensac, épouse de noble Henri d'Ambel, coseigneur de Valgodemar : chacune des parties contractantes s'engage à ne pas recevoir sur ses terres les vassaux de l'autre, à ne point recevoir leurs hommages, etc. ; il est convenu que dans certains cas seulement les habitants de Treschenu et de Mensac auront à contribuer aux tailles de Châtillon.

d'argent, qui était la plaie des grands seigneurs de cette époque, déterminèrent Raymond à entrer en pourparler avec l'évêque de Die pour la vente de Châtillon. Les Eglises réunies de Die et de Valence avaient alors à leur tête un grand évêque, type de ces prélats du moyen âge, qui tout en s'acquittant fidèlement de leur rôle spirituel, ne négligeaient rien toutefois pour devenir princes souverains dans tout leur diocèse. L'épiscopat de Guillaume de Roussillon ne fut qu'une guerre longue et acharnée avec le comte de Valentinois, qui lui aussi travaillait avec une âpre persévérance à se tailler une vaste principauté au milieu des terres de nos Eglises. L'évêque comprit tous les avantages de l'offre qui lui était faite et n'eut garde de laisser échapper une aussi belle occasion. Le bourg de Châtillon avec ses remparts et son imposante forteresse commandait l'entrée d'une vallée étroite et profonde qui conduisait dans le Trièves, où le chapitre de Die avait les principales de ses possessions. Du reste, cette acquisition éloignerait de cette partie du diocèse l'influence de la maison de Poitiers, aussi bien que celle des Dauphins, l'une et l'autre également redoutables au pouvoir épiscopal. Le 3 mars 1321 (n.s.) Guillaume de Roussillon et Raymond de Baux se rencontrèrent à Die et arrêtèrent les articles d'une convention, aux termes desquels le prince d'Orange s'engageait à vendre au prélat pour le prix de 15,000 livres viennoises (1), toute la baronnie de Châtillon, c'est-à-dire l'ensemble des châteaux et des terres énumérés dans l'acte de cession passée en faveur du chapitre de Die par Malberjome d'Aix en l'année 1294. Etaient exceptés de la vente les fiefs

---

1) Le sou d'argent de 12 deniers et de 20 à la livre avait alors une valeur intrinsèque de 0 fr. 922 ; la livre valait donc intrinsèquement 18 fr. 44 c., et les 15,000 livres, 276,600 fr. Mais comme le pouvoir de l'argent était au moins quatre fois plus élevé au XIV° siècle qu'aujourd'hui, cette somme de 15,000 livres représenterait à peu près 1,106,000 fr. de notre monnaie.

de Boule, Saint-Ferréol, Guisans, Gumiane et Condorcet. Le prince accordait un délai de huit ans, pendant lequel il était loisible au chapitre d'accepter ou de rejeter les conventions, s'il ne pouvait trouver la somme nécessaire ; il s'engageait, en outre, à mettre immédiatement l'évêque en possession de la baronnie, avec cette autre clause toutefois que celui-ci prélèverait annuellement sur les revenus du péage de Châtillon les 32 sétiers de froment dus par le prince aux Anniversaires de l'Eglise de Die (1).

Le chapitre de Die ne pouvait hésiter sur le parti à prendre ; aussi le marché fut-il bientôt conclu. Il restait une difficulté ; c'était de se procurer la somme nécessaire. L'évêque et ses chanoines eurent recours à un moyen expéditif, qui ne devait pas leur imposer de lourdes charges : ils écrivirent au pape Jean XXII, pour lui exposer les avantages incontestables, que leur promettait l'acquisition de la baronnie, et sollicitèrent de lui l'autorisation d'aliéner des domaines de leur Eglise jusqu'à concurrence d'une somme de 15,000 livres viennoises. La réponse ne pouvait être douteuse. Par la bulle *Consuevit apostolicæ sedis*, datée d'Avignon, le 13 mai 1321, le pape accordait l'autorisation demandée (2). Trois ans plus tard, le 15 octobre 1324, les habitants du bourg de Châtillon recevaient dans leurs murs avec tous les honneurs dus au seigneur du lieu l'évêque Guillaume de Roussillon, qui accorda le même jour la confirmation solennelle de toutes les chartes de libertés, que leur avaient successivement octroyées Isoard d'Aix, Raymond I de Baux, Malbérione et son fils Bertrand IV de Baux (3).

---

(1) Dr Barthélemy, op. cit., n° 1180.
(2) Bibliothèque de Grenoble. Fonds Jules Ollivier : collection de pièces manuscrites sous ce titre : *Archives historiques du Dauphiné*, t. XV.
(3) Archives de Châtillon.

B. — Branche des seigneurs d'Aix.

Pierre Isoard, tige des seigneurs d'Aix, si célèbres dans les annales dioises, était fils de Guillaume Artaud et frère d'Isoard, seigneur de Châtillon. Columbi a connu cette filiation (1); mais en dehors du témoignage de cet historien, elle peut s'établir sur plusieurs documents : nous citerons tout d'abord une charte du 20 mai 1230, publiée plus haut et par laquelle Guillaume Artaud faisait à la chartreuse de Durbon diverses libéralités, qu'approuvèrent ses deux fils, Isoard et Pierre Isoard (2).

Guillaume Artaud mourut vers la fin de l'année 1239. Le 28 mars 1240, Humbert, évêque de Die, faisant un traité avec les bourgeois de sa ville épiscopale, pour mettre fin aux longues contestations qu'ils avaient ensemble, leur donna pour garants de sa parole Isoard d'Aix, seigneur de Châtillon, et Pierre Isoard, ainsi que les principaux feudataires de son Église, Henri de Beaumont, Aymar de Quint et Jarenton de Divajeu (3).

Comme nous l'avons vu, Pierre Isoard avait recueilli de l'héritage de ses parents, la seigneurie d'Aix, plusieurs fiefs dans le Trièves, notamment à Gresse, à Château-Bernard, à Miribel, à Esparron, et quelques autres terres dans ces âpres et montagneuses régions du diocèse de Die qu'on nomme le Désert. Ces biens étaient relativement considérables. Il ne tarda pas à agrandir encore ses domaines. Le 30 mai 1241, il acheta de Bertrand d'Agoult, dit de Mison, pour le prix de dix mille sous, le château et la seigneurie de Recoubeau et tout ce que celui-ci pouvait posséder dans les territoires de Menglon, d'Aix et de Valdrôme. Recoubeau et ses dépendances reconnaissaient la juridiction temporelle de l'Église

---

(1) Columbi, *Opuscula*, p. 296.
(2) *Bulletin*, t. XXIII (1889), p. 321-3.
(3) *Essai hist. sur Die*, t. Ier, p. 330.

de Die : l'évêque Humbert dut intervenir et, à la demande de Bertrand, il sanctionna la vente qui venait d'être faite (1). Avant de se dépouiller de sa seigneurie, Bertrand avait voulu laisser à l'hôpital de Recoubeau ou maison de l'ordre de St-Jean-de-Jérusalem un témoignage de sa libéralité qui lui valût pour lui et ses ancêtres la reconnaissance, ainsi que les prières, de la communauté : il avait donc donné, par un acte daté du 9 août 1240, à Lantelme, commandeur, et à ses religieux, la faculté de prendre l'eau du canal de son moulin pour arroser le pré qui leur appartenait et dans lequel se tenaient les foires de Recoubeau (2). Ces droits d'arrosage donnèrent bientôt naissance à des difficultés entre les religieux et leur nouveau seigneur. Nous ne connaissons pas en détail les points du litige ; nous savons seulement qu'après de longs pourparlers, les deux parties convinrent de s'en rapporter au jugement d'un tiers : Jean d'Aspres, chanoine de Die, pris pour arbitre, décida par une sentence du 26 novembre 1244 que les religieux demeureraient en possession de tous les droits dont ils jouissaient présentement, à la condition toutefois de payer à Pierre Isoard une somme de cent cinq sous de viennois. Le seigneur de Recoubeau ratifia ce traité et renonça à toutes les prétentions qu'il avait élevées, soit à l'occasion du canal, soit pour les autres propriétés de l'hôpital, voulant que cette renonciation fût considérée comme une libéralité devant servir au repos de son âme et de celle de Guillaume Artaud, son père (3).

La paix, conclue en 1240 entre les habitants de Die et leur

---

(1) Voir plus haut, t. XXIII (1889), p. 130. — D'après les calculs de M. Leber, cette somme représenterait environ 55,320 francs de notre monnaie actuelle.

(2) *Essai hist. sur Die*, t. Ier, p. 481-2.

(3) *Essai hist. sur Die*, t. Ier, p. 482-3 : « ... que supradicta universa et singula, pro redempcione anime sue et anime domini Vilelmi Artaudi, quondam patris sui, dicto preceptori in continenti laudavit... Acta fuerunt hec apud Molerias, in terracia supra portam... »

évêque, n'avait pas été de longue durée. Depuis longtemps déjà, la ville de Die était le théâtre des plus graves désordres. Nous avons raconté ailleurs les péripéties de cette lutte plus que séculaire, dans laquelle les bourgeois d'une petite ville, exaltés au seul nom de libertés communales, marchent avec une admirable persévérance à la conquête d'une liberté toujours plus grande et s'efforcent d'arracher pièce à pièce à l'évêque les derniers restes de son autorité souveraine. Humbert ne put tenir tête à l'orage et dut se démettre du siège épiscopal en 1246. Il eut pour successeur Amédée de Genève, dont la vigoureuse et sage administration devait procurer à la cité dioise trente ans de repos et de prospérité. Aussitôt après son sacre, Amédée s'empressa de venir à Die et pour inspirer une salutaire crainte à des esprits encore échauffés par les événements, comme pour donner à tous une haute idée de son autorité, il voulut entourer d'un certain éclat sa première entrée dans la ville et la prise de possession de son Eglise. Il arriva accompagné du dauphin Guigues VI et escorté de toute la noblesse du pays. Un détail qui nous a été conservé est particulièrement intéressant pour l'histoire des seigneurs d'Aix. Dans les fêtes qui eurent lieu à Die, à cette occasion, le dauphin créa deux chevaliers : Raymond de Montauban et Pierre Isoard. Ceci se passait vers la fin de 1246 ou dans les premiers mois de 1247 (1).

Pierre Isoard et Isoard de Bourdeaux, son parent, furent

---

(1) VALBONNAYS, t. II, p. 19 : « ... in presentia Amedæi de Gebenna, quondam Dyensis episcopi, qui cito venit apud Dyam post consecrationem, præsentibus D. Guigone Dalphino quondam..., D. Petro Ysoardi, D. Raymundo de Monte Albano, D. Izoardo de Aquis et pluribus aliis nobilibus, in quo loco prædictus D. Dalphinus fecit novos milites scilicet D. Petrum Izoardi et D. Raymundum de Monte Albano... » Ces lignes sont tirées d'une enquête du 23 octobre 1279; Pierre de Grenoble, chanoine de Die, qui dépose, affirme que l'événement eut lieu 32 ans auparavant, ce qui nous reporte bien à l'année 1247 : Amédée de Genève était alors, en effet, dans la première année de son épiscopat.

appelés en 1248 à terminer, en qualité d'arbitres, un différend qui existait entre le dauphin d'une part, et Flotte de Royans, veuve de Guillaume de Poitiers, et Aymar de Poitiers, comte de Valentinois, de l'autre. Deux ans plus tard, Guigues VI eut de nouveau recours au seigneur d'Aix, qui lui servit de témoin avec Osasèche, seigneur de la Roche (1), dans un traité avec Bertrand de Mévouillon (2).

---

(1) Osasèche Flotte, seigneur de la Beaume-des-Arnauds, avait épousé Béatrix d'Aix. Quel était le père de cette dame ? Les documents ne nous l'ont point encore appris. Quoi qu'il en soit, Osasèche eut de Béatrix d'Aix, Arnaud Flotte, qui, après la mort de son père, fut en différend avec sa mère au sujet de la possession du château de la Beaume-des-Arnauds. Aymar IV de Poitiers, à qui appartenait le jugement de cette affaire, leur écrivit le 14 avril 1317 pour leur ordonner de remettre ce château à Lantelme de la Balme et à Bertrand de Barcelonne, en attendant qu'il eût statué sur leur litige. Voici le texte de cette lettre, qui est intéressante pour l'histoire de deux familles anciennes et illustres : « Ademarius de Pictavia, comes Valentinensis et Dyensis, dilectis et fidelibus suis domine Beatrici de Asio, domine Rupis Arnaudorum et Arnaudo Flote, ejus filio, et eorum cuilibet, salutem et dilectionem. Cum intellexerimus questionem vertere super factum castri predicti de Rupe, que coram nobis seu curia nostra debeat ventilari et sine debito terminari, dilectos nostros Lantelmum de Balma et Bertrandum de Barsilhona, domicellos, ad custodiendum dictum castrum de Rupe et ejus mandamentum, duximus destinandos, quibus et eorum cuilibet gardam dicti castri et mandamenti ejusdem commitimus, recepto ab eisdem juramento quod bene et fideliter custodiant ad salvum nostrum et illius qui jus ibi habet, vobis et vestrum cuilibet sub pena quam possetis comitere injungentes quatenus predictis domicellis et eorum alteri super garda dicti castri et mandamenti ejusdem obediatis sicut nobis et quod alter vestrum nullas violentias seu novitates indebitas alteri facere attemptet, sed bene et fideliter erga nos vos habeatis, prout acthenus vos et predecessores vestri habuistis, vos rogantes ut inter vos, si fieri potest, concordetis prout decet, quum inter matrem et filium questio non est bona, salvo tamen in omnibus jure nostro. Si non contingat, quod absit, quod inter vos non possitis concordari, mandetis nobis et mitemus vobis nostrum judicem, qui dictam questionem audiet et super ipsam faciet quod fuerit rationis. Datum Stelle, XIIII^a die aprilis, anno Domini M° CCC° XVII° Redd(ite) litteras presenti. » Archives de l'Isère, B. 3569. Sceau d'Aymar de Poitiers, cire rouge.

(2) CHORIER, t. II, p. 134.

Ce qui témoigne mieux encore que tous les actes que nous venons d'énumérer, la haute situation occupée dans le pays par la famille d'Aix, c'est le mariage de Pierre Isoard avec Saure de Mévouillon. On sait, en effet, que les barons de Mévouillon ne reconnaissaient d'autre suzerain que l'empereur et qu'ils traitaient de pair avec les dauphins et les comtes de Valentinois. Saure était fille de Raymond IV l'Ancien *(Major)*, baron de Mévouillon et de Sibile. Le nom de Saure lui avait été donné en souvenir de son aïeule paternelle Saure de Fay : celle-ci, fille de Guillaume Jourdain, seigneur de Mézenc, et de Mételine de Clérieu, avait eu une sœur Philippa de Fay *(de Fayno)*, qui fut l'épouse d'Aymar II de Poitiers, comte de Valentinois. Pierre Isoard était donc, par sa femme, allié aux plus puissantes maisons de la province. Son beau-père voulut, après la mort de Sibile, renoncer aux biens de ce monde, pour se mettre en mesure de gagner plus sûrement ceux du ciel : il entra au couvent des Frères Prêcheurs d'Avignon. Avant d'y faire profession religieuse, il songea à régler définitivement la part qu'il désirait donner dans sa succession à chacun de ses enfants. Il laissait deux fils et trois filles. Les deux fils portaient l'un et l'autre le nom de Raymond. Raymond l'aîné devait suivre l'exemple de son père et entrer chez les Dominicains. Il occupa successivement les sièges de Gap et d'Embrun. Ce fut un prélat vertueux et savant (1). Raymond le cadet recueillit la part de son frère (2), épousa Béatrix Comtessonne, nièce de Béatrix

---

(1) Raymond de Mévouillon fut élu évêque de Gap en 1282 ; il passa au siège d'Embrun le 4 octobre 1289 ; il est mort au Buis le 28 juin 1294 (VALBONNAYS, t. II, p. 76). Une biographie développée de ce grand archevêque serait fort intéressante et les documents à mettre en œuvre ne feraient pas défaut. Il a laissé des écrits qui ont été traduits en grec en 1292 et qui sont aujourd'hui conservés à la Bibliothèque impériale de St-Pétersbourg.

(2) Le 31 juillet 1281, frère Raymond, fils de Raymond, exécuteur du testament de son père, vendit à Raymond de Mévouillon, son frère, la terre de Mollans, au prix de 2,000 livres. (Ibid., B. 2648).

de Savoie, comtesse de ~~ovence, et gouverna la baronnie jusqu'en 1281, époque où, criblé de dettes, il abandonna ses États à son fils, le jeune et prodigue Raymond VI. Outre Saure, l'épouse de Pierre Isoard, Raymond IV de Mévouillon avait eu Galburge qui épousa en 1239 Guillaume de Baux, et Suarette qui elle aussi se maria. La dot promise à Saure, lors de son mariage, avait été fixée à 12,000 sous de viennois ; mais la moitié de cette somme seulement avait été payée. Raymond IV décida que ce qui était encore dû serait hypothéqué sur la terre de Saint-Sauveur. De plus, il donna à sa fille, en augmentation de dot et pour tout ce qu'elle avait à prétendre sur l'héritage de ses parents, 25,000 sous de viennois ou de valentinois, ainsi que le tiers du produit de la vente du château de Senaz. Il fut stipulé qu'en attendant le payement de ces diverses sommes, Pierre Isoard pourrait occuper le château de Villefranche et percevoir, à son profit, tous les revenus de ce fief. L'acte par lequel le novice du couvent d'Avignon complétait ainsi la dot de l'épouse du seigneur d'Aix fut passé à Die, dans la demeure épiscopale, le 19 octobre 1256, en présence d'Amédée de Genève, évêque de Die, de plusieurs religieux de St-François et de St-Dominique, des chanoines et des clercs de la cathédrale. Enfin les sceaux de l'évêque, de Raymond de Mévouillon, de Pierre Isoard et de son épouse furent appendus à la charte (1).

---

(1) Archives de l'Isère, B. 3640. « Labitur exiguo quod actum est tempore longo, nisi litterarum testimonio commendetur. Idcirco nos Raimundus de Medullione, nunc frater ordinis Predicatorum novicius, non professus, pensatis nostris debitis et predecessorum nostrorum de clamoribus variis et forefactis persolvendis..., perpenso et deliberato etiam consilio, dilecte et karissime filie nostre Saure, uxori nobilis viri domini Petri Ysoardi, domini castri d'Ays, donamus et concedimus... viginti quinque milia solidos Viennensis et Valentinensis monete, de quibus volumus esse ipsam contentam omnium bonorum nostrorum necnon et bonorum que habuimus in dotem nomine domine Sibilie,

Pierre Isoard, ayant acquis une partie de la seigneurie de Sainte-Jalle, au diocèse de Sisteron, accorda en 1265 une charte de libertés aux habitants du lieu qui étaient ses vassaux ; il agit, en cette circonstance, non seulement en son propre nom, mais aussi en celui de son fils. Ces libertés

---

quondam uxoris nostre, excepta tercia parte pretii castri de Senaz, quod precium volumus ipsam habere, facta ab eadem laudatione seu quitacione venditionis a nobis facte emptoribus dicti castri vel heredibus eorumdem : pro predictis autem XXV milibus solidis a nobis sibi donatis ex causis supradictis obligamus sibi castrum quod dicitur Villafranca, cum mandamento suo, et redditus et obventiones qui et que a nobis vel a predecessoribus nostris in dicto castro et ejus mandamento recipi consueverunt, quocunque reddituum seu obventionum genere censeantur... Volumus et mandamus quod, soluta predicte pecunie quantitate, ad heredem nostrum ipso facto dictum castrum cum suis pertinentiis (redeat). Preterea et istud non est aliquatenus obmittendum quod, cum convenimus de matrimonio contrahendo cum domino P. Ysoardi predicto de dicta filia nostra, promisimus ei dare in dotem duodecim milia solidos, de quibus eidem satisfecimus in medietate summe dicte dotis, pro alia vero parte eidem obligavimus villam Sancti Salvatoris...... Ad majorem autem predictorum firmitatem et ne dubietas aliqua super predictis in posterum oriatur, presentem cartam nos P. Ysoardi sigillo nostro et nos Saura, cum proprium sigillum non haberemus, sigillo Dyensis capituli fecimus sigillari. Insuper supplicamus venerabili patri Amedeo, Dei gratia Dyensi episcopo, qui omnibus supradictis interfuit, ut bullam suam apponat in testimonium veritatis. Unde nos A., pred. episcopus, ad instanciam dictorum d. P. Ysoardi et d. Saure, uxoris sue, presentem cartam bulla nostra fecimus communiri. Et nos pred. Raimundus de Medullione, ad majorem firmitatem, apponi fecimus bullam nostram. Actum fuit hoc apud Diam in curia episcopali, in camera cum furnello veteri, presentibus testibus infrascriptis fratribus W° de Sauze et Bernardo, de ordine Minorum, fratribus Bertrando de Janzac et N. de Sauze, de ordine Predicatorum, W° Chaafalc, canonico Valentinensi, Gueelino et Quattairmalla, canonicis Diensibus, W° Froirerii, officiali Diensi, Jo. Torceti et Hugone de Albertis, clericis Diensibus. Anno Domini M° CC° L° VI°, XIIII° kalendas novembris ». — Le sceau de Pierre Isoard a été reproduit et décrit par Valbonnays, t. Ier, p. 382 et pl. Ier, n° IV, et dans la collection des sceaux des archives nationales, n° 2468. L'écu porte un château à trois tours, crénelé, maçonné et portiché. Autour de l'écu, on lit : ✝ S. PETRI ISOARDI.

comprenaient l'exemption de toutes tailles et impositions forcées, de tous usages mauvais et de toutes coutumes injustes ; la permission de vendre les biens meubles et immeubles ; la détermination des amendes pour crimes et délits : 10 sous pour injures verbales, 100 sous pour coup d'épée ou de couteau, 20 sous pour coup de poing, 60 sous pour adultère, 20 sous pour vente à faux poids. Les cas dits impériaux étaient les suivants : mariage des filles du seigneur, acquisition d'une seigneurie, rançon du seigneur, chevalerie, voyage d'outre mer (1).

Dans les papiers laissés par M. le Dr Long, de Die, nous trouvons une note qui, malgré son laconisme, est pour nous d'un puissant intérêt ; elle est ainsi conçue : *La pierre qui était sur le tombeau de Pierre Artaud, fondateur du couvent des Cordeliers, est au château de Bellegarde.* Inutile de dire que nous avons fait toute sorte de démarches pour découvrir à Bellegarde la pierre tumulaire dont il est ici fait mention ; mais nos recherches ont été infructueuses. Nous sommes persuadé toutefois que le personnage désigné dans la note sous le nom de Pierre Artaud n'est point différent de Pierre Isoard, et que c'est bien le seigneur d'Aix qui aura été le fondateur du couvent des Frères Mineurs de Die. Les renseignements que nous possédons d'autre part nous confirment dans ce sentiment : dès l'époque la plus reculée, les seigneurs d'Aix nous apparaissent comme propriétaires des terrains, situés hors de la ville, sur lesquels le couvent fut établi ; ils avaient tout près du monastère une habitation et des jardins ; enfin leur tombeau de famille a toujours été dans l'église de ces religieux (2).

Pierre Isoard eut huit enfants de Saure de Mévouillon, cinq fils et trois filles : 1°, Guillaume Artaud II, qui suit ; 2°-3°, Rodolphe et Raymond le Bossu, qui entrèrent l'un et

---

(1) Archives de la Drôme, E, 4427.
(2) *Essai hist. sur Die*, t. II, p. 53.

l'autre dans l'ordre de St-Dominique ; 4° Isoard, qui fut doyen du chapitre de Die et dont le nom figure dans un certain nombre de chartes, notamment dans l'échange de l'église de Pontaix contre celle de Saint-Martin-en-Vercors, fait en 1304 entre le chapitre de Die et le prieur de Sainte-Croix ; 5° Amédée ; 6° Marguerite, qui était décédée en 1286 ; 7° Philippa ; 8° Sibile, qui, après la mort de sa mère, épousa Odon Alleman, seigneur de Champ : celui-ci testa le 13 juillet 1292 (1) et mourut la même année, laissant entre autres fils Guigues Alleman, qui s'était marié en 1281 avec Sibile, fille de Roger de Clérieu, et Gilet Alleman, qui en 1293 était sous la tutelle de sa mère (2). Sibile d'Aix était dame de Ste-Jalle.

Après la mort de son époux, Saure de Mévouillon paraît s'être retirée à Avignon avec Sibile. En 1285, elle racheta, tant en son nom qu'au nom de sa fille, la seigneurie de Sainte-Jalle, à l'exception de la parérie d'Arnaud d'Assedune : Raymond VI de Mévouillon, son neveu, la lui vendit au prix de 70,000 sous de provençaux couronnés (3). Le 30 décembre 1286, elle fit son testament à Avignon. Cette pièce, dont nous possédons encore l'original, offre des particularités curieuses. La testatrice choisit sa sépulture dans le cimetière des Frères-Prêcheurs de cette ville : elle donne à ces religieux son lit complet, avec sa garniture ; 10,000 sous sont destinés aux frais de ses funérailles et de la neuvaine de messes après sa mort ; 5,000 autres sous sont légués aux Frères Prêcheurs pour des messes, à raison de 30 sous par messe chantée. Elle lègue ensuite à la fabrique du pont Saint-Bénézet 20 sous, et

---

(1) Archives de l'Isère, B, 3354.

(2) Les conventions du mariage de Guigues Alleman avec Sibile de Clérieu sont du 13 janvier 1281. Guigues rendit de grands services à l'évêque de Die, Jean de Genève, qui lui donna en récompense, le 27 mai 1295, les châteaux de Foillans et de Prébois. Le 12 février 1297, Guigues vendit ces deux fiefs à Gilet Alleman, son frère, au prix de 400 livres de viennois.

(3) Archives de l'Isère, B, 3650.

à Eygline, sa servante, 25 livres de provençaux couronnés, ainsi que trois lits complets. Les autres dispositions montrent que Saure était fort irritée contre l'aîné de ses fils, Guillaume Artaud : elle donne à Raymond de Mévouillon, son frère, tout ce qu'elle était en droit d'exiger de Guillaume pour les fruits de la terre de Villefranche, qui lui avait été donnée en augmentation de dot et dont elle n'avait jamais joui ; elle distribue le reste de sa fortune à ses enfants, stipulant que ceux-ci auront à se faire payer par leur aîné, et pour que Guillaume ne puisse se plaindre d'avoir été oublié et trouver là un motif pour faire annuler le testament, elle lui donne en tout 10 livres qu'il retiendra sur les sommes qu'il doit rapporter de la succession de son père. Saure lègue à Sibille, sa fille bien-aimée, la seigneurie de Sainte-Jalle et son domaine de la Plaine *(affare de Plano)*; elle veut que ces biens lui reviennent : voilà pourquoi elle l'en investit d'ores et déjà, recommandant à son frère et à son neveu, les deux Mévouillon, de lui venir en aide, si quelqu'un tentait de la troubler dans la possession de ces biens. Il est enfin stipulé, dans le cas où Sibile entrerait en religion, que Sainte-Jalle et la Plaine seraient aussitôt mises en vente ; le produit devrait être employé soit à l'exécution des volontés de la testatrice, soit à faire célébrer des messes pour elle et ses parents (1).

Guillaume Artaud II, seigneur d'Aix, avait épousé Flotte de Sassenage, fille d'Aymar, seigneur de Sassenage et d'Izeron. Flotte avait quatre frères : Henri, Albert, Guillaume, qui fut évêque de Grenoble, et Didier, chanoine de Romans, puis doyen de Valence, qui se signala par ses violences contre les habitants de Romans dans leurs démêlés avec le chapitre de cette ville. En 1255, Flotte, assistée de son époux et de son beau-père, transigea avec Jean de Sassenage, chanoine de Vienne, au sujet de leurs prétentions réciproques sur les héri-

---

(1) Archives de l'Isère, B, 3650. — VALBONNAYS, t. II, p. 61.

tages d'Aymar et d'Albert de Sassenage (1). Elle eut, pour sa part, des terres et des droits féodaux, tant dans les mandemens de Sassenage et d'Izeron que sur divers points des diocèses de Grenoble et de Vienne. Mais comme il était fort difficile, à distance, d'administrer ces biens et surtout de les défendre contre les empiètements de ses beaux-frères, Guillaume Artaud accueillit avec empressement la proposition que lui fit le dauphin Guigues VI de les lui échanger contre des fiefs dans le Diois. Par un acte passé à Clelles en Trièves, le 17 juin 1263, Guigues lui donna donc, en échange des biens et des droits de sa femme, les châteaux de Montclar et de Véronne, ainsi qu'une somme de 40 livres de viennois : il fut convenu que ces terres seraient tenues en fief du dauphin et en arrière-fief de l'Église de Die.

Anno Domini M° CC° LXIII°, indictione VI^a, XV° kalendas julii, in presentia testium subscriptorum, Nos Guigo Dalphini Viennensis et Albonis comes, ex una parte, et Flota filia quondam Aymari de Cassenatico, et Guillelmus Arthaudi maritus ejusdem, et Petrus Ysoardi, pater ejusdem Guillelmi, ex altera, notum facimus universis... quod nos dicta Flota, de... consensu expresso predicti Guillelmi, mariti mei, et ipse Guillelmus, maritus meus, et dictus Petrus Ysoardi, pater ejusdem,... donamus... pro nobis et nostris heredibus..., ex causa permutationis, predicto... domino G. Dalphini... castra de Cassenatico et de Yserono cum mandamentis..., videlicet quicquid nos dicta Flota et Guillelmus, maritus meus, habemus... in dictis castris et mandamentis..., et generaliter omne jus omnemque actionem quod et quam habemus in predictis castris..., ex causa successionis quondam dicti Aymari de Cassenatico, patris mei Flote, et Johannis de Cassenatico quondam, patrui mei Flote, vel ex successione materna vel alia quacunque causa..., et generaliter quicquid juris, actionis... habemus in mandamento de Breyssiaco et in Royano et in diocesibus Viennensi et Gratianopolitano, ubicunque sint... Et nos dictus Guigo Dalphini Viennensis et Albonis comes,... donamus et concedimus, ex causa permutationis, in feudum dicte Flote, de voluntate et mandato predictorum Guillelmi Artaudi, mariti

---

(1) *Inventaire des archives des Dauphins de Viennois, en 1346*, n° 898.

sui, et d. Petri Ysoardi, patris ejusdem Guillelmi, castra de Monteclaro et de Veronna, cum his que habemus... in villa Monasterii dicti castri cum mandamentis.... habeat possideat in feudum, prout nos ea habemus et tenemus a domino episcopo et ecclesia Diensium, investiendo dictam Flotam..., et quadraginta libras Viennensium, quas ego Flota confiteor me habuisse... Et sciendum est quod ego predicta Flota, in continenti post hec, in presentia d. domini Dalphini, omnia supradicta, michi data et concessa in feudum a d. dno Dalphino, et dictas quadraginta libras ex predicta causa permutationis do et assigno in dotem et nomine dotis pred. Guillelmo, marito meo, quem ad requisitionem dicte Flote nos d. Guigo Dalphini, recepta prius fidelitate et homagio a pred. Guillelmo de predicto feudo, nomine d. Flote, de ipso feudo retinemus et etiam investimus. Actum apud Claellas, in ecclesia. Testes fuerunt vocati.... d. Raymundus de Montealbano, Guichardus de Montemauro, Humbertus de Bellomonte, Bertrandus de Monteleun.... Fromundus Berengarii (1).

Augmenter le nombre de ses feudataires, telle était une des grandes préoccupations du seigneur au moyen âge ; mais s'il réussissait à grouper au-dessous de lui et à mettre sous sa dépendance un nombre plus ou moins considérable de vassaux, à son tour il se voyait obligé de compter avec les puissants qui, au-dessus de lui, occupaient les sommets de la hiérarchie féodale : lui aussi subissait leur patronage et leur rendait foi et hommage. De cet état de choses résultait un enchevêtrement de droits et de devoirs, qui donnait naissance à de perpétuels conflits. Le 13 février 1279 (n. s.), Guillaume Artaud acquit l'hommage d'Arnaud d'Assedune qui reprit de lui en fiefs francs et nobles la moitié de la terre de Saint-Nazaire (-le-Désert) et la moitié de celle de Montanègues (2). Mais par contre, quelques jours après, le 22 mars, Guillaume s'inclinait devant la puissance d'Aymar de Poitiers, dont il avait sans doute besoin, et lui faisait hommage pour la moitié de la seigneurie d'Aix et de son mandement, comme aussi

---

(1) Archives de l'Isère, B, 3316.
(2) Archives de Mme de Félines, à Die. Notes diverses sur St-Nazaire le-Désert, Montanègues, Paris, Merlet, etc.

pour ses terres et fiefs de Brette, de Montlahuc, d'Ocellon, d'Establet, et pour tout ce qu'il avait à Valdrôme, notamment le fort des Peloux. De plus, il reconnaissait qu'à chaque mutation de seigneur ou de vassal, le seigneur d'Aix était tenu de recevoir le comte de Valentinois et ses gens dans le pré rond qui est tout proche du château d'Aix et de fournir du foin et de la paille à leurs chevaux (1). Les Poitiers, qui s'efforçaient, par tous les moyens, de se créer une vaste principauté, avaient pour rivaux les évêques de Valence et de Die : aussi saisissaient-ils toutes les occasions d'étendre et de fortifier leurs droits, notamment dans le Diois, où ils n'avaient encore que fort peu de terres et de vassaux, en attendant le moment où, complétant leur titre, ils s'appelleraient comtes de Valentinois *et de Diois*.

Tout en étant très lié avec Aymar de Poitiers, Guillaume sut toujours néanmoins demeurer dans les bonnes grâces d'Amédée de Roussillon, qui gouvernait alors l'Église de Die. Ce prélat guerrier qui, dans un épiscopat de moins de six ans, a fait de si grandes choses, aimait les Diois, et ceux-ci, fiers de marcher sous la conduite d'un aussi vaillant capitaine, restèrent jusqu'à la fin ses fidèles compagnons d'armes Nous trouvons Guillaume Artaud, combattant sous les ordres de son évêque, au fameux siège de Romans, pendant les rigueurs de l'hiver de 1279-1280. Il n'est pas douteux qu'il ne l'ait accompagné dans la plupart de ses expéditions (2).

---

(1) L'inventaire des archives de la chambre des Comptes (1698) renvoie au Registre coté : *Secundus liber copiarum de novo factarum*, H, f° 368.

(2) Voir notre étude historique sur *Amédée de Roussillon, évêque de Valence et de Die*, Grenoble, 1890, in-8° (96 pp.). — Le 5 février 1280 (n. s.), une ligue était conclue entre Didier de Sassenage, viguier de Romans, Guillaume Artaud, seigneur d'Aix, Aynard de la Tour, seigneur de Vinay, Raymond de Montauban, Gilet Alleman, Guiguonet Alleman, François et Hugues de Sassenage; elle était faite envers et contre tous, excepté le Dauphin. (SALVAING DE BOISSIEU, *Traité des fiefs*, Grenoble, 1731, in-f°, t. Ier, p. 102-3.) Les chanoines et les habitants de Romans étaient alors en pleine hostilité.

En 1283, lorsqu'éclata une grande guerre entre Robert, duc de Bourgogne, et Humbert de la Tour, qui prétendaient l'un et l'autre à la succession du dauphin Jean Ier, Guillaume Artaud s'attacha à la cause du seigneur de la Tour. Le 6 août 1283, Humbert, se trouvant à Vienne, fit un traité avec Aymar de Poitiers et le prit à sa solde ; il lui donna, pour garants de ses promesses, les seigneurs qui l'avaient accompagné : c'étaient Roger de Clérieu, Arnaud Flotte, seigneur de la Beaume-des-Arnauds, et Alleman de Condrieu, chevaliers, Guillaume Artaud, seigneur d'Aix, Raymond de Montauban, seigneur de Montmaur, et Falques de Montchenu (1).

Au mois de janvier 1284, Guillaume Artaud s'était rendu à Die avec les autres vassaux de l'Église pour prêter hommage à Jean de Genève, le successeur d'Amédée de Roussillon. Il déclara tenir en fief de l'Église de Die la moitié du château et de la terre d'Aix, la terre de Charens, le château et le mandement de Glandage, ainsi que le château et la seigneurie de Recoubeau (2).

Plusieurs fois les bons rapports qui existaient entre le seigneurs d'Aix et l'évêque de Die menacèrent d'être troublés, mais l'esprit de modération dont ils se montrèrent animés conjura toujours heureusement l'orage. Comme nous l'avons vu, Guillaume avait acquis du dauphin le château et la terre de Montclar ; il n'en était cependant pas le seigneur unique et absolu : une part de la juridiction temporelle, dans ce petit pays, appartenait au prieur du lieu, dont le supérieur hiérarchique était le prieur des chanoines réguliers de Saint-Augustin du monastère de Saint-Maurice de Die. Ces religieux se plaignaient hautement de ce que Guillaume méconnaissait leurs droits ; mais, se sentant impuissants à soutenir un procès ou une lutte avec un tel voisin, ils avaient préféré abandonner la partie et céder à l'évêque de Die leur prieuré

---

(1) Archives de l'Isère, B, 3541. Cf. *Essai hist. sur Die*, t. II, p. 68.
(2) Bibliothèque de Carpentras. Ms. XLIV, t. II, f° 37.

du Monestier de Montclar. Guillaume et l'évêque se trouvèrent donc ainsi en présence. Didier de Sassenage, beau-frère de Guillaume, offrit ses bons offices et, par une sentence arbitrale du 9 juillet 1294, mit l'accord entre eux : Guillaume et Flotte, sa femme, vendront aux habitants du lieu le droit de pâturage, moyennant la somme de 15 livres de viennois ; ils auront le droit, pour l'entretien des murs du château, de percevoir le vingtain dans tout le mandement, et, en cas de guerre, ils pourront enrôler les hommes du pays, à la charge toutefois de les nourrir (1). L'année suivante, pendant que les troupes épiscopales guerroyaient contre les habitants de Die, un autre démêlé s'éleva au sujet de Montclar ; mais l'affaire fut aussitôt étouffée. Un document du 9 juin 1295 nous en a conservé le souvenir : c'est une protestation de Pierre de Romeyer, damoiseau, châtelain de Montclar, au nom de Flotte, femme de Guillaume Artaud, contre l'établissement d'un fossé que Milon Chabasse, baile du Monestier de Montclar, faisait creuser sur une terre de la directe de cette dame. Milon Chabasse répond que ce fossé est fait par ordre de l'évêque de Die, en ce moment en guerre, et qu'il ne peut en aucune façon porter préjudice à Flotte (2).

Jean de Genève, à cette époque, poursuivait en effet à outrance les habitants de Die et faisait peser sur eux un joug de fer. Ceux-ci, hâtons-nous de le dire, justifiaient par leur conduite indigne toutes les mesures de rigueur prises contre eux. Nous avons raconté ailleurs ces luttes déplorables ; qu'il nous suffise de rappeler ici que les sujets révoltés du prélat, afin de se donner un chef, avaient reçu dans leurs murs Raymond VI de Mévouillon et avaient aliéné entre ses mains toute l'autorité qu'ils pouvaient avoir dans la ville. Cet acte était d'autant plus odieux et coupable, que l'évêque avait

---

(2) Archives de l'Isère, B, 3550. « Actum juxta ecclesiam de Aureolla, anno Domini M° CC° nonagesimo quarto, VII id. julii ».

(1) Archives de l'Isère, B, 3551.

alors gravement à se plaindre de Raymond, qui, dans la vente de la baronnie de Mévouillon, s'était montré d'une insigne mauvaise foi. Jean de Genève était de ces natures calmes et froides, qui, poussées à bout, exaspérées, deviennent tout à coup capables des plus terribles emportements. N'ayant pas les connaissances stratégiques de son prédécesseur, il confia la direction de ses troupes à Guigues Alleman, et bientôt les révoltés, bloqués dans leurs murailles, se virent réduits à capituler. L'évêque les traita avec une impitoyable rigueur. Ce fut alors que, dans leur détresse, ils implorèrent la médiation d'Aymar de Poitiers. Nous avons encore quelques-unes des lettres suppliantes qu'ils adressèrent au comte; elles nous apprennent, entre autres détails intéressants, que Guillaume Artaud, seigneur d'Aix, tout en évitant de froisser le prélat, se montra, dans cette circonstance, très dévoué aux habitants de Die et contribua puissamment à les réconcilier avec leur évêque (1).

Le successeur de Jean de Genève fut Guillaume de Roussillon, qui s'annonçait comme devant marcher sur les traces

---

(1) Archives de l'Isère, B, 3551. « Illustri viro... d. A. de Pictavia... Gratias quas possumus nobilitati vestre duximus refferendas, eo quod circa sedandam inter venerabilem patrem d. J., Valentinensem et Dyensem episcopum, dominum nostrum, et nos ortam discordiam.... Verum cum vestre benevolentie predicte, litteris Guillelmo Artaudi, domino d'Ays, missis specialiter continentibus quod circa pacem tractandam volens laboraretis, responsum non dederimus usque modo, si placet, nos habere dignemini excusatos, quia sine voluntate nobilis viri Raymundi de Medullione junioris non poteramus firmum dare responsum, sed cum littera vestra nobis fuit ostensa per dictum Guillelmum Artaudi, ad predictum nobilem R. incontenenti misimus nuncium specialem, cujus R. responsionem nobilitati vestre intimus in duabus litteris nobis missis, et quamquam idem dominus noster episcopus predictus nos jugo dire servitutis opprimat immerentes et absentio hostilitatis indebite inebriet, nihilominus, ut subditi fideles, affectu quo possumus, intendimus ad ejus indignationem tollendam, contra nos perversorum timulis excitatam... Datum apud Dyam, quarto kalendas augusti, anno Domini M° CC° XC° quinto... »

de son oncle et revendiquer, avec une indomptable énergie, tous les droits de son siège. Des nuages sombres s'amoncelaient à l'horizon et l'on pouvait prévoir de nouvelles tempêtes. En vue des futures hostilités, Aymar de Poitiers voulut se ménager, au besoin, l'appui de quelques places fortes dans le Diois. Il désirait acquérir Monclar, dans la vallée de la Gervane, et Véronne, près de Saillans. Cette acquisition donna lieu à la rédaction de toute une série de documents; nous possédons le dossier complet de cette affaire. Une analyse succincte de ces pièces mettra le lecteur au courant des formalités alors en usage pour la transmission des fiefs. Le 7 septembre 1298, à Petite-Guignaise, près de Die *(apud Guiniaysetam, prope Diam)* (1), se trouvèrent réunis le Dauphin Humbert, le comte de Valentinois, Raymond VI de Mévouillon, Guillaume Artaud et Flotte, sa femme, Pierre Reynier, doyen de Gap, ainsi que d'autres personnages importants, avec des hommes de loi et deux notaires. Un échange eut lieu entre Raymond de Mévouillon et Flotte de Sassenage, assisté de son mari Guillaume Artaud : Raymond donna à Flotte les châteaux de la Roche-sur-Buis, de la Rochette-sur-Saint-Auban, d'Alauson, avec leurs dépendances et leurs droits, de plus tout ce qu'il avait à Autane, ainsi qu'une rente de 60 livres de tournois, à percevoir sur les revenus du Buis, et une somme de 100 livres, une fois payée; de son côté, Flotte et son mari cédèrent à Raymond toutes leurs possessions, tous leurs droits à Montclar, à Véronne et à Roche-sur-Grane. Le dauphin ratifia cet échange et promit de le faire ratifier à sa femme, la Dauphine Anne, comtesse de Vienne et d'Albon (2). Aussitôt cet échange fait, Raymond

---

(1) On désignait alors, sous le nom de *Petite-Guignaise,* le quartier ou les terrains situés au midi de la ville, entre les remparts et la Drôme, et sur lesquels fut établi le premier monastère des Frères Mineurs de Die. Il ne s'agit donc pas là du prieuré de Guignaise, près de Châtillon.

(2) Archives de l'Isère, B, 3554 et 3555. Ces deux cartons renferment toutes les pièces relatives à la vente de Montclar et de Véronne. « Anno

de Mévouillon, qui était criblé de dettes, vendit à Aymar de Poitiers les châteaux de Montclar et de Véronne pour une somme de 2,500 livres de viennois. Humbert ratifia la vente et investit solennellement le comte de Valentinois des terres qu'il venait d'acquérir (1).

Quelques jours après, les personnages mentionnés plus haut, à l'exception du Dauphin, se rendirent à Montclar, où le 13 septembre, Aymar de Poitiers fut mis en possession de ce château, avec le cérémonial alors en usage. Il compta ensuite à Flotte de Sassenage les 100 livres de bons deniers viennois, que Raymond de Mévouillon avait promis à cette dame, et s'en fit donner quittance (2). De Montclar, le comte de Valentinois se rendit à Avignon, ville dont le souverain était alors Charles, roi de Jérusalem et de Sicile, comte de Provence et de Forcalquier. Raymond de Mévouillon vint l'y rejoindre, et le 22 septembre il y fut encore question de la vente de Monclar : Raymond déclara qu'il avait reçu d'Aymar 960 livres de tournois, acompte sur les 2,500 livres qui lui étaient dues pour ce château ; dans ces 960 livres étaient comprises 100 livres données à Flotte et 25 livres données à Pierre Isoard, son fils (3). Le 4 octobre 1298, à la Balme-en-

---

Domini M° CC° nonagesimo octavo, scilicet septima die septembris, Nos Raymundus de Medullione junior, filius emancipatus..., tradimus vobis Guillelmo Artaudi, domino d'Ays, et Flote, conjugibus, presentibus..., castrum de Rupe supra Buxum et totum ejus mandamentum... et cum dominiis castrorum de Rocheta supra Sanctum Albanum et de Alausone, cum eorum territoriis..., et dominium... quod habemus in castro de Altona cum territorio et cum sexaginta libris turon. in redditibus annuis in vino per nos percipiendo apud Buxum et cum centum libris in peccunia numerata semel tantum solvendis... —cum castro de Monteclaro, Dyensis diocesis et toto ejus mandamento..., et cum jure quod habetis... apud monasterium Montisclari et apud Veronam... et apud Rocham prope Granam, diocesis Valentinensis... »

(1) Archives de l'Isère, ibid.
(2) Archives de l'Isère, B, 3554.
(3) Archives de l'Isère B, 3554. « Notum sit quod anno Domini M° CC° LXXXX° VIII°, scilicet X° kalendas octobris, existente domino civi-

Viennois, Anne Dauphine approuvait tout ce qui avait été fait par son époux, et celui-ci déclarait, le 13 octobre, avoir reçu d'Aymar de Poitiers la somme de 2,500 livres de viennois pour les droits de lods, de confirmation et d'investiture qui étaient dus au trésor delphinal, à cause de la double transmission des fiefs de Montclar, de Monestier-de-Montclar, de Véronne et de Piégu (1). D'autre part, Jean, comte de Forez, par acte daté de Tournon, le 17 octobre 1298, donna quittance à Aymar de Poitiers d'une somme de 1,000 livres de viennois, que celui-ci lui avait payée, au nom du Dauphin, pour parfaire la dot d'Alays, fille d'Humbert et d'Anne, épouse du comte de Forez : ces 1,000 livres provenaient encore des lods de la vente de Montclar et Véronne (2). Enfin, le 28 octobre, nouvelle quittance, délivrée par

---

tatis Avinionensis illustrissimo domino Karolo secundo, Dei gratia, Jherusalem et Sicilie rege..., cum... Raymundus de Medullione junior... vendidisset... d. Ademaro de Pictavia, militi, Dei gratia, comiti Valentino, castrum Montisclari, cum suo mandamento, Dyensis diocesis, precio duo milia et quingenta lib. viennensium... »

(1) Archives de l'Isère, B, 3555. « Nos Humbertus... et nos Anna Dalphini et nos Johannes Dalphini... notum facimus... quod nos habuimus... in pecunia numerata ab illustri viro domino Ay. de Pictavia, comite Valentino, duo milia librarum et quingentas libras Viennensis monete, ex causa laudimii et confirmationis et investiture facti et facte per nos nobili viro Raymundo de Medullione... de castro Montisclari, Dyensis diocesis, et de villa Monasterii Montisclari et de facto de Verona et de Podio Acuto... que omnia ad ipsum R. pervenerant ex causa permutationis..., et ex causa laudimii, confirmationis et investiture facti et facte per nos de castro predicto Montisclari et aliis supradictis illustri viro d. Aymaro de P..., ad quem pred. castrum et omnia alia supradicta pervenerunt ex causa venditionis sibi facte per d. Raymundum de Med., prout de permutatione et venditione predictis constat per instrumenta publica inde facta per manum Humberti de Laya et per manum Lantelmi Berbierii, notariorum... Datum apud Balmam Vien., anno Domini M° CC° nonagesimo VIII°, terciadecima die mensis octobris. »

(2) Archives de l'Isère, B, 3555. « ... Anno dominice incarnationis M° CC° nonagesimo octavo, die XVII° mensis octobris..., nos Johannes,

le Dauphin, d'une somme de 957 livres, 2 sols, de viennois, ayant la même origine. Nous terminons cette énumération, que plusieurs lecteurs trouveront fastidieuse, par un document émané de Flotte de Sassenage, qui constate qu'à l'occasion de la vente de ces fiefs, cette dame reçut du comte de Valentinois, à titre de don gracieux, une robe estimée 30 livres.

Nos Flota, uxor Guillelmi Artaudi, domini d'Ays, domina castri de la Rocha supra Buxum, notum facimus universis quod nos confitemur nos habuisse a vobis illustri viro domino Aymaro de Pictavia, comite Valentino, triginta libras viennensium vel monete equivalentis, ratione unius raube per vos nobis date de escambio per nos facto de castro Montisclari pro castro de la Rocha supradicto, de quibus triginta libris vien. vos et successores vestros ac heredes in perpetuum absolvimus et quitamus, expressum pactum sollempni stipulatione vallatum vobis facientes de aliquid ulterius non petendo occasione predicta. Datum anno Domini M° CC° nonagesimo octavo, XXVIIIᵃ die septembris, cum appositione sigilli nostri in testimonium rei geste (1).

Guillaume Artaud laissa deux fils, Pierre Isoard II, seigneur d'Aix, qui suit, et Hugues, seigneur de Bellegarde, dont le fils, héritier de son oncle Pierre Isoard, devait continuer la lignée des seigneurs d'Aix.

Pierre Isoard II, seigneur d'Aix, de la Roche-sur-Buis, etc., s'était vu, en 1295, du vivant de son père, cité devant la

---

comes Foresii..., recognoscimus nos realiter et in pecunia numerata habuisse mille libras Viennensium vel equivalentis monete a vobis... A. de Pictavia, comite Valentino, quas nobis solvistis nomine et ex parte... Umberti Dalphini Viennensis, comitis Albonis et domini de Turre, quas quidem nobis debebat predictus... Dalphinus ex causa dotis Alays, filie sue, dilecte consortis mee, et quas mille libras vos debebatis... pred. d. Dalphino ex causa investitionis et laudimiorum castri Montisclari et Monasterii et Verone... Actum in fortalicio Turnonis, testibus presentibus... A. de Pictavia, filio d. domini comitis Valentini, ac nobilibus viris Gratono et Guichardo de Clariaco, domino Johanne de Urro..., et me Humberto de Laya... »

(1) Archives de l'Isère, B, 3554.

cour de Charles II, roi de Sicile, comte de Provence et de Forcalquier. L'accusation était grave et fit alors grand bruit. Une charte originale, qui a pendant plusieurs siècles servi de couverture à un registre de notaire, nous révèle le fait suivant. Une nièce de Raymond VI de Mévouillon venait d'entrer au monastère de Sainte-Claire d'Avignon. Pour renoncer au monde et se vouer à la vie religieuse, était-il nécessaire qu'elle obtînt l'autorisation de son oncle, le chef de la famille? Nous l'ignorons. Quoi qu'il en soit, Raymond fut très irrité de cette détermination et fit d'actives démarches pour recouvrer sa nièce ; mais, ne réussissant pas au gré de ses désirs, il eut alors recours à un expédient singulier qui nous peint au vif les mœurs de l'époque. Il prend avec lui quelques compagnons d'armes, jeunes gens résolus et audacieux, et se présente sous les murs d'Avignon, le 5 août 1295. Il pénètre dans la ville et au milieu du tumulte qu'occasionne cette brusque irruption, il commet plusieurs actes de violence et blesse quelques personnes. Il ne parvient pas toutefois à trouver sa nièce ; mais, en se retirant, il emmène avec lui comme prisonnier de guerre un certain Simon, fils de Ferrier Spérandieu. Le captif est conduit au château d'Ubrils, près du Buis, et pendant ce temps Raymond fait signifier aux Avignonais qu'il ne leur rendra leur concitoyen que quand ils lui rendront eux-mêmes sa nièce. La cour comtale de Sisteron prescrivit une enquête sur cet acte digne des futurs routiers et qui causait dans tout le pays un vrai scandale. Nous avons encore une partie de ces procédures ; nous disons une partie, car, hélas ! ce n'est qu'un fragment de la charte originale qui a pu être sauvé ; mais nous devons encore nous estimer heureux, puisque le fragment qui nous a transmis ces détails, nous a conservé aussi les noms des jeunes seigneurs qui firent partie de cette équipée : c'étaient Lantelme Aynard, Huguonin, Hugues de Crussol, écuyer de Raymond de Mévouillon, Raimbaud du Buis, Guignonet de *Montelmo*, Guillaume de Bion, de la terre de Curniers, Pierre Augier, Pierre Isoard,

Guillaume de Piégu, Aymon de Piégu, porte-bannière, Alaman, le gardien du cheval de Bertrand de Taulignan, le fils de Nicolas d'Arpavon, et plusieurs autres (1).

Quelques années plus tard, lorsque Pierre Isoard eut succédé à son père, il fut chargé par son cousin Raymond d'une mission difficile. Le baron de Mévouillon prétendait que, sans son autorisation, Bertrand de Baux, prince d'Orange, n'avait pu acquérir légitimement le château de Mérindol, ni, à plus forte raison, en prendre possession. L'affaire fut soumise à un arbitrage : l'évêque de Vaison défendit les intérêts du prince d'Orange, et Pierre Isoard, ceux du baron de Mévouillon. Ils arrêtèrent entre eux les bases d'un arrangement pro-

---

(1) Cette charte a été découverte par M. Gauduel, ancien greffier de la cour d'appel de Grenoble. « ... Anno quo supra (1295), die sexta augusti pervenit ad audientiam curie super eo quod dicitur quod nonnulli homines hostiliter et cum armis, equis et manu armata ingressi fuerunt civitatem Avenionensem, in qua quidem civitate multa et varia commiserunt crimina, vulnerando aliquos homines dicte civitatis ad mortem et committendo in Symonem, filium d. Ferrerii Sperendieu, et violenter dictum Symonem ceperunt, extraxerunt et exportaverunt extra dictam civitatem et jurisdictionem dicte civitatis et domini nostri regis, in dampnum dispendiumque et vituperium curie memorate regalis et dicti Symonis, et dictum Symonem adhuc detinent captum. Cum predicta sint pravi exempli..., ideo prefata curia processit ad inquirendum contra illos... inter quos dicebantur fuisse Lantelmus Aynardi... Item, quod predicti, qui dictum Symonetum ceperunt, captum duxerunt et se receperunt apud Buxum dicta die, scilicet die veneris ante festum beati Laurentii, et quod de hoc est fama... Item, quod dictus Raymundus de Medullione predicta fecerat fieri... Item, quod predictus Raymundus, antequam predicta fuissent facta, dixerat et audire se fecerat quod predictum Symonetum, filium dicti d. Ferrerii Sperendieu, caperet seu faceret capi seu eum furari sibi faceret et eum captum tantum teneret quousque posset recuperare neptem suam que dicebatur intrasse in monasterium Sancte Clare, et quod de predictis est fama. Item, quod d. Symonetus raptus custoditur et detinetur captus et dicitur detineri in castro de Ubrils, prope Buxum, Raymundi de Medullione, seu in alio loco vel terra d. Raymundi de Medullione... »

visoire le 12 juin 1300; mais Raymond, ne tenant aucun compte de ce qui avait été décidé, fit investir le château par ses troupes et s'en empara de vive force (1).

Ce fut sans doute pour récompenser son parent des services qu'il en avait reçus, que Raymond abandonna au jeune seigneur d'Aix les châteaux de Pommerol et de La Charce. Quoi qu'il en soit, celui-ci les possédait dès l'année 1305. Le 15 février 1319, c'est en son nom que Hugues d'Aix et Guillaume Artaud, père et fils, recevaient l'hommage de Jacques Reynier, chevalier, pour le fief de La Charce (2). Enfin le 1er juin 1324, Guillaume Gélis, mandataire de Pierre Isoard, chevalier, et de Guillaume Artaud, son neveu, seigneur de Bellegarde, aliénait à Raynald *de Sàleta*, sénéchal, et à François *de Grossis*, procureur du roi Robert, le château de La Charce au diocèse de Die, moyennant 800 livres de petits réforciats de Provence, en présence d'Hélion de Villeneuve, grand maître de St-Jean-de-Jérusalem, de Raymond de Mévouillon, etc. (3).

Lors du partage des biens de Guillaume Artaud, en 1299, il avait été stipulé que Hugues d'Aix, tiendrait en fief de Pierre Isoard, son frère aîné, chef de la famille, le château de Bellegarde, ainsi que les autres terres de son apanage. Hugues se déclara vassal de son frère et lui fit hommage, à Die, le 1er février 1300, en présence d'Isoard d'Aix, son oncle, doyen du chapitre; il reconnut tenir en fief les châteaux de Bellegarde, de Montlahuc et d'Establet (4). A son tour, Pierre

---

(1) Valbonnays, t. Ier, p. 254-5; t. II, p. 100 et suiv.

(2) Lacroix, *L'arrondissement de Nyons*, t. Ier, p. 209.

(3) Archives des Bouches-du-Rhône, B, 1397, f° 223. — Lacroix, op. cit., p. 210.

(4) Archives de Mme de Félines, à Die. « Anno Domini M° CCC°, scilicet quarta die febroarii, nobilis vir Hugo de Aysio, domino de Bellagarda, confessus fuit se tenere in feudum francum, nobile et antiquum a nobili viro Petro Ysoardi, domino d'Ays, fratre suo, castrum et territorium de Bellagarda et dominium quod habet in castro et territorio

Isoard dut se reconnaître vassal du Dauphin, le 23 janvier 1313 (n.s.), pour ses possessions dans le Trièves, c'est-à-dire pour le château de Gresse, Château-Bernard, une portion de Miribel, la moitié d'Esparron, ses terres de Clelles et de St-Martin, ainsi que pour les fiefs tenus en son nom par Raymond Bérenger, Guillaume de Meyssenas et son frère Hugues d'Aix (1).

La situation financière de Raymond VI de Mévouillon, depuis longtemps très critique, ne faisait que s'aggraver de jour en jour. Son père, en l'émancipant et en se démettant de sa baronnie, lui avait laissé des dettes énormes. Pour satisfaire ses créanciers, il s'était vu dans la dure nécessité de s'humilier devant ses vassaux et de faire appel à leur générosité ; puis, ce moyen ne suffisant pas, il avait aliéné le haut domaine de ses États : il s'était reconnu feudataire de l'évêque de Die et peu de temps après du Dauphin. Par cet acte, la maison de Mévouillon qui jusque-là avait été l'égale de toutes les maisons princières du Dauphiné et de la Provence, et qui n'avait reconnu d'autre suzeraineté que celle des empereurs, tombait au second rang. A cette nouvelle, Raymond V fut tellement irrité contre son fils qu'il lui signifia de rompre les engagements qu'il avait pris, sous peine d'une amende de 25,000 ducats et de se voir à jamais déchu de tous ses droits sur la baronnie (2). Ces menaces ne firent que ren-

---

de Monte Lugduno et quod habet in castro et territorio de Stableto, de Valledroma, et generaliter et specialiter ea que ab aliquo domino non tenet idem Hugo, et ea omnia que tenet a domino Aymaro de Pictavia, ubicunque sint et qualiacunque, et juravit utilia ipsius facere, et eidem esse fidelis et omnia facere que sub sacramento fidelitatis continentur, et de predictis eidem nobili Petro Isoardi fecit fidelitatem non tamen ligiam, osculo dato in signum fidelitatis predicte. Actum apud Dyam, in hospicio Bontosi Lissignoli quondam, testibus presentibus d. Ysoardo d'Ays, decano Diensi, magistro Odone Raymundi, d. Petro Bolfardi, Petro de Cruce, presbitero, Raymundo de Sala, et me Lantelmo Berberii, notario. »

(1) *Inventaire des archives des Dauphins de Viennois*, en *1346*, n° 889.
(2) Pour les preuves, voir notre *Essai hist. sur Die*, t. II, p. 91 et suiv.

dre la crise plus aiguë. Lorsque mourut le vieux Raymond, la terre de Mévouillon avait définitivement cessé d'être une terre allodiale. Ce fut alors qu'entrèrent en scène les dominicains d'Avignon, du Buis et de Sisteron, représentés par leur fondé de pouvoirs, le prieur provincial Guillaume de Laudun. Quelles difficultés venaient soulever encore les Frères Prêcheurs ? Cet ordre, moins d'un siècle après sa fondation, avait beaucoup perdu de sa ferveur primitive : la soif des richesses le conduisait sur la voie du relâchement et le précipitait vers des abîmes. Les dominicains prétendaient donc, en s'appuyant sur les déclarations de Raymond V, que le baron de Mévouillon avait foulé aux pieds les testaments de ses ancêtres et devait dès lors être déchu de tous ses droits. Ces religieux se portant comme héritiers de frère Raymond de Mévouillon, mort archevêque d'Embrun en 1294, réclamaient la part qui aurait dû revenir à celui-ci dans la division des biens de sa famille. Or, Raymond IV n'ayant laissé que deux fils, Raymond V et l'archevêque, c'était donc la moitié de la baronnie qui représentait cette part et que revendiquait aujourd'hui l'ordre de St-Dominique. A cette fin, un procès fut engagé devant la cour papale. Dans les difficultés inextricables où le baron de Mévouillon était engagé, il eut recours, comme autrefois, à son parent et ami Pierre Isoard ; il lui écrivit donc le 18 août 1311 pour l'engager à unir sa cause à la sienne, et à défendre leurs droits contre d'injustes et ardents compétiteurs. En effet, l'issue de ce procès ne pouvait être indifférente pour Pierre Isoard, qui possédait dans la baronnie plusieurs châteaux (1). On sait comment se termina cette affaire : l'arri-

---

(1) Archives de l'Isère, B (fonds du Mévouillon). 1311, 18 août. « ... Raymundus de Medullione, Medullionis dominus,... notificavit nobili viro d. Petro Ysoardi, domino de Aysio, quod... frater Guillelmus de Lauduno, prior provincialis ordinis Predicatorum, nomine dicti prioratus et fratrum ord. Pred. de provincia Provincie et specialiter conventuum Avinionensis et Sistaricensis et de Buxo, ordinis supradicti, litteras apostolicas impetravit directas R. P. d. Raymundo, divina provi-

vée d'un plus fort mit fin aux débats, et le Dauphin acheta en 1317 tout ce que Raymond VI possédait encore d'autorité dans la baronnie de Mévouillon.

Le 7 juillet 1321, Pierre Isoard, se trouvant à Avignon, rendit au Dauphin l'hommage qu'il lui devait pour les châteaux et terres du Trièves, que nous avons déjà énumérés (1). Deux ans plus tard, l'hommage auquel le seigneur d'Aix était tenu envers l'Église de Die, donna lieu à un différend qui fut heureusement tranché par un arbitrage. Le 9 janvier 1323 (n. s.), Guillaume de Roussillon, évêque de Die, et Pierre Isoard, par acte passé à Molières, donnèrent plein pouvoir à deux bourgeois de Die, Giraud Rustiquel et Étienne Cuillerier, pour terminer l'affaire qui les divisait. Le 23 janvier, Guillaume Artaud, seigneur de Bellegarde, qui était lui aussi partie dans le procès, accéda à la convention. En conséquence, le 14 février, les arbitres nommés firent connaître leur décision. Ils déclarent tout d'abord que, dans une affaire aussi importante, ils ont eu recours aux lumières d'André Baudoin, professeur en l'un et l'autre droit, doyen de l'Église de Die, de Hugues Eyméric, prieur de Saint-Pierre, official de Die, et d'Albert de Foillans, sacristain. Pierre Isoard et ses successeurs à perpétuité tiendront en fief franc et noble de Guillaume de Roussillon et des évêques et comtes de Valence et de Die, ses successeurs, la moitié par indivis des

---

dentia Vasionensi episcopo, judici a sede apostolica delegato, contra ipsum d. Raymundum, Medullionis dominum, coram quo domino Vasionensi episcopo dictus dominus prior provincialis petiit et petit pronunciari testamentum d. fratris Raymundi de Medullione quondam, avi patrui d. dom. Raymundi, esse ruptum ex causa contenta in petitione d. dom. prioris provincialis et mediatetem baronie Medullionis totiusque hereditatis dicti domini fratris Raymundi de Medullione quondam pro indiviso ad dictum ordinem pertinere, cum fructibus... : unde cum forte intersit vel interesse posset dicto nobili domino Petro Ysoardi se opponere questioni predicte... » — Cf. CHORIER, t. II, p. 187-8.

(1) Archives de l'Isère, B, 2619, f° 104.

châteaux d'Aix et de Molières, avec leurs mandements, les châteaux de Recoubeau, de Beaumont, de Charens, de la Motte-Chalancon, de la Roche de Dorsan ; de plus, ils tiendront encore en fief des évêques de Die, toutes leurs possessions directes ou indirectes dans la Valdrôme, ainsi que les châteaux et mandements de Montanègues et de Glaysole. Pierre Isoard et Guillaume Artaud, son neveu, eux et leurs successeurs dans la seigneurie d'Aix, seront à perpétuité les hommes-liges des évêques et leur devront comme tels l'hommage à chaque mutation de seigneur ou de vassal. Il est spécifié toutefois que durant la vie de Pierre Isoard, Guillaume Artaud ne sera tenu de faire hommage qu'à son oncle. En cas de guerre, les évêques pourront requérir les services des seigneurs d'Aix et user librement de leurs châteaux et de leurs terres. Comme par le passé, les seigneurs d'Aix posséderont leurs châteaux et leurs terres en toute propriété et y exerceront les droits de justice haute, moyenne et basse. Pierre Isoard ratifia cette décision et fit hommage à l'évêque le 6 avril à Die, dans le verger, près de la chambre du prélat ; quelques jours après le 20 avril, à Châtillon *(apud Castillionem, in fortalicio, in prato juxta cameram episcopalem)*, Guillaume Artaud s'acquittait envers son évêque des mêmes devoirs, ratifiant lui aussi ce qui avait été décidé, et faisait hommage pour ce qu'il avait hérité à Volvent de Gérauld Artaud (1).

---

(1) Archives de Mme de Félines, à Die. « ... In primis dicimus... quod ... Petrus Isoardi, dominus d'Ays, et heredes et successores sui habeant... in feudum francum, honorabile, nobile et antiquum, bonis conditionibus conditionatum, a dicto d. nostro episcopo..., pro se et successoribus... recipiente, medietatem pro indiviso castrorum de Aysio, de Moleriis, et mandamentorum corumdem et castra de Ricobello, de Bellomonte, de Charencio, de Motta Chalanconis et Rup^s de Dorsan, una cum territoriis et mandamentis...; item, et quidquid ipse d. Petrus habet et tenet et que alii tenent ab eo in tota Valle Droma et ejus mandamento... et quidquid tenetur a dicto domino d'Ays in castris et territoriis et mandamentis de Montanicis et Gleysolis... »

Aymar V de Poitiers ayant succédé à son père dans le comté de Valentinois et Diois en 1329, Pierre Isoard lui rendit hommage au mois de juin de l'année suivante, pour les mêmes terres et dans les mêmes termes que Guillaume Artaud, son père, envers Aymar IV en 1279. Bientôt après, l'avènement au siège épiscopal de Die d'Aymar de la Voulte obligea le seigneur d'Aix à renouveler en faveur de celui-ci l'acte d'hommage fait en 1323 à Guillaume de Roussillon : il remplit cette formalité le 19 juin 1332 (1).

Pierre Isoard, ne laissant pas d'enfant, institua pour son héritier universel Guillaume Artaud, son neveu : il fit son testament (reçu Étienne Cuillerier, notaire à Die) le 4 octobre 1334. Il choisit sa sépulture dans l'église des Frères Mineurs de Die, au sépulcre de Flotte de Sassenage, sa mère, et régla que chaque année à perpétuité, aux quatre principales fêtes de la sainte Vierge, on servirait un repas aux religieux ; il leur donna, à cette fin, une rente de 100 livres de viennois. Il voulut ensuite faire prier pour le repos de son âme et pour celles de ses parents ; dans ce but il fonda trois chapellenies : la première, dans l'église du prieuré de Saint-Marcel, où était le tombeau de ses ancêtres ; la seconde, dans l'église cathédrale de Die « au lieu où se trouve le sépulcre du b. Étienne, évêque, voulant que ce tombeau devînt l'autel même, sur lequel un prêtre de cette même église serait tenu, chaque jour et à perpétuité, de célébrer une messe » pour le repos de son âme ; la troisième, au château d'Aix (2).

Hugues d'Aix, seigneur de Bellegarde, qui, comme nous l'avons vu, ne devait point survivre à son frère Pierre Isoard,

---

(1) Archives de Mme de Félines (Procès des Poanat). Outre les terres mentionnées dans le précédent hommage, Pierre Isoard reconnaît tenir encore de l'évêque : « ....medietatem pro indiviso castri et mandamenti de Ausselone et tres partes vallis de Breta et insuper omnia et singula que idem dominus Petrus habet... et que alii habent et tenent... a dicto d. Petro in toto comitatu Diensi... »

(2) Cf. notre *Essai hist. sur Die*, t. Ier, p. 272.

est dès le 16 août 1291 qualifié de chevalier. Il se trouve alors au château de Chamaloc et figure comme témoin de la vente de la baronnie de Mévouillon, passée par Raymond de Mévouillon le Jeune, au profit de Jean de Genève, évêque de Valence et de Die. L'année suivante, au mois de juillet, revêtu du titre du procureur de l'évêque, il prend, au nom du prélat, possession de la baronnie, allant de château en château pour y arborer la bannière épiscopale et y faire reconnaître la juridiction du nouveau suzerain (1). Hugues avait épousé Alix, fille de Geoffroy de Châteauneuf et de Catherine de Bourdeaux : cette dernière, unique héritière de Béranger, seigneur de Bourdeaux, avait apporté dans la maison de Châteauneuf les fiefs de Bourdeaux et de Poët-Célard, ainsi que le château et la terre de Comps (2). Tous ces biens, par le mariage d'Alix, passèrent au seigneur de Bellegarde. Ils étaient tenus en fief du comte de Valentinois, et celui-ci ne tarda pas à les réunir à ses domaines par l'acquisition qu'il en fit de Hugues et d'Alix, sa femme, le 19 août 1317 (3).

---

(1) Bibliothèque de Grenoble. R. 4452, p. 6-7. — Cf. *Essai hist. sur Die*, l. v, § 4.

(2) Archives de l'Isère. Inventaire de 1698 : Diois, t. I, f° 332.

(3) Archives de l'Isère, B, 3569 : « ... Anno Domini M°.CCC°.XVII°, scilicet XIX° mensis augusti, nobilis vir Hugo de Asio, dnus Belle Garde, et Philippus Boszii, florentinus, procurator... nobilis Alisie, uxors d. Hugonis filieque quondam d. Gaufridi de Castro Novo... vendiderunt... d° A. de Pictavia, comiti Valent. et Dyen., presenti.., castrum de Coms et villam de Orcinacio, et etiam omne jus et omnem actionem quod et quam habebat... dicta Alisia seu dictus Hugo apud castrum de Bordellis et apud castrum de Poieto Scalari et in eorum territoriis... Predicti vendiderunt eciam eidem d. comiti... pentionem triginta septem librarum, ad quam pensionem prestandam eidem Hugoni dicebat dictus Hugo dictum d. comitem teneri eidem pro dicta uxore sua de facto seu affari quod dicti de la Charreria et quidam alii nobiles de Coms habebant in dicto castro, quod dictum factum et affare d. d. comes acquirere debebat dicto d. Gaufrido, ex causa cujusdam compositionis seu conventionis olim facte inter d. d. comitem et d. d. Gaufridum,.... precio duarum mille et ducentarum librarum turonensium

Hugues ne laissa que deux enfants : Guillaume Artaud III, qui suit, et Catherine Artaud, qui épousa Agout de Baux, seigneur de Brantes (1).

Guillaume Artaud III, seigneur d'Aix, de Bellegarde, de la Motte, etc., hérita, comme nous l'avons dit, en 1334, de son oncle Pierre Isoard. Il avait remplacé son père comme seigneur de Bellegarde dès l'année 1320, car, en cette qualité, il nomme un fondé de pouvoirs à l'effet de rendre hommage au duc de Calabre de la terre du Brochet, soumise à la juridiction royale de la Valdoule (2). Guillaume était, sans contredit, un des plus riches et des plus puissants seigneurs du Diois. Il s'est trouvé mêlé à tous les grands événements de son temps. En 1326, il combat à Varey, en compagnie d'Agout de Baux, son beau-frère, de Guillaume de Quint et d'une foule de seigneurs, la fleur de la noblesse dauphinoise (3). Dès qu'il fut en possession de la baronnie d'Aix, un de ses premiers soins fut de s'acquitter des devoirs de vassalité auxquels il était tenu envers le Dauphin et l'évêque de Die. Le 23 septembre 1335, en présence d'Amédée Alleman, prieur de Saint-Laurent de Grenoble, et de Nicolas Constant, seigneur du Châtelard de Bordettes, procureurs de Humbert II, il fit le dénombrement des châteaux et des terres qu'il tenait en fief de ce prince ; il prêta ensuite le serment de fidélité et se soumit à la cérémonie de l'hommage, comme avaient fait ses prédécesseurs. Ce dénombrement comprend les châteaux de Gresse et de Thoranne, ainsi qu'un certain nombre de possessions à

---

quod precium predicti Hugo et procurator, nomine quo supra, confessi fuerunt se habuisse et recepisse..... Acta fuerunt hec apud Sauzetum, testibus presentibus rever. pat. dno Ludovico, Vivariensi episcopo, domino L. de Pictavia primogenito dicti comitis, Giraudo Adhemari, dno Montilii, dno Armando de Combis, priore de Gorcia... »

(1) D' BARTHÉLEMY. *Inventaire des chartes de la maison de Baux*, n° 1181.

(2) Archives des Bouches-du-Rhône, B, 450.

(3) (BRISARD). *Hist. généalo. de la maison de Beaumont*, t. II, p. 96.

Château-Bernard, à Miribel, à Esparron, à Clelles, à Saint-Martin et dans la montagne de Lautaret ; on y voit, en outre, mentionnés deux de ses feudataires, François de Theys et Pierre Claret (1). Ce dernier est la tige d'une des plus nobles familles du Diois, qui a possédé pendant des siècles la terre de Treschenu ; il avait le petit fief d'Esparron, qu'il tenait, pour une moitié, du Dauphin, et, pour l'autre moitié, de Guillaume Artaud : Guigues VIII lui avait vendu, le 10 juillet 1330, sous réserve de l'hommage, la part de ses droits sur cette seigneurie pour le prix de 30 livres de gros tournois d'argent du royaume de France, marqués à l'O rond, de bon aloi (2).

Dans le traité qui fut conclu le 7 novembre 1335, à la Silve-Bénite, entre Humbert II et Aymon, comte de Savoie, le Dauphin donna pour garants de sa parole Albert de Sasse-

---

(1) CHEVALIER. *Inventaire des archives des dauphins de Viennois, en 1346*, n° 652.

(2) Archives de l'Isère, B. 2961, f° 34. Dans cet acte de vente, il est fait mention de l'hôpital du col, qui payait au Dauphin deux sols de cens annuel pour droit de garde ; on voit qu'il y avait aussi un péage qui fut également vendu. Ce péage existait encore au siècle suivant, comme l'atteste une procédure faite le 24 avril 1460 par le vice châtelain du Trièves, à la requête de Jean Claret, seigneur d'Esparron et de Treschenu, qui demandait que ce péage fût perçu à Treschenu et non à Esparron, demeuré sans habitants. Les Claret achetèrent plus tard aux Artaud leur portion de la terre d'Esparron et devinrent ainsi propriétaires de toute la seigneurie. Louis Claret, dernier seigneur de ce nom, ne laissa qu'une fille, Lucrèce, qui épousa Antoine Simiane, seigneur de Séderon, et lui porta les terres de Treschenu, d'Esparron et des Nonnières : ce fut en faveur de Louis de Simiane de Claret, fils de ces derniers, que Louis XIV érigea, au mois de juin 1651, la terre d'Esparron en marquisat. Au commencement de ce siècle la famille de Nicolaï recueillit la succession des Simiane : elle fit mettre en vente, aux enchères publiques, ses propriétés à Esparron, d'une contenance totale de 385 hectares, la plus grande portion en forêt, et le 28 juillet 1838, ces biens furent acquis pour le prix de 125, 100 francs. Cf. *Notre-Dame des Neiges d'Esparron*. Paris, 1888, in-8°, 35 pp.

nage, Guy de Grolée, Lantelme Eynard, Guillaume Artaud et plusieurs autres grands personnages (1). Ajoutons que nous retrouvons encore le seigneur d'Aix, avec les représentants de la plus haute noblesse dauphinoise, aux brillantes fêtes qui eurent lieu à Beauvoir, le 19 mai 1336, à l'occasion du mariage d'Amblard de Beaumont, le célèbre conseiller du Dauphin, avec Béatrix Alleman de Valbonnais (2).

Cependant les graves événements qui se passaient dans le nord de la France ne pouvaient manquer d'avoir un douloureux retentissement dans nos pays. Le Dauphiné commençait à entrer dans le mouvement de la politique française; le roi y comptait depuis quelque temps des vassaux, parmi lesquels il faut placer en première ligne le Dauphin. Les démêlés du roi avec l'Angleterre traversaient alors une phase des plus aiguës. Edouard III, le monarque anglais, avec l'appui moral de l'Empire, se disposait à frapper un grand coup. Le roi de France fit appel à tous ses vassaux. Par une lettre datée de Beauvoir, le 10 mai 1338, Humbert II s'excusa de ne pouvoir se rendre à Amiens au temps marqué (3), mais l'année suivante, tout empêchement ayant cessé, il conduisit luimême à son suzerain le contingent de troupes qu'on lui demandait. Le 6 novembre 1339, eut lieu à Paris la *montre* ou revue de la petite armée dauphinoise. Nous possédons encore la liste officielle de tous les chevaliers bannerets qui avaient accompagné le Dauphin et on y retrouve les noms de toutes les nobles familles de la contrée : Guillaume Artaud, avec une suite de quatre hommes, y figure à son rang (4).

---

(1) BRISARD. *Hist. de la maison de Beaumont*, t. II, p. 278.

(2) BRISARD. *Hist. de la maison de Beaumont*, t. I, p. 473, et t. II, p. 279.

(3) VALBONNAYS. t. II, p. 361, et 375.

(4) CHEVALIER. *Choix de documents historiques inédits sur le Dauphiné*, p. 59-61. Un chevalier ou un écuyer banneret devait être accompagné à l'armée « au moins de quatre ou cinq nobles hommes et continuellement de douze ou seize chevaux. » DANIEL. *Hist. de la milice françoise*, t. I, p. 114.

Sans nous arrêter à relever çà et là quelques faits de minime importance, nous franchissons plusieurs années et nous arrivons à un événement qui produisit en Dauphiné une grande émotion et dut laisser dans les souvenirs du seigneur d'Aix des traces profondes. Le pape Clément VI, fidèle à la politique de ses prédécesseurs, n'avait cessé depuis le commencement de son pontificat de travailler à rétablir la paix entre les princes et à tourner leur ardeur belliqueuse contre les Turcs, les véritables ennemis de la chrétienté. Une première expédition n'avait pas eu de succès ; il songea à une véritable croisade. Le Dauphin Humbert II sollicita et obtint l'honneur d'être placé à la tête de la sainte entreprise. Tout préoccupé des préparatifs de cette guerre, il vint à Avignon, vers la fin d'avril 1345, suivi de l'élite de sa noblesse. Guillaume Artaud fut du nombre des seigneurs qui l'accompagnèrent. Entre autres documents où figure le nom du seigneur d'Aix, nous en citerons deux, qui intéressent particulièrement l'histoire de nos pays. Par un traité solennellement conclu entre le Dauphin et l'évêque de Die en 1299, l'évêque avait été proclamé suzerain de la baronnie de Mévouillon et il avait été réglé que le Dauphin lui en ferait hommage, à chaque mutation de seigneur et de vassal. Pierre de Châtelus occupait le siège épiscopal depuis 1342 et le Dauphin lui devait encore l'hommage. L'évêque voulut mettre à profit les dispositions religieuses qui animaient alors ce prince ; il se rendit à Avignon pour réclamer hautement ce qu'il considérait comme son droit. Il ne s'était point mépris sur les sentiments du Dauphin, car dans une première entrevue qu'il eut avec lui au monastère de Bon-Repos, le 17 juillet 1345, Humbert protesta de son amour de la justice et promit l'hommage demandé (1). En effet, le 24 du même mois, en présence d'un grand nombre de seigneurs ecclésiastiques et laïcs, il déclara tenir en fief de l'évêque de

---

(1) Bibliothèque de Grenoble, R. 4452, f° 152.

Valence et de Die la baronnie de Mévouillon et en fit hommage (1). L'archevêque de Lyon et l'évêque de Grenoble, Leuczon de Lemps, prieur de Saint-Donat, Amblard de Beaumont, Amédée de Roussillon et Guillaume Artaud furent témoins de ces actes.

Le départ pour la croisade ne tarda pas à s'effectuer. Le 2 septembre 1345, Humbert II s'embarquait à Marseille et dès le lendemain mettait à la voile. Il débarqua à Livourne, et pendant que le gros de l'armée, continuant sa route sur mer, gagnait Samos, il traversa la péninsule et se rendit à Venise avec une brillante escorte. Guillaume Artaud fut du nombre de ceux que le Dauphin prit avec lui et qui demeurèrent attachés à sa personne. Nous n'avons pas à raconter ici cette croisade (2); nous dirons seulement que si elle ne produisit pas de grands résultats, elle eut du moins l'avantage de ne point se terminer par un de ces épouvantables désastres qu'on n'eut, hélas! que trop souvent à déplorer dans les précédentes expéditions. Nos Dauphinois revinrent à peu près tous sains et saufs dans leurs foyers.

L'union du Dauphiné à la couronne de France ayant été consommée, Charles, fils aîné du roi, déclaré successeur du Dauphin, se hâta de venir dans la province recevoir les hommages de ses nouveaux vassaux. Guillaume Artaud lui fit le sien à Grenoble, dans l'habitation de l'évêque, et en présence de Henri de Villars, archevêque de Lyon, le 4 mars 1350 : le dénombrement de ses fiefs est de tout point conforme à celui qu'il avait lui-même précédemment passé à Humbert (3). L'année suivante et le 23 octobre, le seigneur d'Aix assistait au traité conclu à Villeneuve-lès-Avignon entre le roi Jean, agissant pour son fils, et le comte de Savoie (4).

---

(1) Ibid., f° 8, et archives de l'Isère, B, 2614.
(2) CHEVALIER. *Choix de documents hist. inédits...*, p. 96-119; — VALBONNAYS, t. II, 208, 210-1, 214, 220, 225, 228, 232, 236-9, 241-6; — *Bibliothèque de l'Ecole des chartes*, 1re série, t. I. p. 276-8.
(3) Archives de l'Isère. Registres Pilati, B, 14, f° 30.
(4) MAIGNIEN. *Généalogies et armoiries dauphinoises*, p. 100.

Imitant la sage conduite de son oncle Pierre Isoard, notre seigneur d'Aix se tint constamment en dehors de la querelle qui divisait l'évêque et le comte de Valentinois et qui depuis tant d'années déchaînait sur le pays les maux de la guerre. Il eut peu de contestations avec le prélat, et chaque fois on réussit, par voie d'arbitrage, à les mettre d'accord. C'est ainsi qu'en 1359 il transigea avec lui au sujet des limites de Die et de Molières (1). Il réserva toute sa valeur guerrière pour de plus nobles causes. Nous l'avons vu, à la suite de son suzerain, aller en Orient combattre les infidèles ; il devait encore dans son propre pays tourner ses armes contre des ennemis non moins redoutables.

Dès l'année 1357, le Dauphiné et la Provence avaient eu à souffrir du passage des grandes compagnies. Les traités de Brétigny et de Calais laissaient sans occupation des bandes d'aventuriers qui durant la guerre de Cent-Ans vendaient leurs services soit à l'Angleterre, soit à la France. Elles parcouraient alors la France, la traitant en pays conquis. En 1361, elles descendirent la vallée du Rhône et marchèrent vers Avignon. Le 8 janvier, Innocent VI écrivit à l'évêque de Valence qui lui avait signalé le danger : louant son zèle, il l'engageait à s'opposer de toutes manières aux projets de ces misérables. Peu de temps après, le danger parut plus grand encore. Les provinces menacées songèrent à réunir leurs forces. Le recteur du Comtat était alors ce Philippe de Cabassole, évêque de Cavaillon, protecteur et ami de Pétrarque, dont le rôle fut si grand à la cour d'Urbain V. Devant les menaces des routiers, dont les premières bandes avaient déjà pénétré dans le Valentinois et le Dauphiné, il appela par ses lettres du 30 novembre 1363 les gouverneurs et les seigneurs de ces provinces à la résistance. Le gouverneur du Dauphiné Raoul de Loupy, le sénéchal de Provence Foulques d'Agoult, le comte de Valentinois Aymar de Poi-

---

(1) Rappelé dans une transaction du 23 octobre 1496, citée plus loin.

tiers, Guillaume Artaud, chevalier, seigneur d'Aix, représentant l'évêque de Valence, se réunirent à Avignon, dans la maison de Philippe de Cabassole, où ils discutèrent et arrêtèrent les bases d'un traité, auquel Amédée, comte de Savoie, adhéra l'année suivante. Ce traité devait durer deux ans (1).

Peu de temps après, pendant un des moments de tranquillité si rares à cette époque, Guillaume Artaud et Louis de Villars, évêque de Die, firent entre eux un échange de propriétés qui donna lieu à la rédaction de plusieurs actes importants, qu'on pourrait, à cause des curieux renseignements qu'ils renferment sur la condition des terres féodales, publier avec profit dans un traité des fiefs. Les deux seigneurs avaient des possessions et des droits assez enchevêtrés à La Motte et à Valdrôme : afin de faciliter l'exercice de leurs juridictions et surtout la perception de leurs revenus, ils résolurent d'un commun accord, le 3 mars 1371 (n. s.), de se faire réciproquement certains abandons, de manière à ce que chacun d'eux demeurât exclusivement et sans aucun partage seigneur de l'une de ces localités. En conséquence, Guillaume renonça en faveur de l'évêque à tout ce qu'il avait ou pouvait avoir à Valdrôme, et celui-ci se désista à son tour de tous ses droits sur La Motte, en faveur du seigneur d'Aix et de ses successeurs. Le document nous donne une longue énumération des possessions et des droits échangés. Nous ne relèverons ici qu'un détail. Les hommes de l'évêque, à La Motte, étaient pour la plupart pauvres et sans aucune possession ; ceux de Guillaume, à Valdrôme, avaient au contraire des maisons et des terres : on convint donc que dans l'échange

---

(1) *Bulletin hist. et arch. de Vaucluse*, 2ᵉ année, p. 96-104 : «...egregius vir d. Guillermus Artaudi, miles, dominus de Aysio, pro dicto d. Diensi et Valentinensi episcopo et comite, pro tractauda et facienda dicta liga... » — GUIGUES. *Les Tard-Venus*, dans *Mémoires de la Société littéraire de Lyon* (1882-5). Tirage à part: Lyon, 1886, in-8º, p. 111. — VAISSETTE, *Histoire générale de Languedoc*, t. IX (1886), p. 755 et suiv.

un homme de Valdrôme possessionné vaudrait à lui seul deux hommes de La Motte. Il est ensuite signalé que l'évêque se réserve l'hommage de Guillaume Artaud et celui de Guillaume de Plaisian, ainsi que le haut domaine du lieu de la Motte. Cet échange se fit à Montvendre et l'acte en fut rédigé par François de Jean, notaire à Die, en présence de Girard de Lachau *(de Calma)*, doyen de Valence, de Pierre Mole, jurisconsulte et juge de Valence, de maître Raymond du Puy *(de Podio)*, habitant de Valence, médecin *(physico)*, et de nobles Jean de Lachau, François Baile, Barthélemy Bonvin, tous bourgeois de Valence. L'évêque, cela va sans dire, s'était fait autoriser pour passer cet acte par les chanoines de Die et de Valence ; il en avait également sollicité et obtenu la permission du pape Grégoire XI (1). Ce ne fut

---

(1) Archives de M⁽ᵐᵉ⁾ de Félines, à Die. « ..... Hinc est quod anno incarnationis dominice M°.CCC°.LXX°, et die tertia mensis Martis..... prefatus d. episcopus et comes... et d. Guillelmus Artaudi... attendentes dictam permutationem fore dictis partibus fructuosam, cum ea que seorsim detinentur potius fructuosa existant quam ea que communiter possidentur, cum communia plerumque pariant discordiam, attenta insuper per d. d. episcopum et comitem utilitate et commodo ecclesiarum suarum..... de voluntate capituli Diensis .. et canonicorum dicti capituli... congregatorum ad sonum campane ut alias more solito capitulantium... super permutatione predicta convenerunt... Imprimis, cum d. d. episcopus percipere consueverit apud Mottam tres eminas cum dimidia et dimidium quarte et quartum unius quarte frumenti, servicii seu census, quod dictum frumentum tradatur et expediatur dicto militi : dictus vero miles, ex parte dicta permutationis, tradat et expediat d.d. epo et ejus successoribus tria sestaria et eminam cum dimidia frumenti, servicii seu census, apud Vallem Dromam. — Item, tres emine frumenti estimate pro furnagio hominum affranchitorum quas percipere consuevit d.d. epus et comes apud Mottam de furno communi tradantur dicto : et dictus miles tradat et expediat d.d. epo.. duo sestaria frumenti servicii seu census apud Vallemdromam.— Item, undecim sestaria bladi que percipere consuevit d. epus.. apud Mottam pro hommagiis.. habitantium.. expediantur.. d. militi...: dictus vero miles tradat... tresdecim sestaria bladi... — Item, et tria sestaria cum emina bladi que percipit epus... pro guidagiis... — Item,

pourtant que deux ans plus tard, que toutes les formalités pour cet échange ayant été remplies, l'évêque nomma des délégués à l'effet de prendre possession des biens qui lui étaient cédés à Valdrôme. Le 17 janvier 1373 (n. s.), Eynard *de Escalone*, bachelier ès lois, juge mage des évêchés de Valence et de Die, et noble Jean de Lachau, écuyer, fondés de pouvoirs du prélat, furent solennellement mis en possession du château de Valdrôme et de tous les biens, mentionnés au contrat, par Guillaume Artaud, qui se conforma de tout point au cérémonial usité en pareille circonstance (1). A son tour le seigneur d'Aix prit possession de La Motte par délégués le

---

tres quarteroni piperis et octova pars unius quarteroni quos percipere consuevit.. epus.. apud Mottam.. tradantur d. militi... : ipse vero tradat.. viginti libras piperis censuales apud Vallemdromam. — Item, viginti tres libras cum dimidia cere quas percipere consuevit.. epus.. pro gardis apud Mottam tradantur d. militi... — Item, quattuor solidi, novem denarii, tres pite et vigesima pars unius denarii quos percipere consuevit.. epus.. apud Mottam expediantur d. militi.. — Item, cum dictus epus.. habeat quamdam vineam apud Mottam, que fuit estimata per certos commissarios.. ad valorem quattuor sestariorum frumenti annue censualium, quod dicta vinea expediatur d. militi : dictus vero miles,... tradat.. epo molendium suum quod habet apud Vallemdromam. — Item, emolumentum furni proprii d. epi... — Item, quoddam casale quod ibidem apud Mottam... — Item, cum d. epus habeat vigesimam quartam partem jurisdictionis communis apud Mottam et habeat emolumentum pro clamore et sigillo in dicto loco...Acta fuerunt hec in castro de Montisveneri, dioc. Valent. in camera dicti d. epi et comitis infra fortalicium d. loci, testibus.. Giraudo de Calma, decano Valent...»

(1) Archives de Mme de Félines. à Die. « ... hinc est quod anno dominice incarnationis M°.CCC°.LXX°.II°. et die decima septima mensis januarii personaliter constitutus d. Guillelmus Artaudi de Aysio, dominus et in parte Vallisdrome,.. dictam pareriam suam Vallisdrome... deliberavit penitus et omnino... Eynardo de Escalone, in legibus baccalario, judici majori Dien. et Val., necnon et nobili Johanni de Calma, scutifero d.d. nostri epi et comitis, commissariis..... ipseque d. Guillelmus Artaudi prenominatos d. commissarios... in possessionem omnium premissorum posuit et induxit per traditionem clavis turris fortalicii necnon recognitionem censuum..... »

23 juillet 1373 (1). La même année et le 24 janvier, Guillaume Artaud avait terminé, par voie d'arbitrage, un différend qu'il avait avec le chapitre de Die : on décida que « l'île de Gontard relèverait de Recoubeau pour la juridiction, que les hommes de Menglon pourraient y passer avec leurs troupeaux et y prendre les verges et bâtons nécessaires aux pâtres ; que l'île de Geoffroy de Reutors près du Bez et d'autres terres voisines seraient du territoire de Menglon », etc., etc (2).

Guillaume Artaud III fit son testament le 2 mars 1374 (n.s.). Cette pièce, comme toutes celles de même nature, nous fait d'abord connaître les œuvres pies du testateur, qui voulut élire sa sépulture dans l'église des Frères Mineurs de Die, où il fonda une chapelle, proche du maître-autel, et à l'entretien de laquelle il assigna une rente de 10 florins d'or (3). Voici le nom de ses enfants : 1° Guigues Artaud, seigneur d'Aix, qui suit ; — 2° Hugues, seigneur de La Motte, qui testa le 8 février 1422 et fut enseveli dans l'église de La Motte : il fut le père de Louis et de Guillaume Artaud, morts avant lui, de Gauthier qui testa en 1427, de Jean, allié à Marie de Sassenage, fille de Henri et de Huguette de La Tour, et de Catherine, mariée à Raymond de Montauban ; — 3° Guillaume ; — 4° Jacques, chanoine de Die, bachelier en droit, nommé à l'évêché de Saint-Paul-Trois-Châteaux par bulles du 10 juillet 1364, sacré à Avignon par Anglic de Grimoard, évêque de cette ville et frère du pape, transféré au siège de Gap par bulles du 10 avril 1366, mort en 1399 (4) ; — 5° Jean, mort avant son père, laissant une fille nommée Gonesse ; — 6° Eléonore, mariée à Beaudoin Eynard, sei-

---

(1) Archives de Mme de Félines, à Die.
(2) *Invent. des archives dauphinoises de M. Henry Morin-Pons*, n° 630.
(3) *Inventaire des archives de la chambre des comptes de Grenoble*, 1698, Ms. Diois, t. I, au mot : *Aix*.
(4) ALBANÈS. *Histoire des évêques de St-Paul-Trois-Châteaux au XIVe siècle*, Montbéliard, 1885, in-8°, p. 31-4 (Extrait du *Bulletin d'hist. eccl. de Valence*).

gneur de Chalancon ; — 6° Cécile, mariée à Jean Bérenger de Morges ; — 7° Marguerite, religieuse à Bouchet.

La date exacte de la mort de Guillaume Artaud ne nous est pas connue ; Guigues Artaud, son héritier, ne fit hommage au Dauphin que le 4 mars 1376. Il est donc probable qu'il vécut quelque temps encore après son testament et qu'il aura été témoin des épouvantables ravages des compagnies bretonnes dans le Diois. A la tête d'une bande de quatorze mille soldats, Olivier du Guesclin, frère du célèbre Bertrand du Guesclin, pénétra dans le Diois par la vallée du Royans, gagna celle de la Drôme et, pillant tout sur son passage, arriva le 18 septembre 1374 sous les murs de Die. La ville paya une rançon de trois mille florins, et ce fut à cette condition que les terribles compagnies consentirent à s'éloigner pour se porter dans le Trièves, où elles continuèrent leurs brigandages jusqu'à la fête de saint Jean (24 juin) de l'année suivante (2).

Nous croyons devoir arrêter à cette date l'histoire des anciens comtes de Die et de leurs descendants. A partir de Guigues Artaud, la filiation des seigneurs d'Aix n'offre plus aucune difficulté ; d'autre part, les événements auxquels ces seigneurs ont été mêlés se retrouveront à peu près tous, plus loin, dans le cours de ce récit. Qu'il nous suffise donc de retracer brièvement les grandes lignes de la généologie des successeurs de Guillaume, jusqu'au point où la famille des Artaud d'Aix tomba en quenouille, vers le milieu du XVIe siècle.

Guigues Artaud, seigneur d'Aix, de la Motte, de la Roche, de Bellegarde, etc. prêta plusieurs hommages aux officiers du Dauphin : le 4 mars 1376, le 28 janvier 1377, et le 16 octobre 1388. Il y est fait mention des châteaux de Gresse et de la Bâtie, ainsi que de ses autres possessions du Trièves que nous

---

(2) Voir nos *Mémoires des frères Gay, de Die*. Montbéliard, 1888, in-8°, p. 348. — Archives de l'Isère, B, 3352, 3356. — Cf. *Histoire générale de Languedoc*, t. IX, p. 881.

connaissons déjà (1). En 1393 Catherine Artaud, sa tante, veuve d'Agout de Baux, seigneur de Brantes, lui vendit la terre d'Alauson. Guigues avait épousé en premières noces, le 25 septembre 1376, Baudette d'Anduse, fille de Bermond et de Béatrix de la Roche, et en secondes noces Marguerite de Montauban. De son premier mariage naquirent ; 1º Guillaume Artaud IV, qui suit ; — 2º Louis, bailli des Baronnies, qui testa en 1438 ; — 3º Isabeau, mariée à Isoard de Montauban ; — 4º Béatrix, mariée le 5 mars 1389 à Georges Auger ; — et 5º Catherine (2).

Guillaume Artaud IV, seigneur d'Aix, la Roche, Bellegarde, etc., succéda à son père en 1413 et fit hommage au roi le 27 novembre de la même année, en même temps que Louis, son frère et cohéritier (3). Il avait épousé le 5 juin 1405 Isoarde de Montauban, en qui se termina la branche des seigneurs de Montmaur : Raymond de Montauban, son père, mourut en 1429, sans laisser d'enfant mâle. En secondes noces, Guillaume s'unit à Jeanne de Laudun. Du premier lit il eut : Jean qui suit ; du second, Jean, qui a fait la branche des seigneurs de la Roche et de Bellegarde (4).

---

(1) Archives de l'Isère. Registre 3 *Nicoleti*, fº 105.
(2) MAIGNIEN. *Généalogies et armoiries dauphinoises*, p. 100-1.
(3) Archives de l'Isère. Vus *liber Poneti*, fº 58.
(4) Voici en quelques mots la filiation des seigneurs de la Roche(-sur-Buis) : Jean Artaud, seigneur de la Roche, de Bellegarde, d'Alauson, de Montlahuc, de Beaumont, de Charrens et d'Aucelon, avait épousé Marie Alleman, sœur d'Antoine Alleman, femme de Guillaume de Beaumont, seigneur de Pélafol ; il testa le 10 juin 1491 et choisit sa sépulture chez les Cordeliers de Die. Il fut père de : — Guillaume Artaud, qui testa le 2 avril 1517 et laissa de Marguerite Coct : 1º Etienne, qui n'eut pas d'enfant de Françoise Brottin ; 2º Claude qui suit ; 3º Aymon ; 4º François, sacristain de St-Marcel-lès-Die ; 5º Anne, religieuse à Montfleury ; 6º Marguerite, mariée à Michel de l'Epine ; — 7º Louise, mariée à Charles de Vesc, seigneur d'Espeluche. — Claude Artaud, qui épousa Anne de Chaponay, laissa huit enfants, dont l'aîné : — Nicolas continua la lignée des seigneurs de la Roche. Le 1ᵉʳ juin 1543,

Jean Artaud, seigneur d'Aix, etc., prit le nom de Montauban ; il fut un des témoins de l'acte par lequel Louis de Poitiers, évêque de Valence et de Die, le 14 septembre 1451, à Chabeuil, reconnut tenir en fief du Dauphin Louis, les châteaux et les terres de ses Eglises (1). Il testa le 10 octobre 1464, et laissa de sa femme, Marguerite Louvat : 1° Gaspar Artaud, qui suit ; — 2° Balthazar, seigneur de Volvent, dont il sera question après la note consacrée à son frère ; — 3° Melchior, abbé de Valcroissant, qui le 23 octobre 1496, agissant au nom de ses religieux, fit un règlement avec Gaspar Artaud-Montauban, son frère, seigneur d'Aix, au sujet des limites des pâturages du mandement de Valcroissant, où les habitants de Molières, Aix et Valdrôme prétendaient avoir le droit de conduire leurs troupeaux (2) ; — 4° Claude, religieux ; — 5° Christophe, chanoine, doyen du chapitre et official de l'évêque de Die, dont les funérailles furent célébrées à Die, le

---

il fit avec Jean Jourdain, prieur des dominicains du Buis, une transaction pour réduire les fondations religieuses laissées par ses ancêtres. Plus tard, les religieux attaquèrent cette transaction, rappelant « qu'elle avoit été faicte par le p. Jean Jourdain, hérétique caché qui devint ministre à Genève. » Nicolas testa le 2 juillet 1572, et eut : 1° Philibert ; 2° Esprit qui suit ; 3° Marguerite, mariée à Jacques de Marcel. — Esprit Artaud, calviniste comme son père, testa le 11 novembre 1592. Il laissa : 1° René mort sans enfant ; 2° Jacques qui suit ; 3° Charles, seigneur de Beaumont et de Bellegarde, marié le 23 avril 1613 à Louise Le Blanc ; il testa le 27 septembre 1654 et fut père de Charles Artaud, qui de Jeanne Eybert n'eut qu'un fils, Ennemond, colonel d'infanterie, mort sans enfant ; 4° Hélène, mariée à Hercules d'Engilboud. — Jacques Artaud, seigneur de La Roche, eut de Marguerite d'Armand : — Jean Artaud, qui épousa en 1657 Justine d'Yse de Rosans, dont il n'eut qu'un fils : — Jean-Pierre, qui s'est fait catholique et n'a pas laissé de postérité. Dans un mémoire mss. des dominicains du Buis du 20 octobre 1720, l'auteur en parlant de Jean-Pierre Artaud, seigneur de la Roche, fait remarquer « qu'il n'est pas moins calviniste quoique converti. » Archives de la Drôme, E, 4387.

(1) Archives de l'Isère, B, 2984, f° 381.
(2) Archives de Mme de Félines, à Die.

vendredi 3 janvier 1494 (1) ; — 6° Guichard, qui hérita de son oncle le doyen de Die, et fit la branche de Recoubeau (2); — 7° Madeleine, mariée à Jean de Montorin ; — 8° Agnès, religieuse à Sainte-Claire de Sisteron ; — 9° Louise.

Gaspar Artaud-Montauban, seigneur d'Aix, de Montmaur etc., épousa le 28 septembre 1467 Louise de Saint-Priest fille de feu Gilet Richard, seigneur de Saint-Priest, au diocèse de Lyon, celle-ci assistée de Louis Richard, son frère, qui devait donner une dot à sa sœur de 3,000 florins d'or (3). Gaspar rendit de grands services aux habitants de Die, qui avaient souvent à souffrir du passage des troupes se rendant en Italie. Il mourut vers 1497, ne laissant qu'une fille, Catherine de Montauban, qui épousa le 23 août 1490 Louis de Clermont, seigneur de Virieu : la dot de cette dame fut de 10,000 écus au coin du roi-dauphin, assignés sur les revenus de la baronnie de Gresse, plus 300 écus pour les habits de noces (4).

Balthazar Artaud de Montauban, baron d'Aix et de Montmaur, deuxième fils de Jean et de Marguerite de Louvat, épousa Antoinette Aynard, fille de Raymond II, seigneur de Montaynard, et de Claudine de Bérenger, dont il eut : Gaspar, qui suit.

---

(1) Voir nos *Notes et documents pour servir à l'histoire des doyens de l'Eglise de Die*. Montbéliard, 1880, in-8°, p. 5.

(2) Guichard Artaud, seigneur de Recoubeau et de Volvent, hérita de son frère le doyen de Die en 1494. Il fut père de Raynaud de Montauban ou Artaud, qui fournit un dénombrement de ses terres devant les officiers du Dauphin le 4 avril 1540. On voit dans ce document que Raynaud avait vendu « à noble Pierre Berger, de Die, une maison, grange, étable au quartier Saint-Vincent et une terre hors la porte Saint-Vincent de Dye. » Cette maison, dite la maison d'Aix, devint quelques années plus tard le couvent des Ursulines de Die. Raynaud ne laissa que deux filles de Françoise de Genas, sa femme : Justine, femme de Jacques Faure de Chypres, et Lucrèce.

(3) Archives de l'Isère, B, 2984.

(4) *Inventaire des archives hist. dauph. de M. Morin-Pons*, n° 1104. — Archives de l'Isère, B, 3392.

Gaspar Artaud de Montauban, baron d'Aix et de Montmaur, s'allia avec sa cousine Antoinette de Clermont, fille de Louis de Clermont et de Catherine Artaud. Par son testament de 1550, il demande à être enseveli « au tombeau où est son père, dans l'église de Saint-François de Dye » et il veut que « les religieux aillent au lieu où son corps sera avant la sépulture et là récitent le psautier comme est de coutume. » Il institue héritiers universels « Jean-George Flotte, fils à demoiselle Antoinette de Montauban, sa fille, femme de noble Jean Flotte, seigneur baron de la Roche en Gapençais et le premier fils qui naîtrait du vray mariage de Marguerite de Montauban, sa seconde fille (1). » Ses exécuteurs testamentaires sont Barthélemy Perdrix, Charles Jonin, et Jourdan Faure de Vercors. Marguerite épousa dans la suite Pierre-Marie de Caseneuve, dont elle n'eut pas d'enfant (2).

Avec Gaspar Artaud de Montauban finit la descendance directe des seigneurs d'Aix : leurs biens passèrent aux comtes de la Roche qui ajoutèrent à leur nom de Flotte celui de Montauban.

SECTION SECONDE
LES ANCIENS COMTES DE VALENCE

Depuis la fin du IXe siècle jusque vers le milieu du XIIe, l'histoire de Valence et des régions qui avoisinent cette ville demeure enveloppée de ténèbres, et c'est à peine si du sein de cette obscurité se dégagent çà et là quelques points que nous puissions aisément reconnaître et déterminer. Cette longue période ne nous a laissé qu'un nombre fort restreint de documents. Il n'y a pas lieu du reste de s'en étonner ; nos pays ne connurent guère alors que les horreurs de l'anarchie. Les rois, successeurs de Boson, ne furent ni assez puissants ni

---

(1) Archives de la Drôme : fonds des Dominicains de Die.
(2) Archives de la Drôme, E, 1218.

assez habiles pour contenir l'ambition des gouverneurs de provinces qui aspiraient à la possession héréditaire et indépendante des territoires confiés à leur garde. Bientôt, des invasions et des changements de dynastie, en affaiblissant le pouvoir central, favorisèrent en tous lieux les usurpations et donnèrent naissance au régime féodal. L'ignorance était alors à peu près générale. On se préoccupait fort peu de fixer par l'écriture le souvenir des événements historiques et la nuit des temps se faisait au bout de deux ou trois générations. Seuls le clergé et les moines avaient reçu quelque culture intellectuelle. Or, pendant cette période, les églises et les monastères subirent, comme tout le reste, la loi du plus fort et passèrent pour la plupart en des mains laïques. Quelques actes de restitution, dictés par la conscience aux approches de la mort, quelques pieuses libéralités, voilà à peu de choses près tout ce que nous possédons en fait de documents historiques sur cette époque. Ces rares documents, épaves d'un immense naufrage, ont été recueillis dans les cartulaires des grandes abbayes qui avaient un intérêt majeur à en assurer la conservation. Nous citerons les cartulaires de Cluny, de Saint-Victor de Marseille, de Romans, de Saint-Chaffre, de Saint-André de Vienne, de Saint-Pierre du Bourg-lès-Valence, dont la publication a été un service signalé rendu à la science. C'est là, là seulement, qu'on rencontre les premiers rudiments généalogiques des familles historiques.

Les nombreux historiens qui parlent des anciens comtes de Valence, ont tous plus ou moins connu ces divers cartulaires. Nous ne pouvons donc avoir la prétention, dans cette partie de notre Mémoire, d'apporter de l'inédit et de vaincre les difficultés qui ont arrêté nos devanciers. Aussi nous bornerons-nous à faire une analyse rapide des documents qui se rattachent à notre sujet. L'ensemble de ces notes pourra offrir quelque intérêt et permettra aux futurs érudits d'apprécier l'importance d'une découverte heureuse et d'en trouver immédiatement l'emploi.

Le cartulaire de Saint-Chaffre, si souvent cité dans les *Annales Ordinis sancti Benedicti* et dans l'*Histoire de Languedoc*, nous fournit la mention la plus ancienne d'un de nos premiers comtes ou gouverneurs de province, dont la charge encore révocable tendait à devenir héréditaire. On sait que l'abbaye de Saint-Chaffre, au diocèse du Puy, possédait dans nos contrées un certain nombre de dépendances. En 840, elle était gouvernée par l'abbé Drunctanne, et ce fut vers cette époque qu'un comte Odilon lui donna l'église de Saint-Etienne de Savenne, petite localité voisine du village actuel de Pont-de-Barret, dans l'ancien diocèse de Die (1). Le nom de ce même comte est rappelé dans un autre document de date postérieure. On croit qu'il s'agit ici d'un ancien comte de Valence et de Die.

Au commencement du Xe siècle, nous trouvons parmi les dignitaires laïques du royaume de Provence un comte Adalelme, que M. de Gingins, non sans quelque hésitation, qualifie comte de Valence (2). Par un diplôme du 6 juin 903, Louis, roi de Provence, sur la demande de l'archevêque Rostaing, de l'évêque Bernon et des comtes Liutfrid, Hugues et Teutberg, accorde au comte Adalelme et à sa très noble épouse Rotlinde la propriété héréditaire des domaines qui leur avaient été concédés, à titre bénéficiaire, par Charles le Chauve et le roi Boson (3). Le comte Adalelme accompagna le roi Louis dans ses deux expéditions au delà des Alpes. Après la catastrophe de Véronne, il ramena en Provence cet

---

(1) U. CHEVALIER. *Cartulaire de l'abbaye de Saint-Chaffre du Monastier et Chronique de Saint-Pierre du Puy.* Paris, 1884, in-8°, p. 52-3: « Sunt autem ipsæ res... in comitatu Diensi, in villa quæ dicitur Savenna: hoc est ecclesiam sancti Stephani cum suis decimis... »

(2) DE GINGINS-LA-SARRA. *Mémoires pour servir à l'histoire des royaumes de Provence et de Bourgogne-Jurane. Les Bosonides.* Lausanne, 1851, in-8°., p. 113 et 152.

(3) U. CHEVALIER. *Cartulaire de l'abbaye de Saint-André-le-Bas de Vienne.* Vienne, 1869, in-8°. (Appendix, n° 12) p. 221.

infortuné empereur, que l'histoire a surnommé l'Aveugle, et demeura jusqu'à la fin un de ses plus fidèles conseillers (1). Le nom d'Adalelme figure dans plusieurs chartes, notamment dans une de l'année 912, qui constate une donation de Louis l'Aveugle, en faveur de Rémegaire, évêque de Valence (2). Cette libéralité ayant été faite à la prière du duc et marquis Hugues, parent de l'empereur, M. de Gingins en conclut qu'on peut « supposer avec assez de vraissemblance
« que les comtés de Valence et de Die faisaient partie du
« gouvernement d'Hugues, soit de la *marche* de Provence,
« renfermée entre l'Isère, la Durance, le Rhône, et les Alpes
« Cottiennes » (3).

Louis l'Aveugle avait épousé Adelaïde, qu'on suppose être la fille de Rodolphe Ier, roi de Bourgogne-Jurane. Il en eut Charles-Constantin et Rodolphe. « Indépendamment de ces
« deux fils, ajoute M. de Gingins, l'empereur Louis paraît en
« avoir eu un troisième, nommé *Geilinus* ou *Geilin*, qu'on
« retrouve au milieu du xe siècle comme comte de Valence
« et de Die » (4). Il apporte, à l'appui de cette conjecture, un diplôme de Conrad le Pacifique de l'année 943 en faveur du monastère de Cluny : parmi les souscriptions on lirait celle-ci : *Geilinus, filius Ludovici, presens fui.* Mais, outre que rien n'indique qu'il soit ici question de Louis l'Aveugle, on n'est point certain de la lecture du nom *Geilinus*, et M. de Gingins constate lui-même que les divers auteurs qui ont publié cette pièce ont lu *Geilinus, Gunicus, Gimis,* et encore *Ainricus*. C'est cette dernière variante qui a été adoptée par l'éditeur du Cartulaire de Cluny (5).

---

(1) De Gingins-La-Sarra, op. cit., p. 164, 182.
(2) Dom Bouquet. *Recueil des historiens des Gaules et de la France*, t. IX, p. 685; — Chorier, *Etat politique*, t. II, p. 142-7; — Columbi. *Opuscula*, p. 251. — Adalelme était présent à l'assemblée de Varennes en 905. D. Bouquet, t. IX, p. 663.
(3) De Gingins, op. cit., p. 189-90.
(4) De Gingins, op. cit., p. 189.
(5) Bruel. *Recueil des Chartes de l'abbaye de Cluny*, n° 622.

On a imaginé bien d'autres systèmes généalogiques pour rattacher à quelque grande famille le premier comte de Valence du nom de Geilin, dont on voulait absolument faire la tige de tous les anciens comtes de Valence et des Poitiers. C'est ainsi que Guy Allard le fait fils d'Ebles II, comte de Poitiers (1). Mais il est inutile de nous attarder à exposer des systèmes qui ne reposent sur aucune donnée sérieuse.

Geilin est le premier des comtes de Valence dont il nous

---

(1) Dans les manuscrits de Guy Allard, conservés à la Bibliothèque de Grenoble, nous avons trouvé (U. 460) une *Histoire généalogique de la famille de Poitiers des comtes de Valentinois et de Diois*, dont nous reproduirons ici les premières lignes : « Je suis obligé de déclarer que
« j'ay fixé les premiers degrés de cette illustre famille d'une ancienne
« généalogie que feu M. le Président de Boissieu m'avoit communiquée,
« qu'ainsy je ne puis rapporter aucun titre pour en justifier. Cependant
« il est à présumer que Geilon, premier comte de Valence, que cette
« généalogie fait vivre l'an 920, étoit de ces gouverneurs de province qui
« dans la décadence du dernier royaume de Bourgogne se rendirent
« souverains dans leur gouvernement.

« I Geilon, fils puîné d'Ebles, comte de Poitiers.
« II Gontard. Femme : Ermengarde. 950 : 1° Geilon II. Femme :
« Gotelene. Il eut Gotelene, femme de Guigues, comte de Graisi-
« vaudan; 2° Lambert, qui suit.
« III Lambert, 985. Femme : Falectrude. 1° Aymar, qui suit ;
« 2° Lambert, évêque de Valence, 996 ; 3° Mallenus, évêque de
« Grenoble.
« IV Aymar 1ᵉʳ, 1038. Femme : Rotilde. 1° Gélin, qui suit ; 2° Hugues ;
« 3° Ponce, évêque de Valence ; 4° Lambert ; 5° Gontard ; 6° Gérard.
« V Gélin. 1048. 1° Albert, qui suit ; 2° Odon ; 3° Rostaing ; 4° Conon ;
« 5° Gontard, évêque de Valence ; 6° Guillaume.
« VI Albert. 1086. 1° Aymar ; 2° Guillaume, évêque de Viviers.
« VII Aymar II. Femme : Marguerite de Viennois. 1° Guillaume ;
« 2° Marguerite, épouse de Roger de Clérieu.
« VIII Guillaume *de Poitiers*, comte de Valentinois et Diois. Il devint
« comte de Diois par son mariage avec Philippe, fille unique et héritière
« d'Isoard, comte de Die..... »
Nous n'accompagnerons ces lignes d'aucun commentaire, le travail que nous publions fera la part de ce qu'il y a de vrai dans cet essai de généalogie.

soit possible, à l'aide de documents certains, de faire quelque peu revivre le souvenir. L'abbaye de Saint-Chaffre, comme du reste toutes les autres maisons religieuses, s'était ressentie des malheurs des temps. Ses biens avaient été usurpés ; l'indiscipline des religieux acheva sa ruine. Touché du lamentable état d'une abbaye, où il avait autrefois mené la vie monastique, Gotescalc, devenu évêque du Puy, résolut de porter remède à tant de maux et de rétablir l'observance primitive. Les rois avaient donné à ses prédécesseurs, à titre bénéficiaire, Saint-Chaffre et les propriétés qui en dépendaient ; il s'en dessaisit et pria Arnoul, abbé de Saint-Géraud d'Aurillac, d'y envoyer quelques religieux pour y reprendre les exercices de la règle bénédictine. Celui-ci s'empressa de répondre à de si pieux désirs et d'établir à Saint-Chaffre une petite colonie de moines sous la direction de Dalmace de Beaumont. Cet heureux événement, auquel le marquis Geilin apporta un puissant concours, eut lieu vers l'année 937 (1). Saint-Chaffre vit de nouveau affluer les offrandes des fidèles et ne tarda pas à devenir un riche monastère. Comme nous l'avons déjà constaté, il avait dans les diocèses de Valence et de Die des églises et quelques domaines. En 956, l'abbé Vufald songea à resserrer les liens qui les rattachaient au monastère et obtint de l'empereur Conrad une bulle le confirmant, lui et ses religieux, dans la possession de tous les biens dus aux anciennes libéralités du comte Odilon, de l'évêque (de Die) Achideus, de Sylvius, de Trudbert et de Geilin. Ces biens étaient situés à Savenne, Charols, Cléon et La Motte. Il est formellement stipulé dans ce diplôme que la confirmation demandée a été accordée du consentement du comte Geilin et d'Aimon, évêque de Valence (2), *cum con-*

---

(1) U. CHEVALIER. *Cartulaire de Saint-Chaffre*, p. 47-9. — DEVIC et VAISSETTE. *Histoire générale de Languedoc*. Edition Privat. t. III, p. 122 et t. IV, p. 84.

(2) U. CHEVALIER. *Cartulaire de Saint-Chaffre*, p. 108-10 ; — Dom BOUQUET, t. IX, p. 697 ; — *Gallia christiana*, t. II, instr., c. 260-1.

sensu Geilini comitis et Aimonis episcopi et Vulfaldi petitoris, ce qui prouve que l'autorité du comte Geilin n'était pas seulement reconnue dans cette partie du diocèse de Valence située au delà du Rhône et s'étendant jusqu'au diocèse du Puy, mais encore sur les régions en deca du fleuve (1).

Quelque temps après, en l'année 956 ou bien 962, selon une autre manière de compter, et le 30 juin, le comte Geilin, *vir inclytus nomine Geilinus comes*, et son épouse Gotheline donnèrent à Saint-Chaffre et au même abbé Vulfade une ferme *(colonica)*, située à Cornas, dont les confins sont soigneusement indiqués et au centre de laquelle se trouvait une construction, *mura Flodone* (1).

Enfin un quatrième document, emprunté encore au cartulaire de Saint-Chaffre et daté du 11 ou 25 mars 962 (n. s.), nous apprend que le même comte Geilin, *nobilissimus vir et potens de quo supra dictum est*, de concert avec Raimode, sa femme (qu'il avait épousée en secondes noces), donna à l'abbaye le lieu de Macheville, avec son église, sa paroisse et ses dépendances. Macheville, ainsi qu'il est expliqué dans l'acte, était comprise autrefois dans le *pagus Lugdunensis* ; elle appartenait alors à l'évêché de Valence (2). Ce détail est

---

Cf. DE GINGINS. *Sur l'origine de la maison de Savoie*, p. 227 ; — *Regesta comitum Sabaudiæ*, n° XIII, p. 5 ; — et notre *Essai historique sur Die*, t. I, p. 130-1. — L'évêque Aimon, que Dom Bouquet (t. IX, p. 697) croit être le même que celui qui figure dans plusieurs diplômes de Conrad le Pacifique avec le titre de notaire ou chancelier *(Chartes de Cluny*, n° 627, 631), occupait certainement le siège de Valence entre les années 960 et 980.

(1) U. CHEVALIER. *Cartulaire de Saint-Chaffre*, p. 112 : « In pago Valentinensi, in vicaria subdionense, in aice de villa quæ dicitur Cornatis sive Calliario, dedit possessionem monasterio... : hoc est colonica una, et est macheria vetusta, terra culta et inculta, quæ habet fines de superiore parte rivulo currente qui dicitur Mamemone, de subteriore parte Rodano fluvio volvente et rivulo qui dicitur Cerano, et est mura Flodone in medio posita. » Cf. *Histoire de Languedoc*, t. IV, p. 84.

(2) U. CHEVALIER. *Cartulaire de Saint-Chaffre*, p. 115. — *Histoire de Languedoc*, t. IV, p. 84.

précieux à recueillir ; nous voyons en effet que la juridiction des archevêques de Lyon, autrefois reconnue entre le Doux et l'Eyrieu, avait fait place à celles de l'évêque et du comte de Valence. Un des derniers actes exercés par les métropolitains de Lyon sur des territoires aussi éloignés de leur Eglise fut l'inféodation du château de Tournon à un seigneur du pays qui devint la tige de la famille illustre de ce nom (1).

Il est très probable que le comte Geilin, qui figure avec son fils Ainier dans un acte de donation faite vers 948 par le prêtre Ottranus aux moines de Romans, n'est pas un autre personnage que le bienfaiteur de l'abbaye de Saint-Chaffre (2). Nous ferons remarquer que les biens, objets des libéralités d'Ottranus, étaient à Clérieu, nouveau témoignage en faveur d'une juridiction exercée par le comte Geilin sur la rive gauche du Rhône.

Vers l'année 962, précisément à l'époque où pour la dernière fois le nom de Geilin figure dans nos chartes, nous voyons apparaître un nouveau comte de Valence, Lambert, fils de Gontard et d'Ermengarde (3). Existait-il entre lui et Geilin quelque lien de parenté ? Les documents ne nous ont encore rien révélé à ce sujet. Il est bon d'observer toutefois que ceux qui concernent ce personnage, et ils sont malheureusement bien rares, nous le montrent toujours exerçant son pouvoir en deça du Rhône, d'où quelques auteurs ont pensé pouvoir conclure qu'on était ici en présence d'une seconde famille comtale, absolument distincte de la première. La découverte de quelque document pourra seule faire la lumière sur ce point.

Le nom du comte Lambert est intimement lié à la fonda-

---

(1) ROUCHIER. *Histoire du Vivarais*, t. I, p. 427.
(2) GIRAUD. *Cartulaire de Saint-Barnard de Romans* (2ᵉ édition in-4°), n° 21.
(3) U. CHEVALIER. *Cartulaire de Saint-Chaffre*, p. 110.

tion du monastère de Saint-Marcel de Félines. Personne n'ignore que le Xe siècle, plein de violences et d'iniquités, a été appelé justement le *siècle de fer*. Les campagnes surtout étaient profondément désolées. Pour y ramener la foi chrétienne et, avec elle, l'ordre et la sécurité, l'unique moyen était d'y implanter des religieux, dont la vie de prière et de sacrifice devenait pour tous une lumière et un encouragement. Lambert, de concert avec son épouse Falectrude, pour le repos de l'âme de Gontard, son père, de celle d'Ermengarde, sa mère, comme aussi pour attirer les bénédictions de Dieu sur ses fils Adémar et Lambert, appela des religieux de Cluny dans ses domaines et leur fit don du lieu de Saint-Marcel, autrement dit Félines, dans le comté de Valence. On devait y construire une abbaye, placée sous la dépendance immédiate du pape, à qui serait payé tous les cinq ans un cens de 5 sols. Les religieux qui habiteraient ce monastère s'engageraient à vivre en commun sous la règle bénédictine. Une certaine étendue de territoire, dont les confins étaient nettement déterminés, fût attribuée à cette nouvelle fondation. La charte originale qui nous a transmis ces précieux détails existe encore et porte la date du 27 juin 985. Un diplôme de Conrad le Pacifique vint peu après confirmer ces libéralités (1).

Le comte Lambert ne paraît pas avoir survécu longtemps à cet acte. L'aîné de ses fils hérita de ses domaines pendant que le second occupa le siège épiscopal de Valence. Les évêchés, plus encore que les autres biens de l'Eglise, tentaient

---

(1) *Chartes de Cluny*, nos 1715 et 1716 : « Sunt ergo ipsæ res sitæ in comitatu Valentinense : hoc est mons quæ dicitur Alavenca, et mons quæ vocatur Media Luna... Habet autem ipsa hæreditas terminationes tales : de duobus latus rivum quæ appellatur Merdanzonum, cum ipsa Girona et aquam que dicitur Rubionum, simul in unum tenentes ; de tercio latus rivum currentem et murum antiquum ubi dicitur Avalriatis ; de quarto latus via publica usque in foveam et usque in jam suprano-

alors la cupidité des familles princières. Elles s'étaient habituées à les considérer comme leurs propriétés. C'est un fait historique attesté par les documents et qui peut servir à nous orienter dans les recherches si compliquées de la filiation de ces premières familles féodales pendant les X⁰ et XI⁰ siècles, les évêchés, devenus une sorte d'apanage des cadets, se transmettaient d'une façon à peu près constante d'oncle à neveu. Il fallut toute l'énergie de saint Grégoire VII pour mettre un terme à ces abus scandaleux.

L'évêque Lambert succéda sur le siège de Valence à Guy I⁰ʳ, dont le nom figure pour la dernière fois au concile d'Anse de 995, où furent confirmés les privilèges de l'abbaye de Saint-Barnard par Thibaud, archevêque de Vienne (1). Ce siège épiscopal lui fut disputé par Humbert, de la famille des comtes d'Albon, fils de Guigues II et neveu d'Humbert, évêque de Grenoble. Ce compétiteur prit dès lors le titre d'évêque de Valence, avec lequel il figure dans un acte du cartulaire de Cluny de septembre 996 (2). Lambert l'emporta ; mais

---

minatum rivum Merdanzonum.» Parmi les souscriptions figure celle-ci : « S. Ricardi, filii domni Lamberti. » Il est probable que Ricard est un troisième fils du comte Lambert. — MABILLON. *Annales ordinis sancti Benedicti*, Lucæ, 1739, in-f⁰. t. IV, p. 28. — Ce comte Lambert a donné lieu à une méprise qui fut sévèrement relevée : U. CHEVALIER. *Paray-le-Monial et son fondateur. Etude critique*. Lyon, 1890, in-8⁰, 16 pages (Extrait de l'*Université catholique*).

(1) GIRAUD. *Cartulaire de Saint-Barnard*, n⁰ 55. — D. MARTÈNE. *Thesaurus nov. anecd.*, t. IV, p. 75-8. — *Gallia christiana*, t. XVI. Inst. col. 16-8. — Guigues ou Guy I⁰ʳ, prévôt de l'église du Puy et neveu de Guigues ou Guy, évêque du Puy, était évêque de Valence en 990 (MARTÈNE. *Thesaurus*, t. IV, p. 73). Tout en étant évêque, il conserva sa charge de prévôt du Puy (U. CHEVALIER. *Cartulaire de Saint-Chaffre...*, p. 154 et 157).

(2) *Chartes de Cluny*, n⁰ 2307. M. B. Hauréau nie l'existence de cet évêque Humbert ; mais l'original de la charte de 996 existe encore et deux autres documents, l'un de 1027 et l'autre de 1183, mentionnent cet évêque. On ne saurait identifier Humbert avec Lambert : celui-ci était

Humbert, ne renonçant point pour cela à ce titre, paraît s'être résigné à attendre des jours meilleurs, et de fait, vers l'année 1025, il monta sur le siège de Valence. Adémar, comte de Valence, frère de l'évêque Lambert, ayant donné à l'archevêque de Vienne la terre de Bésayes, il se fit un échange, le 23 novembre 997, entre l'Eglise métropolitaine et celle de Valence. La première céda à celle-ci tout ce qu'elle possédait au lieu de Bésayes, et l'église de Saint-Apollinaire remit à la métropole tout ce qu'elle avait à Faramans, dans le *pagus Salmoracensis* (1). Mais l'acte le plus important de l'épiscopat de Lambert fut la cession faite par ce prélat à Guigues, abbé de Saint-Chaffre, de l'église de Saint-Victor de Valence, le 14 mars 1011; elle fut approuvée par les clercs de son Eglise et par le comte Adémar, son frère (2). Désireux d'assurer la prospérité du monastère de Saint-Victor, l'évêque, peu de temps après, le 1er octobre 1014, en compléta la dotation en lui donnant encore un clos *(murium)*, une forêt, un moulin et des droits de pêche (3). Nous ignorons la date exacte de la mort de ce prélat, qui eut pour successeur l'évêque Guigues. Celui-ci reçut, en même temps que ses collègues du royaume de Bourgogne, une lettre de Benoît VIII, datée du 1er avril 1016, par laquelle le pape l'exhortait à prendre en main la défense des religieux de Cluny et à excommunier

---

fils d'un comte de Valence du même nom; Humbert appartenait à la famille des comtes d'Albon et la charte de 996 indique ainsi sa parenté: « S. Humberti, episcopi (Gratianopolitani), qui hoc donum « fecit et testes firmare rogavit. S. Fredeburgis, matris ejus. S. Wiguonis, fratris ejus. S. Humberti, episcopi de Valentia, nepotis ejus. » Cf. COLUMBI. *Opuscula*, p. 252; C. BELLET. *Examen critique des objections soulevées contre la charte XVIe du 2e cartul. de l'Eglise de Grenoble*, Valence, 1889, in-8º, p. 5 et suiv.

(1) *Gallia christiana*, t. XVI, inst. c. 18. Le *pagus Salmoracensis* doit son nom à Salmorens, aujourd'hui Sermorens, qui n'est plus qu'un faubourg de Voiron.

(2) U. CHEVALIER. *Cartulaire de Saint-Chaffre*, p. 105-6.

(3) U. CHEVALIER. *Cartulaire de Saint-Chaffre*, p. 107.

ceux qui détenaient leurs biens, s'ils ne venaient promptement à résipiscence (1). Guigues assistait au concile d'Anse en 1025 (2). Ce fut peu après cette date qu'Humbert, de la famille des comtes d'Albon, le même qui en 996 prenait le titre d'évêque de Valence, réussit enfin à occuper ce siège. Qu'il ait porté le titre d'évêque de Valence en 1027 et que ce titre lui fût alors reconnu par le souverain pontife, c'est un fait attesté par une bulle de Jean XIX, récemment mise au jour par le savant éditeur du cartulaire de Cluny (3). Qu'il ait réellement occupé le siège de Valence, c'est ce qui résulte du témoignage rendu en 1183 par Odon, évêque de Valence, qui, énumérant ceux de ses prédécesseurs dont les libéralités avaient enrichi les moines de Saint-Pierre du Bourg, mentionne Humbert et place son épiscopat entre celui de Lambert et celui de Gontard (4).

Le comte Adémar, frère de l'évêque Lambert, nous est surtout connu par ses libéralités envers le monastère de Saint-Marcel de Sauzet. Ce monastère, on s'en souvient, avait été fondé par le père d'Adémar, en 985, au lieu dit de Félines, qui paraît avoir été le nom primitif de Sauzet (5). La régu-

---

(1) *Chartes de Cluny*, n° 2703. — D. Bouquet, t. X, p. 432. — Migne. *Patrol. lat.*, t. CXXXIX, col. 1691.

(2) Labbe. *Concil.*, t. IX, c. 859.

(3) *Chartes de Cluny*, n° 2798.

(4) U. Chevalier. *Cartulaire de Saint-Pierre du Bourg*, n° 7 : « Adjiciens etiam quod quecumque predecessores sui episcopi Guigo, Lambertus, Humbertus, Gontardus, Heustachius, Bernardus, et prepositi Valentie eisdem episcopis contemporanei, videlicet Gentio, Arnaldus, Guilhermus, et alius Guilhermus... concesserunt. » Entre Humbert et Gontard doit se placer l'évêque Ponce, qui n'est point ici nommé parce que, sans doute, il n'avait pas accordé de privilèges ou de concessions aux religieux de Saint-Pierre du Bourg.

(5) Il existe près de Félines (canton de Bourdeaux), entre cette localité, Francillon et Truinas, de grandes ruines, qu'on dit dans le pays être les débris d'un ancien monastère. Ne serait-ce point là les restes de l'abbaye fondée par le comte Lambert en 985 à Saint-Marcel de Félines? Cette première fondation n'ayant pas prospéré, Adémar, fils de Lambert,

larité ne s'y était pas maintenue et les abbés qui l'avaient gouverné avaient été fort négligents dans l'exercice de leur charge. Le comte Adémar, dans la persuasion qu'on aura désormais un plus grand soin des âmes, renouvelle toutes les donations faites par son père. Dans cet acte, daté de l'année 1037, il nous fait connaître le nom de sa femme Rotelde *(Roteldis)*, et ceux de ses fils, Ponce, évêque de Valence, Hugues, Lambert, Gontard et Gérard (1).

Ponce, qui est placé au premier rang dans cette énumération à cause de la sainteté de son caractère, apparaît comme évêque de Valence dès l'année 1031 : il assiste alors, avec l'archevêque de Vienne Léger et les évêques de Genève et de Tarentaise, à la consécration de l'église de Talloire et souscrit à l'acte de donation faite dans cette circonstance par Ermengarde, femme du roi Rodolphe (2). Nous le trouvons ensuite dans une assemblée d'évêques tenue à Romans le 2 octobre 1037 (3). Il est à Marseille le 5 octobre 1040, à la suite du pape Benoît IX, et son nom figure parmi ceux des évêques qui assistèrent à la dédicace de l'église de Saint-Victor (4). Le 25 mars 1044, il approuvait et corroborait de son sceau les lettres de Hugues de Salins, archevêque de Besançon, en faveur de l'abbaye de Saint-Paul de cette ville (5). Deux bulles du pape Léon IX, datées l'une et l'autre

---

aurait transféré le monastère à Sauzet. Il y a pourtant une difficulté à admettre cette explication. La charte de 985 nous dit que Félines était située dans le *comté de Valence*; or Félines du canton actuel de Bourdeaux appartenait au Diois.

(1) *Chartes de Cluny*, n° 2921.
(2) *Gallia christiana*, t. XVI, inst. col. 64. — *Regeste genevois*, n° 182. — Un document de l'année 1030 porte la souscription de Ponce, qui n'était point encore évêque : « S. Pontii, filius Ademari comitis. » *Chartes de Cluny*, n° 2832.
(3) *Cartulaire de Saint-Barnard*, n° 79.
(4) Guérard. *Cartulaire de l'abbaye de Saint-Victor de Marseille*, n° 14.
(5) *Gallia christiana*, t. XVI, p. 303.

du 3 mai 1050, recommandent à notre évêque et à quelques-uns de ses collègues de prendre en main la défense des religieux de Saint-Barnard de Romans contre les usurpateurs de leurs biens (1). Ces deux bulles furent délivrées pendant la durée du concile que le pape avait réuni à Rome, à l'occasion de l'hérésie de Bérenger, écolâtre de Tours. Cette même année, l'évêque de Valence assista au concile de Verceil, où la petite abbaye de Saint-Victor de Valence fut donnée aux moines de Saint-Victor de Marseille. Il paraît qu'elle leur avait primitivement appartenu et que l'évêque Lambert, en la cédant à Saint-Chaffre, avait outrepassé ses droits (2). Enfin nous ajouterons que Ponce prit part aux délibérations de deux autres conciles, de celui de Vienne en 1054, présidé par le célèbre Hildebrand (3), et de celui de Châlons-sur-Saône, en février 1056 (4).

Aucun acte ne nous fait savoir si Hugues, fils du comte Adémar, a porté à son tour le titre de comte. Le cartulaire de Cluny nous apprend seulement qu'il eut trois fils, Guillaume, Adémar et Lambert. C'est une charte du milieu du XIe siècle qui nous a conservé ce précieux détail : elle concerne diverses donations de biens situés dans les diocèses du Puy, de Valence et de Vienne, donations qu'approuvent Guillaume, Adémar et Lambert (5). Si nos conjectures ne nous

---

(1) GIRAUD. *Cartulaire de Saint-Barnard*, n°s 92 et 93.
(2) GUÉRARD. *Cartulaire de Saint-Victor de Marseille*, n° 7.
(3) U. CHEVALIER. *Cartulaire de Saint-André-le-Bas de Vienne*. Appendice, n° 54.
(4) GIRAUD. *Cartulaire de Saint-Barnard*, n° 83.
(5) *Chartes de Cluny*, n° 3010. Artaud, chevalier, *de Argentaco*, sa femme Fica et ses fils Adémar et Guillaume, donnent : « ecclesiam sancti Privati atque ecclesiam sancti Angeli, necnon quoque capellam sancti Lamberti, in territorio castri Roannaci sitas..... — etiam in pago Vellagico duas ecclesias..... In pago quoque Viennensi donavimus capellam castri Clavazonis ecclesiamque sancte Marie de Monte Castaneo. »

trompent point, les trois noms qu'on vient de lire sont ceux de trois personnages célèbres qui appartiennent incontestablement à l'antique race des comtes de Valence, mais dont on n'a pu jusqu'ici indiquer le degré de filiation. Il s'agirait, en effet, de Guillaume Hugues, tige des seigneurs de Monteil (plus tard Montélimar, *Montilium Ademaris*), d'Adémar, évêque du Puy, légat du saint siège à la première croisade, et de Lambert François, seigneur de Peyrins, qui, selon nous, auraient été les trois fils du comte Hugues. La charte que nous invoquons nous permettrait ainsi de résoudre un problème historique depuis longtemps agité. Mais, il faut le reconnaître, les données qu'elle nous fournit ne sont point assez nettes et précises pour ne laisser place à aucune hésitation. On est en droit d'exiger d'autres preuves, et nous allons interroger encore les chroniques et les chartes et voir si elles peuvent apporter quelques nouveaux arguments en faveur de cette affirmation.

Des trois personnages cités, le plus célèbre est sans contredit, l'évêque Adémar (1). Tous les documents contemporains ne l'appellent jamais qu'Adémar, et ce n'est que plus tard que le surnom de Monteil lui a été attribué par les historiens, pour une raison que le lecteur saisira bientôt. Il était fils d'un comte de Valence; l'ancienne chronique de Saint-Pierre du Puy le dit formellement: *dominus Ademarus, filius consulis provinciæ Valentinensis* (2). Il était prévôt de l'Eglise

---

(1) Sur l'évêque Adémar, on peut consulter: *Hist. littéraire de la France*, t. VIII (1747), p. 468-72; — *Hist. de Languedoc*. éd. Privat, t. IV, p. 402; — Rocher. *Note sur Adémar de Monteil*, dans *Tablettes historiques de la Haute-Loire*, 1871, p. 395-408; — *La Haute-Loire*, 1867, avril 23 — juillet 13.

(2) U. Chevalier. *Cart. de Saint-Chaffre...*, p. 161. — Le mot *consul* employé ici comme synonyme de *comte* n'a rien d'anormal: l'auteur contemporain de la vie de saint Hugues d'Avalon, évêque de Lincoln, se sert du même mot pour désigner Guillaume, comte de Genève. « Insinuaverat etiam ei episcopus Genevensis quanto eum suus

de Valence (1), gouvernée alors par Gontard, probablement un de ses proches parents, lorsque le clergé et le peuple de la ville du Puy le choisirent d'une commune voix pour leur pasteur. Adémar ne démentit point les espérances qu'on avait fondées sur lui. Il n'hésita pas à employer les armes pour essayer d'arracher des mains de plusieurs seigneurs laïques les propriétés de ses églises. Les deux vicomtes de Polignac, Pons et Héracle, avaient usurpé par la violence la troisième partie du revenu de l'église du Puy. Il guerroya longtemps contre eux et les obligea enfin à venir à un accommodement. Ils se désistèrent moyennant la somme de vingt-cinq mille sols, monnaie du Puy, de toutes leurs prétentions sur l'église de cette ville, qui recouvra par là son ancienne liberté (2). On croit qu'il fit un premier voyage en Palestine dans le courant de l'année 1086; mais le texte sur lequel on appuie cette affirmation est loin d'être aussi explicite (3); quoi qu'il en soit, nous le trouvons dans son diocèse en 1087, approuvant l'élection et la bénédiction d'un nouvel abbé de Saint-Chaffre, Guillaume, dont nous aurons plus loin à parler. Le 1er avril de cette même année 1087, du consentement de ses chanoines, il donna l'église d'Usson dans son diocèse à l'abbaye de la Chaise-Dieu (4). L'histoire a loué le zèle avec lequel il seconda le pape Urbain II dans la prédication de la première croisade; elle a retracé le rôle glorieux qu'il remplit dans

---

consul præjudicio annis jam ter quaternis depressisset. » MIGNE *Patrol. lat.*, t. CLIII, c. 1082. Les vicomtes de Béziers et ceux d'Avignon étaient souvent désignés sous le nom de *proconsules* dans les actes du XIe siècle. DE COSTON. *Histoire de Montélimar*, t. I, p. 49.

(1) CHORIER. *Etat politique...*, t. II, p. 150.

(2) *Chronicon S. Petri Aniciensis*, dans U. CHEVALIER. *Cart. de Saint-Chaffre*, p. 162.

(3) *Chronicon S. Theoffredi*, p. 13 : « Cum autem post breve temporis spatium a peregrinatione venerabilis Ademarus episcopus remeasset... » Il n'est pas question de Jérusalem. Cf. MABILLON. *Annales ord. S. Ben...* Lucæ, t. V, p. 214.

(4) *Histoire de Languedoc*, éd. Privat, t. III, p. 450.

cette sainte entreprise, durant laquelle, revêtu du titre de légat du saint siège, il fut pour tous une lumière et une force. Nouveau Moyse, il mourut en vue de la Terre-Sainte, à Antioche, le 1ᵉʳ août 1098, et fut pleuré de toute l'armée (1).

Le chroniqueur Raymond d'Agiles, dans son récit de la croisade, mentionne à diverses reprises un frère de notre légat, qui avait tenu lui aussi à prendre part à la guerre sainte; il le nomme Guillaume Hugues de Monteil (2). A cette époque, l'usage commençait à prévaloir d'ajouter à son nom une sorte de *cognomen*; ce *cognomen* était souvent le nom du père, mis de préférence au génitif. *Guillaume Hugues* signifierait donc Guillaume, fils de Hugues. *Monteil* désigne, selon nous, le *castrum* qui, à partir de 1178, est constamment appelé *Montilium Ademaris* ou Montélimar. Le nom d'Adémar était alors devenu le nom patronymique des descendants de Guillaume, et l'on s'explique aisément la raison de ce choix; le nom d'Adémar qu'avait porté l'aïeul de Guillaume, rappelait encore un de ces souvenirs dont une famille a le droit d'être fière, celui du légat d'Urbain II à la première croisade. Guillaume Hugues ne nous est connu que par un

---

(1) Raimundus de Agiles. *Historia Francorum qui ceperunt Jerusalem*, dans Migne. *Patr. lat.*, t. CLV, col. 619. « Interea dominus Adamarus, episcopus Podiensis, dilectus Deo et hominibus, vir per omnia omnibus charus, die Kal. Augusti in pace migravit ad Dominum. Tantusque luctus omnium christianorum ibi morantium in morte ejus fuit ut nos qui vidimus, cum pro magnitudine rerum scribere curavissemus, comprehendere aliquatenus nequissemus. » — Dans la lettre écrite en septembre 1098 à Urbain II par les chefs de la croisade, se trouve un bel éloge d'Adémar, évêque du Puy. Baluze. *Miscellanea*, t. I, p. 418. — Le nécrologe de St-Robert-de-Cornillon place au *II Kal. julii* la mention de l'évêque Adémar.

(2) Raimundus de Agiles, col. 646: « Misit itaque comes Guillelmum Hugonem de Montilio, fratrem Podiensis episcopi, Laodiciam, ubi crux dimissa fuerat cum capella ipsius episcopi. » — 647: « reversus est Guillelmus d'Ugo de Montilio... »; et 655: « cum hœc dixisset sacerdos ad fratrem ipsius episcopi (Ademaris) Willelmum Hugonem et ad Ysoardum comitem... »

petit nombre d'actes. Adémar, évêque du Puy, avait vendu, le 18 novembre 1095, au monastère ou prieuré de Cliou (Cliousclat ou bien Cléon, près Marsanne), une vigne et quelques terres ; Guillaume de Monteil, son frère, *frater ejus, scilicet Wilhermus de Montilio*, renonça, moyennant 80 sols, monnaie de Valence, à toutes ses prétentions seigneuriales et abusives sur le dit prieuré (1). Le 25 juillet 1107, il était présent à l'absolution donnée par le pape Pascal II au comte Bertrand qui avait usurpé les biens des moines de Saint-Gilles (2). Il vivait encore en 1130, époque où il fut témoin, avec Raimond de Baux, Rostaing de Posquières et quelques autres grands personnages, des engagements pris par Alphonse-Jourdain, comte de Toulouse, envers les fils de Bernard-Aton (3). Jusqu'à preuve du contraire, nous pensons qu'on peut tenir pour certain que le frère de l'évêque Adémar, appelé par le chroniqueur de la croisade Guillaume Hugues de Monteil, est la tige de la famille illustre des Adémar. Il n'est donc nullement besoin de recourir aux légendes et aux titres faux pour donner à cette famille une très noble origine, puisque des documents authentiques nous permettent de la rattacher à celle des anciens comtes de Valence. En 1164, l'empereur Frédéric Ier donna à Géraud Adémar, seigneur de Monteil, l'investiture de toutes les terres possédées autrefois par son aïeul et par son père (4).

---

(1) *Chartularium Sancti Theofredi*, p. 139. — Ce document est particulièrement intéressant en ce qu'il nous montre Adémar et Guillaume de Monteil, son frère, possédant des terres et des droits seigneuriaux dans les environs de Montélimar. Guillaume, en effet, exigeait des moines *prandium et cætera, hoc est malos usus et consuetudines...*

(2) Ménard. *Hist. de Nimes*, t. I, preuves, p. 27. — D. Bouquet, t. XV, p. 37.

(3) *Hist. de Languedoc*, t. III, p. 673.

(4) U. Chevalier. *Cartulaire de Montélimar*, p. 19. — Le père de ce Géraud Adémar, que les généalogistes n'ont point connu, doit être, sans doute, ce G. Adémar à qui l'archevêque d'Arles Atton écrivait vers l'année 1115 pour lui reprocher amèrement d'avoir porté la déso-

Adémar, évêque du Puy, avait encore un autre frère, nommé Lambert François, personnage richement possessionné dans les environs de Romans et dont la résidence ordinaire était le bourg fortifié de Peyrins. Le cartulaire de Saint-Barnard nous fournit, tant sur la parenté de Lambert François que sur l'histoire de sa vie, les plus intéressants détails. En juxtaposant les chartes relativement nombreuses qui le concernent, en scrutant avec quelque patience les informations données, nous nous trouvons renseignés sur son compte comme sur bien peu de ses contemporains. Qu'il fût le frère d'Adémar, évêque du Puy, c'est là un fait qu'il n'est point permis de révoquer en doute, en présence du témoignage d'une charte datée du mercredi 4 novembre 1097 et reproduite dans le cartulaire de Saint-Barnard : *Hoc placitum factum est, in vigilia omnium sanctorum, secundo anno quando Aimarus, Podiensis episcopus, frater ipsius Lamberti, ivit Hierusalem cum exercitu* (1). Il avait pour mère Abaldisia (dont le nom se retrouve avec la variante *Adhalisia*), et l'on peut croire que cette dame était également la mère de l'évêque du Puy, à moins que Hugues, leur père, n'ait été marié deux fois. Quoi qu'il en soit, elle appartenait à une famille qui possédait des droits considérables dans le Royans. On la voit intervenir avec son fils dans plusieurs actes concernant cette contrée, notamment dans une donation aux chanoines de Saint-Barnard des églises de Saint-Laurent et de Sainte-Eulalie, donation faite en 1086 par les fils de Guillaume de Chapeverse (2). Dans une charte de 1095, Odon de

---

lation dans la cité d'Orange, d'avoir pillé et incendié ses églises : « Homines enim tui omnes ecclesias fere civitatis invaserunt, aras expoliaverunt, cruces, thuribula, libros, vestes, vasa sacra, omnia denique in eis reperta rapuerunt, victualia innocentibus clericis abstulerunt, domos illorum destruxerunt et quicquid habebant eis abstulerunt, inter quos sacrilegos particeps, immo caput et princeps extitisti... » MARTENE et DURAND. *Veterum scriptorum... amplissima colectio*, t. I, p. 634.

(1) GIRAUD. *Essai hist... sur Romans. Cartulaire* n° 169.
(2) GIRAUD. Op. cit. *Cart.*, n° 161.

Pisançon, fils de Didier, qualifie de neveux Lambert François et deux autres personnages Ponce et Artaud (1). Enfin une charte de 1095 nous montre Lambert François rappelant le souvenir de son aïeul Ismidon, qui n'est autre que cet Ismidon de Peyrins, dont il est question dans l'acte d'élection de l'archevêque Léger en 1025 et dans une autre pièce de 1052 (2). Ainsi s'explique l'origine des droits considérables que Lambert et ses descendants ont eus sur la terre de Peyrins. Le nom d'Ismidon est fréquent dans la famille des seigneurs de Royans, et il n'y a pas de doute que le personnage dont nous parlons ne soit le père d'Abaldisia. Le titre de *princeps* qu'une charte lui attribue, titre peu commun à cette époque, indique assez sa haute situation dans le pays. Les détails qu'on vient de lire nous permettent de conclure que lors du décès de leur père, un règlement, intervenu entre Guilaume Hugues et Lambert François, attribua au premier l'héritage paternel et réserva au second l'héritage maternel.

Les difficultés généalogiques que nous tâchons d'élucider, sans trop nous faire illusion sur le succès de l'entreprise, se compliquent encore et nous offrent maintenant un nouveau problème historique, dont la solution serait assurément fort intéressante. On sait que vers la fin du XIe siècle, le comté de Sermorens (*pagus Salmoracensis*) et la terre de Saint-Donat fournirent matière à un procès célèbre entre Guy de Bourgogne, archevêque de Vienne, et saint Hugues, évêque de Grenoble. Urbain II, au tribunal de qui l'affaire fut portée, avait mainte fois reconnu le bien-fondé des revendications de saint Hugues et s'était prononcé contre son adversaire ; mais l'archevêque, oubliant tout sentiment de dignité, avait recours à des moyens peu honnêtes pour éluder les décisions, les ordres formels du pape. En 1095, « Urbain II vint en France
« pour prêcher la première croisade et présider le concile de

---

(1) GIRAUD. Op. cit. *Cart.*, n° 168.
(2) GIRAUD. Op. cit. *Cart.*, n°s 169, 3 bis, 4, 13 bis, 52 bis.

« Clermont. Le 5 août il était à Valence où il consacra la
« nouvelle cathédrale ; Gui vit le pape, qui l'entretint de son
« différend et l'engagea à y mettre un terme. Rendez-vous
« fut donné à Romans aux deux prélats. Au jour fixé, vers le
« 20 août, Hugues se présenta chargé de documents anciens
« qui prouvaient ses droits ; mais Gui voulut faire triompher
« ses prétentions par d'autres arguments. Il s'empara d'abord
« du château et des fortifications de Romans *(arcem loci et*
« *munitionem)*, les fit garder par une troupe de gens d'armes,
« afin de pouvoir, si le pape se prononçait contre lui, le rete-
« nir prisonnier et lui forcer la main (1). » Or, le cartulaire
de Saint-Barnard nous apprend que les troupes de l'archevêque étaient placées sous les ordres de Lambert François et
que celui-ci, ne se contentant pas de faire peser sur la ville
un régime de terreur, parcourait la campagne à la tête de ses
bandes et dévastait les propriétés de tous ceux qui refusaient
de seconder les projets du fougueux prélat. Adémar, l'évêque
du Puy, ne suivit pas l'exemple de son frère ; il se fit le défenseur des opprimés, et les chanoines de Romans, qui avaient
grandement à se plaindre des procédés de leur archevêque,
lui confièrent la garde du château de Pisançon (2). D'où peut
venir dans cette circonstance la différence de conduite de ces
deux frères ? Nous en trouverions peut-être la raison dans les
liens de parenté qui unissaient Lambert François et l'archevêque, parenté que le dernier historien de Guy de Bourgogne
a mieux aimé passer sous silence, n'étant sans doute pas en
mesure d'élucider ce point historique.

La charte 210 du cartulaire cité nous affirme, en effet, que
Lambert François avait un fils nommé Raynaud et que celui-
ci était le propre neveu de Guy de Bourgogne : *quibus intel-
lectis et expositis (Lambertus cognomento Franciscus) rogavit
filium, quem hæredem relinquebat, Raynaldum scilicet, nepo-*

---

(1) Ulysse ROBERT. *Hist. du pape Calixte II*, Paris, 1891, in-8°, p. 15.
(2) GIRAUD. *Essai hist. sur Romans*, première partie, p. 115 et suiv.

tem archiepiscopi Guidonis..... D'après ce texte, il n'est pas douteux que Lambert François ne se soit allié par un mariage à la famille de Bourgogne ; le nom de *Raynaud, Renaud* que porte son fils et qui revient si souvent dans la généalogie de l'illustre maison de Bourgogne en est encore pour nous une preuve certaine. Du reste, ce n'est point là un fait isolé et sans explication possible. Guy de Bourgogne était fils de Guillaume dit Tête-Hardi et d'Etiennette, qui descendait de Charles-Constantin, fils de l'empereur Louis l'Aveugle et se considérait comme l'héritière de la maison de Vienne. Guillaume revendiqua, en effet, les droits de sa femme et exerça divers actes d'autorité dans le pays. Ces droits passèrent à un de ses fils, Etienne, comte de Varasc et de Mâcon, tige de la maison de Châlon, qui, étant sur le point de partir pour la croisade, fit un traité avec son frère l'archevêque Guy : il lui vendit tout l'honneur, *totum honorem*, qu'il avait dans la ville de Vienne, moyennant une somme de 8,000 sols d'or, sous la clause du rachat pendant six années et partit ensuite pour la Terre-Sainte où il mourut (1). Il est probable que l'archevêque Guy n'avait pas attendu ce jour pour songer aux avantages qu'il pourrait tirer des droits de sa famille sur le comté de Vienne ; il dut s'en préoccuper dès l'époque où il fut appelé au siège métropolitain de cette ville. Dès lors, quoi de plus naturel que de supposer qu'il ait voulu intéresser à sa cause quelque grande famille du pays, en faisant épouser à l'un de ses membres une de ses proches parentes. Lambert François, seigneur de Peyrins, frère de l'évêque du Puy, appartenait à la famille des comtes de Valence ; il jouissait dans le pays d'une grande autorité, et, comme nous venons de le constater, il fournit à l'archevêque, son beau-frère, l'appui de ses armes. Aucune charte ne nous a conservé le nom de la femme de Lambert François. Une autre sœur de notre archevêque, Gisèle, épousa Humbert II, comte de Savoie et un

---

(1) Chorier, *Hist. gén. de Dauphiné*, t. I, p. 820-821.

des fils nés de ce mariage fut encore appelé Raynaud ou Renaud, comme le fils de Lambert François. Enfin Marguerite de Bourgogne, fille d'Etienne le Hardi et par conséquent nièce de l'archevêque Guy, épousa Guigues VI, comte d'Albon, le premier de sa race appelé *Dauphin*, celui-là même qui, avec Lambert François, se partageait la propriété de la terre de Peyrins. On s'explique encore par là les prétentions de Guigues sur la ville et le comté de Vienne, prétentions qu'il essayera, en 1133, de faire valoir les armes à la main et que ses successeurs n'auront garde d'oublier.

Laissant l'archevêque de Vienne continuer ses procès avec saint Hugues, Lambert François se réconcilia avec les Romanais. Il se disposait du reste, comme la plupart de ses voisins, à prendre part à la croisade. Pour attirer les bénédictions du ciel sur ce voyage, il témoigna envers les chanoines de Saint-Barnard les intentions les plus bienveillantes et confirma aux habitants de Romans tous les droits qu'ils avaient acquis sur les terres de Peyrins avant la mort de son aïeul Ismidon (1). Peu de temps après, il renouvela solennellement cet accord. « Le jour même de son départ pour la Terre-Sainte, dit M. Giraud, Lambert se rendit à Romans, accompagné de ses chevaliers, qui le suivirent, sans doute, la plupart dans son pèlerinage, *cum omni fere comitatu*. On comptait parmi eux les personnages les plus considérables de la contrée et des noms qui devaient bientôt appartenir à l'histoire. Tels sont : Guillaume du Puy, *de Podio*, et Beaudoin, son frère, dont la famille, si l'on en croit Valbonnais, s'honore d'avoir donné le jour à Raymond du Puy, second grand-maître et en quelque sorte fondateur de l'ordre de St-Jean-de-Jérusalem (2) ; Guillaume de Chape-Verse, feudataire du

---

(1) GIRAUD. Op. cit., *Cartulaire*, n° 169.
(2) VALBONNAYS. *Recherches concernant Raymond Dupuy, deuxième grand maître de l'ordre de Malte*, dans DESMOLETS, *Mémoires de littérature et d'histoire*, t. VI (1749), p. 154-83.

Royannais ; Lantelme de Saint-Lattier, son frère Guillaume et plusieurs autres vassaux du seigneur de Peyrins. Le chapitre tout entier assistait à cette cérémonie, Guy à sa tête et, parmi ses membres, Adémar de Beauregard, Theotbert, Ponce de Pisançon, Artaud de Rochefort. En présence de cette nombreuse assemblée, Lambert fit lire les traités qu'il venait de conclure et les diverses chartes qui contenaient ses dons ou ses restitutions à l'abbaye ; il les consacra de nouveau et pria son fils, le jeune Raynaud François, neveu de l'archevêque Guy, qu'il laissait en partant son héritier, de les sanctionner par son approbation ; ce que Raynaud s'empressa de faire solennellement. »

Lambert François ne séjourna pas longtemps en Palestine ; il assista probablement à la prise de Jérusalem. Ce qui est certain, c'est que nous le retrouvons à Romans le 12 mai 1100 : de concert avec sa mère Abaldisia, il cède aux chanoines toutes les églises du mandement de Peyrins. Ces églises étaient celles de Saint-Julien, de Saint-Martin, de Saint-Eusèbe et de Saint-Brice. Quelques années plus tard, le 20 août 1108, Lambert, Abaldisia et Raynaud donnèrent encore à Saint-Barnard la moitié des dîmes de Saint-Paul (1).

Pascal II, qui venait de monter sur le trône pontifical, était d'un caractère très conciliant. Il songea aussitôt à procurer une réconciliation entre l'archevêque de Vienne et son suffragant de Grenoble et fut assez heureux pour les amener enfin à souscrire à un accommodement. Guy de Bourgogne devint un des personnages les plus en faveur auprès du nouveau pape qui lui conféra le titre de légat. Lambert François ne tarda pas à bénéficier de la nouvelle situation de son beau-frère : les chanoines de Romans lui inféodèrent, ainsi qu'à Guillaume de Clérieu, le château de Pisançon, voulant sans doute par cet acte de générosité en faveur d'un membre de sa famille effacer dans l'esprit de l'archevêque, leur abbé, toute

---

(1) GIRAUD. Op. cit., *Cartulaire*, nos 172 et 155.

trace des anciennes divisions. L'acte qui fut alors rédigé qualifie Lambert et Guillaume *viri potentes nostræ Romanensis ecclesiæ vicini*. Le chapitre n'eut guère à se féliciter de cette mesure : Lambert se montra peu fidèle observateur des clauses du traité d'inféodation et on dut en venir à rédiger un nouveau traité qui mit d'accord les deux parties (1).

Le 2 février 1119, Guy de Bourgogne fut élu pape à Cluny, et le 9, couronné à Vienne sous le nom de Calixte II. Or, le second document du regeste de ce pape est une lettre très bienveillante, datée de Crest, le 2 mars 1119, et adressée à Diégo, évêque de Compostelle ; il lui annonce son élection et lui recommande un noble personnage, Lambert François, son beau-frère, qu'il lui envoie, afin de le mettre au courant de ses pensées les plus intimes sur certaines affaires importantes et délicates (2). Ces graves affaires, d'autres documents nous les font connaître en détail. Voici en quelques mots ce dont il s'agissait. Un frère du pape, Raymond de Bourgogne,

---

(1) GIRAUD. Op. cit., *Cartulaire*, n°ˢ 269, 164 bis.

(2) Le *Regeste de Calixte II* désigne ce personnage sous le nom de *Robert* François, mais le qualificatif de *beau-frère* qui lui est donné ne permet pas de l'identifier avec un autre que Lambert François, seigneur de Peyrins, qui était bien le beau-frère de Calixte II. Du reste, une erreur de copiste, dont il est aisé de se rendre compte, aura transformé le nom de Lambert en celui de Robert. Voici le texte de cette lettre avec la rubrique qui la précède : « *Ad D(idacum) episcopum Compostellanum. Robertum Franciscum, levirum suum, commendat.* Calixtus episcopus, servus servorum Dei, ven. fratri D., Compostellano episcopo, salutem et apostolicam benedictionem. Hunc virum nobilem et familiarem nostrum pro quibusdam negociis ad te direximus, quem rogamus ut honeste suscipias, et his que tibi ex parte nostra dixerit fiducialiter acquiescas. Per ipsum etiam si Romanæ Ecclesiæ consilio vel auxilio indiges, nobis significare procures, quia nos te sicut filium in Christo charissimum et favere et fovere, in quantum permiserit Dominus, parati sumus. Datum apud oppidum Cristam, VI non. martii. » MIGNE. *Pat. lat.*, CLXIII, col. 1093. — C'est le document le plus ancien où figure le nom de Crest.

était allé en Espagne combattre les Maures. Il y avait épousé Urraca, fille d'Alphonse VI, roi de Castille, et de ce mariage était né un fils, Alphonse Raymond, à qui son aïeul voulut assurer le royaume de Galice. Raymond étant mort, Guy de Bourgogne avait fait un voyage en Espagne ; nommé tuteur de son neveu, avec Diégo, évêque de Compostelle, il le fit reconnaître par les Etats de Galice. Peu de temps après, le roi de Castille mourut (1109), et Urraca, oubliant tout sentiment maternel et ne se contentant pas des royaumes de Castille, de Léon et d'Asturie que son père lui avait laissés, tenta encore d'enlever la Galice à son fils. Diégo défendit les droits du jeune prince et il en résulta une guerre acharnée. Les choses en étaient à cet état de violence à l'époque de l'élection de Calixte II. Le pape voulut user de son influence pour sauvegarder les intérêts de son neveu. Ce fut alors qu'il chargea Lambert François, « noble personnage de sa famille, » d'une mission confidentielle auprès de l'évêque Diégo. Le seigneur de Peyrins avait déjà servi son beau-frère dans d'autres occasions ; il était, du reste, à cet âge où l'on a acquis l'expérience et où un homme instruit et prudent est devenu capable de conduire une négociation difficile. Nous ne sommes pas en mesure de dire comment Lambert François s'acquitta de sa mission. Quelque temps après, il était de retour dans nos pays et nous le retrouvons pour la dernière fois en 1125 (1).

Cette famille seigneuriale de Peyrins, rameau détaché de celle des comtes de Valence et où le nom de François devint patronymique, en souvenir, sans doute, d'un ancêtre maternel, eut donc, ainsi que nous l'avons vu, son moment de prospérité. Mais la décadence arriva bien vite, et dès la fin du XIIe siècle les François, seigneurs de Peyrins, n'occupèrent plus dans le pays qu'une situation assez effacée. Raynaud François, fils de Lambert, est mentionné dans plusieurs

---

(1) GIRAUD. Op. cit., *Cartulaire*, n° 166.

chartes du cartulaire de Saint-Barnard, qui nous apprennent, entre autres choses, qu'à l'exemple de ses ancêtres, il fut pour les Romanais un voisin bien incommode; il leur suscita de nombreuses difficultés, quand ils voulurent construire leurs remparts (1). Il vivait encore en 1150. Ses deux fils François et Berlion se partagèrent ses biens (2). François Raynaud figure dans une charte de 1174, et c'est de lui que descend Lambert François, seigneur de Peyrins, qui épousa la fille de Guillaume, seigneur de Beauvoir, *dominus de Belveer*: ce dernier, par un acte du 14 février 1223, lui donna, à lui et à ses fils, toutes les possessions qu'il avait à Clavaison et à Mercurol (3). Ces fiefs demeurèrent dans la famille des coseigneurs de Peyrins jusqu'au commencement du XIVᵉ siècle, époque où Guillaume François, dernier survivant de sa race, les vendit à la famille de Clavaison (4). Ce Guillaume François vendit encore au dauphin en 1302 tous les droits qu'il avait sur la terre de Peyrins (5).

Les fiefs et les domaines que les François possédaient dans le Royans furent l'apanage d'un descendant de Raynaud, probablement de Berlion son fils. Ce qui est certain, c'est qu'ils passèrent par un mariage dans la famille de Bérenger, famille illustre, originaire du Trièves, rameau détaché de celle des seigneurs de Domène, et venue depuis quelque temps dans le Royans. Raymond Bérenger, seigneur du Pont-en-Royans

---

(1) GIRAUD. *Essai hist. sur Romans*, première partie, p. 210.
(2) GIRAUD. Ibid., *Cart.*, n° 303.
(3) Archives de l'Isère, B, 3519. « Ne res geste oblivionis, ut adsolet, incurrant incomodum scripture debent testimonio perhennari. Noverit igitur presens etas et futura quod anno Domini Mº.CCº.XXIIIº, XVIº kalend. marcii; ego Willelmus, dominus de Belveer, recognovi me dedisse in feudum per me et per heredes meos Lamberto Francee et filiis suis nepotibus meis omne jus et dominium quod habebam apud Clavaison et apud Mercurolium... »
(4) De GALLIER. *Essai hist. sur Clérieu*, p. 236.
(5) GIRAUD. *Essai hist. sur Romans*, première partie, p. 185.

et de Barbières, épousa dans la première moitié du XIIIe siècle la dernière héritière des François du Royans, et ce fut, sans doute, pour conserver le souvenir de cette noble famille qu'il voulut appeler ses fils des noms de Renaud, Lambert et Chabert, noms qui reviennent fréquemment dans la généalogie des François (1). C'est à cette branche de la famille qu'appartient un Chabert François, personnage important et qui, après avoir éprouvé toutes les vicissitudes de la fortune, était venu, dégoûté du monde, chercher un asile sur un point de ses domaines, *in angulo terre sue*, dans la chartreuse du Val-Sainte-Marie. Il comptait y terminer ses jours dans la paix; ses ennemis (il faudrait peut-être dire ses créanciers) ne le laissèrent point jouir des douceurs de la solitude; ils le poursuivirent à outrance et, à son occasion, les religieux de Bouvantes se virent en butte à toute sorte de tracasseries et même de mauvais traitements. On dut le prier de s'éloigner du monastère, au moins pour un temps. Ce ne fut pas sans peine qu'on parvint à l'y décider. Quelque temps après, il voulut revenir au monastère pour y habiter de nouveau; mais les religieux s'opposèrent à ses projets. Il leur créa alors beaucoup d'ennuis, et il fallut l'intervention de Jean de Sassenage, évêque de Grenoble, pour rétablir l'ordre et la paix dans la petite communauté. Cet épisode de l'histoire du Val-Sainte-Marie se trouve raconté dans un curieux document qui, à plusieurs titres, mérite d'être ici reproduit.

Sciant omnes in quorum manibus hec scriptura venerit quod Chatbertus Francisci, gravatus infirmitate qua terram suam deseruit, elegit habitare in angulo terre sue in domo Vallis Sancte Marie, non ut habitum religionis susciperet sed ut ibi a tumultu seculi quiesceret et per eorum consortium et ipsius domus et totius ordinis Cartusie orationum particeps fieret. Ubi aliquandiu commoratus et in eis bene sibi complacens, cum paupertatem domus cognovisset, misit, et Guigonem, priorem Pontis, et Rainaldum Radulffi et Martinum

---

(1) Chorier. *Histoire gén. de la maison de Sassenage*, p. 40-3.

baiulum ad se venire fecit, et eorum consilio, nullo pacto interveniente, sed solo pietatis intuitu, pro remedio anime sue et antecessorum suorum, ex his que secum attulerat prefate domui aliquanta donavit. Dein, procedente tempore, multi adversus eum habentes querelas, per occasionem illius, frequenter domum vexare ceperunt. Quod, cum prior Jarento et alii domus diutius, honore illius et reverentia, patienter sustinuissent, ad extremum eo usque vexationes invaluerunt ut non solum priori et fratribus domus sed et ipsi Chatberto res omnino videretur intolerabilis, unde predictus prior et alii fratres cum ipso Chatberto et ejus amicis diu super hoc habito consilio, rogaverunt eum quatenus, pro pace domus, ad tempus secedens, tamdiu alicubi extra domum maneret donec, solertia illius et industria, querele pacifice componerentur. Hac de causa, cum aliquandiu extra domum mansisset, redire satagebat, cum de querelarum emendatione vel nichil vel parum peregisset. Ad quod prior consentire non audebat, paratus ad omne obsequium et voluntatem illius, dummodo exactoribus satisfactum fuisset. Quod ille non equo ferens animo prius dilecte domui cepit molestus existere et quod absolute pro deo dederat violenter exigere, insuper et novas querimonias et indebitas pactiones invenire. De his omnibus convenerunt in manu domini Johannis, Gratianopolitani episcopi, qui utrorumque auditis allegationibus, adhibito sibi Petri Pineti et utriusque partis consilio, precepit ut prior Vallis Sancte Marie daret Chatberto IX libras et ipse domum ab omnibus querelis absolveret. Facta sunt hec anno incarnationis Domini M°. CC°. VII°, idus Augusti, in castro Pontis, in domo prioris. Hujus rei testes sunt hii : dominus episcopus, Geraldus Montis Maurini, Petrus Senioreti, prior Sancti Martini, Vgo capellanus, Amedeus prior de Quinto, Petrus Pineti, Stephanus de Valentia, Guigo prior Pontis, Lantelmus de Chapeversa, Lantelmus de Rancurel, Lambertus de Rancurel monacus, Martinus baiulus, Rainaldus Radufi, Gaufridus de Belveer, Villelmus mareschalcus, Petrus Desmerii, Lambertus de Manso, Amedeus de Ponte, Laurentius conversus. In crastinum vero dominus episcopus sepe dictum priorem et Chatbertum ante se venire fecit et, ut pax solidior majorque dilectio inter eos remaneret in posterum, voluit et rogavit ut prior cum supradictis LX libris adhuc c solidos daret Chatberto, et Chatbertus, bono animo et bona voluntate, predictam domum ab omnibus absolvit querelis firmiterque promisit ne deinceps ipse, vel alius pro eo, domum super hoc inquietaret. Rogavit quoque priorem, domino presente episcopo, ut liberam ei daret facultatem eundi ad quam vellet religionem. Cujus precibus prior, quia reniti non poterat, ad quam vellet religionem ire permisit, vinculo tamen caritatis retento. Factum est in ecclesia Pontis, his presentibus Petro scilicet Senioreti et Vgone capellano episcopi, Guigone, Pontis priore, Lantelmo de Chapeversa, Martino baiulo et Gaufrido de Belveer (1).

Ainsi que le lecteur a pu s'en convaincre, c'est à chaque instant qu'on se heurte à quelque difficulté en cherchant à s'orienter dans l'histoire des anciens comtes de Valence. Nous voici encore en présence d'un nouveau problème. Le mercredi, 18 mars 1058, Geilin, comte (de Valence), avec ses fils l'évêque Odon, Arbert, Rostaing, Hugues, Conon, et son épouse Ava, donne à Saint-Chaffre, alors sous le gouvernement de l'abbé Guy, le lieu de Saint-Barthélemy (-de-Vals) et l'église de Marnas dans le Viennois pour y construire un monastère (2). Nous n'avons pu découvrir quel était le père de ce comte Geilin. Nous ne sommes guère mieux renseigné sur son fils l'évêque Odon, qui occupa le siège de Valence entre Ponce qui paraît pour la dernière fois en 1056 et Gontard dont l'épiscopat commence avec l'année 1063. D'après quelques auteurs, Ponce aurait été son oncle et Gontard serait son neveu : il n'y aurait là rien d'impossible ; cette succession d'oncle à neveu serait même tout à fait conforme aux tristes coutumes d'une époque où les grands bénéfices, comme nous l'avons déjà fait observer, étaient devenus en quelque sorte la propriété des familles puissantes.

Un document (3), dont le texte a été conservé par Estiennot, donne encore au comte Geilin un sixième fils, nommé

---

(1) Archives de la Drôme. Fonds de la chartreuse de Bouvantes. Original, 26 lignes. — Le Couteux. *Annales ordinis Cartusiensis*, t. III, p. 272-5.

(2) U. Chevalier. *Cartulaire de Saint-Chaffre*, p. 116. — Cf. Giraud. *Ess. h.*, prem. partie, p. 83.

(3) U. Chevalier. Ibid., p. 116, note : « ... Gelinus comes pro remedio anime sue et filiorum suorum et pro anima Guillelmi, filii sui, qui monachus factus est in cænobio Sancti Theoffredi et postea fuit ejusdem monasterii abbas, dedit... »

Guillaume, et qui ne serait autre que le célèbre abbé qui gouverna le monastère de Saint-Chaffre pendant près d'un demi-siècle, entre les années 1087 et 1136 ; mais nous devons ajouter que l'analyse de ce document, telle que le cartulaire nous la présente, contredit formellement cette affirmation : ici Guillaume est donné comme fils d'Humbert et d'Aymerude (1); ses frères sont Arbert, Guigues et Pierre. Ce Guillaume, grand ami de S. Bruno et de S. Hugues, évêque de Grenoble, avec qui il était demeuré vingt ans, avait été prieur de Saint-Laurent de Grenoble ; il reçut la bénédiction abbatiale des mains d'Adémar, évêque du Puy, vers l'année 1087, en présence de S. Hugues. Il fit transcrire les chartes de son monastère, et c'est à cette sage mesure que nous sommes redevables de tant de précieux documents que renferme le cartulaire de Saint-Chaffre et qui ne cesseront d'être consultés par les historiens (2). Guigues (de Saint-Romain), le pieux auteur de la vie de S. Hugues, parle de cet abbé avec une vénération profonde et nous apprend qu'il a recueilli de ses entretiens plusieurs particularités concernant l'évêque de Grenoble (3).

On croit généralement que Gontard, évêque de Valence, appartenait également à la famille de nos anciens comtes ; on

---

(1) U. Chevalier. Ibid., p. 116 : « Non longe ab ipso loco (*Saint-Barthélemy-de-Vals*) est posita ecclesia Sancti Victoris, quam dedit... Umbertus et uxor ejus Aymerudis, cum filiis suis Guilhermo monacho qui postea abbas effectus est, et Arberto, Guigone, Petro et aliis, consensiente domino Vuarmundo, archiepiscopo Viennensi... »

(2) *Hist. gén. de Languedoc*, t. III, p. 450. — U. Chevalier. *Cart. de St-Chaffre*, préface, p. xxi.

(3) Migne. *Patr. lat.*, t. CLIII, col. 777 : « Hoc a viro ætate et sanctitate reverendo Wilhelmo, Sancti Theoffredi nunc abbate, tunc monacho, nos audivimus, qui beati viri per annos plusquam viginti comes extitit individuus. » Innocent II avait, par une lettre datée de Pise le 1ᵉʳ mai 1134, demandé à Guigues d'écrire la vie de l'évêque de Grenoble ; Guillaume vivait donc encore lorsque le prieur Guigues se mit à l'œuvre.

dit même qu'il était fils de Hugues, quatrième fils de Geilin, et par conséquent neveu de son prédécesseur l'évêque Odon; mais ce ne sont là que des suppositions, le nom du père de Gontard est encore à trouver. Tout ce que nous savons sur sa parenté se réduit à un simple détail ; il avait un frère nommé Hugues qui possédait des biens dans la Bayanne et qui était le vassal d'Adon, frère de Léger, archevêque de Vienne (1) Gontard est un des plus dignes prélats qui aient occupé le siège de Valence : son épiscopat, qui commence en 1063 ou 1064 (2), est une belle page de nos annales. Ce prélat assista au concile de Châlons-sur-Saône de 1072 (3), fit un voyage à Rome en 1077 ou 1078 (4), administra l'archidiocèse de Vienne pendant les années qui s'écoulèrent de la mort de Varmond à l'élection de Guy de Bourgogne (5), reçut à Valence le pape Urbain II et lui fit consacrer sa cathédrale le 5 août 1095 (6) ; au mois de novembre suivant, il était au célèbre concile de Clermont (7). Enfin le 6 mai 1099, Urbain II adressait à Gontard une lettre pour lui reprocher de

---

(1) GIRAUD. *Essai hist. sur Romans, Cart.*, n° 16 bis.

(2) U. CHEVALIER. *Codex diplomaticus ordinis S. Ruphi*, n° 2 : « Noverint p. et fut. quod anno Incarnationis Domini nostri Jhesu Xpisti millesimo sexagesimo VI, anno III episcopatus Gontardi, gratia Dei episcopi Valentinensis... »

(3) MANSI, t. XX, p. 47.

(4) MIGNE. *Pat. lat.*, t. CLVII, col. 508. — Cf., notre, *Essai hist. sur Die*, t. I, p. 152.

(5) GIRAUD. Op. cit., *Cart.*, n°s 188, 189, 190, 193, 194. — CHARVET. *Histoire de la Sainte Eglise de Vienne*. Supplément, page 9. — La mort de l'archevêque Varmond doit se placer entre le 19 novembre 1082 et le 25 janvier 1083. Guy de Bourgogne était archevêque dès 1090.

(6) Voir l'inscription qui relate cette dédicace dans *Bulletin d'hist. eccl. du diocèse de Valence*, t. II, p. 103 (article de M. l'abbé Perrossier). — MARION. *Cart. de l'Eglise de Grenoble*, p. 551. — RUINART. *Vita Urbani pp. II*, dans MIGNE. *Pat. lat.*, t.

(7) MANSI, t. XX, p. 693 et suiv.

n'avoir point encore rendu aux chanoines de Saint-Barnard le château de Pisançon que lui avait confié Adémar, évêque du Puy (1). C'est le dernier document à notre connaissance où figure encore l'évêque de Valence (2). Il est une pièce se rattachant intimement à ce prélat, que nous tenons à signaler à l'attention du lecteur à cause de son importance pour l'histoire féodale de nos pays. C'est un traité conclu vers l'année 1067 entre Léger, archevêque de Vienne, agissant en son nom et au nom des habitants de Romans, et Gontard, évêque de Valence : Gontard accorde aux chanoines et aux habitants de Romans le droit de prendre dans la forêt de Bayanne ce qui leur sera nécessaire et les autorise à venir vendre leurs denrées à Valence les mercredis, jeudis et vendredis de chaque semaine ; Léger rend à l'évêque et à ses chanoines le château d'Alixan. Mais la clause la plus intéressante de ce traité est celle-ci : « Il est interdit à l'évêque et aux chanoines de Valence de déplacer le château-fort d'Alixan et de construire aucune forteresse dans les limites ci-après désignées : de Valence aux Beaumes de Royans ; du mont Muisson et du Toron jusqu'à l'Isère en descendant son cours jusqu'au Rhône ; ils doivent empêcher toute autre personne d'en élever dans l'étendue de ce territoire et, s'ils ne le peuvent, ils doivent s'unir à Léger et lui prêter loyalement secours contre les usurpateurs (3). » Comme on le voit, les contractants promettent d'unir leurs efforts pour s'opposer au démembrement féodal qui tendait à atteindre les dernières limites. La vaste plaine qui s'étend entre Valence et Romans relevait en

---

(1) GIRAUD. Op. cit., Cartulaire, n° 173 bis.
(2) L'histoire de l'évêque Gontard a été écrite par M. l'abbé Perrossier avec cette érudition sûre et cette abondance de détails qui sont la marque de toutes les œuvres de notre savant confrère et ami. (*Bulletin de la Société d'archéologie de la Drôme*, t. XX (1886), p. 464-71, XXI (1887), p. 101-8, 195-9).
(3) GIRAUD. *Essai hist. sur Romans*, première partie, p. 68-70. *Cartul.*, n° 16 bis.

majeure partie de l'Eglise de Valence, de l'abbaye de Saint-Barnard et d'une puissante famille à laquelle appartenait l'archevêque Léger ; mais déjà, sur plusieurs points que la nature rendait faciles à défendre, notamment le long de la chaîne de montagnes qui borde la plaine au sud-est, des châteaux-forts, comme ceux de Beauregard, de Rochefort et de Pélafol, avaient été construits, et leurs fiers possesseurs s'étaient à leur tour rendus indépendants. Il importait donc grandement de s'opposer à de nouvelles usurpations, et ce fut là le principal motif qui dicta le traité que nous venons de faire connaître.

Nous ne voulons pas terminer cette étude sur les anciens comtes de Valence, sans formuler en quelques mots notre pensée sur une question historique fort débattue et qui se rattache intimement à notre sujet ; nous voulons parler de l'origine du pouvoir temporel de nos évêques au moyen âge. La série des documents mis en œuvre dans ce travail nous amène à cette conclusion importante : les évêques de Valence ont profité, à la mort de Rodolphe III, de l'effondrement du royaume d'Arles et de Vienne pour agrandir leurs domaines et se créer une petite principauté indépendante ; ce n'est qu'à partir de cette époque qu'ils nous apparaissent véritablement en possession de tous les attributs de la puissance souveraine sur leurs terres. L'origine de ce petit état ecclésiastique qu'ils réussiront à garder pendant des siècles et qu'ils défendront avec une rare énergie, d'abord contre l'ambitieuse maison de Poitiers, puis contre les envahissements de la France, coïncide avec la naissance du régime féodal dans nos contrées. Ils eurent leur part dans le morcellement général ; les domaines qui formaient la dotation primitive de leur Eglise furent le noyau auquel vinrent s'ajouter quelques lambeaux de territoires arrachés au vieux royaume de Boson. Ils ne durent pas rencontrer beaucoup de résistance de la part des chefs qui, au milieu de l'anarchie, groupèrent le peuple et se taillèrent près d'eux d'autres petites principautés ; ces chefs appartenaient tous à des familles puissantes qui depuis longtemps avaient mis la main sur les biens de l'Eglise, considéraient les évêchés comme des propriétés héréditaires et en faisaient l'apanage de quelques-uns de leurs membres. N'avons-nous pas vu jusqu'ici l'évêché de Valence se transmettre d'une manière à peu près constante d'oncle à neveu? Ainsi, loin de se faire opposition, les évêques et les comtes, que des liens de parenté unissaient étroitement, se prêtèrent plutôt un mutuel appui pour l'établissement de l'organisation féodale dont ils devaient bénéficier les uns et les autres. C'est là, du moins, notre manière de voir en ce qui concerne l'origine de la puissance temporelle des évêques de Valence (1). Quand plus d'un siècle après la création de ces Etats ecclésiastiques et laïques, les empereurs d'Allemagne, qui n'avaient jamais oublié qu'ils étaient les héritiers de Rodolphe III, tournèrent leurs regards vers le royaume d'Arles et de Vienne, ils ne purent que constater l'inutilité absolue de leurs efforts pour tenter de ressusciter l'ancien ordre de choses; il ne leur resta plus qu'à ratifier les faits accomplis et ils s'estimèrent heureux qu'en échange de diplômes impériaux reconnaissant les droits régaliens aux évêques et aux comtes, ceux-ci acceptassent leur suzeraineté et consentissent à devenir princes de l'empire.

---

(1) Nous ne prétendons pas que les choses se soient passées de la même façon dans tous les diocèses dauphinois; nous ne parlons ici que de Valence. Pour Grenoble, voir: BELLET. *Examen critique des objections soulevées contre la charte XVI du 2e Cartulaire de l'Eglise de Grenoble.* (Extrait du *Bulletin d'archéologie de la Drôme*). Paris, 1889, in-8o, 163 pp. — Pour Gap, voir: J. ROMAN. *Deux chartes dauphinoises inédites du XIe siècle,* dans : *Bulletin de l'Académie delphinale,* 3e série, t. XX (1886), p. 359-74. La première de ces chartes nous montre Rodolphe, évêque de Gap, et Guillaume Bertrand, comte de Provence, faisant entre eux un règlement de partage de leurs droits réciproques sur la ville de Gap. Ce document, qui est d'une importance capitale dans l'histoire des origines du pouvoir temporel de nos évêques dauphinois, appartient sûrement à l'année 1044.

SECTION TROISIÈME

LES COMTES DE VALENTINOIS ET DE DIOIS
DE LA MAISON DE POITIERS

Vers le milieu du XII° siècle, nous voyons apparaître dans la contrée un personnage puissant, possesseur de riches domaines à Crest et dans les environs ; il s'appelle Guillaume, et une charte de Léoncel lui donne la qualification suivante : *cognomine Pictaviensis, officio vero Valentinus comes et divina ordinatione*. Longue serait l'énumération des auteurs qui, directement ou indirectement, ont abordé le problème de l'origine de ce Guillaume, tige de l'illustre maison de Poitiers. Les opinions sont multiples et variées, et si quelques-unes d'entre elles sont à jamais condamnées, d'autres réussissent encore à se maintenir et perpétuent la controverse. Prochainement, il faut l'espérer, une découverte heureuse nous apportera la vraie solution du problème.

Comme nous l'avons déjà signalé (1), Guy Allard fait des Poitiers les descendants directs des anciens comtes de Valence, dont nous perdons la trace avec Geilin II vers l'année 1058 : il n'hésite même pas à nous présenter leur filiation : Geilin aurait eu pour fils Albert, et celui-ci Aymar, qui fut le père de Guillaume, surnommé *de Poitiers*. Sur plusieurs points les découvertes récentes ont donné raison à Guy Allard. En effet, il est bien établi aujourd'hui que Guillaume n'est pas un étranger, venu s'implanter dans le pays ; sa famille y possédait de grands biens, et une charte de Léoncel nous montre son père appelé Aymar, comme le veut notre généalogiste dauphinois, prendre sous sa sauvegarde les troupeaux appartenant à ce monastère, situé dans les terres de sa juridiction : *in dominio et in dicione nostra* (2).

---

(1) Voir plus haut, p. 137.
(2) *Cartulaire de Léoncel*, n° 3, p. 6. — Cf. LACROIX. *L'arrondissement de Montélimar*, t. V. p. 53-60 ; — (H. DE PISANÇON). *L'allodialité dans la Drôme*, p. 156.

Cependant l'opinion autour de laquelle se groupe le plus grand nombre de partisans et qui est plus en rapport avec les légendes et les antiques traditions, soutient que les ancêtres de Guillaume de Poitiers vinrent dans le pays à une de ces époques où les révolutions politiques et les grandes commotions excitent les rêves ambitieux et développent le goût des expéditions aventureuses. Nos pays, comme on le sait, furent particulièrement agités à la fin du XIe siècle, à l'occasion des croisades, et ils se ressentirent, pendant les premières années du siècle suivant, des révolutions du comté de Bourgogne. Aymar du Rivail, Chorier et les savants auteurs de l'*Histoire de Languedoc* appuient cette opinion, mais en la modifiant, chacun dans le détail, d'une foule de circonstances secondaires qui témoignent de l'incertitude dans laquelle ils se trouvent. Le vieil historien *des Allobroges* raconte naïvement qu'un fils de Guillaume V, duc d'Aquitaine et comte de Poitiers, dépouillé de l'héritage paternel, avait cherché un refuge auprès du Dauphin, son parent, vers l'année 1137. A cette époque, une femme, unique héritière des comtés de Valentinois et de Diois, était en butte aux violences du chef de la maison des Arnaud, qui non content de lui avoir enlevé ses terres et ses châteaux, voulait encore la contraindre à l'épouser. Louis de Poitiers, fils de Guillaume d'Aquitaine, par adresse et par force, rentra en possession des biens de la comtesse, mit en fuite les Arnaud, et épousa celle qu'il venait de délivrer. Mais notre chroniqueur ne donne pas ce récit pour absolument véridique, *utcumque fuerit* (1).

Chorier tient aussi pour la descendance des ducs d'Aquitaine. « Le nom de Poitiers que portoient les comtes de « Valentinois dit leur origine. Les comtes de Poitiers furent « leur tige : ceux-ci étoient une branche de celle des ducs « d'Aquitaine.... Le comté de Valentinois passa d'une autre

---

(1) Ay. Rivallii, *De Allobrogibus*. Viennæ Allobrogum, 1844, in-8°, p. 417-8.

« famille, mais du même sang, à celle-ci environ l'an 1060.
« Aimar de Poitiers, Ier de ce nom, vivoit alors. Une généa-
« logie faite il y a plus de cent ans sur les titres de cette
« maison par le commandement de Diane, duchesse de Valen-
« tinois, lui donne pour successeur Aimar II, son fils. Mais
« ni l'un ni l'autre ne posséda le comté de Valentinois, qu.
« étoit dans les mains du comte Eustache. Celui-ci n'eut
« qu'une fille qui eut le nom de Philippe. La terre la plus
« considérable du comté étoit Marsanne où elle habitoit. Ce
« n'est pas qu'Aimar Ier et Aimar II n'eussent déjà des droits
« et des terres dans le Valentinois, et entre autres un péage
« que l'empereur Henri III avoit créé en faveur d'Aimar Ier.
« Ils avoient même des prétentions sur ce comté et sans
« doute ils venoient de même tige que le comte Eustache.
« Mais Berthon de Poitiers, fils d'Aimar II rendit des ser-
« vices importants à Philippe, fille et héritière du comte.
« Elle fut elle-même le prix des bons offices que ce prince
« lui avoit rendus. Elle étoit alors si jeune et elle vécut si
« longtemps qu'elle mourut seulement l'an 1216, étant âgée
« de plus de quatre-vingt-quinze ans (1) ». Des affirmations
si nettes laissent supposer que l'historien du Dauphiné avait
entre les mains des documents précieux ; il faut regretter
qu'il n'ait point pris la peine de nous donner la preuve de ce
qu'il avance. Nous verrons, dans un instant, ce qu'il peut y
avoir de vrai dans le passage cité.

Les savants auteurs de l'*Histoire de Languedoc* soutiennent
que les Poitiers sont originaires de leur province. « Nous
« sommes persuadés, disent-ils, que ce seigneur (Guillaume,
« époux de la comtesse de Die), n'est pas différent de Guil-
« laume de Peiteus ou de Poitiers *(de Pictavis)*, l'un des prin-
« cipaux barons de la province, dont il est fait mention dans
« plusieurs titres du pays, mais surtout du diocèse de Nar-
« bonne, surtout depuis l'an 1146 jusqu'à 1163. Nous croyons

---

(1) Chorier, t. II, p. 24.

« encore qu'il était fils naturel de Guillem IX, comte de
« Poitiers et duc d'Aquitaine qui l'aura eu durant le séjour
« qu'il faisait à Toulouse vers 1115 (1). »

L'intendant Fontanieu ferait du Guillaume de Poitiers, qui figure dans la chronique de Ditmar, en l'année 1016 (2), la tige de la seconde race des comtes de Valentinois, et, d'après le même historien, ce personnage qui avait dans la Bourgogne une autorité considérable, ne serait autre qu'un fils

---

(1) *Histoire de Languedoc*, t. III (1872), p. 800.
(2) Thietmarus. *Chronicon*, dans Migne, *Pat. lat.*, t. CXXXIX, col. 1377 : L'empereur Henri II avait passé les fêtes de Pâques (1ᵉʳ avril) de l'année 1016 à Bamberg. Rodolphe III, roi de Bourgogne, son oncle, n'ayant pu l'y rejoindre, le pria de venir à sa rencontre jusqu'à Strasbourg, où il lui donna rendez-vous. Rodolphe était accompagné de son épouse, femme d'une naissance illustre, qui présenta et recommanda à l'empereur les deux fils qu'elle avait eus d'un premier mariage. Celui-ci leur donna en fief tout ce que Rodolphe, son oncle, avait promis de lui laisser en mourant, comme aussi tout ce que Guillaume de Poitiers tenait de la munificence royale, « *et quod Willehelmus Pictaviensis hactenus habuit regio munere prestitum* ». Désireux d'assurer un jour sa domination dans le pays, l'empereur fit donner un évêché à un noble personnage sur le dévouement duquel il pouvait compter bien mieux que sur celui des seigneurs laïques. Guillaume de Poitiers, peu soucieux de voir l'autorité impériale se substituer à celle du faible Rodolphe, chassa le nouvel évêque de son diocèse, et Henri II ne put que constater l'inutilité de ses efforts pour ramener au devoir ce puissant vassal. Les dernières années du règne de Rodolphe III furent profondément tristes : de son vivant, il put assister au démembrement de son royaume ; quiconque se sentait un peu d'audace et de force se taillait un petit État et il ne resta bientôt au malheureux monarque que l'ombre du pouvoir. Dietmar a décrit en termes énergiques cette lamentable situation ; le rôle de Guillaume de Poitiers y est bien caractérisé. « Ob hoc solum talis rector inter eos dominatur, ut eo liberius malignorum furor invicem vagetur et ne lex nova alterius regis ibi adveniat qua inolitam consuetudinem rumpat. Wuillehemus comes, de quo predixi, miles est regis in nomine et dominus in re; et in his partibus nullus vocatur comes, nisi is qui ducis honorem possidet, et ne illius potestas in hac regione paulo minus minueretur; consilio et actu, imperatoriæ magestati, sicut predixi, reluctatur. »

de Raymond, comte de Rouergue, par indivis duc ou prince d'Aquitaine, marquis de Gothie et comte de Querci et d'Albigeois, qui avait épousé en 947 Berthe, nièce de Hugues, roi d'Italie, et qui mourut vers le commencement de l'année 961 (1). Cette filiation est plus que douteuse et il suffit de rapprocher ces diverses dates pour voir combien il est peu probable qu'en 1016 le prétendu fils de Raymond, âgé alors d'au moins 70 ans, ait tenté une expédition aventureuse en Bourgogne, au cours de laquelle il aurait songé à s'établir dans nos pays.

On le voit, les historiens les plus graves s'accordent au moins sur ce point, l'origine étrangère des Poitiers; le berceau de cette famille serait la Provence ou le bas Languedoc. Les légendes donnent encore un appui à cette opinion. On peut les ranger en deux classes : les unes disent que le premier des Poitiers venu dans le pays épousa l'héritière de Marsanne ; les autres prétendent qu'il recueillit la succession des Arnaud de Crest, descendants des comtes de Die. Voici du reste les textes les plus anciens qui nous conservent l'écho de ces deux groupes de légendes. Dans une enquête faite à Romans en 1421, nous lisons ce qui suit : « Aynard Chabert, escuyer, capitaine
« de la Tour de Crest, dit qu'il a ouy dire plusieurs fois à son
« père, que ainsi, comme il avoit ouy réciter aux anciens du
« pays de Valentinoys et de Dioys, anciennement avoit esté
« une dame audit pays de Valentinois, nommée la comtesse
« de Marsanne, lequel lieu de Marsanne est assis aud. pays,
« auquel, elle estant venue, les evesques de Valence et de Dye
« firent forte guerre. Durant laquelle il passa par la ville de
« Montélimar un surnommé seigneur de Poitiers accompa-
« gné de plusieurs gens, auquel elle fit requérir qu'il la voulust

---

(1) FONTANIEU. *Preuves de l'hist. de Dauphiné*, t. I, n° XXXI, p. 183-196 (Ms. Bibliothèque nationale, fonds latin, 10,949): *Dissertation sur l'origine des seigneurs de Poitiers*. Cette dissertation a été publiée par ROCHAS, *Biog. du Dauphiné*, t. II, p. 259-61.

« secourir et ayder en ladite guerre. Lequel lui fust très grand
« secours et conquist plusieurs chasteaux et villes des dits
« pays de Valentinois et Diois, auquel de Poitiers, pour le
« récompenser des services qu'il luy avoit faits, elle offrit
« donner la moitié de toute sa terre, ou qu'il luy pleut la
« prendre toute en prenant aussy à femme une jeune fille
« qu'elle avoit seulement. Laquelle filhe il prit par mariage
« et fut seigneur de toute ladite terre (1) ». Il existe à la bibliothèque de Carpentras un Mémoire sur le Diois, œuvre inédite d'un chanoine de Die, croyons-nous, rédigé à la demande de Peiresc ; nous y avons trouvé l'écho de l'autre tradition.
« Le vulgaire disoit qu'un bon père de la maison des Artaud
« avoit un fils discole... Il institua pour heritiers les com-
« tes du Diois avec une pension à son fils et à la charge
« que si le comte entreprenoit de rendre l'héritage à son
« dit fils, il vouloit qu'il fut devolu au pape, ce qu'on dit
« estre arrivé et que de là les evesques possèdent un si grand
« domaine (2) ».

Mais il est temps de quitter le terrain des controverses et des légendes et de demander aux documents, surtout à ceux qui ont été publiés dans ces dernières années, la part d'informations qu'ils peuvent bien nous fournir pour l'étude de notre problème historique. Vers le milieu du XII° siècle, nous trouvons pour la première fois dans les chartes de nos pays le nom de Poitiers *(de Pictavo, de Pictavis, de Peiteus, Pictavensis, Pictaviensis)*. Aymar Ier de Poitiers *(Aemarus Pictavensis* et au dos de la pièce *Ademarus Pictavensis)* accorde sa protection aux religieux de Léoncel, dont le monastère était situé sur les terres de son comté (3). Cet Aymar ne sauroit être assurément l'étranger que la tradition nous

---

(1) Du Chesne. *Hist. gén. des comtes de Valentinois et de Dios...* Paris, 1628, in-4°), preuves, p. 5.
(2) Bibliothèque de Carpentras. Ms. 502, p. 234.
(3) *Cartulaire de Léoncel*, n° 3, p. 6.

montre venant se fixer chez nous : son nom d'Aymar ou Adhémar, nom si fréquent dans la généalogie des anciens comtes de Valence, permet de croire que l'alliance des Poitiers et des derniers descendants des Geilin, est antérieure à ce personnage. Aymar Ier avait un frère, nommé Guillaume, qui après avoir rempli quelque temps la charge de prévôt de l'Eglise de Valence, devint évêque de Viviers (1). Si nos conjectures ne nous trompent point, leur père s'appelait Guillaume et c'est lui qui par son mariage avec l'héritière des Geilin sera devenu la tige de la seconde race des comtes de Valentinois.

Tout nous invite à rechercher dans le midi de la France le berceau des Poitiers (2). Nous trouvons, en effet, dans les diocèses de Narbonne et de Nîmes une famille de Poitiers *(de Pictavi, de Pictavo, de Peiteus, de Pictavis)*, dans laquelle le nom de Guillaume paraît avoir été en honneur. Cette famille occupait une haute situation. Guillaume de Poitiers figure dans un grand nombre d'actes concernant les comtes de Toulouse, les vicomtes d'Alby, de Nîmes et de Carcassonne, les archevêques de Narbonne, etc. (3). Il est fort probable qu'un membre de cette famille soit venu dans le Valentinois, au commencement du XIIe siècle. A cette époque nos pays, ressentant le contre-coup des révolutions politiques de la Bourgogne, étaient profondément bouleversés. L'Eglise de Valence

---

(1) Bibliothèque de Grenoble, Reg. U, 460, p. 7.

(2) « Vers la fin de l'année 1079 se tint un concile à Toulouse présidé par Hugues, évêque de Die. Frotard, qui était arrivé par simonie sur le siège d'Albi, fut déposé et excommunié et remplacé par Guillaume, surnommé de Poitiers, *Pictaviensis*. Frotard était accusé en outre par ses chanoines d'avoir vendu, au mépris de tous les droits et de toutes les règles canoniques, l'église de Vioux, dépendance du chapitre, aux moines d'Aurillac. » *Notices et extraits des manuscrits*, t. IV (an 7), p. 209

(3) *Histoire de Languedoc*, t. V (1875), col. 1,085, 1,122, 1,072, 1,153, 1,144, 1,185, 1,214, 1,265, 1,271, 1,274.

avait à sa tête un prélat d'une naissance illustre, mais qui, à l'exemple de plusieurs de ses collègues, se préoccupait fort peu d'instruire et d'édifier son peuple. Il se nommait Eustache ; il siégea à Valence entre les années 1107 et 1141. Dans une lettre admirable de zèle apostolique qu'il lui adressa, saint Bernard nous le montre, avec une indignation à peine contenue, oubliant jusque sous les cheveux blancs ses devoirs les plus saints, opprimant les fidèles dont il était le pasteur et s'entourant de gens avides qui savaient le flatter et à qui il distribuait les richesses de son Eglise (1).

Le cartulaire de Léoncel donne à cet évêque la double qualification d'évêque et de comte Valentinois *(Eustachius episcopus et comes Valentinensis)* (2), ce qui est tout à fait digne de remarque et ce qui corroborerait sur un point les affirmations de Chorier qui nous montre Eustache, comte de Valentinois, introduisant dans le pays le chef de la maison de Poitiers, à qui il aurait donné sa fille en mariage. Nous n'avons

---

(1) S. BERNARDI, *Opera*, dans MIGNE, *Patrol. lat.*, t. CLXXXII, col. 347-7. « Salutem tibi, vir illustrissime, etsi non scribo, opto tamen... Inde est sane ausus iste meus de præsenti, quo ad tuam magnitudinem præsumo scribere... Ego virum nobilem, quod in me est, in vera charitate decrevi his litteris suæ ipsius commonere salutis, excitare a somno... Quousque dissimulas ? quousque contemnis ?...quamdiu autem tu secundum duritiam tuam et cor impœnitem, thesaurizas tibi iram in die iræ ?... Cur, proh dolor ! sola veneranda canities solita veneratione fraudatur... Propterea qui te beatificant in errorem te inducunt, dantes verba, munera reportantes...

(2) *Cartulaire de Léoncel*, n° 4, p. 7 : « Notum sit omnibus presentibus et futuris quod Eustachius episcopus et comes Valentinensis (sic) dedit jure perpetuo Deo et beate Marie Fontis Lionne et fratribus ibidem commorantibus, in manu Falconi abbatis, pedagium et leidam suarum rerum apud Valentiam... » Cette charte, qui mentionne les confirmations de ce privilège par les deux successeurs d'Eustache, saint Jean et Bernard, a été rédigée sous l'épiscopat de ce dernier, qui s'est terminé vers 1154. — Eustache avait été chanoine du Puy avant d'occuper le siège de Valence.

aucun document qui nous permette de contrôler jusque-là la véracité du témoignage de notre historien; mais ce qui est certain, c'est qu'un lien de parenté unissait ce personnage à la maison de Poitiers : nous sommes porté à croire qu'Eustache de Poitiers, prévôt de Valence, fils d'Aymar Ier, était le neveu de cet évêque et comte. On sait qu'une coutume, dégénérant le plus souvent en abus, autorisait chez nous un évêque à réserver à un de ses proches, plus particulièrement à un neveu, la première dignité du chapitre. Ajoutez que ce nom d'Eustache ne reparaîtra plus dans la généalogie des Poitiers, peut-être à cause du mauvais renom qu'avait laissé cet évêque. Voici un document qui n'apportera pas sans doute une complète lumière sur la question, mais qui du moins pourra fournir un nouvel argument probable en faveur de la double thèse de l'origine méridionale des Poitiers et de leur relation de parenté avec l'évêque Eustache. Il nous montre en effet l'évêque de Valence présent à une assemblée, tenue à Carcassonne en l'année 1118, où furent traités certains intérêts de famille entre Bernard Atton IV, vicomte de Carcassonne, Cécile sa femme et leurs enfants d'une part, et Rainon du Caylar et Guillaume, son frère d'autre part (1). Or, nous avons vu plus haut qu'un Guillaume de Poitiers fut bien des fois témoin d'actes passés en faveur de ce Bernard Atton IV. Autre détail non moins intéressant à recueillir et qu'aucun historien dauphinois n'a encore signalé : Bernard Atton eut de Cécile de Provence, son épouse, plusieurs enfants, entre autres Météline (dont la fille épousa Silvion de Clérieu). Ces faits sont attestés par une charte de 1152, où nous voyons cette Météline renoncer à toutes ses prétentions à l'héritage paternel en faveur de Bernard Atton V, vicomte de Narbonne, son frère. Cet engagement est souscrit par Silvion de Clérieu et son fils Silvion,

---

(1) TEULET. *Layettes du trésor des chartes*, n° 45. — *Histoire de Languedoc*, t. V, col. 854.

par Aldebert et Guillaume de Crussol, par Giraud Bastet, Falcon et Jourdan de Montchenu, Guillaume de Mercurol, Lambert de la Voulte, et huit autres personnages (1).

Mais voici qu'une charte du Cartulaire de Cluny nous révèle l'existence au XIe siècle d'un *castrum de Pictavis*, situé dans les environs de Taulignan, de Mirabel et de Nyons, et nous apporte, en même temps, de nouvelles et précieuses données sur divers personnages appartenant à une même race et devenus chacun la tige d'une illustre famille. C'est M. Em. Pilot de Thorey qui a bien voulu attirer notre attention sur ce document, et nous laisser entrevoir son importance dans la question historique qui nous occupe. Le 22 mai 1023, deux frères Léger et Pons, désireux de terminer leurs jours dans un monastère, veulent avant de quitter le siècle, disposer de leurs biens. En conséquence, ils donnent aux religieux de Cluny la moitié d'un château appelé *Altonum*, situé dans le diocèse de Die ; l'autre moitié avait été déjà l'objet d'une libéralité de leur père envers les mêmes religieux. Quant à leurs autres possessions, ils les laissent en partage à leurs frères restés dans le monde, et qui sont : Féraud, évêque de Gap, Pierre, évêque de Sisteron, Arnulfe, Giraud, Rodolphe et Raimbaud. Ces possessions sont soigneusement énumérées,

---

(1) TEULET. *Layettes du trésor des chartes*, n° 125. — *Histoire de Languedoc*, t. V, col. 1149. — Météline avait épousé, vers 1105, Arnaud de Béziers ; de ce mariage était née une fille, appelée comme sa mère, Météline qui devint la femme de Silvion II, seigneur de Clérieu. Ce Silvion fut père de Roger, de Silvion, époux d'Artaude de Crest, et de Guillaume l'Abbé. — Roger Ier, seigneur de Clérieu (1186-1215) eut : 1° Guillaume Gratepaille, seigneur de Clérieu, qui épousa Julienne, fille de Raymond-Béranger II, seigneur de Pont-en-Royans, et ne laissa pas de postérité ; 2° Roger II, seigneur de la Roche-de-Glun, puis de Clérieu ; 3° Météline, épouse de Guillaume Jourdain, seigneur de Fay et de Mezenc, fondateur de la Chartreuse de Bonnefoy, au diocèse de Viviers, qui ne laissa que deux filles : Philippa de Fay (*de Fayno*), femme d'Aymar II de Poitiers, comte de Valentinois, et Saure, femme de Raymond de Mévouillon.

et c'est là que se trouve la mention d'un *castrum de Pictavis* (1). Le nom de ce *castrum* sera-t-il devenu le nom patronymique d'une branche de cette famille ? Les documents ne nous permettent pas encore de nous prononcer à cet égard, il faut attendre de nouvelles découvertes ; toutefois, l'étude attentive des données que nous possédons nous conduit à des résultats qui projettent déjà un peu de lumière sur l'origine de quelques-unes de nos grandes familles féodales.

Les huit frères dont la charte de Cluny vient de nous faire connaître les noms, étaient fils de Laugier et d'Odila. Ils appartenaient à une ancienne et puissante famille de vicomtes de Nice, qui, étendant ses rameaux dans le nord de la Provence, n'avait pas tardé à devenir prépondérante à Vence, Vaison, Sisteron, Gap, Orange, etc. (2). Trois d'entre eux nous

---

(1) *Chartes de Cluny*, n° 2779 : « Est autem quoddam castrum, vocabulo Altonum, cujus partem dimidiam olim a patre nostro Sancto Petro scimus esse derelictam..... Et ut hec donatio firma et stabilis permaneat, cuncta que infrascripta continentur ceteris nostris fratribus deveniat. De quodam castro Bar vocabulo, cum omnibus que ad eum pertinent, quarta pars. Item de alio qui vocatur Clarenciagias, quarta pars. De Guarno autem castro et de quadam villa similiter vocata Guarnum, quarta pars. Item de castro Pictavis, quarta pars. De villa Pupiana, quarta pars. De villa Texiana, quarta pars. De Montilio, quarta pars. De Frontiniaco vero, ea que nostre parti exire videntur similiter dimittimus. De Lachias, similiter. Sed et de quodam castro, Mirabellum nomine, quem nobis jure paterno scimus provenire, quartam partem congregatio Cluniensis, quamdiu nobis vita comes fuerit, obtinebit ; post vero nostrum exitum... » Il est difficile d'identifier ces divers noms de lieux : *Altonum*, au diocèse de Die, paraît être Taulignan, l'ancien *Aletanum* ; *Bar*, le château de Barry, près de Mornans (?) ; *Guarnum* ne peut être que le château des *Guards*, ancienne citadelle de Nyons, appelé encore au XIV° siècle *Guarnum* ; *Mirabellum* est sûrement Mirabel, près de Nyons.

(2) Pour l'histoire de Laugier et d'Odila et de leurs descendants, il faut consulter l'ouvrage du comte E. Cais de Pierlas, *Le XI° siècle dans les Alpes-Maritimes. Etudes généalogiques* (Turin, 1889, in-4°, 110 p.), p. 37 et suivantes. L'auteur a groupé tous les renseignements qu'ont pu lui fournir sur les origines des familles féodales de ce pays, les *Cartulaires de St-Victor, de Lérins, de Nice, d'Apt*, etc.

intéressent tout particulièrement à cause de leur relation avec nos pays.

1° Arnulfe se fixa dans les environs de Grenoble, probablement par suite de son mariage avec Frideburge, « dame très illustre », et c'est lui qui en l'année 1050 environ fit, de concert avec son épouse et son fils Rodolphe, à S. Odilon, abbé de Cluny, la donation que mentionne la charte XXVII du Cartulaire de Domène (1). Il eut encore deux enfants, Boson et Euphémie, celle-ci épouse de Guillaume Morard.

2° Rodolphe fut la tige de l'illustre famille de Monteynard. C'est M. Em. Pilot de Thorey qui, le premier, a découvert cette filiation. Rodolphe devint possesseur des terres de Domène, près de Grenoble (2). Nous avons de lui une donation faite à l'abbé de Cluny. Il eut quatre fils : Aynard Ier qui suit ; b/ Rodolphe, qui succéda à son oncle Féraud sur le siège épiscopal de Gap, vers l'année 1040 ; c/ Guigues de Domène, époux de Wuillelme, fille de Ponce, comte de Die, et père de Guillaume de Domène, de Pierre et de Wuilla. Une charte de Domène nous apprend qu'il était cousin de Guigues de Châteauneuf, père de saint Hugues, évêque de Grenoble (3). d/ Atenulfe, qui de sa femme Elisabeth eut plusieurs fils : Hugues, Siboud, Guiffrey, et une fille Aldegarde. e/ Gencion.
— Aynard Ier, fondateur du prieuré de Domène en 1027 ou 1028 (4), eut successivement pour femmes Fecenna, Elisabeth et Adélaïde. Il laissa : a/ Ponce Aynard, père de Ponce II

---

(1) *Cartulare monasterii beatorum Petri et Pauli de Domina.* Lugduni, 1859, in-8°, n° 27, p 31.

(2) *Cartulaires de l'Egl. cath. de Grenoble,* p. 19. — Aynard II, fils d'Aynard Ier et petit-fils de Rodolphe, rappelle dans cette charte les donations faites à son aïeul par Isarne, évêque de Grenoble. Cette donnée est en parfait accord avec notre charte de Cluny, qui nous montre Rodolphe frère d'Atenulfe ; c'est lui qui, vint le premier de sa famille, se fixer dans le Graisivaudan. Les généalogies qui lui donnent pour père un autre Rodolphe sont à corriger. (*Cartulare de Domina,* p. 451-4.)

(3) *Cartul. de Domina,* p. 257.

(4) *Chartes de Cluny,* n° 2801.

et aïeul de Guigues et de Raymond Béranger, tige des seigneurs de Pont-en-Royans; *b/* Aynard II, père d'Aynard III et d'Isard de Voreppe ; *c/* Nantelme ; *d/* Soffrey ; *e/* Pierre.

3° Raimbaud de Nice eut de nombreux enfants, tiges de familles puissantes. Nous citerons seulement Laugier surnommé le Roux, de qui descendent les seigneurs d'Apt (1); Guillaume qui prit part à la première croisade (2), et Bertrand, seigneur d'Orange, dont la femme Adélaïde est qualifiée de *comtesse*. Ce dernier eut pour fils Raimbaud d'Orange, qui nous est connu par des actes de 1061, 1073 et 1078 et qui mourut en Terre-Sainte l'an 1097. Raimbaud ne laissa qu'une fille Tiburge qui, porta la seigneurie d'Orange à Guillaume de Montpellier, seigneur d'Omélas. Celui-ci testa en 1155 et eut quatre enfants : *a/* Guillaume, dont l'existence, attestée par les anciens historiens de Provence, est mise en doute par les auteurs de l'*Histoire de Languedoc ; b/* Raimbaud, seigneur d'Omélas et comte d'Orange en partie, mort sans enfants vers l'an 1180; *c/* Tiburge, qui épousa vers 1146 Aymar de Murvieil ; *d/* autre Tiburge, femme en premières noces de Gaufred de Mornas, et en secondes de Bertrand de Baux : elle hérita de son frère Raimbaud de la moitié d'Orange qu'elle transmit à Bertrand et Guillaume de Baux, ses fils du deuxième lit (3).

Il ne nous reste plus qu'un seul fait à signaler pour achever de faire connaître tout ce qu'il nous a été possible de recueillir sur les origines, encore fort problématiques, de la maison de Poitiers. On sait que les anciens comtes d'Orange portaient dans leurs armoiries cette étoile à seize rayons devenue légendaire et qu'ont chantée tous les poètes de la Provence, depuis

---

(1) Cais de Pierlas. *Le XI*e *siècle dans les Alpes-Maritimes*, p. 60-2.
(2) Cais de Pierlas. Op. cit., p. 47, 86.
(3) Cais de Pierlas. Op. cit., p. 55-60. — D* Barthélemy. *Inventaire des chartes de la maison de Baux*, Introd. — *Hist. de Languedoc*, t. IV, p. 183-5.

les troubadours du moyen âge jusqu'à l'immortel auteur de *Calendal*. Or, coïncidence fort remarquable, le sceau le plus ancien à date certaine que nous possédions des comtes de Valentinois est celui d'Aymar II de Poitiers ; il est conservé à la préfecture de l'Isère et se voit au bas d'une charte en langue romane de l'année 1197 ; c'est un sceau équestre avec cette légende : ✞ SIGILLVM : ADEMARI : COMITIS VALENTINENSIS. Sur le contre-sceau se trouve l'étoile à seize rayons et ces mots : ✞ COMITIS VALENTINENSIS (1). Il existe plusieurs exemplaires du même sceau ; sur quelques-uns, on distingue très bien, à l'aver, sur l'écu du chevalier, les six besans qui sont les armes spéciales de la famille de Poitiers.

Dans les pages qui suivent nous allons présenter au lecteur un résumé de l'histoire des comtes de Valentinois et Diois de la maison de Poitiers, nous appliquant tout particulièrement à montrer comment ils surent, par une politique habile, agrandir leurs domaines, se créer une importante principauté, et aussi comment, dans une guerre de plus d'un siècle avec leurs rivaux les évêques de Valence, ils préparèrent, consommèrent leur ruine et se virent contraints de céder leurs Etats à la France.

I: GUILLAUME Ier (car c'est sous ce nom que nous croyons pouvoir le désigner) est peut-être l'étranger que les traditions nous présentent comme étant venu se fixer par un mariage dans le pays (2). Rien d'absolument certain ne saurait être dit à son sujet. Il eut au moins deux fils :

---

(1) Archives de l'Isère, B, 3517.

(2) Notons ici que d'après quelques auteurs qui considèrent la maison de Poitiers comme la continuation directe de celle des anciens comtes de Valence, Guillaume Ier (par corruption *Gélin*, *Geilinus*) aurait eu pour frère l'évêque Gontard (1063-1099) ; leur père aurait été le comte Hugues, quatrième fils de Geilin. Aucun document, à notre connaissance, ne parle de ce comte Hugues, qui aurait vécu dans la

1° Aymar I‍er de Poitiers, qui suit ;

2° Guillaume, qui après avoir été prévôt de Valence, charge depuis de longues années héréditaire dans l'ancienne famille comtale, monta sur le siège épiscopal de Viviers (1). On conteste l'authenticité d'un diplôme que l'empereur Conrad III lui aurait délivré en 1147, pour lui conférer les droits régaliens, et dans lequel il le reconnaîtrait pour son parent : *Waillelmo dilecto consanguineo suo* (2). En l'année 1154, Guillaume confirmait aux religieuses de Saint-André de Vienne certains droits sur des églises du Vivarais (3).

II. AYMAR I‍er DE POITIERS est, sans doute, cet *Aemarus Pictaviensis* qui prit sous sa sauvegarde les moines de Léoncel et leur délivra une charte non datée, il est vrai, mais « sa contexture, non moins que ses autres caractères diplomatiques », nous permettent de la placer vers le milieu du XII‍e siècle. Le sceau qui est au bas de la pièce attribue à Aymar le titre de comte de Valentinois (4). Quoi qu'il en soit,

---

seconde moitié du XI‍e siècle. Serait-ce le personnage de même nom, revêtu du titre de comte, qui fut excommunié par Urbain II, et à l'occasion duquel le Pape écrivit à l'archevêque d'Embrun et aux évêques de Gap et Die pour leur indiquer la conduite que ses vassaux devaient tenir envers lui, tant que durerait son excommunication ? Un fragment de cette lettre nous a été conservé dans le *Corpus juris canonici*: Gratiani decretum, Causa XV, quest. 6, c. 5 : « Juratos milites Hugoni comiti ne ipsi quamdiu excommunicatus est, prohibeto. Qui si sacramenta prætenderint, moneantur oportere Deo magis servire quam hominibus. Fidelitatem enim quam christiano principi juraiunt, Deo ejusque sanctis adversanti et eorum præcepta calcanti, nulla prohibentur auctoritate persolvere. »

(1) Bibliothèque de Grenoble, U, 460, p. 7.
(2) Fournier. *Le royaume d'Arles*, p. 13.
(3) *Gallia christiana*, t. XVI, c. 557.
(4) *Cartulaire de Léoncel*, n° 3. «...Est quedam Cisterciensis ordinis abbacia, Liuncellum nomine, que in dominio et in dicione nostra sita est...» Le sceau qui pend encore à la charte, est en cire brune de 58 mill. de diamètre : cavalier allant à gauche, au pas ; sur son écu, les 6 besants des Poitiers ; légende : ✝ SIGILum A. *Pictaviensis comitis* ValENTINI.

une autre charte de Léoncel nous a conservé son nom et le désigne formellement comme étant le père de Guillaume de Poitiers, comte de Valentinois (1). Les chartes apocryphes de Bonlieu le font époux de Véronique de Marsanne (2), tandis

---

(1) *Cartulaire de Léoncel*, n° 8. «... Audivi, quidem quod quidam pestilentes et etiam de terra mea et patris mei domini Aidemari, Liuncellensibus injuriari non metuunt... »

(2) Les chartes de Bonlieu ne sont connues que par des copies de diverses époques ; la plus ancienne, qui est sur parchemin et paraît être de la fin du XV° siècle, est conservée dans les riches collections dauphinoises de M. Morin-Pons, de Lyon ; les autres se trouvent aux archives de la Drôme (fonds de l'abbaye de Bonlieu, non classé), et à la mairie de Bonlieu, FF. (Inventaire des arch. de la Drôme, E, 6134). Ces chartes furent produites dans des procès que les abbés de Bonlieu intentèrent aux habitants, au XVII° siècle, en revendication des dîmes et autres droits seigneuriaux. Après un préambule d'une contexture bizarre, vient une prétendue charte de 1171, par laquelle Guillaume de Poitiers et Eustache, prévôt de Valence, donnent à leur mère, Véronique, le mas de Genevès, pour y construire l'église et le couvent de Bonlieu ; ils complètent cette donation par celle d'un moulin sur le Roubion et celle de deux mille sols de viennois. Puis vient le texte d'une autre donation faite le 27 avril 1239 par Aymar II de Poitiers, fils de Guillaume, à Adhemare, abbesse de Bonlieu et à sa communauté ; dans cette pièce se trouve reproduite tout au long la précédente donation de 1171, aussi bien que la ratification qu'en avait faite Eustache par un acte spécial daté de 1173 et donné en présence d'Albert, abbé d'Aiguebelle et d'Aymar, abbé de Saou. — Voici les premières lignes de la copie de ces documents : « Notum sit omnibus hoc scriptum vel sigillum precepto Veronice, comitisse Marsanne, scriptum fuisse. Hec nobilis domina hedificavit ad honorem Dei et sancte Marie, matris ejus, pro salute anime sue et omnium fidelium quoddam monasterium sanctimonialium quod Bonus Locus dicitur : unde filios et filias et parentes et omnes amicos suos multum rogavit ut ad hedificationem et sustentationem hujus loci Deo et beate Marie ibi servientibus, respectu divine misericordie et sui amore, largam manum beneffici et solatii exhiberent et impenderent, intercedens et supplicans ad Dominum pro eis et pro omnibus qui predicto monasterio helemosinas et beneficia sua miserint et tribuerint, utriusque vite felicitatem obtinere et totius beneficii et servicii omniumque orationum et precum que ibi fiunt et cotidie funduntur ad Dominum participes fieri, nunc et semper,

que Chorier et Guy Allard lui donnent pour femme Marchise ou Marquise, fille de Guignes VI dauphin (1). Il eut deux fils :

1° Guillaume II de Poitiers, comte de Valentinois, qui suit ;

2° Eustache, prévôt de Valence, dont le nom serait à lui seul l'indice des liens de parenté qui l'unissaient au fameux Eustache, évêque et comte de Valence ; nous verrons plus loin qu'il fut possesseur avec son frère Guillaume, de certains domaines ayant appartenu à ce prélat et qui lui vinrent, sans doute, par voie d'héritage. Ce prévôt de Valence est mentionné dans un grand nombre d'actes jusqu'en l'année 1217 ; à cette dernière date, il promit de respecter la donation du territoire de Cléon (*Clivum cum mandamento*) faite aux Hospitaliers de Saint-Jean-de-Jérusalem par Guillaume, prévôt de Valence, son oncle. Cette même donation avait été dans la suite ratifiée par Guillaume de Poitiers et son frère : *Quam donationem similiter ratam et firmam postea habuerunt Wuillelmus Pictaviensis et frater suus* (2). Eustache, paraît-il, à l'exemple des plus nobles personnages de son temps et de quelques membres de sa famille, cultiva la poésie ; il est compté parmi les troubadours. Un de ses contemporains, Guilhem de S. Gregori, auteur d'une pièce satirique, vante sa générosité, en y opposant l'avarice bien connue de son neveu, le comte Aymard II de Poitiers (3).

---

amen. Notum sit presentibus et futuris quod ego Guillelmus de Peitiers, comes Valentinus, et ego Heustachius, ecclesie Valentine prepositus, donamus vobis, o mater Veronica, in honore Jhesu Christi et genitricis ejus Marie, et omnium Dei fidelium, mansum de Geneves, cum toto labore et rameria et nemore et perte nemento quod ipsi manso pertinet, et in terra mansi fiet ecclesia et in bastimentum domorum..... »

(1) Chorier, t. I, p. 798-9. — Bibliothèque de Grenoble. Ms. de Guy Allard, U, 460, p. 7.

(2) *Cartulaire de St-Chaffre*, p. 185. — Archives de l'Isère, B, 3518. Original : fragm. de deux sceaux.

(3) Chabanneau, *Biographies des Troubadours*, dans *Histoire de Languedoc*, t. X, p. 295, 355.

III. GUILLAUME II, *surnommé de Poitiers, par sa charge comte de Valentinois* : W. *Pictaviensis cognomine, officio vero Valentinensis comes et divina ordinatione.* C'est ainsi qu'il se qualifie et se désigne lui-même dans une charte sans date, par laquelle il prend sous sa sauvegarde les moines de Léoncel (1). Ces expressions sont tout à fait dignes de remarque. Elles nous montrent que le nom *de Poitiers*, à l'origine sorte de *cognomen*, est devenu le nom patronymique de la famille, tout comme dans l'illustre maison des comtes d'Albon, le nom de Dauphin qui servit d'abord à désigner Guigues VI, époux de Marguerite de Bourgogne, fut porté par tous leurs descendants. Enfin elles nous apprennent qu'à cette époque on n'avait point oublié la vraie signification du titre de comte : c'était un office, une charge publique qui par elle-même ne supposait pas la possession du sol (2).

En l'année 1163, le comte Guillaume reprit en fief de Pierre, évêque de Die, les châteaux de Suze et de Gigors, ainsi que tout ce qu'il possédait déjà ou pourrait acquérir dans le Diois (3). Deux ans plus tard, avec Arnaud de Crest, il se déclarait encore vassal du même évêque. Ces divers actes, aussi bien que la formule toute particulière dont il entourait l'énoncé de son titre, permettraient de supposer que son autorité dans le pays était de date récente et y rencontrait plus d'un obstacle. Dans une charte de 1175, qui intéresse, il est vrai, certains territoires du diocèse de Viviers, on ne lui donne pas le titre de comte : il est dit simplement qu'il se porta caution, à raison d'une garantie de mille sols, des engagements pris par Geoffroy de Barre, Ponce Gontard et Henry, son fils, envers Josserand de Baix, au sujet de la remise à faire à celui-ci des châteaux de Barry et de Rochesauve, à de certaines époques déterminées. Guillaume Artaud, Adémar

---

(1) *Cartulaire de Léoncel*, n° 18.
(2) SALVAING DE BOISSIEU. *De l'usage des fiefs*. Grenoble, 1731, t. I, p. 316.
(3) U. CHEVALIER. *Tituli Dienses*, p. 35.

d'Etoile et Gencion de Divajeu furent, à leur tour, les répondants de la parole de Guillaume de Poitiers (1).

Très attentif à fortifier et à étendre ses droits, le comte de Valentinois n'eut garde de laisser échapper une occasion favorable. Frédéric Barberousse, réconcilié avec le pape à la suite du traité de Venise, avait résolu de relever le prestige et l'autorité de l'Empire dans les royaumes d'Arles et de Vienne, dont il était de nom le souverain. Parti de Turin le 12 juillet 1178, il passait à Briançon le 14, à Gap le 18 : nous le trouvons à Arles le 30. La nouvelle de la visite de l'empereur avait attiré dans cette antique capitale une foule considérable d'évêques et de seigneurs, tous désireux de faire confirmer leurs privilèges ou d'en obtenir de nouveaux. Ils ne furent point déçus dans leur attente : l'empereur se montra prodigue de concessions et de faveurs qui en réalité ne lui coûtaient rien et pouvaient être considérées comme une reconnaissance officielle de ses droits. Le 30 juillet, dans l'église de Saint-Trophime, il se fit couronner roi de Bourgogne par l'archevêque Raymond de Bollène, qu'entouraient les archevêques de Vienne et d'Aix, les évêques de Cavaillon, de Carpentras, d'Avignon, de Vaison et de Saint-Paul-Trois-Châteaux (2). Le même jour, il accorde à Robert, évêque de Die, les droits régaliens dans son diocèse, l'investit par le sceptre des terres de son Église et lui reconnaît les préroga-

---

(1) Archives de l'Isère, B, 3,517. « ... Item dictor Wuill. de Peiteus pro mille solidis; fidemjussores W. Artaut, Ademarus de Stella, Genzo de Devaiua. Item dictor et fidejussor pro CCC L solidis capitulum Vivariense. Omnes isti solidi sunt Viennensis monete. Preterea sciendum est quod domnus N., Vivariensis episcopus, est responsor et fidejussor Jaucerandi de Bais et successoribus ejus pro Gaufrido de Barre et filis ejus,.... » L'acte porte le sceau de l'évêque Nicolas, qui avait été doyen de Die et qui joua un rôle dans la guerre des Albigeois. Sceau ovale en cire jaune : évêque en pied, mitré, crossé et bénissant de la droite; légende : SIGILum NICOLAI VIVARIENSIS *episcopi*.

(2) FOURNIER. *Le royaume d'Arles*, p. 61-5.

tives de prince de l'empire (1). Guillaume de Poitiers, qui à l'exemple des autres seigneurs était accouru aux fêtes du couronnement, eut sa part dans la distribution des privilèges impériaux : il fut autorisé à lever, sur le Rhône, entre Valence et Montélimar, un péage qu'il devait tenir en fief du Dauphin (2). Le comte de Valentinois accompagna ensuite l'empereur dans son voyage à travers nos contrées. Le 8 août, Frédéric était à Valence, où se trouvèrent réunis pour lui faire leur cour l'évêque diocésain, l'archevêque de Vienne, l'abbé de Bonnevaux, et Raymond de Mévouillon, qui obtint en qualité de vassal de l'empire la confirmation de ses possessions (3). Après s'être enquis des différends de l'évêque de Valence avec les habitants de cette ville, l'empereur gagna Vienne, puis Lyon, où nous retrouvons encore dans son entourage notre Guillaume de Poitiers (4).

Cette même année, Guillaume donna son approbation à une vente faite par Pierre d'Auriol aux chanoines de Saint-Ruf de diverses terres situées à Montvendre et qui dépendaient de sa juridiction féodale (5). Peu de temps après, il mit fin à des difficultés qu'il avait avec le prieur de Montmeyran. Voici à quelle occasion. L'évêque Gontard, sur la demande de Jarenton, abbé de Saint-Bénigne de Dijon, ancien chanoine de Valence, avait autrefois, de concert avec son chapitre, confié aux moines de Dijon quelques églises de

---

(1) *Tituli Dienses*, p. 4-6. — Voir notre *Histoire de Die*, t. I, p. 215-218.
(2) Archives de l'Isère, B, 2983, f° 33. — U. CHEVALIER. *Inventaire des archives des Dauphins, à St-André de Grenoble en 1277*, Paris, 1869, p. 27-8. « ... Notificamus quod nos dilectis ac fidelibus nostris, scilicet Wuillelmo de Peiteus, Valentino comiti, necnon Delphino comiti pedagium illud quod in ea strata que est a Valencia usque Montilium exhigitur, de nostra imperiali munificentia concessimus... »
(3) *Tituli Dienses*, p. 6, note.
(4) COLUMBI. *Opuscula*, p. 258. — OLLIVIER. *Essais hist. sur Valence*, p. 238.
(5) U. CHEVALIER. *Codex diplomaticus ordinis S. Ruf*, n° 64.

son diocèse, entre autres celle de Montmeyran, où le culte du martyr d'Arles, S. Genès, était en grand honneur (1). Cette église, comme bien d'autres, se ressentit du malheur des temps ; ses dîmes et autres revenus étaient devenus la proie d'un avide seigneur. Le comte Eustache, qui n'est autre que l'évêque de Valence si vivement réprimandé par S. Bernard, après les avoir détenus, les avait transmis à Guillaume de Poitiers. Celui-ci finit par reconnaître la légitimité des revendications de Bernard, prieur de Montmeyran, et lui rendit les revenus de sa paroisse. Eudes, évêque de Valence, fut invité à sanctionner de son autorité cette donation, ou plutôt cette restitution du comte de Valentinois (2).

Deux sentences arbitrales rendues par Guillaume de Poitiers nous révèlent encore quelques particularités intéressantes. La première, datée de mai 1184, nous apprend que les religieux de Saint-Ruf ayant acquis les biens et les droits d'un certain P. de Donnai se virent contester la faculté de percevoir directement les revenus provenant de ce fief : Dieuloguar, le baile du comte, prétendait que c'était à lui qu'il appartenait de faire cette perception, dont il devait ensuite leur rendre compte. Guillaume pacifia ce différend ; il fut convenu que Dieuloguar renoncerait à son droit, et que les religieux reconnaissants le mettraient, lui, sa femme et ses

---

(1) Pérard. *Recueil de plusieurs pièces curieuses servant à l'histoire de Bourgogne.* Paris, 1664, in-f°, p. 207-8.

(2) Pérard, p. 256. «.. Ea propter ego Odo, Valentinus episcopus, tibi, Bernarde, prior monasterii Montis Mairani... donamus et confirmamus quascunque decimas infra terminos parrochiæ tuæ vel extra Wuillelmus Pictaviensis, comes Valentinus, vel alii quilibet... concessisse seu potius reddidisse videntur. Concedimus et eidem ecclesiæ tuæ specialiter decimas infra terminos Montis Latgerii, quas per manum d. R., Viennensis archiepiscopi et nostram, te et Wuillelmo de Monte Veneris, priore Bellimontis, coram me super his querelam habentibus, transigendo retinuisti. Hæc sunt eorum omnium decimæ quæ comitis Eustachii propria fuerunt... »

fils, après leur mort, aux prières de la communauté et cela à perpétuité. Mais notre baile ne se contenta pas de ces rémunérations dans l'autre monde ; il se fit donner encore quelques sétiers de blé et d'avoine, et une somme de vingt sols, monnaie de Valence (1). La seconde sentence arbitrale est du 31 mars 1185 (n. s.). Giraud Adhémar prétendait avoir un droit de gîte à Cléon pour le nombre d'hommes qu'il jugeait à propos de conduire avec lui, et pendant qu'il exercerait ce droit, ajoutait-il, on devait le laisser maître des fortifications du lieu : l'abbé de Saint-Chaffre, à qui appartenait le fief de Cléon, s'opposait aux exigences de Giraud Adhémar. Guillaume de Poitiers les mit d'accord : Giraud Adhémar renonça à ses prétentions, moyennant une redevance annuelle de quatre sétiers de froment, douze sétiers d'avoine et vingt sols de viennois que lui feraient l'abbé et ses moines (2).

Nous avons encore à mentionner ici une donation faite par Guillaume et son fils Aymar, le 4 mai 1187, à la chartreuse de la Sylve-Bénite, de deux sétiers de pois chiches *(duo sestaria siceris, vulgairement cizes)*, deux sétiers d'amandes, payables chaque année, à la Saint-Michel, au château d'Etoile : si cette redevance ne pouvait être fournie en nature, elle serait remplacée par vingt sols de viennois. La charte qui relate cette libéralité fut écrite à Saint-Ruf de Valence, en présence de Robert, prieur de la Sylve, et de Pons, prieur du Val-Sainte-Marie (3).

D'après les historiens dauphinois, l'épouse de Guillaume de Poitiers ne serait autre que la célèbre comtesse de Die, dont il nous reste quelques compositions poétiques qui l'ont fait surnommer la Sapho provençale ; ils se fondent sur un texte très laconique, d'une authenticité peut-être douteuse, qu'on lit dans une biographie des anciens troubadours : *La*

---

(1) U. CHEVALIER. *Codex diplomaticus... S. Rufi*, n° 69.
(2) Archives de l'Isère, B, 3517. Sceau d'Odon, évêque de Valence.
(3) LAGIER. *La Chartreuse de la Sylve-Bénite*, dans *Bulletin de l'Académie delphinale*, 4ᵉ série, t. II (1889), p. 282.

comtessa da Dia si fo moiller d'en Guilhem de Peitieus, bella dompna et bona; et enamoret se d'en Rembaut d'Aurenga et fetz de lui mains bons vers (1). Nous ne reviendrons pas sur ce que nous avons écrit déjà sur cet énigmatique personnage, sur les systèmes mis en avant pour concilier le fameux texte cité avec les affirmations très nettes d'un poète et conteur italien, François de Barberino, qui place une comtesse de Die au XIIIe siècle, et sur les différents noms sous lesquels on croit pouvoir désigner cette célèbre dame (2). Rappelons seulement que l'épouse de Guillaume de Poitiers fut cette fille du dauphin Guigues VI, dont il est fait mention dans la vie de Marguerite de Bourgogne, écrite par Guillaume, chanoine de Grenoble, et qui, nous dit cet auteur, « fut mariée au comte de Valentinois, d'une illustre naissance (3). » Il est probable qu'elle se nommait Béatrix; la seconde fille du Dauphin et de Marguerite de Bourgogne, appelée Marquise, épousa le comte d'Auvergne. Guillaume de Poitiers fut le père d'Aymar II de Poitiers.

IV. AYMAR II DE POITIERS, comte de Valentinois, était encore fort jeune lorsqu'il fut appelé, par la mort de son père, à prendre en main les rênes de son petit Etat. Il le gouverna pendant cinquante-trois ans, le plus souvent au milieu de graves difficultés; mais toujours sa prudence et son habileté se trouvèrent à la hauteur de sa mission. Il eut le mérite de tracer les grandes lignes de la politique qui sera invariablement suivie par ses successeurs et qui réussira à les faire aller de pair avec les plus puissants seigneurs. Son but était de réaliser dans nos contrées l'œuvre à laquelle travaillaient, dans le Viennois et le Graisivaudan, les comtes d'Albon. Il voulait soumettre à sa domination tous les territoires compris

---

(1) CHABANEAU. *Biographies des Troubadours*, dans *Hist. de Languedoc*, t. X, p. 285.
(2) *La Comtesse de Die*, dans le *Bulletin*, t. XXVII, p. 183-202.
(3) MARTÈNE. *Amplissima collectio*, t. VI, col. 1207, 1209.

dans les diocèses de Valence et de Die, pour en former un Etat compact, capable de résister à l'anarchie intérieure et de repousser toute attaque venant du dehors. Si l'histoire doit lui reconnaître les qualités d'un véritable chef d'Etat, elle ne saurait manquer d'ajouter qu'il mit à la poursuite de ses projets ambitieux un égoïsme, une âpre persévérance, une absence de délicatesse et de justice qui vont devenir des traits caractéristiques de sa race.

Le plan qu'avait rêvé le comte de Valentinois ne pouvait que susciter autour de lui beaucoup de mécontents, parmi les seigneurs ecclésiastiques et laïques, qui voyaient leur indépendance menacée. Les évêques de Valence et de Die, vassaux de l'Empire et possesseurs de vastes terres allodiales, furent contraints de s'opposer à ses empiètements. La lutte qui éclata entre ceux-ci et le comte revêtit dès le premier jour son véritable caractère : des rivaux étaient en présence, et il s'agissait de savoir quel est celui qui subirait le joug féodal. Cette lutte dura près de trois siècles. Elle devait aboutir à l'affaiblissement des deux pouvoirs, consommer enfin leur ruine et assurer la domination française sur nos pays.

Aymar se montra généralement très favorable aux communautés religieuses : c'était une tactique habile. Les clercs réguliers, comme on le sait, échappaient en beaucoup de points à la juridiction des évêques, et ceux-ci se plaignaient de ces privilèges d'exemption. La conduite du comte était donc toute tracée : il avait tout avantage à ménager les réguliers, à prendre à leur égard un rôle de protecteur qui lui procurait des amis et lui donnait aux yeux des populations un certain prestige. Les chartreux établis depuis quelques années dans la solitude du Val-Sainte-Marie désiraient ne plus voir s'exercer sur leur territoire la juridiction des religieux de Saint-Bénigne de Dijon, à qui appartenait la paroisse de Bouvantes. Aymar leur vint en aide et leur fournit le moyen d'éloigner les bénédictins de cette partie du Royans. Il donna un droit de gîte et de procure qu'il avait au monastère de Montmeyran à Ponce, prieur du Val, et celui-ci, avec le consentement du comte, échangea avec les bénédictins, possesseurs du prieuré de Montmeyran, ce droit de gîte, qui leur était onéreux, contre la paroisse de Bouvantes. L'acte de cette cession mutuelle eut lieu à Valence, en l'année 1187 (n. s.), en présence de Lantelme, évêque de Valence, d'Eustache, prévôt du chapitre, et du doyen Lambert (1). La même année, le comte donna son approbation à une libéralité de Roger de Clérieu, en faveur des chanoines réguliers de Saint-Ruf. Le sceau d'Aymar est appendu à la charte (2).

La ville de Crest, dont il sera souvent fait mention dans ces Mémoires, appartenait alors par moitié à Silvion de Crest et au comte Aymar. Celui-ci songeait déjà à en devenir l'unique seigneur : cette place pourrait être la capitale de son petit État ; son assiette en faisait une forteresse redoutable, à l'entrée de la belle et riche vallée de la Drôme, seule voie de communication alors directe et facile entre le Valentinois et le Diois. Pour s'attacher plus étroitement ses vassaux de Crest, Aymar leur octroya, au mois de mars 1189 (n. s.), une charte de franchise, qui est la première en date de toute la province. Cette charte, gravée sur le marbre, est parvenue jusqu'à nous et mérite d'être ici reproduite :

ANNO : AB : INCARNACIONE : DNI : MC : LXXX : VIII : MENSE : MAR : INDICTIONE : VII : EGO : ADEMARIVS : DE : PICTAVIS : COMES : VALENTINENSIS : DONO : LAVDO : ATQ : COCEDO : PLENA : LIBTATE : CVCTIS : HOMINIBVS : MEIS : DE : CRISTA : QI : NC : ST ET : FVTVRI : ST : VT : NVLLO : DEINCEPS : TPR : A : ME : VEL : AB : ALIQ : SUCCESSORV : MEORV : VIOLETAS : SIVE : INIVSTAS : EXACTIONES : PSTA

---

(1) Pérard. *Recueil .. servant à l'hist. de Bourgogne*, p. 261.
(2) U. Chevalier. *Codex diplomaticus ord. S. Ruf*, nº 63.

RE : COGANT : FIDEIIVSSORES : SIVE : OBSIDES : PTER : SVA : VOLV-
TATE : NO : FIAT :
SALVIS : LEGIB : ET : IVSTICIIS : MEIS : BANIS : ET : FXPEDICIONIB .
ET : OSPICIO :
CETV : MILITV : ET : QD : OI : TPR : VITE : MEE : COCESSA : LIBTATE
: COSERVEM :
IVRIS : IVRADI : RELIGIONE : COFIRMO : HOC : AVT : FACTV : F : IN :
ECCLIA : SCE :
MARIE : DE : CRISTA : PSETE : DNO : ROBTO : DIESI : EPO : DNO :
EVSTACHIO : VA
LETINESI : PPOSITO : PATRVO : MEO : PTRO : PINETI : ELIA : PCVRA-
TORE : PHILIPO :
: CANONICIS : DIESIS : ECCLE : GVILELMO : PORE : SI : MEDARDI :
POCIO : DE : SO :
PIECTO : GECIONE : DE : DEVAIVA : IARETONE : MONACHO : ET :
MVLTIS : ALIIS :

Anno ab incarnatione Domini M^a.C^o.LXXX°.VIII°, mense martis, indictione VII^a, Ego Ademarius de Pictavis, comes Valentinensis, dono laudo atque concedo plenam libertatem cunctis hominibus meis de Crista, qui nunc sunt et futuri sunt, ut nullo deinceps tempore a me vel ab aliquo successorum meorum violentas sive injustas exactiones prestare cogantur, fidejussores sive obsides preter suam voluntatem non fiant, salvis legibus et justiciis meis, bannis et expeditionibus et ospicio centum militum et quod omni tempore vite mee concessam libertatem conservem, jurisjurandi religione, confirmo. Hoc autem factum est in ecclesia Sancte Marie de Crista. presente domino Roberto, Diensi episcopo, domino Eustachio, Valentinensi preposito, patruo meo, Petro Pineti, Elia procuratore, Philipo, canonicis Diensis ecclesie, Guillelmo, priore Sancti Medardi, Poncio de Sancto Prejecto, Gencione de Devajua Jarentone monacho, et multis aliis (1).

Robert, évêque de Die, qui fut le principal témoin de cette concession, avait eu à se plaindre des procédés et des em-

---

(1) Cette charte lapidaire, qu'on peut rapprocher de celles de Montélimar et d'Etoile, est conservée à la mairie de Crest.

piètements du comte. Au mépris des bulles impériales accordées aux évêques, Aymar levait des péages sur quelques points du Diois. L'exemple était contagieux, et plusieurs seigneurs agissaient de même à l'égard des sujets du prélat. Celui-ci s'adressa à l'empereur, qui écrivit de Lyon, le 21 juillet 1188, au comte pour lui enjoindre de respecter les droits de l'évêque (1). Ce fut à la suite de cette querelle que le comte de Valentinois, désireux de donner à ses agissements les apparences de la justice, sollicita et obtint de Raymond V, comte de St-Gilles, la cession de tous les droits que ce dernier, à titre de marquis de Provence, pouvait revendiquer sur le comte de Diois. Ces droits étaient plus honorifiques que réels. En s'en dépouillant, Raymond ne faisait aucun sacrifice ; en échange, il y trouva un avantage qu'il ne tarda pas à apprécier, celui de s'être fait un fidèle ami du comte de Valentinois, dans un temps où il avait à lutter contre la maison d'Aragon. Voici le texte de la charte rédigée à cette occasion, au mois de juin 1189 :

Notum sit omnibus hominibus presentibus et futuris, presentem paginam legentibus vel audientibus, quod nos R., Dei gratia, dux Narbone, comes Tholosanus, marchio Provincie, donamus, cedimus et cum hac carta tradimus in perpetuum per nos successoresque nostros tibi, Ademaro de Pictavia, et successoribus tuis, omne jus et dominium quod in Diensi comitatu habemus vel habere debemus, vel homo vel femina a nobis habet vel habere debet, et ego Ademarus de Pictavia ob hanc donationem a vobis domino nostro R , predicto comite Tholosano, michi factam et concessam, fidelitatem et hominium vobis facio, et nos predictus Raymundus, Tholosanus comes, volumus et mandamus ut quicunque in jam dicto comitatu aliquid a nobis vel nostro nomine habet vel habere debet, id totum de cetero a te habeat et possideat et fidelitatem et hominium inde tibi faciat et non nobis. Tu vero et successores tui nobis et successoribus nostris inde fidelitatem et hominium facere debes. Acta et completa sunt hec

---

(1) U. CHEVALIER. *Tituli Dienses*, p. 23. — STUMPF. *Die Reichskanzler*, t. II, p. 420. Voir notre *Histoire de Die*, t. I, p. 231.

anno ab incarnatione Domini M°.C°.LXXX°.VIIII°., regnante Freiderico, Romanorum imperatore, mense junii, in villa Sancti Saturnini, in presentia testium E., Valentini prepositi, Draconeti de Montedracono, Dragoneti, ejusdem filii, P. de Montedracono, P. de Solomiaco, G. de Aratio, P. de Sancto Prigeto, L. de Rupe, V. de Rupe, A de Livrone, Bertrandi Bonelli, Jordani de Portas, Petri Raymundi notarii qui utrinque rogatus presens instrumentum composuit et sigillo nostro munivit (1)

Cette charte n'ajouta rien à l'autorité du comte dans le Diois; il la déposa dans ses archives, persuadé qu'un de ses successeurs serait heureux un jour de l'y trouver et de s'en servir contre les évêques. Nous verrons plus loin le parti que sauront en tirer Aymar III, son petit-fils, et surtout Aymar IV, qui le premier, vers le commencement du XIV° siècle, s'intitula comte de Valentinois et *de Diois*. Ce fut au-delà du Rhône, dans le Vivarais, qu'Aymar II augmenta considérablement les domaines de sa famille, par son mariage avec une

---

(1) Archives de l'Isère, B, 3517. Nous publions cette pièce d'après un vidimé de 1275, dont voici le préambule : « Nos Hugo, Dei gratia Vivariensis episcopus, notum facimus universis... quod anno Domini M°.CC°.LXXV°., videlicet kalendis novembris, Hugo de Barcilona, castellanus Baini, et Bernardus Aynardi, clericus nobilis viri Ademarii de Pictavia, comitis Valentini, obtulerunt nobis ex parte d. nobilis quamdam literam cum sigillo rotundo cereo pendenti sigillatam, cujus impressio erat ab una parte ymago cujusdam hominis in solio sedentis, tenentis in manu dextera quamdam spatam super gremium et ab eadem parte juxta caput ejusdem erat impressio lune ; a sinistra vero parte dicti sigilli, erat impressio cujusdam castri cum una turri et desuper ab eadem parte impressio solis seu stelle. Ab alia autem parte d. sigilli erat impressio cujusdam hominis equitantis in uno equo et deferentis sub dextro brachio lansam et in sinistro scutum in quo scuto erat impressa quedam crux duplex, et petierunt ex parte dicti nobilis quod d. literam transcribi faceremus..... » La fin de ce vidimé renferme un détail intéressant : « Facta fuit presentatio et publicatio predicte litere in claustro burgi S. Andeoli...; testes... interfuerunt Albertus de Turre, frater d. dom. Vivariensis episcopi .. . »

(2) Archives de l'Isère, B, 3159. Voir plus haut, p. 64-6.

riche héritière, parente du comte de Toulouse, ce qui vint
encore resserrer les liens de l'étroite alliance qu'il avait formée avec ce puissant prince. Il épousa Philippe de Fay, fille
de Guillaume-Jourdain, seigneur de Fay et de Mezenc, et de
Météline de Clérieu (2). Philippe n'avait qu'une sœur, mariée,
comme nous l'avons dit plus haut, avec Raymond, seigneur
de Mévouillon. Ce mariage, aussi bien que les détails qui
précèdent, va nous expliquer l'attitude d'Aymar de Poitiers
dans la fameuse croisade contre les Albigeois ; il ne cessera de
demeurer fidèle au comte de Toulouse et de défendre ses intérêts. Mais, dans l'intervalle qui nous sépare de ces tristes
événements, nous retrouvons son nom attaché à quelques
libéralités pieuses ou mêlé à des procès. De simples notes,
fort brèves, seront suffisantes pour conserver le souvenir de
ces faits d'une importance secondaire.

En 1192. il approuve les donations faites par le comte de
Toulouse à Léoncel (1). En 1193, sixième année de l'épiscopat de Falcon, évêque de Valence, à l'occasion de la consécration de l'église de Montmeyran, il donne à cette église et
à Ponce, son prieur, certains vassaux qu'il avait dans la localité, déclarant qu'il demeureront libres, qu'on ne pourra exiger d'eux ni tailles, ni corvées, et qu'il ne pourra lui-même
les contraindre à l'accompagner dans ses guerres (2). La maison de la Part-Dieu, dépendance de Léoncel, fut l'objet d'une
de ses libéralités en 1196 (3). L'année suivante ce fut le tour

---

(1) ANSELME. *Hist. généal.*, t. II, p. 187.

(2) PÉRARD, p. 270 : « ... Sciant posteri quod Ademarus de Pictavis donat perhenniter et concedit in dotem ecclesiæ de Monte Mairano, in consecratione ecclesiæ, Pontioque priori... quosdam homines in predicto castello qui dicuntur vulgariter *li Gratail e li Mouner*, libertatem eis de cetero conservans integram, ita quod amplius non cogantur a suis posteris dare vel taillias vel exactiones aliquas, nec cogantur suas sequi vel successorum suorum, licet ingrueret grandis necessitas, expeditiones... »

(3) *Cartulaire de Léoncel*, n°

du prieuré de Rompont, au diocèse de Viviers : de concert avec Philippa, son épouse, il le confirma dans la possession d'une sorte d'hôpital qu'il avait devant l'église de Sainte-Marie-Madeleine d'Exobrer. L'acte en fut rédigé devant l'église de Saint-Etienne du Pouzin (1). Cette même année, autre donation d'Aymar et de Philippa, son épouse, à la chartreuse de Bonnefoy, que leur père Guillaume-Jourdain, avait fondée en 1156 dans une vallée solitaire entre le Mézenc et le Gerbier des Jong (2). Mais de toutes ces donations, une des plus intéressantes, pour le motif qui l'a dictée, fut celle que fit Aymar au prieuré de Rompont le 31 janvier 1202, le jour même où Dieu venait de lui donner un héritier : il demande au Seigneur de conserver les jours de Guillaume, son fils, pour qu'il puisse travailler à sa gloire et au bien de l'Eglise : *ut Dominus vitam ad honorem et utilitatem ipsius ei conservet* (3). Enfin, relevons encore ce curieux détail que nous trouvons dans une charte du mois de juin 1208 : B., prieur de Montmeyran, ayant reçu au rang de sœur et religieuse, *pro sorore et monacha*, Guillelma Bayle, le comte, mû par un sentiment de piété, abandonna au monastère de St-Genès de Montmeyran la terre de Foyssane que Guillelma tenait de lui et pour laquelle elle lui payait une redevance annuelle de 12 sols et une poule (4).

Comme tous les seigneurs d'alors, Aymar de Poitiers avait de perpétuelles querelles avec ses voisins ; il ne pouvait, du reste en être différemment. Nous connaissons le but qu'il poursuivait ; ajoutez à cela la situation même de ses domaines, disséminés dans l'étendue des diocèses de Valence et de Die,

---

(1) Archives de l'Isère, B, 3518.
(2) *Hist. de Languedoc*, t. IV, p. 648, et t. VIII, p. 1923. — PONCER. *Mémoires sur le Vivarais*, t. III, p 54-130.
(3) Archives de l'Isère, B, 3518. « Actum est hoc ab incarnatione Domini anno M°.CC°.I°. pridie kalendas febroarii, quo die predictus Wuillelmus, favente Domino, natus est. »
(4) PÉRARD, p. 308.

et l'enchevêtrement des juridictions s'exerçant sur tous ces territoires, souvent sans limites bien déterminées, et il sera aisé de comprendre que de divers côtés devaient surgir, pour ainsi dire à chaque instant, des sujets de procès et de conflit. En 1191, Béatrix, duchesse de Bourgogne et comtesse d'Albon, et Guillaume de Clérieu, dit l'Abbé, font une ligue pour s'opposer aux empiètements d'Aymar de Poitiers (1). Deux ans plus tard, le comte a des difficultés avec l'évêque de Die au sujet de l'hommage d'Arbert de Montclar, pour des terres situées à Aurel, près de Saillans, l'évêque prétendant qu'Aurel était un fief de l'Eglise de Die et qu'en conséquence Arbert ne devait rien au comte. Il ne fallut rien moins que l'intervention de l'archevêque de Vienne, des évêques de Valence et de Grenoble pour apaiser ce différend (2). Les relations du prélat et du comte demeurèrent très tendues, et nous les verrons bientôt se faire une guerre acharnée. Au mois de janvier 1199 (n. s.), ce furent les religieux de Cruas qui eurent à traiter avec le comte de Valentinois au sujet des biens et des droits féodaux qu'ils avaient à la Laupie; plutôt que de l'avoir pour ennemi, ils préférèrent placer sous sa juridiction féodale leur prieuré de la Laupie et les deux moines qui y habitaient; ils reçurent en échange de leurs droits cent setiers de froment, valant trois cents sols monnaie de Vienne (3).

Mais ce qui vint jeter un trouble plus profond dans nos pays, mettre aux prises les seigneurs féodaux et allumer des haines que la génération ne verra point s'éteindre, ce fut la guerre de religion qui ensanglanta le midi dans les premières années du XIIIe siècle. Aymar de Poitiers fut mêlé à ces dou-

---

(1) U. Chevalier. *Inventaire des archives des Dauphins.* . de 1277, p. 29-30: «... Convenit etiam inter eos quod comitissa nec heredes ejus, nec W. abbas nec heredes ejus cum Ademaro Pictavensi compositionem aliquam facerent de terra que est infra Rodanum et Ysaram, sine communi utriusque consensu... »

(2) Voir notre *Histoire de Die*, t. I, p. 249.

(3) Archives de l'Isère, B, 3519.

loureux événements, et il nous faut maintenant signaler au lecteur le rôle qu'il y a joué. Inutile de dire qu'il était hostile à la croisade contre les Albigeois ; parent et ami dévoué du comte du Toulouse, il régla constamment sa conduite d'après celle de ce prince. Aussi, dès le premier jour, fut-il tenu pour suspect par les légats et les évêques. Lorsque au mois de juillet 1209, l'armée des croisés forte de cinquante mille hommes, s'avançant vers la vallée du Rhône, s'apprêtait à gagner le pays d'Alby, Aymar voulut conjurer l'orage et, en homme avisé, à l'exemple de Raymond VI, il prit la croix (1). On le trouve au sac de Béziers (2). Son attitude toutefois ne tarde pas à changer. Dès que la rupture entre Raymond et Simon de Montfort est consommée, il ne cache plus ses véritables sentiments : il s'applique de toute manière à paralyser et à combattre l'action des légats ; il envoie des secours dans le Toulousain ; il suscite une guerre désastreuse à l'évêque de Die, un des zélés pour la croisade (3). La fortune ne secondant pas son allié, qui avait été vaincu à la bataille de Muret, il se met en mesure de prévenir une attaque de Simon de Montfort. Il fortifie ses châteaux, et lui-même à la tête de nombreux guerriers occupe une place devant laquelle on l'a prévenu que Simon doit passer. En effet, quelques semaines après la victoire de Muret, le chef de la croisade conduisait par la rive droite du Rhône ses soldats dans le Valentinois, bien résolu d'infliger à Aymar un châtiment. Il passa sous les murs de la place où était le comte. Ni l'un ni l'autre ne cru-

---

(1) MEYER (Paul). *La Chanson de la Croisade*, t. I (texte), p. 13 :
    De l'autra part cavalga ab tota sa mainada
    Lo pro dux de Narbona.....
    El coms W. de Genoa, d'una terra asazada ;
    N'azemars de Peitieus, c'a sa terra mesclada
    Al comte de Fores, qu'es soen guerrejada
    Ab la gent de sa terra que el a amenada.
(2) D. BOUQUET. T. XIX, p. 116-22.
(3) Voir notre *Histoire de Die*, t. I, p. 279-80.

rent prudent d'engager le combat. Simon se trouvait à Valence le 4 décembre 1213 (1). De là il se rendit à Romans pour y rencontrer le duc Eudes de Bourgogne et les archevêques de Lyon et de Vienne. Aymar fut invité à une conférence où on lui signifia de cesser toute opposition à la croisade et de faire la paix avec Simon de Montfort. Comme on ne parvenait point à l'y décider, le duc de Bourgogne, irrité, menaça de s'unir à Simon pour l'obliger à se soumettre. La pression exercée sur le comte de Valentinois fut telle qu'il promit d'obéir et qu'il livra à Simon de Montfort quelques-uns de ses châteaux, dont la garde fut confiée au duc de Bourgogne (2). Ce ne fut là en réalité qu'une suspension d'armes.

Pendant cette première période de la guerre des Albigeois, Aymar s'était adressé au roi de France pour solliciter de lui la reconnaissance des droits de péage qu'il percevait dans la portion du Valentinois située sur la rive droite du Rhône, terre du royaume. Philippe-Auguste qui se tenait prudemment à l'écart des événement, persuadé qu'ils tourneraient un jour au profit de la monarchie, se montra empressé de répondre aux désirs du comte et lui fit expédier le diplôme suivant :

Ph.. Dei gratia Francorum rex. Noverint universi presentes pariter et futuri quod Nos volumus et concedimus in perpetuum ut dilectus et fidelis noster Ademarus de Pictavi, comes Valentin., et omnes successores sui capiant et percipiant libere et quiete in terra sua et in aqua et potestate sua consuetudines et antiqua pedagia et usque nunc usitata, sicut pater ejus et predecessores sui capere consueverunt, quod ut firmum et stabile perseveret presentem paginam sigilli nostri munimine confirmamus. Actum apud Gisord, anno Domini M°. CC°. nono, mense octobri (3).

---

(1) MOLINIER. *Catalogue des actes de Simon et d'Amauri de Montfort.* Paris, 1874, in-8°, p. 77.

(2) Pierre de VAUX-CERNAY, dans D. BOUQUET, t. XIX, p. 90. Voir *Hist. de Languedoc,* t. VI, p. 433.

(3) Archives de l'Isère, B, 3518.

Une des usurpations les plus odieuses des seigneurs féodaux était l'établissement arbitraire des péages. Aymar était sans cesse en querelle pour ce sujet, principalement avec les évêques de Valence, de Die et de Viviers. Didier, évêque de Die, s'étant rendu à Bâle, auprès de Frédéric II, en obtint le 23 novembre 1214 un diplôme lui confirmant les privilèges de son siège, entre autres celui d'établir et de lever des péages dans son diocèse (1). Au mépris des bulles impériales, Aymar continuait les usurpations de ses prédécesseurs sur les droits du prélat ; Frédéric lui fit écrire dans les termes suivants : « Nous vous enjoignons de vous abstenir des extorsions illicites que vous pratiquez sous prétexte de péages ; nous vous interdisons d'élever des fortifications sur la voie publique ; nous vous ordonnons de fournir satisfaction à l'évêque pour les droits que vous avez injustement perçus et de vous conduire de telle façon que nous n'ayons pas lieu de vous en écrire une seconde fois (2). » Une pièce assez curieuse, touchant ces questions de péages, est la transaction qui intervint, le 12 septembre 1215, entre le comte et Géraud Bastet, seigneur de Crussol, pour mettre un terme à leurs longs démêlés touchant leurs droits réciproques sur le péage du Rhône, à Etoile ; il fut convenu que Géraud Bastet et ses successeurs seraient autorisés à percevoir la recette du péage, à partir de la fête de saint Jean-Baptiste et les jours suivants, jusqu'à concurrence de soixante livres de Viennois. Il fut bien entendu que le péager qui agirait pour le compte de Géraud ne pourrait rien percevoir au-delà de cette somme, sous quelque prétexte que ce fût (3).

En 1210, Aymar de Poitiers acheta de Géraud Adhémar, seigneur de Montélimar, vicomte de Marseille, tous ses droits

---

(1) U. CHEVALIER. *Tituli Dienses*, p. 8-11.
(2) U. CHEVALIER. *Tituli Dienses*, p. 17. — FOURNIER. *Le Royaume d'Arles*, p. 107.
(3) Bibliothèque de Grenoble. Ms. U, 317, f° 276-7.

sur la terre et le prieuré de Cléon (1). Comme il avait des difficultés avec Burnon, évêque de Viviers, frère de Didier, évêque de Die, il convint de s'en rapporter à l'arbitrage de Pierre d'Aragon que les événements de la guerre avait amené dans la vallée du Rhône, en 1213 (2).

Deux pièces qui se rapportent à l'administration féodale du Valentinois à cette époque, méritent l'attention du lecteur. C'est d'abord l'hommage prêté, en 1197, à Aymar de Poitiers par Guigues de la Roche, pour les seigneuries de Baix, de Don et de Mézillac, au diocèse de Viviers, hommage dont le texte en langue romane nous offre le plus ancien spécimen connu de l'idiome vulgaire de nos pays (3). Puis nous signalerons un acte du mois de septembre 1212, par lequel le comte de Valentinois accorde à Folchérie, veuve de Pierre de Saou, la jouissance des biens de feu son mari, avec cette clause qu'à la mort de Folchérie, la propriété pleine et entière de ces mêmes biens passera à Bertrand de Saou, neveu de Pierre, et à Pétronille, nièce de Folchérie, qui se sont fait de mutuelles promesses de mariage. Si Bertrand vient à mourir, l'héritage de Pierre de Saou est dévolu à Pétronille, à laquelle sont substitués les enfants de Giraud Bontoux (4).

Cependant ni les décrets du concile de Latran, ni les efforts de l'infatigable chef de la croisade, devenu comte de Toulouse, n'avaient pu détacher de la cause du vieux Raymond

---

(1) Archives de l'Isère, B, 3518.

(2) *Hist. de Languedoc*, t. VI, p. 417.

(3) Archives de l'Isère, B, 3517. Ce texte a été publié dans *Bulletin de la Soc. d'archéologie de la Drôme*, t. III, p. 72-4. L'original porte encore un bel exemplaire du sceau d'Aymar : cire jaune ; cavalier armé de toutes pièces et galoppant à gauche, avec cette légende : † SIGILVM. ADEMARI. COMITIS. VALENTINENSIS. Sur le revers, étoile à seize rayons, avec ces mots répétés: COMITIS. VALENTINENSIS. — Pérard a fait reproduire (p. 308) un sceau du comte appendu à une charte de 1209, différant de celui-ci ; la légende de l'avers porte : SIGILVM. ADEMARI. PICTAVIENSIS.

(4) Archives de l'Isère, B, 3518.

ses anciens partisans. Les barons et les bourgeois des villes supportaient avec impatience le joug des hommes du Nord ; aussi quand Raymond VI et son fils reparurent, furent-ils partout accueillis avec enthousiasme. Dans le marquisat de Provence, portion de l'ancien domaine des comtes de Toulouse que le concile de Latran avait placée sous la garde du saint siège, le plus chaud partisan du Toulousain était, sans contredit, Aymar de Poitiers. Dès l'année 1216, il avait repris les armes. L'année suivante, Simon de Montfort ayant reçu quelques secours et obtenu des succès sur le comte de Foix, entreprit une expédition dans le Valentinois. Longeant la rive droite du Rhône, il arrive au Pont-St-Esprit où nous le trouvons le 14 juillet 1217 (1). Burnon, évêque de Viviers, alors brouillé avec Aymar de Poitiers, lui fournit des bateaux, et il put à la vue de ses ennemis, nonobstant tous les efforts qu'ils firent pour s'y opposer, franchir le fleuve. Simon et le légat, qui le suivait, se présentèrent devant Montélimar : cette ville appartenait alors à deux seigneurs, Giraud Adhémar, ami du comte de Toulouse, et Lambert Adhémar, cousin du précédent, favorable à la croisade. Celui-ci, du reste, était avec Simon de Montfort. Les habitants ouvrirent leurs portes et reçurent l'armée. Bientôt le Valentinois fut envahi et dévasté. Les croisés vinrent mettre le siège devant Crest, et pendant que le gros de l'armée tenait la place étroitement bloquée, des bandes ennemies parcouraient les campagnes environnantes, y portant la désolation et la mort. Les noms des châteaux et des villages qui tombèrent en leur pouvoir nous ont été conservés : ce furent Rochefort, Roche(-sur-Grane), Autichamp, La Baume, Upie, La Rochette, Grane, Montmeyran, Vaunaveys et Montoison (2).

---

(1) MOLINIER. *Catalogue des actes de Simon et d'Amauri de Montfort*, p. 95, n° 145.

(2) Archives de l'Isère, B, 3527. Le document où se trouvent ces détails a été publié par nous dans: *Quarante années de l'histoire des évêques de Valence*. Paris, 1889, in-8°, p. 53-7.

Il y avait alors à Crest deux châteaux. Le plus élevé, situé à l'endroit qu'on nomme aujourd'hui le Calvaire et dont il subsiste encore quelques vestiges, appartenait à Silvion de Crest ; le moins élevé, sur l'emplacement de la tour actuelle et des ruines de l'ancienne Visitation, était la propriété d'Aymar de Poitiers : c'est contre cette forteresse que les croisés avaient dressé leurs machines de guerre. Silvion, feudataire de l'évêque de Die, avait, dès les premiers bruits d'une expédition dans le Valentinois, remis au prélat la garde de son château ; celui-ci faisait des vœux pour la cause que patronaient les légats, et, avant que l'armée franchit le Rhône, se trouvant à Viviers, il avait promis de livrer le château de son vassal aux troupes de Simon. Il tint parole, et la cession de ce château mit les soldats du comte dans l'impossibilité d'opposer une longue résistance. Plusieurs évêques du pays et une centaine de chevaliers français, envoyés par Philippe-Auguste, se trouvaient au siège de Crest. On négocia la paix entre Simon et Aymar de Poitiers. Simon promit de marier sa fille à un fils du comte de Valentinois, et celui-ci, s'engageant à vivre en paix, donna en gage quelques-unes de ses forteresses. Le traité fut conclu ; Crest ouvrit ses portes à l'armée de la Croisade. Profitant de l'ascendant que donne le succès, Simon obligea le comte à se réconcilier avec l'évêque de Valence, avec qui il avait des démêlés (1).

Mais, comme il arrive souvent, le triomphe de Montfort ne fut pas de longue durée. Il apprend que Toulouse s'est soulevée et a ouvert ses portes à Raymond VI ; il accourt pour réprimer la sédition et il trouve la mort sous les murs de la cité rebelle (25 juin 1218). Amaury, son fils et héritier, n'avait ni ses talents ni son prestige : les affaires de ce nouveau comte allèrent promptement en déclinant ; il perdit un

---

(1) PETRI Vallium Sarnaii monachi, *Historia Albigensium*, dans *Recueil des historiens des Gaules et de la France*, t. XIX, p. 109. Cf. *Quarante années...*, p. 6-7.

à un tous ses domaines. A la mort de Raymond VI (1222), les populations se groupèrent autour de son fils, le jeune Raymond VII, en qui se personnifia dès lors la cause sacrée de l'indépendance du Midi. On connaît le peu de succès de la croisade de Louis VIII. Sous la régence de Blanche de Castille, les négociations eurent plus de résultats et aboutirent enfin au célèbre traité de Paris, du 12 avril 1229, qui dans l'histoire de nos provinces méridionales marque le point de départ d'une nouvelle période. Comme on le sait, il fut stipulé que Raymond VII remettrait Jeanne, sa fille unique, au roi qui la donnerait en mariage à l'un de ses fils, avec le comté de Toulouse pour dot. Raymond conservait toutefois l'usufruit de son comté. Il abandonnait immédiatement à S¹ Louis le duché de Narbonne, les diocèses de Béziers, d'Agde, de Maguelonne, de Nîmes, d'Uzès et de Viviers. L'Eglise romaine eut pour sa part les domaines et les droits féodaux que possédait la maison de Toulouse sur la rive gauche du Rhône, c'est-à-dire le Comtat-Venaissin et le marquisat de Provence (1). Sur les instances du pape, le roi se chargea momentanément de la garde des terres et des fiefs que l'Eglise venait d'acquérir dans l'Empire. Nous allons bientôt voir les conséquences de cette nouvelle situation politique faite à nos pays.

Cependant la guerre dite des Albigeois avait laissé au cœur des familles des ferments de discorde qui survécurent à tous les traités. Aymar de Poitiers demeurait profondément irrité contre l'évêque de Valence qu'il accusait d'avoir appelé Simon de Montfort, et contre Silvion de Crest et Lambert Adhémar qui avaient, disait-il, procuré le succès du chef de la croisade. Silvion songea dès lors à se mettre à couvert des effets

---

(1) TEULET. *Layettes du Trésor des chartes*, n° 1992 : « Terram autem quæ est in Imperio ultra Rhodanum et omne jus, si quod nobis competit vel competere possit in ea, precise et absolute quitavimus dicto legato nomine Ecclesiæ, in perpetuum... »

de la colère de son redoutable voisin : il voulut resserrer les liens d'amitié qui l'unissaient déjà à la famille des seigneurs de Montélimar et il demanda en mariage la fille de Lambert, s'engageant pour le cas où il n'aurait pas d'enfant de cette union, de donner au fils de Lambert, Hugues Adhémar, la totalité de ses biens, qui comprenaient, avec le château de Crest, les terres d'Aouste et de Divajeu. Cette promesse, il la renouvela quelque temps après, lorsqu'il se disposait à faire un voyage en Angleterre, et un acte fut rédigé à cette occasion à Roynac, le 2 avril 1229 (1). Nous n'avons pu découvrir si le seigneur de Crest passa en Angleterre ; mais ce qui est certain, c'est que peu de temps après la convention de Roynac, Silvion, renonçant tout à coup aux espérances du siècle, embrassait l'état ecclésiastique et devenait doyen de l'Eglise de Valence. Il est à croire que l'animosité qu'il nourrissait contre Aymar de Poitiers lui conseilla une détermination qui sera la cause occasionnelle d'une lutte de plus d'un siècle entre l'Eglise de Valence et les comtes de Valentinois. Il vendit à cette Eglise tous les droits qu'il possédait à Crest, Aouste et Divajeu, et reçut en échange la jouissance, sa vie durant, des terres de Beaumont et de Montvendre, ainsi qu'une rente viagère de cent livres, à prendre sur le péage de Valence. L'évêque s'engageait en outre à payer toutes ses dettes jusqu'à concurrence d'une somme de 32,000 sols de Viennois (2).

Cette vente causa le plus vif mécontentement à Aymar de Poitiers, qui aurait d'autant plus désiré acquérir la parerie de Silvion et devenir ainsi seul maître de Crest, que cette place, située à l'entrée de la vallée de la Drôme et sur les limites des deux diocèses de Valence et de Die, était réputée, à juste titre, la clé du Diois. Il dut pourtant dissimuler. L'Eglise de

---

(1) Archives de l'Isère, B, 3519. Le texte de ce document est publié dans notre *Essai historique sur Die*, t. I, p. 479-80.
(2) Columbi. *Opuscula varia*, p. 266.

Valence avait alors à sa tête un prélat, diplomate et guerrier tout ensemble, avec qui il avait eu déjà de graves démêlés et dont la valeur lui était connue. Pour se donner un défenseur contre les tracasseries du comte, les chanoines de Valence avaient appelé sur le siège épiscopal Guillaume, fils de Thomas, comte de Savoie, et de Béatrix de Genève. Ce grand seigneur, bien mieux fait pour la vie des camps que pour celle du cloître, prit d'une main ferme le gouvernement de l'Eglise de Valence vers l'année 1226 et ne tarda pas à entrer en lutte avec Aymar de Poitiers. Voici à quelle occasion. Guillaume de Poitiers, fils unique et héritier du comte, venait de mourir à peine âgé de vingt-cinq ans ; il ne laissait qu'un enfant de Flotte de Royans, sa femme. Pour des raisons que les chartes ne nous disent point, il avait, par testament, enlevé la tutelle de cet enfant au comte pour la donner à Flotte, à Adémar de Bressieu et à Eracle de Montlaur, recommandant formellement à ces derniers de faire exécuter ses volontés. Aymar II protesta contre l'affront qui lui était fait, réclama l'administration des biens qu'il avait donnés à son fils en le mariant, et finalement prit les armes. Guillaume de Savoie était trop habile pour ne point mettre à profit ces querelles de famille : il revendiqua hautement les droits de son Eglise, toujours en conflit avec l'autorité comtale, et de son côté entra en campagne. Flotte, tutrice du jeune Aymar, et ses exécuteurs testamentaires se virent dans le plus grand embarras : menacés et par l'évêque et par le comte, ils se sentaient impuissants à soutenir la lutte. Ils se résignèrent à prendre l'unique parti que leur conseillât la prudence, celui de désarmer l'évêque et de s'en faire un allié.

Adémar de Bressieu se rendit donc à Valence et conclut avec le prélat, au mois de juin 1227, un traité d'alliance offensive et défensive. On s'engagea de part et d'autre à se prêter main-forte. Flotte et les exécuteurs testamentaires achetèrent la protection du prélat en consentant à ce que les châteaux d'Upie et de Montoison fussent tenus en fief à perpétuité de l'Eglise de Valence ; ils promirent en outre de lui payer une somme de 45,000 sols de Viennois, dont 20,000 représentaient la rançon des prisonniers faits par l'évêque. Peu de jours après, ce traité reçut la sanction de Flotte de Royans, qui se trouvait à Crest, dans le château des Poitiers, en compagnie de Bertrand d'Etoile, évêque de Die, et d'Aynard de Chabrillan (1).

Nous n'avons malheureusement pas de détails sur les opérations militaires qui suivirent ce traité. Colombi nous assure que cette guerre fut terrible et que Guillaume de Savoie déploya toute son habileté, toute son énergie pour sauvegarder les droits de Flotte de Royans. Aymar de Poitiers avait eu beau appeler à son aide Aymon, sire de Faucigny, il dut s'avouer vaincu et accepter la paix. Une circonstance vint donner à ces événements la tournure romanesque. Flotte de Royans, jeune, active, intelligente, captiva le sire de Faucigny, qui, étant veuf, la demanda et l'obtint en mariage. Cette dame apportait en dot à son nouvel époux 20,000 sols de Viennois, que feu Guillaume de Poitiers lui avait reconnus par testament, et 4,000 sols qui lui étaient dus à raison des dépenses faites par elle durant la dernière guerre. De son côté, Aymon réclamait 16,000 sols, à titre d'indemnité pour frais de guerre. C'était donc une somme totale de 40,000 sols à laquelle le sire de Faucigny avait droit et pour laquelle la terre du jeune Aymar se trouvait engagée. En garantie de cette dette, Aymon de Faucigny fut autorisé par le comte de Valentinois à se mettre en possession du château de Crest et de ses revenus. Mais comme sa résidence ordinaire, trop éloignée de nos pays, ne lui permettait pas de s'occuper assez efficacement de ses intérêts à Crest, il céda, le 9 octobre 1231, tous ses droits sur cette place à Guillaume de Savoie, ce der-

---

(1) Tous les documents relatifs à cette affaire ont été publiés par nous dans : *Quarante années de l'histoire des évêques de Valence au moyen âge* (1226-1267), p. 8-14.

nier s'engageant à lui payer dans un délai déterminé les 40,000 sols dont le jeune Aymar lui était redevable. On stipula dans l'acte que celui-ci pourrait recouvrer sa terre, en remboursant à l'élu de Valence la somme avancée (1).

Pendant les dernières années dont nous venons d'esquisser brièvement l'histoire, se placent quelques faits d'une importance secondaire, dont il convient pourtant de conserver le souvenir. Le 1er avril 1221, Aymar achète à Raymond Béranger, du Trièves, le château et la terre de Châteaudouble. L'année suivante, il confirme de nouveau toutes les donations faites autrefois par Guillaume de Poitiers, son père, au prieuré de St-Genès de Montmeyran et détermine nettement les limites des domaines de cette église (2). Le 20 septembre 1226, et plus tard, en 1230, il fait diverses libéralités aux chartreux de la Sylve-Bénite (3). Dans le dessein de s'attacher les habitants de Saillans, dont le concours ou la neutralité pouvait lui être favorable en temps de guerre, il les exempte des droits de péage sur ses terres de Quint et de Pontaix, pour toutes sortes de marchandises et leur en octroye une charte de franchise, scellée de son sceau et datée du mois de novembre 1226 (4). Désireux de faire prier pour le repos de l'âme de son oncle Eustache et pour l'âme de son fils

---

(1) Voir : *Quarante années..*, p. 18-21.
(2) Pérard, p. 307, 329.
(3) *Bulletin de l'Académie delphinale*, 4ᵉ série, t. II (18), p. 283. — Bibliothèque de Grenoble, ms U, 460, p. 12. Dans ce ms (p. 11), il est fait mention d'une transaction passée le 27 juillet 1224 entre l'évêque et le chapitre de Valence d'une part, et le comte de Valentinois et Guillaume, son fils, de l'autre part, par laquelle le comte reconnaît tenir en franc fief de l'Eglise de Valence le château et la terre de Châteaudouble, et en fief rendable celui de Beauchastel. L'évêque et le chapitre pourraient donner en fief au dauphin la terre de St-Marcel et élever des forteresses dans le patrimoine de l'Eglise sur les points qu'ils jugeraient convenables. Les habitants de Valence, de Livron et de Loriol seraient affranchis des péages du comte.
(4) Mailhet (André). *Histoire de Saillans*. Paris, 1893, in-18, p. 49.

Guillaume, il renonce au mois de février 1228 (n. s.) à tout ce qu'il pourrait prétendre sur le château et la terre de Cléon, en faveur des Hospitaliers qui y étaient établis ; il leur donne en outre la moitié du fief de Saint-Gervais (1). En 1229, il fit hommage, avec Philippe, sa femme, à Etienne, évêque du Puy, pour les châteaux de Fay, de Montréal, de Queyrières, etc. (2).

Le Venaissin et le marquisat de Provence, échus à la papauté par suite du traité de 1229, étaient, comme nous l'avons dit, sous la garde d'un officier royal. Raymond VII désirait vivement rentrer en possession de cette partie de ses anciens domaines, et la régente Blanche de Castille, qui avait tout intérêt à le ménager, appuyait sa demande auprès du pape. Grégoire IX se contentait de donner bon espoir au comte de Saint-Gilles, mais ne se pressait pas de lui rendre ses terres ; il tenait auparavant à les purger des hérétiques qui s'y trouvaient, en assez grand nombre, paraît-il. L'inquisition y avait été établie, comme dans le Languedoc. Un dominicain, Etienne de Bourbon, qui joignait au zèle apostolique le talent de la parole, y remplit alors les fonctions d'inquisiteur et évangélisa, en particulier, le diocèse de Valence ; il nous a laissé quelques détails fort curieux sur les doctrines et les mœurs des hérétiques du Valentinois, qu'il rattache à la secte vaudoise (3).

---

(1) Archives de l'Isère, B, 3519.
(2) *Histoire générale de Languedoc*, t. IV, p. 404.
(3) LECOY DE LA MARCHE. *Anecdotes historiques, légendes et apologues, tirés du recueil inédit d'Etienne de Bourbon, dominicain du XIIIe siècle.* Paris, 1877, in-8°, p. 294-7 Voici un fait qui intéresse l'histoire d'un château du Valentinois, dont le nom n'est malheureusement pas indiqué. « Multi etiam contumaces et diu excommunicationem sustinentes, divino judicio hoc faciente, sepe duris infirmitatibus opprimuntur et afficiuntur, vel in carceribus hostium affliguntur et multis calamitatibus in presenti, in anima et corpore et rebus atteruntur. Cum predicarem in diocesi Valentinensi, transivi juxta castrum quoddam, quod in

En l'année 1234, Louis IX déclara au pape qu'il ne voulait plus se charger de la garde des terres d'Empire enlevées à Raymond. Grégoire IX insista auprès du roi, mais à son tour, celui-ci revint à la charge, et force fut au pape de se montrer plus condescendant. Il écrivait à Jean de Bernin, archevêque de Vienne, son légat, de ménager le comte de Toulouse, lorsqu'il apprit que celui-ci, sans en attendre l'autorisation, avait replacé sous sa main le Comtat et le marquisat de Provence. De plus, Raymond, qui était allé en Italie conduire à l'armée impériale un contingent de troupes, obtint de Frédéric II un diplôme, daté de Montefiascone, au mois de septembre 1234, qui lui concéda en fief les terres d'Empire qui avaient appartenu à sa maison et que l'Eglise détenait depuis huit ans (1). Aymar de Poitiers, toujours demeuré fidèle à la fortune de Raymond, dut applaudir au rétablissement de ses affaires dans le pays. Aussi l'année suivante accompagna-t-il le comte de Toulouse à Hagueneau, où l'empereur tenait sa cour ; son nom figure dans le nouveau diplôme impérial qui fut octroyé à Raymond pour l'investir du marquisat de Provence (2).

---

loco eminenti et forti situm erat, et domibus magnis et lapideis edificatum ; et credebam quod multi erant in eo milites et alii habitatores, divites, et in circuitu ejus erat terra bona, ut videbatur. Et dictum fuit mihi ab incolis terre illius quod nullus erat omnino in eo habitator. Et cum causam quererem, dictum fuit mihi quod quidam dominus ejus, qui valde superbus et contumax fuit, stratas spolians, cepit quemdam legatum sedis apostolice, equos et res alias retinens et personnas dimittens. Qui super hoc excommunicatus est et castrum loci et habitatores interdicto suppositi, nec de sua absolutione procuranda postea curaverunt. Qui sine aliqua guerra ad tantam miseriam (devenerunt) et tota progenies illius militis cum ipso, quod in nihilum redacti dicebantur. » (P. 261.)

(1) TEULET. *Layettes du Trésor des chartes*, n° 2309. — Cf. FANTONI CASTRUCCI. *Istoria della citta d'Avignone*. In Venetia, 1678, in-4°, t. I, p. 145-5. — *Hist. de Languedoc*, t. VI, p. 681. — FOURNIER. *Le royaume d'Arles*, p. 141.

(2) TEULET. *Layettes...*, n° 2413.

Les dernières années d'Aymar II de Poitiers furent assombries par des querelles de famille sur lesquelles nous ne sommes que très imparfaitement renseignés. Un poète contemporain, Guilhem de S. Grégori, parle de son avarice comme d'une chose connue (1); bientôt nous entendrons Philippe de Fay, sa femme, devenue veuve, reprocher amèrement ce vice à son petit-fils Aymar III, qui, disait-elle, lui refusait les choses nécessaires à la vie. Dès lors quoi d'étonnant si les relations furent pénibles et si la mésintelligence finit par éclater entre le petit-fils et l'aïeul. Celui-ci du reste ne pouvait oublier les difficultés que lui avaient autrefois créées cet enfant et Flotte de Royans, sa mère. Aymaret (car c'est sous ce diminutif qu'on désignait le petit-fils d'Aymar II, du vivant de celui-ci) avait fait un échange, le 1er mars 1239 (n. s.), avec Arman du Pouzin et Pierre du Pouzin, son fils. Arman et Pierre lui avaient cédé la moitié du château du Pouzin et de son mandement, tant en deçà qu'au-delà du Rhône, ainsi que toutes leurs possessions et leurs droits à Châlus, à Barry, à Graignosc, à Saint-Alban, à Elier, etc., excepté toutefois ce qui lui revenait des biens de Marie de Tournon, veuve de Gilbert d'Etoile. Aymaret leur abandonna en retour le château et le mandement de Montoison, ses droits sur Ambonil, le château et le mandement de Vibie *(de Vibiano)*, trois condamines à Etoile, et une rente annuelle de vingt-six livres de Viennois à prendre sur le péage du Rhône, à la maison du péage d'Etoile (2). Cet acte, sans que nous puissions en con-

---

(1) CHABANNEAU. *Biographies des Troubadours*, dans: *Hist. de Languedoc*, t. X, p. 386.

(2) Archives de la Drôme, E, 605 « ... Versa vero vice, ego Ademaretus, filius comitis Valent., nostri juris existens ac plena perfruens potestate permutavi .. dicto Armano de Pouzino et Petro filio suo res infrascriptas, videlicet castrum de Montaizo cum suo totali tenemento... et quicquid habebam... in villa de Ambonil et ejus mandamento et specialiter albercum quod in ipsa villa habebam percipere consuetum et castrum de Vibiano cum dominio... et tres condaminas in territorio seu mandamento castri de Stella, quarum due sunt *en Boacel*, et altera est justa fontem de Pouzol et pratum comtale... »

naître le véritable motif, paraît avoir donné naissance à un violent démêlé entre Aymaret et son aïeul, car nous voyons quelques années plus tard, le 9 avril 1239, Aymar II, comte de Valentinois, reprendre en fief du comte de Toulouse ses terres situées sur la rive droite du Rhône, parmi lesquelles figurent le Pouzin, Châlus, Elier, Saint-Alban, dont le précédent acte faisait mention (1), puis solliciter le secours de Raymond VII, contre Aymaret, son petit-fils rebelle. Deux jours après, le 11 avril, Raymond, en qualité de seigneur suzerain, fulmine contre Aymaret de Poitiers une sentence qui le déclare déchu de tous ses fiefs, le traitant de rebelle à l'autorité paternelle et le menaçant des effets de son indignation s'il ne consent à se soumettre à son aïeul. Cette pièce nous a paru assez importante pour mériter d'être ici conservée :

Manifestum sit omnibus presentem cartam inspecturis quod anno Domini M°.CC° tricesimo nono, tertio idus aprilis, regnante domino Frederico secundo, Romanorum imperatore, quod cum Aimaretus de Pictavia nobis R(aimundo), comiti Tholosano, a nobili viro consanguineo nostro Ademario, comiti Valentinensi, avo suo, traditus fuisset custodiendus, terra quam ipse Aymaretus tenet a nobis et a prefato comiti Valent. ad instanciam nostram fuisset commendata, dictum Aymaretum rebellem et infestum erga dictum avum suum, contra consilium nostrum, invenimus et ingratum. Cum igitur sepe et sepius a nobis dictus Aymaretus requisitus mandatis nostris noluerit adquiescere nec consilio nostro se regere, sed suo proprio vel perverso quorumdam perversorum ductus sensu, se custodie nostre substraerit, domine A(demari) comes, inspectata ipsius inhumanitate, et fide et diligentia vestra quam erga nos usque in hodiernum diem exibuistis, terram ipsi commendatam vobis dignum

---

(1) Du Chesne. — *Histoire généalogique des comtes de Valentinois et de Diois* (s. d.), in-4°, Preuves, p. 7. — C'est avec beaucoup d'hésitation que nous attribuons cet hommage à Aymar II ; il serait plutôt du petit-fils, car nous entendrons celui-ci se plaindre en 1256 de la violence dont il avait été l'objet lorsqu'il prêta à Raymond son premier hommage.

duximus esse reddendam. Promittimus igitur vobis bona fide nos facturos et curaturos totis viribus nostris quod dicta terra vobis restituatur et restituta vobis conservetur. guerram inde si necesse fuerit contra dictum Aymaretum et quicunque se opponerent facientes, nec treucam nec pacem cum eo seu ejus valitoribus habituri, donec totam terram quam ipse tenet recuperaveritis antedictam, et ad majorem hujus rei firmitatem, presentem cartam nos dominus R(aimundus), comes Tholosanus, sigilli nostri munimine jussimus roborari. Datum apud Novas, anno et die supradictis (1).

Aymar II de Poitiers survécut encore une dizaine d'années à cet acte, mais son nom, pour une cause demeurée inconnue, ne figure plus dans les documents ; il mourut vers 1250.

Il avait épousé, comme nous l'avons dit, Philippe de Fay, qui lui apporta de grands biens, tant du chef de son père que de celui de sa mère, Météline de Clérieu. C'est par elle que beaucoup de fiefs du Vivarais entrèrent dans la maison de Poitiers : Fay, Bretagne, Gunant, Montréal, Queyrières, Corance, La Forcade, Craneau, La Voulte, Charmagneu, etc. Elle jouit, du vivant même de son mari, d'une grande autorité et plusieurs actes nous la montrent agissant en son propre nom et conservant jusqu'à la fin la libre disposition de ses terres. En 1230, elle confirme à Bertrand de Saou et à ses héritiers la baylie d'Etoile que leur avaient précédemment accordée Adémar de Bressieu. Hugues de la Balaste et Astorge de Chambeau, tuteurs testamentaires d'Ademaret de Poitiers, son petit-fils (2). En 1235, elle accorde diverses

---

(1) Archives de l'Isère, B, 3520.

(2) « Noverint omnes inspecturi presentis scripti seriem quod anno incarnati Verbi M°.CC°.XXX°, cum Austorgius de Chambeau laboraret in extremis, ad preces ejus, nos Philippa, comitissa Valentinensis, laudavimus, concessimus Bertrando de Sao et ejus legitimis heredibus donationem villicationis castri Stelle cum mandamenti et salis quod accipitur in navigiis que trauntur per Rodanum in mandamento Stelle, factam eidem Bertrando ab Aemaro, domino Brissiaci, et ab Austorgio de Chambau, ab Ugone de la Balastra, et ne per nos irritetur ista donatio set firma permaneat, precipimus presentem paginam sigilli mei muni-

exemptions de péage à Charmagneu et à La Voulte, en faveur des chanoines réguliers de Saint-Ruf (1). En 1249, elle confirme à la chartreuse de Bonnefoy toutes les donations faites par sa famille ; elle y ajoute quelques libéralités, à la charge d'un anniversaire que les Chartreux célébreront le lendemain de la Décollation de saint Jean-Baptiste pour le repos de l'âme de feu Guillaume-Jourdain, son père (2). Les documents témoignent que Philippe avait plusieurs fois changé de résolution dans la disposition de ses biens. Par un testament du 30 mai 1246, elle donna la seigneurie de La Voulte et quatre autres terres en Vivarais à Roger Bermond, de la maison d'Anduze, son petit-fils, et fit des legs aux frères et sœurs de ce dernier (3). Le 27 septembre 1250, elle donna les châteaux et terres de Fay, Montréal, Queyrières, Mezenc, Chanéac, Chamberliac, toute sa terre de La Roche-de-Glun et celle de Clérieu à Aymar de Poitiers, son petit-fils (4). Cette donation, paraît-il, ne fut point faite en toute liberté. Philippe se plaignit de la violence et des mauvais procédés de toutes sortes dont Aymar avait usé envers elle : il avait expulsé les officiers et châtelains de Fay, Montréal, etc. ; il s'était mis en possession de ces diverses terres malgré ses protestations, il n'était point venu la visiter alors qu'elle était malade, et ce qui dénote chez lui une âme basse et ingrate, il l'a réduite à un tel état qu'elle a peine à vivre. Aussi, indignée de la conduite de son petit-fils, elle révoqua toutes les donations qu'elle aurait pu faire en sa faveur et donna la terre de Clérieu et ses dépendances à Roger Bermond, fils de Josserande. Elle demanda ensuite au dauphin de vouloir bien assurer l'exécution

---

mine roborari, presentibus Symeone, priore de Brisas, Jarentone de Stella, Arnaldo de Solomiaco, Austorgio de Chambarlac, Martino de la Mota. »

(1) Archives de la Drôme. Fonds de St-Ruf (non classé).
(2) *Hist. de Languedoc*, t. IV, p. 649.
(3) ANSELME, t. II, p. 187.
(4) ANSELME, t. II, p. 187.

de ses volontés (1). Le 7 septembre 1251, elle renouvela cette cession de la coseigneurie de Clérieu au même Roger, mais celui-ci, craignant sans doute de ne pas pouvoir défendre ses droits contre Aymar de Poitiers, s'empressa de s'en dessaisir en faveur de Roger de Clérieu et de Silvion, son fils (2). Ces diverses mesures n'aboutirent point, et le comte de Valentinois, à la mort de son aïeule, se mit en possession de la coseigneurie de Clérieu.

Du mariage d'Aymar II de Poitiers et de Philippe de Fay, étaient nés plusieurs enfants :

1° V. GUILLAUME, qui épousa Flotte de Royans, fille de Raimbaud Bérenger, surnommé *Ossasicca* ; elle était parente des anciens comtes de Die, des de Baux, des Montaynard, etc. Guillaume, du vivant même de son père, prenait le titre de comte, ce qui venait, sans doute, de ce que celui-ci lui avait confié l'administration d'un certain nombre de terres ; on le voit, en effet, régler certaines affaires avec les évêques de Die (3). On connaît déjà les différends qui éclatèrent après sa mort entre sa veuve et son père, le comte Aymar II, au sujet de la tutelle de l'unique enfant, qu'il laissait, le jeune Aymar, qui suit.

2° Semnoresse de Poitiers épouse d'André, dauphin. Elle mourut probablement sans enfant, car le dauphin fut obligé, en 1223, de rendre au comte de Valentinois les 30,000 sols qui constituaient la dot de cette dame (4).

3° Josserande de Poitiers, qui épousa Pierre Bermond d'Anduze et eut, entre autres enfants, Roger Bermond, seigneur de La Voulte, marié à Audys de Crussol.

---

(1) Archives de l'Isère, B, 3522. Ce document est publié dans notre *Essai hist. sur Die*, t. I, p. 477.

(2) DE GALLIER. *Essai hist. sur la baronnie de Clérieu*. Valence, 1873, in-8°, p. 88.

(3) *Tituli Dienses*, p. 60-1.

(4) CHORIER. *Hist. gén. de Dauphiné*, t. I, p. 802.

VI. Aymar III de Poitiers, prit en main le gouvernement du comté de Valentinois dès l'année 1239, mais jusqu'à l'époque de la mort du comte Aymar II, son aïeul, il ne se donna aucun qualificatif, ajoutant parfois à son nom ces simples mots : *fils de feu Guillaume, comte de Valentinois*, ou bien encore *fils du comte de Valentinois* (1). Fidèle à la politique traditionnelle de sa maison, il voulut agrandir ses domaines et devenir le chef d'un petit Etat indépendant. Pendant les trente-sept années d'une administration ferme et habile, il réussit à acquérir un grand nombre de terres et de vassaux. Ses premiers actes nous le montrent en conflit avec l'évêque de Valence, avec le dauphin et avec le seigneur de Crussol. Celui-ci réclamait des biens, situés à E.oile, à La Vache et à Lésignan, dont les Poitiers s'étaient emparé ; ces biens provenaient de la succession de Guillaume Artaud, chevalier, sur laquelle Géraud Bastet prétendait avoir des droits. Le 13 septembre 1242, intervint une transaction, en vertu de laquelle les territoires contestés furent définitivement incorporés au comté de Valentinois et le seigneur de Crussol reçut en échange quelques terres (2).

---

(1) Archives de l'Isère, B, 3520 : « Quoniam fragilis est humana memoria et cito perdit quod agitur nisi scriptis tenacibus commendetur, noverint universi quod anno gratie M°.CC°.XXX°. nono, mense maii, Ademarus, filius Willelmi quondam comitis Valent., de consensu et consilio suorum militum et proborum hominum de Chalanconio, donavit et tradidit Poncio de Sancto Prejecto, militi, ex causa permutationis, quicquid habebat et habere debebat et videbatur habere apud Nonnerias et specialiter nundinam vel nundinas que fiunt ad festum beati Jacobi, cum omnibus bannis et clamoribus universis tocius anni... »

(2) Archives de l'Isère, B, 3520. « Noverint universi... quod post dissentionem et guerram diu protractus inter nos Ademarum, filium comitis Valent., ex una parte, et Geraldum Basteti, dominum de Crussol, ex altera,........ nunc pro bono pacis taliter innovamus, nam ego G. Basteti terram et omnia bona et jura universa que quondam Willelmus Artaldi, domicellus habebat et possidebat vel quasi, tem-

Philippe de Savoie, le nouvel Elu de Valence, revendiquait les droits de son Eglise et continuait une lutte entreprise par son prédécesseur. Philippe s'annonçait comme devant marcher sur les traces de son frère : prélat intrigant et batailleur, il allait être pour le comte de Valentinois un terrible adversaire. Il s'était rapproché du dauphin Guigues VI et avait uni sa cause à la sienne, en vue d'opposer une plus énergique résistance aux empiétements d'Aymar. La guerre qu'ils eurent ensemble fut des plus violentes. Nous pouvons du reste en juger par un très curieux document, dont l'original est arrivé jusqu'à nous et qui pourra, dans une certaine mesure, suppléer au silence des chroniques : c'est l'exposé des griefs réciproques qu'alléguèrent Philippe et Aymar, lorsque après une lutte longue et désastreuse, ils résolurent de prendre pour arbitres Jean de Bernin, archevêque de Vienne, et Barral de Baux. Les parties avaient été invitées à se rencontrer à Romans, au mois de février 1244 : voici les passages les plus saillants du mémoire qu'elles présentèrent :

« Tout d'abord, y lisons-nous, l'élu de Valence réclame à
« Adémar de Poitiers les 8,000 marcs d'argent auxquels
« avait été condamné par l'empereur envers Guillaume, élu de
« Valence, Adémar de Poitiers le Vieux, dont led. Adémar
« est l'héritier. De plus, il demande que led. Adémar lui
« restitue les châteaux de Montoison et d'Upie, que Guil-
« laume, élu de Valence, retenait en gage d'une somme de
« 16,000 livres due par Adémar le Vieux : ce dernier avait
« enlevé ces châteaux à l'évêque. De plus, il demande le
« château de Vaunaveys, qu'Adémar le Vieux a jadis enlevé
« à Guillaume, pendant une trêve. De plus, il demande le
« château de Gigors, que ce même Adémar avait enlevé aud.
« Guillaume pendant une trêve. De plus, il demande

---

pore mortis sue, in castro de Stella, et mandamento ejusdem, et in castro de Vacha et in mandamento ejusdem, et in Lesignia, ex causa permutationis, vobis d. A., filio comitis Valent., dono... »

« qu'Adémar lui rende le bourg de Crest, et les deux châ-
« teaux de ce même bourg, qui lui ont été enlevés, à lui
« Philippe, par led. Adémar pendant la trêve : le château le
« plus élevé appartient à l'Église de Valence, en vertu de la
« donation de feu Silvion de Crest ; quant au château situé
« plus bas, Guillaume d'heureuse mémoire le tenait en
« garantie d'une somme de 2,000 livres. De plus, il demande
« encore qu'Adémar remette entre ses mains le château de
« Montléger qu'il a ruiné pendant la trêve. De plus, il de-
« mande à être indemnisé de toutes les pertes qu'Adémar lui
« a fait subir pendant la trêve, en s'emparant de ses châteaux,
« en faisant des prisonniers, en saisissant les animaux et
« autres biens de ses vassaux, pertes qu'il estime à 10,000
« marcs ; il ne parle point du massacre de plusieurs nobles
« et manants, même de quelques clercs, car les pertes de ce
« genre ne sauraient s'estimer à prix d'argent. De plus, il
« demande à rentrer dans toutes les dépenses qu'il a faites à
« l'occasion de la trêve conclue avec Adémar, trêve que
« celui-ci ne voulait pas sincèrement : ces dépenses il les
« évalue à 20,000 marcs, et il ne parle point de quelques-
« uns de ses hommes qui ont été tués, ce qui ne peut être
« compensé avec de l'argent. De plus, il demande qu'Adémar
« lui remette Châteaudouble, qui est un fief de l'Eglise de
« Valence, acheté par le comte et retenu par lui, sans en avoir
« obtenu le consentement de lad. Eglise, ce qui fait que ce
« fief est tombé en commise. De plus, il demande les châ-
« teaux de Gluyras, de Beauchastel et de Saint-Marcel,
« tombés également en commise parce que Adémar n'a pas
« fait hommage pour les autres châteaux qu'il tient en fief
« dud. évêque de Valence. De plus, il demande le château
« de Chalencon qu'un jugement rendu par Guillaume
« Artaud et ceux qui l'assistèrent avait donné à feu Guil-
« laume, élu de Valence, à cause de la contumace d'Adémar
« de Poitiers le Vieux.

« Quant aux griefs ou plaintes qu'Adémar de Poitiers a

« contre l'élu et l'Église de Valence, les voici : tout d'abord,
« il demande que l'élu et l'Église de Valence l'indemnisent
« des pertes de tout genre que Silvion de Crest lui a fait
« subir, soit par lui-même, soit par d'autres, attendu que
« l'élu et l'Église de Valence possèdent ou prétendent pouvoir
« posséder les biens de Silvion. Ce fut, en effet, sur les
« conseils et avec l'aide de Silvion que le comte de Montfort
« pénétra sur les terres dud. Adémar et y promena la déso-
« lation : il détruisit le bourg de Crest, les châteaux de
« Rochefort, de Saint-Bonnet, de Suze, d'Autichamp, de la
« Roche, de la Baume, de la Rochette, de Grane, d'Upie, de
« Montmeyran, de Vaunaveys, de Montoison, de Vibie. »
Nous énumérerons brièvement les autres réclamations
d'Aymar de Poitiers. Une indemnité de 10,000 marcs lui
revient pour l'achat et l'occupation par l'Église de Valence
du château de Mirmande, sans son consentement, et pour la
guerre que lad. Église lui a faite à cette occasion. Guillaume
de Savoie avait reçu de l'argent pour protéger la personne et
défendre les terres d'Adémar jusqu'à ce que celui-ci eût
atteint l'âge de quatorze ans ; malgré cela, il s'est emparé du
château de Chabrillan, propriété de son pupille : il doit donc
le rendre avec 10,000 marcs pour les frais de la guerre sou-
tenue à cette occasion. Au moment même où Aymar se
disposait à accepter la décision d'amis communs, de l'empereur ou du pape, l'évêque lui déclarant la guerre a mis le
siège devant Etoile, qu'il a prise et gardée ; il a détruit les
châteaux de Barcelonne et de St-Didier, et a ravagé ses
terres, d'où, sans parler de la perte de ses vassaux, résulte
pour lui un dommage de 15,000 marcs. Enfin le comte
évalue à 2,000 marcs les revenus que l'évêque a perçus, et il
exige le vasselage de Guillaume de Vesc pour la parerie de
Saint-Marcel (1).

---

(1) Archives de l'Isère, B, 3521. Texte publié dans nos *Quarante
années..*, p. 53-7.

Il est inutile, croyons-nous, de faire remarquer au lecteur combien sont exagérées les pertes subies de part et d'autre : l'évêque réclamait en tout 38,000 marcs, ce qui représenterait aujourd'hui environ 3,914,000 francs ; Aymar réclamait de son côté 37,000 marcs, soit environ 3,811,000 francs de notre monnaie actuelle. Nous sommes en présence de deux contendants qui comparaissent devant leurs juges et qui ont tout intérêt à grossir les torts de l'adversaire.

Ce fut le 22 février 1244 que Jean de Bernin et Barral de Baux prononcèrent leur jugement, en présence de l'abbé de Léoncel, du prieur du Val-Sainte-Marie, d'Adémar de Bressieu et d'un grand nombre de personnages importants. Aymar conservera Etoile, Chabrillan, Châteaudouble, mais il sera tenu d'en faire hommage à l'évêque et de lui payer une redevance annuelle de 40 chandelles de cire ; la parerie de Crest qui avait autrefois appartenue à Silvion, les terres d'Aouste et de Divajeu demeureront au prélat ; celui-ci est déclaré absous de la demande faite par Aymar du château de Mirmande, prétendu tombé en commise ; d'autre part, celui-ci n'aura point à payer les 8,000 marcs d'argent réclamés par l'évêque, ni à lui livrer les châteaux de Montoison, d'Upie, de Gigors, et sa parerie de Crest ; enfin de toutes les sommes réclamées par le prélat, à des titres divers, et dont l'exagération est évidente, Aymar ne devra lui compter que 5,000 livres de viennois.

Philippe de Savoie et Aymar de Poitiers s'engagèrent solennellement à observer ce traité. Par un acte spécial, Aymar remit entre les mains du prélat, en garantie de la fidélité de ses promesses, les châteaux du Pouzin, de Gigors, et de Pontaix ; celui-ci, de son côté, remit à son adversaire les terres de Saint-Marcel et de Châteauneuf-d'Isère (1).

La veille du jour où fut rendue cette sentence, Aymar octroya aux habitants d'Etoile une charte de franchises, que

---

(1) Archives de l'Isère, B, 3521 : *Quarante années...*, p. 58.

ceux-ci s'empressèrent de faire graver sur une table de marbre et placer au-dessus de la porte de leur église, où elle se voit encore aujourd'hui. Cette charte lapidaire est une des plus belles que l'on connaisse (1).

---

(1) Cette charte a été publiée très correctement pour la première fois par M. le chanoine C. Perrossier dans le *Bulletin d'histoire ecclés. de Valence*, t. VII (1887), p. 200-2, et reproduite aussitôt dans la *Bibliothèque de l'Ecole des chartes*, 4° série, t. XLVIII (1887), p. 630-1. Quoiqu'elle ne soit plus inédite, nous pensons qu'on sera bien aise de la trouver dans notre recueil, et nous la donnerons ici sans les abréviations épigraphiques, à titre de document. « Noverint universi litteras has inspecturi quod anno Domini M°.CC°.XL°.IIII°., IX° Kalendas marcii, nos Ademarus, filius comitis Valentinensis, non circumventi, non seducti aliqua fraude vel dolo, sed mera et spontanea voluntate, pure, simpliciter ‖ et irrevocabiliter, inter vivos donamus, laudamus et concedimus per nos et heredes vel successores nostros usque in infinitum omnibus hominibus castri de Stella et ejus mandamenti, qui nunc immediate nostro dominio subjacent et in posterum subjacebunt, cujuscunque ‖ sexus sint, vel fuerint, habitantes in castro Stelle et ejus mardamento et qui habitabunt in futurum et eorum heredibus sive successoribus habitantibus in dicto castro et ejus mandamento, plenissimam libertatem et immunitatem ab omni exactione, toute et taliie et quis ‖ te, quas nos et heredes vel successores nostri possumus vel possemus accipere et exigere a dictis hominibus et heredibus sive successoribus eorum juste vel injuste, usu vel abusu, consuetudine sive jure. Item ‖ donamus laudamus et concedimus, per nos et heredes seu successores nostros, omnibus hominibus castri de Stella et ejus mandamenti, tam illis qui nunc immediate ad nos pertinent et pertinebunt quam aliis qui sunt vel erunt ho ‖ mines vel subjecti militum et clericorum, domicellorum et monasterii sancti Marcellini vel alicujus religionis seu aliorum virorum, illorum scilicet qui in castro Stelle et ejus mandamento nunc habitant et in posterum ‖ habitabunt et heredibus sive successoribus eorumdem plenissimam libertatem et imunitatem ab omni acceptione, requisitione et exactione feni et palee quod vel quam nos vel heredes sive succes ‖ sores jure, consuetudine sive usu accipere et requirere possumus vel possemus, promittentes quod neque nos neque per armigeros, domicellos vel per alios homines paleam vel fenum hominum dictorum accipiemus ali ‖ quatenus nec queremus, absolventes homines nostros ab omni acceptione, exactione toute, tallie et quiste

Peu de temps après l'assemblée de Romans, Aymar de Poitiers, désirant resserrer les liens d'amitié qui l'unissaient déjà à Barral, seigneur de Baux, promit de donner en mariage sa fille Philippine, a Hugues, fils aîné de Barral, lorsqu'ils seront arrivés à l'âge de puberté et qu'il en sera requis. Si Hugues venait à décéder, Philippine sera donnée pour épouse à Bertrand, fils cadet de Barral, et sa dot devra être déterminée par Raymond, comte de Toulouse, dans les deux mois qui suivront sa rentrée en Provence. Il s'engage à donner 10,000 sols de viennois le jour du mariage, et autres

---

feni et palee et homines aliorum solummodo ab omni exactione feni et palee penitus liberantes, promittentes per nos et heredes sive succes || sores nostros tibi Petro Bontos, baiulo Stelle, stipulanti et recipienti nomine universitatis hominum Stelle et ejus mandamenti ad hoc specialiter constituto, quod in futurum de novo toutas, talias, quistas fenum vel paleam non faciemus, nec || exigemus, nec aliquo tempore requiremus, promittentes dictas donationes, concessiones et absolutiones tenere et contra non venire, inviolabiliter observare, renunciantes super his omnibus et specialiter et expressim beneficio minoris etatis et in || integrum restitutionis et nove constitutionis et exceptioni doli et in factum errori et specialiter legi que dicit donationem factam sine insinuatione ultra D solidos non valere, ut ita valeat ac si esset insinuata, et legi que dicit generalem renun || ciationem non valere, et omni juri canonico et civili quo possemus aliquo tempore nos tueri. Insuper, nos Ademarus, filius comitis Valent., tactis sanctis evangeliis, juramus et promittimus omnia supradicta et quelibet predictorum rata et firma perpetuo habere et tenere, nec ratione vel occasione alicujus consuetudinis, usus, statuti, juris canonici vel civilis promulgati vel promulgandi, contra predicta aliquo tempore veniemus, sed inviolabiliter observabimus omnia predicta et singula predictorum. Acta sunt hec || anno, mense, die quibus supra, apud Stellam in platea mali consilii, presentibus et ad hoc vocatis testibus Girberno, priore sancti Marcellini, G. Bastet, Amarico de Rupe Forti, Ugone de Petra Gorda, Rai. de Tornone, militibus, Guillelmo Bertrand, || Berengario de Balasta, Jarentone de Rivo Sicco, Bonatide Salientis, Petro de Bais et pluribus aliis. Insuper nos A., filius comitis Valent., presens scriptum voluimus fieri ad perpetuam rei memoriam et firmitatem habendam. »

pareilles sommes de 10 en 10 ans jusqu'à entier payement de la somme fixée par le comte. S'il meurt sans héritier mâle, le mari de sa fille sera de droit possesseur de ses terres et seigneuries ; chacune des filles qu'il aura au moment de son décès recevra pour dot 1,000 marcs d'argent ; s'il avait un fils, celui-ci sera son héritier universel et pourra disposer de son héritage en faveur de ses enfants. Barral, voulant témoigner toute son amitié au chef de la maison de Poitiers, déclare que celui de ses fils qui épousera Philippine sera son héritier universel. Aymar s'engage à faire ratifier cette convention par ses vassaux et promet de donner sa fille à Barral ou à Raymond de Baux, prince d'Orange, qui la gardera jusqu'à ce qu'elle soit en âge d'être mariée. L'acte fut rédigé à Monteux, dans l'église de l'Hôpital de Saint-Jean, le 10 avril 1244 (1).

On était alors au plus fort de la querelle de Frédéric II et d'Innocent IV. Le parti de l'empereur n'était plus aussi puissant dans nos contrées, et le pape, obligé de quitter l'Italie, avait demandé à Lyon un asile pour se mettre à l'abri des fureurs de son ennemi. Philippe de Savoie, élu de Valence, était allé au-devant du pontife et l'avait accompagné avec une escorte armée durant le voyage ; c'est à lui que revint encore l'honneur de veiller à la garde du concile œcuménique de 1245 (2). Aymar de Poitiers était, par intérêt et par tradition de famille, un des tenants de la cause impériale, mais, avec le comte de Toulouse et Barral de Baux, il sut dissimuler pour un temps ses véritables sentiments. Quand l'empereur eut manifesté l'intention de franchir les Alpes et de venir à Lyon à la tête d'une armée, Aymar et tous les impériaux reprirent un peu d'audace. Le dauphin s'étant laissé gagner à la cause impériale, Aymar fit des

---

(1) Dr BARTHÉLEMY. *Inventaire des chartes de la maison de Baux*, n° 313.

(2) Voir : BERGER. *Registres d'Innocent IV*. Introduction.

avances à ce prince, avec qui il avait souvent des difficultés, et conclut avec lui, le 28 octobre 1245, un traité par lequel ils se promettaient un mutuel appui (1).

Aymar de Poitiers et Flotte de Royans, sa mère, possédaient, comme nous l'avons dit, la majeure partie du bourg de Saint-Nazaire et de son mandement, comprenant les paroisses de la Motte-Fanjas, Oriol, St-Jean, St-Martin et St-Thomas. Le dauphin avait le haut domaine de toutes ces terres, et feu Guillaume de Poitiers en avait jadis fait hommage ; il se prétendait, en outre, seigneur direct de St-Nazaire pour un quart de la seigneurie, et à ce titre il réclamait des droits sur le quart d'une tour qu'*Ossassica*, père de Flotte avait fait bâtir dans cette bourgade, ainsi que les lods de diverses acquisitions faites par Aymar et sa mère : ils avaient acheté notamment deux maisons avec leurs dépendances au château vieux de St-Nazaire, autrefois propriété des seigneurs de Chabeuil. Aymar soutint n'être tenu à rien vis-à-vis du dauphin. Celui-ci fit marcher ses troupes, s'empara du bourg de St-Nazaire, et, déclarant tombées en commises les différentes terres acquises par son vassal, les réunit à son domaine.

Le fils de Flotte fut bientôt en mesure de prendre l'offensive. Il se présenta avec une petite armée devant le bourg de St-Nazaire ; il réussit à le forcer, mais ne put en empêcher l'incendie. Poursuivant le cours de ses succès, il franchit l'Isère et porta la désolation sur les domaines du dauphin à St-Lattier et à la Sonne. Il y eut un mort et deux maisons brûlées. Le fort de Rochebrune servait aux troupes valentinoises à mettre en sûreté leur butin. Guigues VI fit réclamer à Aymar cette forteresse qui était un fief rendable ; il fallait s'attendre à un refus. Les delphinaux finirent par s'en rendre maîtres. Ces événements s'étaient passés après qu'une trêve

---

(1) U. CHEVALIER. *Inventaire des archives des dauphins, en 1346*, n° 329.

eût été consentie ; trêve, comme on le voit, qui ne fut observée ni par les uns ni par les autres.

Deux faits irritèrent particulièrement le dauphin contre son vassal. Guillaume de Chamaret, chevalier, envoyé en négociation auprès d'Aymar, fut fort maltraité. D'autre part, au mois de juillet 1248, S. Louis traversant le Valentinois pour aller s'embarquer à Aigues-Mortes, avait, comme on le sait, assiégé et ruiné de fond en comble le château de la Roche-de-Glun, pour punir Roger de Clérieu, seigneur de l'endroit, d'avoir osé réclamer les droits de péage à l'armée de la croisade. Or, pendant le siège, Aymar de Poitiers avait conduit au roi un renfort de troupes, tournant ainsi ses armes contre un vassal du dauphin.

Les choses paraissaient prendre une tournure inquiétante. Heureusement, des amis communs s'interposèrent et amenèrent les deux contendants à une composition. Ils prirent pour arbitre Géraud Bastet, seigneur de Crussol, qui décida que les terres acquises ou réclamées par Aymar de Poitiers lui resteraient, mais à la condition de les tenir en fief du dauphin. Il lui devrait l'hommage simple pour ses possessions du Royans, notamment pour Flandènes et pour tout ce qui lui venait du seigneur de Clermont, à Auberive. Cette sentence arbitrale fut rendue à Romans, dans la demeure de l'archevêque, le 27 mai 1250, en présence d'un grand nombre de seigneurs. Aymar rendit aussitôt après hommage à Guigues VI. Ajoutons encore que quelques jours après, le 5 juin, Flotte de Royans, se trouvant à Vernaison, scella de son sceau une charte qui ratifiait pleinement tout ce qui venait d'être conclu (1).

---

(1) VIIe registre ms. de Valbonnays (Bibliothèque de M. Giraud). Cette transaction de 1250 nous a été conservée dans un vidimé, écrit le 26 octobre 1415 à Crest, par Bertrand Rabot, notaire, sur la demande et en la présence de Louis II de Poitiers, comte de Valentinois. Elle est fort longue et nous ne pouvons songer à la reproduire ; toutefois

Le 4 octobre 1248, Aymar et l'élu de Valence firent un règlement pour mettre ordre aux contestations que soulevait à chaque instant la perception des droits de péage à Crest et sur les rives du Rhône, entre Valence et Livron. Cette pièce importante, qui nous permet en particulier de suivre jusque dans ses moindres détails le fonctionnement assez compliqué de la double juridiction s'exerçant à Crest, est publiée dans nos *Quarante années de l'histoire des évêques de Valence* (p. 73-76). Cette même année, au mois de décembre, le concile qui se tint à Valence pour promulguer les décrets de Lyon, condamner les partisans de Frédéric II et dissoudre les ligues formées contre le clergé par les nobles et les bourgeois des villes, ne réussit qu'imparfaitement à rétablir le calme dans le pays. L'inquisition y fut organisée sur des bases nouvelles, et les juifs, aux mains desquels était alors le commerce de l'argent, y furent, tout autant que les hérétiques, l'objet de mesures sévères (1).

---

nous en détacherons les lignes suivantes : « ... Item dicebat d. G., Dalphinus, conquerendo de d. Aymaro quod d. Flotta, mater ejus, et ipse Aymarus et homines ipsius et d. Flote... fregerunt treugam... et quod combusserunt infra dictam treugam burgum Sancti Nazarii, quod est tam ipsius G. Dalphini proprium quam de feudo suo, et quod fecerunt insultum in terra sua, scilicet in mandamento Sancti Laterii et de la Sonna, et interfecerunt quemdam suum hominem, domos combusserunt ibidem, et multa dampna alia intulerunt et quod Wuillelmum de Chamareto, militem et consiliarium suum, vulneraverunt. Item quod d. Aymarus, cum multitudine armatorum, durante treuga, dedit consilium et auxilium ad expugnationem castri de Rocha de Glun, quod est de feudo ipsius G. Dalphini et sibi reddibile. Hec et alia dampna plurima dicebat d. G. Dalphinus sibi et hominibus suis infra treugam fuisse illata. Item quod ipse habet... quartam partem pro pararia in toto tenemento de Roius et sui antecessores habuerunt, unde dicebat se habere quartam partem pro pararia in domo nova quam fecit edificari Osasicha quondam apud Sanctum Nazarium. Item de quarta parte fortalicie de Rochabruna... »

(1) Mansi. *SS. Conciliorum... collectio.* Venetiis, 1779, in-f°, t. XXIII, 769-78.

Cependant, au milieu de tous ces événements, Aymar III, d'un esprit pratique comme son aïeul, ne se laissait pas détourner du but qu'il poursuivait ; il travaillait avec persévérance à augmenter ses domaines, ou tout au moins à enlacer dans les liens du serment féodal les quelques seigneurs du Valentinois et du Diois demeurés étrangers à sa domination. Le 6 avril 1247, les Châteauneuf lui vendirent la seigneurie d'Ourches pour le prix de 6,000 sols de viennois (1). Il acquit cette même année et le 4 février, d'Adémar de Quint, chevalier, le fort et l'habitation que ce dernier avait au château de Quint et toutes ses autres possessions à Pontaix, à Barry et aux Roissards (2). Il acheta encore de Pétronille, veuve de Guillaume d'Etoile, chevalier, et de ses enfants, Ponce, chanoine de Valence, Jarenton, Fiasse et Marronne, leurs possessions au ténement de Lésignan (3).

Ce fut vers la fin de l'année 1250 que mourut Aymar II de Poitiers, surnommé le Vieux, qui avait gardé jusqu'à la fin le titre de comte de Valentinois, mais dont le nom, pour une cause que nous ne sommes pas en mesure d'expliquer, ne se lit plus dans les documents à partir de l'année 1239. Aymar III, devenu l'unique chef de la maison de Poitiers, voulut prendre en main l'administration de toutes les terres qui en relevaient, sans en excepter celles qui appartenaient en propre à son aïeule, Philippe de Fay ; cette dame protesta contre l'indigne conduite de son fils, qui voulait ainsi la dépouiller de son douaire ; mais Aymar, peu sensible aux plaintes de sa mère, se mit en possession de la terre de Fay,

---

(1) ANSELME. T. II, p. 183.
(2) Archives de l'Isère, B, 3521. « ... Anno Domini M°.CC°.XL.°VI°, quinto Kalendas marcii, Ademarus de Quinto, miles,.. ex causa permutationis dedit... d. Ademaro, filio comitis Valent..... fortalicium et domum suam de Quinto et omnia alia que habet... in castro et monte de Quinto, in mandamento et tenemento de Quinto, et ea que habet... in castro de Pontais, et in castro de Barre, et in castro de Rossas... »
(3) Archives de l'Isère, B, 3157.

après avoir expulsé ceux qui avaient la garde des châteaux de Montréal, Chanéac, Châteauneuf, Forchiat, Queyrière et Mezenc. Ceci se passait en 1250. La veuve d'Aymar II donne un libre cours à ses récriminations dans un document parvenu jusqu'à nous : elle rappelle les faits signalés, reproche à son petit-fils les mauvais traitements dont elle est l'objet de sa part, puis annulant toutes ses dispositions testamentaires précédentes, transmet ses biens et ses droits à son autre petit-fils Roger de Bermond d'Anduze, fils de Josserande de Poitiers (1).

En 1249 et le 27 septembre, s'était éteint à Millaud, en Rouergue, Raymond VII, comte de Toulouse, le parent et l'ami d'Aymar II de Poitiers. Cette mort, en même temps qu'elle excita dans tout le Midi une douleur profonde, apporta plus d'un sujet d'inquiétude aux vassaux et aux populations qui relevaient de la maison de Saint-Gilles. Ils se voyaient en présence d'un nouveau souverain, Alphonse de Poitiers, frère de St Louis, et il était aisé de soupçonner que dans un avenir plus ou moins éloigné, la France allait recueillir le riche héritage de Raymond. Avec la disparition de la race des comtes de Toulouse, on sentait qu'un coup mortel venait d'être porté à l'autonomie, à l'indépendance de nos provinces méridionales. Les comtes de Valentinois étaient vassaux de la couronne Toulousaine pour leurs possessions sur la rive droite du Rhône et pour le comté de Diois, dont ils n'avaient point encore osé prendre le titre. Aymar III ne tarda pas à être invité à fournir le dénombrement des fiefs dont il avait à faire hommage au nouveau comte de Toulouse. Il fit beaucoup de difficultés avant de se soumettre à ces formalités, prétendant que l'acte de 1239, par lequel la maison de Poitiers avait aliéné, en faveur des comtes de Toulouse, l'allodialité de ses terres en Vivarais, devait être réputé nul, comme ayant été

---

(1) Archives de l'Isère, B, 3822. Texte publié dans notre *Essai hist. sur Die*, t. I, p. 477.

plus ou moins extorqué par la violence. Il ne s'y résigna toutefois que longtemps après, et nous avons encore une lettre qu'il adressait en 1256 à Guy Fulcodi, dans laquelle il proteste énergiquement contre la sommation de rendre hommage qui lui avait été adressée (1).

Aymar III put bientôt se consoler des tracasseries que lui suscitaient son aïeule et les agents du comte de Toulouse, en faisant une importante acquisition. La route qui reliait St-Nazaire au principal noyau des propriétés du comte traversait le mandement de Rochefort. Bâti sur les crêtes abruptes d'un contrefort de la chaîne du Pennet, à l'entrée du Val de Saint-Genis, le château de Rochefort, vrai manoir féodal, appartenait encore aux descendants de celui qui au XIe siècle en avait posé les inébranlables fondements. Humbert dit Peloux, seigneur de Rochefort, était vassal du dauphin; Aymar tenait lui aussi à l'avoir pour feudataire. L'occasion parut favorable. Humbert avait marié son fils Pierre avec Alix, petite-fille de Gontard, seigneur de Chabeuil. Dans des partages de famille, Alix se prétendit lésée et réclama sa part de la seigneurie de Chabeuil. Le comte intervint et promit de prêter main-forte aux Peloux, y mettant pour condition que ceux-ci lui feraient hommage pour le château et le mandement de Rochefort. La proposition fut acceptée et, le 21 avril 1252, Humbert Peloux se rendit feudataire du comte de Valentinois, promettant pour lui et ses successeurs de faire hommage à chaque mutation de vassal ou de seigneur et de laisser arborer chaque année, pendant un jour et une nuit, l'étendard du Valentinois au sommet de la plus haute tour du donjon de Rochefort (2).

L'année 1253 fut marquée par quelques désordres près de

---

(1) *Hist. gén. de Languedoc,* t. VIII, col. 1395.

(2) *Inventaire des archives des Dauphins... en 1346,* n° 146 : « ... Accipio in feudum ipsum castrum Ruppis Fortis cum duobus fortaliciis suis superiori et inferiori... »

Pontaix en Diois. Des soldats de l'élu de Valence, qui avaient la garde de ce château, étant sortis de nuit et faisant une reconnaissance du côté de Quint, s'étaient vus tout à coup assaillis par les gens du comte ; une lutte assez vive s'engagea entre eux au pont Rachas, et Mathieu de Chabrillan, chevalier, y fut grièvement blessé. L'évêque du Puy, se trouvant de passage, fut pris pour arbitre, et par son jugement, rendu à Romans le 12 octobre 1253, il réussit à rétablir la bonne harmonie entre l'élu et le comte (1). Il ne fut pas aussi facile de terminer le différend que le comte avait avec l'Eglise de Viviers. Sous l'épiscopat de Burnon, il avait été condamné à payer à cette Eglise une somme de 10,000 sols de viennois, à l'occasion d'un procès pour l'hommage des terres de Mézenc, La Baume et Chomérac, hommage auquel il prétendait n'être point tenu. En 1255, Aimon de Genève venait d'être élu au siège épiscopal de Viviers. Ce prélat acheta à la famille de Châteauneuf la forteresse de Montpensier, dont les ruines imposantes dominent le bourg de Châteauneuf. On peut croire qu'Aymar de Poitiers vit avec un extrême déplaisir lui échapper une place, admirablement située, qui commandait d'un côté le cours du Rhône et de l'autre un étroit défilé dans lequel s'engageait la route de Provence. Ce qui est certain, c'est qu'il saisit le premier prétexte pour prendre les armes ; il vint mettre le siège devant le château de Montpensier. Mais Aimon de Genève trouva un puissant secours auprès de son frère, Amédée, évêque de Die, qui se hâta de lui envoyer une petite armée. Aymar fut contraint de battre en retraite et de rentrer dans ses Etats (2).

Le 8 mai 1257, Aymar III écrivait de Châteaudouble au roi St Louis et prenait l'engagement de lui rendre le château de Bidaches à grande ou petite force, toutes les fois qu'il en serait requis, tant que lui ou les enfants de Béraud de Bida-

---

(1) Archives de l'Isère, B, 3523.
(2) Voir notre *Essai hist. sur Die*, t. I, p. 363.

ches ou ceux de Guillaume de Solignac tiendraient cette place (1). L'année suivante, il fit hommage au dauphin Guigues VI pour le château et le mandement d'Etoile, terre patrimoniale des Poitiers, dont le haut domaine avait été accordé par les empereurs aux évêques de Valence (2).

Mentionnons maintenant quelques nouvelles acquisitions de territoires. Le 24 mai 1259, il acquit le château de Gluiras, en Vivarais, de Girin Mallet, chevalier (3). Le 10 novembre de la même année, Lambert, seigneur de Chabeuil, lui vendit pour 6,000 sols de viennois le château et le mandement de la Vache, plus une cense annuelle de 100 sols à Etoile. Vers le même temps, Aymar de Chabrillan lui vendit au prix de 50 livres de viennois la moitié d'une tour et quelques maisons contiguës, à Chabeuil (4).

Les conflits de juridiction n'étaient pas rares. Comment aurait-il pu en être autrement, la même terre reconnaissant alors souvent plusieurs seigneurs, qui à divers titres y exerçaient des droits? Le moyen ordinaire de mettre fin à ces sortes de querelles était de faire une transaction. Les documents de ce genre abondent dans nos archives. Le 24 janvier 1261, Aymar transigeait avec le prieur de St-Michel de Charaix, au diocèse de Viviers, sur lequel il prétendait avoir toute juridiction: il prendra le vingtième sur le pain et le vin, et les habitants seront tenus envers lui de tous subsides, de toutes corvées de clôtures, excepté celles des châteaux de Tournon et de Privas (5). L'année suivante et le 1er janvier, les coseigneurs de Châteauneuf-de-Mazenc transigèrent ensemble au sujet de leurs droits respectifs. Outre le haut domaine de cette seigneurie, Aymar de Poitiers avait une

---

(1) Duchesne. *Preuves*, p. 9.
(2) *Inventaire des archives des Dauphins*, n° 381.
(3) Anselme. Ibid.
(4) Archives de l'Isère, B, 3157.
(5) Anselme. Ibid.

portion du fief, les autres portions appartenaient aux Châteauneuf, aux Chamaret et aux Taulignan. Les Châteauneuf descendaient des seigneurs primitifs du lieu et formaient en 1247 plusieurs branches, dont chacune avait quelques lambeaux du territoire. Le 27 juin 1247, Dalmacius de Châteauneuf vendit à ses cousins Guillaume et Raymond de Chamaret, fils de Geoffroyde de Châteauneuf, toutes ses possessions, tant à Châteauneuf qu'à Faucon, Charrols, Cléon et Ezahut, s'en réservant l'usufruit sa vie durant; les acquéreurs devaient rendre à Laurette, sa femme, les 5,000 sols de viennois qui constituaient sa dot et, si elle restait veuve, lui payer une rente viagère de 1,000 sols. Dans cette vente, Dalmacius n'oubliait pas de sauvegarder les intérêts de ses sœurs; une d'elles était religieuse au monastère d'Aleyrac (1). Les efforts du comte à Châteauneuf, comme sur les autres points, tendaient à absorber à son profit les droits des coseigneurs. Le 13 mai 1263, il acquit les portions de Guillaume et de Pierre de Châteauneuf; le 15 mars 1264, autre acquisition de maisons et de terres (2). Enfin nous verrons bientôt les Taulignan aliéner en faveur de son fils les derniers restes de l'ancien morcellement.

---

(1) Archives de l'Isère, B, 3521. « ... Concedo omnia bona mea mobilia et immobilia,... in castro vel in villa Castri Novi Dalmazensi et Falconis et Charrols, et de Clivo, et de Isauc et eorum tenementis sive territoriis et in tenemento de Montanhac et de las Blachas... » Cet acte contient ensuite une curieuse description de la portion du bourg de Châteauneuf appartenant au vendeur: « ... Vobis predictis fratribus dono et concedo sigillatim, dono enim vobis turrem illam que est ad collum predicti castri ex parte orientali. Item, dono vobis... turrem illam et salam et domos contiguos que sunt in capite castri a parte occidentali. Item, dono vobis castrum vetus, quod est inter duas predictas turres, et generaliter quicquid habeo... inter caput castri predicti tocius sive municionis predicti castri... Item, dono vobis... quicquid habeo... ab illo cinctu predicti castri quod appellant *lo torn superius* usque ad municionem predictam... »

(2) Archives de l'Isère, B, 3157. — ANSELME, II, p. 188.

Une autre transaction qui offre des particularités intéressantes est celle qu'Aymar III fit avec le bayle de Fay, le 14 novembre 1262, au sujet des droits dus au comte par les habitants du lieu : entre autres choses il est dit que si aux noces on tue un bœuf ou une vache, la cuisse ronde en appertient au comte et que, si quelque fille sort de Fay pour se marier ailleurs, il doit en avoir les jarretières et le couvrechef (1).

En mars 1266, le comte de Valentinois fit l'acquisition de la terre de St-Gervais que lui vendirent Raymonde, veuve de Raymond Albert, ses enfants et Raymond Albert, leur oncle (2). Il eut bientôt des difficultés avec ses voisins, les Bénédictins de Cléon, dont le prieuré dépendait de St-Chaffre en Velay. Aymar voulait être seigneur de leurs terres et, comme ses prétentions étaient repoussées, il fit occuper par ses troupes le prieuré et dispersa les moines. L'affaire fut déférée au pape par l'abbé de St-Chaffre. Clément IV signifia au comte que si dans les quinze jours après la monition, il n'avait pas rétabli toutes choses en leur ancien état, l'excommunication serait prononcée contre lui et ses terres mises en interdit. Aymar se hâta d'envoyer au pontife Raymond de Chamaret et Mathieu d'Anagnie : ils devaient faire remarquer que les formalités canoniques n'ayant pas été remplies, il fallait surseoir à tout jugement et examiner les droits du comte avant de prononcer. Par lettres datées de Viterbe, le 19 septembre 1266, Clément IV nomma des délégués, à l'effet d'étudier l'affaire du Valentinois (3).

Cependant de plus graves événements fixèrent bientôt l'attention du chef de l'Eglise et vinrent encore aggraver la triste situation du Valentinois. Après avoir résisté aux supplications, aux menaces du pape, Philippe de Savoie, élu de

---

(1) ANSELME, II, p. 188.
(2) ANSELME, II, p. 188.
(3) U. CHEVALIER. *Cartulaire de St-Chaffre*, p. 198.

Valence, s'était enfin décidé à se démettre d'un évêché qu'il détenait depuis plus de vingt ans, sans jamais avoir voulu recevoir les ordres sacrés, pour être toujours prêt à rentrer dans le monde, si une plus haute fortune l'y attirait. Comme il était à la veille d'hériter de la couronne de Savoie, il renonça à sa dignité d'élu de Valence et le 24 février 1267 fit approuver les comptes de sa gestion au chapitre de Valence (1). Les chanoines furent invités à lui donner un successeur dans le plus bref délai ; ils ne purent si tôt s'entendre, et le siège épiscopal resta vacant (2).

L'occasion parut belle à Aymar de Poitiers pour regagner le terrain perdu sous Philippe ; il n'eut garde de la laisser échapper. Crest surtout devint son objectif ; il voulut à tout prix devenir maître de cette place, réputée la clé du Diois. Le lecteur se souvient peut-être que Philippe de Fay avait en 1250 déshérité son petit-fils Aymar de Poitiers, au profit d'un autre de ses petits-fils, Roger Bermond d'Anduze, et avait transmis à ce dernier les coseigneuries de Clérieu et de la Roche-de-Glun, qu'elle tenait du chef de sa mère, Météline, fille de Roger, seigneur de Clérieu. Il en était résulté une guerre entre les deux cousins Aymar et Roger Bermond. Celui-ci, trop faible pour lutter avec le comte de Valentinois, se hâta de céder ses droits aux deux frères Roger et Silvion de Clérieu, à la condition qu'ils le défendraient contre Aymar (3). La guerre continua donc, mais la fortune demeura fidèle au comte. Silvion fut fait prisonnier et dut subir une longue captivité (4). La baronnie de Clérieu se trouvait pour ainsi dire enclavée dans les terres du dauphin. Aymar III lui proposa un échange qui fut bien vite accepté : il lui abandonna

---

(1) Archives de l'Isère, B, 3528. Texte publié dans nos *Quarante années*, p. 102-7.
(2) Voir sur ces événements notre *Histoire de Die*, t. I, p. 389 et suiv.
(3) DE GALLIER. *Essai hist. sur la baronnie de Clérieu*, pp. 54 et 89.
(4) *Inventaire des arch. des Dauphins de 1346*, n° 331.

la coseigneurie de Clérieu et de la Roche-de-Glun, et Guigues VI lui céda le haut domaine qu'il avait sur la parerie de Crest et les terres d'Aouste et de Divajeu, qui appartenaient à l'Eglise de Valence. Cet échange eut lieu au mois de mars 1267 (1). Aymar s'empressa d'écrire à ses vassaux de Clérieu pour leur enjoindre d'avoir à reconnaître désormais le dauphin pour seigneur (2). Par cet acte, l'Eglise de Valence devenait feudataire du comte de Valentinois et plus que jamais exposée à des tracasseries de toute sorte.

Le chapitre de Valence s'aperçut aussitôt du changement qui venait de se produire. Il était urgent de faire cesser la vacance du siège épiscopal. Dans une pensée de conciliation, les chanoines voulurent placer à leur tête Robert d'Uzès, évêque d'Avignon, parent d'Aymar de Poitiers (3), et le pape Clément IV, approuvant leur choix, écrivait à l'élu, le 7 juillet 1267, pour l'encourager à prendre en main le gouvernement de cette Eglise, qui avait tant besoin d'un pasteur pieux et zélé. La lettre du souverain pontife est fort belle, pleine de pensées élevées et d'excellents conseils. Il disait, entre autres choses, à l'élu : « Quant à votre parent le comte
« Adémar, il vous faudra user envers lui d'une prudence
« éclairée : ne l'exaspérez point par trop de rigueur ; ména-
« gez son amour-propre, mais ne lui donnez point sujet
« de s'énorgueillir et de triompher de votre faiblesse. Pour
« mener toutes choses à bien, nous ne pouvons ici vous don-
« ner de règle absolue : ce sera tantôt par votre habileté,
« tantôt en vous appuyant sur le droit que vous parviendrez
« à vous faire respecter ; quelquefois aussi vous réussirez
« mieux en employant la force. Enfin pour ce qui concerne

---

(1) *Inventaire des archives de la Chambre des Comptes de Grenoble.* Ms. Valentinois, t. I, f° 336, v°.

(2) *Inventaire...* de *1346*, n° 446.

(3) Voir nos *Notes et docum. pour servir à l'hist. des évêques d'Avignon et de Valence dans la seconde moitié du XIII° siècle.* Valence, 1886, in-8°, 31 p., et notre *Hist. de Die*, t. I, p. 390.

« l'affaire du château de Crest, prenez cette détermination :
« si la justice n'est pas évidemment de votre côté, cherchez
« sincèrement la paix, car on doit toujours éloigner le fléau
« de la guerre, comme éviter un procès, quand on ne peut
« appuyer ses revendications sur de justes et solides raisons. »
Le même jour, Clément IV écrivait à Aymar pour lui dire
toutes les espérances qu'il fondait sur le nouveau prélat pour
le rétablissement si désiré de la paix (1).

Mais toutes ces lettres pontificales demeurèrent sans effet.
L'Eglise de Valence retomba plus bas que jamais. Les populations n'en avaient point encore fini avec ces querelles de l'évêque et du comte. Robert d'Uzès ne vint pas à Valence. Les chanoines durent songer à une nouvelle élection, et, comme ils étaient divisés, la vacance du siège menaçait d'être longue. Dans une assemblée capitulaire tenue vers la fin de l'année 1267, ils en vinrent à un compromis et chargèrent trois d'entre eux, le doyen, le prévôt et l'abbé de St-Félix, de désigner le futur évêque. Que se passa-t-il entre les délégués ? Nous l'ignorons, mais le doyen, Guillaume de Hauteville, annonça au chapitre que Guy de Montlaur, doyen du Puy, avait été élu. Cette proclamation souleva un orage dans le chapitre ; quelques chanoines, ayant à leur tête le prévôt, Guillaume de Monteil, protestèrent hautement, et refusant de reconnaître Guy de Montlaur, en appelèrent au pape. Aymar de Poitiers n'épargna rien pour fomenter un schisme, qui ne pouvait que servir ses intérêts. Il se mit du parti de Guillaume de Monteil et appuya ses réclamations en cour romaine. Avant de partir pour l'Italie, Guillaume vit le comte à Etoile, le 1er janvier 1268. Nous avons donné ailleurs des détails sur ce curieux procès : le 6 octobre 1268, Clément IV cassa l'élection de Guy de Montlaur, mais celui-ci, qui s'était déjà fait reconnaître par l'archevêque de Vienne, brava tous les anathèmes et se maintint sur le siège épiscopal. La mort du pape

---

(1) MARTÈNE. *Thesaurus*, t. II, col. 501-2. — DUCHESNE. *Preuves*, p. 9.

arrivée bientôt après, le 29 novembre, et la longue vacance du siège apostolique ne favorisèrent que trop le schisme de l'Eglise de Valence (1).

D'une énergie de caractère peu commune, Guy de Montlaur prit d'une main ferme le gouvernement de son diocèse. Les moines de St-Chaffre l'ayant prié de les défendre contre Aymar de Poitiers, qui s'obstinait depuis douze ans à garder leur prieuré de Cléon, il somma le comte de le rendre et, sur son refus, prononça contre lui une sentence d'excommunication et mit ses terres en interdit. Aymar fit marcher ses troupes, et l'élu de Valence dut s'opposer à leurs ravages. Nous ne sommes malheureusement pas renseignés sur les détails de cette guerre : nous savons seulement que Guy de Montlaur consentit, le 23 octobre 1269, à accorder à Aymar et à ses gens une trêve qui devait durer jusqu'au 1er novembre (2).

Le grand fait historique qui domine l'année 1270 est la dernière croisade de saint Louis. Le comte de Valentinois ne paraît pas être demeuré étranger à la sainte entreprise. Au mois de mai, Alphonse, comte de Toulouse, et Jeanne, sa femme, étaient arrivés à Aymargues, à deux lieues d'Aigues-Mortes, et se préparaient à prendre la mer. Aymar de Poitiers vint les y rejoindre. Le 4 juillet, il leur fit hommage-lige pour tout ce qu'il possédait dans les diocèses de Viviers et du Puy ; il leur promit de plus deux mille livres tournois et donna pour ses cautions Decan, seigneur d'Uzès, Bertrand, vicomte de Lautrec, Bertrand, seigneur de Lombers, et quelques autres chevaliers (3). Le comte de Toulouse et sa femme lui firent cession de leurs droits sur le fief que tenait d'eux Draconnet, seigneur de Montauban, au château de Valréas, et sur les autres possessions de ce seigneur à Pierrelate, Rochegude, Piégon, Novaisan, St-Pantaléon, et ailleurs, dans les

---

(1) Pour tous ces événements, voir notre *Histoire de Die*, t. I, pp. 392-8.
(2) Archives de l'Isère.
(3) *Histoire gén. de Languedoc*, t. VI, p. 921 et t. VIII, c. 1703.

diocèses de Viviers et du Puy (1) A l'exemple d'Alphonse, Aymar fit un testament dans lequel il recommanda à son fils de réparer les torts qu'il aurait pu faire aux Églises, de terminer les divers procès engagés et de payer à ses serviteurs diverses pensions. Ce testament diffère peu de celui de 1277, que nous analyserons plus loin (2).

Tout le monde connaît le triste dénouement de cette croisade. Alphonse et Jeanne y furent eux aussi les victimes de la peste. Frappés en Sicile de la maladie, on les avait débarqués à Savone, où ils moururent, Alphonse le 21 août 1270, Jeanne trois jours après. Philippe-le-Hardi recueillit l'héritage de son oncle, et envoya dans le pays des commissaires pour en prendre possession en son nom et recevoir les hommages des vassaux. Aymar de Poitiers fit son hommage, le 27 novembre 1271, entre les mains de Florent de Varennes (3).

Cependant la longue vacance du saint siège venait de cesser. Le nouveau pape Grégoire X, bien que d'origine italienne, connaissait et aimait nos contrées, ayant passé encore enfant quelques années à Valence. La division régnait toujours parmi les chanoines et les deux partis s'empressèrent d'envoyer des délégués à Viterbe pour faire valoir leurs raisons auprès du pontife. Dans un esprit de conciliation, Grégoire se prononça en faveur de Guy de Montlaur et le 6 août 1272, à Orviéto, confirma son élection (4). Cette sentence n'était pas pour plaire à Aymar de Poitiers. D'autre part, l'interdit qui pesait sur ses terres lui créait de sérieux embarras ; il

---

(1) DUCHESNE. *Preuves*, p. 10. — Nous avons la charte par laquelle Alphonse, comte de Toulouse, se trouvant à l'Isle, le 11 mai 1251, donna à Draconet de Montauban St-Pantaléon en fief, et par laquelle celui-ci se reconnaît, en outre, feudataire du comte pour Plégon. (VIIe registre ms. de Valbonnays).
(2) *Bulletin de la Soc. d'Arch. de la Drôme*, t. XV (1881), p. 268-71. Nous utiliserons plus loin les données de ce testament.
(3) ANSELME. T. II, p. 188-9.
(4) *Gallia christiana*, t. XVI, c. 316.

comprit qu'il y allait de son intérêt de se montrer plus facile, et il soumit lui-même au pape le différend qu'il avait avec les moines de St-Chaffre et l'élu de Valence. Grégoire X confia à trois délégués le soin d'étudier l'affaire de Cléon et leur donna à diverses reprises des instructions empreintes de la plus grande sagesse (1).

L'action de la papauté allait devenir plus directe plus efficace sur nos pays. On sait que par une clause du traité de 1229 qui marque la fin des guerres occasionnées par l'hérésie albigeoise, le Comtat-Venaissin et le haut domaine sur le marquisat de Provence devaient retourner à la papauté, dans le cas où Alphonse de Poitiers, époux de Jeanne de Toulouse, mourrait sans enfant. A la mort d'Alphonse, Philippe-le-Hardi avait fait prendre possession des biens de son oncle; le pape lui envoya Guillaume de Mâcon, auditeur des causes du sacré palais, pour réclamer l'exécution du traité, et comme Philippe rêvait alors la couronne impériale et voulait, sans doute, ménager la cour romaine, il se rendit à ses raisons. Grégoire X s'étant mis en possession du Comtat, témoigna sa reconnaissance au roi par une lettre datée de Lyon, le 21 novembre 1273 (2). Comme conséquence de cette acquisition, la papauté ne tarda pas à affirmer ses droits sur les terres qui s'étendent de la Durance à l'Isère et que l'on désignait alors, comme nous l'avons dit, sous le nom de marquisat de Provence.

Grégoire X venait d'arriver à Lyon. Il y présida l'année suivante un concile œcuménique. Entre autres questions qui furent étudiées dans cette assemblée, on s'occupa des moyens de ramener l'ordre et la sécurité dans l'empire, que mettaient en péril les compétitions des prétendants à la couronne impériale et le fléau des guerres privées. Un de nos compatriotes, le célèbre Humbert de Romans, qui avait été général des

---

(1) U. CHEVALIER. *Cartulaire de St-Chaffre*, n°s 454-7.
(2) POTTHAST. *Regesta...*, n° 20761. — RAYNALDI. Ad an, 1273, n° 51.

Dominicains, y présenta un mémoire dans lequel il proposait, comme remède à la situation, que l'empire cessât d'être électif, et que l'Italie, les vallées de la Saône et du Rhône, qui depuis des années étaient en proie à l'anarchie féodale, fussent partagées en deux ou trois royaumes. C'était, aux yeux d'Humbert de Romans, l'unique moyen de rétablir l'autorité, dont on avait partout tant besoin (1). Nous verrons plus loin diverses tentatives pour mettre à exécution ce projet.

Pendant la durée du concile, l'attention du pape se porta sur les désordres du Valentinois. Il chargea deux cardinaux, l'évêque de Préneste et l'évêque de Sabine, de déterminer les conditions d'une paix définitive entre Guy de Montlaur et Aymar de Poitiers, toujours en querelle, principalement au sujet du château de Crest. Les délégués pontificaux adressèrent le 16 juillet 1274 une lettre à l'évêque de Die, aux abbés, prieurs, chapelains, vicaires et recteurs des églises du diocèse dont dépendait la ville de Crest, pour les informer de la mission qu'ils avaient à remplir et leur enjoindre de publier dans toutes les églises qu'ils levaient toutes les excommunications portées contre Aymar, ainsi que les interdits qui pesaient sur ses terres, et cela afin qu'il leur fût possible de procéder en toute sécurité et sans danger pour leur âme. « Vous « aurez soin, ajoutent-ils, de faire exhumer les corps des dé- « funts qui auront été ensevelis hors des cimetières, dans le « temps de l'interdit, pour les mettre en terre sainte, à une « place que vous désignerez (2). »

---

(1) RAYNALDI. Ad an. 1273, n° 6. — Cf. FOURNIER. *Le royaume d'Arles*, p. 228.

(2) Archives de l'Isère, B, 3535. « Venerabili in Xpo patri Diensi episcopo... Noveritis quod discretus vir G., electus et procurator ecclesie Valentinensis, nomine suo et ipsius ecclesie, de licentia et voluntate s. patris d. Gregorii pape decimi, ex una parte, et nobilis vir A. de Pictavia, nomine suo et successorum suorum ex altera parte, super controversiis... de Crista, de Dei Adjutorio, et de Augusta et eorum pertinenciis, necnon et quibusdam excommunicationibus et interdicti sententiis in ipsum nobilem..... in nos fuerint tanquam in arbitra-

L'année suivante, les cardinaux n'avaient encore rien réglé. Le pape passa à Valence au mois d'avril, se rendant en Provence, où il avait donné rendez-vous au roi de Castille et de Léon. Il put alors constater de ses yeux les désordres de toute espèce qu'avait engendré l'état d'hostilité et d'anarchie dans lequel vivaient nos malheureuses populations. Profondément affligé d'un pareil spectacle, il résolut de se porter lui-même médiateur entre l'évêque et le comte de Valentinois; mais comme il était attendu dans le Midi, il les invita l'un et l'autre à ne point s'éloigner, afin qu'il pût à son retour les entendre et vider leurs querelles. Aymar, qui redoutait sans doute l'issue du procès, chercha un prétexte pour ne point comparaître; il prétendit être appelé à la cour de France. Grégoire X écrivit donc à Philippe-le-Hardi pour le prier d'accorder au comte un sursis et par là faciliter la conclusion d'un traité de paix si désirable pour la tranquillité de la province (1). Guy de Montlaur accompagna le pape jusqu'à Beaucaire, et il était encore à la suite de la cour pontificale, lorsque la mort vint le surprendre à Tarascon.

La situation se trouvait tout à coup changée. Après un séjour d'environ cinq mois dans le Midi, Grégoire reprenait la route de Vienne. Il était à Valence le 13 septembre. Ce fut alors qu'on lui suggéra la pensée de donner suite à un ancien projet d'union des Eglises de Valence et de Die. On lui

---

tores. ... compromissum..... Unde mandamus vobis..... quatenus..... absolutionem et interdicti relaxationem in vestris ecclesiis publicetis..... dum ibidem populus convenerit ad divina, et corpora defunctorum, tempore interdicti hujusmodi, in vestris parrochiis extra cymeterium sepulta exhumari faciatis et in vestris cymenteriis, in aliqua ipsorum parte, eadem corpora tumulari. Reddite litteras, in signum hujusmodi mandati nostri fideliter executi, sigillorum vestrorum munimine communitas..... Datum Lugduni XVII Kal Augusti, anno Dni M°.CC°.LXX°. quarto, pontificatus dni Gregorii ppe decimi anno III°. »

(1) L. DELISLE. *Notice sur cinq manuscrits de la Bibliothèque nationale.* Paris, 1877, in-4°, p. 67-8.

représenta l'évêque de Valence dans l'impuissance absolue de lutter, avec ses seules ressources, contre la maison de Poitiers. L'union des deux Eglises mettrait entre les mains du prélat des forces considérables, et on avait tout lieu d'espérer que cette mesure opposerait une infranchissable barrière à l'ambition du comte Aymar. Cette union paraissait s'imposer, et par une bulle datée de Vienne, le 25 septembre 1275, elle fut décrétée. Cinq jours après, Grégoire X plaçait à la tête de l'Eglise de Valence Amédée de Roussillon, abbé de Savigny, et lui assurait la succession de son oncle Amédée de Genève, évêque de Die, dont l'âge et les infirmités faisaient prévoir la fin prochaine. En effet, le 22 janvier suivant, le vieil évêque de Die expirait dans sa demeure épiscopale à Die, entre les bras de son neveu (1).

Amédée de Roussillon ouvre avec éclat la liste de ces prélats qui jusqu'en l'année 1687 vont porter le titre d'évêques de Valence et de Die. Son éducation au sein d'une puissante famille féodale l'avait bien mieux préparé pour la vie des camps que pour celle du cloître : c'était un capitaine habile, et il ne confiera à nul autre le soin de conduire ses troupes sur les champs de bataille. Aymar, qui du reste était en assez mauvais termes avec les Roussillon, s'attendait à la reprise des hostilités et s'y préparait. Elles éclatèrent bientôt à l'occasion d'un différend déjà ancien entre le comte et l'Église de Die, au sujet du haut domaine du château de Crupies. Amédée revendiqua, comme son oncle, les droits de son Église sur ce fief ; il en avait une portion et le comte une autre, mais celui-ci, au mépris des droits du prélat, avait fait élever une tour, ou château en bois, qui dépassait de la hauteur d'un homme les tours de l'évêque, et au sommet de cette tour il avait fait arborer son drapeau. L'évêque mit ses troupes en campagne : elles arrêtèrent sur le territoire de Valence le juif Aiquinet, ainsi qu'un homme de Chabrillan, tous deux vassaux du

---

(1) Voir notre *Histoire de Die*, t. I, p. 402-10.

comte. Aymar fut plus heureux dans ses captures Ses troupes firent prisonniers P. Garlia, chevalier, Hugues de Boczosel, Girin de Larnas, Jarenton de Miribel, damoiseaux, Hugues Paret et deux autres personnes avec leurs chevaux. Peu de temps après, Aymar Bérenger et Artaud de Rochefort qui combattaient comme les précédents pour la cause de l'Église, furent encore arrêtés avec leur suite. Les débuts d'Amédée n'étaient pas heureux. Robert, duc de Bourgogne et tuteur du dauphin Jean 1er, pris pour arbitre, imposa aux belligérants une trève, qui devait durer jusqu'après la quinzaine de Pâques, et leur donna rendez-vous à Vienne pour le 14 avril, jour où il ferait connaître sa décision. L'évêque et le comte se trouvèrent à Vienne au jour marqué. En présence du duc de Bourgogne, ils se firent de mutuels reproches, puis le duc prononça le jugement. Le château ou village de Crupies relèvera pour une moitié du fief comtal ; l'évêque remettra les clés du château à Ysoard de Bourdeaux, feudataire du comte, et huit jours après la remise des clés, pendant l'espace de quinze jours consécutifs, Aymar de Poitiers pourra librement occuper le village avec ses troupes, y transporter les munitions de guerre et les vivres nécessaires et fortifier, de la manière qu'il croira utile, la portion du château qui lui appartient. Enfin l'évêque renoncera à toute indemnité (1).

L'évêque avait à cœur de prendre sa revanche. Il fit alliance avec les habitants de Saillans, à qui les officiers du comte, gens dont le zèle n'était guère réglé que par l'intérêt, créaient sans cesse des difficultés. Les hostilités allaient recommencer, lorsque on apprit la mort du comte de Valentinois.

Aymar III de Poitiers s'était rendu à Rochemaure, auprès de son parent Giraud Adhémar, coseigneur de Montélimar. C'est là qu'il comprit, sous les coups de la maladie, que la fin de ses jours approchait. Le 20 avril 1277, il refit son testament. En lisant cette pièce, on sent que la pensée du terrible

---

(1) Archives de l'Isère, B, 3514. Voir pour les détails notre *Histoire de Die*, t. II, p. 6-9.

jugement de Dieu préoccupait son âme. Il veut que si le bon droit n'est pas complètement de son côté, on termine pacifiquement les différends qu'il a avec les abbés de Saou, de Cruas et d'Aiguebelle, avec les prieurs de St-Marcel, de Rompon, de St-Médard et autres. Il désigne pour ses exécuteurs testamentaires Décan, seigneur d'Uzès, son parent, Pierre, seigneur de Boursol, et Guillaume de Châteauneuf, seigneur de la Laupie, leur adjoignant comme conseillers Robert, évêque d'Avignon, et frère Raymond de Mévouillon, de l'ordre des Frères Prêcheurs. Il demande à être enseveli chez les religieuses cisterciennes de Bonlieu, au diocèse de Valence. Trois jours après, le 23 avril, il prescrit à ses officiers et vassaux de demeurer fidèles à son fils Aymar et de lui obéir comme à leur légitime seigneur. Celui-ci n'ayant point atteint sa majorité, son père l'émancipa le 6 mai en présence de Giraud Adhémar et, par un acte daté du même jour, qui devait avoir au besoin toute la valeur d'une donation entre vifs, il le mit en possession des châteaux de Baix, du Pouzin, de St-Auban, de Privas, de Tournon, d'Etoile, de Montmeyran, d'Upie, de Châteaudouble, de Charpey, de Grane, de Crest, de Quint, de Pontaix et de Saou. Il voulait prévenir ainsi les différends que pourrait faire naître le partage de sa succession (1). Le comte mourut peu de jours après.

L'énumération des places qu'Aymar III laissait à son fils nous permet, d'une certaine manière, d'apprécier l'étendue et l'importance du comté de Valentinois en 1277 ; tous ces châteaux appartenaient en toute propriété au comte, mais le nombre de ceux que divers seigneurs tenaient de lui en fief et sur lesquels il n'avait qu'un droit de haut domaine, était beaucoup plus considérable. Ce testament de 1277 et surtout celui de 1270 jettent un peu de lumière sur le personnel qui composait alors la petite cour d'un comte de Valentinois. C'était assez modeste ; on n'y connaissait point le luxe de ser-

---

(1) DUCHESNE. *Preuves*, p. 11-14.

viteurs titrés et inutiles. Le gouvernement du comte était un gouvernement personnel ; rien n'était fait ou censé fait que par ses ordres. Son testament nous montre auprès de lui trois ecclésiastiques dont deux prêtres, deux chevaliers, un damoiseau : ils formaient, sans doute, une sorte de conseil. Il y avait encore un médecin, Jean Rocotte, attaché à la petite cour comtale et quelques serviteurs et servantes (1).

Aymar III s'était marié deux fois.

En premières noces, il épousa Sibille de Beaujeu, fille de Humbert IV de Beaujeu, connétable de France, dont il est souvent fait mention dans les Mémoires de Joinville et qui mourut après la prise de Damiette, le 21 mai 1250, et de Marguerite de Baugé et de Bresse, fondatrice de la Chartreuse de Polleteins. Sibille était, par son aïeule paternelle, petite nièce de Philippe Auguste (2). De ce mariage naquirent :

---

(1) Dans une enquête sur un meurtre imputé aux juifs de Valréas en 1247, publié par Molinier (Paris, Champion, 1883, in-8°, 13 p.), il est fait mention d'un *connétable de Valence*. Serait-ce un officier d'Aymar III, une sorte de commandant supérieur des troupes du Valentinois ? — Les archives de l'Isère conservent plusieurs exemplaires des divers sceaux d'Aymar III :

1° Fragment de sceau rond, de 35 millimètres, cire brune.
  Sceau armorial. Ecu aux armes des Poitiers. — Légende illisible : Appendu à une charte de 1253.

2° Sceau rond de 0,050 ; cire brune.
  Sceau équestre aux armes. SIGILLVM. ADEMARI. DE. PICTAVIA.
  Contre-sceau rond de 0,037. Etoile à 12 rayons. COMITIS VALENTIN.
  Appendu à une charte de 1270.

3° Sceau rond de 0,050 ; cire brune.
  Sceau équestre aux armes des Poitiers. SIGILLVM : ADEMARI. DE : PICTAVIA.
  Appendu à la donation faite à son fils le 7 mars 1277.

Voir Pilot de Thorey. *Inventaire des sceaux du Dauphiné*, p. 42.

(2) Les testaments de Guichard III de Beaujeu (18 septembre 1216) et de Humbert IV de Beaujeu (juillet 1248), l'aïeul et le père de Sibille ont été publiés dans la *Bibliothèque de l'Ecole des Chartes*, 4ᵉ série t. III (1857), p. 161 et 257. C'est le testament de Humbert qui nous

1° Philippe de Poitiers, première femme de Bertrand de Baux, comte d'Avelin, depuis grand justicier du royaume de Naples. Elle eut pour dot dix mille marcs d'argent, dont elle donna quittance le 12 octobre 1254, et qui furent hypothéqués en 1269 sur la terre de Monteux (1).

2° Marguerite de Poitiers, épouse de Roger, seigneur de Clérieu, à qui elle survécut et dont elle eut Graton et Guichard de Clérieu.

3° Aymar IV de Poitiers, qui suit.

En secondes noces, Aymar III épousa, au mois d'avril 1268 (2), Alix de Mercœur, veuve de Pons de Montlaur, fille de Béraud, seigneur de Mercœur, et de Béatrix de Bourbon. Alix se remaria encore à Robert II, dauphin d'Auvergne, et mourut le 15 juillet 1286. Elle avait donné à Aymar III un fils :

Guillaume de Poitiers, nommé dans le testament de son père, qui le destinait à l'état ecclésiastique. Il ne voulut pas être homme d'Église et épousa Luce, fille de Guillaume II de Beaudiner, baron de Cornillon, dont elle resta l'unique héritière. Luce fut mère de cinq enfants : Guillaume II de Poitiers, Béatrix, Alix, Florie et Alixente. Demeurée veuve en 1321, elle vécut en noble et pieuse dame, fonda (1332) l'abbaye de Ste-Claire de Chazeaux et finit ses jours au mois d'octobre 1337. Elle avait donné Béatrix en mariage à Jean Bastet, seigneur de Crussol, qui fut père de Guillaume Bastet, seigneur de Crussol, baron de Beaudiner et de Cornillon, d'Emile, doyen du chapitre de St-Jean de Lyon, et de Jeanne, abbesse du monastère de Chazeau (3).

---

révèle le véritable nom de l'épouse d'Aymar III ; tous les auteurs l'appelaient jusqu'ici Florie de Beaujeu. Cette dame était alliée à la famille royale et à la plupart des grandes maisons de France. Elle eut pour dot la seigneurie de Belleroche en Beaujolais.

(1) D' BARTHÉLEMY. *Inventaire*, n° 543.
(2) *Gallia Christiana*, t. I, c. 93.
(3) ANSELME. T. II, p. 189. — *Revue du diocèse de Lyon*, 1883, p. 109.

AYMAR IV DE POITIERS, comte de Valentinois, était encore tout jeune quand il succéda à son père. Il avait épousé Polie de Bourgogne, quatrième fille de Hugues, comte palatin de Bourgogne. et d'Alix de Méranie ; cette dame lui avait apporté en dot l'importante seigneurie de Saint-Vallier, qui fut donnée plus tard en apanage à un puîné de la maison de Valentinois (1). Ce mariage en fit le beau-frère de Robert II, duc de Bourgogne, qui jouissait alors du titre et des prérogatives de tuteur du dauphin Jean Ier. Intelligent et actif, peu scrupuleux dans le choix des moyens, comme du reste tous ceux de sa race, Aymar IV devait gouverner ses Etats pendant plus de cinquante-trois ans : il continua avec les évêques de Valence et de Die cette lutte de rivalité dont nous avons tâché de déterminer l'origine et le vrai caractère, lutte tantôt sourde, tantôt à main armée ; il eut à se défendre à l'Est contre les tendances envahissantes du dauphin, à l'Ouest au-delà du Rhône, contre les perfides agissements des officiers du roi de France ; au milieu de tant de préoccupations, il fut assez habile pour agrandir ses domaines, augmenter le nombre de ses feudataires et mettre de l'ordre dans l'administration de sa principauté. Nous avons eu la bonne fortune de retrouver des fragments assez étendus du registre de sa comptabilité : ils nous permettront de connaître quelles étaient alors les principales sources de ses revenus, leur mode de perception et l'emploi qu'il en faisait.

Sa première démarche, après la mort de son père, fut de se rendre à Beauvoir, auprès du dauphin Jean ; il lui prêta hommage, le 17 juin 1277, pour le château et le bourg d'Etoile, en présence de Siboud, prieur de Saint-Vallier (2). Cet em-

---

(1) CAISE. *Hist. de Saint-Vallier*. 1868, in-12, p. 29, et *Cartulaire*, p. 20.

(2) Archives de l'Isère, B, 2991, f° 180 « ... Aymarus de Pictavia, filius quondam Aymari de P..., confessus fuit se tenere in feudum castrum de Stella et burgum ejusdem castri... »

pressement à se rapprocher du dauphin trouve, d'autre part, son explication naturelle dans les difficultés qu'il avait alors avec l'évêque de Valence. On se rappelle peut-être que celui-ci, fort de l'alliance des Saillanais, se disposait à prendre sa revanche, lorsque la mort inopinée du comte Aymar III vint arrêter les hostilités. Il eut le temps d'achever ses préparatifs, et quelques semaines après l'avènement du nouveau comte, il se mit en campagne.

La vallée de la Drôme fut le théâtre des opérations de cette petite guerre. Amédée de Roussillon ne confiait jamais à d'autres le soin de commander ses troupes, composées en majeure partie de robustes paysans du Diois. Il vint assiéger Aouste et, au bout de trois jours, se rendit maître de la place ; les soixante hommes de la garnison, réfugiés dans la forteresse, furent faits prisonniers. Il met ensuite le siège devant les villages d'Espenel et de Barry ; il dresse contre les remparts des machines de guerre, et les habitants se voient bientôt dans une situation désespérée. Poursuivant le cours de ses succès, l'évêque se présente devant Pontaix, petite forteresse sur un pic isolé, entre deux roches abruptes au milieu desquelles la Drôme s'est creusé un étroit passage. Pontaix est une des clés du Diois.

Mais les débuts de la campagne n'avaient pas moins été heureux pour le comte ; ses troupes avaient occupé Crest, Divajeu, et Bourdeaux, après en avoir chassé les garnisons épiscopales. Secondé par de puissants alliés, par Guigues Bérenger, dont la famille possédait une partie du Royans, et par Giraud Adhémar, co-seigneur de Montélimar, il inspirait au prélat des craintes sérieuses. Amédée, diplomate autant que guerrier, réussit à détacher de l'alliance du comte le seigneur de Montélimar : avec de l'or et de belles promesses, il l'amena, non seulement à se détacher de l'alliance du comte, mais encore à faire hommage à l'Eglise de Valence pour sa parerie de Montélimar et pour les châteaux qu'il avait sur les deux rives du Rhône. Ce fut par la force que l'évêque eut raison de l'autre allié du comte de Valentinois. Guigues Bérenger s'était rendu maître de Saillans ; Amédée se remit bientôt en possession de cette place les armes à la main (1).

Telle était la situation respective des deux partis au commencement de l'année 1278. La guerre menaçait de vouloir durer encore, quand un événement imprévu décida l'évêque à prêter l'oreille à des propositions de paix. Guy d'Auvergne, archevêque de Vienne, venait de mourir, et on sait que durant la vacance, l'administration de l'Eglise métropolitaine appartenait de droit à l'évêque de Valence. Amédée de Roussillon allait avoir de ce chef de sérieux embarras, entre autres une guerre avec Humbert de la Tour, le futur héritier du dauphin Jean, au sujet du château de Pisançon, propriété des chanoines de Romans, occupé alors par ce puissant seigneur (2). L'évêque et le comte, invités par le roi de France à se réconcilier, soumirent leur différend à l'arbitrage de Guy de Genève, évêque de Langres, et du connétable Humbert de Beaujeu. Comme Aymar était vassal du dauphin pour les diverses terres objets du litige, Robert, duc de Bourgogne, tuteur de Jean Ier, autorisa Aymar à traiter avec l'évêque, au sujet de Crest, Aouste et Divajeu, par lettres datées de Paris, le 15 mars 1278 (3). Enfin les deux contendants ayant placé leur procès sous le patronage royal, Philippe le Hardi leur écrivit le 6 mai pour leur dire qu'il acceptait d'être leur juge et qu'il chargeait l'évêque de Langres et le connétable de prononcer en son nom (4).

Le 27 mai, lendemain de l'Ascension, à Romans, dans la chapelle du palais de l'archevêque, se tint une assemblée

---

(1) *Vita Amedei Rossillonci*, dans Columbi, *Opuscula*, p. 356-7.
(2) Giraud. *Essai hist. sur Romans*, 2ᵉ partie, p. 55-59.
(3) Archives de l'Isère, B, 3536. Voir le texte publié dans notre *Essai hist. sur Die*, t. II, p. 19.
(4) Archives de l'Isère, B, 3536.

nombreuse de prélats et de seigneurs: les arbitres nommés devaient faire connaître leur décision. Ils commencèrent par déclarer qu'en vertu des pouvoirs que leur reconnaissait le compromis, ils se réservaient le droit, pendant une année, d'expliquer, d'interpréter ce qui pourrait sembler obscur, équivoque dans la sentence, puis ils continuèrent en ces termes: « Nous arbitres et pacificateurs amis, ayant entendu
« et pesé les raisons présentées par les deux parties, nous
« décidons, ordonnons et commandons que led. Aymar
« renonce à occuper la moitié ou la portion en litige du
« château de Crest, ainsi que les châteaux et dépendances
« mentionnés plus haut (Divajeu et Bourdeaux), qu'il nous
« en fasse la remise immédiate, à nous les recevant au nom
« et dans l'intérêt dudit évêque, à qui nous les rendrons
« aussitôt (1). »

Comme on le voit, les arbitres avaient écarté la question du haut domaine de ces châteaux et de ces terres. A qui appartenait ce haut domaine? L'évêque et le comte n'avaient-ils entre eux aucun lien féodal? Ce point délicat restait à éclaircir, et les arbitres déclarèrent qu'ils feraient connaître leur décision à cet égard à Lyon, le 25 juillet, invitant les deux parties à déposer entre les mains du gardien des Frères Mineurs de Valence et du prieur des Dominicains de la même ville des mémoires dans lesquels seraient exposées les raisons qu'elles croiraient devoir présenter pour étayer leurs droits.

Nous avons encore le mémoire fourni par Aymar de Poitiers ; on pourra en lire une analyse détaillée dans notre *Histoire du Diois :* qu'il nous suffise de dire que le comte s'efforce de démontrer qu'Aymar III, son père, n'avait jamais pu reconnaître et céder à Guy de Montlaur, administrateur du siège de Valence, la portion de Crest et les terres d'Aouste et de Divajeu, anciennes propriétés de Silvion de Crest, comme le

---

(1) Archives de l'Isère, B, 3536.

soutenait l'évêque de Valence et de Die (1). Le 25 juillet, à Lyon, ils ne se montrèrent pas convaincus par les arguments que contenait le mémoire et tout ce qu'ils purent faire fut de décider les parties à leur reconnaître le droit de poursuivre l'examen, l'étude de l'affaire en dehors des voies contentieuses, *ut possint cognoscere et examinare sine strepitu*. C'était, en d'autres termes, tout laisser en suspens. Le 30, Amédée et Aymar souscrivirent à cette clause ajoutée au compromis (2); nous verrons bientôt le roi de France intervenir dans ce fameux procès, qui devait encore allumer de terribles guerres entre les puissances rivales maintenant aux prises.

Rentré en possession de sa parerie de Crest, Amédée de Roussillon songea à s'y fortifier et fit construire, sur le sommet le plus élevé de la colline, une redoutable forteresse avec une rapidité qui tenait du prodige. Puis, dans le dessein de s'attacher les Crestois en flattant leur amour-propre, il voulut établir dans leur ville un chapitre ou collégiale composée de chanoines pris dans les deux Eglises de Valence et de Die. L'église de St-Sauveur de Crest lui sembla répondre parfaitement au but de sa fondation; il se la fit céder par les chanoines de St-Ruf qui en étaient possesseurs depuis quelques années, mais comme il fallait leur fournir une compensation, il crut pouvoir leur donner le prieuré de St-Médard.

---

(1) Archives de l'Isère, B, 3536. *Essai hist. sur Die*, t. II, p. 21-25.
« Hi sunt articuli Ademari de Pictavia, comitis Valentinensis, quos probare intendit contra litteram productam contra ipsum et ad reprobationem ipsius littere predicte, coram domino rege, super donationem quam episcopus Valentinensis et Diensis asserit esse factam domino Guidoni, quondam electo seu administratori ecclesie Valentinensis, nomine dicte ecclesie recipienti, de parte castri de Crista et de castris de Augusta et de Dei Adjutorio per Ademarum de Pictavia, patrem ipsius Ademari qui nunc est.

« In primis intendit probare dictus Ademarus... quod in dicta littera falso continetur quod dictus A., pater suus condam, transtulit possessionem dictorum castrorum in dictum electum Valentinensem... »

(2) Archives de l'Isère, B, 3536.

Ce prieuré de Saint-Médard, dont il existe encore quelques ruines près de Piégros, était alors pour Amédée de Roussillon une source de préoccupations et d'ennuis. Ses religieux, soumis à la règle de saint Augustin, avaient jusqu'alors formé une sorte de communauté indépendante ; ils ne relevaient d'aucun autre monastère et possédaient dans le Diois un certain nombre de paroisses dont le service religieux demeurait à leur charge, sous la haute surveillance de l'évêque de Die. Etaient-ils tombés dans le relâchement et l'évêque tenta-t-il de leur imposer quelques réformes ? Il est permis de le supposer, car le prélat se plaignant de leur manque de docilité, de leur esprit de révolte, les avait chassés à main armée de leurs demeures et avait confié à des clercs séculiers le service de leurs paroisses. A l'avènement d'Aymar IV, les principaux personnages de ce petit ordre s'étaient empressés de venir à Baix saluer le nouveau comte : le 3 février 1278, ils avaient déclaré que toutes leurs possessions territoriales étaient de son fief, qu'ils le reconnaissaient et l'avaient toujours reconnu pour protecteur de leur maison, et ils le suppliaient de prendre en main leur défense (1). La cession de Saint-Médard et

---

(1) Archives de l'Isère, B, 3537. « Notum sit omnibus presentibus et futuris quod anno Domini millesimo CCº LXXº VIIIº, scilicet die veneris proxima post festum purificationis beate Marie, nos fr. Petrus Richardi, prior Sancti Medardi prope Podium Grossum, et nos fr. Raymundus de Sancto Verano, prior S. Petri de Alpibus, et nos fr. Giraudus de Mirabello, prior S. Montani, et nos fr. Egidius, prior B. Marie de Monte Calmo, et nos fr. Arnaudus Bertalay, prior S. Medardi de Crista, et nos fr. Guillelmus de Gigorciis, prior S. Salvatoris, et nos fr. Petrus Laurencii et nos fr. Petrus Charbonelli, prior de Portis, canonici Sancti Medardi, Diensis diocesis, notum facimus .. quod nos constituti in presentia illustris viri domini A. de Pictavia, comitis Valentinensis,... confitemur et recognoscimus monasterium nostrum Sancti Medardi prope Podium Grossum et ecclesiam et grangiam et possessiones nostras de Podio Grosso et prioratum Sancti Salvatoris et prioratum Sancti Romani et possessiones eorum esse sub gardia, defensione et patronatu dicti comitis, salvo jure domini de Secusia in

de ses dépendances à l'ordre de Saint-Ruf acheva de les exaspérer ; ils ne voulaient en aucune façon perdre leur autonomie et entendre parler de leur union aux chanoines de Saint-Ruf de Valence. Dans cette extrémité, Aymar de Poitiers leur vint en aide, il leur conseilla d'en appeler à Rome et leur avança les sommes nécessaires pour commencer le procès. Bien plus, il joignit ses intérêts aux leurs, et choisit pour son fondé de pouvoirs devant la curie papale Pierre Brun, chanoine de Rodez (1). Force fut donc à l'évêque de choisir à son tour un représentant : il envoya à Rome maître Gison d'Apian, notaire. Le 5 janvier 1280, Nicolas III nomma trois délégués pour juger l'affaire de Saint-Médard, mais ils ne purent déterminer les parties à s'entendre sur le lieu où se tiendraient les conférences. Il fallut de nouveau recourir au pape, et le 17 juin, Pierre de Théan, archidiacre de Palerme, tenant la place du juge des appels, décida qu'elles se tiendraient à Nîmes (2).

A Sainte-Croix, près du château de Quint qui appartenait au comte, se trouvait un prieuré dans des conditions d'existence analogues à celles de Saint-Médard. Les religieux, chanoines réguliers de Saint-Augustin, avaient sous leur dépendance un certain nombre de paroisses. Le 25 novembre 1278, Lantelme de Livron, prieur de Sainte-Croix, avait au nom de tous ses frères fait hommage au comte pour les propriétés de l'ordre à Quint, Pontaix, Eygluy et Vassieu, au diocèse de Die, et à Barres, au diocèse de Viviers (3). Sainte-Croix, paraît-il, s'était sentie menacée, en voyant de quelle façon l'évêque avait traité les chanoines de Saint-Médard. Quoi qu'il en soit, Lantelme de Livron se rendit de nouveau

---

dicto prioratu Sancti Romani, et quod dictum monasterium Sancti Medardi olim erat sub gardia et patronatu dominorum Sancti Medardi, cujus castri dominium devenit ad dominum comitem.. »

(1) Archives de l'Isère, B, 3537.
(2) Archives de l'Isère, B, 3538.
(3) Archives de l'Isère, B, 3536.

auprès du comte, et le 19 février 1279, se plaça lui et les siens sous sa protection : il reconnut solennellement que les prieurés de Sainte-Croix-en-Quint, de Saint-Julien, de Vassieu, d'Ansage, de Barsac, au diocèse de Die, et de Saint-Pierre de la Roche, au diocèse de Viviers avaient été fondés et dotés par les ancêtres dudit comte; que celui-ci y jouissait des droits de garde, de défense, etc. Puis, par un acte spécial, très significatif, le chapitre de Sainte-Croix, prieur en tête, prenait l'engagement de ne point se soumettre à une autre règle sans en avoir obtenu l'autorisation préalable du comte, protecteur de la communauté (1).

Ainsi Aymar IV de Poitiers devenait le défenseur de tous ceux qui avaient à se plaindre de l'évêque. Ce rôle faisait prévoir que de nouvelles difficultés ne tarderaient pas à surgir entre les deux rivaux. Chacun d'eux voulut être prêt et songea à s'assurer le concours de ses amis en vue des événements. Le 28 mai 1280, l'archevêque de Lyon, l'évêque de Valence et Artaud de Roussillon, leur frère, seigneur d'Annonay, réunis au château de Roussillon, firent entre eux une ligue offensive et défensive. Roger de Clérieu, leur cousin, qui était venu les rejoindre, y adhéra (2). Le comte ne demeura pas en retard. Il se rendit à Paris, et là, sous le patronage du roi de France, le 30 juin 1280, il fit à son tour une ligue avec Louis de Beaujeu. Ils se promirent une mutuelle assistance contre les trois Roussillon, qui, disaient-ils, leur ont fait beaucoup de mal et pouvaient leur en faire encore. Humbert de Beaujeu, seigneur de Montpensier, connétable de France, et Louis, seigneur de Montferrand, son frère, approuvèrent ce traité (3).

---

(1) Archives de l'Isère, B, 3537.
(2) Archives de l'Isère, B, 3538.
(3) Archives de l'Isère, B, 3538. « Nos Ludovicus, dominus Bellijoci, et Ademarus de Pictavia, comes Valent., notum facimus universis... quod nos, considerantes et attendentes multa damna et gravamina nobis et terre nostre dudum fore illata a domino Aymaro de Rossil-

Mais si utile que pût être cette ligue, ce fut pourtant le moindre avantage que le comte rapporta de son voyage à la cour. Il fit hommage à Philippe le Hardi, non seulement pour les terres qu'il avait sur la rive droite du Rhône, mais encore, ce qui était une innovation, pour *le comté de Diois*, situé dans l'Empire. La raison pour laquelle il soumettait à l'hommage ce comté, il prend soin de nous la faire connaître: c'était un ancien fief de la maison de Toulouse, dont le roi possédait aujourd'hui l'héritage. Aymar n'était pas le maître du comté de Diois ; il y avait bien quelques châteaux, quelques domaines et quelques feudataires, mais la majeure

---

lone, nunc archiepiscopo Lugdunensi, et domino Amedeo, nunc episcopo Valent. et Dien., necnon ab Artaudo, domino Rossillionis, et timentes etiam nobis per predictos in posterum graviora inferri, promittimus ad invicem solemniter, et tactis corporaliter sacrosanctis evangeliis, per juramentum alterutrum alteri mutuo et vicissim, quod quilibet nostrum cum toto posse suo juvet alium et homines suos et terram suam, bona fide et sine fraude et fictione aliqua contra predict. archiepiscopum, episcopum et Artaudum et . homines et valitores eorumdem et omnes alios clericos et laycos a genere domini de Rossillone descendentes, quociescunque et quandocunque unus nostrum alterum nostrum, per se vel per certum nuncium, super hoc duxerit requirendum, et quod idem procurabimus fieri, juxta posse nostrum bene et fideliter,... rogantes viros nobiles, consanguineos nostros karissimos, d. Humbertum de Bellojoco, dominum Montispancerii, connestabulum Francie, et d. Ludovicum, dominum Montisferrandi, fratrem suum, in quorum presentia et de quorum consilio et assensu predicta facta fuerunt, ut ad fidem omnium premissorum pleniorem habendam, presentibus litteris sigilla sua apponant. Nos vero connestabulus et Ludovicus d. Montisferrandi supradicti videntes in hoc necessitatem et utilitatem evidentem dictorum nostrorum consanguineorum et predicta fieri laudantes et etiam consulentes, et nos Lucovicus, dominus Bellijoci, et Ademarus de Pictavia supradicti, in testimonium premissorum, presentibus litteris sigilla nostra duximus apponenda. Actum Parisiis, dominica post festum Apostolorum Petri et Pauli, anno domini M°. CC°. LXXX°, hiis testibus presentibus d. Guidone, domino Sancti Reruerii, d. Raymondo Bertrandi, millitibus. (Orig., parch., 18 lignes ; 3 sceaux).

partie du territoire appartenait à l'Eglise de Die et à ses vassaux. Jamais ses ancêtres n'avaient osé se qualifier comtes de Diois : lui, rêvait déjà d'ajouter ce fleuron à sa couronne et se montrait habile à se créer des titres qu'il pourrait un jour faire valoir. Le roi acceptait d'autant plus volontiers, si même il ne l'avait pas réclamé, cet hommage du comte, qu'il travaillait à étendre son influence sur les régions situées entre le Rhône et les Alpes, qui échappaient de plus en plus à l'autorité de l'Empire et qu'on tentait, à cette même date, d'ériger en royaume en faveur d'un prince de la maison d'Anjou. Satisfait d'une démarche qui reconnaissait en principe les droits de la maison de Toulouse et par conséquent les siens sur le Diois, Philippe le Hardi, par une déclaration solennelle donnée à Paris, le 3 juillet 1280, délia Aymar de Poitiers de ce serment de fidélité et de cet hommage pour le comté de Diois et l'affranchit à perpétuité de tout engagement à cet égard. Cet acte doit être ici conservé : Aymar y vit une confirmation de la charte de 1189, octroyée par Raymond de Saint-Gilles à un de ses ancêtres, et saura l'exploiter à son profit.

Ph., Dei gratia Francorum rex, universis presentes litteras inspecturis, salutem. Notum facimus quod cum dilectus et fidelis noster Ademarus de Pictavia, comes Valentinensis, nobis homagium et fidelitatem fecisset pro comitatu Dyensi, qui est ultra Rodanum, quem comitatum idem Ademarus asserebat esse de feodis comitatus Tholosani, nos habito consilio, pro nobis et successoribus nostris, ab homagio et fidelitate dicti comitatus Dyensis ipsum Ademarium et successores suos absolvimus et predicti feodi homagium et fidelitatem eidem perpetuo quittamus. Actum Parisius, die mercurii post octabas beatorum apostolorum Petri et Pauli, anno Domini millesimo ducentesimo octogesimo (1).

En même temps, le dauphin, désireux de mettre dans ses intérêts le comte de Valentinois, lui abandonnait l'hommage de Roger de Clérieu, par un acte du 13 juillet 1280 (2). Mais

---

(1) Archives de l'Isère, B, 3538.
(2) CHORIER, t. II, p. 173.

tous ces traités qui ne présageaient rien moins que la paix n'eurent pourtant pas les funestes conséquences qui semblaient devoir en découler. L'évêque avait alors sur les bras deux graves affaires qui absorbaient toute son attention : l'arrestation du marquis de Montferrat, qui avait eu lieu sur ses terres et dont la rumeur publique le rendait responsable (1) ; puis sa querelle avec les habitants de Romans. Ce n'est pas d'hier que date la passion généreuse des Romanais pour la liberté : leurs annales nous les montrent, durant toute la période du moyen âge, en lutte avec le chapitre de Saint-Barnard, seigneur temporel de la ville, pour secouer le joug féodal et obtenir de plus larges concessions. Parfois la lutte dégénérait en révolte et de graves désordres éclataient. C'est ce qui arriva en 1279. Comme administrateur de l'Eglise de Vienne, Amédée dut intervenir pour rétablir la paix ; mais bientôt les habitants de Romans, aidés de quelques troupes auxiliaires, prirent les armes et chassèrent les chanoines de leur cité. L'évêque reparut sous les murs de la ville et en fit le siège pendant l'hiver de 1280 à 1281. Cette expédition devait lui coûter la vie. Il tomba un jour dans une embuscade, que lui tendirent les Romanais dans les plaines de la Bayanne ; il fut blessé et s'estima heureux de pouvoir échapper à leurs mains en gagnant, en toute hâte, son château d'Alixan. A partir de ce jour la fièvre ne le quitta point, et sentant la gravité du mal, il se fit porter à Die, où il expira le 16 septembre 1281 (2).

Cette mort délivrait Aymar de Poitiers de son plus terrible adversaire. Il allait pouvoir, pendant quelque temps, poursuivre avec plus de liberté ses projets ambitieux. Le 2 avril 1281, Esclarmonde, prieure du monastère d'Alayrac, au nom

---

(1) *Historiæ patriæ monumenta.* Chartarum, t. I, col. 1517. — *Gallia christiana*, XVI, Instr., col. 123.

(2) GIRAUD. *Essai hist. sur Romans*, t. II, p. 89-91 — Voir notre étude hist. sur *Amédée de Roussillon*, Grenoble, 1890, in-8°, 96 pp., où nous avons publié le texte de l'enquête faite par ordre du prince de Salerne sur les troubles de Romans.

de la communauté, reconnut tenir en fief de lui le monastère et toutes ses dépendances, à l'exception toutefois du tènement de Pierre Ogier et de ce que possèdent les religieuses à Sablières (1). Un moment pourtant il dut partager les craintes du dauphin et des autres seigneurs féodaux de la contrée, qui virent leur indépendance plus ou moins directement menacée par un projet concerté entre le pape, l'empereur et le roi de Sicile: il s'agissait de faire revivre l'ancien royaume d'Arles et de Vienne et de donner cette couronne à Charles d'Anjou, prince de Salerne, petit-fils du roi de Sicile. Jamais le projet ne fut plus près d'aboutir que dans les premiers mois de 1282, mais le massacre des vêpres siciliennes obligea tout à coup les princes angevins à renoncer à une expédition dans le Valentinois et le Viennois pour voler à la défense de leurs possessions en Italie (2).

Le procès de l'Eglise de Valence et du comte de Valentinois n'était point tranché. Nous avons une lettre de Philippe le Hardi, datée de Paris le 25 juillet 1281, qui charge l'abbé de la Chaise-Dieu et le sénéchal de Beaucaire d'entendre et de recevoir les dépositions des témoins sur les points qui divisent l'évêque et le comte; ces dépositions devaient ensuite être envoyées au monarque sous pli soigneusement scellé (3). Mais la mort d'Amédée de Roussillon avait tout arrêté. Les contestations qui s'élevèrent ensuite à l'occasion de l'élection de son successeur firent encore renvoyer l'affaire.

L'année suivante, Aymar de Poitiers, qui ne pouvait demeurer en repos, eut des difficultés avec Roger de la Voulte, que soutenait Raymond d'Agoult, seigneur de Luc. Ce différend nous est connu par un acte du 19 juin 1282, dans lequel Guy de Chaste, doyen de Valence, et le chapitre de cette ville prennent l'engagement de ne point soutenir les ennemis du

---

(1) Archives de l'Isère, B, 2659.
(2) Voir sur ces événements: FOURNIER, *Le royaume d'Arles*, p. 248-55.
(3) Archives de l'Isère, B, 3539.

comte (1). Il en eut un autre, à cette même époque, avec Louis de Beaujeu, naguère son allié contre les Roussillon : le 19 avril 1282, ils firent un compromis et choisirent pour arbitre Guy, seigneur de Saint-Trivier et Roger de Clérieu (2). Mais il trouva bientôt l'occasion, sur un plus vaste théâtre, de donner libre carrière à son humeur belliqueuse.

Jean 1er, dauphin de Viennois, venait de mourir à Bonneville le 24 septembre 1282 (3). Sa succession fut réclamée par Anne, sa sœur, épouse de Humbert, seigneur de la Tour-du-Pin et de Coligni, et par Robert, duc de Bourgogne, représentant mâle de la famille, qui se vit appuyé par le comte de Savoie. La guerre seule pouvait trancher ce différend. Humbert voulut resserrer les liens d'amitié qui l'unissaient déjà à Aymar de Poitiers et le 12 juin 1283, il promit de donner en mariage la première de ses filles qui serait nubile au fils du comte de Valentinois (4). Voulant s'assurer le concours actif du comte, Humbert s'offrit de le prendre à sa solde. A cet effet un traité fut conclu entre eux à Vienne, le 6 août 1283. Il fut convenu qu'Aymar de Poitiers serait indemnisé de tous les frais qu'il avait déjà faits ou ferait dans la suite pour soutenir le seigneur de la Tour dans la guerre contre la Bourgogne et la Savoie. Comme garants de ces promesses, nous voyons figurer Roger de Clérieu, Arnaud Flotte, seigneur de la Baume-des-Arnaud, et Alleman de Condrieu, chevalier, Guillaume Artaud, seigneur d'Aix, Raymond de Montauban, seigneur de Montmaur, et Falques de Montchenu. Nous avons encore le tarif des services du comte de Valentinois et de ses gens : dix sols de Viennois par jour pour un châtelain banneret ; six sols, pour un chevalier monté et armé ; cinq sols pour

---

(1) Archives de l'Isère, B, 3539.
(2) Archives de l'Isère, B, 3539.
(3) *Regeste genevois*, n° 1184. Le testament de Jean Ier, dauphin, a été publié dans *Revue des Sociétés savantes des départements*, 5e série, t. III (1872), p. 58.
(4) Archives de l'Isère, B, 3541.

un écuyer; douze deniers pour un fantassin. Quant à Aymar, on lui assure vingt sols par jour (1).

Les historiens ne nous ont transmis que peu de détails sur la guerre qui suivit ce traité. Nous savons toutefois que le seigneur de la Tour fut puissamment aidé par son ami et allié le comte de Valentinois, qui non content de lui fournir de l'argent et des hommes, combattit en personne pour le triomphe de sa cause (2). Ce fut le roi de France qui par une sentence arbitrale rendue à Paris, au mois de février 1286, mit d'accord les deux partis : Humbert de la Tour fut déclaré l'héritier du dauphin Jean 1er, moyennant certaines indemnités territoriales et pécuniaires, abandonnées au duc de Bourgogne (3). Aymar se porta garant des promesses d'Humbert de la Tour, ce qui ne fut pas sans lui occasionner quelques ennuis. Le roi veillait à ce que les clauses de la sentence fussent exécutées. Or, l'année suivante, le dauphin n'ayant pas payé la somme convenue, Aymar en fut rendu responsable, et Henri Dragon, bailli du roi pour les parties du Valentinois et du Viennois, sises sur la rive droite du Rhône, procéda avec ses sergents contre le comte (4).

---

(1) Archives de l'Isère, B, 3541 et 3545.

(2) Par un acte daté de Saint-Vallier, le 10 mai 1287, Humbert reconnait devoir à Aymar de Poitiers une somme de 1,240 livres de viennois pour dépenses faites par lui et par ses gens au siège d'Auberives et durant l'expédition en Genevois : « cognoscimus vobis Ademaro... nos debere vobis ex causa expensarum per vos et gentes vestras factarum in servitio nostro in partibus Geben., et in obsidione castri Alberipe, duodecim centum et quadraginta libras viennensium.. » Archives de l'Isère, B. 3543.

(3) VALBONNAYS, t. II, p. 28 et 30.

(4) Archives de l'Isère, B, 3543. — Le 30 décembre 1287, à Montmiral, la dauphine Anne consent à donner hypothèque sur le château de Chabeuil à Aymar de Poitiers pour l'indemniser des dommages qu'il pouvait éprouver en qualité de fidéjusseur du dauphin pour les 20,000 livres que ce dernier devait au duc de Bourgogne Robert : le comte avait déjà remis à la dauphine 2,000 livres qu'il avait lui-même empruntées à gros intérêts à un marchand florentin d'Avignon. Archives de l'Isère, B, 3543.

Au milieu de tous ces événements, le comte de Valentinois ne perdait jamais de vue ses propres intérêts. Il prétendait avoir à Saillans les droits de garde, de gîte, ainsi que celui de se servir de la place en cas de guerre : tout ceci n'était pas tellement établi qu'on ne pût élever certains doutes. Cependant, après avoir soigneusement consulté les documents et les traditions, l'abbé d'Aurillac et le prieur de Saillans, à qui appartenait la seigneurie du lieu, se rendirent à Baix en Vivarais, et reconnurent, le 28 septembre 1282, par une déclaration authentique, les droits réclamés par le comte de Valentinois (1). Le 6 juillet 1285, Aymar se trouvant à Etoile, acquit de Pierre de Quint, damoiseau, le château et la terre de ce nom, ce qui lui assurait, au cœur même du Diois, une position stratégique des plus importantes. Pierre de Quint, d'une noble et ancienne famille, était fils d'Humbert de Quint et de Béatrix, sœur de Raymond, seigneur de Châteauneuf-d'Isère. Il reçut en échange de ses biens patrimoniaux quelques terres dans le Vivarais (2). Deux ans après, le 4 mai 1287, Aymar achetait encore à Quint les possessions de Péronnet Milon, citoyen de Die (3). Le 17 juillet 1286, Guillaume Bérenger et Guillaumet Bérenger, son neveu, damoiseaux, habitants de Charpey, donnèrent au comte, par l'intermédiaire de Guil-

---

(1) Archives de l'Isère, B, 2659. Noverint universi.... quod anno ab incarnatione Domini millesimo CC° LXXXII°, videlicet in vigilia beati Michaelis, ill°. d. Philippo, Dei gratia Francorum rege regnante, nos G., abbas Aureliac., Claromont. diocesis, et nos Ay., prior Sallientis, in Dyensi diocesi, nomine nostro et hominum ville Sallientis, confitemur et in veritate recognoscimus quod, diligenti inquisitione per nos facta, invenimus quod Ademarus de Pictavia, comes Valent., et ejus antecessores per longa et longissima tempora usi sunt habere bonam gardam in villa Sallientis predicta et hominibus ejusdem loci, et hinc custodiam clavium dicte ville et exercitus et cavalgatas in dictis hominibus, et juvare se in placito et in guerra de villa predicta et hominibus ejusdem ville... Acta fuerunt hec apud Banum...

(2) Archives de l'Isère, B, 3542.
(3) Archives de l'Isère, B, 3543.

laume de Montoyson, châtelain de Charpey, la moitié du four de l'endroit, qu'ils avaient par indivis avec Artaud de Roussillon, damoiseau de Charpey (1) La loyauté ne présidait pas toujours à ces sortes de contrats, par lesquels le comte de Valentinois travaillait à arrondir ses domaines. Voici un fait qui montre qu'alors, comme toujours, le faible subissait la loi du plus fort. Lambert, seigneur de Baix-aux-Montagnes, vassal d'Aymar de Poitiers, avait été condamné par la cour du comte à une amende de 700 sols de Viennois, pour avoir commis quelque acte de violence. Arrêté, jeté en prison, il ne put recouvrer sa liberté que grâce au dévouement de trois de ses amis, qui se portèrent garants de la somme qu'il devait payer. Mais comme il n'avait pas assez de ressources pour s'acquitter en argent d'une aussi forte amende, il fut contraint d'en passer par où voulut l'impitoyable Aymar de Poitiers, et le 19 septembre 1289, il lui abandonna le château de Baix et ses dépendances, ainsi que le fief qui avait appartenu jadis à dame Gotoline et qu'il avait acquis de Guigues de Suze, fief qui s'étendait dans le mandement d'Egluy. Le comte lui cédait en retour le château de Chabrillan, entre Grane et Roynac, sans y comprendre toutefois le fief d'Aynard de Chabrillan, plus une rente annuelle de dix livres à prendre dans le mandement d'Auriple. La compensation était bien insuffisante. « Cet échange, dit Chorier, étoit comme celui de Diomède et de Glaucus ; c'étoit de l'or donné pour du cuivre (2) ».

Cependant le pape Martin IV avait appelé au gouvernement des Eglises de Valence et de Die Jean de Genève, abbé de Saint-Seine, au diocèse de Langres. Dans tous les actes de son épiscopat, ce nouveau prélat nous apparaît animé de dispositions conciliantes. Il vécut en bons rapports avec Aymar de Poitiers, et nul doute qu'il ne pacifiât le différend qui exis-

---

(1) Archives de l'Isère, B, 3157.
(2) Archives de l'Isère, B, 3545. Chorier, t. II, p. 176.

tait entre son Eglise et le comte, relativement au château de Crest. La meilleure preuve de l'entente qui s'établit entre les deux puissances rivales qui se partageaient alors la souveraineté de nos pays, fut le mariage du comte de Valentinois, devenu veuf de Polie de Bourgogne, avec Marguerite de Genève, fille de feu Rodolphe, comte de Genevois, et sœur de l'évêque de Valence et de Die. Les fiançailles furent célébrées à Vienne, le 14 mai 1288, en présence de Guillaume de Livron, archevêque de Vienne, de l'évêque de Valence, de l'abbé de Saint-André de Vienne, d'Artaud de Roussillon, de Roger de Clérieu, d'Aynard de Chabrillan, de Guillaume de Châteauneuf et d'un grand nombre d'autres seigneurs (1). Les dispenses de l'empêchement pour cause de parenté furent accordées par le pape dans un bref du 3 janvier 1289 : le motif allégué pour obtenir cette dérogation aux lois canoniques était l'espoir fondé que ce mariage cimenterait la paix entre le comte de Valentinois et l'Eglise de Valence, *ad sedendas graves inimititias inter dictum Ademarum et ecclesiam Valentinam* (2).

Cette même année Aymar de Poitiers se vit entraîné, autant par raison politique que par la nécessité de défendre ses intérêts, à s'occuper d'une grave affaire qui mettait aux prises le clergé séculier et le clergé régulier. On sait que la cour romaine s'était montrée prodigue de privilèges envers les ordres religieux, surtout envers les dominicains et les franciscains, qui furent au XIIIe siècle d'ardents champions de son autorité. Ces religieux, exempts de la juridiction de l'évêque

---

(1) Archives de l'Isère, B, 3544. — *Mémoires et documents publiés par la Société d'Histoire et d'Archéologie de Genève*, t. XIV (1862), p. 206-8. — A l'occasion de ce mariage, il fut convenu et stipulé dans l'acte que le dauphin, après qu'Aymar aurait épousé Marguerite de Genève, lui remettrait sa fille Marie destinée à devenir l'épouse du jeune Aymaret de Poitiers et qu'il se chargerait de la faire élever.

(2) Archives de l'Isère, B, 3545. — LANGLOIS. *Les registres de Nicolas IV*, Paris, 1886, in-4°, p. 90, n° 476.

diocésain, pouvaient remplir la plupart des fonctions du ministère pastoral : non seulement ils pouvaient prêcher, confesser, distribuer la communion, mais encore admettre dans leurs cimetières les corps des fidèles qui avaient désiré recevoir chez eux le bienfait de la sépulture chrétienne. Leurs élégantes chapelles se remplissaient de cette portion du troupeau que distinguent le rang et la fortune et qui n'aime point se confondre avec la foule. Depuis longtemps, les évêques supportaient avec peine l'indépendance des sociétés religieuses, et le clergé séculier se répandait en plaintes amères contre des hommes qui, sous prétexte de zèle, élevaient en réalité paroisse contre paroisse, et qui, prenant du ministère le côté avantageux, lui en laissaient toutes les charges. Cette lutte, qui sous beaucoup de rapports ne manque pas d'un piquant intérêt, n'a jamais été étudiée avec tout le soin et tous les développements qu'elle réclamerait : il y aurait là matière à un beau volume. Pour ceux qui seraient tentés d'aborder ce sujet, nous signalerons l'épisode du concile provincial de Vienne, tenu en octobre 1289, où furent portés des décrets qui témoignent d'une violente réaction contre ce qu'on appelait alors les envahissements des clercs réguliers (1). Quelques canons de ce concile, apportant certaines limites à la liberté de tester, eurent pour conséquence d'irriter les bourgeois des villes et de les engager à faire cause commune avec les religieux particulièrement visés dans les décrets. Comme on pouvait s'y attendre, Aymar de Poitiers, qui avait tout intérêt à voir diminuer la puissance épiscopale, appuya les bourgeois et les religieux de Die dans l'opposition qu'ils firent au concile de Vienne. Bonami, du Buis, constitué son procureur, fit entendre à Vienne une première protestation, le 20 février 1290 (2) ; puis les Diois, ayant résolu de porter l'affaire à

---

(1) On peut lire dans notre *Essai hist. sur Die*, t. II, p. 78-89, un résumé des décrets du concile de Vienne et des protestations qu'il souleva.

(2) Archives de l'Isère, B, 3547.

Rome, Aymar prit l'engagement, avec Roger, seigneur de la Voulte, de les soutenir, par un acte du 16 mars, et quelques jours après, le 21, il donna ses pleins pouvoirs à Bonami, pour le représenter à Rome (1). Cette affaire, qui causa dans le pays une grande agitation, a donné lieu à la rédaction de volumineux mémoires qui nous offrent une foule de particularités intéressantes, peignant au vif les mœurs religieuses de l'époque.

Pendant que les esprits des Diois s'échauffaient dans ces querelles intestines, Aymar se disposait à répondre à l'appel de Rodolphe de Habsbourg, qui avait convoqué tous les grands feudataires du royaume d'Arles et de Vienne, à Morat, en Suisse, pour le printemps de l'année 1291. Il tenait alors d'autant plus à se rapprocher de l'empereur, qu'il avait grandement à se plaindre de la façon dont Philippe le Bel en usait avec lui ; il était vassal du roi pour ses terres du Vivarais ; or, celui-ci le traitait comme un simple sujet, le citant devant sa juridiction et lui infligeant parfois des amendes, en punition de délits commis par ses hommes. C'est ainsi qu'en 1290, il avait dû payer au bailli Henri Dragon une somme de 220 liv. de tournois à l'occasion d'un duel qui avait eu lieu à Privas et d'un délit de port d'armes, commis à la Voulte, *contra statutum regis* (2). Dans les premiers jours de mai 1291, Rodolphe se vit entouré à Morat d'une cour nombreuse ; on se serait cru revenu aux plus beaux jours de l'empire. Aymar reçut du prince le meilleur accueil et en obtint une bulle de confirmation des droits et privilèges octroyés à ses ancêtres (3). Une bulle analogue fut aussi accordée à l'évêque de Valence. Le but que poursuivait Rodolphe était de grouper tous les fidèles vassaux de nos régions contre les ennemis de l'empire, en

---

(1) Archives de l'Isère, B, 3547.
(2) Archives de l'Isère, B, 3546.
(3) Archives de l'Isère. Inventaire manuscrit de la Chambre des comptes, t. V, page 2563. — Sur l'assemblée de Morat, voir FOURNIER, p. 279-80.

particulier contre le duc de Bourgogne et son allié le comte de Savoie, qui subissaient l'influence française. Le 4 mai 1291, Rodolphe provoqua une alliance entre le dauphin, son sénéchal pour le royaume d'Arles, Béatrix de Faucigny, Aymar de Poitiers, Amédée, comte de Genevois, l'évêque de Valence, celui de Lausanne et Humbert de Thoire-Villars, contre les rebelles s'opposant aux ordres du roi de Germanie (1).

De retour dans leurs petites principautés, l'évêque de Valence et le comte de Valentinois vécurent en assez bonne intelligence. Un incident qui eut lieu en 1294 fit paraître à tous le désir sincère, de l'un et de l'autre, de conserver une parfaite entente. Le jeune fils du comte, Aymaret, avait tué un sujet de l'évêque; la comtesse Marguerite, sœur du prélat, interposa ses bons offices et n'eut pas de peine à décider son mari et son frère à vider cette affaire par voie d'arbitrage, ce dont ils convinrent à Omblèze, le 4 mars 1294 (2). Les arbitres choisis firent connaître leur décision, le 18, à Livron : Aymaret dut protester qu'en tuant Chétaraube, homme de l'évêque, il n'avait eu nullement l'intention d'outrager le prélat, et celui-ci, satisfait de cette déclaration, devait pardonner à l'imprudent jeune homme. Quant à la réparation du tort occasionné par ce meurtre, l'indemnité à payer serait laissée à l'appréciation de la comtesse (3). L'année suivante, à la demande des Diois qui s'étaient soulevés contre l'évêque et que celui-ci tenait étroitement bloqués dans leur ville, Aymar de Poitiers intervint auprès de son beau-frère et s'efforça de le calmer. Nous avons rapporté plus haut la lettre si touchante que lui écrivirent alors les habitants de Die (4).

Ce calme relatif dont le comte de Valentinois jouit pendant quelques années lui permit de donner une impulsion plus

---

(1) *Regesta Imperii*, n° 110. — VALBONNAYS, t. II, p. 55.
(2) Archives de l'Isère, B, 3550.
(3) Archives de l'Isère, B, 3550. Cf. *Essai hist. sur Die*, t. II, p. 114.
(4) Archives de l'Isère, B, 3551. Voir plus haut, p. 105.

vive aux affaires intérieures de son petit Etat. Il fit de nombreuses et importantes acquisitions de terre. Le 4 février 1287, Guigues, seigneur de Suze, près de Crest, lui vendit sa terre pour le prix de 16,000 sols de viennois (1). Jean de Genève ayant cédé aux Antonins le prieuré de Ste-Croix et ses dépendances, Aymon de Montagny, grand-maître de St-Antoine, se rendit à Etoile, et le 19 décembre 1289 reconnut que le prieuré de Ste-Croix et ses églises avaient été fondés et dotés par le comte, par ses ancêtres ou par des hommes de sa terre, et qu'en conséquence Aymar y jouissait des droits de suzeraineté, juridiction, garde, chevauchée, comme étant des biens situés dans sa baronnie ; ces droits, ajoutait-il, avaient été reconnus par tous les prieurs qui s'étaient succédé à Sainte-Croix. Il prit l'engagement de ne construire aucune forteresse dans les territoires mentionnés sans l'assentiment du comte 2). Les paroisses qui dépendaient de Sainte-Croix étaient Saint-Jullien-en-Quint, Vassieu, Ensage et Barsac, au diocèse de Die, et Saint-Pierre de la Roche, en Vivarais. Le 3 juin 1291, dimanche après l'Ascension, Alix, abbesse de Commiers, reconnut entre les mains de Guillaume de Montoyson, châte-

---

(1) Anselme, t. II, p. 189.
(2) Archives de l'Isère, B, 3545. Aymo, humilis magister hospitalis Sancti Antonii, Viennensis diocesis..., cum constet nobis per publicum instrumentum prioratum Sancte Crucis de Quinto, Diensis diocesis, et prioratum Sancti Juliani, et prioratum de Vacivo, et de Ensagio et de Barsaco, et prioratum Sancti Petri de la Rocha, Viviariensis diocesis, cum pertinenciis eorumdem, fuisse fundatos et dotatos de bonis et rebus illustris viri domini A. de Pictavia, comitis Valent., et predecessorum ejusdem, et nobilium et hominum suorum, et bona temporalia pertinencia ad dictos prioratus fuisse ab antiquo et esse debere de feudo d. d. comitis et sub et de dominio, juridictione, garda, guidagio et conductu et in terra et baronia ejusdem, et recognitiones fuisse factas in predictis d. comiti supradicto per priores et conventum dicti prioratus Sancte Crucis de Quinto qui pro tempore fuerunt, idcirco nos magister..... predictas recognitiones... laudamus... ... Datum apud Stellam, Valent. dioc., XIIII Kalendas januari anno Domini millesimo CC° LXXX nono. »

lain de Châteaudouble, tenir en fief d'Aymar de Poitiers, l'église connue sous le nom de Saint-Jullien de Turon, au mandement de Châteaudouble (1). La même année, le vendredi après la fête de saint Hilaire, le même Guillaume de Montoyson, chevalier, châtelain de Châteaudouble et de Charpey, fut chargé par le comte de terminer un différend qui existait entre lui et Arnaud Peloux, seigneur de Rochefort, au sujet des limites des territoires de Rochefort et de Marches. Arnaud Peloux avait renouvelé, au mois de juillet 1290, l'hommage qu'il devait au comte pour son château de Rochefort (2).

Lantelme de Vassieu, fils et héritier de Raymond, rendit hommage à Aymar de Poitiers, le 9 octobre 1292, pour ses propriétés de Quint, de Flandènes et de Vassieu, s'engageant à venir à ses plaids et à l'accompagner dans ses guerres (3).

---

(1) Archives de l'Isère, B, 3547. L'abbaye de Commiers (*de Commercio*), appelée peu après Vernaison. — « Ecclesiam vulgariter appellatam Sancti Juliani de Turone. »

(2) Archives de l'Isère, B, 3548. — La terre de Beauregard, voisine de celle de Rochefort, était alors aux mains de plusieurs seigneurs qui la tenaient en fief du comte de Valentinois et en arrière-fief du dauphin. Le 17 mai 1289, Humbert d'Hostun fit une reconnaissance à Aymar de Poitiers de tout ce qu'il possédait, tant par lui que par d'autres, à Beauregard : fort, bourg, terroirs, etc. Il fut convenu que si Humbert faisait construire quelque nouveau fort, il le tiendrait du comte en fief rendable et qu'il serait tenu, en cas de guerre, d'assister celui-ci contre toute personne, excepté le dauphin. Humbert fit ensuite hommage-lige. Le 17 novembre suivant, Guelin, fils d'Arnaud Guelin, fit à son tour hommage au comte, de la portion de seigneurie qu'il avait à Beauregard. (Archives de l'Isère, B, 2991).

(3) Archives de l'Isère, B, 3548. In Xpi nomine, anno ejusdem incarnationis M°.CC°. nonagesimo secundo, indictione sexta, videlicet VII idus octobris, sumpto millesimo in incarnatione dominica et ipsa indictione sumpta VIII Kalend. octobris..... Lantelmus de Vacivo, filius et heres Raimundi de Vacivo quondam, in presentia illustris viri d. A. de Pictavia... confitens se esse majorem XIIII^{or} annorum... recognovit se tenere... in feudum et ex causa feudi a d. d. comite... quicquid... tenet... in castris de Quinto, de Flandenis, et mandamento de Vacivo...

L'année suivante, au mois de février, le comte se disposant à entreprendre une guerre, *volens facere guerram*, passa quittance à Aymar Golon, damoiseau, seigneur de Mornans (1). Il s'agit, sans doute, de la guerre que le roi de France allait faire aux Anglais, après avoir ordonné la saisie et l'occupation des places de la Guyenne. Philippe le Bel, voulant employer les principaux seigneurs de la sénéchaussée de Beaucaire, avait mandé à tous ceux qui n'étaient encore que damoiseaux de prendre la ceinture militaire; de ce nombre était Guillaume de Poitiers, frère du comte et seigneur de Fay et de Mézenc. Aymar de Poitiers fut averti de se tenir prêt à marcher pour la défense du royaume; le roi écrivit au sénéchal pour lui enjoindre de permettre au comte de Valentinois d'amener avec lui ses vassaux, à quoi le sénéchal apportait quelque obstacle (2). Les documents relatifs aux opérations militaires de la Guyenne pendant les années 1294 et 1295 ne font pas autrement mention du comte Aymar.

Le 24 février 1294, une sentence arbitrale régla un différend qu'il avait avec les chanoines de Saint-Médard, tant au sujet de l'argent qu'il leur avait prêté pour leurs procès, qu'au sujet de la reconnaissance de quelques-unes de leurs possessions. Les chanoines furent condamnés à lui rembourser 500 livres de viennois (3). Aymar donne sa procuration, le 18 mars 1294,

---

et pro predictis... hommagium ligium fecit, cum oris osculo et fidelitatis juramento, promittens dictus Lantelmus .. comitem et ejus successores juvare de placito et de guerra contra omnes homines...Et vice versa d. d. comes pred. Lantelmum de pred. feudis investivit et ipsum Lantelmum ut vasalem et fidelem custodire et servare promisit... Actum apud Cristam, Diensis dioc., in fortalicio d. d. comitis, ante domum dictam *del verre*, anno et die quibus supra. Testibus presentibus d. Raimundo de Veneiano, domino Sancti Genesii, judice d. d. comitis, Guillemo Baiuli, de Vpiano..., et me Lantelmo de Romanis, notario auctoritate imperiali publico, qui his omnibus presens fui . et signo meo signavi. »

(1) Archives de la Drôme, E, 455.
(2) *Hist. de Languedoc*, t. IX, p. 179.
(3) Archives de l'Isère, B, 3551.

à Jean de la Roche, jurisconsulte, pour intimer l'ordre à Roncelin, seigneur de Lunel et de Montauban, de ne point vendre son château de Valréas au dauphin, sans le consentement du comte, suzerain dudit château ; Jean de la Roche devra également signifier cette défense au dauphin et requérir Philippe de Bernison, recteur du Comtat, de refuser son approbation à tout contrat de vente de Valréas (1). Le 15 juin, Monand d'Allex, damoiseau, fils de feu Amédée d'Allex, et majeur de quatorze ans, comparaît devant le comte à Etoile et déclare tenir de lui en fief tout ce qu'il possède dans le village et dans la montagne de Vassieu (2). Le 27 du même mois, à Baix, en Vivarais, il reçoit noble Pierre de Mirabel, damoiseau, veuf de Mabille, fille de feu Guillaume de Châteauneuf, chevalier, seigneur de la Laupie, qui, au nom de ses trois enfants mineurs, Peyronet, Guillelmet et Alasie, déclare tenir en fief le château de la Laupie, situé dans la Valdaine (3).

Les annales du Valentinois signalent pour l'année 1295 une importante acquisition, celle du château et de la terre de Taulignan. Ce fief appartenait alors à une ancienne famille de ce nom qui, comme beaucoup d'autres de ce temps-là, était tombée, par suite d'une déplorable administration, dans une situation des plus précaires. Pour comble de malheur, Bertrand de Taulignan, chevalier, avait un fils, appelé aussi Bertrand, dont la conduite désordonnée devait précipiter la ruine de sa maison. Le 19 avril 1292, l'official de Valence, spécialement délégué par l'évêque Jean de Genève, enjoignait à tous les curés, chapelains du diocèse, de lire du haut de la chaire une sentence d'excommunication prononcée contre le jeune Bertrand de Taulignan, qui avec quelques compagnons, aussi coupables que lui, s'était enfermé dans le château de Châteauneuf-de-Mazenc et là, bravant toutes les censures,

---

(1) Archives de l'Isère, B, 3550.
(2) Archives de l'Isère, B, 2659.
(3) Archives de l'Isère, B, 2659.

refusait de répondre à la justice épiscopale. Le prélat lui reprochait d'être entré par la violence, avec ses complices, dans le prieuré de Saint-Privat et de l'avoir saccagé (1). Nous ne savons comment se termina cette affaire ; mais le seigneur de Taulignan se vit contraint d'emprunter de grosses sommes d'argent pour ce procès et d'autres difficultés ; il s'adressa à des banquiers florentins, aux mains desquels se trouvait alors le commerce de l'argent et qui, avec l'habileté naturelle à l'usurier, exploitaient sans pudeur les passions et les vices de la noblesse féodale. A bout de ressources et pliant sous le faix de ses dettes, Bertrand n'eut bientôt plus qu'un parti à prendre, vendre sa terre à Aymar de Poitiers. Le marché fut conclu le 5 mai 1295 : Aymar prendrait possession de Taulignan à la prochaine fête de la Pentecôte et compterait à Bertrand 10,000 livres de Viennois, et 700 livres représentant les lauds. Une rente de 100 livres, à percevoir sur les revenus des châteaux de Rochefort, de Puy-Saint-Martin, de Cléon et de la Rochebaudin, devait représenter 2,000 livres de cette somme. Il fut convenu qu'il déduirait des 8,000 liv. encore à solder, la somme que les Taulignan avaient à payer à Jean Copnagi et à ses associés, banquiers italiens, et qu'il se chargeait de leur remettre (2).

Après un différend avec Dreux de Sassenage, prieur du Chaffal, le comte de Valentinois vit son autorité pleinement reconnue et proclamée, le 29 août 1295, sur le Chaffal et ses dépendances (3). Le 12 septembre suivant, Guillelma de Dieu-

---

(1) Archives de l'Isère, B, 3548. « ... ex eo quod ipse Bertrandus, cum dictis suis complicibus, prioratum Sancti Privati vi introivit cum armis et fregit... ». Dans ce siècle, réputé l'âge d'or du moyen âge, les maisons religieuses n'étaient pas à l'abri des actes de violence et de pillage. En 1297, Aymar de Poitiers ordonnait une enquête sur les faits et gestes d'un bandit, nommé Arnaud Clavel, de Flandènes, qui s'étant introduit dans le monastère de Léoncel, y avait commis beaucoup de vols. (Archives de l'Isère, B, 3553.)

(2) Archives de la Drôme, E, 605.

(3) Archives de l'Isère, B, 3551.

lefit (*de Diueulofes*), prieure du monastère d'Aleyrac, et ses compagnes, Jordane de Chamaret, Sabrande de Vesc et autres, avec le consentement de Pons, prieur de Salon et procureur de l'Ile-Barbe, reconnurent tenir en fief des Poitiers le monastère et ses dépendances (1).

Possesseur du Comtat, à titre d'héritier de la maison de Toulouse, le pape réclamait l'hommage d'Aymar de Poitiers et de Hugonet Adhémar. Une transaction eut lieu entre Philippe de Bernisson d'une part, le comte et le seigneur de la Garde de l'autre : il fut convenu que Hugonet tiendrait en fief du comte de Valentinois les châteaux de la Garde et de Rac, au diocèse de Saint-Paul, et la moitié de ceux de Savasse, de Sauzet et de Châteauneuf-de-Mazenc, au diocèse de Valence, et que le comte devrait l'hommage au pape. Le 7 septembre 1295, Aymar choisit comme procureur le jurisconsulte Jean de la Roche et le chargea de solliciter de Boniface VIII la confirmation de ce règlement (2). Le pape se rendit aux désirs du comte et lui fit expédier, ainsi qu'à Hugonet Adhémar, une bulle datée du Vatican, le 13 avril 1296, qui ratifiait tout ce qui avait été arrêté entre eux et le recteur du Comtat (3). Ajoutons que le 10 mai de l'année suivante, le comte se trouvant à Fay reçut un messager qui lui remit une lettre du recteur du Comtat, l'invitant à remplir le devoir de vassal de la cour romaine et à prêter hommage au pape pour ses châteaux relevant du Comtat. Aymar fit réponse qu'il était tout disposé à faire ce qu'on demandait de lui (4).

---

(1) Archives de l'Isère, B, 3249. L'acte est fait dans l'église d'Aleyrac, en présence du comte. — Le 30 novembre 1295, Aymar de Poitiers inféode à Pierre Cornillon, commandeur de Poët-Laval, un ténement appelé Mileaures, entre Ezahu et Manas, une moitié en pleine possession, une autre en juridiction. (Bibliothèque de Grenoble, Ms. U, 460, f° 27.)

(2) Archives de l'Isère, B. 3551.

(3) A. Thomas. *Les registres de Boniface VIII*, n° 985. — Potthast, n° 24309.

(4) Archives de l'Isère, B, 3553.

Le joug papal devait paraître bien léger au comte de Valentinois en comparaison de cet autre joug que faisait peser sur lui et sur les vassaux de la couronne de France le bailli royal du Vivarais. Ce fonctionnaire, trop fidèle interprète de la pensée de Philippe le Bel, se plaisait à rabaisser, à humilier les grands feudataires et à faire sentir partout, autour de lui, la lourde main de son maître. Nous avons déjà vu Aymar de Poitiers condamné par lui à une amende; en 1293, il dut encore venir plaider devant lui dans un procès qu'il avait avec les Bouvier (1). Ses actes étaient soumis à un tel contrôle et il subissait de telles tracasseries, qu'il lui fallut porter ses plaintes auprès du trône et prier le roi de modérer le zèle de ses agents. Philippe écrivit le 26 mars 1298 au sénéchal de Beaucaire pour lui rappeler qu'Aymar de Poitiers avait sur ses terres haute et basse justice et lui enjoindre de le laisser percevoir les lauds des acquisitions faites par les églises et les roturiers, comme aussi pour permettre aux Lombards ou banquiers italiens de demeurer dans sa terre, tout en se conformant aux ordonnances royales. Voici le texte de cette petite lettre :

Philippus... senescallo Bellicadr... Mandamus... quatenus... Ademarum... super amortizacionem acquisitorum per ecclesias ac innobiles personnas in terra sua, in qua ipse omnimodam altam et bassam jurisdictionem dinoscitur habere... nullatenus impediatis ; Lombardos autem in dicta terra sua commorantes non male tractetis, sed eosdem ordinatione quam super hoc fecimus permitetis gaudere. Actum Parisiis, die mercurii ante ramos palmarum, anno Domini M° CC° nonagesimo octavo (2).

Le 19 janvier 1298, noble dame Bordella, fille de feu Geoffroy de Bourdeaux et épouse de Bertrand d'Agoult, de Mison, fit hommage au comte, tant en son nom qu'en celui

---

(1) Archives de l'Isère, B, 3540.
(2) Archives de l'Isère, B, 3555.

du jeune Raymondet d'Agoult, son fils, pour le château et la terre de Pont-de-Barret (1). Cette même année, Aymar IV ajouta à ses propriétés la terre de Montclar et celle de Véronne : cette acquisition, qui se fit le 7 septembre, pour le prix de 2,500 livres de Viennois, donna lieu à la rédaction d'un certain nombre de pièces que nous avons eu déjà eu l'occasion de faire connaître (2).

Mais l'événement important de 1298, qui devait imprimer une direction nouvelle à la marche des affaires politiques du pays, fut l'élection de Guillaume de Roussillon aux sièges épiscopaux de Valence et de Die. Jean de Genève, beau-frère d'Aymar, venait de mourir peu regretté des Diois. Or le choix de son successeur, s'il était fait pour plaire à ces derniers, allait à l'encontre de tous les désirs du chef de la maison de Poitiers. Guillaume appartenait à une puissante famille, rivale de celle des comtes de Valentinois : il était le propre neveu d'Amédée de Roussillon, ce grand évêque cher aux Diois, dont la vie s'était passée dans les camps et sur les champs de bataille et qui avait été le plus redoutable adversaire du comte Aymar. Le neveu n'avait pas les talents militaires de l'oncle, mais il en avait le courage, l'esprit entreprenant et audacieux ; il était, de plus, fin diplomate. Pendant un épiscopat de trente-trois ans, il s'appliqua à contenir l'ambition d'Aymar de Poitiers, et à opposer à ses prétentions d'autres prétentions analogues. La guerre entre eux ne pouvait tarder à éclater.

A peu près à mi-chemin entre Crest et Die, dans la vallée de la Drôme et tout près d'un défilé étroit où la rivière s'est creusée péniblement son lit à travers des roches calcaires, s'élève la petite ville de Saillans, l'ancienne *Darentiaca* de l'*Itinéraire de Bordeaux à Jérusalem*. La seigneurie du lieu appartenait aux Bénédictins d'Aurillac, en Auvergne, qui y possédaient un important prieuré. Amédée de Roussillon

---

(1) Archives de l'Isère, B, 3554.
(2) Archives de l'Isère, B, 3554. Voir plus haut, p. 106-9.

avait déjà fait plusieurs traités avec les prieurs et les habitants de Saillans, en vue d'obtenir le droit de garde de leur cité, dont l'assiette était très avantageuse et offrait, en cas de guerre, de précieuses ressources. Guillaume voulut, non seulement reprendre les projets de son oncle, mais les compléter en faisant, au nom de ses Eglises, l'acquisition des droits seigneuriaux. S'étant rendu au Puy-en-Velay, où il avait donné rendez-vous à l'abbé d'Aurillac, il fut bientôt d'accord avec lui, et par un acte du 10 juin 1299, ils arrêtèrent ensemble les bases d'un contrat de vente : l'abbé cédait à l'évêque tous ses droits temporels sur Saillans et s'engageait à rendre la cession définitive avant la Toussaint prochaine, ou à une date subséquente, au choix du prélat, et celui-ci abandonnait aux religieux d'Aurillac la seigneurie de Chamaloc, ou bien celle de Barnave, à leur choix. Il était stipulé que l'évêque aurait le droit de faire construire une forteresse, dans l'intérieur de la cité ou au dehors, comme il le jugerait à propos, et que les libertés et franchises des habitants seraient respectées (1). Aymar ne tarda pas à être informé de cette convention. Le 17 juin, il fit signifier à l'évêque d'avoir à s'abstenir de tout acte de juridiction sur le territoire de Saillans, le menaçant de lui déclarer la guerre, s'il en agissait autrement ; le comte prétendait que les religieux ne pouvaient, sans son consentement, aliéner leurs droits temporels sur Saillans, et il se fondait, non sans raison, sur la déclaration que lui avait faite l'abbé d'Aurillac le 28 septembre 1282 (2).

L'évêque n'était pas homme à se laisser intimider, et l'on pouvait dès lors prévoir un conflit. Leurs rapports devinrent extrêmement tendus. Nous trouvons une preuve de l'esprit d'hostilité qui les animait dans le fait suivant. Le 13 septembre 1299, sur la route qui mène au péage d'Etoile, Aymar fit une reconnaissance à l'évêque pour Châteaudouble, Grâne,

---

(1) VALBONNAYS, t. II, p. 90-1.
(2) Bibliothèque de Grenoble, 21, 510, p. 15.

Chabrillan, Saint-Marcel, Gluyras, terres qu'il déclara tenir en fief de l'Eglise de Valence. Ce ne fut pas sans difficulté qu'il se résigna à en faire hommage. L'évêque se plut encore à le froisser, en lui déclarant, à son tour, que tout en acceptant cet hommage, il se réservait d'user du droit de commise sur ces terres, si la peine avait été encourue pour tout autre motif que le défaut d'hommage. Le comte opposa à cette réserve une vive protestation (1).

Bientôt les événements se précipitèrent. Guillaume de Roussillon, se sentant prêt à affronter la lutte, se rendit à Saillans le 20 novembre, et prit solennellement possession de cette petite cité (2). C'était la guerre. Les causes, du reste, pour une levée de boucliers, ne manquaient ni d'un côté, ni de l'autre. Le comte se plaignait des empiètements de l'évêque ; celui-ci reprochait, à son tour, au comte de méconnaître ses droits, en faisant alors construire une muraille à Crest, dans la partie haute de la ville appelée Rochefort, sur un terrain relevant du fief de l'Eglise. On en vint aux mains. Pendant près de trois mois, les environs de Crest, toute la vallée de la Drôme et le Vercors furent le théâtre d'une lutte acharnée. Les troupes épiscopales firent un grand nombre de prisonniers, et opérèrent de véritables razzias à l'entour des châteaux de Grâne, de Montoison, de Barcelonne, d'Etoile, de Piégros et d'Aubenasson ; les églises et les prieurés de ces deux dernières localités furent incendiés. Quantité de maisons furent ruinées. Les dégâts dans les campagnes furent considérables : à Vassieu notamment, Aymar ne les estima pas à moins de 2,000 livres. Dans les combats qui furent livrés, il y eut des morts et des blessés. Une petite bande de gens résolus, recrutés dans les villages de Livron, Allex, Loriol et Mirabel, et qui marchaient sous la bannière de l'évêque, attaquèrent Aymar de Poitiers et son gendre Guiot,

---

(1) Archives de l'Isère, B, 3556.
(2) Columbi, p. 312. Cf. *Essai hist. sur Die*, t. II, p. 132-5.

seigneur de Montlaur, au col de Cerne *(ad collum de Scernhas)* et leur firent essuyer une défaite complète. Cet exploit fit grand bruit dans le pays. Guillaume de Roussillon, enhardi par le succès, vint en personne mettre le siège devant Espenel. De leur côté, les troupes du comte causèrent de grands dommages aux propriétés de l'Eglise. La garnison de Pontaix, entre autres, poussait ses reconnaissances jusque sous les murs de Die et tenait en échec les habitants de cette ville.

Cet état de choses ne pouvait durer. L'archevêque de Vienne et le dauphin offrirent leurs bons offices pour réconcilier les deux adversaires, et dans une conférence que l'évêque et le comte eurent à Aouste, le 11 octobre 1300, ils consentirent à les prendre pour arbitres (1). Peu après, Aymar de Poitiers, inquiet des agissements de l'évêque, voulut se placer, lui et ses terres, sous la protection du saint siège ; le 28 mars 1301, son fondé de pouvoirs se présentait au Pont-de-Sorgues, devant le recteur du Comtat, et sollicitait cette faveur qui, cela va sans dire, lui fut accordée. Nous possédons encore le mémoire présenté à cette occasion au recteur et dans lequel tous les griefs du comte envers le prélat sont longuement relatés ; cette pièce est la principale source où nous avons puisé les détails du récit qu'on vient de lire (2). Les arbitres ayant fait faire une enquête sur les derniers événements, ne crurent pas être en mesure de se prononcer, et se contentèrent, vers la fin d'avril, de décider qu'une trêve de deux ans serait rigoureusement observée de part et d'autre (3).

Cette trêve n'amena pas tous les résultats qu'on pouvait désirer. Une hostilité sourde possédait les esprits, et, tantôt sur un point, tantôt sur un autre, des désordres éclataient. Le 25 octobre 1302, Aymar de Poitiers, écrivant au roi de France, s'excusait de ne pouvoir conduire, en personne, à l'armée de

---

(1) Archives de l'Isère, B, 3557.
(2) Archives de l'Isère, B, 3558.
(3) Archives de l'Isère, B, 3558.

Flandre, le contingent de ses troupes, parce que, disait-il, il soutenait une guerre difficile contre l'évêque de Valence (1). En 1303, on fut sur le point d'en venir aux mains. Le 8 janvier de cette année, Aymar obligeait l'abbé de Léoncel à reconnaître que son monastère était sous la sauvegarde des comtes de Valentinois et que ceux-ci pouvaient s'y héberger. De son côté, l'évêque prétendait y avoir des droits analogues (2). Heureusement, les difficultés avec lesquelles Aymar se vit aux prises dans les dernières années de sa vie, aussi bien que la crainte que paraissent lui avoir inspiré les armes du redoutable prélat, l'obligèrent à une grande réserve. Au moyen d'un système de trêves prolongées, les arbitres de leurs querelles réussirent, sinon à établir la paix, du moins à prévenir de trop fâcheux conflits. Clément V et Jean XXII s'appliquèrent surtout à cette œuvre de pacification si utile au bien de la province.

Quelques actes de l'administration intérieure du comté méritent d'être signalés. Nous avons vu plus haut que le dauphin devait à Aymar de Poitiers certaines sommes d'argent ; ne pouvant encore se libérer, Humbert 1er, Anne, dauphine et Jean, leur fils, par un acte passé à Saint-Vallier, le 1er février 1300, vendirent au comte les revenus des terres de Chabeuil, de Saint-Nazaire, et de Villeneuve, pour neuf ans et moyennant une redevance annuelle de 500 livres, payable au comte de Forest (3). En 1306, Aymar fit construire une bastide ou petite forterese sur la route de Valence à Montélimar, à Lène, et comme l'évêque se prétendait lésé par cette construction, le comte voulut justifier sa conduite et allégua une raison qu'il est intéressant de recueillir : « Cette forte« resse, disait-il, ne saurait causer de préjudice aux droits de « l'Eglise ; c'est la pensée du bien public qui nous porte à la

---

(1) Archives de l'Isère, B, 3559.
(2) Archives de l'Isère, B, 3560.
(3) Archives de l'Isère, B, 3557.

« bâtir. Personne n'ignore, en effet, qu'elle est sur un
« point particulièrement dangereux pour les voyageurs : là,
« très fréquemment des voleurs et des brigands, postés en
« embuscade, fondent à l'improviste sur les voyageurs, les
« détroussent et les assassinent. Les crimes commis à cet en-
« droit l'ont rendu tristement célèbre et chacun redoute d'y
« passer. Bien loin de nous reprocher d'élever cette bastide,
« on devrait plutôt nous en féliciter » (1). Le 15 décembre
1307, le comte se trouvant à Crest, fit un échange avec Guillame de Montoison ; chevalier, il lui donna les châteaux de Suze-la-Jeune et de Suze-la-Vieille avec le territoire de Chausséon, et en obtint la cession de tous les droits que Guillaume avait à Châteauneuf-de-Mazenc, à Etoile, à Montmeyran et à Upie (2). L'année suivante et le 7 mai, Aymar, fils du comte, approuvait à Etoile cet échange. Le 4 février 1309 (n. s.), Aymar IV accorda des lettres de grâce à un certain Jean Bastier, du diocèse de Lyon, accusé d'avoir fabriqué de la fausse monnaie avec un nommé Perrot Peytassin, de Montélimar, et de l'avoir fait circuler à Quint, à Pontaix, à Châteaudouble, à Charpey et autres lieux (3).

On se souvient peut-être que les chanoines de St-Médard, en querelle avec l'évêque de Die qui voulaient les placer sous la juridiction de l'abbé de Saint-Ruf, avaient choisi pour protecteur le comte de Valentinois et porté leur différend devant le pape. L'affaire avait eu son dénouement ; l'abbé de Saint-Ruf s'était montré peu soucieux de garder sous sa dépendance des chanoines aussi récalcitrants, et ceux-ci avaient été incorporés à l'ordre des Antonins. St-Médard était donc devenu depuis 1304 une commanderie de Saint-Antoine. Le 4 septembre 1307, Aymar de Poitiers se trouvant à Saint-Antoine, en Viennois, Aymon de Montagny,

---

(1) Archives de l'Isère, B, 356..
(2) Archives de la Drôme, E, 453.
(3) Archives de l'Isère, B, 3563.

grand maître de l'Ordre, assisté des prieurs de Brisans, de Montchamp, de Saint-Montant, de Saint-Roman et de Saint-Victor près Viviers, reconnurent la seigneurie temporelle du comte de Valentinois sur tous les biens de l'ancienne maison de St-Médard, et prirent l'engagement de ne pas les aliéner, sans son autorisation (1).

Les difficultés qui existaient toujours entre le comte et l'évêque n'étaient pas aussi faciles à écarter. Le pape avait été saisi de l'affaire de la fameuse bastide de Lène. Des bulles du 2 mai 1308 avaient donné à l'archevêque de Vienne une délégation à l'effet d'entendre les deux parties, mais les conférences qui eurent lieu ne firent qu'envenimer la querelle (2). D'autre part, la question se compliquait. Aymar IV laissait voir trop clairement quel était le but réel qu'il poursuivait dans sa lutte avec l'évêque, donner à son titre de comte, qui n'avait été à l'origine qu'un titre honorifique et personnel, une portée réelle et se créer un Etat, un véritable comté, en contraignant ses voisins, y compris l'évêque, à le reconnaître pour suzerain. Telle était bien l'idée qu'il se faisait de son titre et qu'il s'efforçait de réduire en pratique. Ce qui le prouve, c'est que Guillaume de Roussillon crut devoir écrire au pape pour se mettre en garde contre les agissements de son rival et se plaindre de ce que la curie pontificale, dans des lettres expédiées à l'occasion de diverses trêves conclues entre eux, semblait donner à ce titre de comte de Valentinois une portée, une étendue qu'il n'avait pas en réalité. Clément V dut rassurer le prélat, et par une lettre du 7 janvier 1307, déclara que ce titre de comte n'était nullement attribué à Aymar au préjudice des droits de ses Eglises (3).

Cependant les déclarations du souverain pontife n'empêchaient pas le comte de travailler sans relâche à étendre sa

---

(1) Archives de l'Isère, B, 3562.
(2) *Regestum Clementis papæ V*, n°, 2900.
(3) *Regestum Clementis papæ V*, t. 1 (1885), n°, 657, p. 117.

domination sur le Valentinois et le Diois. C'était du reste l'œuvre de ses ancêtres qu'il continuait avec une rare persévérance et aussi avec succès. L'évêque gardait encore son indépendance féodale, mais il la sentait de jour en jour plus menacée. Guillaume de Roussillon eut alors une pensée des plus audacieuses, qui ne pouvait être que celle d'un politique habile, très éclairé sur les nécessités de la situation. Il comprit qu'il fallait nettement opposer prétention à prétention et concréter, pour ainsi dire, l'affirmation de ses droits dans une formule dont personne ne pût méconnaître le sens et la portée. A partir de l'année 1310, il prit ouvertement dans les actes de son administration, sur son sceau et sur ses monnaies, le double titre d'*évêque et comte de Valence et de Die*. C'était là une innovation; mais elle était réclamée, justifiée par les circonstances. Du reste, le prélat pouvait se considérer sur ses terres dans une indépendance absolue à l'égard de son rival; ils étaient l'un et l'autre au même degré de la hiérarchie féodale, et pour la plupart de leurs fiefs, ne relevaient que de l'empire. On conçoit aisément la colère d'Aymar en apprenant la résolution de l'évêque. Prendre les armes pour l'obliger à renoncer à ses prétentions était un moyen peu sûr; il savait qu'il avait affaire à forte partie. Il préféra porter ses plaintes à l'empereur, dont il sollicita l'intervention.

Henri VII de Luxembourg, le nouveau roi des Romains, pénétré de la grandeur de ses devoirs, rêvait alors de rendre à la majesté impériale son éclat et de rétablir le vieil édifice des Otton et des Stauffen. Il s'apprêtait à passer en Italie, tourmentée par des dissensions intestines et en proie à tous les maux qu'engendrait la plus effroyable anarchie. Tous ses vassaux du royaume d'Arles furent invités à venir le joindre à Lausanne, où avait été fixé le rendez-vous de l'armée. Le comte de Valentinois n'eut garde de manquer à l'appel; son âge ne lui permettant plus de prendre part à une expédition lointaine, il envoya son fils aîné, Aymar, à la tête d'un certain nombre de soldats, mais en homme avisé il voulut tirer

parti de la situation. Par un acte daté d'Etoile, le 30 octobre
1310, il accrédita auprès de Henri VII, pour ses fondés de
pouvoir, Aymar, son fils, Guichard de Clérieu, seigneur de
la Roche, et Guillaume de Tournon, seigneur de Contagnet;
il les chargeait spécialement de dénoncer au prince les usurpations de l'évêque et d'obtenir une bulle lui défendant de
prendre le titre de comte (1). Les choses allèrent au gré de ses
désirs. Beaucoup de seigneurs du royaume d'Arles et de
Vienne se pressèrent sous les drapeaux de Henri ; celui-ci qui
avait tout intérêt à ménager ses feudataires, accueillit leurs
diverses demandes. Le jeune Aymar de Poitiers était à Asti
le 25 novembre 1310 (2). Il suivit le roi des Romains à Milan,
où le 15 janvier 1311, le prince fit écrire la lettre suivante à
l'évêque de Valence et de Die pour lui enjoindre de ne plus
prendre sur ses monnaies le titre de comte, ce titre ayant appartenu de temps immémorial à Aymar de Poitiers et à ses
prédécesseurs :

Henricus, Dei gratia Romanorum rex, semper Augustus,
venerabili episcopo Valentinensi, principi suo dilecto, gratiam suam et omne bonum. Gravem querelam nobilis viri
Aymari de Pictavia, comitis Valentinensis, recepimus, continentem quod licet ipse et predecessores sui, comitatum Valentinensem, tanquam domini et ipsius comitatus comites, tanto
tempore tenuerint cujus contrarii memoriam non existit, tu
tamen, tuorum predecessorum non contentus limitibus, hujusmodi comitatum usurpas, te scribi in cartis, monetis et
nummis et nominari faciens comitem, in sui prejudicium,
injuriam et gravamen. Unde sinceritati tue damus firmiter
in mandatis quatinus a talibus desistere debeas, nec aliquam
novitatem contra modum et formam tuorum predecessorum
inchoes vel attemptes, et si quid in contrarium per te attemptatum existit, hoc provide studeas revocare, alioquin sibi
super premissis providere cogitabimus de remedio opportuno.
Datum Mediolani, XVIII Kal. febroarii, regni nostri anno
tertio (3).

---

(1) Archives de l'Isère, B, 3564.
(2) *Regesta imperii*, n° 285.
(3) Archives de l'Isère, B. 3564. *Regesta imperii*, n° 358.

Dès le 1ᵉʳ mars, cette lettre était présentée à l'évêque ; mais celui-ci, qui ne s'était décidé qu'après mûres réflexions à prendre le titre de comte, ne se laissa ébranler dans sa résolution ni par les protestations d'Aymar, ni par les menaces du roi des Romains. Il continua à porter fièrement ce titre, et après lui ses successeurs, imitant son exemple, n'ont pas manqué de se qualifier *évêques et comtes de Valence et de Die*. C'est à la même époque qu'Aymar de Poitiers, complétant le titre que lui avaient légué ses ancêtres, se fit appeler à son tour *comte de Valentinois et de Diois* (1).

En cette même année 1311, le pape Clément V, se rendant au concile de Vienne, fut reçu à Etoile par Aymar de Poitiers, qui lui donna deux jours l'hospitalité dans son château, le 23 et le 24 septembre. Il voulut profiter de cette circonstance pour essayer de mettre d'accord nos deux contendants ; il ne put obtenir qu'une prolongation de trêve (2). Le différend qui existait entre eux se retrouvait chez leurs sujets, et il n'était pas rare qu'on eût à déplorer sur un point ou sur un autre quelque sanglant conflit. Le 21 juillet 1312, Guillaume de Rochemaure, bailli du comté de Valentinois, signifiait au courrier épiscopal de Die d'avoir à indemniser les gens de Quint des dommages que leur avaient fait éprouver les habitants de Die qui avaient saccagé le bourg de Quint, au mépris de la trêve (3).

Pendant ce temps, le chevaleresque Henri VII tentait en Italie un suprême effort pour le triomphe de l'Empire. A diverses reprises, il adressa de pressants appels à ses vassaux du royaume d'Arles pour qu'ils eussent à lui amener le contingent de leurs troupes. Le fils du comte était demeuré au-

---

(1) Le titre le plus ancien, à notre connaissance, dans lequel Aymar IV de Poitiers, se qualifie comte de Valentinois et de Diois est du 12 mars 1312 (n. s.). Archives de l'Isère, B. 3566.
(2) Voir notre *Essai hist. sur Die*, t. II, p. 158.
(3) Archives de l'Isère, B, 3565.

près de l'empereur. Sa présence est constatée à Pise, en 1313 (1). Il paraît même qu'il se faisait payer autrement que par des diplômes, car nous avons la trace d'un reçu de 200 livres de tournois qui lui furent données par l'empereur (2). On peut du reste supposer que ce prince, en récompensant les services du jeune Aymar, avait encore en vue de lier plus étroitement à sa cause le comte de Valentinois, sur lequel il fondait de grandes espérances pour le rétablissement de l'autorité impériale dans le royaume d'Arles et de Vienne. Ils avaient l'un et l'autre le même ennemi, le roi de France, dont la politique tendait à reculer les frontières de ses domaines jusqu'aux Alpes et à élever partout sa puissance sur les ruines du parti féodal. Plusieurs fois déjà nous avons constaté les ennuis de toute sorte que créaient au comte les agents de la couronne qui s'appliquaient à écraser la haute aristocratie. Dans la sénéchaussée de Beaucaire, la noblesse ruinée, humiliée, poussée à bout s'agitait sourdement. Des ligues se formèrent, et l'on s'engageait à refuser les subventions demandées par le roi. Dès le commencement de l'année 1314, on avait commencé la lutte. Aymar IV de Poitiers entra dans ce mouvement de réaction, et il n'est pas douteux qu'il n'y ait été poussé par l'empereur, dont la mort prématurée causa d'universels regrets. Quoi qu'il en soit, invité à se rendre en personne à l'armée de Flandre, il ne se pressa pas d'obéir. Le 5 septembre 1314, Guillaume Bérenger, messager du roi, se présentait à Etoile, et signifiait au comte d'avoir à se trouver, *cum decenti comictiva*, à l'armée royale devant Arras, le jour de la Nativité de la sainte Vierge. Aymar lui fit dire par Humbert Chappe qu'il ne pouvait se conformer aux ordres du monarque, donnant pour excuse la brièveté du délai, l'éloignement du lieu de convocation et son état maladif.

---

(1) *Regesta imperii*, n° 285.
(2) Donniges. *Index actorum quæ post mortem Heinrici VII inventa sunt Pisis*, II part., p. 106.

L'officier royal refusa d'accepter ces excuses (1). La mort de Philippe le Bel, arrivée quelques semaines plus tard, servit encore le mouvement d'opposition ; mais la coalition, manquant de direction et d'entente, ne put reconquérir le terrain perdu : la royauté, donnant la main à la bourgeoisie et aux gens des communes, avait infligé de telles défaites au parti féodal qu'il ne se releva plus. La décadence de l'aristocratie était irrémédiable.

En alléguant son état maladif pour se dispenser d'obéir, Aymar IV n'invoquait qu'un motif trop réel. Nous le voyons, à partir de cette époque, laisser presque entièrement aux mains de son fils aîné la gestion de ses affaires, et plusieurs actes nous le montrent préoccupé des intérêts de son âme. Le prieur du Val-Sainte-Marie, au chapitre général de l'Ordre, en 1314, sollicite pour le comte de Valentinois et son épouse, Marguerite de Genève, un diplôme qui les rend participants, pendant la vie et après la mort, à toutes les prières et autres bonnes œuvres des Chartreux. Ce diplôme, Aymar le garde précieusement dans ses archives (2). Peu après, sa conscience s'alarme des torts dont il a pu se rendre coupable envers les églises et les monastères de ses Etats ; il en sollicite auprès du souverain pontife la remise complète : le

---

(2) Archives de l'Isère, B, 3567. — Voir pour tous ces événements : DUPAYARD. *La réaction féodale sous les fils de Philippe le Bel*, dans *Revue historique*, t. LIV, p. 241.

(1) Archives de l'Isère, B, 3567. Voici la formule d'affiliation : « Xpo Deo devotis dno Aymaro de Pictavia et dne Margarite de Gebenis, ejus consorti, comitibus Valent. et Dycns., frater Ay., prior Cartusie ceterique priores, ibique pro celebrando generali capitulo congregati, salutem et orationum suffragium salutare Devotionem quam ad ordinem nostrum geritis, ob Dei reverentiam, ut accepimus, affectu sincere karitatis acceptantes, Xpo non immerito acceptabile fore credentes pils ipsam beneficiorum spiritualium vicissitudinibus compensari, vos et liberos vestros, ad requisitionem karissimi fratris nostri dompni Henrici, prioris Vallis Sancte Marie, ad universa et singula privilegia nostre

pape la lui accorde volontiers, mais lui fait observer en même temps qu'il ne peut le dispenser de réparer les torts commis envers les populations et les particuliers. Le comte fait alors venir auprès de lui son fils Louis, évêque de Viviers, et le 10 novembre 1316 le charge de toutes les réparations nécessaires, lui donnant à cet effet la clé de l'appartement du château de Grane où était son trésor (1). Cet acte, qui fait honneur à Aymar IV, montre aussi l'empire que les croyances religieuses, aux approches de la mort, exerçaient sur ces fiers barons qui le plus souvent, durant leur vie, avaient été, par des procédés arbitraires et violents, le fléau de leurs malheureux sujets (2).

Cependant le mal dont le comte était atteint ne devait pas avoir les conséquences qu'il paraissait redouter. Aymar IV vécut encore plus de douze ans, mais il traîna une existence pénible, douloureuse, que vinrent assombrir diverses guerres et surtout des chagrins de famille. Son fils aîné, sur lequel il se reposait en partie du gouvernement de ses Etats, n'avait point ses principes d'ordre et d'économie : un moment il le vit criblé de dettes, poursuivi par d'impitoyables créanciers, juifs ou banquiers florentins, qui savaient à merveille exercer l'usure; pour empêcher ce prodigue d'être saisi, il fut contraint de lui racheter le péage de Lène, qu'il lui avait donné, et de lui avancer encore une somme de 6,000 liv. de tournois. Ce rachat

---

religionis, videlicet missarum et orationum, astinentiarum, vigiliarum, disciplinarum, et omnium aliorum spiritualium exercitiorum, in vita pariter et in morte, recipimus participes et consortes, plenam vobis participationem bonorum omnium, tenore presentium, concedendo quam in nobis Salvatoris clementia dignabitur operari. Datum apud Cartusiam, anno Dni M°.CCC°.XIIII°, tempore capituli generalis, in cujus rei testimonium sigillum nostrum duximus apponendum. »

(1) Voir *Bulletin de la Société arch. de la Drôme*, t. XVI, p. 118-9.
(2) Le 3 mai 1317, d'Avignon, Bérenger, évêque de Tusculum, accorde au comte et à sa femme la faculté de se choisir un confesseur pour les relever des vœux qu'ils auraient pu faire d'aller en terre sainte, à Rome, ou à Saint-Jacques. Archives de l'Isère, B, 3569.

est du 20 octobre 1320 (1). Peu de temps auparavant, il était également venu en aide à une autre victime des usuriers florentins : le 19 août 1317, Hugues d'Aix, seigneur de Bellegarde, et Philippe Bossi, florentin, agissant pour Alice, femme de Hugues d'Aix et fille de Geoffroy de Bourdeaux, lui vendirent au prix de 2,200 livres de tournois, le château de Comps, le bourg d'Orcinas et toutes leurs possessions à Bourdeaux et à Poët-Célar (2).

En 1319, la guerre faillit éclater entre l'évêque et le comte ; celui-ci voyait avec déplaisir le prélat mettre à profit les circonstances pour fortifier son autorité. Guillaume de Roussillon était alors en pourparlers avec le prince d'Orange pour acquérir l'importante baronnie de Châtillon, dans le Diois. Jean XXII intervint heureusement à propos pour empêcher les hostilités, et le 30 avril imposa aux deux rivaux, sous peine d'excommunication, une trêve qui devait durer jusqu'à Noël (3). A son tour, Aymar intervenait, à la même époque, dans les querelles d'un de ses vassaux, Arnaud, seigneur de Rochefort en Valentinois, avec Aymar, seigneur de Bressieu.

---

(1) Archives de l'Isère, B, 3571. «...dictus d. Aymarus primogenitus erat pluribus debitis et diversis creditoribus obligatus et in tantum maledictorum debitorum oppressus quod per pravitatem usurariam ejus substantia diminuebatur et consummebatur, nisi eidem per dictum dom. comitem succurreretur. »

(2) Archives de l'Isère, B, 3569. — Le 7 octobre 1317, Guigues de Beauchastel, chevalier, commandeur de Poët-Laval, reconnut, en présence de noble Guillaume de Rochemaure, chevalier, bailli du comte de Valentinois, tenir en fief dudit comte la maison qu'avaient les Hospitaliers de St-Jean-de-Jérusalem à Bourdeaux, maison qui avait appartenu autrefois aux Templiers, ainsi que leurs possessions à Poët-Célar. « Acta et recognita fuerunt hec apud Bordellas, in castro superiori, in capella bᵉ. Marie dal Rochas, testibus presentibus viro nobili d. Aynardo Galonis, milite, domino Mornancii, Humberto Chape, de Stella, notario,... Agulione de Deolofet, domicello... »

(3) Archives de l'Isère, B, 3570. « Acta sunt hec apud Rupem Fortem, ante fortalicium, inter duas portas... »

Ce dernier avait réussi à capturer le fils du seigneur de Rochefort, le jeune Rolet. Humbert de Laye, seigneur de Teyssières, procureur du comte, se rendit à Rochefort et fit promettre à Arnaud de s'en tenir à la décision du comte touchant le différend qu'il avait avec le seigneur de Bressieu. Arnaud remit, comme gage de la fidélité de ses promesses, sa bastide de Royans, et il fut convenu que son fils recouvrerait immédiatement la liberté.

Un tragique événement fournit bientôt au comte l'occasion de donner des marques de son sens pratique. Le 11 février 1321, deux religieux de Saint-François, Catalan Faure et Pierre Pascal, avaient été massacrés, en cours de mission, à Montélier. A cette nouvelle, Jacques Bernard, inquisiteur de la province, s'était transporté à Valence pour instruire leur procès. Il écrivit de là à Aymar pour lui enjoindre d'avoir à faire conduire par devers lui, sous bonne escorte, les meurtriers que les officiers de justice du Valentinois avaient saisis et jetés en prison. Mais le comte, qui ne se souciait pas de laisser entamer sur ses terres un procès dont les conséquences pouvaient être aussi terribles qu'imprévues pour plusieurs de ses sujets, se hâta d'expédier les coupables à Avignon, où la justice papale déciderait de leur sort. Le 4 mai 1321, il informa l'inquisiteur du parti qu'il venait de prendre (1).

Dans la lutte traditionnelle du Dauphiné et de la Savoie, la maison de Poitiers, vassale du dauphin pour diverses terres, se montra toujours sa fidèle alliée. Plusieurs de ses membres avaient déjà combattu sous l'étendard delphinal. En 1321, le comte envoya son fils à l'armée que l'oncle du dauphin Guigues VII venait de dresser pour s'opposer à une invasion Savoisienne. En effet, profitant des embarras et des difficultés que suscite toujours la minorité du souverain, les princes Edouard et Aymon de Savoie étaient entrés en Dauphiné.

---

(1) Archives de l'Isère, B, 3572. Voir notre *Mémoire hist. sur les hérésies en Dauphiné avant le XVIe siècle*, p. 12-15.

Nos compatriotes ne furent pas heureux ; ils furent défaits en plusieurs rencontres. Dans un combat, qui eut lieu dans le Viennois (on ne dit pas l'endroit), le fils du comte et Graton de Clérieu, son cousin, tombèrent aux mains de l'ennemi et eurent à subir une longue captivité. Le taux de leur rançon fut fixé à 8,000 florins (dont 5,000 pour Graton et 3,000 pour Aymar), somme énorme qu'on peut évaluer à 624,000 fr. de notre monnaie (1). Le seigneur de Clérieu ne vit qu'un moyen pour se libérer, ce fut, avec le consentement de Guichard, son frère et héritier présomptif, de vendre quelques-unes de ses terres au comte de Valentinois. Le 27 février 1323, Aymar IV prit l'engagement de payer les 5,000 florins de la rançon de Graton, en échange de la cession qui lui fut faite des terres de Miribel-en-Valclérieu et de Pisançon, ainsi que d'une maison à Romans. Quelques jours après, le 28 avril, intervint un autre acte par lequel le comte de Valentinois rétrocédait à son cousin Graton l'usufruit de ces terres et de cette maison (2). Etait-ce de la part du comte une générosité ? Ce fut dans tous les cas le fait d'un habile politique, car le seigneur de Clérieu, n'ayant pas d'enfant, fit un testament, le 18 août 1323, par lequel il légua tous ses biens à son frère Guichard, lui substituant, s'il venait à mourir sans postérité, le chef de la maison de Poitiers (3). Le fils du comte ne devait pas tarder à bénéficier de cette dernière clause que la reconnaissance inspira, sans doute, au sire de Clérieu.

Quelques difficultés qui survinrent vers le même temps entre le dauphin et le comte furent bientôt aplanies ; le 29 avril 1322, ils s'en remirent, l'un et l'autre, de la solution de leurs différends, à Aymar de Roussillon et à Hugues de Bressieu (4). En 1324, le 23 octobre, le comte renouvela les hom-

---

(1) De Gallier. *Essai hist. sur la baronnie de Clérieu*, p. 70-1.
(2) Archives de l'Isère, B, 3573.
(3) De Gallier, op. cit., p. 72.
(4) Archives de l'Isère, B, 3573.

mages qu'il devait au dauphin, et peu de temps après il envoya son fils sous la bannière de ce prince combattre contre la Savoie. Aymar de Poitiers fut un des chevaliers dauphinois qui se distinguèrent à la bataille de Varey, et c'est grâce à son intervention que le sire de Beaujeu, son cousin, qui avait été fait prisonnier, obtint son élargissement (1).

La paix régnait toujours entre l'évêque de Valence et le comte de Valentinois, mais c'était une paix mal assise, que le pape, à force de menaces et de supplications, avait peine à maintenir. En 1322, une nouvelle guerre fut sur le point d'éclater. Une trêve leur fut encore imposée, et, par un acte daté d'Etoile le 6 août de cette même année, Aymar IV autorisait son fils à la proroger pendant deux mois (2). On s'observait ainsi de part et d'autre, et l'on se préparait à une levée de boucliers, dont chacun mesurait les conséquences. Les choses allèrent ainsi, de mal en pis, jusqu'au commencement de l'année 1329. C'est encore de Crest, cause première de toutes les querelles, que devait partir l'étincelle qui allait allumer la guerre. On sait que cette ville appartenait, par moitié, à l'évêque et au comte. Or, celui-ci cherchait de toute manière à attirer à lui les hommes de l'évêque, pour en faire ses vassaux, et le prélat, de son côté, agrandissait l'enceinte fortifiée de son castel, y faisait construire de nouveaux bâtiments et une tour. Les protestations succédaient aux protestations. Il n'était bruit dans la province que de ces lamentables dissentiments. Jean XXII voulut se porter médiateur, et le 23 août 1329 écrivit à Aymar IV pour l'inviter à se rendre à Avignon, où il pourrait régler avec l'évêque de Valence, qui devait s'y trouver, les questions en litige (3). Mais la voix

---

(1) Chorier, *Hist. du Dauphiné*, t. II, p. 247.
(2) Archives de l'Isère, B, 3573.
(3) Archives de l'Isère, B, 3574. — Le 15 juillet 1329, Aymar IV donnait pleins pouvoirs à Aymar, son fils aîné, pour traiter avec le dauphin Guigues VII, sur quelques nouveaux différends. (Mêmes archives, ibid).

du souverain pontife ne fut plus assez puissante pour arrêter le conflit. Quelques jours après, la guerre promenait ses ravages dans le Valentinois. Les troupes du comte s'emparèrent de quelques places, pillèrent des maisons et tuèrent plusieurs sujets de l'évêque.

Guillaume de Roussillon fut vite en mesure de prendre l'offensive. Ses troupes marchaient sous la conduite d'Albert de Sassenage, qu'il avait par un traité conclu le 4 septembre 1329, déclaré *avoué* de ses Eglises. Albert était un habile capitaine. Au temps de Chorier, on conservait dans les archives du château de Sassenage le rôle des nobles qui combattirent sous la bannière épiscopale, et s'il faut en croire cet historien, « le comte de Valentinois qui n'avait ni tant de feu, « ni tant d'expérience, fut défait dans un grand combat. « Albert le fit prisonnier et d'ennemi devint médiateur après « sa victoire : il le réconcilia avec l'évêque (1). » Notre historien dauphinois laisse toujours dans ses récits une certaine place à l'imagination ; les événements, croyons-nous, amenèrent eux-mêmes la fin de la lutte. En effet, Aymar IV de Poitiers et Guillaume de Roussillon se suivirent de près dans la tombe ; ils moururent l'un cette même année 1329 et l'autre en avril 1331.

Nous n'avons pas le testament du comte Aymar IV, mais il nous reste de lui deux codicilles, datés de l'année 1324 et rédigés l'un à Sauzet, l'autre à Grane. Dans le premier, il augmente la part d'hérédité de son fils Amédée (2), et dans le

---

(1) Columbi, p. 314. — Chorier, t. II, p. 256. Voir notre *Essai hist. sur Die*, t. II, p. 185-86. — Les archives de l'Isère conservent un sceau d'Aymar IV de Poitiers :

Sceau rond, de 49 millim., en cire blanche. Ecu aux armes des Potiers, dans un encadrement à huits pointes.

†: S : ADEMARI : DE : PICTAVIA : COMITIS : VALENTINI :

Apposé à une donation de la terre de Châteauneuf, en Vivarais, faite par ce seigneur à Roger de Clérieu, pour la dot de sa sœur Marguerite, en 1280. Pilot, *Inventaire des sceaux relatifs au Dauphiné*, n° 15.

(2) Du Chesne, *Hist. des comtes de Valentinois*. Preuves, p. 29-30.

second défend à ses enfants de recevoir autre chose que ce qu'il leur assigne par testament, manifestant une crainte extrême que ses dernières volontés ne soient pas respectées (1).

De Polie de Bourgogne, sa première femme, Aymar IV de Poitiers avait eu :

1° Aymar V de Poitiers, son successeur.

2° et 3° Humbert et Othon de Poitiers, mentionnés au testament de leur aïeul en 1277, morts sans lignée.

4° Guillaume de Poitiers, seigneur de Saint-Vallier, figure avec ce titre dans l'acte par lequel, le 13 juillet 1292, la dauphine Anne ratifiait la donation qu'elle avait faite précédemment du Dauphiné et des comtés de Vienne et d'Albon à son fils le jeune dauphin Jean (2). Nous parlerons plus loin des contestations qu'il eut avec son frère Aymar V au sujet de la terre de Clérieu. L'histoire de ses démêlés avec Bertrand de la Chapelle, archevêque de Vienne, est étrangère à notre sujet. Il testa le 8 septembre 1338, se qualifiant seigneur des baronnies de Fay, de Beaupré, de Saint-Vallier et de Clérieu ; il fit le dauphin son héritier, lui substituant le roi Philippe VI (3). Il fit un second testament le 8 septembre de l'année suivante, instituant pour héritier le comte de Valentinois et léguant Saint-Vallier, Clérieu et Chantemerle à Amédée de Poitiers, son autre frère (4).

5° Louis de Poitiers fut successivement évêque de Viviers (1306-1318), de Langres (1318-1325) et de Metz (1325-1328). Il s'était retiré à Puygiron, près de Montélimar, château qu'il avait fait construire, et où il mourut (5).

---

(1) H. DE PISANÇON, *Testaments et traités des comtes de Valentinois*, dans *Bulletin d'Arch. de la Drôme*, t. XV, p. 273.

(2) VALBONNAYS, t. II, p. 52.

(3) DU CHESNE, loc. cit., p. 36-7.

(4) DE GALLIER, *Essai hist. sur la baronnie de Clérieu*. p. 95. — ANSELME, t. II, p. 187.

(5) DU CHESNE, loc. cit., p. 27. — ANSELME, t. II, p. 185. — Voir ROCHE (l'abbé Aug.), *Armorial généalogique et biographique des évêques de Viviers*, t. I (1894), p. 277-84.

6° Alix de Poitiers, épouse de Giraudet Adhémar, fils de Giraud Adhémar, seigneur de Montélimar. Le 28 avril 1309, Giraud Adhémar passait procuration à Arnold Altoviti, de Florence, habitant de Montélimar, pour recevoir 1,000 livres de bons petits tournois, ayant cours dans le royaume de France, des mains du comte Aymar IV de Poitiers, qui les lui devait pour la dot d'Alix, sa fille, femme de Giraudet, fils dudit Giraud Adhémar (1).

7° N. de Poitiers, épouse de Guiot, seigneur de Montlaur (2).

De Marguerite de Genève, sa seconde femme, Aymar IV eut encore :

8° Aimé ou Amédée de Poitiers, à qui son père légua par codicille du 3 avril 1324, les châteaux de Taulignan, de la Roche-Saint-Secret, de Blacons, le fief du Pègue, les châteaux d'Audefred, de Bourdeaux, de Comps, d'Orcinas, de Besaudun, de Poët-Célar, d'Auriple, de Baix-en-Diois, d'Ourches et de Marches, avec dix mille livres de tournois (3). Il hérita encore de son frère Guillaume des seigneuries de Saint-Vallier, de Clérieu et de Chantemerle. Il était mort le 18 août 1350, car nous voyons, à cette date, le juge des comtés de Valentinois nommer tuteur de son jeune fils Guillaume Dalmas, de Châteauneuf. Il avait épousé le 22 mai 1330 Jeanne de Savoie, troisième fille de Philippe de Savoie, prince d'Achaïe, et de Catherine de Viennois. Il en eut :

1° Aymar de Poitiers, seigneur de Saint-Vallier, Taulignan, etc., qui se trouvant sans enfant donna tous ses biens à Aymar VI, comte de Valentinois, par acte passé à Baix-en-Vivarais, le 3 novembre 1355. Il fit son testament dix jours après, léguant 200 florins d'or à sa mère et diverses sommes à ses sœurs. Il fut enseveli aux Cordeliers de Crest. — 2° Mar-

---

(1) Archives de l'Isère, B, 3563.
(2) Voir plus haut, p. 277-8.
(3) Du Chesne, loc. cit., p. 29-30.

guerite, à qui son frère avait légué 5,000 florins d'or, épousa Joffroy de Bressieu. Le comte Aymar VI lui légua par testament le château de Taulignan. Elle testa le 11 juillet 1380. — 3° Catherine, dont le testament est du 22 mai 1361. — 4° Antoinette, dite Hélis au testament de son frère, épousa Aymar de Seyssel, seigneur d'Aix. — 5° et 6° Béatrix et Sibille, qualifiées religieuses dans le testament du comte Aymar VI, en 1366 (1).

9° Anne de Poitiers épousa en 1302 Henri, dernier comte de Rodez, dont elle n'eut pas d'enfant. Devenue veuve, elle se remaria avec Jean, comte de Clermont, depuis dauphin d'Auvergne. Le 30 juillet 1313, Robert, comte de Clermont, dauphin d'Auvergne, passait quittance à Aymar IV de Poitiers d'une somme de 500 livres de tournois qu'il lui devait pour la dot de sa fille, mariée à Jean, son fils (2).

10° Catherine de Poitiers, qui épousa le 27 novembre 1309 Aymeric de Narbonne. Son père lui promit en dot 7,000 liv. de tournois, payables en différents termes (3).

VIII. — **AYMAR V DE POITIERS**, comte du Valentinois et Diois, avait depuis longtemps déjà l'administration de vastes domaines (4) lorsqu'il fut appelé à succéder à son

---

(1) Du Chesne, loc. cit., p. 31-34. — Anselme. t. II, p. 188.
(2) Archives de l'Isère, B, 3566. — Anselme, t. II, p. 188.
(3) Archives de l'Isère, B, 3567. « Anno Dni M°.CCC°.IX, scilicet die jovis ante festum beati Andree, d. Aymarus de Pictavia, comes Valentinensis, dedit in uxorem Katerinam, filiam suam, Aymerico de Narbona et assignavit sibi in dotem septem millia libras bonorum Turonensium solvendas per certos terminos, videlicet mille quingenta libras incontinenti, quos solvit dno Amalrico de Narbona, patri dni Aymerici, de qua solutione extat instrumentum manu Rostagni Angli, et a data dicti matrimonii in unum annum tenetur solvere sexentas libras, et ulterius anno quolibet, dicta die, sexentas libras, quousque dicta summa fuerit persoluta. » Le contrat de mariage fut passé à Bagnols, le 24 septembre 1309. *Hist. du Languedoc*, t, IX, p. 422.
(4) Le 26 mai 1326, Pierre *de Aurayca*, bailli du Vivarais, venu à Privas pour réclamer l'hommage que devait au roi le fils aîné du comte

père (1). Il n'était plus jeune, ayant alors environ soixante-trois ans. Il n'héritait pas de l'intelligence et de l'activité du dernier comte ; faible de caractère, adonné au plaisir, il ne devait pas désirer poursuivre la lutte avec l'évêque de Valence. La mort de Guillaume de Roussillon, arrivée sur ces entrefaites, et la nomination, par une bulle du 22 avril 1331, d'Aymar de la Voulte, évêque de Viviers, aux sièges épiscopaux de Valence et de Die, vinrent encore faciliter le rétablissement de la paix. Aymar de la Voulte était proche parent du comte.

C'était un prélat plein de charité et de douceur ; nous le verrons bientôt, pour échapper aux ennuis de l'administration de deux vastes diocèses, retourner à son ancienne Eglise de Viviers. L'évêque et le comte se montrèrent donc disposés à écouter la voix du souverain pontife, qui les engageait à

---

de Valentinois, Aymar, celui-ci s'acquitta de ce devoir et reconnut tenir en fief : « Castrum de Turnone, c. de Baino et de Privacio, c. de Chalancone, c. de S. Albano, c. de Roveria, c. de Durforti seu sancti Fortunati, et c. de Pousino, infra quorum districtus et castellanias sunt loca infrascripta, videlicet locus de Bessando, locus sancti Andeoli, locus de Lesterni et locus de Lacu, necnon et mansiones et feuda infra scripta, cum dominio, fidelitate, ymo ressorto et superioritate feudorum infra scriptorum que et quas ipse d. Aymarus habet in eisdem videlicet de Chaylario, de Gloiria, de Asalone, de Dou, de Menilhaco, de Monteacuto, de Raphael, de Corberia, et de Brion, de Chaslario et de Sancto Agripano.... Actum Privacii, in camera hospicii fortalicii d. d. Aymari.. » Archives de l'Isère, B, 2984, f° 395. — L'année suivante et le 19 mars, son père l'autorisa à recevoir en son nom les hommages et reconnaissances des vassaux du Valentinois et du Diois ; c'est à ce titre qu'il reçut l'hommage de Pierre et de Pons de Lers pour leurs châteaux d'Espenel et de Vercheny, qu'ils prétendaient relever du seigneur de Mornans. Archives de l'Isère, B, 3485.

(1) Le premier acte de son administration, à notre connaissance, est une obligation souscrite le 2 mars 1331 (n. s.) à Guillaume Dieulefit, de Crest, pour 500 mesures d'avoine et 25 saumées de vin, fournies par ce dernier pour l'entretien des troupes qui occupèrent Crest pendant la dernière guerre. Archives de l'Isère, B, 3574.

régler d'une façon définitive les conditions de la paix et s'offrait lui-même à devenir leur médiateur. Au mois de mars 1332, sur l'invitation du pape, ils se rendirent à Avignon, où ils soumirent l'examen de leurs divers griefs à deux délégués pontificaux, Pierre de Prez, cardinal-évêque de Préneste, et Pierre de Mortemar, cardinal-prêtre du titre de Saint-Etienne au mont Célius. Après de longs débats, les délégués firent accepter aux parties un traité de paix, comprenant trente-huit articles, dont nous emprunterons le résumé à notre *Essai historique sur Die :*

1° « Comme la division de la ville de Crest en deux seigneuries distinctes était la source principale des procès et des guerres, il est stipulé que cette division n'existera plus : tout appartiendra, par indivis, à l'évêque et au comte.

2° « En temps de guerre, Crest et son territoire demeureront neutres.

3° « Les habitants de Crest pourront faire à leurs remparts toutes les réparations qu'ils jugeront utiles.

4° « Le mur dont le comte a entrepris la construction, il y a environ deux ans, et qui empêche l'évêque d'accéder librement de la ville à son château, devra être démoli.

5° « Tous les hommes de l'évêque qui, dans ces deux dernières années, se sont déclarés feudataires du comte, pour avoir sa protection, sont libres de leurs engagements.

6° et 7° « Il est convenu que l'évêque et ses successeurs pourront, non seulement faire achever la tour commencée par Guillaume de Roussillon, mais encore, entre la forteresse épiscopale et le bastion contigu au fort du comte Aymar, construire un bâtiment comprenant une salle de huit cannes de long sur quatre de large, avec une cuisine.

8°-11° « L'évêque donnera au comte Montclar et son territoire, réserve faite des revenus de la cure ; il lui donnera, en outre, une rente annuelle de 100 livres, à prendre sur le péage de Valence, et un capital de 20,000 florins d'or. De son côté, le comte devra transporter à l'évêque et à ses successeurs le domaine direct de toutes ses terres situées dans l'empire, en deça du Rhône, pour les tenir désormais en fief des Eglises de Valence et de Die. Sont exceptées, toutefois du transport les terres de Saint-Vallier et de Vinay. Le comte devra à l'évêque les devoirs d'un fidèle vassal, assister à ses plaids, l'accompagner à la guerre et le suivre dans ses expéditions jusqu'à une distance de six lieues hors de ses diocèses L'évêque devra également secourir le comte.

L'acte relate ici que l'évêque, avec l'assentiment du pape, fit aussitôt la remise au comte de ses droits sur Montclar et s'engagea à payer la rente de 100 livres et le capital de 20,000 florins. A son tour, Aymar prêta hommage au prélat et fournit le dénombrement des terres pour lesquelles il se rendait feudataire. Cette énumération de châteaux et de fiefs mérite d'être ici relatée ; elle nous fait connaître l'étendue des domaines du comte :

« Noms des châteaux que le comte tient en toute propriété:
« Quint, Pontaix, Egluy, Baix-en-Diois, Gigors, Chastel-
« Arnaud, Piégros, Crest, Chabrillan, Auriple, Saou, Soyans,
« Marsanne, la moitié de Savasse, deux parts de Châteauneuf-
« de-Mazenc, Puygros, la moitié d'Audefrey, Charpey, Châ-
« teaudouble, Upie, Montmeyran, Vaulnaveys, La Vache et
« Grane.

« Noms des châteaux que le comte affirma être tenus en
« fief de lui : la moitié de Beauregard, Rochefort, Barbières,
« Marches, Barcelonne, La Beaume-Cornillane, Ourches,
« Vachères, Montoison, Roche-près-Grane, Autichamp, Co-
« bone, Suze-la-Vieille, Suze-la-Nouvelle, Le Cheylard, Le
« mandement de la Bastie, le château de Barri, Espenel,
« Aubenasson, Mornans, Bourdeaux, Bezaudun, Poët-Célar,
« Roynac, Puy-St-Martin, Pont-de-Barret, Roche-Beaudin,
« Félines, Cléon, Saint-Gervais, Montboucher, la moitié de
« Sauzet, La Bastie-Rolland, La Laupie, La Touche, Ro-
« chefort, Valdaine, Le Pas-des-Portes, La Roche-Saint-
« Secret, La Balme-de-Bécone, Alauzon, Le Pègue, Espe-

« luche, Poët-Laval, Le Vercors, Dieulefit, Souspierre,
« Manas, Charols, Blacons, le fief de Vassieu, le château de
« Saint-Genis, Fiançayes, le mandement de Rochefort.

« L'hommage sera dû à l'évêque à chaque mutation de seigneur et de vassal. Les secondes appellations se feront devant la cour épiscopale ; les premières, devant les officiers du comte. Les deux parties s'engagent à ne plus construire de forteresses dans l'étendue des deux diocèses, et le comte fera combler les fossés, détruire les retranchements qu'il avait établis sur la voie publique, entre Valence et Livron. Tous les prisonniers de guerre seront rendus.

« Le comte ne sera point inquiété dans son droit de battre monnaie. Les espèces frappées par le comte et par l'évêque seront d'un poids égal et de bon aloi. Aucun d'eux ne se permettra de battre monnaie sous le nom de l'autre (1).

« Comme Aymar de Poitiers se plaignait de ce que l'évêque, au préjudice de ses droits, s'intitulait comte de Valence et de Die, les parties convinrent que les cardinaux arbitres prendraient connaissance des documents sur lesquels elles fondaient leurs droits réciproques et qu'ils décideraient ensuite ; mais, comme de ce fait pouvaient surgir de très grosses difficultés, on décida que le pape se prononcerait et qu'on s'en tiendrait à sa sentence. La prochaine fête de l'Ascension fut donnée à l'évêque comme dernier délai pour produire ses documents (2). »

---

(1) « Item, quod predictus d. episcopus et successores ejusdem non impedient nec perturbent d. d. Ademarum, nec ejus successores, nec eorum monetarios, in moneta per ipsum d. Ademarum et successores suos, vel eorum nomine, in terra sua facienda sive cudenda, nec in cursu ejusdem : hoc acto inter partes predictas expresse quod predicti domini episcopus et Ademarus et successores eorum monetam ejusdem ponderis et legi imi facere teneantur et quod neuter eorum, sub signo et nomine alterius, possit facere cudi monetam. »

(2) « Item quod d. d. Ademarus conquereretur quod d. d. episcopus se comitem Valent. et Diensem in ipsius d. Ademari prejudicium no-

Pour tous les autres points en litige, les cardinaux réservèrent leur droit d'arbitres. Ce règlement fut placé sous la protection du roi de France, et l'on reconnut au sénéchal de Beaucaire le droit d'en revendiquer l'exécution, même par la force des armes.

Ces conventions, arrêtées le 6 mars 1332, furent solennellement ratifiées par l'évêque et le comte, dans la chambre du cardinal de Préneste, en présence de nombreux seigneurs (1). Un mariage vint encore manifester aux yeux de tous la parfaite entente des familles de Poitiers et de la Voulte : le 30 décembre 1332, Eléonore, fille du comte, épousait Bermond d'Anduze, frère aîné de l'évêque et futur héritier de la seigneurie de la Voulte (2). Malheureusement, cet accord ne devait pas être de longue durée ; on n'en avait point encore fini avec la querelle du Valentinois ; nous la verrons bientôt renaître.

Profitant de ces moments de calme, le comte et l'évêque unirent leurs efforts pour agir auprès du dauphin et l'engager à modérer le zèle de ses officiers de justice, qui sous prétexte de faire respecter les droits de leur maître, empiétaient sur ceux des voisins. C'est ainsi qu'ils faisaient placer les pennonceaux du Dauphiné sur des terres appartenant au

---

minabatur, partes ipse ad invicem convenerunt quod prefati domini cardinales, visis instrumentis, monumentis ac juribus partium predictarum, summarie et de plano et sine strepitu judicii super facto nominis comitatus predicti ordinent, prout videbitur faciendum, et si super hoc apud eos aliqua dubitatio evenerit, propter quam tardaretur determinatio seu decizio concordie, partes ipse stare super hoc debeant ordinationi et dispositioni predicti d. n. pape. Dicti vero domini cardinales ibidem d. d. episcopo presenti perhentorium terminum assignaverunt hinc ad festum proximum Ascensionis Domini ad producenda omnia instrumenta et monumenta sua coram ipsis d. cardinalibus, si que habet, super nomen comitatus predicti, ... »

(1) Archives de l'Isère, B, 3485. Voir *Essai hist. sur Die*, t. II, p. 193-8.

(2) ANSELME, t. II, p. 192.

comte et à l'évêque ; d'autres fois, ils prenaient sous la sauvegarde delphinale des sujets du Valentinois, faisaient arrêter des coupables et se permettaient de les juger. Guigues VIII voulut corriger ces abus, et dans un règlement fait à Pisançon, le 19 septembre 1332, on prit de sages mesures pour réprimer les crimes, tout en sauvegardant les droits de chacun (1).

Les abus de la force n'étaient pas rares dans un temps où les droits étaient mal définis, et où les diverses autorités qui se partageaient le pays travaillaient, à l'envi, à se fortifier et à étendre. Arnaud, seigneur de Rochefort en Valentinois, était en différend avec le comte au sujet de l'hommage qu'il lui devait : il prétendait n'être tenu à cette formalité que pour une moitié de son fief, l'autre moitié relevant du dauphin. Aymar fit saisir ce seigneur, qui fut conduit dans un château où il demeura captif pendant plusieurs années (2). Il ne dut sa liberté qu'à l'intervention de quelques amis puissants, Guillaume de Tournon, Aymar de Taulignan, seigneur de Rochefort, au diocèse de Saint-Paul, François, seigneur

---

(1) Bibliothèque de Grenoble, R, 5857. « In xpi nomine. Amen. Anno incarnationis ejusdem millesimo triscentesimo tricesimo secundo et die decima nona mensis septembris, prime indictionis. Noverint universi et singuli quod cum r. p. d. Aymarus, episcopus Val. et Dien., et m. v. d. Aymarus de Pictavia, comes Val. et Dyen., conquesti fuissent et conquererentur illust. principi d. Guigoni Dalphino, comiti Albon., Vien. palatino dominoque de Turre, super eo quod dicebant quamplurima gravamina infra scripta, videlicet gardas, guidatgia, et penoncellos, recepta et poni sita in terris dominorum predictorum et pignorationes contra debitum rationis illata fuisse tam per ipsum d. Dalphinum quam ejus predecessores, quam officiales ejusdem ... »

(2) Arnaud de Rochefort fut enfermé à Marsanne ; les comptes du châtelain Guillaume Ours (Urci), de 1333 à 1340, portent :
Item, pro expensis factis ibidem per d. Arnaudum de Rupeforti, tempore quo stetit ibidem captus, mandato domini, constat per litteram confessionis d. d. Arnaudi, XII l., XVIII s. : Valent. IX flor., XI t., VI d.

d'Urre, Pierre de Virieu, et Guillaume de Montélier, qui étant réunis à Grane, le 8 juillet 1334, obtinrent du comte son élargissement, à la condition qu'il leur remettrait en garde son château de Rochefort, jusqu'à ce qu'ils eussent eux-mêmes jugé l'affaire (1).

Bien autrement graves furent les différends du comte avec son frère Guillaume, seigneur de Saint-Vallier, puis avec le dauphin, au sujet de la succession de Guichard de Clérieu. La terre de Clérieu était divisée en deux pareries : l'une, entrée dans la maison de Poitiers par le mariage de Philippa de Fay, qui la tenait du chef de sa mère Météline de Clérieu, servait souvent d'apanage aux cadets de cette maison ; l'autre appartenait aux descendants de Silvion de Clérieu. Vers l'année 1321, la parerie poitevine était devenue, par suite d'un héritage, la propriété de Guillaume de Poitiers, frère d'Aymar V, à qui il en fit hommage en 1328 (2). On se souvient peut-être que Graton de Clérieu, dans son testament, daté du jeudi après l'Assomption 1323, avait substitué Guillaume, son cousin, à Guichard de Clérieu, son frère, au cas où celui-ci ne laisserait pas d'enfant (3). Guichard avait bien recueilli l'héritage Graton, mais ne s'était pas cru tenu à respecter la substitution établie en faveur de Guillaume, et ayant fait un testament le 24 juin 1333, désigna pour son héritier le comte Aymar V (4). Ses dispositions ne furent point modifiées et dans un codicille du 23 octobre 1335, il se borna à

---

(1) Archives de l'Isère, B, 3576.

(2) « Dans l'acte de reconnaissance figurent la parerie de Clérieu, le château ou fief de Chantemerle, le château d'Albon *(castrum suum de Albone cum toto suo tenemento)*, le fief qu'y tient de lui Hugues de Gorcia, seigneur de Reviran, en Vivarais, et de *Salinacio*, le château de Mezenc, enfin celui de Raphaël, tenu par Hugues de Furcata. » DE GALLIER, *Essai hist. sur la baronnie de Clérieu*, p. 91.

(3) DE GALLIER, ibid., p. 76. D'après les archives du château de Peyrins.

(4) DE GALLIER, ibid., p. 79.

faire quelques legs à ses serviteurs (1). Il mourut peu de temps après. Le comte, pressé de faire reconnaître ses droits sur l'héritage du sire de Clérieu, se hâta d'envoyer son fils auprès du dauphin Humbert II, l'accréditant par ses lettres datées d'Etoile, le 10 janvier 1336 (n. s.), à l'effet d'obtenir de ce prince l'investiture de la parerie léguée par le testateur (2). Mais le dauphin ne se montra pas disposé à faire droit à cette requête. Guillaume de Poitiers, se voyant frustré d'un héritage sur lequel il comptait, lui avait adressé une semblable demande. C'était donc un procès qui allait s'engager entre les deux frères, procès où on aurait à juger auquel des deux testaments de Graton et de Guichard il convenait de s'arrêter. L'affaire était délicate. Le comte et son frère firent un compromis et laissèrent le soin de la trancher à Guillaume de Vesc, clerc de la chambre apostolique et jurisconsulte habile. Celui-ci rendit sa sentence à Avignon, le 11 décembre 1336, et donna gain de cause à Aymar V de Poitiers (3).

Bien qu'il se fût mis en possession de la parerie de Clérieu, le comte n'était pas à bout de ses peines. Le 20 février 1337, il fit demander au dauphin d'approuver la donation qu'il avait faite de Clérieu à son fils, Louis de Poitiers. Humbert II refusa de se rendre à ses désirs; il avait du reste, dès le 19 janvier précédent, donné l'investiture de ce fief à Guillaume de Poitiers, préférant son agrandissement à celui du comte de Valentinois. De plus, il soutint que Clérieu, étant un fief rendable, faisait naturellement retour au suzerain par l'extinction de la race, et que Guichard n'avait pu en disposer; que d'ailleurs, le comte, étant déjà homme lige du roi, devenait inhabile à posséder le susdit fief, pour lequel on devait l'hommage par préférence à tous autres princes (4). Le

---

(1) Archives du château de Saint-Vallier.
(2) Archives de l'Isère, B, 3576.
(3) Bibliothèque de Grenoble. Ms. Guy Allard, V, 440, f° 495.
(4) De Gallier, ibid., p. 91.

comte s'offrit, le 29 octobre 1337, à se déclarer l'homme lige du dauphin ; mais bientôt il se repentit de s'être aussi avancé. L'affaire fut déférée au conseil delphinal, où Aymar V se vit condamné. Il en appela au pape Jean XXII, qui mourut sur ces entrefaites. Benoît XII commit des juges pour terminer ce différend. Dans l'intervalle, Henri de Villars venait d'arriver au siège épiscopal de Valence. Aymar essaya de l'engager dans l'affaire qui lui tenait tant à cœur et de s'en faire un appui : le 15 décembre 1337, il lui fit proposer de recevoir son hommage pour les terres de Châteaubourg et de Garanson, ainsi que pour le fief de Toulaud, qui lui appartenaient, disait-il, en vertu du testament de Guichard de Clérieu. En homme avisé, l'évêque se garda bien de donner dans le piège ; il se contenta de répondre que, nouvellement arrivé dans ses diocèses, il voulait être plus amplement informé de ses droits (1). Devant les juges nommés par Benoît XII, le comte perdit encore son procès et fut condamné à l'hommage-lige (2). En conséquence, il rendit cet hommage au dauphin, à Chabeuil, le 25 avril 1338, pour les châteaux et seigneuries d'Etoile, de Clérieu (parerie poitevine), de Montclar, de Beaufort, etc. (3). L'héritage de Guichard de Clérieu demeura aux mains de Guillaume de Poitiers, qui par son testament du 8 septembre 1339 en disposa, ainsi que de ses autres biens, en faveur de son frère Amé (4). Tout ne fut pourtant pas terminé ; nous dirons bientôt comment se dénoua ce procès.

Humbert II était venu à Chabeuil pour rendre une sentence arbitrale dans un nouveau différend survenu entre le comte et l'évêque, toujours à l'occasion de Crest. Le traité d'Avignon avait laissé trop de points indécis et en suspens pour que la paix fût de longue durée. Fatigué de ces perpétuelles querelles, Ay-

---

(1) Archives de l'Isère, B, 3577.
(2) Bibliothèque de Grenoble. V, 440, f° 495.
(3) VALBONNAYS, t. II, p. 359.
(4) ANSELME, t. II, p. 187.

mar de la Voulte échangea les Eglises de Valence et de Die contre celle de Viviers, qu'il avait déjà gouvernée, avec Henri de Villars, prélat jeune, intelligent et actif (1). Celui-ci n'hésita pas à prendre les armes pour la défense de ses droits. Nous n'avons que peu de détails sur cette petite guerre ; nous savons seulement que les localités les plus éprouvées furent Crest, Chabrillan, Grane, Châteaudouble. Le dauphin fut assez heureux pour rétablir la concorde entre les deux rivaux, par le règlement qu'il fit à Chabeuil, le 25 avril 1338 (2).

Aymar V avait fait un premier testament daté du 13 janvier 1332 (n. s.), par lequel il instituait pour héritier universel son fils Louis et ses descendants mâles, leur substituant ses autres enfants, ceux d'Amé, son frère, et ceux de Guillaume de Poitiers, son cousin (3). Nous avons de lui un second testament, daté d'Etoile, le 12 août 1339, par lequel il confirme le précédent, ratifie les donations faites à Sibille de Baux, sa femme, fait divers legs à ses filles, Polie, Marguerite, Agathe, Eléonore, et à Marguerite, sa petite-fille, à ses fils Guillaume, moine de Cluny, Othon, Aymaret, Henri et Charles, et institue pour son héritier, son fils aîné, Louis de Poitiers (4). Il mourut peu de temps apres, à Baix-en-Vivarais, d'où son corps fut transporté à Crest pour y être enseveli dans le tombeau de sa famille, en l'église des Cordeliers. Ces détails sont relatés dans un curieux document que nous devons faire connaître.

Il nous reste 33 feuillets d'un registre des recettes et dépenses des châtellenies du Valentinois, sous les comtes Aymar IV, Aymar V et Louis Ier. Ces quelques feuillets ont pu échapper à une destruction complète, parce qu'ils avaient servi à cartonner deux volumes des archives du sénat de

---

(1) Voir *Essai hist. sur Die*, t. II, p. 202.
(2) VALBONNAYS, t. II, p. 359.
(3) Archives de l'Isère, B, 3576.
(4) Archives de l'Isère, B, 3249.

Chambéry, où on les a naguère retrouvés (1). Ils vont nous donner de précieux détails sur la nature et le mode de perception des impôts ou redevances féodales, en même temps qu'ils nous révèleront une foule de particularités curieuses sur les mœurs du temps, le prix des denrées, etc. Mais avant d'aborder cette comptabilité, il est nécessaire, croyons-nous, d'exposer brièvement quelles étaient les espèces et la valeur des diverses monnaies dont il est ici fait mention.

Le trésorier du Valentinois, en recevant les comptes des châtelains et en les couchant sur son grand livre, avait soin, pour l'uniformité des opérations, de ramener à un type unique les diverses monnaies qu'on lui présentait, et il prenait comme terme de comparaison le *gros tournois d'argent* compté à raison de 2 sols, 6 deniers. Cependant, le gros tournois est compté quelquefois à raison de 2 s., 2 d.; de 2 s., 3 d.; de 2 s., 4 d.; de 2 s., 8 d. Les monnaies qui figurent dans les comptes sont le *florin*, la *livre*, le *sou*, le *denier*, le *quart*, l'*obole*.

C'est toucher à un problème très complexe que d'essayer de déterminer la valeur *numéraire* et la valeur *relative* d'une somme d'argent à une époque déterminée. Les fluctuations des systèmes financiers, le plus ou moins de rareté des métaux, les calamités publiques comme les guerres et les famines ont eu de brusques contre-coups sur la valeur de l'argent. Tous ceux qui ont étudié le problème n'ont osé prétendre le résoudre que d'une manière approximative, et n'auraient-ils pas eu la franchise d'avouer leur embarras, que les divergences de leurs solutions le diraient assez haut. Voici, d'après

---

(1) Ce registre (haut. 0,47; larg. 0,31) aura été pris, sans doute, en même temps que les archives du Valentinois, au château de Grane, lors de l'expédition de Jacques de Valpergues en 1422, expédition dont il sera parlé plus loin. Les feuillets échappés à la destruction nous ont été généreusement communiqués par M. Muguier, conseiller à la cour de Chambéry, bien connu par ses importantes publications historiques sur la Savoie.

les données de Léber (1), comment nous croyons pouvoir traduire en francs et centimes la valeur *numéraire* de la monnaie, à l'époque où nous reportent les fragments du registre que nous étudions.

En 1328, le prix du marc d'argent étant de 6 livres, la livre vaudra 9 fr. 16; le sou (20e partie de la livre), 0 fr. 45; le denier (12e partie du sou), 0 fr. 037; le gros tournois, 1 fr. 12; le florin d'or, 16 fr. 70.

En 1339, le prix du marc étant de 8 livres, la livre vaut 6 fr. 86 : le sou, 0 fr. 34 ; le denier, 0 fr. 028 ; le gros tournois, 0 fr. 85 ; le florin d'or, 12 fr. 90.

En 1340, le prix du marc étant de 9 livres, la livre vaut 6 fr. 11 ; le sou, 0,305 ; le denier, 0,025 ; le gros tournois, 0,76 ; le florin d'or, 11 fr. 40.

Pour obtenir maintenant la valeur *relative*, ou comparée à la valeur actuelle, d'une somme d'argent du XIVe siècle, il faut, toujours d'après M. Léber, multiplier le chiffre indiquant la valeur numéraire par le nombre 6. Ainsi, dans le compte de la châtellenie d'Etoile de 1339, nous trouvons que pour l'approvisionnement du château, on a acheté 9 bœufs, 38 florins et demi, et 21 porcs, 42 l. 10 s. Le florin ayant en 1339 une valeur numéraire de 12 fr. 90, les 9 bœufs ont été payés 496 fr. 45, somme qui, multipliée par 6, nous donne pour valeur relative 2,978 fr. 70. Les 21 porcs ont été payés 147 fr. 49, chiffre qui nous représente une valeur actuelle de 891 fr. 49.

Les mesures de capacité pour les grains étaient alors le setier, l'émine, la quarte et le raz. Le setier variait selon les localités : à Loriol, par exemple, il valait 80 litres ; à Romans, 85. L'émine était la moitié du setier ; la quarte, la moitié de l'émine ou le quart du setier. Le raz valait 40 litres et se divisait en 12 pugnères.

Les mesures pour les liquides sont la saumée et le barral.

---

(1) Léber., *Essai sur l'appréciation de la fortune privée au moyen âge.* Paris, 1847, in-8o.

La saumée équivaut à deux hectolitres, plus ou moins, selon les pays. Le barral, qui valait 50 litres en Provence, variait en Dauphiné entre 43 et 30 litres. On le divisait en 20, 30 ou 36 pots.

Les Etats du comte de Valentinois comprenaient un certain nombre de châtellenies, ayant à leur tête un officier nommé directement par le comte et appelé *châtelain*. Il avait la garde et l'administration du lieu, gérait les domaines que le seigneur pouvait avoir en propre, recueillait tous les revenus féodaux, soit en deniers, soit en denrées, revenus que percevaient des agents subalternes appelés *bailes* (1); il faisait face à toutes les dépenses, et chaque année, au mois de mai, soumettait ses comptes à une sorte de trésorier général, résidant à Grane, qui les couchait dans un grand livre (celui-là même dont nous possédons quelques fragments). Les comptes de chaque châtellenie sont disposés uniformément et d'après des principes bien arrêtés. Ils sont divisés en deux parties : *Recettes*, *dépenses*. Chacune de ces divisions renferme un certain nombre de paragraphes où procède avec ordre.

Le chapitre des recettes se subdivise ainsi : recette *des deniers*, r. *des blés*, r. *du vin*, r. *du poivre*, r. *de la cire*, r. *des fromages*, r. *des poules*.

La recette des deniers comprenait : les droits perçus pour les lettres de *clame* (*de clamis*) qu'on obtenait du seigneur à l'effet de contraindre les débiteurs à payer ; *les amendes* imposées par le juge aux coupables ou la somme à laquelle on les faisait transiger ; *les lauds*, impôts de mutation ; *les cens* en argent directement perçus par les bailes ; *les permis de*

---

(1) Dans les comptes de Pierre de l'Epervier ou de l'Eparvière *(de Eperverio)*, châtelain de Quint et Pontaix, nous trouvons mentionnées les deux bailies de Hugues et de Guillaume de Bouillane *(de Bolkana)*, en 1339 ; ces deux personnages ne portent pas ici la qualification de nobles. Voir sur cette famille : Lacroix, *Les Bouillane et les Ricaaud*, dans *Bulletin, arch. Drôme*, t. XII (1878), p. 288-306.

chasse et *les permis de pêche* ; le produit de *la vente des denrées* du domaine seigneurial ; *les petites amendes* pour infraction aux règlements (*banna minuta*) ; *les droits de sceau ; les legs* faits au comte ; les droits payés par les *bouchers, fourniers*, etc. ; *la taxe* imposée aux *Lombards* ou banquiers, *aux juifs; la leyde* ou droit perçu dans les marchés ; la somme qu'on exigeait des hérétiques et des criminels, retenus en prison, pour frais de leur nourriture ; etc. (1).

---

(1) Les lettres de *clame*, les *lauds*, les *amendes*, le *fournage*, les *cens directs* étaient les principales sources de revenus. Ne pouvant multiplier nos citations, voici un extrait du registre, concernant le fief de Crest.

(f° CLII v°). Computum Johannis Porterii de facto Crista.

Anno Domini millesimo CCC° XXXIX° et die XIIII° mensis junii, computavit Johannes Porterii, de Marsana, de facto videlicet et de redditibus castrorum Criste et Vallisnavigii, et de facto operis dicti loci dicti d. n. comitis, videlicet, crotarum, mantelli et tocius operis fortalicii loci predicti, a die sexta mensis augusti, currente anno Domini M° CCC° XXXVIII°, qua die computaverat de eisdem usque ad hanc diem presentem.

Recepta denariorum.

Primo de laudimiis et investituris, computato turon. II s. VIII d., XXXVII lib., XII s. VIII d., valent . . . . XXIII fl. I tur. cum dim.

Item, plus comp. tur. III s. II d., XVII l. XVII s. X d. . IX fl. V turn.

Item, plus de eisdem in flor. . . . . . XLIII fl.

Item pro quadam compositione . . . . II turn. III d.

Item, de censu, comp. tur. III s., XIII l. II s. VI d. valent . . . . VII fl. III t. cum dim.

Et est sciendum quod in aliis computis computantur VIII flor. IX turn., sed modo non ascendit tantum, quia consuetudo est in loco de Crista quod quecunque moneta curratur, non accipiuntur nisi tres denarii pro duobus.

Item, de aygatgiis . . . . IX turn. et tres quartos.

Item de pedatgio Criste a die XIIII° mensis augusti, currente anno Domini M° CCC° XXXVIII°, usque ad diem XII mensis julii anno XXXIX° per aliqua intervalla pro medietata d. pedatgii, quam aliam habebat *li Dioulofes* . . . . L flor. IX t.

Item, per eumdem tempus pro toto . . . CIIII^{xx} IX fl. VII t.

Item, de obventionibus curie et sigilli, per unum annum completum in festo Pasche proxime lapso . . . . . . X fl.

La recette des blés fait mention de trois sortes de grains : le froment, les transailles et l'avoine. Les principales sources des revenus de ce genre étaient les droits *de mouture*, *les droits de tasche* (*taschiis*), *le produit des domaines seigneuriaux*, *les cens* perçus par les *bailes*, *la ferme* de certaines terres ou prairies, payée en denrées, le blé prélevé *au four*,

---

Item, de furnatgio furnorum, ad partem domini, per unum annum completum in instanti festo s. Johan. Bapt. . I. fl.

Item, de leyda incantus, bauchatgiis, et nundinis venditis per unam annum completum, ut supra, ad partem domini, una cum sale vencito XXIII l. IIII s ; tur. II s. VIII d., valent. . . . XIIII fl. cum dim.

Item, plus pro sale vendito VII l.; comput. tur. III s. III. d. val . . . . III fl. cum dim.

Item, de obventionibus massatorum, peracorum ternallhi et torcularis oley per unum annum completum in instanti
festo b. Johan. Bapt. . . . . XXI fl.

Item, pro loquerio ortus . . . . . . XV t.

Item, pro banno vini vendito per unum annum XXIII lib.; computato tur. III s. II d., valent. . . . . . . XII fl. VI t. cum d., III d.

Item, de bannis menutis, computando usque ad festum natalis Domini proxime preteriti XI l. XII s., comp. t.
II s. VIII d. valent . . . . VII fl. IIII t. I q. IIII d.

Item, a Mondone Trute receptore bladorum, pro bladis per ipsum venditis, prout ipse debet computare . . . LII fl. II t.

Item, pro pasquayratgio de Montechalmo, et in agnis a Periolaris habitis venditis. . . . . III fl. cum dim.

Item, pro uno porco domini vendito . . . XVII t. I q. IIII d. obol.

Item, pro loquerio asinorum . . . . . III fl. IX t.

Item, pro mangalhiis quorumdam incarceratorum . . . . XXX fl. III t.

Item de guidatgio quorumdam judeorum . XXI fl. II t.

Item, a Malabayla, Lumbardo, pro pensione quam facit domino, pro presto de summa CXL fl., pro solutione festi ressurectionis Domini proxime venientis, recepit . . . . XL fl.

Et C floreni debentur per eumdem Malabayla in dicto instanti festo Pasche, quos et debet recuperare d. Johannes Porterii, quia dominus ipsum Malabeyla de eis quitavit, et respondi fecit dicto Johanni.

Item de vitibus, nichil computat recepisse, quia ipsas dedit Foresteria.

Item de polveratgiis nichil computat recepite.

Le reste du compte de Crest fait défaut.

le vingtain ou impôt pour l'entretien des fortifications du lieu. A Crest et à Etoile, l'officier préposé à la perception des blés s'appelait *clavaire*.

Les autres genres de recettes sont assez spécifiés par les noms qui les désignent.

Le chapitre des dépenses se subdivise en deux paragraphes : dépense *des deniers,* d. *des blés.* Dans le premier paragraphe, signalons les articles suivants : papier et encre ; frais de réception pour la venue du comte et des siens ; argent donné au comte et dont on présente le reçu ; vêtements divers, souliers et autres objets de ce genre envoyés au comte, à la comtesse ou à leurs enfants ; salaire du tailleur ; prix d'un cheval acheté pour le comte ; frais de culture des terres, prairies, vignes du domaine ; pendant la guerre, frais pour l'approvisionnement des places, achat de balistes, salaire des soldats, vêtements des archers, etc. ; frais pour la tenue des assises, quand le juge vient dans la châtellenie rendre la justice ; frais de justice, enquête, nourriture des criminels, etc. ; aumônes aux frères mineurs ; gages des chapelains ; entretien des bâtards du comte, etc. (1).

---

(1) Voici quelques exemples recueillis çà et là :

Item pro papiro et incauto, comp. tur. pro
II s. VI d. . . . . LIII s. II d.

Item pro venuta domini comitis, domine comitisse, domini Ludovici et magnatum et hospitum, comp. tur. II s. IIII. d. XXX s. VI d.

Item, pro caligis, socularibus, clavis, ferris clavis et aliis minutis missis domino et ejus liberis . . . . . XXXII t. cum dim.

Item, pro uno roncino empto per d. Ludovicum a dicto Johanne. . . . . XXX fl.

Item pro uno roncino empto mandato d. Ludovici, ad opus Johannis Raynardi. . . . . XIIII fl.

Item soluto Jacquetto, escoferio, pro socularibus d. Ludovici. . . . . VI t.

Item, pro duobus cannis camelini et pro caligis et socularibus emptis et missis domine de Vergino, constat per ejus litteras . . . . II fl. XI g.

On peut glaner çà et là dans ces feuilles, dont la lecture paraît tout d'abord fastidieuse, des détails historiques, des traits de mœurs, des mots et des expressions qui dédommagent de la peine. C'est ainsi que nous trouvons dans les comptes du châtelain Olivier de Laye qu'Aymar V mourut à Baix-en-Vivarais, qu'on acheta à Romans les aromates et autres choses qui servirent à sa sépulture, qu'on fit appel pour cela à Jacquemon Zacharie, apothicaire de Montélimar, et que le corps du défunt fut transporté à Crest. Ce fut un graveur de Romans qui fit, pour le prix de 45 sols 10 d., le sceau en argent de la comtesse, épouse de Louis Ier de Poitiers. Plusieurs fois il est question d'hérétiques vaudois, gardés dans les prisons du comte. Les frais de justice pour l'enquête, le jugement et l'exécution d'un criminel s'élevaient à 65 gros tournois. On entretenait des faucons pour la chasse. Les mots qui expriment les diverses sortes de travaux agricoles sont ceux-là mêmes dont se servent encore nos paysans (1).

Item, pro helemosina annua fratrum minorum debita, tur. pro II s. VI d. . . . . . L s.

Item pro quodam muro facto coram porta fortalicii (Quinti), stabulo roncinorum et saumeriorum hospicii et pro ferramentis hospiciorum fabricandis et pro pariete mantelli facienda *de peyra secha* . . . . C s. X d.

Item pro mille tegulis emptis et recovrare hospicia de Quinto. . . . . LVIII s.

Item pro ferro et asserio emptis pro instrumentis molendinorum Quinti et Pontesii, cum tegulis, uno rosco et III molis emptis et pro canalibus. . . . . XXIX l. XI s. III d.

Item, pro despensa Lansaloti, bastardi domini, per unum annum et dimidium completum . . . . XXVII s.

(1) Item, pro vinea domini putanda, eschansilhanda, fodenda, binanda, tersanda et vindemianda per unum annum . CVIII s. IIII d.

Item, grucillatori, pro bladis gruiellandis . I sest. em^{ti} frum.

Item, extractis de dictis bladis, de affachilhis nihil valentibus . . . . V sest. frum.

Item, pro expensis factis per boverios, coperiendo blada domini, et cultivando terras, et pro bladis flagellandis, p^{..}lis aportandis . . . . XVI sest. frum.

Il n'est pas possible, à l'aide de ces fragments de registre, d'apprécier les revenus du comté de Valentinois. Toutefois, nous sommes complètement renseignés pour quelques-unes de ses châtellenies et nous pouvons par là nous faire une idée du reste. En 1337, Raymond Vigne, châtelain de Charpey, a perçu pour la recette des deniers 192 l., 9 s., 1 d.; pour celle des blés, 155 set., 1 ém. froment, 46 set. et demi de transailles et 132 raz d'avoine. Le 20 mai 1339, Guillaume Dalmas, châtelain de Châteaudouble et de Charpey, déclare avoir perçu, depuis le 8 juin de l'année précédente, pour la recette des deniers, 388 l. 18 s.; pour celle des grains, 701 setiers, 1 ém. de froment, 194 set., 1 ém. et demie de transailles, 239 raz d'avoine; de plus, 11 muids, 2 saumées de vin, 11 quintaux de chanvre, 11 livres de fromages, 4 raz et demi de noix, et 99 poules. Le clavaire de Crest et Vaunaveys avait une recette de 1,964 setiers et demi de froment, 258 set. de transailles et 355 raz d'avoine. Le 8 mai 1339, Pierre de l'Epervier (*de Esperverio*), de Charpey, châtelain de Quint et Pontaix, rend des comptes depuis le 13 décembre 1336, époque où il prit sa charge, succédant à Humberton de Laye; il déclare, pour la recette des deniers, avoir reçu 92 livres, 4 s., 8 d., 1 obole, et pour la recette des blés, 1689 set. froment, 962 set. de transailles et 60 set. d'avoine. Pierre Baile, châtelain de Baix-en-Diois (*de Baino in Dyesio*), du 1ᵉʳ décembre 1336 au 22 mai 1339, a reçu 74 florins 2 tournois d'argent, 613 set. 1 ém. de froment, 232 set. de transailles et 28 set. d'avoine, 62 poules, etc. Enfin, le 28 juin 1339, Ponce Baile, de Grane, châtelain de Montclar et Beaufort, depuis le 18 novembre 1335, d'Egluy depuis le 13 décembre 1335 et de Gigors depuis le 18 juillet 1335, déclare avoir perçu dans ces quatre localités 329 florins, 5 tourn. et demi, 620 set. de froment, 471 set. 1 demi-quarte et 2 civayers d'avoine.

Il ne sera pas inutile de rapprocher de ces chiffres, qui ne nous donnent que les revenus de quelques châteaux du Valentinois, le chiffre auquel le comte Louis II évaluait en 1391 le revenu total de ses Etats, lorsqu'il les proposait au roi de France ; il déclarait lui rapporter de 14 à 15,000 livres. Le prix du marc en 1391 étant de 6 l. 15 s., 14,000 l. donnent en valeur numéraire 114,100 fr. et en valeur relative au pouvoir d'aujourd'hui 615,600 francs (1). C'était peu pour la dépense que nécessitait l'administration de domaines très disséminés, la garde et la défense de nombreux châteaux, l'entretien d'une petite cour, les exigences sociales, le luxe toujours croissant, etc. Aussi, sans cesse à bout de ressources, les comtes firent-ils comme d'autres seigneurs de cette époque ; ils recoururent aux emprunts qui ne devaient point tarder à les conduire à la ruine.

Aymar V de Poitiers avait épousé sa cousine germaine Sibille de Baux, fille de Bertrand de Baux, premier comte d'Avellin, seigneur de Pertuis, et de Philippine de Poitiers. Elle eut en dot 20,000 florins d'or, et sa sœur Béatrix, veuve de Guy de la Tour, baron de Montauban, frère du dauphin Jean, lui donna encore par testament, en date de 1324, 10,000 livres de viennois (2). Comme garantie de sa dot, son mari lui avait assuré, après lui, la possession des châteaux de Chalancon, de Gluiras et de Durfort en Vivarais, et d'Upie, au diocèse de Valence ; par son dernier testament, il révoqua la donation d'Upie. Devenue veuve, elle s'engagea par une promesse, faite au château de Baix, le 22 janvier 1340 (n. s.), à laisser, après sa mort, les châteaux de Chalencon, de Durfort et de Gluiras à Louis I*er* de Poitiers, son fils (3). Celui-ci, par testament du 23 mai 1345, lui légua 500 livres de revenu

---

(1) A cette même époque, les revenus annuels des évêchés de Valence et de Die étaient évalués 4,500 florins, somme qu'un évêque nouvellement nommé devait payer à la cour pontificale pour le *commune servitium*. En 1340, le florin valait 11 fr. 40. Ces 4,500 florins valaient donc intrinsèquement 51,300 francs et relativement au pouvoir d'aujourd'hui 307,800 francs.

(2) D*r* BARTHÉLEMY, *Chartes de la maison de Baux*, n*os* 1122, 1044.

(3) D*r* BARTHÉLEMY, ibid., n° 1179.

Le 25 septembre de la même année, elle fit son testament, mais elle vécut encore quelque temps, car le 19 juin 1348, elle transigeait avec son fils Aymar de Poitiers, seigneur de Veyne, pour les terres de Clérieu et de Chantemerle (1). Du mariage d'Aymar V avec Sibille de Baux naquirent de nombreux enfants :

1° Aymar de Poitiers, qui était déjà mort en 1324, puisque son nom ne figure pas dans le testament de son aïeul. Il avait épousé, en 1297, Marie, fille de Humbert Ier de la Tour et d'Anne, dauphine de Viennois, qui lui donnèrent en dot 13,000 livres (2). Sa veuve se retira chez les chartreusines de Salettes, au diocèse de Lyon, et devint prieure de ce monastère, auquel le dauphin Humbert II, dont elle était la tante, fit diverses libéralités (3).

2° Louis Ier de Poitiers, comte de Valentinois et Diois, qui suit.

3° Guichard de Poitiers, à qui son père, du consentement de Sibille, sa mère, et de Louis, son frère, donna en 1328 les châteaux de Privas, Bologne, Barre et Saint-Vincent de Barre en Vivarais, ce qui fut ratifié l'année suivante par Philippe de Valois (4). Il mourut peu après son alliance.

4° Othon de Poitiers à qui son père légua, en 1339, le château de Montmeyran, à la condition qu'il le rendrait à son héritier universel, dès qu'il aurait obtenu 500 livres de revenu

---

(1) Anselme, t. II, p. 189. — Pons Labarre, de Crest, fut surpris portant et émettant de la fausse monnaie ; le maître de la monnaie de Cerve le fit arrêter et mettre en prison. Labarre réussit à s'évader et se réfugia hors de la province. Sa femme, Hugette de Pierregourde, sollicita et obtint du gouverneur du Dauphiné, Henri de Villars, grâce à l'appui de Sibille de Baux, le pardon de sa faute et la permission de rentrer dans ses foyers (Romans, 23 déc. 1345). Valbonnays, t. II, p. 529.
(2) Valbonnays, t. II, p. 113.
(3) Valbonnays, t. Ier, p. 200 et 201 ; t. II, p. 619.
(4) Duchesne, Preuves, p. 34.

en bénéfices ecclésiastiques (1). Par acte du 11 juin 1342, il céda tous ses droits au comte Louis son frère ; il fut abbé de Saint-Pierre du Mont à Châlon-sur-Marne et bientôt après évêque de Verdun (1350-1352).

5° Aymar de Poitiers avait été destiné par son père à l'ordre de Saint-Jean-de-Jérusalem ; il ne suivit pas cette carrière, s'attacha au service de Philippe de Valois et se distingua dans les guerres contre les Anglais (2). Il servit également le dauphin Humbert II, qui lui donna en récompense, le 11 juillet 1345, la seigneurie de Veynes. Son neveu Aymar VI, étant devenu comte de Valentinois, lui donna les châteaux de Tournon, de Privas et de Bologne, en Vivarais, à condition de les tenir en fief des comtes de Valentinois, et après la mort de sa sœur Polie de Poitiers, vicomtesse de Polignac, il hérita des terres de Bousols et de Servissas, qu'il vendit au cardinal Hugues Rogier pour le prix de 24,000 liv. petits tournois, par acte du 3 novembre 1347 (3). — Il avait épousé, le 5 avril 1351, Guiote d'Uzès, veuve de ce Louis d'Espagne que le pape Clément VI avait créé roi des Iles Fortunées. Cette dame était fille de Robert Ier d'Uzès et de Guiote de Pasquières (4). Elle survécut encore à son second mari et testa en 1399. De ce mariage naquirent : 1° Louis II de Poitiers, comte de Valentinois et Diois, après la mort de son cousin Aymar VI dit le Gros, et 2° Marguerite de Poitiers, épouse de Geoffroy de Buys, chevalier.

6° Guillaume de Poitiers, religieux de Cluny, fut pourvu de bonne heure de riches bénéfices. Le 23 octobre 1327, Jean XXII lui conférait le prieuré de Gourdaigne, quoiqu'il eût fait profession monastique et qu'il fût déjà en possession d'autres biens de l'Eglise (5). Il ne tarda pas à devenir encore

---

(1) DUCHESNE, Preuves, p. 37-8.
(2) ANSELME, t. II, p. 195.
(3) DUCHESNE, Preuves, p. 40.
(4) CHARVET, La première maison d'Uzès, Alais, 1870, in-8°, p. 69.
(5) Bibliothèque nationale. Ms. lat., 8967, f° 302 bis.

prieur de la Charité. C'était un religieux de mœurs très dissolues : en 1346, il fut néanmoins promu à l'évêché de Langres, qu'il gouverna jusqu'à sa mort, arrivée le 6 septembre 1374. Il avait eu, avant son épiscopat, quatre enfants naturels : 1° Guillaume, qui avait la qualité de chevalier, lorsqu'il fut légitimé, ainsi que sa sœur Marguerite, par lettres du roi données au camp devant Paris, en juillet 1358, lettres confirmées par Charles V, en juin 1373 ; ils y sont dits « nés de Guillaume de Poitiers, moine et depuis évêque de Langres, et d'une personne libre nommée Marguerite ». Froissart nous apprend que ce Guillaume, « bastard de Langres », fut un des plus vaillants capitaines de son temps et qu'il se distingua surtout dans la guerre contre les Flamands, notamment à la bataille de Rosbeque, en 1382. Louis II de Poitiers, son cousin germain, l'établit son lieutenant dans le Valentinois et lui donna, par lettres du 4 janvier 1391, la seigneurie d'Egluy. De sa première femme, dont le nom n'est pas connu, il eut deux filles, Jeanne et Julienne de Poitiers ; de sa seconde, Isabeau d'Aunoy, il eut Louis de Poitiers, seigneur de Soyans. — 2° Jacques, qui fut investi, le 14 juin 1381, par Louis II de Poitiers de la seigneurie de la Roche-Saint-Secret. « Il estoit chevalier-bachelier, lorsqu'il fit montre de lui et de sept écuyers, dont le premier était Estienne, bâtard de Poitiers, à Reims le 17 avril 1385. » L'année suivante, il était en Ecosse. — 3° Marguerite. — 4° Simonette, légitimée par lettres du mois de novembre 1385 (1).

7° Henri de Poitiers. Par testament, son père lui laissa 100 livres de rente, qu'il entrât en religion ou non. Il fut nommé évêque de Gap, par bulle du 9 juillet 1349, et transféré sur le siège de Troyes, par une autre bulle du 22 février 1353 (2). Il y mourut le 25 août 1370. Il était mieux fait pour le métier des armes que pour l'Eglise. Il combattit contre les

---

(1) Anselme, t. II, p. 190.
(2) Roman, *Histoire de la ville de Gap*, p. 268.

Anglais et les défit en plusieurs rencontres, notamment à Chaude-Fouace, près de Nogent-sur-Seine, en 1358. Ce fut un prélat de mœurs dissolues ; étant évêque de Troyes, il eut de Jeanne de Chenery, religieuse du Paraclet, quatre enfants naturels, Antoine, Jeanne, Guillemette et Marguerite, qui furent légitimés par lettres du roi, données à Paris, en octobre 1370 (1).

8° Charles de Poitiers fut la tige des seigneurs de Saint-Vallier. Par ses deux testaments, de 1333 et de 1339, Aymar V l'avait substitué à ses autres enfants, et cette substitution fut renouvelée par le comte Louis 1er, le 23 mai 1345. Nous verrons quelles difficultés soulevèrent ces différents actes. Charles servit les rois de France dans la plupart de leurs guerres. Dans des lettres de Charles V, données à Paris, le 26 novembre 1364, il est qualifié de chambellan, et l'on voit qu'il avait été fait prisonnier en plusieurs rencontres et que le roi lui avait octroyé 1,000 francs d'or pour lui venir en aide. Aymar VI dit le Gros, comte de Valentinois et Diois, lui donna la seigneurie de Saint-Vallier, dont il avait hérité vers 1355 de son cousin Aymar de Poitiers, fils d'Amé et petit-fils d'Aymar IV. Il sera longuement question de ce seigneur lorsque nous écrirons l'histoire du transport des comtés à la France. De Simone de Méry, qui mourut en odeur de sainteté et fut enterrée aux Cordeliers de Romans, il eut : 1° Guillaume, mort avant son père ; 2° Charles de Poitiers, successivement évêque de Châlons-sur-Marne (1390, 31 janvier - 1413), et de Langres (1413-† 1433, 7 décembre) ; 3° Louis de Poitiers, seigneur de Saint-Vallier, dont il sera longuement parlé dans la suite de ce travail ; 4° Jean de Poitiers, évêque de Valence et de Die (1390 7 septembre - 1447), puis archevêque de Vienne (1447-† 1451 8 novembre) ; 5° Philippe de Poitiers, tige des seigneurs de Vadans en Bourgogne ; 6° Marguerite. Charles de Poitiers, seigneur de Saint-Vallier,

---

(1) ANSELME, t. II, p. 191.

laissa encore cinq bâtards : 1° Etienne, qui combattit en Ecosse ; 2° Guillaume, né à Romans, de Béatrix, domestique de son père ; 3° Philippe, né en Champagne d'une nommée Simonne ; 4° Jeanne, à qui son père donna les revenus de Puygros ; 5° Jacquine, à qui il légua les revenus d'Hostun (1).

9° Polie de Poitiers, âgée d'un peu plus de onze ans fut émancipée par son père et, par lettres du roi, datées de Vincennes le 16 juin 1319, rendue habile à contracter, épousa Renaut II, comte de Dammartin (2). Nous avons un bref de Jean XXII, du 27 mars 1326, l'autorisant à se choisir un confesseur. Elle était veuve l'année suivante et se remaria avec Armand VI, vicomte de Polignac.

10° Marguerite de Poitiers, épousa par traité du 31 décembre 1330, Jean II, vicomte de Beaumont dans le Maine.

11° Agathe de Poitiers, mariée le lundi après la Pentecôte 1330 à Aynard II, seigneur de Clermont, en Viennois, vicomte de Clermont-en-Trièves.

12° Aliénor ou Eléonore de Poitiers, mariée par contrat du 20 décembre 1332 à Bermond d'Anduze, seigneur de la Voulte. Elle mourut le 9 janvier 1340.

13° Catherine, épouse de Thomas de Carreto, marquis de Savonne.

14° Jeanne de Poitiers, destinée par son père à l'état religieux, ne prit pas l'habit ; elle testa le 17 octobre 1340 et mourut en odeur de sainteté.

On connaît encore deux enfants naturels du comte Aymar V : 1° Humbert qui fit hommage à Louis 1er de Poitiers, le 20 décembre 1345 pour des biens en la terre de Vaussère et pour ce qu'Aymare, sa femme, possédait à Montclar, Gigors et Egluy ; — 2° Lancelot, dont il est souvent fait mention dans les comptes des châtellenies de Beaufort et de Baix : en 1339, ce n'était encore qu'un enfant.

---

(1) ANSELME, t. II, p. 192.
(2) DUCHESNE, Preuves, p. 39.

IX. — **LOUIS Ier DE POITIERS**, comte de Valentinois et de Diois, avait reçu de son père, par acte daté de Vincennes le 25 juin 1319 et revêtu de la sanction royale, les terres de Bologne, de Privas, de Tournon et de Saint-Vincent, sises au royaume, pour la portion de son héritage (1) ; mais la mort de son frère aîné, survenue peu après, l'avait désigné comme le futur chef de la maison de Valentinois. On ne sait que peu de choses de lui, antérieurement à son avènement au pouvoir ; il paraît avoir presque toujours accompagné les contingents de troupes que son père ne manquait pas d'envoyer aux armées royales, et quand il lui eut succédé, il se montra constamment fidèle à la politique française, ce qui ne fut pas, du reste, comme nous le verrons, sans lui procurer de nombreux et précieux avantages.

Le premier acte connu de son administration est l'hommage que lui fit, le 17 janvier 1340, Lambert Adhémar pour un quart de la seigneurie de Montélimar (2). Les trois autres quarts de cette seigneurie appartenaient à Giraud V Adhémar, seigneur de Rochemaure, qui les tenaient en fief de l'évêque de Valence. Les Montiliens étaient donc arrière-vassaux, les uns des comtes de Valentinois, les autres de l'évêque. Ils se voyaient, de la sorte, fatalement engagés dans les querelles des deux puissances rivales qui dominaient alors le pays. La division régnait déjà parmi les habitants de cette petite cité, division qui s'est perpétuée à travers les siècles. Giraud voulut aviser aux moyens de maintenir la bonne harmonie entre ses sujets et ceux de Lambert, son cousin, et aussi de se procurer quelques ressources pécuniaires : il vendit au Pape Benoît XII le tiers de son domaine, c'est-à-dire un quart de la seigneurie de la ville, dont le revenu fut éva-

---

(1) DUCHESNE. Preuves, p. 28-9.
(2) Archives de l'Isère, B, 3487. Lambert lui fit encore hommage, par le même acte, de la moitié de Savasse et des fiefs de Puy-Saint-Martin, Cléon-d'Andran, Sauzet et la Bâtie.

lué à 800 florins d'or de Florence; le prix en fut fixé à 24,000 florins d'or, payables après la division des vassaux et la prise de possession. Cette vente eut lieu le 6 octobre 1340 (1).

En cette même année, le comte Louis recevait des témoignages intéressés de la faveur royale. Philippe de Valois, désireux de rattacher plus étroitement à sa cause un seigneur qui pouvait l'aider de son épée et de son argent, « l'établit son lieutenant général en toutes les parties de Languedoc, par lettres datées du bois de Vincennes, le 15 décembre 1340, avec pouvoir d'y anoblir ceux qu'il jugerait à propos (2). » Le même mois, il voulut encore terminer, au profit du comte

---

(1) *Cartulaire de Montélimar*, n° 45. Cette vente eut pour conséquence singulière de faire du pape le vassal de l'évêque de Valence. Aussi voulut-on changer une situation tout à fait anormale. Le 17 juin 1360, Pierre de Losan, docteur en droit, archidiacre et official de Valence, procureur de Louis de Villars, élu de Valence et de Die, s'aboucha avec Guillaume de Rossillac, recteur du Comtat, agissant pour le pape Innocent VI, et lui abandonna l'hommage que le pape devait à l'évêque, en échange du château et de la seigneurie de Condillac, au diocèse de Valence. Tassette de Baux, mère et tutrice de Giraudet Adhémar donna son consentement. (Archives de l'Isère, B, 2990, f° 101).

(2) « A touz ceux que ces présentes lettres verront, salut. Savoir faisons que nous, pour expérience de fait, confians de la loyauté et diligence de nostre amé et féal conseiller Loys de Poictiers, comte de Valentinois et de Dioys, lequel nous scavons de certain avoir très grant affection et volenté de garder nostre honneur et de la couronne de France et de luy opposer pour la défense et tuicion d'iceluy, ledit Loys avons étably et ordené, établissons et ordenons, par la teneur de ces présentes, nostre Lieutenant général ès parties de toute la Languedoc, et li donnons plains povoirs et auctorité de mettre et instituer ès villes, chasteaux, forteresses et en tous les lieux desdites parties chevatesses ou gouverneurs, gens d'armes tant a cheval comme à pié, a gaiger, et iceulx croistre et appeticer et oster et changer toutes foix que bon luy semblera, et de nobiliter, et rappeler bannis, de corriger et punir nos officiers et autres et de faire toutes autres choses qui a office de lieutenant peuvent et doivent appartenir... Donné au bois de Vincennes le XV° jour de décembre l'an de grâce M. CCC. XL. » DUCHESNE. Preuves, p. 50.

une contestation qui s'était élevée à l'occasion de l'héritage de Guichard, dernier seigneur de Clérieu, petit-fils de Silvion de Clérieu, qui par testament avait légué à la couronne ses possessions du Vivarais ; le comte prétendait de son côté que Guichard avait légué, par substitution, tous ses biens à Aymar V de Poitiers et qu'ainsi il était appelé à recueillir la totalité de cet héritage. Philippe lui fit donc rendre les châteaux de Châteaubourg et de Garauson (1). Il lui assigna encore 500 livres de rente sur la recette du péage d'Aigue-mortes. C'était œuvre de sage politique, car il n'eut pas de plus fidèle serviteur que le comte de Valentinois, dont on retrouvera les soldats dans toutes les campagnes contre les Anglais. Un document mentionne à la date du 20 février 1342, cent hommes d'armes amenés jusqu'à Poitiers par le comte de Valentinois, pour aller en Bretagne prendre part aux luttes qu'y soutiennent les alliés de la France (2). Froissart nous apprend qu'il fit partie « de l'ost de Buironfosse » et se signala dans cette expédition de Bretagne (3). Aussi, pour le récompenser de ses bons services, Philippe VI lui donna-t-il, par acte daté de Dannemarie, le 13 janvier 1344, la terre et la seigneurie de Blein, en Bretagne, « avec une « maison scize au faubourg de Nantes, avenues au roi par la « forfaiture d'Olivier de Clisson (4). » Obligé de demeurer de longs mois hors de ses Etats, il en avait confié l'administration à son oncle Amédée de Poitiers, seigneur de Saint-Vallier, entre les mains de qui ses affaires ne pouvaient manquer de prospérer.

Le comte étant revenu de Bretagne, reçut divers hommages, entre autres, celui de l'abbesse d'Aleyrac le 19 août 1342 (5). Il termina le même mois un différend qui existait

---

(1) Duchesne. Preuves, p. 49.
(2) Archives de l'Isère, B, 3579.
(3) Froissard. (Edit. Kervyn de Lethenhove, t. IV, p. 290).
(4) Archives de l'Isère, B, 3579.
(5) Lacroix. *L'Arrondissement de Montélimar*, t. I, p. 64.

depuis longtemps entre sa maison et celle de Rochefort. L'objet du litige était la mouvance du château de Rochefort en Valentinois ; le seigneur du lieu prétendait n'être tenu à l'hommage que pour une moitié de fief. Le bon droit pouvait appartenir au seigneur de Rochefort, mais la force était avec le comte. Arnaud de Rochefort, dont les terres étaient réputées tombées en commise, s'était vu de plus condamné à une amende de 10,000 marcs d'argent fin ; il avait subi déjà une longue captivité au château de Marsanne. Il fit, paraît-il, de sages réflexions sur les conséquences que pourrait entraîner, pour lui et pour sa famille, une lutte obstinée ; il prit le parti d'abandonner sa terre et de s'en remettre à la générosité de son puissant adversaire. La cession fut précédée d'un acte qui, au point de vue de la jurisprudence féodale, offre un certain intérêt. Arnaud de Rochefort comparut tout d'abord devant Pierre Malhet, clerc royal et juge de la cour majeure des comtés de Valentinois et de Diois, à l'effet d'obtenir de ce magistrat l'autorisation d'aliéner tous ses droits sur le château de Rochefort. Cette autorisation lui fut accordée par le juge, *sedente pro tribunali*, dans un champ, près d'Etoile, en présence de nobles Aymar de Taulignan et François Bouchet, d'Etoile, chevaliers, et de quelques autres personnages, parmi lesquels nous citerons maître Jean Arbalestier et Aymaret, fils d'Aymar, seigneur de Félines. L'acte, rédigé à cette occasion, est datée du 30 août 1342. Le même jour sur le territoire de Montléger, en un lieu dit Fontanille, *in loco en Fontanilhas*, Arnaud de Rochefort comparut devant le comte Louis de Poitiers et, après avoir rappelé le sujet de leurs querelles, lui fit, tant en son nom qu'au nom de ses enfants, Arnaudon et Fleurie, l'abandon pur et simple de tous ses droits (1). Le même jour

---

(1) Archives de l'Isère, B, 2987, f° ix-xx... « In Xpi nomine. Amen. Anno ejusdem incarnationis M°. CCC°. XL° secundo et die tricesima mensis Augusti, cum questiones antherius ventillate fuissent et actenus

à Etoile, dans l'habitation comtale, près de la chapelle de saint Jacques, Luquette femme d'Arnaud de Rochefort renonça aux droits qu'elle pourrait prétendre sur les biens cédés, à raison de sa dot. Enfin, encore le même jour, à Etoile dans le fort comtal, Louis de Poitiers, mû de compassion, promit de donner, avant la fête de Noël, à Arnaud de Rochefort, pour lui et les siens, un château dans l'étendue des comtés, d'un revenu annuel de 400 florins d'or du poids de Piémont, avec juridiction haute et basse (1). Le comte fut fidèle à ses engagements. Le 4 octobre 1343, il céda le château de Puygiron, avec toutes ses dépendances, à Arnaud de Rochefort, qui lui en fit hommage, ainsi que son fils Arnaudon, alors âgé de douze ans (2).

---

agitate inter... Aymarum de Pictavia, inclite recordationis, militem, Valent. et Dien. comitem, et successive Ludovicum ejus primogenitum, nunc comitem... ex parte una, et n. v. d. Arnaudum de Ruppeforti, militem, ex parte altera, super eo videlicet quod prefati domini comites dicebant et asserebant castrum de Ruppeforti, Valentin. diocesis, ad eos solos et in solidum et integre pertinere cum ejus territorio et districtu, mero et mixto imperio et juridictione omnimoda, alta et bassa, fortaliciis, domibus, hommagiis, hominibus, mulieribus, feudis, retrofeudis, furnis, molendinis, aquarum decursibus, piscariis, cuniculorum et omnium ferarum bestiarum venationibus, nemoribus, vineis, pratis .., tanquam eis commissum et apertum, ex certis justis et legitimis causis. Dicebant etiam dicti domini d. Arnaudum per judicem competentem condemnatum fuisse dudum juste et legitime in medietate seu parte dimidie dicti castri Ruppisfortis et omnium et singulorum predictorum ad ipsum castrum pertinencium eidem dño comiti bone memorie applicanda, necnon in decem millibus marchis argenti fini et ultra dandis et solvendis per ipsum d. Arnaudum inclite recordationis d. comiti supradicto, prefato d. Arnaudo olim in contrarium asserente. Hinc est quod d. d. Arnaudus... donavit... eidem dño nunc comiti presenti. . quidquid juris habet... in dicto castro de Ruppeforti... .

(1) Mêmes archives, l. c.
(2) Arnaud de Rochefort, ayant perdu peu de temps après son fils Arnaudon, se retira à Romans, où il testa le 5 juillet 1356, demandant à être enseveli dans l'église des Frères Mineurs, *in presbiterio magne ecclesie inter magnum altare dicte ecclesie et capellam cognati mei d.*

Si le comte avait pu trancher ainsi ses différends avec le seigneur de Rochefort et lui imposer sa volonté, il ne pouvait agir de même pour le règlement d'une autre affaire qui depuis déjà des années divisait la maison de Poitiers et celle des dauphins. On se souvient, peut-être, que le comte de Valentinois réclamait l'héritage de Guichard de Clérieu et que le dauphin Humbert II considérant la terre de Clérieu comme fief rendable, en avait disposé en faveur de Guillaume de Poitiers, préférant l'agrandissement de ce seigneur à celui du comte (1). Or, Guillaume était mort vers l'année 1340 et par un testament en date du 8 septembre 1339, il avait donné sa parerie de Clérieu et la seigneurie de Saint-Vallier à son frère Amédée, révoquant un acte du même genre, par lequel il laissait son héritage au Dauphin. Les officiers delphinaux, jaloux des droits de leur maître, n'avaient pas manqué, aussitôt après la mort de Guillaume, de faire occuper Clérieu et d'y nommer un châtelain. Fidèle à la politique de ses ancêtres, Louis Ier de Poitiers ne voulait rien négliger pour faire entrer dans ses domaines une terre, dont l'entière possession devait lui assurer au nord de l'Isère une puissance redoutable et lui permettre de rattacher ses Etats à ceux de

---

Petri Archingaudi, militis. Il institue héritière universelle sa femme Luquette, et fait des legs à ses filles Françoise et Fleurie. Il donne aux Frères Mineurs 300 florins que lui doit le comte de Valentinois, à la charge par eux de faire célébrer une messe annuelle à perpétuité, et mille messes dans les couvents de leur ordre : il veut que son corps soit présenté à l'église de Saint-Barnard, couvert d'un drap d'or et accompagné de huit torches de cire ; il donne 20 florins d'or pour des messes au couvent des Frères Prêcheurs de Valence, où son père, son aïeul, ses ancêtres et toute la famille de Rochefort sont ensevelis, etc., etc. — Luquette testa à Romans le 19 avril 1361, dans la maison d'Odebert de Châteauneuf, seigneur de Châteauneuf, et voulut être ensevelie chez les Cordeliers, à côté de son mari. — Avec Arnaud de Rochefort s'éteignit l'antique famille qui depuis le XIe siècle avait possédé le château de Rochefort.

(1) Voir plus haut, p. 303.

son oncle, le seigneur de Saint-Vallier. Celui-ci était comme nous l'avons dit, très dévoué à son neveu ; il n'eut pas de peine à renoncer aux droits que lui conférait le testament de Guillaume, moyennant une compensation, si le procès que le comte allait intenter au dauphin aboutissait à un heureux résultat. L'affaire fut portée devant le pape. Le 19 août 1342, Louis de Poitiers accréditait devant la curie Avignonaise, pour ses fondés de pouvoirs Ponce de Sampzon, prévôt de Cavaillon, et Aymar de Taulignan, seigneur de Rochefort (1). Mais les circonstances, mieux encore que l'habileté des mandataires, vinrent servir ses projets.

Dans ce même temps, Philippe de Valois poursuivait des négociations avec le dauphin, en vue d'unir à la France les Etats de ce prince, criblé de dettes et sans enfant légitime. Le 23 avril 1343, les commissaires du roi et ses amis, au nombre desquels figure le comte de Valentinois, réussirent à obtenir de Humbert II la promesse, pour le cas où il mourrait sans enfant, de laisser le Dauphiné soit à Philippe, fils puîné du roi, soit à l'un des fils du duc de Normandie. Au mois de juillet, le dauphin se trouvant à Vienne procédait à la nomination de nouveaux capitaines et châtelains pour les diverses places du Dauphiné et leur enjoignait d'avoir à les remettre, après sa mort, aux mains du roi. Le comte Louis fut un des témoins de ces actes administratifs, et il dut, avec les grands feudataires de Humbert II, jurer d'observer les conventions arrêtées entre ce prince et le roi (2). Il ne tarda pas à recevoir la récompense de son dévouement aux intérêts du monarque : le 8 août 1343, Philippe de Valois lui fit livrer la terre de Clérieu, et le 17 du même mois, dans l'abbaye de Saint-Pierre de Vienne, eut lieu la transaction relative à l'héritage de Guichard de Clérieu. « Il fut conclu que les droits « du comte n'étant nullement établis, le dauphin cédait aux

---

(1) Archives de l'Isère, B. 3249.
(2) VALBONNAYS, t. II, p. 452-67.

« prières du roi de France, en inféodant à Louis Ier de Poi-
« tiers la baronnie de Clérieu et Chantemerle, à la réserve de
« la Roche-de-Glun et Monteux. L'hommage du fief du sei-
« gneur de Crussol, quoique dépendant de la première de
« ces terres, fut attribué au comte de Valentinois qui eut en
« compensation des péages de la Roche, du port de Confo-
« lens et de Charmagneu, pareils revenus sur le péage de St-
« Alban, sur le Rhône, au mandement d'Auberive, en même
« temps que la seigneurie de Mureils. » Le dauphin fit encore
d'autres réserves, le village de Monteux, le molard de Beaumont et quelques territoires près de Romans. Dès lors la terre
de Clérieu fut possédée par le comte Louis et par son oncle
Amédée de Poitiers ; nous les voyons l'année suivante recevoir ensemble les hommages des vassaux de cette baronnie (1).

Le 13 décembre 1344, Louis de Poitiers mariait son fils
Aymar avec Alix Rogier de Beaufort, veuve de Guillaume II,
seigneur de la Tour, en Auvergne, nièce de Clément VI
et sœur du futur Grégoire XI (2). Cette alliance devait
être également avantageuse au comte et au pape. Le comte
sentait quel appui la papauté allait lui fournir dans la querelle de sa famille avec les évêques de Valence et de Die, querelle qui menaçait de se réveiller plus ardente que jamais. A
Henri de Villars, promu à l'archevêché de Lyon, avait succédé sur le siège épiscopal de Valence et de Die, le 11 décembre 1342, Pierre de Châlus, abbé de Cluny, prélat d'une
haute intelligence et d'un grand caractère. Il se vit bientôt
dans la nécessité de défendre les droits de ses Eglises contre
les empiétements des officiers du comte. Comme il n'était
pas homme à se laisser intimider, il réunit ses vassaux et
n'hésita pas à prendre les armes. Les hostilités avaient com-

---

(1) DE GALLIER. *Essai hist. sur la bar. de Clérieu*, p. 75-7. Archives
de l'Isère, B, 3249.

(2) DUCHESNE. *Preuves*, p. 54-5. — BALUZE. *Vitæ paparum Avin.*, t, I,
col. 831-55.

mencé, lorsque le pape Clément VI, oncle par alliance du jeune Aymar de Poitiers, et cousin de l'évêque, offrit ses bons offices, manda auprès des lui les belligérants et leur imposa une trêve d'un an à partir du 24 juin 1345 (1).

Cette trêve, du reste, était nécessaire. Les Anglais venaient de renouveler la guerre dans l'Agenais. Le comte de Derby était entré dans le Périgord, résolu d'assiéger Bergerac sur la Dordogne. Le comte de l'Isle, qui commandait alors pour le roi en ces pays, fit appel aux vassaux de la couronne. Louis de Poitiers et Aymar, son frère, se hâtèrent d'accourir et tentèrent, avec les principaux capitaines qui servaient en Guyenne, de défendre le passage de la Dordogne. Impuissants à arrêter les troupes anglaises, ils se replièrent dans Bergerac qu'ils furent encore obligé d'abandonner. Le comte de Derby se rendit maître d'un grand nombre de places et après une campagne aussi rapide que brillante, se retira à Bordeaux. Pendant son absence, le comte de l'Isle, secondé par l'élite de la noblesse française, tenta de reprendre le château d'Auberoche en Périgord et investit la place. Mais Derby, venu au secours des siens avec des forces considérables, tomba à l'improviste sur les nôtres, les enveloppa et les mit bientôt dans l'impuissance de prolonger la lutte. Ce combat d'Auberoche eut lieu le 23 octobre 1345, jour de saint Séverin. Le nombre de nos morts et de nos prisonniers fut d'environ trois mille. Le comte Louis de Poitiers fut tué dans la mêlée (2). Quelques auteurs disent qu'il fut fait prisonnier et mourut peu après des suites de ses blessures. Robert d'Avesbury le compte au nombre des prisonniers (3). Aymar de Poi-

---

(1) Cf. notre *Essai hist. sur Die*, t. II, p. 219.

(2) *Hist. génér. de Languedoc*, t. IX, p. 575.

(3) Ibid., p. 577. Les chartreux le considérant comme un bienfaiteur le recommandèrent aux prières des diverses maisons de l'ordre, en ces termes : « Orabitur pro d. Ludovico de Pictavia, comite Valentinensi, nuper defuncto, cui conceditur unus *Brevis* de superfluis. » LE COUTEUX. *Annales*, t. III, p. 534.

tiers, son frère, seigneur de Veyne, tomba aux mains de l'ennemi, et ne recouvra la liberté qu'en payant une forte rançon.

Louis Ier de Poitiers avait fait son testament à Etoile, le 23 mai 1345, avant de se mettre en route pour le Périgord. Il instituait pour son héritier universel son fils Aymar et lui substituait successivement ses frères Aymar, Henry et Charles, son oncle Amédée, le fils aîné de Marguerite, femme de Guichard de Beaujeu, et ses neveux Aymar et Louis de La Voulte. Il légua 500 florins d'or à Sibille de Baux, et assigna à Marguerite de Vergy, sa femme, diverses terres pour sûreté de son douaire, lui laissant encore tout son mobilier et sa vaisselle d'argent. Il n'oublia pas les maisons religieuses, surtout les Cordeliers de Crest, chez qui il désirait être enseveli (1).

Il avait épousé, par contrat du 20 mai 1319, Marguerite de Vergy, fille de Henri de Vergy, seigneur de Fonvens, etc., et de Mahaut de Dammartin, dame de Saint-Aubin; comme elle était sa cousine, il lui avait fallu une dispense que le pape Jean XXII lui accorda le 1er juillet de la même année (2). Elle lui apporta en dot diverses seigneuries situées en Bourgogne. Cette dame lui survécut (3), et nous la voyons le 31 décembre 1355 céder à Charles de Poitiers, son beau-frère, les terres de Baix-en-Vivarais, de Privas, de Saint-Vincent, de Saint-Aubin, du Pouzin et le péage d'Etoile que son mari lui avait assignés pour son douaire, et en juillet 1357 vendre à Philippe, duc et comte de Bourgogne, les terres de Vadans et de Sonans, qui ne devaient pas tarder à rentrer dans la maison de Poitiers (4) De ce mariage étaient nés :

1° Aymar VI de Poitiers, dit le Gros, qui suit ;

---

(1) Archives de l'Isère, B, 3579. DUCHESNE. Preuves, p. 51-3.
(2) Bibliothèque nationale. Ms. lat. 8967 (Suarès, vol. V, f° 290 bis).
(3) Dans les archives des Poitiers se trouve encore la lettre d'affiliation à l'ordre des Frères Mineurs accordée à Marguerite de Vergy, le 11 mars 1329.
(4) DUCHESNE. Preuves, p. 53.

2º Marguerite de Poitiers, qui fut mariée le 14 mai 1345 à Guichard de Beaujeu. Elle eut en dot 8,000 florins, et 1,200 livres de rente pour lesquelles son père lui assigna, par testament, les 500 livres qu'il avait sur le trésor du roi et que lui avait données Jean, roi de Bohème, plus 700 livres sur les terres qu'il possédait en Bretagne et qu'il tenait des libéralités royales (1). Le 30 juin 1379, elle céda à Edouard, seigneur de Beaujeu, tous les droits quelle pouvait prétendre sur les comtés de Valentinois et de Diois, et au mois de février suivant, elle traita avec Louis II de Poitiers, au sujet d'un legs de 6,000 livres tournois que lui avait fait le comte Aymar, son aïeul. Enfin le 2 juin 1380, le comte Louis II traita avec elle et son fils Edouard, au sujet de leurs droits sur les comtés (2).

X. — AYMAR VI DE POITIERS, dit le Gros, comte de Valentinois et de Diois, avait une vingtaine d'années lorsqu'il succéda à son père. Il gouverna le Valentinois pendant près de trente ans, et ne suivit pas toujours la politique traditionnelle de sa famille, s'écartant parfois de l'alliance française. On trouve chez lui tous les traits caractéristiques de sa race, un esprit turbulent et inquiet, une cupidité insatiable, l'égoïsme dans toute son âpreté. Sa vie peut se partager en deux phases : la première comprend environ dix-huit ans et se termine par le célèbre traité qui régla la fameuse querelle des évêques et des comtes ; la seconde est remplie par des guerres d'une importance secondaire, dans lesquelles il ne fut pas heureux et qui eurent encore pour résultat d'augmenter le chiffre de ses dettes et de précipiter la ruine de sa famille.

Quand il arriva au pouvoir l'horizon politique était sombre. Pendant que le comte Louis guerroyait dans le Périgord, les troupes épiscopales, au mépris de la trêve, s'étaient

---

(1) ANSELME, t, II, p. 194.
(2) DUCHESNE. Preuves, p. 53-4.

rendues maîtresses d'une petite place, dont les documents ne disent pas le nom, et avaient fait quelques ravages dans le Valentinois. Le 14 septembre 1345, Clément VI avait dû intervenir pour enjoindre à l'évêque de se montrer à l'avenir plus respectueux de ses ordres, de rendre la liberté aux prisonniers et de restituer les bestiaux enlevés. Peu de jours après, le 25 du même mois, le pape écrivait à Etienne de Mulséone, doyen de Bourges, et lui signalant l'agitation du Valentinois d'où pouvaient sortir de graves désordres, il lui recommandait, de la manière la plus pressante, de s'employer à calmer les esprits et à maintenir la trêve. Des lettres pontificales, exprimant les mêmes désirs, furent encore expédiées de la chancellerie avignonaise à l'évêque de Valence, à Amédée de Poitiers, gouverneur du Valentinois, en l'absence de son neveu, et à la comtesse Marguerite (1).

Telle était donc la situation dans les derniers mois de 1345 : la plus petite étincelle pouvait allumer la guerre. Aymar VI reçut, selon l'usage féodal, les hommages de ses vassaux ; signalons ceux de Lambert Adhémar (décembre 1345) et de Gaucher Adhémar (23 février 1346), pour leurs pareries respectives de Montélimar ; de Mondon de Marsanne (27 décembre 1345, à Crest), pour tout ce qu'il possédait à Marsanne, Charpey et Rochefort ; de noble Pierre d'Urre (même jour), pour le château et la terre du Cheylard, au diocèse de Die, ainsi que pour tout ce qu'il possédait au mandement d'Egluy ; de noble Albert d'Urre, habitant de Saou (même jour), pour les cinq sixièmes du château et du mandement de Teyssières et pour ses autres possessions à Saou, à Auriple et à Soyans (2), etc., etc. Le 3 mars 1346, il transigea avec son beau-frère au sujet de la dot de sa femme. La trêve d'un an imposée à l'évêque et au comte par le souverain pontife étant sur le point d'expirer, celui-ci écrivit le 24 mai

---

(1) Archives du Vatican. (Communication de M. l'abbé Félix Vernet).
(2) Archives de l'Isère, B, 2632 et 2633.

1346 aux deux rivaux pour leur enjoindre de la proroger encore pendant une année, et d'épargner à leurs sujets le fléau de la guerre dans un temps où il ne faisait déjà que trop de victimes (1).

En effet, les Anglais avaient de nouveau envahi le nord de la France. Philippe VI désireux de s'attacher le comte de Valentinois, lui confirma au mois de juillet 1346, la rente de 3,600 livres qu'il servait déjà à son père (2). Aymar VI ne lui refusa point ses services : le 9 novembre 1346, il envoya sous la conduite d'Aymar de Poitiers, seigneur de Veynes, son oncle, le contingent de ses troupes rejoindre l'armée de Saintonge qui tentait d'arrêter la marche des Anglais. On était au lendemain du désastre de Crécy. Le seigneur de Veynes ne fut pas heureux, car à peine arrivé sur le théâtre des opérations, il tombait entre les mains des ennemis, qui ne lui rendirent la liberté qu'au prix d'une forte rançon, pour laquelle la pape lui fit passer aux fêtes de Noël quatre mille deniers d'or à l'écu (3).

Cependant les efforts du pape (4) étaient devenus impuissants à maintenir la paix dans le Valentinois et avant la fin de novembre la guerre éclatait. Jean, comte d'Armagnac et lieutenant du roi en Languedoc, écrivit le 25 novembre 1346 à tous les officiers et vassaux de la couronne, relevant de son commandement, pour leur ordonner de ne molester en rien les sujets du comte et de ne prêter aucun concours à ses ennemis (5) Nous allons assister à la dernière phase de cette

---

(1) Archives du Vatican. Voir *Essai hist. sur Die*, t. II, p. 220.
(2) Archives de l'Isère, B, 3580. Le 29 juin 1345, Philippe VI avait accordé, en récompense de services, à Louis Ier de Poitiers une rente de 3000 livres.
(3) Faucon. *La librairie des papes d'Avignon*. Paris, 1886, in-8°, introd., p. ix.
(4) Le 20 novembre, le pape avait écrit à l'évêque et au comte; l'abbé de Saint-Ruf avait été chargé de porter les lettres pontificales.
(5) Archives de l'Isère, B, 3580.

longue guerre, que nous pourrions, à bon droit, appeler notre *guerre de cent ans*, pendant laquelle on vit aux prises les deux puissances qui dominaient alors la contrée, guerre également funeste à l'une et à l'autre et qui ne servit qu'à mieux préparer leur asservissement sous le joug de la France. La dernière série de ces hostilités a durée douze ans et porte dans l'histoire le nom de *Guerre des épiscopaux*, parce que les documents du temps désignent par ce nom d'épiscopaux les soldats qui marchaient sous la bannière de l'évêque.

Dans les premiers jours de décembre, la guerre faisait rage aux environs de Crest. L'évêque se plaignait de ce que le comte, malgré le traité d'Avignon, construisait à Crest une muraille au pas de Saint-François, *supra passum Sancti Francisci, subtus fortalitium dicti comitis* ; le comte prétendait que la sécurité de la ville réclamait ces nouvelles fortifications. Ses premières lettres, présentées par l'abbé de Saint-Ruf, n'ayant produit aucun effet, le pape donna le 7 décembre commission à Ithier de Mirmande, abbé de Cluny, pour contraindre les deux partis à observer la trêve et à venir devant lui vider leur querelle. Le premier soin de l'abbé fut de proclamer la trêve, mais cet appel à la concorde demeura sans effet. Les esprits étaient trop échauffés pour entendre des paroles de conciliation, et la violence des passions était telle qu'elle fit oublier tous les autres intérêts. Aymar de Poitiers ayant été invité par Henri de Villars, qui gouvernait alors les Etats du dauphin, à une conférence indiquée à Romans pour le 10 décembre, afin de pouvoir donner une réponse à un envoyé de l'empereur, s'excusa de ne point y assister, à cause de la guerre que lui faisait l'évêque de Valence (1) L'abbé de Cluny se sentit impuissant à mener seul la difficile mission que le pape lui avait confiée ; il pensa qu'Henri de Villars, archevêque de Lyon, aurait plus d'influence sur les belligérants par son caractère et par sa situation politique ;

---

(1) VALBONNAYS, t. II, p. 539.

il le pria donc de se joindre à lui. Le pape approuva son délégué, et le 30 décembre, il écrivait à l'archevêque pour le remercier d'avoir bien voulu prêter son concours à cette œuvre de pacification (1). Mais tout fut inutile. Chorier, qui avait entre les mains des documents que nous n'avons pu retrouver, nous a laissé d'intéressants détails sur les opérations de cette guerre. Les événements qu'il raconte eurent lieu entre le milieu de décembre 1346 et la fin de janvier 1347. Son récit mérite d'être reproduit.

« A quelque temps de là, le seigneur de Clavaison, accom-
« pagné de ses vassaux, fit une irruption dans les terres de
« l'évêque ; il vint presque jusques aux portes de Valence.
« Il perça les territoires de Montélier et de Livron et laissa
« partout des marques sanglantes de son passage : il brûla, il
« pilla, il tua... L'évêque déclara qu'il ne vouloit plus écouter
« de proposition de paix qu'il n'eût été vengé et qu'il ne
« s'accommoderoit jamais avec le comte que quand il seroit
« en état de reconnaître que la paix qu'il lui donneroit lui
« seroit et un bienfait et son salut. Néanmoins le gouverneur
« que le mauvais succès de sa première entreprise n'avoit
« pas entièrement rebuté, ne laissa pas de lui envoyer Jean
« de Revel, avec une lettre de créance, pour tâcher de le dis-
« poser à la paix. Il avoit donné au comte, en parlant de lui
« dans sa lettre, la qualité de comte de Valence, de même qu'à
« l'évêque. Ce fut ce qui fit emporter l'évêque à ce point que
« sans considérer ce qu'il devoit à la dignité d'un si grand
« prélat et à la charge qu'il soutenoit, il renvoya son ambassa-
« deur sans réponse. Un homme moins modéré que l'archevê-
« que se seroit emporté comme lui, et il en auroit eu plus de
« raison, mais il avoit cela du grand homme qu'il étoit pres-
« que inaccessible ou insensible aux injures. Le lendemain
« même, il donna ordre au prieur de St-Donat, à François
« de Theis et à Guillaume de Ruis de l'aller encore conjurer

---

(1) Voir notre *Essai hist. sur Die*. t. II, p. 222.

« d'avoir pitié de son peuple, et de se laisser fléchir. L'abbé
« de Cluny, de qui on se promettoit beaucoup, joignit ses
« prières aux leurs, mais elles n'eurent pas plus de force.

« Tous actes d'hostilité continuèrent de part et d'autre, et
« il sembloit que l'effort que l'on avoit fait d'apaiser l'évêque
« avoit rallumé sa colère. Ceux de Valence brulèrent toutes
« les maisons du mandement de Charpey, et ceux de Die
« toutes celles du mandement de Quint, au moment que ces
« deux prélats exhortoient l'évêque à suivre leurs conseils.
« Le comte se vengea de ces maux par ceux qu'il fit aux sujets
« de l'évêché. Les guerres des grands ne sont que la misère
« des sujets. Ses gens brulèrent Alixan et ravagèrent son
« territoire. Néanmoins les raisonnements de ces deux prélats
« ni les cris des peuples ne touchèrent point le cœur de
« l'évêque, tant la colère et le désir de vengeance l'avoient
« endurci. Il cessa de se présenter plus à eux et de les vouloir
« écouter pour éviter que son obstination ne fût surmontée,
« de sorte que l'archevêque indigné d'une conduite si brutale
« sortit de Valence. L'évêque voulut même lui faire ce dé-
« plaisir que de le rendre spectateur des emportements de sa
« colère : sachant qu'il étoit allé coucher à Chabeuil, il fit
« mettre quelques heures après le feu au bourg de Barce-
« lonne, où ses gens entrèrent durant le silence de la nuit,
« de sorte que de sa chambre l'archevêque en vit l'embrase-
« ment. Une partie du conseil delphinal étoit alors à Romans.

« Quèlques jours après l'incendie d'Alixan, le bruit fut
« porté à Romans bien avant dans la nuit que les épiscopaux
« avoient résolu d'en aller faire autant au bourg de Clérieu
« et que pour cela ils avoient préparé quantité de bateaux du
« côté de Châteauneuf-d'Isère pour passer cette rivière. Cette
« terre étoit un fief du Dauphiné et par cette raison, elle étoit
« sous la protection du Dauphin son seigneur supérieur.
« Tellement que pour la conserver l'évêque de Grenoble fit
« sonner l'alarme dans la ville environ minuit, et avant le
« jour trente hommes d'armes et quatre mille hommes de

« pied des seuls habitants de cette ville furent prêts à mar-
« cher où ils seroient commandés. Les principaux furent
« Falque, seigneur de Montchenu, Richard, son fils, Geof-
« froy Humbert, chamarier de l'église de Romans, Pierre
« d'Arlia et Pierre Molard. Néanmoins les plus riches, ni le
« plus grand nombre des habitants ne s'étoient pas émus ; il
« n'y eut que les plus faciles qui prirent les armes, ce qui
« montre combien cette ville étoit peuplée déjà en ce temps-
« là. Ceux de Clérieu à qui on avoit donné la même alarme,
« n'avoient pas négligé le soin de leur défense. Les habitants
« de Peyrins, de Saint-Donat, de Chantemerle et de Mercu-
« rol étoient aussi venus à leur secours et tous ensemble for-
« moient un corps de trois mille hommes de pied et de trois
« cents chevaux. Les épiscopaux qui apprirent que l'on étoit
« en état de les recevoir, se contentèrent d'avoir fait peur et ne
« firent rien au-delà. Néanmoins cet armement jeta l'évêque
« de Valence dans la considération et lui fit voir sa ruine
« certaine si le gouverneur entroit dans le parti du comte et
« il y avoit apparence qu'enfin il le faudroit ainsi pour le
« forcer à donner la paix à cette province » (1).

Tel est le récit de Chorier, dont le fond doit être vrai ; seules les appréciations qu'il formule sur l'attitude de l'évêque de Valence appellent des réserves. Pierre de Châlus consentit à mettre bas les armes. Une trêve ou arrangement provisoire fut négocié, grâce aux soins de l'abbé de Cluny et de l'archevêque. Quelque jours après, le 1er février 1347, le pape y donnait son entière approbation.

Ces mesures ne produisirent pourtant pas tout l'effet désiré. Aymar de Poitiers refusait de faire démolir la fameuse muraille du pas de Saint-François, à Crest. La mort de l'abbé de Cluny arrivée sur ses entrefaites, le 10 février, fut encore un coup porté au maintien de la paix. « Les gens de l'évê-
« que ne s'abstinrent pas de commettre des voleries et des

---

(1) CHORIER, t. II, p. 321-2.

« meurtres en divers lieux, et Lambert Adhémar de Mon-
« teil s'étant approché de Mirmande avec un petit camp
« volant y tua trente-deux hommes, prit six des meilleurs
« bourgeois et se retira chargé de butin » (1). Clément VI,
qui suivait avec inquiétude les péripéties de cette lutte engagée entre l'époux de sa nièce et l'évêque son parent, chargea
l'archevêque de se rendre sans retard dans le Valentinois
pour y faire observer la trêve naguère promulguée ; il l'autorisait à user des censures et à faire appel au bras séculier
contre celui des contendants qui refuserait d'obéir. Henri de
Villars vint à Romans et de là fit de nombreux voyages à
Valence, à Chabeuil et dans d'autres localités où il crut pouvoir être mieux à portée d'agir selon les intentions du saint-
père. Tout le carême de cette année se passa à chercher des
expédients (2). Mais les soins de ce prélat n'aboutirent qu'à
la conclusion d'une nouvelle trêve jusqu'à la fin d'avril. Le 7
avril, autre lettre de Clément VI pour recommander à l'archevêque de faire publier cette trêve et d'inviter les principaux vassaux des deux parties à se rendre à Avignon.

A en juger par les quelques documents que nous avons sur
ces tristes démêlés, il n'est pas douteux que les torts les plus
graves n'aient été du côté d'Aymar de Poitiers. Non seulement il s'obstinait, comme nous l'avons dit, à ne pas démolir
les nouvelles fortifications élevées à Crest, au mépris des
derniers traités, mais encore, vers la fin de février, dans l'oc-
tave de la fête de saint Hilaire, il faisait construire un nouveau mur au quartier de Rochefort, une porte garnie de
tours à l'entrée du pont, près du couvent des Frères Mineurs,
et de plus, sur ses ordres, on creusait un fossé aux abords de
la ville (3). On comprend dès lors l'irritation de l'évêque.

---

(1) CHORIER, t. II. p. 322.
(2) VALBONNAYS, t. II, p. 558.
(3) Archives de l'Isère, B, 3580. La plupart des détails que nous
donnons ici et dans les pages suivantes sont tirés d'un acte de protes-

Aussi la trêve était-elle à peine expirée, qu'il reprit les armes. Mais le pape intervint encore et, cette fois se portant arbitre des deux parties, évoqua l'affaire à son tribunal, et leur enjoignit, sous les peines les plus graves, d'avoir à comparaître devant lui. De plus, de la plénitude de la puissance apostolique, il leur imposa une trêve jusqu'à la Toussaint. Henri de Villars fut chargé de la notifier à l'évêque et au comte, ce qu'il fit, par délégués, le 12 mai à Valence et le 14 à Etoile (1). Une lettre pontificale du 18 l'autorisa à relever le comte de l'excommunication qu'avait prononcée contre lui l'évêque de Valence pour avoir violé les décrets du concile de Vienne (2). Pierre de Châlus, cité à comparaître à Avignon pour le samedi après la Pentecôte, 26 mai, s'excusa par une lettre datée de Valence le 13 mai, lendemain du jour où la citation lui avait été notifiée. Il disait, en substance, que la brièveté du délai ne lui permettait pas d'aviser à de graves affaires qui réclamaient impérieusement sa présence dans ses diocèses, et il priait le pape de vouloir bien agréer comme son fondé de pouvoirs Amblard de Châlus, son neveu, parfaitement renseigné sur tous les différends qu'il avait avec le

---

tation du comte Aymar VI contre une sentence arbitrale rendue par les évêques d'Uzès et de Lisbonne, délégués pontificaux. « .... Cognovistis et definivistis dictum murum in dicto loco de Crista constructum supra passum Sancti Francisci, subtus fortalicium dicti mei comitis, a parte Auguste, una cum porta et portalibus in eo factis a festo natalis Domini proxime lapso constructis et partem portalis in pede pontis de Crista a parte Fratrum Minorum existentem ab octabis festi Hilarii proxime lapsi, ac partem cujusdam mureti facti supra muro de Ruppeforti edificatam a dictis octabis citra fore demoliendam. .. necnon partem fossati dicti loci de Crista subtus portale de Lunchayl prope Dromam existentem, a dictis octabis citra factam, repleri et ad statum pristinum reduci debere.... »

(1) Archives de l'Isère, B, 3580. Voir notre *Essai hist. sur Die*, t. II, p. 226.

(2) Archives du Vatican. (Communication de M. F. Vernet).

comte (1). Par une nouvelle lettre du 23, il accrédite encore auprès du souverain pontife pour la défense de ses intérêts Eblon de Sainte-Marie, un autre de ses neveux, chanoine de Chartres. Peu après, l'évêque et le comte firent un compromis, s'engageant à accepter l'arbitrage de Clément VI.

La trêve de six mois imposée par la cour d'Avignon permit à Aymar VI de répondre à l'appel de Philippe de Valois qui réunissait alors une armée pour essayer de venger le désastre de Crécy et de débloquer Calais. Le comte de Valentinois figure, au mois de juillet, « à l'ost de Sangatte », qui tenta vainement de secourir Calais (2). En partant, il avait laissé le gouvernement de ses Etats aux mains de ses oncles Amé et Aymar de Poitiers.

Cependant, Clément VI, heureux des bonnes dispositions de l'évêque et du comte, avait, par ses lettres du 25 juillet 1347, délégué Hélie de Saint-Yrieix, évêque d'Uzès, et Etienne, évêque de Lisbonne, pour procéder aux enquêtes préliminaires du fameux procès, et s'ils le pouvaient, terminer cette affaire. Sans perdre un instant, les délégués se rendirent à Crest, où le spectacle qui les attendait était bien de nature à décourager les meilleures volontés. Toute la ville était en émoi. On faisait de grands préparatifs de défense. Les troupes du comte occupaient les remparts et se dispo-

---

(1) Archives de l'Isère, B, 3580. « .... noscat Sanctitas Vestra quod pridie, scilicet die sabbati duodecima hujus memis, ex parte rever. in Xo patris d. Henrici.., arch. Lugd., fuerunt mihi quidam sui processus intimati, licet eorum copiam usque in diem crastinam non habuerimus, qui processus inter alia continebant quod die sabbati post instans festum Pentecostes ego et nonnulli canonici et nobiles dictarum ecclesiarum vestrarum compectui Sanctitatis Vestre personaliter nos representare deberemus, quod quia, Deo teste, commode facere nequimus... Ideo, cum humilitate qua valeo d. Amblardum, humilem et devotum servitorem vestrum et nepotem meum, scientem que huc acta sunt ac causas impotentie et excusationis mee et predictorum subditorum meorum ad pedes S. V. transmitto .. »

(2) FROISSART. Ed. Kewyn, t. V, p. 180.

saient à repousser une attaque des épiscopaux. En effet, pour des raisons que les documents ne font pas connaître, Pierre de Châlus avait donné l'ordre à tous ses vassaux de prendre les armes, de s'assembler à Die et à Valence et de marcher sur Crest. Les délégués n'épargnèrent aucune démarche pour éviter un conflit. Ils écrivirent aux Diois qui paraissaient plus animés que les autres, et leur envoyèrent l'abbé de Saint-Ruf pour les conjurer de demeurer en repos, mais déjà les conseils de la modération ne pouvaient plus être entendus. Les Diois s'étaient ébranlés et descendaient par la vallée de la Drôme. Les évêques d'Uzès et de Lisbonne se portèrent à la rencontre de l'armée et essayèrent encore de l'arrêter en la menaçant des foudres de l'Eglise ; mais il leur fut répondu de ne point parler d'excommunication s'ils ne voulaient se voir exposés eux-mêmes aux plus durs traitements (1).

---

(1) Archives de l'Isère, B, 3580. Le comte, ayant reproché aux délégués pontificaux de ne pas s'être opposés, comme ils auraient dû le faire, au siège de Crest, ceux-ci se justifient en ces termes : « Respondemus et dicimus quod hoc non est verum, ymo nos per plures dies antequam Dienses predicti venissent, eos requisivimus quod supercederent ab omni novitate facienda contra d. comitem, et super hoc ad eos d. abbatem S. Ruphi duximus... destinandum, et die antequam Dienses cum exercitu suo arripuissent iter suum, qui applicuerunt prope castrum de Crista quadam die veneris, nos treugas per d. d. Archiepiscopum Lugd. indictas inter d. partes die martis precedenti duximus confirmandas... et in continenti quod d. Dienses applicuerunt nos eis et eorum exercitui fuimus obviam, qui in primis nobis mandaverunt quod non faceremus eis mentionem aliquam de aliquibus sententiis, si volebamus personarum nostrarum pericula evitare. Nos vero ibidem, totis quibus potuimus instantiis, Dienses predictos admonuimus et requisivimus quod vellent retrocedere et supercedere ab omni injuriosa et indebita novitate. Valentinenses etiam antequam convenirent cum predictis Diensibus dictam confirmationem nostram treugarum ipsarum et sententias per nos latas in contrarium facientes duximus intimandas, et sic cum tam super treugis confirmandis quam super sententiis proferendis et omnibus aliis supradictis, debitam diligentiam fecerimus, male et indebile pars d. d. Ademari de nobis conqueritur in hac parte... »

Ce fut un vendredi que les Diois parurent sous les murs de Crest. Ils y furent bientôt rejoints par les épiscopaux venus de Valence, qui comptaient parmi leurs chefs les neveux de l'évêque. La place fut investie. On se mit à saper les remparts, pendant que les machines de guerre faisaient pleuvoir sur la ville des grêles de pierres. Les assiégés opposèrent une vigoureuse résistance, ce qui donna le temps aux oncles du comte de Valentinois de rassembler quelques troupes. Leur approche fut signalée, et les épiscopaux, craignant d'être cernés à leur tour sous les murs de la place par l'armée qui tenait la campagne, prirent le parti de lever précipitamment le siège. Les Diois regagnèrent leurs montagnes. Quant à ceux de Valence, raconte Chorier, ils « se retiroient à Urre
« en désordre et en confusion... Ils étoient cinq mille hom-
« mes de pied et cent hommes d'armes. L'armée du comte
« marchoit en même temps et trois cents hommes d'armes qui
« étoient tout ce qu'il y avoit de cavalerie, ayant laissé l'infan-
« terie derrière, avoient pris le devant. Ayant rencontré les
« épiscopaux, leur nombre ne les ébranla point. Ils formoient
« deux escadrons; à la tête de l'un étoient Amédée et Aymar de
« Poitiers, avec les seigneurs de Bressieu, de Clavaison et de
« Châteauneuf-de-Galaure ; Gautier de Monteil et Hugues de
« la Garde conduisoient l'autre. Ils choquèrent les épiscopaux
« avec tant de force qu'ils les renversèrent et les mirent en
« fuite. Il en fut tué deux cents ; mais le nombre des prison-
« niers fut très grand... Les soldats du comte de ces deux esca-
« drons portoient une écharpe blanche ; c'étoit la couleur du
« Dauphiné. Ce combat et l'opinion qu'eut l'évêque que le
« Dauphiné portoit l'intérêt du comte contre lui le rendirent
« si déraisonnable que ces prélats (les évêques d'Uzès et de
« Lisbonne), n'ayant plus eu de mesure à prendre avec un
« esprit si irrité, se retirèrent sans rien faire » (1).

Ce ne fut point l'évêque de Valence, comme le prétend

---

(1) CHORIER, t. II, p. 321.

Chorier, qui se montra *déraisonnable*. Pierre de Châlus voulait, il est vrai, continuer la guerre, mais était disposé à cesser les hostilités si on faisait justice à ses revendications. Après être demeuré dix jours à Crest, les délégués pontificaux se rendirent à la Voulte pour y poursuivre leur enquête ; de là ils passèrent à Valence où ils avaient donné rendez-vous à Henri de Villars. Une suspension d'armes ayant été consentie par les belligérants, ils purent terminer leur délicate mission, reçurent à Portes, au mois d'août, les dernières dépositions des témoins et, dès le commencement de septembre, firent connaître leur décision. Aymar VI était condamné à démolir la fameuse muraille du pas de St-François, en un mot à rétablir à Crest toutes choses en leur ancien état. Le comte refusa de se soumettre et fit partir aussitôt pour Avignon Pons Mellier, avec ordre de former opposition à la sentence des délégués, qu'il accusait de s'être montrés dans toute cette affaire d'une scandaleuse partialité. Ceux-ci réfutèrent dans un mémoire tous les arguments du comte et justifièrent leur conduite ; ils en firent lecture devant témoins, le samedi 15 septembre, dans la salle de la Trésorerie, à Avignon. Ils déclarèrent ensuite que le pape retenait l'affaire et ajournait les parties au 22 octobre (1). Que se passa-t-il à la date indiquée ? Nous l'ignorons ; il est du moins certain qu'une trêve fut imposée à l'évêque et au comte, car le 21 novembre, Clément VI donnait aux évêques d'Uzès et de Lisbonne les pouvoirs d'absoudre l'évêque de Valence, le comte et leurs gens de toutes les censures qu'ils auraient pu encourir pour des faits se rattachant à la dernière guerre (2).

Cette trêve fut successivement prorogée, mais si l'on réussit à écarter pour un temps le fléau de la guerre, il fut impossible d'en conjurer un autre plus redoutable. Nous ne ferons que signaler ici la fameuse *peste noire* qui, dès le

---

(1) Archives de l'Isère, B, 3580.
(2) Voir notre *Essai hist. sur Die*, t. II, p. 233.

mois de décembre 1347, avait pénétré en Provence, gagna Avignon en janvier et, se répandant en Dauphiné, y exerça pendant l'année 1348 les plus affreux ravages (1). Ces événements et la déplorable situation financière où il se trouvait, décidèrent Humbert II à prendre une détermination grosse de conséquences et à laquelle le comte de Valentinois ne pouvait demeurer indifférent. Ce prince résolut, en effet, de renoncer aux avantages que lui reconnaissait un traité conclu six ans auparavant avec la France et de céder définitivement ses Etats à Charles, fils aîné du duc de Normandie. Pendant que se négociait le transport du Dauphiné à la France, la diplomatie impériale redoublait d'activité pour faire avorter un projet qui tendait à effacer les derniers vestiges de l'autorité de l'Allemagne sur nos pays. L'empereur Charles IV, par une politique habile, tenta de grouper les quelques seigneurs qui possédaient encore des terres allodiales, en vue d'une commune résistance à l'influence française. Aymar VI de Poitiers se laissa séduire et s'écarta un moment de la politique prudente de sa maison. Depuis longtemps, du reste, l'empereur travaillait à le gagner : en septembre 1346, il l'avait chargé avec Amédée de Genevois, Louis de Savoie et d'autres grands personnages d'aller à Avignon renouveler les promesses qu'il avait faites au saint siège avant son élection (2). Le comte de Valentinois, cédant aux sollicitations de Charles IV, chercha à entraver les négociations qui se poursuivaient entre la France et le dauphin. Son opposition l'entraîna même à un acte de violence qui aurait pu lui attirer toute l'indignation du roi : en 1348, il fit enlever à Tournon et conduire à Valence le chancelier du duc de Normandie, un des négociateurs français (3). Le roi fut assez habile pour dissimuler un outrage, dont il pourrait un jour

---

(1) RAYNALDI, Annales... ad an. 1348, n⁰ˢ 30-2.
(2) *Regesta*, n° 252.
(3) Bibliothèque de Grenoble, Ms, 21, 440, f° 529.

punir l'auteur s'il le voulait bien, et, en attendant, ne négligea rien pour le déterminer à quitter le parti de l'empire. Il lui fit à propos quelques concessions importantes et agit avec tant de succès que le comte, ayant été créé par diplôme impérial, daté de Luxembourg, le 16 mars 1349, vicaire de l'empire dans les royaumes d'Arles et de Vienne (1), se vit embarrassé de cette haute dignité. Sur la fin du même mois, la cession du Dauphiné à la France était un fait accompli, et le dauphin Charles, venu peu après dans la province, reçut les hommages de ses nouveaux vassaux.

Cependant, Aymar VI n'avait pas tardé à comprendre que la voie dans laquelle il s'était engagé pour complaire à l'empereur, ne pourrait que compromettre ses intérêts. Il dut, sans doute, avoir quelque inquiétude lorsqu'il apprit que le dauphin Charles était descendu à Valence pour y conférer avec l'évêque sur l'attitude qu'il convenait de tenir envers leur ennemi commun. Pierre de Châlus, toujours très surexcité, se montrait disposé à reprendre les armes, et il fallut encore que le pape intervint. Bernard d'Albi, récemment promu cardinal-évêque de Porto, fut chargé de maintenir la paix entre les deux rivaux ; il les fit consentir à un compromis, et comme ils acceptèrent son arbitrage, il ordonna que la trêve serait prorogée (2). De prorogation en prorogation on parvint à contenir leur humeur batailleuse, mais la mort de Pierre de Châlus, arrivée en février 1352 et celle de Clément VI, survenue à la fin de cette même année, amenèrent des changements toujours préjudiciables à la paix. Jean Jof-

---

(1) GUICHENON, *Bibliotheca Sebusiana*, p. 125. — DE PISANÇON, *L'allodialité dans la Drôme*, p. 183 (d'après les portefeuilles de Fontanieu). — *Regesta*, n° 888. — Aymar VI se trouva à Lyon le 16 juillet 1349, jour où le dauphin Humbert II ratifia solennellement le traité précédemment conclu avec la France et mit en possession du Dauphiné le prince Charles. Il fut un des témoins de cet acte. — VALBONNAYS, t. I*er*, p. 350, et tom. II, p. 600, 601, 602 et 606.

(2) Mentionné dans un document du 7 mars 1353.

frevy, nommé évêque de Valence et de Die, le 2 mars 1352, était, avant tout, un administrateur très soigneux des intérêts matériels de ses Eglises et des siens (1). Pour triompher de l'obstination du comte qui refusait de démolir certaines fortifications élevées à Crest, comme nous l'avons dit, les moyens énergiques et la guerre, au besoin, n'étaient pas pour lui déplaire. Le nouveau pape Innocent VI tourna, lui aussi, ses regards vers le Valentinois et voulut étouffer, du moins contenir ces ferments de discorde ; il pensa pouvoir réussir là où ses prédécesseurs avaient échoué. Il chargea d'abord Bertrand de Deaulx, cardinal-évêque de Sabine, d'offrir ses bons offices aux contendants. Le cardinal vit sa médiation acceptée, et le 7 mars 1353 il écrivait à l'évêque et au comte, pour leur enjoindre de s'abstenir de tout acte d'hostilité et leur annoncer qu'il prorogeait la trêve jusqu'à la fête de Pâques, et, à partir de cette fête, pendant deux années consécutives (2). Mais cette mesure n'obtint pas le résultat désiré.

---

(1) Voir notre *Essai hist. sur Die*, t. II, p. 239-43.
(2) Archives de l'Isère, B, 3581. « Bertrandus... Ademario de Pictavia, comiti Val. et Diensi... Notificamus vobis quod s. p. d. d. Innocentius... nobis... commisit, mandans inter alia quod inter vos... et d. episcopum..., super guerris... exortis hinc inde, treugas sub eisdem modis, penis, formis et conditionibus sub quibus olim, per bone memorie d. Petrum, predecessorem d. episcopi, et vos, de premissis fuerat compromissum, et deinde per nos, in predictis commissarios deputatos, indicte et ordinate et prorogate fuerant, de novo prorogare usque ad tempus de quo nobis videretur expediens, ipsasque per censuram ecclesiasticam et alia oportuna remedia inviolabiliter observari deberemus. Nos itaque, volentes... mandatis apostolicis efficaciter obedire ac cupientes inter partes predictas, non solum justicie debitum plenarie ministrare, verum etiam firmam pacem... procurare, auctoritate p. d. d. pape, treugas et sufferentias... hinc ad festum Pasce resurectionis Domini proxime futurum, et a dicto festo Pasce usque ad duos annos, ex tunc proxime secuturos, prorogamus per presentes... Datum Avinione, die septima mensis Martii, indictione VI, anno Nativitatis Domini millesimo trecentesimo quinquagesimo tertio, pontificatus prefati s. n. p. anno primo. »

La guerre se ralluma et on eut à déplorer çà et là beaucoup de désordres. Il ne fallut rien moins que l'intervention directe du pape et surtout celle de l'archevêque de Lyon, gouverneur du Dauphiné, pour obliger les deux rivaux à cesser la lutte. On était au 25 juin. Le pape délégua l'abbé de St-Ruf et Bertrand de Cardaillac, archidiacre de Narbonne, pour mettre fin au différend et fixer les conditions de la paix. Les délégués se rendirent à Chabeuil, où le 1ᵉʳ juillet 1353 ils firent promettre à l'évêque et au comte de s'indemniser mutuellement des pertes qu'ils auraient subies par le fait de la guerre, depuis le 25 juin, et d'observer une trêve jusqu'à la fête de saint Luc (1).

Ce n'était donc encore là qu'une suspension d'armes. Instruit par les événements et comprenant mieux ses propres intérêts, Aymar VI s'était détaché peu à peu de l'alliance impériale et rapproché de la France. Il était, du reste, depuis quelque temps, l'objet des prévenances du monarque français, qui n'ignorait point l'appui que pourrait donner à sa politique le dévouement d'un tel feudataire. Des concessions

---

(1) Archives de l'Isère, B, 2620, f° xxiii. « ... Noverint universi... quod cum nuper, instigante pacis emulo et seditionum actore, inter... Johannem, Dei gratia ep. Val. et D..., et... Aymarum de Pictavia..., dissentionum et guerrarum materia orta foret, ex quibus jam domorum incendia, hominum neces, depopulationes agrorum, armentorum et pecudum depredationes et alia plurima hinc inde spolia fuerant insequta, crebrescentibus quoque utriusque periculis, coadunatis valitoribus, sequacibus, subditis et amicis predictorum, graviora evidenter scandala parabantur... : hinc est quod anno Domini millesimo CCC° quinquagesimo tertio, indictione sexta, die prima mensis julii..., in presentia mei notarii..., personaliter constituti... abbas monasterii S. Ruffi Val. et... Bertrandus de Cardaliaco, archidiaconus Barcillonensis...., interveniente tractatu, assistentia personaliter et consensu... Henrici de Vilars, arch. et com. Lugd., locum tenentis ill. princ. d. Karoli..... treugas firmas, validas et immobiliter observandas inter pref. d. episcopum et Aymarum..... usque ad festum b. Luce evangeliste proxime futurum de mense octobri inclusive... indicerunt..... Acta sunt hec apud Cabeolum, in domo liberorum P. Durandi... »

faites à propos, qui flattaient à la fois sa vanité et son amour du lucre, furent le prix de son abandon de la cause impériale. Le roi Jean et le dauphin Charles le nommèrent leur lieutenant général ou gouverneur du Dauphiné. Le 10 mars 1354, à Romans, il prend ce titre dans des lettres de conseiller delphinal qu'il accorde à Pierre Archinjaud, chevalier (1). Quelques mois plus tard, le 16 septembre, le roi et le dauphin, en considération de ses services et pour l'indemniser des dépenses que lui occasionne la charge de lieutenant, lui assurent une rente de 2,000 florins de Florence, à prendre sur les revenus de la province, et dont il jouira tant qu'il demeurera en fonction (2). L'année suivante et le 30 janvier, nouvelles faveurs ; le dauphin fait délivrer au comte de Valentinois certaines terres et sommes d'argent, en compensation des pertes

---

(1) Archives de l'Isère, B, 3286.
(2) Archives de l'Isère, B, 3581. « Johannes, Dei gratia Francorum rex et nos Karolus ejus primogenitus, Dalphinus Vien., cum auctoritate d. d. et genitoris nostri, quam nos rex quoad hec sibi per has litteras damus...., universis presentes litteras inspecturis, salutem. Notum facimus quod cum nos, de fidelitate et industria carissimi et fidelis consanguinei nostri comitis Val. plenarie confidentes, ipsum nostrum locum tenentem in partibus d. Delphinatus constituerimus et ordinaverimus per alias litteras nostras, prout in eisdem litteris plenius continetur, nos considerantes labores immensos et misias quos et quas ipsum nostrum consanguineum propterea oportebit subire, sibi duo milia florenorum de Florentia vadiorum damus et concedimus per presentes, de gratia speciali, percipienda et habenda per eum, super redditibus et emolumentis dicti Delphinatus, anno quolibet, incipiendo a data litterarum dicte locumtenentie, quandiu dictum officium exercebit et tenebit, mandates dil. et fid. nostris auditoribus compotorum delphinalium, qui nunc sunt et qui pro tempore fuerunt, ut prefato consanguineo nostro dicta duo milia florenorum auri de Florentia, anno quolibet, quandiu dictum officium tenebit, in suis compotis allocent et de sua recepta deducent, sine difficultate qualibet et alterius expectatione mandati. In cujus rei testimonium sigilla nostra fecimus presentibus his apponi. Datum apud Luparam prope Paris., die XVI septembris anno Domini millesimo CCC° quinquagesimo quarto. » Sceaux du roi et du dauphin.

qu'il avait subies lorsque Humbert « lui enleva les fiefs de la Roche-de-Glun, de Clérieu, et de Monteux (1). » Le comte était encore lieutenant du dauphin le 23 avril 1356, jour où se trouvant à Romans, il délivra des lettres de clerc et notaire en la chancellerie du Dauphiné à Jean Perrin, aux gages de 60 florins d'or (2).

Décidément la fortune souriait au comte de Valentinois et il était à cette phase heureuse de l'existence où le succès semble avoir fait un pacte avec nos entreprises. Pour comble de bonheur, le pape cultivait, lui aussi, son alliance et rêvait de l'opposer comme une digue aux envahissements de la France

---

(1) Archives de l'Isère, B, 3581. « Karolus, primogenitus Francorum regis, Dalphinus Vien.., dilectis fidelibus Falconi de Morasio, baylivo Matiscon., Francisco de Pena, cancel... Dilectus fidelis locumtenens et consiliarius noster comes Valent. nobis graviter est conquestus quod licet dudum consanguineus noster et predecessor... Humbertus... acceperit et retinuerit castrum Rupis de Clivo cum mandamento... ac terram et magnam partem mandamenti et territorii Clayriaci, quod nunc vocatur mandamentum et territorium Bellimontis, una cum villa de Monteux, infra ipsum territorium situata, et cum omnimoda juridictione.., que omnia ad Ludovicum, comitem Val. et Die., genitorem d. conquerentis, tunc temporis viventem, deinde ad ipsum comitem conquerentem, ut asserit, pertinebant..., et de ipsis retentis... d. d. dalphinus, predecessor et consanguineus noster, predicto Ludovico recompensationem per certas transactiones... facere convenit..., nichilominus adhuc restat, ut asserit, major pars dicte recompensationis facienda..... Unde cum hec nobis ignota sint et velimus super eis veritatem informari, vobis... committimus et mandamus quatenus, vocato procuratore nostro Viennensi, ad loca predicta vos personaliter..... Datum Parisiis, die penultima mensis januarii, anno Domino millesimo CCC° quinquagesimo quinto. » — Le 1er mai 1355, le dauphin Charles acquit de Burgondion d'Urre, chevalier, fils et héritier de Guenisius d'Urre, d'Allex, certaines maisons à Urre ou Eurre ; le dauphin, par acte daté de St-Germain-en-Laye le 15 mai de la même année, les céda au comte avec cette singulière réserve : *retinentes nisi duntaxat usum fructum per unicam horam tantum, qua lapsa ipse usufructus consolidetur sue proprietati... »*

(2) Archives de l'Isère, B, 5287.

qui devenaient menaçants pour la liberté du saint siège. Aymar comprit sa situation et voulut en profiter pour terminer par un coup d'audace la querelle plus que séculaire de sa famille avec l'Eglise de Valence. Cette Eglise avait alors à sa tête Louis de Villars, frère du grand archevêque de Lyon, qui le 5 mai 1354 était devenu le successeur de Jean Joffrevy. Comme les prétextes ne manquaient jamais pour une levée de boucliers, les hostilités furent reprises. Le comte fut victorieux. Ses troupes s'emparèrent de Crest, et sans doute pour bien marquer le but qu'il poursuivait, il fit raser le château et une partie des fortifications que l'évêque avait dans la cité. A la tournure que prenaient les événements, le prélat vit bien qu'il ne fallait plus compter sur la force des armes pour défendre ses droits; il fit appel à la justice du pape. Aymar accepta sans hésitation l'arbitrage de la cour avignonaise, mais en attendant le jugement, il refusa de retirer ses troupes de Crest, indiquant assez par là dans quelles conditions seulement il consentirait à traiter avec le prélat.

Innocent VI délégua Elie de Talheyrand-Périgord, cardinal-évêque d'Albano, pour juger l'affaire. Les procédures furent longues. Enfin le cardinal, ayant convoqué les parties à Lyon, leur fit accepter, en présence de nombreux témoins, une transaction aux termes de laquelle le château de Crest, c'est-à-dire la portion de cette ville appartenant aux Eglises de Valence et de Die deviendrait la propriété exclusive du comte, qui s'engageait à donner en compensation au prélat les châteaux de Bourdeaux et de Besaudun, avec leurs dépendances. Mais comme ces deux fiefs réunis ne valaient point la parerie épiscopale de Crest, le comte prit l'engagement de donner au prélat des rentes et des terres, déclarant formellement, pour apprécier la compensation jugée ici convenable, s'en rapporter à la sagesse du cardinal d'Albano et de l'évêque d'Urgel, ou bien du même cardinal et de l'évêque de Maguelonne. Il fut stipulé que le fort de Saint-Genis, occupé par l'évêque serait restitué au comte, que les parties renonceraient à demander des dommages, et qu'on remettrait en liberté les prisonniers de guerre (1).

Telles sont les grandes lignes du traité de Lyon qui mit

---

(1) Archives de l'Isère, B, 3487. « ... appareat evidenter quod cum discordie... verterentur inter... Ludovicum, electum et comitem Val. et D..., et... Aymarum..., super et pro eo quod d. electus asserebat et dicebat d. d. Aymarum per se seu ejus actores... turrim de Crista ad dictam sedem pertinentem diruisse, castrum loci ejusdem dicte sedis occupasse per vim et violentias indebitas, et sine causa rationabili, plura dampna et incommoda et ipsius d. electi predecessoribus ex ipsorum turris et castri dirutione et occupatione et sequtis exinde intulisse, quorum omnium restitutionem et emendam d. electus postulabat, et quia facere distulerat et nolebat, ut dicebat electus..., guerre, rixe et dissentiones inter eos fuerunt exorte, ex quibus mortes et captiones hominum, depredationes bonorum, hinc inde, et alia dampna quamplurima fuerunt sequta, d. d. Aymaro asserente et dicente plures causas propter quas potuerunt fieri licite dirutio et occupatio turris et castri predictorum et se non teneri ad restitutionem petitorum, super quibus diutius... pluries exstitit alterquatum pluresque et diversi tractatus... habiti fuerunt..., tandem... concordant in hunc modum : imprimis quod d. castrum de Crista, videlicet pars et pareria spectans ad d. d. electum et dictas sedes suas, ex nunc, cum ipsius castri, loci et mandamenti ejusdem in quibuscumque constat omnibus et singulis suis juribus, mero et mixto imperio, juridictione omnimoda, alta et bassa, feudis, retrofeudis infra et extra dictam villam, castrum et mandamentum ejusdem, deneriis, hemolumentis, pertinentiis et appendiciis universis, sint ad. d. d. Aymarum, heredes et successores ejusdem. — Item, quod d. d. Aymarus..., pro jure competente d. d. electo et dicte sedi sue in castro et villa de Crista, rebus, juribus... et in compensationem omnium..., tradit, cedit... d. d. electo... duo castra ipsius d. Aymari, comitis, quorum unum vocatur de Bordeus, et aliud de Besauduno, cum territoriis, mandamentis... Item, quod quia in dictis castro, loco et mandamento de Crista dicuntur esse plures homines, habitatores meliores et notabiliores et plures et meliores redditus pluraque hommagia... quam in locis de Bordeus et de Besauduno..., predictus idem d. Aymarus convenit... d. d. electo... tradere... sine mora et ad ordinationem simplicem d. d. cardinalis..., de reddititbus, obventionibus, feudis... ipsius d. Aymari... in loco seu locis proximioribus de Bordeus et de Besauduno castrorum, in compensationem pluris seu majoris valoris... »

fin à cette guerre fameuse dont nous avons essayé de retracer les phases principales. Un point pourtant était demeuré indécis et allait susciter un nouvel orage. Le comte, nous venons de le dire, avait promis, à cause de la plus-value du domaine ecclésiastique de Crest, d'assigner au prélat des rentes et des terres. Il ne se pressait pas de tenir cet engagement. Quand le prélat fit entendre des réclamations, il osa soutenir que les terres de Bourdeaux et de Besaudun avaient autant de valeur que les biens qu'on lui avait cédés, et il ajouta, non sans ironie, que les Eglises de Valence et de Die devraient même s'estimer heureuses de n'avoir plus leurs possessions de Crest qui avaient été jusqu'ici pour elles un sujet d'ennui et de dépense (1). La mauvaise foi du comte devenait manifeste. Louis de Villars n'espérant rien obtenir par la voie des négociations, réunit ses vassaux et tenta une dernière fois la fortune des armes. Il eut probablement succombé dans cette lutte, si la Providence ne lui fût venue en aide par un de ces événements qui déconcertent les projets les mieux

---

(1) Archives de l'Isère, B, 2487. «... Constitutis igitur d. partibus coram ipsis d. cardinalibus, et d. d. electo conquerente et contra... Aymarum proponente quod non impleverat predictas pacem, concordiam... et insuper asserente recompensationem sufficientem sibi non posse fieri in castris et pertinentiis de Bordellis et de Besauduno pro fortalicio et aliis que ecclesie Val. et Dien. amiserant et que id. d. Aymarus eis subtraxerat apud Cristam, considerato quod locus ille erat fortior et in proventibus etiam propter situm utilior, necnon insignior et nobilior, tam in edificiis quam numero et divitiis habitatorum et ex pluralitate et proceritate subditorum et nobilium, vassalorum, et ob hoc petente, assignatis sibi prius duobus castris predictis..., debere fieri recompensationem pinguiorem juxta retentionem...: d. d. Aymaro in contrarium allegante quod fortalicium de Crista ecclesiis semper fuerat sumptuosissimum et modici proventus ac utilitatis, multaque alia proponente ad hostendendum quod deberent sufficere pro satisfactione plenaria duo castra predicta, que paratus fuerat et erat cedere et realiter assignare pro implendo, quantum in ipso erat, dictas pacem, concordiam et compositionem. Auditis siquidem ad plenum partibus... »

combinés et obligent tout à coup les hommes à s'unir pour
parer à un danger commun. Dans la Bourgogne les grandes
compagnies exerçaient des ravages qui rappelaient ceux des
hordes barbares du Ve siècle. Leurs premières bandes venaient d'apparaître dans la vallée du Rhône. La cour d'Avignon s'effrayait d'un danger dont elle se sentait de jour
en jour plus menacée. Sur l'invitation d'Innocent VI, l'élu
de Valence et le comte se rendirent à Avignon, menant avec
eux des hommes de lois, capables de défendre leurs intérêts.
La commission nommée par le pape et chargée de mettre fin à toutes les querelles se composait des cardinaux
Pierre de Prez, Guy de Boulogne, Andouin de la Roche et
Elie de Saint-Yrieix. Elle fut assez heureuse pour rétablir
la paix.

Voici à peu près mot pour mot le texte de la transaction.
« Tout d'abord il est stipulé que le traité de Lyon de 1356
ressortira son plein effet, de telle sorte que Crest et son territoire demeureront, sans conteste et à perpétuité, la propriété
du comte et de ses successeurs ; à partir de la prochaine fête
de la Toussaint (1358), l'évêque n'y aura plus aucun droit
seigneurial. On reconnaît le bien-fondé des réclamations du
prélat touchant la plus-value évidente de Crest sur les fiefs de
Bourdeaux et de Besaudun, aussi le comte devra-t-il prendre
l'engagement, non seulement d'abandonner ces deux fiefs,
dont la remise au prélat aura lieu dans les 10 jours qui suivront la ratification du présent traité par le pape, mais encore
de payer aux Eglises de Valence et de Die une rente annuelle
et perpétuelle de deux cents florins. Il est, de plus, stipulé que
pour une partie de cette rente, c'est-à-dire pour cinquante
de ces florins, le comte donnera hypothèque sur des terres
de sa juridiction qui formeront une sorte de fief en faveur
des Eglises ; quant à l'autre partie de la somme, elle ne sera
point hypothéquée de cette manière. Enfin, si le comte veut
se libérer de cette rente, il pourra donner au prélat des terres,
relevant déjà de la suzeraineté de ses Eglises, sans avoir à

payer les lods. L'évêque et le comte désignent chacun plusieurs de leurs amis qui, au besoin, seront autorisés à interpréter les points obscurs du traité. Les forteresses ou demeures de Pélafol et de Saint-Genis seront rendues chacune à leur maître respectif. Dans l'impossibilité où l'on se trouve d'évaluer les dommages occasionnés par la guerre, on renonce, de part et d'autre, à toute réclamation sur ce point (1). »

Le pape sanctionna cet accord le 19 septembre 1358. Trois jours après, Louis de Villars nommait des délégués pour prendre possession des châteaux de Bourdeaux et de Besaudun. La remise de Bourdeaux leur fut faite le 25 sept. (2). Ajoutons que quelque temps après, pour se libérer de la rente de 200 florins à laquelle il était obligé envers l'évêque de Valence, le comte lui céda « tous les produits, revenus et émoluments qu'il avait dans les montagnes du Vercors, de Vassieu et de Rousset, avec toute juridiction, haute et basse justice, fiefs, hommes, vassaux, feudataires, etc... (3). »

Pour ne point suspendre la marche du récit, nous n'avons point parlé d'un certain nombre de faits d'une importance secondaire ; nous les grouperons ici. Le 7 juin 1347, Aymar VI et quelques-uns de ses vassaux passaient une obligation de 2,000 florins d'or en faveur de noble Jean Balistier (Balisterii), sergent d'armes du pape (4). Le 8 décembre 1349, n. Humbert d'Eurre, damoiseau, fils et héritier de feu Albert d'Eurre, chevalier, rendit hommage au comte pour sa for-

---

(1) Archives de l'Isère, B, 2487. « ... d. d. Aymarus, ultra duo castra predicta cum pertinentiis suis, dabit et assignabit d. d. electo, pro se et successoribus suis et ecclesiis et capitulis eorumdem, in perpetuum, redditus annuos ducentorum florenorum in locis commodis et competentibus... »

(2) Archives de l'Isère, B, 3487.

(3) *Mémoire sur la terre de Vacieu.* MS. (Archives de Mme de Félines à Die).

(4) Inventaire des titres des Poitiers. MS. (Archives du château de Peyrins).

teresse au château supérieur de Teyssières et pour la coseigneurie dudit lieu, ainsi que pour tout ce que Humbert de Laye, son aïeul maternel, avait possédé dans les mandements de Saou, d'Auriple et de Soyans, et généralement pour tout ce qu'il avait hérité de son père et possédait, par indivis, avec son frère. Le lendemain, 9 décembre, ce fut le tour de n. Pierre d'Eurre, chevalier, coseigneur dudit lieu, qui prêta hommage au comte pour le fief qu'il avait à Vassieux et que n. Amédée d'Allex, son beau-père, lui avait donné pour la dot de sa femme. Un Jean d'Eurre, lui fit hommage en 1351 pour La Rochette et pour des biens à Ansages, à Omblèze et à Egluy (1). Cette même année, il reçut encore l'hommage du vicomte d'Uzès et celui du prieur de Saint-Gilles (2). Vers le même temps fut dressé un état « des terres mouvantes « de lui en fiefs rendables; Allard en rapporte jusqu'à vingt- « huit en ses comtés et quinze en Vivarais. » En vertu de sa charge de lieutenant du dauphin, il fut appelé à recevoir au nom de ce prince un très grand nombre d'hommages dont les actes, rédigés et recueillis par le secrétaire delphinal Humbert Pilati, forment un volumineux registre. Il fut relevé de sa lieutenance le 26 octobre 1356 et eut pour successeur Guillaume de Vergy, seigneur de Miribel. « Hugues « Adhémar lui fit le 6 mars 1357 les mêmes hommages « qu'avaient faits Lambert et Gaucher, et le 26 juin 1358, « Charles, fils du roi et régent du royaume, lui confirma les « privilèges accordés par les anciens comtes de Toulouse « pour les terres qu'il avait en Vivarais (3). »

Depuis le traité d'Avignon de 1358 qui mit un terme aux longues et funestes querelles des évêques et des comtes, seize années devaient encore s'écouler avant la mort d'Aymar VI Mais comme la seconde phase de la vie de ce prince fut diffé-

---

(1) *Journal de Die*, 1868, n° 22.
(2) ANSELME, t. II, p. 194.
(3) Inventaire des titres des Poitiers, n°, 652. — ANSELME, Ibid.

rente de la première ! Tout jusqu'alors lui avait réussi ; il allait maintenant reconnaître que la fortune ne sourit plus aux vieillards. La peste et les routiers furent des fléaux qui menacèrent toujours et désolèrent parfois ses Etats ; des emprunts onéreux le livrèrent à d'impitoyables créanciers. En butte aux tracasseries des agents du roi, poursuivi par ses ennemis qui lui firent subir de longs mois de captivité, il se laissa aisément persuader par la diplomatie pontificale et, pour trouver un peu d'argent et de tranquilité, se rendit vassal de la cour romaine, aliénant ainsi les derniers restes de l'indépendance féodale que lui avaient transmise ses ancêtres.

Au mois d'avril 1359, Aymar VI était à Montpellier auprès de Jean, comte de Poitiers, gouverneur du Languedoc. Il fut un des conseillers de ce jeune prince, l'accompagna dans plusieurs voyages, le seconda dans quelques-unes de ses entreprises, notamment dans la guerre contre le comte de Foix (1). Cette même année, il eut des différends avec l'official de Valence et en appela d'une sentence de ce juge ecclésiastique au vicaire impérial dans le royaume d'Arles et de Vienne. Sur certaines plaintes de Gaucher Brunel, et des autres fermiers du péage d'Etoile, l'official avait cité le comte à sa barre : celui-ci, ayant dédaigné de comparaître, s'était vu frappé d'excommunication. Berton André, procureur d'Aymar, fut chargé de soumettre le cas au vicaire impérial qui ajourna les parties devant lui au 17 juillet, à Châteauneuf-du-Rhône (2). Ce haut dignitaire de l'Empire se nommait alors Gaucher Adhémar, seigneur de Monteil et de la Garde : c'était un trop petit seigneur pour pouvoir, au besoin, faire respecter ses ordres ; aussi ce titre n'était-il guère pris au sérieux. Quoi qu'il en soit, il mourut l'année suivante

---

(1) VAISSETTE, *Hist. gén. de Languedoc*, t. IX, p. 696, 677. L'année précédente, Jean, comte de Poitiers, lui avait donné rendez-vous à Mâcon, pour le 16 janvier.

(2) Archives de l'Isère, B, 3582.

et sa mort souleva une question juridique assez épineuse. Par un testament en date de 1360, il fit héritier universel Hugues Adhémar, son neveu, fils de Lambert, qui avait exercé les fonctions importantes de sénéchal de Beaucaire. Aymar VI prétendit que les châteaux et les terres laissés par le défunt devaient lui revenir *par retour de fief*, ayant toujours été reconnus par Gaucher et ses ancêtres comme *fiefs rendables*. On sait, en effet, que d'après l'antique législation féodale le fief rendable était celui que le seigneur supérieur avait concédé à la condition qu'il lui ferait retour dans le cas où le feudataire viendrait à mourir sans enfant. Mais, il faut le reconnaître, le comte était peu fondé dans sa demande, la législation invoquée se trouvant depuis longtemps tombée en désuétude. Dans les actes d'hommages, la mention *de fief rendable* ne donnait plus qu'un droit au seigneur supérieur, celui de faire arborer sa bannière sur la plus haute tour du château de son vassal, à chaque mutation de seigneur et de vassal. Hugues Adhémar ayant refusé d'obtempérer aux ordres du comte, celui-ci voulut se saisir des fiefs qu'il croyait devoir lui appartenir. Hugues y forma opposition et se pourvut devant le tribunal du pape (1).

Au mois d'avril 1360 leurs difficultés étaient-elles déjà écartées ? nous l'ignorons; ce qui est certain c'est que le 15 de ce mois Aymar et Hugues, étant à Sauzet, « annoncèrent à
« tous les vassaux de la Valdaine que pour leur plus grande
« commodité ils avaient transporté dans leur fief de Savasse
« (*in loco nostro Savassie*) la cour supérieure de laquelle de-
« vaient ressortir à l'avenir » les villages ou fiefs qui suivent: Ancone, Montboucher, Saint-Gervais, Roynac, La Laupie, Cléon, Pont-de-Barret, Le Puy-Saint-Martin, Rochebaudin, Truinas, Félines, Comps, Dieulefit, Le Poët-Célard, Châteauneuf-de-Mazenc, La Touche, Rochefort, Portes, Taulignan, Alençon, Béconne, Montjoux, Audifred, Roche-St-

---

(1) De Coston. *Hist. de Montélimar*, t. 1er, p. 257-9.

Secret, Blacons, Condorcet, Le Pègue, Valaurie, Roussas, La Garde, Teyssières, La Bâtie-Rolland, Espeluche, Manas, Poët-Laval, Souspierre, Orcinas (1).

Après le traité de Brétigny (1359), nos contrées se virent exposées plus que jamais aux ravages des routiers. En 1360, des bandes d'aventuriers, naguère au service de l'Angleterre, occupèrent le Pont-Saint-Esprit (2), et l'on annonçait encore du côté du Lyonnais une autre invasion. Comme si tous les fléaux, à la fois, se fussent donné rendez-vous dans la vallée du Rhône, la peste y fit alors une nouvelle apparition, et ses victimes, paraît-il, furent presque aussi nombreuses qu'en 1348, l'année terrible. Le départ des routiers du Pont-Saint-Esprit fut acheté à prix d'argent. Mais les dangers que le pays avait courus appelaient des mesures de prudence ; à l'effort isolé il devenait urgent de substituer l'effort collectif. De toutes parts, on bâtissait de nouvelles murailles, on réparait les anciennes : cela ne suffisait pas ; il fallait réunir des troupes pour repousser les bandes qui pillaient les campagnes. Les communautés du Languedoc avaient donné l'exemple. Urbain V provoqua la formation d'une ligue entre les seigneurs du Midi. Dans les premiers jours d'octobre 1363, une conférence eut lieu à Avignon. On décida de convoquer les nobles et les prélats de la Provence, du Dauphiné, du Comtat et de la Savoie à une assemblée dont le lieu de réunion fut fixé à Montélimar et la date au 5 novembre (3). Aymar VI y fut personnellement convoqué par une lettre pontificale datée du 22 octobre (4). Deux assemblées se tinrent, en effet, à

---

(1) *Cartulaire de Montélimar*, p. 287.
(2) *Hist. gén. de Languedoc*, t. IX, p. 719. — MOLINIER, *Arnoul d'Audrehem*, p. 91-2.
(3) PROU (Maurice), *Etude sur les relations politiques du pape Urbain V avec les rois de France Jean II et Charles V*. Paris, 1887, in-8°, p. 32.
(4) *Bulletin d'hist. eccl. de Valence*, t. XI (1891), p. 245.... « Cum autem hujusmodi negocium, pro tuo comitatu, te contingat, nosque

Montélimar, le 5 et le 20 novembre. On convint de faire un traité d'alliance. Quelques jours après, le traité fut signé entre le gouverneur du Dauphiné, Raoul de Loupy, le sénéchal de Provence, Foulque d'Agoult, le comte de Valentinois et l'évêque de Valence, représenté par Guillaume Artaud, seigneur d'Aix (1). Une nouvelle réunion de seigneurs et de prélats se tint encore à Avignon, le 19 janvier; le gouverneur de Dauphiné y assistait. Les alliés obtinrent que le comte de Savoie se joignît à eux; il donna son adhésion le 23 janvier 1364. Dans une lettre du 7 mars 1364, le pape rappelle l'alliance faite entre le comte de Savoie, celui de Valentinois, le sénéchal de Provence, le gouverneur du Dauphiné et le recteur du Comtat (2). Il demande que les subsides promis soient payés et qu'on réunisse au plus tôt une armée, attendu qu'il vient d'apprendre qu'une invasion est imminente. Le point difficile était bien celui qu'indiquait le pontife. Les alliés ne se pressèrent pas d'acquitter les contributions. L'argent manqua, plus encore que les hommes, et le pape, ayant en vain exhorté les compagnies qui ravageaient le Languedoc et menaçaient la Provence, à se dissoudre ou à tourner leurs armes contre les infidèles, n'eut d'autre ressource que de les excommunier et de défendre aux populations de leur fournir des vivres.

Rien ne témoignait mieux de l'affaiblissement de l'autorité impériale dans nos pays que la pensée qui avait présidé à cette ligue. Aux yeux de tous, le gouverneur du Dauphiné était le seul qui pût prendre en main, d'une manière efficace, les intérêts de la province. L'influence française s'accentuait, et ce n'étaient pas des vicaires impériaux, comme Aymar de

---

geramus in votis quod tua circumspecta nobilitas intersit colloquio prelibato, te requirimus et rogamus attente quatenus, dicta die, ad prefatum colloquium personaliter convenire, vel saltem idoneos nuncios, cum sufficienti mandato, ad hoc, dicta die, destinare procures... »

(1) *Bulletin d'hist. et d'arch. de Vaucluse*. 2ᵉ année, p. 96.
(2) Prou, p. 35.

Poitiers et Gaucher Adhémar, qui pouvaient relever le prestige de l'empire. Charles IV de Luxembourg, qui, dès les débuts de son règne, tournait tous les efforts d'une diplomatie habile à conserver intacts les droits de la couronne d'Allemagne, résolut de raviver au-delà des Alpes l'idée impériale. L'évêque de Valence lui avait écrit pour implorer son secours. Il voulut, au moins, qu'on ne pût l'accuser d'abandonner son royaume d'Arles et de Vienne, et il annonça son intention de venir le visiter. Au printemps de l'année 1365, mettant à exécution ce projet, il se dirigea vers le Dauphiné par l'Alsace, Bâle et Genève. Le gouverneur, Raoul de Loupy, vint à sa rencontre à Chambéry où il le trouva le 12 mai. Grenoble, Saint-Marcellin, Romans et Valence lui firent de solennelles réceptions. Le jour de la Pentecôte, 1er juin, l'empereur était à Avignon. De là il se rendit à Arles où il fut couronné, le 4, dans l'église Saint-Trophime, par l'archevêque Guillaume de La Garde. A son retour il traversa de nouveau le Valentinois et les terres du Dauphin (1). Raoul de Loupy voulut profiter de la circonstance pour obtenir en faveur de son maître, la délégation impériale dans le royaume d'Arles, dont on venait d'affirmer l'existence avec tant d'éclat, mais l'empereur refusa d'accéder à ce désir (2). Treize ans encore devaient s'écouler avant que le dauphin reçût le titre de

---

(1) Pour tous les détails de ce voyage, voir *Le Mystère des Trois Doms*, p. cxx et suiv.; — Fournier, p. 469-77; — Prou, p. 50-1.

(2) Dans un mémoire précisant les choses qu'il convenait de demander à l'empereur pour le dauphin, nous trouvons les articles suivants : « .... Item jurisdictionem, superioritatem, feudum et majus dominium comitatuum Valent. et Dien., tam in castris et villis et ceteris que tenet episcopus Val. et Dyensis quam in hiis que tenet d. Aymarus de Pictavia, comes Valent. et Dyensis. Item feudum, superioritatem et majus dominium strattarum publicarum et pedagiorum mandamenti et territorii castri de Stella, Valent. dyocesis, et aliorum quoruncunque itinerum publicorum et pedagiorum a loco de Romanis usque ad Castrum Novum de Raco.... » Chevalier, *Choix de documents hist. inédits*, p. 161-2.

vicaire impérial dans ce royaume. Pendant son séjour à Avignon, Charles IV entretint le pape d'un projet pour délivrer nos contrées du fléau des grandes compagnies ; il s'offrit de leur donner libre passage à travers l'empire, de les défrayer même durant leur marche, si elles voulaient se rendre en Hongrie pour y combattre les Turcs.

Cependant les Etats du comte de Valentinois n'avaient pas eu beaucoup à souffrir jusqu'à présent des terribles bandes qui infestaient surtout le Languedoc. Les 30,000 aventuriers que du Guesclin conduisit en Espagne, pour en délivrer la France, descendirent par la vallée du Rhône et ravagèrent de préférence les environs d'Avignon. Aymar VI avait d'autres sujets d'inquiétude. Il soutenait alors devant le parlement de Paris un procès dont nous allons bientôt parler ; les agents de la couronne, tantôt pour un motif, tantôt pour un autre, lui faisaient une guerre continuelle ; ses créanciers le traduisaient devant les juges royaux et opéraient contre lui des saisies. Il avait aliéné des terres, vendu les émoluments de ses péages (2), mais il régnait un tel désordre dans ses finances qu'il ne put jamais éteindre ses dettes (3). Vers la fin de l'an-

---

(2) Le 8 oct. 1360, il donna, en récompense de services, la seigneurie de Marches à Bertrand de Taulignan, dont les descendants devaient la conserver jusqu'en 1530. — Le 12 juin 1363, étant à Romans, il vendit à Reynier Coppe, bourgeois de cette ville, et à ses successeurs « emolumenta... medietatis sue pedagiorum Pisanciani et de Charmagnaco, Valent. diocesis, per terram et per aquam... hinc ad festum Nativitatis b. Johannis Baptiste proxime venturum, et ab eodem festo in unum annum..., pretio... trecentorum et quinquaginta florenorum auri, parvi et legalis ponderis Dalphinatus... » Archives de l'Isère, B, 3582.

(3) C'est ainsi que, vers l'année 1360, ayant acheté, au prix de 1,100 florins, de François de Beaumont, seigneur de Pélafol, et de Polie de Chabrillan, son épouse, tous les droits que cette dame pouvait prétendre sur les biens laissés par Aynard de Chabrillan, son père, à Autichamp, Chabrillan, Eurre, Saillans, Crest et Roche-sur-Grane, il ne put jamais se libérer et, en 1399, se voyait obligé de poursuivre son héritier en revendication de cette même somme. *Hist. généal. de la maison de Beaumont*, t. II, p. 76.

née 1366 (1), il se rendit à la cour, où le roi l'avait mandé. Ce voyage ne devait certes pas l'enrichir ; il en profita, du moins, pour obtenir de Charles V qu'on cessât pour un temps de le molester. Le roi fit rédiger par sa chancellerie la lettre suivante :

« Charles, par la grâce de Dieu, roy de France, au séné-
« chal de Beaucaire et de Nymes et à tous nos autres justi-
« ciers ou à leurs lieux tenant, salut. Savoir vous faisons, que
« nostre amé et féal cousin et conseiller le comte de Valenti-
« nois nous a au jour duy fait hommage de ce qu'il tient de
« nous, à quoy nous l'avons reçeu, sauf nostre droit et l'au-
« truy. Si vous mandons et a chascun de vous, comm. à luy
« appartiendra, que nostre dit cousin, pour cause du dit hom-
« mage à nous non faict, vous ne molestiés ne travailliés en
« aucune maniere, mais se aucuns de ses biens estoient pour
« ce pris, saisis ou arrestés, si le delivrés ou faites mettre à
« plain au delivré sans aucun delay. Donné à Rouen, le IIe
« jour de novembre l'an de grace mil ccc soixante six et de
« nostre regne le tiers. Par le roy. GONTIER (2).

De Rouen, le comte de Valentinois suivit la cour à Paris, où il sollicita encore et obtint du roi une nouvelle lettre qui nous révèle le triste état de ses finances et les ennuis que lui donnaient ses créanciers. Voici ce curieux document :

« Charles... au sénéchal de Beaucaire, au prevost de Paris,
« au bailli du Vivarais...

« Savoir vous faisons que comme pour certaines et grans

---

(1) Le 13 juin 1366, à Romans, il donna à Jean *de Bovenco*, jurisconsulte de Romans, une pension annuelle de 50 florins, assise sur les revenus de la châtellenie de Clérieu. — Le 23 septembre 1366, à Etoile, nobles Jean d'Hostun, coseigneur dud. lieu d'Hostun, et François d'Hostun, habitant de Chatuzanges, lui firent hommage pour des biens sis à Pisançon, dont ils avaient hérité de Robert d'Hostun. Archives de l'Isère, B, 2632.
(2) Archives de l'Isère, B, 3582.

« besoignes touchant nous et nostre royaume, nous avons
« mandé pour venir par devers nous nostre amé et féal cou-
« sin et conseiller le comte de Valentinois et de Dyois, lequel
« a nostre mandement et sous nostre sauf-conduit especial y
« est venu, nous de nostre autorité royale et certaine science
« et grace especial li avons ottroié et ottroions, par ces pré-
« sentes, que toutes ses causes et querelles meues et à mou-
« voir, en demandant et en defendant, et aussy ses debtes
« biens et possessions soient mises et tenues en estat du jour
« de la Toussaint darnier passé qu'il vint devers nous jus-
« ques a un an apres ensuigant. Si vous mandons et a cha-
« cun de vous que toutes ses dites causes et querelles meues
« et a mouvoir et aussi toutes ses debtes, biens et possessions
« vous tenez et faites tenir en estat led. temps durant, et
« entre deux ne faites ou souffrez rien estre fait, attempté,
« innové es dites causes et querelles, ne contre luy ou ses
« pleiges ou autre pour luy obligé comment que dit, mais
« se riens avoit esté ou estoit pris, saisi, ou arresté du sien
« ou autrement fait au contraire depuis le temps dessus dit,
« faites li rendre et délivrer et remettre au premier estat et
« deu. Et comme Jaque des Essars et Jehan de Lille, eulx
« disant avoir cause de feu Symor de Lille, ou comme por-
« teurs de certaines lettres obligatoires sur ce faites, sous
« umbre de ce qu'ils se dient bourgeois de Paris et du privi-
« lège ottroié a nos bourgeois de Paris, et plusieurs autres
« créanciers de nostre dit cousin, luy estant à Paris, l'aient
« faient adjourner par devant vous prevot et votre lieutenant,
« ou aucun de vous, et mis en procès devant vous et fait ar-
« rester et saisir ses chevaux et ses biens, si comme il dit,
« laquelle chose est en son grand grief, préjudice et dam-
« mage, et au grand contempt de nous et de nostre dit man-
« dement et sauf conduit, dont fortement nous desplest, s'il
« est ainsi, Nous voulons et vous mandons..... que dud.
« estat..... vous fasiez et laissiez user et jouir paisiblement
« nostre dit cousin.... Donné à Paris, le XIIIe jour de dé-

« cembre, l'an de grace mil ccc soixante six, et de nostre rè-
« gne le tiers. (1) »

Nous ne sommes pas renseigné sur le temps qu'Aymar demeura à la cour, ni sur la nature des services qu'il fut appelé à rendre au monarque. En 1368, il était de retour dans ses Etats. Urbain V qui était alors en Italie, lui écrivit le 8 août 1368, de Montefiascone, pour le prier de porter secours à Philippe de Cabassole, recteur du Comtat; les grandes compagnies étaient entrées en Provence et menaçaient les terres de l'Eglise (2). Louis d'Anjou, frère du roi, qui rêvait de substituer en Provence son autorité à celle de la reine Jeanne, avait fait appel à du Guesclin, et des bandes de Bretons, d'Anglais et de Gascons, auxquelles s'étaient joints quelques contingents dauphinois, parcouraient le pays. Mais il n'est pas probable que le comte de Valentinois ait été alors en mesure de seconder efficacement les efforts du gouverneur du Venaissin. C'est l'année où il eut sur les bras la plus grosse affaire. Il est utile d'entrer ici dans quelques explications.

La cession définitive du Dauphiné à la France avait vivement contrarié le comte de Savoie, dont les visées ambitieuses se portaient naturellement sur nos pays. Entre le Dauphiné et la Savoie, on peut dire que la guerre n'avait jamais cessé. En 1353, elle fut acharnée. Le roi, assez occupé avec les Anglais, voulut mettre un terme à cet état de choses et un traité, péniblement élaboré, finit par être conclu à Paris le 5 janvier 1355. Amédée VI, comte de Savoie, cédait au dauphin toutes les terres qu'il possédait en Dauphiné entre l'Isère, le Rhône et le Guiers; le dauphin, d'autre part, relâchait au comte de Savoie, avec plusieurs autres terres et châteaux, la possession de la baronnie de Faucigny, enclavée dans les Etats du comte (3). Aymar VI, alors gouverneur du

---

(1) Archives de l'Isère, B, 3582.
(2) Prou, p. 159.
(3) Lavorel, *Cluses et Le Faucigny*. Annecy, 1888, in-8°, p. 52-8. — L'histoire de la conquête du Faucigny par le Comte-Vert a été étudiée

Dauphiné, reçut la mission, le 11 février, de délier les habitants du Faucigny du serment de fidélité qu'ils devaient au dauphin. Mais les choses n'allèrent pas au gré des parties contractantes, et les Fucignerands, que des intérêts de plusieurs genres rattachaient au Dauphiné, refusèrent obstinément de passer sous le joug de la Savoie. Amédée, craignant de perdre le bénéfice de ce traité et soupçonnant le comte de Genevois d'intelligence avec le duc de Bourgogne et les seigneurs du Jura pour l'empêcher d'accomplir ses desseins, se hâta de lever une armée et d'entrer dans la baronnie, où il eut bientôt raison de la résistance des populations. L'expédition avait commencé au mois de mars ; elle fut terminée au mois de juin. Le 1er juillet Aymar de Poitiers déléguait deux chevaliers pour faire livrer au comte diverses places, notamment Châtillon et Salenche. On ne tarda pas à s'apercevoir que la France perdait beaucoup à cet échange (1) et qu'elle avait été jouée par la diplomatie savoisienne. A tort ou à raison, Aymar de Poitiers fut accusé, non seulement de négligence, mais de trahison (2). Le comte de Genevois s'adressa

---

par .. Léon Ménabréa, d'après les comptes d'Aymon de Challant et de Nicod François, trésoriers des guerres du comte de Savoie. *Mémoires de la Société royale académique de Savoie*. 1848.

(1) « Es dictz eschanges, monseigneur le dauphin et messeigneurs ses successeurs se trouvèrent grandement grevés, car ce qui fut baillé au dit conte vasloit chascun an xxv mille florins d'or, sauf le plus, et ce qui fut baillé du costé de Savoie ne valoit pour lors, chascun an, que mil v cens florins, et aujourd'huy vault moins. Et aultres lesions y a qui seroit trop long a reciter, que l'on pourra mettre en avant quand besoing sera. » Mathieu Thomassin, *Registre delphinal*, cité par Ménabréa.

(2) « Messire Aymé, comte de Savoie, appelé le Conte-Vert, voyant qu'on luy avoit baillé fort et puissant adversaire et que pour le temps advenir luy ne ses successeurs ne pouvoient espérer résister à la France, se proposa d'y pourvoir, et profitant des grandes tribulations du royaulme, procura par divers moyens, promesses et corruptions de tirer à luy plusieurs gens et officiers par l'entremise desquels furent faits les eschanges et permutations qui s'ensuyvent. » (Ibid.).

à l'empereur pour se faire restituer certains fiefs d'empire que la France avait cédés comme les autres (1). Hugues de Châlon réclamait Châtillon et Salenche qui étaient entrés dans sa famille par le mariage de son aïeul avec Béatrix de Viennois, fille d'Humbert Ier (2). Mais réflexions et réclamations arrivaient trop tard.

Cependant la cour négocia longtemps avec Hugues de Châlon au sujet de ses prétentions. Nous voyons dans les comptes de Raoul de Loupy que ce gouverneur faisait en 1362 un voyage à Villeneuve-lès-Avignon pour cette affaire (3). La cour intenta un procès au comte de Valentinois devant le parlement de Paris, qui le jugeant coupable le condamna « par arrest à payer mille marcs d'argent au roy Charles et « à luy restituer certains chasteaux et lieux qu'il avoit livrez « au comte de Savoie pendant sa lieutenance. De quoy néan- « moins le roy lui octroya absolution, par lettres du mois « d'août mille trois cent soixante huit, moyennant la somme « de quinze mille florins d'or, lesquels il paya à Sa Ma- « jesté (4). »

Mais cette forte amende ne le délivra pas de ses peines. Hugues de Châlon, qui, paraît-il, n'avait rien pu obtenir de la cour de France, tourna tout son ressentiment contre

---

(1) *Mémoires et documents publiés par la Soc. d'hist. et d'arch. de Genève*, t. XVIII (1872), p. 257.

(2) ANSELME, t. VIII, p. 422.

(3) CHEVALIER, *Compte de Raoul de Loupy*, p. 26-7.

(4) DUCHESNE, p. 56 et Preuves, p. 55 : « Item aliæ litteræ ejusdem Caroli regis et dalphini Viennensis, quibus cum Ademarus comes Valent. et Dien. per arrestum condemnatus extiterit in mille marcis argenti ipsi regi solvendis, necnon ad r stituendum castra et loca per ipsum tempore quo locumtenens dicti regis erat in predicto Dalphinatu, comiti Sabaudiæ obligata et tradita, una cum exitibus et proventibus, idem rex consideratione serviciorum quæ Ludovicus ipsius quondam Ademari pater, et ipse eidem impenderant, illum ab his omnibus absolvit, mediante summa xv millium florenorum auri, quam idem comes solvit, anno M°. CCC°. LXVIII°, mense augusti. »

Aymar de Poitiers, le regardant comme responsable de la perte et des dommages essuyés par sa famille. Il résolut de se faire rendre justice et d'arracher au comte de Valentinois quelques compensations. Un mercredi, 8 novembre 1368, Aymar VI revenait de Grenoble, où il s'était occupé des affaires du dauphin et des mesures à prendre pour la défense de la province menacée par les compagnies. Après avoir dîné à Moirans, il se mit en route pour gagner Saint-Marcellin avant la nuit. La plupart de ses gens avaient pris les devants. Il cheminait lentement sur sa mule, ayant auprès de lui Louis de Poitiers, seigneur de Chalencon, Eynier du Puy, Artaud de Mornans, Guillaume Cornillon, Gonet Lager, maître Guillaume Rivière, chanoine de Gap, et quelques familiers. Un peu avant d'atteindre Tullins, près du pont sur la Fure et de l'endroit où passe la route de Beaucroissant, nos paisibles voyageurs se virent tout à coup attaqués par des gens armés, qui sortirent des taillis en criant: à mort! à mort! Enveloppés de toutes parts, ils sont bientôt hors d'état de se défendre, et Guillaume Cornillon, écuyer du comte, qui tentait de dégager son maître, est grièvement blessé. Quant au comte, il est renversé de sa monture. Ces hommes, instruments de la vengeance de Hugues de Châlon, avaient à leur tête Jean, seigneur de Corgeron, et Raynaud Dandelo. Ayant remis le comte sur sa mule, ils l'emmenèrent prisonnier au château de Cressieu, dans le diocèse de Besançon, où il demeura captif plus de cinq mois, endurant de grandes privations, des menaces et des outrages. Les conditions qu'on mit à sa délivrance furent dures. On le contraignit d'abord à souscrire un billet de 12,000 francs en faveur de Jean de Corgeron et de Raynaud Dandelo. Amené à Bourg-en-Bresse, il dut encore souscrire un autre billet de 4,000 fr. en faveur des mêmes. Ce n'est pas tout. Avant de recouvrer la liberté, il fit compter 5,000 fr. à Hugues de Châlon et 5,000 à Corgeron et à Dandelo. Il donna pour garants de ses promesses Marguerite de Poitiers sa sœur, François de Beaumont, seigneur de Pélafol, Aymar de Monteil, Louis de Poitiers, Geoffroy de Bressieu, Geoffroy de Clermont, Hugues Adhémar, seigneur de Monteil et de la Garde, Aynar de la Tour, seigneur de Vinay, Giraud Adhémar, seigneur de Grignan, et Briand, seigneur de Beaucaire. De plus Louis de Poitiers, François de Beaumont et Lambert, fils aîné de Hugues Adhémar se constituèrent otages; pour permettre qu'on les relachât, le comte versa encore une somme de 5,000 fr. A l'occasion de ces faits, Aymar déclara plus tard avoir subi une perte totale de plus de 50,000 francs (1).

A peine remis en liberté, le comte de Valentinois, se souvenant qu'il était vassal de la cour romaine, s'adressa au pape pour se plaindre de l'attentat dont il avait été victime et se faire relever des serments qu'il avait prêtés sous l'empire de la crainte. Urbain V délégua Pierre de Chinac, cardinal-prêtre du titre de Saint-Laurent, pour étudier et juger cette cause, et nul doute que celui-ci ne donnât satisfaction au comte. Le roi s'occupa aussi de cette délicate affaire et réussit à obtenir d'Aymar et du seigneur d'Arlay l'oubli et le pardon réciproque de leurs torts. Nous n'avons pu retrouver que l'ébauche du traité de paix que le monarque imposa ou fit accepter aux deux ennemis; la pièce malheureusement ne porte aucune date (2).

---

(1) Chevalier, *Choix de documents...*, p. 177-81.
(2) Archives de l'Isère, B, 3270. Karolus, Dei gratia...... cum debatum..., querela nuper diu orta fuerit inter... Aymarum... et dilectum n. Hugonem de Cabilone, dominum de Arlaco... super traditionem nuper factam carissimo fratri nostro comiti Sabaudie castrorum Castillionis et Salenchie, sitorum in terra Fucignaci... factam, inquam, ut dicitur, per gentes seu commissarios a d. comite specialiter deputatos, et quia traditionem dicebat et asserebat d. d. de Arlaco esse factam in grande dampnum et prejudicium ipsius et suorum heredum et successorum, quia dicta castra seu loca ad ipsum et antecessores suos pertinent et pertinere debent pleno jure, ut dicebat, ob quam etiam traditionem et gravamen et gravamina inde subsequuta, d. d. de Arlaco dictum comitem cepit seu capi mandavit per Johannem de Corgerone

Pendant l'été de 1370, le duc d'Anjou, ayant entrepris une expédition en Gascogne contre les Anglais, Aymar VI lui envoya le contingent de ses troupes. Y alla-t-il lui-même? Une lettre de ce prince, datée de Nîmes, le 28 juin, nous porterait à le croire, car elle dit qu'il s'était mis en armes et achevait ses préparatifs de départ (1). Quoi qu'il en soit, le comte de Valentinois ne manifestait plus, depuis quelque temps, un aussi grand zèle pour les intérêts de la France. Son procès avec la cour et la lourde amende qu'il avait payée, l'avaient singulièrement refroidi ; les officiers royaux continuaient à le tourmenter, et le duc d'Anjou, lieutenant du roi en Dauphiné, jugea prudent de leur écrire pour faire cesser ces tracasseries (2). Charles IV, attentif à saisir les occasions de combattre l'influence française dans la vallée du Rhône, ne manqua pas d'encourager le comte dans cette voie nouvelle. Il lui donna, dans le même temps, un témoignage de haute bienveillance. Par une bulle du 4 juillet 1373, il révoqua les privilèges qu'il avait accordés aux habitants de Romans dans tout ce qu'ils pouvaient avoir de contraire aux intérêts du comte de Valentinois (3). Il en résulta que celui-ci, cessant d'orienter sa politique du côté de la France, chercha ailleurs une alliance et un appui. Le pape lui sembla un protecteur assez riche pour lui aider à payer ses dettes, assez puissant pour le défendre. On sait que Grégoire XI, alors régnant, était son beau-frère.

---

et Raynaudum Dandelo, milites, eorumque complices, indeque amicis comitis intervenientibus, dicti comes et dominus de Arlaco pro se et suis complicibus... ad bonam pacem... devenerunt et sibi invicem omnem rancorem et injuriam remiserunt puro corde, prout hec omnia et singula, pro parte d. comitis fuerunt nobis exposita, et nuper pro parte ipsius supplicatum quatenus pacem et concordiam inter dictas partes... ratam et gratam habere dignaremur...

(1) *Hist. du Languedoc*, t. IX, p. 817.
(2) *Hist. du Languedoc*, t. IX, p. 817.
(3) Archives de l'Isère, B, 2982. — CHEVALIER, *Choix de documents*, p. 183.

Aymar VI se rendit donc à Avignon. Le 9 février 1373, il y fit son testament, par lequel il instituait pour héritier universel Louis de Poitiers, son cousin germain, fils d'Aymar de Poitiers seigneur de Veynes et de Guiotte d'Uzès. Elips de Beaufort, son épouse, devait avoir la jouissance de ses seigneuries, sa vie durant, mais à la charge d'assurer à Louis un honnête entretien. Il substituait à Louis de Poitiers Edouard de Beaujeu, son neveu, écartant ainsi de son héritage les Poitiers-Saint-Vallier : cette clause, comme nous allons le voir, devait devenir la source de procès et d'inimitiés dans sa famille. A l'exemple de ses ancêtres, Aymar faisait de nombreux legs aux églises et aux monastères de ses Etats, ce qui n'était pas pour alléger les charges laissées à ses successeurs (1). Il demandait à être enseveli aux Cordeliers de Crest, dans le tombeau de ses ancêtres. Il désigna enfin pour ses exécuteurs testamentaires le pape, les cardinaux d'Albano, d'Aigrefeuille, de Limoges, de Comminges et de Nîmes, le vicomte de Turennes et Jean de Chalaire, prieur de Charaix, au diocèse de Viviers (2).

Depuis qu'elle était fixée sur les rives du Rhône, la cour

---

(1) Dans une des clauses de ce testament, on voit qu'Aymar VI avait quelques remords de l'injustice commise par lui et par son père à l'égard d'Arnaud de Rochefort et de Luquette, son épouse, qu'ils avaient dépouillés du fief de Rochefort appartenant à leur famille depuis plus de trois siècles. « Item, cum per certam compositionem olim factam inter nos ex una parte et dominam Luquetam, relictam domini Arnaudi de Ruppeforti, seu d. d. Arnaudum aut nos ambos, dare et solvere debemus pro collocatione filie dictorum conjugum quingentos florenos auri, volumus et ordinamus quod dicti quingenti floreni auri, de bonis nostris, eidem filie, videlicet ultimo nate ex matrimonio dictorum conjugum, et pro ipsa in matrimonio collocanda realiter exsolvantur. Item, volumus et ordinamus quod pro animabus dictorum Arnaudi et Luquete quondam conjugum, dentur et solventur conventui fratrum minorum de Romanis trecenti floreni semel tantum. »

(2) Archives de l'Isère, B, 3582. Il n'existe qu'une partie de ce testament. — DUCHESNE, p. 56.

pontificale cherchait à s'y créer une situation forte et respectée. Avignon et le Comtat Venaissin étaient sans doute de beaux domaines, mais elle rêvait encore d'autres agrandissements. N'avait-elle pas entamées diverses négociations avec le dauphin Humbert II pour recueillir l'héritage de ce prince (1). L'humeur inconstante et maladive d'Humbert habilement cultivée par la diplomatie française, ruina de ce côté toutes ses espérances. Grégoire XI pensa être plus heureux avec le comte de Valentinois, son beau-frère, devenu depuis quelque temps son hôte, car Aymar, entraîné sans doute par ses goûts pour le plaisir et le faste, était venu habiter Avignon, dans le palais du pape. Grégoire voulut d'abord faire du comte un vassal de l'Eglise romaine pour toutes ses terres. Il ne trouva pas de résistance de la part du comte, qui comme nous l'avons vu était en quête de protecteurs et surtout d'un bailleur de fonds. Il lui promit 30,000 florins d'or, et ayant désigné des cardinaux pour discuter les conditions du traité qui allait faire passer les comtés de Valentinois et de Diois sous la suzeraineté pontificale, on fut bientôt d'accord. Le 23 mars 1374, à Villeneuve-lès-Avignon, le pape, voulant donner à l'exécution du traité toute la solennité possible, tint un consistoire, où le comte fut admis. On y lut les conditions acceptées de part et d'autre. Nous en donnerons ici le résumé.

Le comte reconnaît tenir en fief de la cour romaine tous ses châteaux et toutes ses terres dans l'Empire, et en fournit le dénombrement (2). Il conserve toute juridiction sur ses

---

(1) FOURNIER, p. 437.

(2) Le dénombrement fourni par le comte offre un réel intérêt pour la géographie politique de nos pays au XIV⁰ siècle. Nous le donnerons ici en latin pour conserver la véritable orthographe des noms :

Hec sunt loca et castra que dominus comes Valentinensis et Diensis intendit recognoscere in feudum et tenere a dom. papa et romana ecclesia sacrosancta, cum suis castellaniis et juribus universis, ut latius infra dicetur. Primo castrum Ruppis fortis in Valentinensi. Item, castrum Charpey. Item, castrum Castri dupli. Item, castrum Montis Mey-

domaines et les appels. Il garde le droit de punir tous les délits, y compris celui du port d'armes prohibées, ainsi que

---

rani. Item, castrum Vpiani. Item, castrum Vache. Item, castrum Vallisnavigii. Item, castrum Criste. Item, castrum Gigorcii. Item, castrum Banii in Montibus. Item, castrum Aygleduni. Item, castrum Quinti. Item, castrum Ponteysii. Item, castrum Grane. Item, Caprilhianum. Item, castrum Marsane. Item, castrum Sauzeti, partem videlicet que non fuit alias recognita domino nostro. Item, medietatem castri Savassie. Item, castrum et fortalicium Castri novi Dalmaceni cum medietate ville seu burgi dicti loci. Item, castrum Auripli. Item, castrum Saonis. Item, castrum sancti Medardi. Item, castrum Audifredi sive duodecima pars medietatis d. castri Audifredi, que duodecima pars dicte medietatis dicti castri tenetur a d. Dalphino Viennensi, excepto etiam his que sunt ultra riperiam *del Lez* que etiam tenentur a d. d. dalphino. Item, quarta pars vel quasi castri de Comps. Item, castrum Ruppis sancti Secreti. Et est sciendum quod domum et fortalicium ac pedagium Lene et territorium circumcirca, per jactum duarum balistarum unius pedis, ac stratam publicam transeuntem per dictum mandamentum Savassie non intendit includere infra presentem contractum sed retinere cum mero et mixto imperio et omnimoda jurisdictione.

Loca infrascripta que tenentur a d. d. comite in feudum, intendit recognoscere se tenere in feudum idem d. comes a d. d. papa, ecclesia romana ac ejus successoribus. Primo castrum Belliregardi in Valentinensi, videlicet tertiam et quartam partem. Item, castrum Barberie cum territorio Finceyarum. Item, castrum de Marchiis. Item, castrum de Barcelhona. Item, castrum Balme Cornilhane. Item, castrum Orchii. Item, castrum Ruppette Cornialis. Item, mandamentum et territorium Bastide Baini in Dyesio. Item, castrum Chaylarii prope Aygludunum. Item, territorium Vacheriarum. Item, territorium et tenementum Sancti Albani prope Dyam. Item, castrum de Barre in Dyesio. Item, castrum de Veteri Cheyneto. Item, castrum Espenelli. Item, castrum Castri Arnaudi. Item, castrum Albenasseti. Item, territorium et mandamentum de Moteta. Item, castrum Alticampi. Item, c. Ruppis prope Granam. Item, c. Podii Grossi. Item. c. Ancone. Item c. Laupie. Item, castrum Montis Boscherii. Item, castrum Ruppis fortis in Valdania. Item, castrum Podii Gironis. Item, castrum Toschie. Item, territorium de Boneysaco. Item, territorium de Serris. Item, castrum Ruppis Baudini. Item, castrum Manassii. Item, castrum Soperie. Item, castrum Pogeti Vallis. Item, castrum Delfecis. Item, castrum Fellinarum. Item, castrum Pontis Barreti. Item, castrum de Chariavol. Item,

celui de fabrication de fausse monnaie ou d'altération des monnaies (1). Comme par le passé, il pourra battre monnaie (2), lever des péages par eau et par terre, anoblir, légitimer les bâtards, etc. Si le pape soutient une guerre dans le Comtat, il devra mettre sur pied, pour lui venir en aide, cent hommes d'armes à cheval et 400 fantassins. A son tour, le pape doit au comte aide et protection. Dans ses différends avec l'Eglise de Valence, il est convenu que le pape s'engage à contraindre, par la voie des censures, l'évêque de Valence à accepter l'arbitrage de la cour romaine, si toutefois le comte

---

castrum Roynaci. Item, castrum Pogeti Celarii. Item, castrum Mornancii. Item, tres partes vel circa castri de Comps. Item, castrum Alamoni. Item, castrum Blacosii. Item, medietatem castri Opigii.

Item, loca infrascripta que non fuerunt verificata per dominos commissarios que tenentur a d. d. comite in feudum. Primo, castrum Monteysoais in Valent. Item, territorium et mandamentum Aque Bone. Item, castrum Condorcezii. Item non fuerunt visitata castra Secussiarum novarum et antiquarum que tenentur a d. d. comite in retrofeudum.

Infrascripta loca que tenentur a d. d. comite in retrofeudum, intendit recognoscere ut precedentia de aliis. Primo, castrum Sancti Gervasii in Valdania. Item, castrum Clivi in Andran. Item, castrum Podii Sancti Martini. Item, castrum Bastide Rolandi. Item, castrum Espeluchie. Item circa quartam partem castri Pigri. Item, castrum de Portis.

Qua quidem cedula sic perlecta, prefatus d. comes paratum se obtulit realiter cum effectu se recogniturum predicta castra... a prefato d. r. papa.

(1) ... sive sint commissa in portatione armorum prohibitorum vel alias in fabricando falsam vel adulterinam monetam, aut veram etiam tingendo vel radendo, vel alias qualitercumque monetam falsificando, vel falsificata scienter utendo ipsius d. comitis vel alterius cujuscunque, excepta moneta d. n. pape, sive sint sic agentes monetarum vel non, et contra alios delinquentes etiam in fluminibus...

(2) ... Et etiam, de expresso consensu d. n. pape, retinuit sibi jus cudendi monetam quamcunque, auream vel argenteam, ubi et prout erat d. d. comes in possessione eam cudendi seu cudi faciendi tempore presentis contractus, jus levandi et exigendi pedagia et theolonia sive in terris, sive in aquis...

réclame cet arbitrage. En échange de l'hommage du comte, le pape lui fait don de sa portion de Montélimar et d'une somme de 30,000 florins d'or. Enfin, l'évêque de Valence, par ses fondés de pouvoirs, ayant fait entendre quelques réclamations au sujets de certains fiefs, mentionnés au dénombrement et pour lesquels les Poitiers lui devaient hommage, on décida qu'une compensation serait accordée au prélat.

Après la lecture de ces conventions, Aymar VI s'approcha du trône pontifical, la tête découverte, sans manteau, sans ceinture et sans épée ; il se mit à genoux et les mains jointes dans celles du pontife, fit l'hommage lige et le serment de fidélité, prononçant la formule d'usage (1).

Le pape donna ensuite au comte sa portion de la terre de Montélimar, se réservant l'hommage lige de ce fief et un cens annuel d'un marc d'or fin, payable le jour de la fête de saint Pierre et de saint Paul. Le comte devait prendre à sa charge une pension de cent livres due au monastère de Cruas, que payaient *ab antiquo* les anciens possesseurs du fief. Le pape donna au comte l'investiture, par la tradition d'un anneau ; le comte fit aussitôt hommage pour Montélimar.

Ces actes eurent pour témoins Pierre, archevêque de Bourges, camérier du pape, François des Ursins, notaire apostolique, Jean, archevêque d'Auch, Simon archevêque de Milan, Guy, évêque de Poitiers, Bermond, évêque de Pampe-

---

(1) Voici la formule du serment : « Ego Ademarius de Pictavia, comes Val. et Dien., juro ad sancta Dei evangelia quod ab hora in antea usque ad ultimum diem vite mee, ero fidelis, sicut debet esse vassalus domino suo, vobis Gregorio pape XI° et successoribus vestris canonice intrantibus, contra omnem hominem, et quod nunquam scienter ero in consilio vel in facto quod vitam admittatis vel aliquod membrum, vel recipiatis in persona lesionem aliquam vel injuriam, vel quod admictatis aliquem honorem quem nunc habetis vel in anthea possidebitis, et si scivero vel audivero quod aliquis velit aliquid istorum contra vos facere, pro posse meo, ut non fiat impedimentum prestabo, et si impedimentum prestare nequivero, quam cito potero, vobis nunciabo et contra eum, prout potero, vobis auxilium meum prestabo. »

lune, Pierre, abbé d'Aniane, Géraud Gaspard, doyen de Valence et de Die, etc. (1)...

Ajoutons enfin, pour ne rien omettre, que par un acte daté du même jour, Grégoire XI donna au comte de Valentinois le droit de toucher sur le trésor apostolique la somme convenue de 30,000 florins d'or; il lui fit encore la remise d'une autre somme de 8,000 florins que lui avait autrefois prêtée Clément VI (2).

Aymar VI ne survécut pas longtemps à cet acte, par lequel il renonçait à cette indépendance féodale dont ses ancêtres s'étaient montrés si jaloux. En se plaçant sous la suzeraineté du pape, il avait poursuivi un triple but, apporter remède à une situation financière désespérée, combattre les visées de la France, et frustrer les Poitiers-Saint-Vallier d'un héritage auquel les appelaient d'anciennes substitutions. Il vécut encore assez pour voir commencer un procès qui fut une des principales causes de la ruine définitive de sa famille et qui eut en somme pour résultat d'établir sur le Valentinois la domination française.

Il avait épousé, comme nous l'avons dit (3), Alix ou Elips Rogier de Beaufort, nièce de Clément VI et sœur de Grégoire XI. Il n'en eut pas d'enfant. Le 20 décembre 1344, cette dame fit don à son mari de 20,000 livres au cas où elle mourrait sans enfant, et lui, par acte du 28 novem. 1353 lui donna la terre de Châteauneuf-de-Mazenc, pour en jouir sa vie durant: il se rendit avec elle à Châteauneuf et l'en mit en possession le 29 octobre 1355 (4). Par acte du 4 nov. 1353, Aymar « lui donna encore à vie les seigneuries de Tournon, Privas, Bologne et Durfort (5), et par son testament lui laissa la jouis-

---

(1) Archives de l'Isère, B, 3249, f° 364-70.
(2) Archives de l'Isère, B, 3583. et 3249, f° 376.
(3) Voir plus haut, p. 327.
(4) Archives de l'Isère, B, 2634, f° 110.
(5) Pendant son séjour à Villeneuve-lès-Avignon, au mois de février 1363, le roi Jean-le-Bon confirma cette donation (*Hist. de Languedoc*, t. IX, p. 751).

sance de toutes ses terres, à la charge d'entretenir honnêtement l'état de son cousin Louis, son héritier, avec lequel elle transigea après la mort de son mari et se contenta des terres en deçà du Rhône, avec les places fortes de Savasse, de Lène et de Châteauneuf-de-Mazenc, lui abandonnant la jouissance de tout le reste. » La bonne intelligence ne dura pas entre eux, et nous verrons Alix de Beaufort se liguer avec les ennemis du comte et lui susciter toutes sortes d'ennuis. Elle testa le 23 juin 1403, et vécut encore jusqu'en 1405 ou 1406 (1).

XI. — LOUIS II DE POITIERS, comte de Valentinois et de Diois, n'avait guère plus de vingt ans quand il fut appelé à recueillir la lourde et difficile succession de son cousin le comte Aymar VI. Sans expérience des affaires, d'un naturel léger, soupçonneux et méchant, d'une dévotion idolâtre et de mœurs dissolues, il assumait une charge sous laquelle il ne pouvait que succomber. Aussi, ne nous étonnons point en voyant son nom clore la liste des comtes de Valentinois et de Diois, issus de la maison de Poitiers. L'histoire de son administration peut se diviser en deux phases : dans la première, qui s'étend jusqu'en 1391, époque où il entre en négociation avec la France pour la cession de ses Etats, il est aux prises avec d'inextricables difficultés, que lui suscitent ses parents les Poitiers-Saint-Vallier et le roi qui convoitent son héritage ; dans la seconde, criblé de dettes, payé seulement de belles promesses par le roi, il se débat encore contre les obsessions de ses cousins Louis et Jean de Poitiers, qui l'abreuvent d'outrages et de chagrin. Ce n'est certes pas un récit édifiant que celui qui va passer sous les yeux du lecteur ; l'histoire vraie est rarement édifiante : cependant du milieu de ces faits, sur lesquels les plus mauvaises passions, la jalousie, la mauvaise foi, l'âpre cupidité, la haine ont laissé une si forte empreinte, se dégage un enseignement qui con-

---

(1) ANSELME, t. II, p. 195.

sole et fortifie. Chaque siècle a eu ses défaillances. Gardons-nous de dénigrer les temps présents pour exalter un passé tranquille.

Louis avait épousé Cécile de Beaufort, seconde fille de Guillaume Rogier, seigneur de Beaufort, et d'Eléonore de Comminges (1). Cette alliance en avait fait le neveu du pape Grégoire XI. Ce pontife voulut tout d'abord s'employer à rétablir la bonne harmonie entre le mari de sa nièce, son vassal, et Charles de Poitiers, seigneur de Saint-Vallier, qui se prétendait lésé par le testament d'Aymard VI. Charles était le huitième fils d'Aymar V ; le jeune Louis II, fils d'Aymar, seigneur de Veynes, était son neveu (2). Il réclamait la quatrième partie des comtés et de leurs dépendances, fondant ses prétentions sur trois chefs principaux : 1° Sur une substitution établie en sa faveur dans le testament d'Aymar V, son père ; 2° sur le testament d'Henri de Poitiers, évêque de Troyes, son frère, qui lui avait transmis tous ses droits sur les comtés ; 3° sur une transaction intervenue naguère entre lui et feu le comte Aymar VI, grâce à la médiation du roi de France, présent à l'acte, par laquelle le dernier comte lui avait reconnu une pension annuelle de 300 florins d'or et donné, en outre, la seigneurie de Mureils. Le comte soutenait, au contraire, qu'il ne devait rien au seigneur de Saint-Vallier, attendu que son cousin Aymar VI, ayant la pleine et entière possession des comtés, pouvait librement en disposer en sa faveur (3). Le pape les invita l'un et l'autre à venir à

---

(1) ANSELME, t. II, p. 197.
(2) Voir plus haut, p 316.
(3) Archives de l'Isère, B, 2634, f° 209 : « Anno Domini 1374 et d e x mensis augusti, orta gravis materia inter.. Karolum de Pictavia, dominum Sancti Valerii, pro se et successoribus, ex una parte, et...Ludovicum de Pictavia, filium d. Ademari de Pictavia germani d. d. Karoli, Valentinensem comitem et Diensem, suo nomine et suorum heredum..., super eo videlicet quod... Karolus... dicebat et asserebat sibi et suis..., pro parte ejus contingente in dictis comitatibus ac connexis eisdem

Avignon exposer leurs droits réciproques et terminer leurs différends. Ils se montrèrent disposés à un accommodement et, dès le mois de juillet 1374, les conférences commencèrent. Le 6 août, on arrêta les bases d'un traité qui reçut sa sanction définitive le 10 du même mois. Voici les articles de ce traité :

1° Le seigneur de Saint-Vallier renonce à toutes ses prétentions sur les comtés ; mais en échange de ce désistement, le comte lui reconnaît, à lui et à ses descendants, la possession de toutes les terres qu'il tient présentement, et lui assure en outre une rente annuelle de 1300 florins d'or, assise sur les châteaux de Pisançon et de Mureil, qu'il lui cède avec toute juridiction. Il est bien entendu que si ces châteaux ne rapportent pas 1300 florins d'or, le comte lui assignera un supplément de revenus sur les terres de Saint-Nazaire et de Flandènes en Royans, et encore, au besoin, sur quelque seigneurie dans le royaume.

2° Il est bien stipulé que les 300 florins assignés au seigneur de Saint-Vallier par feu Aymar VI sont inclus dans les 1300 de la présente transaction.

3° Le seigneur de Saint-Vallier et ses descendants seront tenus à l'hommage lige envers le comte et ses successeurs

---

reddi, expediri et realiter deliberari debere quartam partem dictorum comitatuum et connexorum eisdem, ratione et ex causa substitutionis dudum facte eidem d Karolo per .. Aymarum, d. Karoli genitorem, ac pluribus aliis rationibus et causis per ipsum d. Karolum assertis et assignatis, scilicet ex causa légitime seu quarte jure nature debite rev. in Xpo patri Henrico, quondam Trecensi episcopo germanoque d. Karoli ejusdem, quam jure institutionis, idem d. Karolus sibi pertinere patenter asserebat, necnon et ex causa III° florenorum auri, valoris annui, eidem d. Karolo, cum castro de Murolio prope Clariacum, sibi d. Karolo datorum per d. recolende memorie d. Aymarum de Pictavia, Val. et Die. comitem, ultimo vita functum, in presentia illust. principis d. Karoli, Francorum regis ac dalphini Vien., prout constat peculiaribus litteris....; d. d. Ludovico comite in contrarium dicente... se ad predicta nulhatenus teneri, specialiter quia ad. d. d. comitem, ultimo vita functum, et ad ejus voluntatem et dispositionem omnimodam spectabat et pertinebat solum et in solidum de predictis comitatibus... disponere... »

pour toutes leurs possessions qui ne relèvent d'aucun autre seigneur.

4° Toutes les sommes dont feu Aymar VI était ou pouvait être trouvé redevable envers le seigneur de Saint-Vallier seront intégralement payées à celui-ci.

5° En cas d'extinction de la branche des Poitiers-Saint-Vallier, les domaines ci-dessus mentionnés feront retour de plein droit au comte de Valentinois.

6° Si le présent traité offre des points obscurs, on s'en rapportera à l'interprétation qu'en donneront les cardinaux Jean de Pardiac, évêque de Nîmes, et Pierre Flandrin.

7° Enfin il est stipulé que quand la terre de Clérieu, momentanément engagée à Edouard de Beaujeu, sera récupérée par le comte, celui-ci la donnera à Charles de Poitiers et à ses successeurs, ainsi que le château de Mureil; mais ils devront rendre au comte toutes les terres qui leur auront été cédées en garantie des 1300 florins de rente, dont il est question au présent acte (1).

---

(1) Dans une première rédaction de la pièce que nous venons d'analyser, faite le 6 août (Archives de l'Isère, B, 2634, f° 213), il y a certains détails qui ne figurent pas dans l'acte définitif, un entre autres qui mérite d'être signalé. Pour établir ses droits sur le quart du comté, Charles de Poitiers rappelle d'anciennes substitutions dans les testaments de ses ancêtres, et nous apprend que son aïeul Aymar IV était enseveli à Cruas : « et substitutionibus ipsius d. Ludovici et d. d. Aymari, comitis ejus filii, ultimo vita functi, et etiam prefati d. Aymari, avi d. d. Aymari, comitis, progenitoris d. d. Karoli, in loco Crudacis sepulti. » On s'est demandé souvent quel était ce comte Adémar, à qui on avait élevé le mausolée d'un rare mérite artistique, qui était autrefois au milieu de la première travée de la grande nef de l'église de Cruas et qui se voit aujourd'hui, horriblement mutilé, au bas de la nef latérale du midi. Le problème historique se trouve ainsi résolu. C'est, à n'en pas douter, Aymar IV de Poitiers, époux de Polie de Bourgogne, qui mourut en 1329, et sous lequel la maison de Poitiers atteignit l'apogée de sa puissance. Le sarcophage de Cruas ne porte, gravé sur la corniche, que ce distique :

Hac jacent in fossa Adhemari comitis ossa
Nobilis et potens virilitate sua.

Louis de Poitiers paraît avoir séjourné encore quelque temps à Avignon. Le 22 janvier 1375 il rendit solennellement hommage au pape pour toutes les terres que son cousin Aymar VI avait soumises, l'année précédente, à la juridiction féodale de la cour romaine (1). Le lendemain, dans la chambre neuve du palais, Elips de Beaufort s'acquitta du même devoir pour le château, ville et bourg de Châteauneuf-de-Mazenc, dont elle gardait la propriété, sa vie durant (2). Quelques jours auparavant, le 18 janvier, elle avait traité avec le comte, au sujet des droits considérables que son mari lui avait reconnus (3).

Arrivé dans ses Etats, le nouveau comte reçut les hommages de ses nombreux vassaux. Le 17 avril 1375, se trouvant à Crest, il s'employa à terminer un procès qui durait depuis longtemps déjà entre Alix de Chabrillan, représentée par Guigard Berlhon, seigneur d'Ourches et de Véronne, son époux, et Aymar Berlhon, son fils, d'une part, et Polie de Chabrillan, femme de François de Beaumont, seigneur de Pélafol, et Marguerite, femme d'Aymar d'Urre. Ces dernières étaient filles d'Aynard de Chabrillan, et tantes d'Alix, fille de Mathieu de Chabrillan. Elles avaient entre elles des contestations, au sujet du partage de leurs biens et de l'héritage d'Amédée de Chabrillan, frère d'Aynard. Ce document nous apprend qu'on élevait alors près de la tour de Crest certains murs de défense (4) Entre autres hommages que reçut alors le comte de Valentinois, il faut mentionner celui de Charles de Poitiers, son oncle, pour les châteaux de Saint-Vallier, de Miribel, de Valclérieu, de Piégros, de Chastel-Arnaud, de Bologne au royaume, ainsi que pour les domaines qui lui

---

(1) Archives de l'Isère, B, 3249, f° 371.
(2) Archives de l'Isère, B, 3249, f° 371.
(3) Inventaire des titres de la maison de Poitiers (MS. du château de Peyrins), n° 298.
(4) Archives de l'Isère, B, 2634, f° 117.

avaient été remis en garantie de la rente de 1300 florins dont il a été question. Cet hommage lige eut lieu à Crest, le 12 septembre 1375, avec toute la solennité que réclamait son importance, en présence de Guigard Berlhon, seigneur d'Ourches et de Véronne, d'Eynier du Puy, seigneur de Gluiras, et de Dalmace de Vesc, co-seigneur de Dieulefit (1). Le nom d'Eynier du Puy se retrouve assez fréquemment dans les documents de cette époque. C'était un des serviteurs les plus zélés du comte, auprès duquel il avait été placé en qualité de gouverneur. S'il ne réussit pas à faire un brillant élève, du moins il n'obligea pas un ingrat, car Louis de Poitiers, à peine parvenu au pouvoir, voulut lui témoigner sa reconnaissance et par un acte daté de Crest, le 28 juin 1375, ratifié deux ans plus tard, en présence de Dalmas de Flandènes, de Saou, et de Pierre de Roysses, de Piégros, il lui fit don du fief d'Odefred, près de Dieulefit, et de celui de Gluiras, près de Vernoux (2).

Le procès avec les Saint-Vallier, qui ne devait pas tarder à recommencer, n'était pas le seul que le comte eut sur les bras, en recueillant la succession d'Aymar VI ; il en avait avec d'autres membres de sa famille, au sujet des dots faites aux filles de la maison de Poitiers et qu'on négligeait ensuite de payer, comme nous le verrons plus loin. Mais le procès qui fit alors le plus de bruit et qui se compliqua d'une levée de boucliers, fut celui que le comte soutint contre Hugues Adhémar, seigneur de Monteil et de La Garde.

On se souvient qu'en l'année 1360, Hugues Adhémar avait hérité de son oncle Gaucher Adhémar d'un quart de la seigneurie de Montélimar et d'un certain nombre de châteaux, Ancône, Montboucher, Saint-Gervais, Roynac, etc., et que le comte de Valentinois tenta de s'opposer à la prise de possession de ces terres, prétendant qu'elles étaient des *fiefs*

---

(1) Archives de l'Isère, B, 2632.
(2) De Coston, *Hist. de Montélimar*, t. Ier, p. 302.

rendables et qu'elles lui appartenaient *par retour de fief*, leur possesseur légitime étant mort sans laisser d'héritier direct (1). L'affaire avait été portée au tribunal du pape. Ce ne fut que onze ans plus tard, le 24 février 1371, que les délégués apostoliques rendirent leur sentence.

Nous n'avons malheureusement pas ce document; il ne nous est connu que par une protestation de Hugues Adhémar qui se considérant lésé dans ses droits en appelle de nouveau au pape (2). La cession des biens de la cour romaine à Montélimar (le château de Narbonne et un quart de la seigneurie de la ville), consentie par Grégoire XI au profit du comte de Valentinois, n'était pas pour améliorer la situation. Aymar VI mourut sur ces entrefaites. Louis II se montra d'autant plus ardent à continuer le procès, qu'il nourrissait le projet de réunir en sa main les diverses juridictions qui s'exerçaient au sein de cette ville, bien persuadé d'être appuyé dans cette entreprise par la majorité des habitants, à qui cet état de choses était fort préjudiciable (3). Hugues Adhémar ayant manifesté quelque hésitation à lui rendre hommage, il fit saisir son château d'Ancône, qu'il remit le 2 nov. 1374 à Elzéar, vicomte d'Uzès, pour une somme de 500 florins d'or (4). Au commencement de l'année suivante, autres saisies prononcées contre le seigneur de Monteil.

---

(1) Voir plus haut, p. 356.
(2) Inventaire des titres des Poitiers, n° 364.
(3) Profitant du changement de seigneur, les habitants de Montélimar avaient envoyé des délégués à Avignon, au mois de novembre 1374, pour que l'exercice des juridictions seigneuriales qui étaient dans leur ville fût unifié; ils faisaient cette demande au comte Louis II, qui se trouvait alors à la cour pontificale, et lui faisaient remarquer que le seigneur de Grignan, un des co-seigneurs, consentait à l'union : *quod locus Montilii adhunaretur et accumuletur inter dominos, quia dominus meus de Grenhiano in hoc consentiebat*. Le comte n'y voyait pas de difficulté et proposa la chose au seigneur de la Garde, Hugues Adhémar, qui refusa. (Voir De Coston, *Hist. de Montélimar*, t. Ier, p. 315-6).
(4) Inventaire des titres des Poitiers, n° 186.

Celui-ci se décida à faire hommage le 30 juin 1375 pour le château de La Garde, la moitié de Savasse, et autres lieux (1).

Comme on vient de le voir, Louis II et Hugues Adhémar possédaient chacun un quart de la seigneurie de Montélimar. Les deux autres quarts, qui avaient autrefois appartenu à Giraud VII Adhémar, seigneur de Rochemaure, puis successivement à ses oncles Louis, Aymar et Guigues, étaient passés par le testament de ce dernier (13 septembre 1374) aux mains de Giraud Adhémar, seigneur de Grignan et d'Aps (2). Cette moitié du fief de Montélimar relevait de la cour romaine. Louis II, à qui le pape avait cédé ses droits, réclama l'hommage de Giraud, mais celui-ci jugea qu'il devait, avant de le prêter, obtenir l'autorisation du souverain pontife. Elle lui fut accordée le 28 juin 1376, et quelques jours après, le 17 juillet, il reconnut tenir en fief du comte tout ce qu'il possédait sur le territoire de Montélimar. Le même jour, le seigneur de Grignan demanda au comte de lui venir en aide contre les seigneurs de La Voulte et de Montfaucon, qui l'avaient menacé de ravager ses domaines (3). Louis d'Anduze, seigneur de La Voulte, se plaignait de ce que sa femme, Sibille, sœur de Giraud VII Adhémar, n'avait rien eu de la succession de son frère.

Cependant le procès du comte avec Hugues Adhémar suivait son cours avec cette lenteur, ces formalités de toute sorte qui caractérisent les procès du moyen âge, dont une génération ne voyait pas la fin. On fit compromis sur compromis, enquêtes sur enquêtes ; on plaida devant un auditeur de Rote, puis devant le juge de Nîmes et un certain Pierre Giraud, délégués par le pape ; les compromis furent successivement prorogés (4), etc., etc. Le débat paraissait devoir s'éterniser.

---

(1) Ibid., n° 189.
(2) De Coston, *Hist. de Montélimar*, t. Ier, p. 310.
(3) Ul. Chevalier, *Cartulaire de Montélimar*, p. 175-8.
(4) Inventaire des titres des Poitiers, n° 370-3, 375-6.

On arriva ainsi jusque dans les derniers mois de 1377. Louis II venait de régler ses différends avec le roi, au sujet du dénombrement des terres qu'il tenait en fief du dauphin ; ce dénombrement avait été fourni, et Charles V, pour témoigner au comte sa satisfaction, lui avait fait la remise des 15,000 florins d'or auxquels avait été condamné Aymar VI, comme on l'a vu plus haut, pour sa mauvaise gestion des affaires du Dauphiné, lorsqu'il en fut gouverneur (1). Délivré de ces embarras, le comte voulut terminer par un coup de force ses difficultés avec un vassal récalcitrant. Il s'empara du château que le seigneur de La Garde possédait à Montélimar et qui était appuyé contre les remparts de la ville, au couchant ; il le fit démolir et employa une partie des matériaux à compléter les travaux de défense de son château de Narbonne. Hugues Adhémar, non content de protester contre la violence, chercha un appui auprès du gouverneur du Dauphiné ; il réclama *la sauvegarde delphinale*, et celui-ci qui ne cherchait jamais que l'occasion de s'immiscer dans les affaires des Etats voisins, dans le but d'y implanter l'autorité de son maître, se hâta d'accueillir cette demande. Le 14 décembre, le comte se trouvant à Grenoble, en compagnie du seigneur de Saint-Vallier, le gouverneur lui signifia que Hugues Adhémar et Giraud Adhémar, seigneur de Grignan, s'étaient placés, eux, leurs vassaux et leurs terres, sous la sauvegarde delphinale (2). Le seigneur de Grignan, se sentant menacé, avait uni sa cause à celle de son parent ; du reste, la législation féodale et d'anciens pactes de famille lui faisaient un devoir de lui porter secours. Le comte ne retira point ses troupes et se maintint à Montélimar.

---

(1) Ibid., n° 374. — Le roi, mécontent de l'attitude du comte dans cette affaire, avait fait saisir sur lui la seigneurie de Clérieu et le péage de Gap, en revendication de 17,000 fl, dus par Aymar VI. (DE GALLIER, *Ess. hist. sur Clérieu*, p. 102).

(2) Archives de l'Isère, B. 2987, f° 103. — Le comte était allé à Grenoble, sur l'invitation du gouverneur, pour la tenue des Etats de la province. (U. CHEVALIER, *Choix de documents*, p. 189).

Mais les difficultés de la situation allaient se compliquer. Un événement dont les conséquences ne devaient pas tarder à se produire, venait d'avoir lieu. Sur la fin de cette même année 1377, l'empereur Charles IV, avancé en âge et désireux d'assurer à son fils la couronne impériale, se rendit à Paris pour renouveler son alliance avec la France et engager le roi à soutenir les intérêts de la maison de Luxembourg. Plus qu'aucun de ses prédécesseurs, il s'était montré jaloux de sa royauté d'Arles et de Vienne ; jusque-là il avait obstinément refusé d'en déléguer l'exercice à un prince français. Il se décida maintenant à un sacrifice qui dut extrêmement lui coûter. Après avoir préalablement conféré au dauphin Charles, âgé de huit ans, la capacité d'accomplir valablement les actes civils, il lui octroya un diplôme, daté de Paris le 7 janvier 1378 et scellé d'une bulle d'or, en vertu duquel il le créa vicaire impérial dans le royaume d'Arles et de Vienne (1). Ce diplôme, que la France travaillait depuis si longtemps à obtenir, ne demeura pas lettre morte : c'était une arme dont la politique française se servit avec une habileté perfide pour abattre les derniers représentants de la féodalité indépendante et achever l'œuvre commencée, étendre la souveraineté du roi jusqu'à la chaîne des Alpes. Dès le 23 janvier, Charles de Bouville, gouverneur du Dauphiné, reçut le titre de lieutenant du vicaire impérial, avec mission d'exercer les nouvelles prérogatives concédées à son maître (2). Bouville était un homme habile, entreprenant, dénué de scrupules. Le comte de Valentinois fut un des premiers contre lequel il tourna l'arme redoutable du vicariat.

Ce fut, peut-être, à l'insugation du gouverneur que Hugues Adhémar et Giraud Adhémar sollicitèrent *la sauvegarde impériale*. Ce qui est certain, c'est que Bouville s'empressa de la leur accorder. Giraud l'obtint le 3 avril (3) ; Hugues.

---

(1) Archives de l'Isère, B, 3015, f° 5 et suiv.
(2) Archives de l'Isère, B, 3142.
(3) *Cartulaire de Montélimar*, p. 178-80.

quelques jours plus tôt probablement, car le 7 avril, à Baix, la sauvegarde accordée à ce dernier était signifiée au comte (1). Le gouverneur rappelait aux uns et aux autres qu'ils étaient vassaux de l'empire et leur enjoignait d'avoir à venir devant lui vider leurs querelles. De plus, il délégua Amédée de la Motte et Raynaud de Reymond, seigneur de Sigoyer, pour faire placer, en signe de sauvegarde, sur la porte des châteaux du seigneur de Grignan, et (sans doute aussi) du seigneur de La Garde, des panonceaux aux armes de l'empereur et du dauphin. Le comte fit entendre de nouvelles protestations et en appela au pape seigneur dominant de Montélimar. La cour Avignonaise s'émut de l'ingérence du roi dans une affaire qui intéressait exclusivement les vassaux du saint siège. L'agitation la plus vive se manifestait dans le pays. Le comte dressa une petite armée et en quelques jours enleva à son vassal, Hugues Adhémar, les châteaux de Roynac, de Montboucher, de la Bâtie-Rolland, le village de Saint-Gervais que tenait en fief du baron de La Garde, Beaudoin, son frère. La parerie du Puy-Saint-Martin eut le même sort (2). Deux

---

(1) Invent. des titres des Poitiers, n° 377.
(2) Archives de l'Isère, B, 2887, f° 103. « Item, et quod prefatus d. Ludovicus, comes predictus, non verens imperialem majestatem offendere et ipsius imperii fideles, vassalos et terram ledere et invadere, sciens et scire debens nemini licere guerram alteri indicere, facere vel inferre, neque ad arma proficere seu elevare, principis superioris licentia non obtenta, congregatis et simul in unum convocatis quampluribus et in quantitate magna hominibus armorum et peditum, nulla diffidatione precedente nullaque causa rationabili suggerente, sed proprio motu, hostili more, invasit terram et territoria d. d. Hugonis, vassali imperatoris, et feuda que ab imperatore romano tenere dignoscitur, et occupavit partem Montilii d. d. Hugonis et castrum et fortalicium quod idem d. Hugo in loco Montilii habebat, vi armorum, violenter... Item et eodem modo, invasit et occupavit castra et villas de Ruynaco, castrum Montis Boyquerii, castrum de Raco, bastidam Rollandi, locum Sancti Gervasii quem Baudonus frater d' d' de Garda ab eodem d. de Garda tenet in feudum. Item et pareriam Podii Sancti Martini, que omnia sine causa rationabili..... cepit. »

délégués du gouverneur se hâtèrent de placer les panonceaux de l'empire sur les châteaux de La Garde et de Clansayes.

A la nouvelle de ces événements, le gouverneur envoye au secours de ses protégés un commissaire delphinal, Hugues des Ores, accompagné de Jean d'Acher, sergent d'armes. Il eut fallu une armée pour calmer l'effervescence qui régnait à Montélimar et dans les environs. Aussi quand Hugues des Ores se présenta devant la ville, le 19 avril, fut-il grossièrement insulté, bien qu'il portât sur sa poitrine un petit écusson d'argent aux armes du Dauphiné et de France. « Vous venez informer contre notre maître, lui fut-il dit ; avant de sortir de Montélimar nous vous mettrons en état de montrer à Dieu votre tonsure, et si vous parlez encore nous vous arrachons un œil » (1). Les désordres continuèrent. Dans les premiers jours de mai, une petite troupe envahit le village de Sales, fief du seigneur de Grignan, maltraita et pilla les habitants. Le 12 et le 13, des officiers delphinaux vinrent encore aux portes de Montélimar, pour informer sur les désordres et publier les défenses du roi ; ils ne furent pas mieux reçus que les précédents : ils ne purent même entrer dans la ville et les paroles échangées entre eux et le gardien de la porte, ont une saveur très caractérisée, toute locale ; nous regrettons toutefois qu'elles ne nous aient pas été conservées dans la langue vulgaire ; elles auraient pour nous beaucoup plus de prix (2).

Sur ces entrefaites, Louis II se rendit à Grenoble. Il y était mandé par le gouverneur, qui lui avait écrit le 17 avril. pour lui enjoindre de venir en personne faire hommage et fournir le dénombrement des péages d'Etoile et de Lène, ainsi que celui des fiefs qu'il tenait de l'empire. Il se présenta devant le gouverneur, lieutenant du vicaire impérial, le 19 mai. Il commença par protester qu'il n'entendait rien faire de préjudiciable à ses droits ; qu'étant nouvellement arrivé au pouvoir, il

---

(1) *Cartul. de Montélimar*, p. 191.
(2) *Cartul. de Montélimar*, p. 180-8.

ne lui était pas possible de tous les connaître. Néanmoins il était disposé, pour le moment, à s'en rapporter aux affirmations qu'on lui donnait, et à faire hommage (1). Après avoir formulé ces réserves, il rendit hommage suivant le cérémonial usité, en présence de Charles, seigneur de St-Vallier, de Falcon de Montchenu, de Pierre Aynard, seigneur de Gière, et d'Aymar de Sassenage, seigneur de St-André-en-Royans.

C'était au nom du vicariat impérial que le gouverneur prétendait imposer son arbitrage aux co-seigneurs de Montélimar. La cour d'Avignon ne voulut pas laisser empiéter sur ses droits, et le 18 juin 1378 le vice-légat enjoignait aux con-

---

(1) Archives de l'Isère, B, 3583 : « ... Dicta autem die hodierna, prefatus d. Ludovicus comes, personaliter constitutus in presentia d. Gubernatoris..., obtulit eidem domino Gubernatori... cedulam scriptam continentie subsequentis : Hac die presenti, que est dies 19 mensis maii continuata per vos Gubernatorem ut locum tenentem ill. princ. d. mei Karoli, dalphini Vien., qui dicitur locum tenens et vicarius generalis principis serenissimi Karoli quarti, Romanorum imperatoris, Ego, Ludovicus, comes Val. et Dien., compareo coram vobis et dico me ignorare, de presenti, et justam habere causam ignorantie, quia successor novus in comitatu, an castra, terras seu alia jura tenuerint predecessores mei et ego, ut successor, teneam ab ipso meo domino imperatore in feudum et si teneam, que sint illa. Quare supplico et requiro de hoc per vos informari seu fieri fidem. Unde, ipsa fide facta, me offero nomine d. d. mei imperatoris sine mora homagium et recognitionem et alia ad que reperiar teneri, cum debita reverentia, facere et adimplere, in quantum potestas vestra se extendit. Et si de presenti dicatis vos fidem facere non posse, me ultro offero quia asseruistis seu asseritur michi d. Aymarum quondam et immediatum predecessorem meum certas recognitiones, juramenta et homagium prestitisse d. d. meo Imperatori moderno, similia facere et prestare et alia omnia ad que eidem teneor, et cum protestatione consueta quod, per presentes, non intendo prejudicare juri ipsius d. mei Imperatoris nec meo in aliquo. Qua cedula recepta, lecta et publicata ad jussum et instantiam Gubernatoris..., homagium fecit... Ludovicus..., stando pedes, more nobilium personarum, junctisque manibus suis inter manus ipsius d. Gubernatoris et locumtenentis, orisque osculo interveniente inter ipsos, in signum fidelitatis et perpetui federis et amoris... Actum Gratianopoli, in hospicio dalphini... »

tendants de ne point porter leur cause devant un tribunal autre que le sien. Le 23, nouvelle lettre du vice-légat, citant Hugues Adhémar sur le fait des violences dont il avait à se plaindre (1). Les procédures furent longues. Plusieurs jugements furent rendus qui ne contentèrent point les parties. Nous n'entrerons pas ici dans plus de détails, ce qui serait tout à fait fastidieux ; nous dirons seulement que le dernier jugement rendu par Clément VII, le 10 mars 1382, condamnait Louis II à rendre au seigneur de La Garde le quart de la seigneurie de Montélimar, saisi faute d'hommage, ainsi que les châteaux de Roynac, de Montboucher, de la Bâtie-Rolland, dont il s'était encore emparé ; mais Hugues Adhémar serait tenu de lui en faire hommage (2). Quant à Giraud Adhémar, il avait déjà reconnu la suprématie du comte, auquel il rendit hommage le 19 mai 1389 pour la moitié de Montélimar, Espeluche, Condillac, Lachamp, La Tour-de-Verre près Mirmande, etc. Comme on peut le supposer, ses relations avec le comte demeurèrent depuis assez tendues. Dans le but de prévenir de nouveaux conflits, Clément VII, le 23 octobre 1383, lui échangea sa portion de Montélimar contre la terre de Grillon dans le Comtat (3).

---

(1) Inventaire des titres des Poitiers, n° 380-1.
(2) Inventaire des titres des Poitiers, n° 568. — DE COSTON, p. 129. Hugues Adhémar eut pour successeur son fils Lambert Adhémar, à qui le comte Louis « accorda, le 24 septembre 1389, l'investiture des fiefs dont il venait d'hériter. » « Lambert Adhémar, dit M. de Coston, brouillé avec ses frères, testa le 14 décembre 1484, en faveur de Guyot Adhémar, baron de Grignan et d'Aps, son parent à un degré très éloigné. Ses fiefs, grevés de substitutions suivant l'usage, firent cependant retour à Louis, son frère ; mais le comte profita de l'occasion pour se faire consentir, *vaille que vaille*, suivant une expression vulgaire, par Guyot Adhémar, le 31 août 1405, une donation de la portion de Montélimar, qui était censée lui appartenir. Le donataire en jouit jusqu'à sa mort en 1419. »
(3) *Cartulaire de Montélimar*, p. 199 et 274. — Nous verrons plus loin que les droits de la cour romaine sur Montélimar passèrent au dauphin en 1447.

aux difficultés que nous venons de faire connaître, s'ajoutaient encore celles que suscitaient au malheureux comte de Valentinois, toujours à court d'argent, ses innombrables créanciers. Aymar VI lui avait laissé beaucoup de dettes. Les dots de plusieurs filles de la maison de Poitiers n'étaient pas encore complètement payées. De plus, les règlements de succession des cadets de la famille épuisaient les faibles ressources de l'Etat, car il fallait pour faire taire certaines prétentions donner des sommes plus ou moins fortes. Amédée de Poitiers, seigneur de Saint-Vallier, mort vers l'année 1350, avait laissé de Jeanne de Savoie, sa femme, six enfants, dont deux étaient demeurés seuls survivants : Antonie, épouse d'Aymar de Seyssel, seigneur d'Aix en Savoie, et Marguerite, épouse de Geoffroy de Bressieu. Se portant héritières de leur père, elles réclamaient chacune une moitié de la succession. De là un procès fort long, fort onéreux. Le 22 avril 1380, le comte transigea avec Aymar de Seyssel, moyennant une somme de 14,300 florins d'or (1). L'accord fut conclu à Vienne (*apud passum supra ripam Rodani*), en présence de Guigard Berlhon, chevalier, de Pierre Blain, licencié ès-lois, de Guillaume Cornillan, seigneur de Puy-Saint-Martin, de Jean de Vassieu, d'Etoile, de Jean de Montfaucon et d'Antoine Portier. Ce ne fut qu'en 1402 et le 28 octobre qu'il régla définitivement ses différends, au sujet des prétentions de Marguerite, avec Alix et Béatrix de Bressieu, ses filles, auxquelles il donna, après de nombreux acomptes, une somme de 4,250 florins (2). Une autre Marguerite de Poitiers, celle-ci fille de Louis Ier de Poitiers, avait épousé en 1343 Guichard de Beaujeu : le payement de sa dot qui était de 8,000 florins ne put s'effectuer que par une série d'acomptes échelonnés de 1350 à 1356. Son fils, Edouard de Beaujeu ne manqua pas, à l'avènement de Louis II de Poitiers, de sou-

---

(1) Archives de l'Isère, B, 2634, f° 223. Voir plus haut, p. 294-5.
(2) Inventaire des titres des Poitiers, n°' 208.

lever certaines prétentions sur les comtés de Valentinois. Il fallut le faire taire, c'est-à-dire donner de l'argent ; on traita le 24 mars 1378, le 2 et le 6 juin 1380, etc., (1). Louis, seigneur de Montfaucon, avait lui aussi épousé une Poitiers ; la dot de sa femme ne lui fut payée que le 26 janvier 1384 (2).

Au mois d'août 1380, le comte de Valentinois fit partie de l'armée qui sous le commandement du duc de Bourgogne tentait de paralyser les efforts des Anglais. Ceux-ci, ayant à leur tête le comte de Buckingham, avaient fait une descente en France et après avoir ravagé les environs d'Arras, de Péronne, de Laon, s'étaient portés sur Reims et sur Troyes, d'où ils tournèrent vers Sens, se dirigeant vers la Bretagne à travers le Gatinais et la Beauce. Tous les hauts barons de France étaient accourus, désireux de livrer bataille, mais ils durent contenir leur ardeur, le roi ayant donné l'ordre formel de ne rien risquer. Louis II de Poitiers était à la solde du monarque. « Etant à Montchéry, il donna quittance de « 30 francs d'or sur les gages de lui chevalier-banneret, d'un « autre chevalier-bachelier, et de sept écuyers de sa compa- « gnie, le 3 septembre 1380, et le même jour, il en donna « une autre de 165 francs d'or pour le même sujet, la pre- « mière scellée aux armes de Poitiers » (3). On sait que Charles V mourut quelques jours après, le 16 septembre, et que le nouveau roi Charles VI fut sacré à Reims le 4 novembre suivant. Le comte assista sans doute aux fêtes du sacre. Quoi qu'il en soit, il était de retour dans ses domaines au commencement de l'année suivante. Nous le voyons suivre attentivement la marche de son procès avec les Adhémar et recevoir divers hommages. Il dut lui-même, à l'occasion du changement de règne, prêter hommage au nouveau roi, entre les mains du gouverneur. Nous avons celui qu'il prêta le

---

(1) Inventaire des titres des Poitiers, n° 34.
(2) Inventaire des titres des Poitiers, n° 24.
(3) ANSELME, t. II, p. 196.

8 juin 1381 pour « le château de St-Nazaire, pour la parerie de ce lieu et toute sa terre de Royans, pour le château de Flandènes et pour le droit qu'il avait sur le château et le mandement d'Hostun, tenus par lui du dauphin à sa volonté et à son bon plaisir, à l'exception du château de Pisançon (1). » Le 4 novembre de cette même année fut rédigé le contrat de mariage de Louise de Poitiers, son unique fille, avec Humbert de Thoire-Villars, sire de Rossillon et Trévoux, fils de Humbert VII, sire de Thoire-Villars, et de Marie de Genève (2). Le mariage toutefois n'eut lieu que le 15 novembre 1389. Son gendre devint comte de Genevois en 1394.

Trois localités, offrant un séjour des plus agréables, paraissent s'être partagées les préférences du comte : Etoile, Grane et Crest. Dans cette dernière ville, il avait fait élever de grandes constructions, destinées à en assurer la défense ; les remparts avaient été réparés avec soin. Du reste, c'était alors la préoccupation universelle ; on n'entendait parler que de bandes de soldats ravageant les provinces. Le Languedoc avait particulièrement souffert, et des *Anglais,* car c'est sous ce nom que les documents les appellent, étaient venus jusque sur les rives du Rhône s'emparer de Soyons, en 1381 (3). Aussi de toutes parts, avec grande activité, s'appliquait-on à consolider les vieilles murailles et à en construire de nouvelles. Crest était, sans contredit, la plus importante des places du comté de Valentinois ; c'était encore de toutes la mieux fortifiée. Par une ordonnance du 8 janvier 1382, le comte y établit un atelier monétaire. « Il commit à Pierre Chabert, son trésorier général, le soin d'y faire battre à l'avenir toute sorte de monnoyes de toutes les espèces d'or et d'argent dont il conviendroit avec Philippe Bronchal, maître général des monnoyes dans son pays (4). » Crest ne fut pas du reste le

---

(1) Archives de l'Isère, B.
(2) Anselme, t. II, p. 197.
(3) *Hist. du Languedoc,* t. IX, p. 909. — Chorier, t. II. p. 368.
(4) Chorier, p. 376.

seul endroit où l'on battit monnaie aux armes des Poitiers (1).

L'année suivante, 1383, le comte de Valentinois fournit des secours au duc d'Anjou pour lui aider à se rendre maître de la Provence : mais il ne le suivit pas dans son aventureuse campagne au-delà des Alpes. Le 29 février 1384, il était à Upie, où pour se procurer des ressources, en vue de remplir certaines clauses du testament de son prédécesseur, il arrenta les revenus du péage d'Etoile à Naudin et Bernard *Bonaguiza*, frères, bourgeois de Romans, pendant sept mois, a raison de 200 florins d'or, 5 gros et demi (2).

Depuis la victoire de Roosbeke et le succès de l'expédition d'Ecosse, les hauts barons de France ne rêvaient plus que d'aller descendre en Angleterre, persuadés qu'il serait plus facile de triompher de leurs ennemis chez eux qu'au dehors. Le 10 mai 1386, le gouverneur du Dauphiné faisait expédier des lettres aux prélats, aux nobles et aux châtelains pour les convoquer aux états de la province, qui s'ouvriraient à Romans le 20 mai et qui, cette année, recevraient un éclat particulier de la présence du duc de Bourgogne (3). La réunion eut lieu, en effet, sous la présidence du duc, oncle du roi, assisté de Charles de Bouville. Le comte de Valentinois et son cousin, Charles de Poitiers, y furent présents. Le duc était venu réclamer des subsides, en vue de la prochaine exécu-

---

(1) Duchesne, *Preuves*, p. 71. — Dans une enquête faite à Romans en 1421, Jean Rabot, notaire de Crest, dit, entre autres choses, « que lui estant jeune enfant, il veid à Crest deux monnoyers, l'un nommé Guillaume Sestre, l'autre Pierre Bodin, et un étranger demourant à Chabrillan, duquel il ne scet le nom, lesquels on disoit communement forger monnoie pour ledit comte audit lieu de Chabrillan, ou de Upie, ne scet lequel. Et veid de la monnoie que on disoit qu'ils avoient forgée, c'est à scavoir des demy gros, des quarts de gros, et des doubles et des deniers, qui estoient tous aux armes dud. comte. » — On trouvera en appendice à ce travail la série des monnaies connues des comtes de Valentinois et de Diois.

(2) Archives de l'Isère, B, 3583.

(3) U. Chevalier, *Choix de doc.*, p. 200.

tion du grand projet. Les comtés de Valentinois et de Diois, formant un Etat indépendant, n'avaient à fournir aucun subside pécuniaire ; à titre de vassal, Louis II de Poitiers, en cas d'appel, devait se rendre à l'armée avec un certain contingent de troupes. En vertu de ses privilèges, le Dauphiné aurait dû être exempt de cette contribution de guerre ; mais, observe Chorier, « on ne conteste que faiblement avec les « princes. Le duc emporta ce qu'il désirait, et l'année sui- « vante la noblesse de Dauphiné courut en foule à l'arme- « ment naval qui se fit à l'Ecluse contre l'Angleterre (1). »

On sait pourquoi et comment échoua ce plan de campagne qui eût pu donner de magnifiques résultats, car l'Angleterre se trouvait alors aux prises avec de grandes difficultés. Les grosses sommes d'argent, les approvisionnements furent gaspillés ; les soldats ne furent pas payés de leurs gages et s'en retournèrent, comme de coutume, en ravageant les campagnes. Quant aux Anglais, profitant de nos désordres, ils firent des excursions dans le royaume et pénétrèrent si avant que le Dauphiné se crut un instant menacé. Le 5 mars 1388, les états de la province se réunirent à Vienne « pour aviser, « traictier et accorder sur le fait de la tuytion et deffense dudit « païs et par espécial sur ce que comme renommée estoit que « les Anglais et compaignies estans en aucunes parties du « royaume, il estoit doubte qu'ils ne passassent le Rosne et « entrassent en Dauphiné. » On décida qu'on assemblerait 400 lances et 200 arbalétriers. Le comte de Valentinois eut à fournir, pour sa part, 25 lances et 10 arbalétriers ; Charles de Poitiers, seigneur de Saint-Valliers, 15 lances et 5 arbalétriers ; etc. (2). Ces mesures préservèrent momentanément le Dauphiné de l'invasion des grandes compagnies ; mais bientôt le Valentinois et le Comtat furent occupés, rançonnés et pillés par un ennemi redoutable, qui jusqu'ici l'avait protégé

---

(1) Chorier, p. 386.
(2) Archives de l'Isère, B, 3256.

et vaillamment défendu : nous voulons parler de Raymond de Turenne, beau-frère du comte de Valentinois.

Raymond de Turenne, surnommé le Fléau de la Provence, appartenait à cette famille Roger de Beaufort, qui avait donné deux papes à Avignon et qui était parvenue, grâce aux libéralités de la reine Jeanne, à une situation presque souveraine. Les plus beaux fiefs de Provence furent un moment en sa possession. Il était fils de Guillaume Roger et neveu de Grégoire XI. De bonne heure ses talents militaires le désignèrent comme un habile capitaine. Il défendit le pays contre les bandes de routiers et alla guerroyer en Italie pour le compte de Clément VII (1). Vers l'année 1384, Louis Ier d'Anjou, comte de Provence et prétendant au royaume de Naples, avait décrété la réunion au domaine de tous les fiefs qui en avaient été détachés. Cette mesure ruinait, en partie, la fortune de Raymond. Le comte de Provence étant mort peu après, Marie de Blois, sa veuve, fut instamment priée par Raymond de lui restituer les terres dont il avait été dépouillé. Celle-ci se montra peu disposée à écouter ses demandes. Raymond s'adressa au pape Clément VII, à qui il avait rendu de signalés services, mais le pape, désireux de ménager la cour de Provence, ne fit rien. Le comte de Valentinois, criblé de dettes et hors d'état de rien entreprendre, ne voulut pas intervenir. Il ne restait au vicomte de Turenne qu'une seule ressource, la guerre. Il n'hésita pas à la déclarer au pape et au jeune comte de Provence. Au pape, il réclamait des sommes considérables qu'il disait avoir été prêtées par son père à la cour romaine ; il réclamait encore des bijoux appartenant à Grégoire XI, son frère, et enfin le prix de ses propres services. Le comte de Valentinois et l'évêque de Valence se rangèrent du parti du pape, et attirèrent ainsi sur eux les armes de l'au-

---

(1) N. VALOIS, *Raymond de Turenne et les papes d'Avignon*, dans *Annuaire-Bulletin de la Société de l'histoire de France*, t. XXVI, année 1889, p. 215-276.

dacieux seigneur. Elips de Beaufort, sa tante, qui se plaignait d'avoir été privée de la plupart de ses droits par le comte, fut heureuse de saisir l'occasion de se venger (1).

En janvier 1389, Raymond de Turenne franchit le Rhône, à la tête de 600 hommes d'armes seulement, mais il vit accourir à lui tous les partisans des Duras et tous les mécontents. Dans le Valentinois, François de Beaumont, seigneur de Pellafol, et Humbert son fils, entrèrent aussitôt en campagne. Ils réclamaient le payement d'une dette, contractée envers eux par Aymar VI, lorsqu'ils lui vendirent leurs droits sur la terre d'Autichamp; ils prétendaient encore qu'on devait leur restituer le château de Rochefort, proche de celui de Pellafol, comme héritiers légitimes d'Artaud de Rochefort, indignement spolié par le feu comte (2). La guerre fit bientôt rage dans le pays. Elips de Beaufort ayant transmis les droits qu'elle disait tenir de concessions faites par son mari, sur Châteauneuf-de-Mazenc, Savasse et le Péage de Lène, au bâtard Tristan de Beaufort, oncle de Raymond, celui-ci songea dès lors à se rendre maître de ces diverses places.

---

(1) DE COSTON, *Hist. de Montélimar*, t. Ier, p. 367-424. Ces pages ont été tirées à part sous ce titre : *Occupation du Valentinois par les troupes de Raymond de Turenne, de 1389 à 1394*; Lyon, 1878, in-8°, 65 p.

(2) Archives de l'Isère, B, 2990, f° 485-9. — Ce document donne quelques détails intéressants sur une guerre qui avait eu lieu précédemment entre le seigneur de Pellafol et le comte Aymar VI. Les troupes de ce dernier avaient fait le dégât à Fianceys, près de Marches, et à Barbières. « Item dixit quod castra Pellafoli et Barberie fuerunt capta per gentes d. Aymarii, tunc comitis Val. et Dien., que gentes in dictis opidis decipaverunt bona infra ipsa castra existentia, et eciam ceperunt prysiam dictorum castrorum et mandamentorum eorumdem et eciam de Fianceys per unum annum... et decipaverunt eciam molendina dicti loci de Fianceys et vendiderunt tegulas, mayerias, ferros et instrumenta dictorum molendinorum et eciam vendiderunt campanas ecclesie Sancti Michaelis de Barberia. Que predicta petit d. Pellafoli sibi reparari, reddi et emendari, una cum utensilibus et garnimentis in dictis castris tunc existentibus, ac litteris et instrumentis que et quos secum deportaverunt dicte gentes, aut valorem premissorum, que fuerunt... in summam duorum millium florenorum auri... »

Pendant que le Valentinois et le Comtat semblaient retourner vers l'anarchie féodale, Clément VII, à l'abri des attaques de son implacable ennemi derrière les hautes et sombres murailles de son palais d'Avignon, nourrissait, de concert avec Charles VI, le projet d'une expédition en Italie pour chasser de Rome ceux qu'il appelait des schismatiques. Le roi, qui était à Lyon au mois d'octobre, voulut rendre visite au pape et conférer avec lui. En traversant nos contrées, il put se rendre compte des maux de toute sorte qui accablaient nos malheureuses populations Il entendit les plaintes du comte de Valentinois, son vassal, et, comme il avait pour le ménager des motifs tout particuliers que le lecteur va bientôt connaître, il se montra disposé à prendre sa défense et ordonna de saisir tous les châteaux tenus par la comtesse Elips dans le royaume, Baix, Le Pouzin, Châteaubourg, Privas, Tournon, Boulogne et Barre (1). Avant d'envoyer une armée au-delà des monts, il fallait rétablir l'ordre et la paix dans le Comtat et le Valentinois. On pourrait alors utiliser pour la grande expédition les bandes mercenaires qui guerroyaient à la solde du pape et de Raymond. L'entreprise n'avait jamais été plus près d'aboutir (2). Le comte d'Armagnac avait été désigné pour diriger la croisade. Il fut chargé de négocier une trêve entre le comte de Turenne, d'une part, et le pape, l'élu de Valence, les comtes de Provence, de Genève et de Valentinois, d'autre part. Elle fut signée à Mende le 9 août 1390 pour deux ans (3). Châteauneuf-de-Mazenc, Savasse et Lène devaient rester aux mains du comte de Valentinois durant la durée de cette trêve Après la conclusion de cette suspension d'armes, les officiers du roi en Dauphiné firent ramener à Valence tous les bateaux

---

(1) *Histoire génér. de Languedoc*, t. IX, p. 956-7.

(2) JARRY, *La voie de fait et l'alliance franco-milanaise* (1386-1395), dans *Bibliothèque de l'Ecole des Chartes*, t. LIII (1892), p. 213-53, et 505-70.

(3) BALUZE, *Vitæ paparum Avinion.*, t. II, 1052.

existant sur le fleuve, pour empêcher les bandes licenciées de pénétrer en Languedoc. Leurs précautions furent vaines, et un certain nombre de pillards purent passer le fleuve, les uns par surprise, les autres avec la permission des officiers royaux et sous prétexte d'aller se mettre à la solde du comte d'Armagnac (1).

Celui-ci, en effet, poussait ses préparatifs avec une grande activité. Mais voici qu'au dernier moment, par suite d'intrigues que nous ne connaissons encore que très imparfaitement, la fameuse expédition sur laquelle comptait le pape Clément pour chasser son compétiteur de Rome fut tout à coup détournée de son but primitif. Le chef de la croisade venait de traiter avec Florence contre Milan et s'était engagé à marcher au secours de son beau-frère, prisonnier de Galéas Visconti. C'était la ruine des espérances du parti avignonais, car, dans l'entreprise projetée, on ne pouvait se passer du concours de Milan et, d'autre part, Florence tenait pour le pape de Rome. Rien ne put déterminer le comte d'Armagnac à revenir de sa détermination. Il triompha des obstacles qu'on tenta de lui opposer, et le roi n'ayant pu lui refuser le passage à travers le Dauphiné, il franchit les Alpes au mois de juin 1391, traînant après lui une masse d'aventuriers. Il ne fut pas heureux. Galéas Visconti lui tailla en pièces son armée, le 25 juillet, devant Alexandrie, et lui-même, peu après, périt des suites de ses blessures (2).

Les routiers échappés au massacre reprirent la route de France. Grand fut l'émoi en Dauphiné quand on sut que ces bandes de forbans se jetaient dans nos montagnes et allaient peut-être s'y implanter pour de longs mois. Le gouverneur fit appel à la bonne volonté de tous, mais on ne put empêcher les débris de l'armée du comte d'Armagnac de repasser les

---

(1) *Hist. de Languedoc*, t. IX, p. 957, note.
(2) JARRY, Op. cit., p. 244. — DE BARANTE, *Hist. des ducs de Bourgogne*, t. II (1841), p. 13.

Alpes. Les mieux disciplinés prirent la route de Sisteron (1); les autres se cantonnèrent dans les montagnes, occupèrent divers points fortifiés et vécurent pendant quelques mois de brigandage. Un de leurs chefs, Guillaume Chemisard, s'était emparé le 20 novembre 1391 du château de Lazet près de Gap et n'en sortit que moyennant une forte indemnité. Quelques-uns de ses compagnons entrèrent dans le Diois, s'établirent à Egluy et commirent beaucoup de désordres. S'avançant encore sur les terres du comte de Valentinois, ils prirent La Vache et le petit château de Pellafol, véritable nid d'aigle, sur la crête des rochers qui dominent Barbières (2).

L'occasion était belle pour Raymond de reprendre les armes; il ne la laissa pas échapper et les aventuriers venus d'Italie allaient lui fournir un utile contingent. Mais avant de résumer les principaux faits de cette guerre, il faut parler d'une mesure, grave de conséquences, qu'avait adoptée le comte de Valentinois pour trouver un remède à la situation désespérée où il se voyait réduit. Ses dettes ne faisaient qu'augmenter, tandis que ses revenus diminuaient de jour en jour. Les finances d'un Etat ne peuvent manquer de se ressentir des malheurs publics, et nous venons de dire sous quel poids de calamités gémissait le peuple. Louis II n'était pas doué des talents et de l'énergie nécessaires pour gouverner dans des temps difficiles. Il ne savait se faire obéir de ses vassaux: nous venons de constater que le petit seigneur de Pellafol put, un instant, tenir en échec toute sa puissance. Les procédés arbitraires, les expédients auxquels il avait recours pour se procurer de l'argent, lui avaient aliéné le cœur de ses sujets; il en était détesté. Voici, du reste, le portrait qu'a laissé de ce prince Jean Rabot, notaire à Crest, son contemporain; nous pourrons par là nous faire une idée de son ad-

---

(1) DE LAPLANE, *Hist. de Sisteron*, t. 1ᵉʳ, p. 200.
(2) U. CHEVALIER, *Choix de doc. inédits*, p. 216. — DE COSTON, t. 1ᵉʳ, p. 373-5.

ministration : « Combien que ledit comte oyt chacun jour
« messe et deist ses heures dévotement, comme il sembloit,
« et qu'il se confessast et ordonnast chascun an : toutesfois,
« il estoit moult convoiteux et levoit plusieurs tailles sur ses
« subjects, pour ce qu'il estoit aucunes fois moult rigoureux
« et mal gracieux, et de plusieurs d'eux a exigé plusieurs
« sommes de deniers, aucunes fois pour petite occasion et
« aucunes fois sans cause. Et por plusieurs fois a osté à ses
« juges et officiers la cognoissance des causes criminelles,
« pendantes par devant eulx, pour en avoir grant proufit par
« composition ou autrement. » Pierre Bourguignon, écuyer,
de Romans, un autre de ses contemporains, nous le dépeint
aussi sous d'assez noires couleurs : « Il estoit et avoit esté par
« tout son temps très avaricieux, grand exacteur de finances
« sur ses subjects et autres où il pouvoit, induëment et sans
« cause. Et estoit coutumier de contraindre tous ceux qui
« aucunement délinquoient en susdits pays, fussent religieux,
« d'Esglise ou séculiers, à lui payer grosses et excessives
« sommes d'argent, ou autrement il les travailloit tant par
« prison que autrement en plusieurs manières. Et estoit tres
« négligent de faire justice a ses subjects, et là où il la devoit
« faire (1). » Ajoutons maintenant que Jacques de Montmaur,
gouverneur du Dauphiné, qui connaissait bien ses embarras,
le guettait comme une proie, et, par de savantes tracasseries,
s'appliquait à lui faire sentir de plus en plus la lourde main
de son maître. En butte à tant de difficultés, Louis II n'y tint
plus et se vit contraint de chercher un appui. N'ayant pas
d'enfant mâle légitime et voyant avec un secret dépit les
Poitiers-Saint-Vallier, avec qui il avait toujours été en mauvais rapports, escompter déjà son héritage, il se tourna du
côté de la France. Le 30 novembre 1391, il déclara par lettres
patentes vouloir donner au roi ses Etats, s'il mourrait sans
enfant : le motif qui l'y décidait, ajoutait-il, était autant le

---

(1) DUCHESNE, *Preuves*, p. 71.

lien de parenté qui l'unissait au monarque que son amour pour la France. Une clause, toutefois, insérée dans cet acte, laisse entrevoir une des peines qui l'oppressent : il se réserve la jouissance des comtés, sa vie durant, et le roi devra lui promettre de s'abstenir désormais de toute immixtion dans les affaires de son gouvernement, sous prétexte du vicariat impérial (1).

Les Poitiers-Saint-Vallier ne manquèrent pas de protester contre la promesse de cession du Valentinois à la France ; mais les dangers dont le pays était toujours menacé, les nouvelles arrivant de la cour absorbaient tellement les esprits, qu'ils purent se flatter de faire revenir le comte de ses premières décisions dans un temps plus ou moins éloigné. Ils ne comptaient pas assez avec l'habileté et la persévérance opiniâtre du gouverneur de la province, Jacques de Montmaur, qui cette même année avait été appelé à cette haute charge (2). Celui-ci convoqua pour le 29 décembre les vassaux du dauphin et les députés des villes. Dans cette assemblée, il exposa ses projets pour délivrer le pays du fléau de la guerre civile et demanda le vote d'un subside de 8 gros par feu. On ne le lui accorda qu'à la condition qu'il jurerait auparavant, comme l'avaient fait du reste ses prédécesseurs, de maintenir les franchises et privilèges de la province (3).

Au mois de janvier 1392, les réformateurs royaux, sorte de *missi dominici*, institués par Charles VI lors de son voyage en Languedoc pour l'informer des abus, des maux qui désolaient le royaume (4), vinrent à Grenoble. Entre autres faits que le gouverneur les chargea de porter à la connaissance de la cour, nous devons mentionner les suivants : « Une partie des com-

---

(1) Archives de Montélimar. *Mémoire sur le Valentinois.* MS., p. 19, et *Preuves*, n° 16. — Anselme, t. II, p. 196.

(2) Gariel, *Bibliothèque hist. et littér. du Dauphiné*, t. Ier (1864), p. 170.

(3) U. Chevalier, *Choix de documents...*, p. 216.

(4) *Hist. de Languedoc*, t. IX, p.

pagnies qu'avait à sa solde le feu comte d'Armagnac occupent encore les châteaux de Lazet, dans le Gapençais, d'Egluy et de Pellafol, dans le Valentinois, de Saint-Ferréol dans les Baronnies (1) : elles ravagent le territoire. Les routes n'offrant plus de sécurité, les transactions sont nulles et les revenus des péages, aussi bien que les impôts, diminuent. Il est urgent de porter remède à la situation, mais il faut avant tout des ressources. Les Etats se montrent peu disposés à voter des subsides. Malgré la trêve, les gens d'armes de Raymond de Turenne et les compagnies prennent et mettent à rançon les *gardiers* delphinaux ou receveurs des droits seigneuriaux des terres delphinales, ce qui cause un préjudice notable au trésor. Charles de Poitiers réclame le château de Chantemerle et la baronnie de Clérieu, que le comte de Valentinois tient en fief du dauphin. Il fonde sa demande sur certaines lettres royales. Le gouverneur avertit la cour de ne rien décider à cet égard avant d'avoir reçu le rapport détaillé qu'il prépare. » Dans le Valentinois, Guillaume, bâtard de Poitiers, que le comte avait établi son lieutenant, faisait les plus louables efforts pour pacifier le pays. Il réussit à traiter avec les gens d'armes qui séjournaient à Egluy et à obtenir leur départ, moyennant une somme d'argent, qui fut assez élevée, car le 18 janvier 1392, il écrivit aux habitants de Montélimar pour leur annoncer que dans le payement de cette rançon la part contributive de leur ville était taxée à 200 florins. Après bien des démarches, les Montiliens obtinrent qu'elle fût réduite à 100 florins (2). Quelques jours après, le 25 janvier, un traité conclu entre le comte et Humbert de Beaumont, fils du seigneur de Pellafol, mettait fin aux désordres qui ne cessaient de troubler les environs de Barbières, depuis plusieurs années. Humbert fit ce traité indépendamment de son père, qui en fut formellement exclu, le comte paraissant avoir contre

---

(1) U. Chevalier, *Choix de documents...*, p. 216.
(2) De Coston, *Hist. de Montélimar*, t. Ier, p. 380.

ce seigneur la plus grande animosité (1). Devenu libre, le jeune Beaumont alla rejoindre Raymond de Turenne, qui ne devait pas tarder à reprendre les armes.

La trêve de deux ans signée à Mende n'était point terminée que les hostilités recommencèrent entre Raymond de Turenne, le pape, le comte de Valentinois, l'évêque de Valence et le cardinal de Saluces. Les troupes à la solde de Raymond se saisirent de diverses places (2). Le bâtard de Bertusan, qualifié capitaine de La Vache et de Fianceys, devint la terreur des habitants des campagnes. Dans une course qu'il fit aux environs de Montélimar, il ramena dix-sept prisonniers, qu'il ne délivra que contre une rançon de 34 florins ; les prisonniers durent eux-mêmes, le 13 avril, emprunter cette somme sous la garantie de la ville. Châteauneuf-de-Mazenc, où commandait Guillaume Bernard, dit Le Breton, un des

---

(1) (BRISARD), *Hist. de la maison de Beaumont*, t. Ier, p. 42-3, et t. II, p. 99 et 110. — Les différends du comte et de la famille de Beaumont ne furent pas terminés de sitôt. L'inventaire des titres des Poitiers signale une foule de documents relatifs à cette affaire : « 1402, 10 fé-
« vrier. Jugement rendu par le juge mage du Viennois et Valentinois d'entre
« François de Beaumont et Polie de Chabrillan, son épouse, et Louis
« de Poitiers, comte de Valentinois, pour raison des prétentions de
« ladite dame (n° 45). — 1405, 24 janvier. Sentence du juge mage des
« appellations du Dauphiné entre Louis de Poitiers, comte de Valenti-
« nois, appellant d'une part, et François de Beaumont et Polie son épouse,
« pour raison de 1,200 florins dus audit de Beaumont (n° 50). — 1409,
« 23 février. Arrêt rendu au profit de François de Beaumont et de
« Polie... (n° 48). — 1409, 29 avril. Exploit de saisie de la terre de Beau-
« fort contre le comte de Valentinois et de Diois, à la requête de Fran-
« çois de Beaumont et de Polie, son épouse, pour payement de la somme
« de 1,200 florins (n° 49). Etc., etc. » — Ces quelques détails indiquent
bien les embarras financiers du malheureux comte.

(2) Nous ne relevons ici que les quelques faits qui intéressent le Valentinois. Pour les autres faits, on peut consulter, outre Baluze, Fanton Castrucci, et les historiens de la Provence et du Comtat, un curieux Mémoire, dont l'original est conservé à la Bibliothèque nationale (collection de Périgord, vol. 4). *Hist. de Languedoc*, t. IX, p. 957, note.

hommes de Raymond, devint un autre repaire de brigands. C'est vers ce temps-là que fut détruit le petit village de Rochefort dans la Valdaine (1). Une telle situation ne pouvait durer. Le roi s'efforça de ménager une trêve entre les partis. Dès le 14 mars, il avait nommé des commissaires pour traiter de la paix. Après de nombreuses démarches, grâce à l'intervention du gouverneur du Dauphiné, elle fut signée à Saint-Remy, près d'Avignon, le 5 mai 1392. On devait payer à Raymond 30,000 florins d'or, et 20,000 à ses gens d'armes qui s'obligeaient à quitter le pays. Raymond s'engageait à remettre au roi, pour les rendre à leurs légitimes propriétaires, tous les châteaux dont il s'était emparé. Châteauneuf-de-Mazenc serait remis à Elips de Beaufort, ainsi que les châteaux situés dans le royaume qui avaient été saisis contre elle par les officiers du roi (2). Les négociations du traité de Saint-Remy avaient amené dans la contrée de grands personnages, le gouverneur Jacques de Montmaur, Edouard de Beaujeu, beau-frère de Raymond de Turenne et quelques autres seigneurs que nous trouvons réunis à Montélimar le 6 juillet (3). Ils s'employèrent à réconcilier les ennemis de la veille. Humbert de Beaumont fit la paix avec le cardinal de Saluces, et lui écrivit le 14 juillet du château de Pellafol, une lettre par laquelle il lui demandait pardon de tout le mal qu'il avait commis à Livron et à Châtillon-en-Diois (4), deux fiefs dont le cardinal s'était réservé la jouissance en abandonnant l'Eglise de Valence.

La tranquillité relative qui régnait dans le pays en 1393, permit à Louis II de Poitiers de se rendre à Paris, où il désirait régler au plus tôt les conditions de l'abandon de ses Etats à la couronne. Le gouverneur du Dauphiné fut chargé de faire une enquête détaillée sur l'étendue des comtés et l'im-

---

(1) DE COSTON, p. 381, 393, 394.
(2) BALUZE, *Vitæ paparum Avin.*, t. II, c. 1058-70.
(3) DE COSTON, p. 395-6.
(4) Voir notre *Essai hist. sur Die*, t. II, p. 309-10.

portance de leurs revenus. Nous avons cette enquête et plusieurs pièces qui s'y réfèrent. Les Etats de Louis II comprenaient vingt-sept villes ou châteaux, onze forteresses et environ deux cents fiefs lui appartenant en propre ou bien tenus par des vassaux (1). Les revenus annuels s'élevaient à quatorze ou

---

(1) Bibliothèque de Grenoble, U, 460, f° 57. Etat des revenus des terres du Valentinois en 1393. En l'Empire. Rochefort, 280 fl., 1 gros et demi. — Crest, 1,940 fl. — La Vallée de Pontaix, 267 fl. 6 g. et demi. — Gigors, 252 fl. 3 g. — Baix-aux-Montagnes, 250 fl. — Aigluy, 234 fl., 3 g. — Montclar, 58 fl., 6 g. — Beaufort, 209 fl., 1 g. et demi. — Etoile, 821 fl., 6 g. — Le péage de ce lieu, 800 fl. — La Vache, 19 fl., 3 g. — Grane et Chabrillan, 504 fl., 5 g. — Châteaudouble, 154 fl., 5 g. — Charpey, 165 fl., 1 g. — Upie, 129 fl., 1 g. — Vaulnaveys, 61 fl., 1 g. — Saou, 92 fl., 9 g., 1 quart. — Auriple, 56 fl., 7 g. — Montélimar, Narbonne et le péage, 766 fl. — Marsanne, 147 fl., 1 g. — Sauzet, 157 fl., 2 g. — Soyans, 70 fl., 2 g. — Montmeyran, 73 fl., 6 g. — La Roche-Saint-Secret, 25 fl. — Châteauneuf-de-Mazenc, 745 fl. — Lens et le péage, 266 fl. — Savasse, 126 fl., 5 g. et demi. — Le sceau de la cour majeure du Valentinois et du Diois, 60 fl.; son greffe, 149 fl. — Les inquants et criées de la cour de Crest, 52 fl. — Les criées et amendes de la cour du Valentinois, 60 livres, 10 sols. — Le péage de Montélimar, 708 liv., 10 sols, 4 deniers. — La leyde et le tabernage de Montélmar, 9 liv., 10 sols. — Les langues et les escheutes de la boucherie de ce lieu, 6 liv. — La leyde des blés de Crest, 53 liv. — Les langues de bœufs et nombres de pourceaux de ce lieu, 4 liv. — La leyde des fromages de ce lieu, 10 liv., 10 sols. — La leyde menue de ce lieu, 2 liv.; celle du sel, 3 liv. — La marque des mesures de ce lieu, 1 liv. 2 s. — Le sesterage du sel de Valence, 100 liv., 5 s. — Le péage par eau et par terre, 573 liv. 14 s. — Les lods et ventes, 90 liv. — Au royaume. Baix sur Baix, le péage, 1,223 florins, 7 gros. — Privas et Tournon, avec son péage, 937 fl., 7 g. — Le Pouzin avec son péage de Livron, 238 fl., 10 g. — Saint-Vincent et Saint-Pierre de Barre, 17 fl., 3 g. et demi. — Durfort et le bourg Saint-Fortunat, 212 fl., 3 g. — Châteaubourg et son péage, 151 fl., 7 g., 3 quarts. — Les greffes desdits lieux, 110 fl. 3 g. — Chalencon, 400 fl. — Mezanc, 113 fl., 16 g. et demi. » — Ce document ne donne assurément pas tous les revenus des comtés; il y a bien des terres qui ne figurent pas dans cette liste. Louis II fournit également un dénombrement de ses châteaux, qui a été publié par M. le chanoine U. Chevalier dans son *Choix de documents inédits*, p. 213-5; on peut le rapprocher de celui que nous avons donné plus haut, p. 370-2.

quinze mille livres. Mais la folie du monarque fit traîner les négociations en longueur et l'indemnité pécuniaire à donner au comte ne fut point encore fixée; c'était pourtant l'article du traité qui l'intéressait le plus vivement, parce que, avant tout, il avait besoin d'argent pour faire taire ses créanciers. Tout ce qu'il obtint, pour le moment, du roi Charles VI, ou plutôt de ceux qui gouvernaient alors le royaume, fut un ordre donné aux officiers de justice, le 9 décembre 1393, pour leur enjoindre de le mettre à couvert de toutes leurs poursuites et de le maintenir en son état durant le temps de son séjour à Paris et un mois après son retour. Le même jour, des lettres royales étaient encore expédiées au gouverneur du Dauphiné pour qu'il eût à respecter les droits du comte de Valentinois et user envers lui de beaucoup de ménagements (1). On ne saurait douter, en effet, que le comte n'ait porté ses plaintes à la cour sur les agissements du gouverneur, qui ne laissait échapper aucune occasion, et savait au besoin en créer, pour intervenir dans les affaires et empiéter sur les droits des seigneurs voisins. Jacques de Montmaur, qui joignait à ses titres celui de « lieutenant de vicaire d'empereur », suivait exactement la politique de Charles de Bouville et travaillait avec ardeur, sous prétexte du vicariat, à étendre l'autorité de son maître. C'est ainsi que le 9 décembre de cette même année 1393, il publiait une ordonnance pour contraindre tous ceux qui dans le pays de sa juridiction se disaient notaires impériaux à lui apporter leurs lettres de notariat, afin de les soumettre au contrôle du conseil delphinal (2). L'année suivante, autre mesure très significative et qui donne la note de la situation : il fit publier dans les rues et sur les places publiques de Grenoble que le dauphin, vicaire de l'empereur, offrait justice à quiconque dans les terres de l'empire aurait à se plaindre des évêques et des seigneurs (3).

---

(1) Inventaire des titres des Poitiers, n°ˢ 212, 216.
(2) Archives de l'Isère, B, 3175.
(3) Archives de l'Isère, B, 3142. — FOURNIER, p. 510.

C'était, comme on le voit, fomenter le désordre et prendre sous sa protection tous les mécontents. Cette proclamation n'allait pas rester lettre-morte.

Une des clauses du dernier traité conclu avec Raymond de Turenne stipulait que ce seigneur devrait remettre au roi les châteaux de Châteauneuf-de-Mazenc, de Savasse et de Lène, et que celui-ci les rendrait à la comtesse douairière de Valentinois, qui en établirait gouverneur un certain capitaine Dorète. La comtesse, jamais satisfaite de la part qu'on lui accordait, ne tarda pas à se plaindre et du pape et du comte, son neveu. Sur ces entrefaites, Raymond de Turenne maria son unique fille Antoinette à Jean Le Meingre, dit Boucicaut, que le roi venait d'honorer du bâton de maréchal (1). Boucicaut n'était pas « de grand lignage »; il était du nombre de ces gentilshommes qui, n'ayant d'autres biens que leur épée, couraient le monde comme chevaliers. Turenne et Boucicaut ne pouvaient demeurer tranquilles. Les hostilités recommencèrent. Elips de Beaufort enleva le commandement de ses places au capitaine Dorète et lui substitua Tristan de Beaufort, son frère bâtard, qui se mit à faire la guerre au pape, à l'évêque de Valence et au comte de Valentinois. La route conduisant à Avignon n'offrait plus aucune sécurité. Au mois de mars 1394, la plus grande effervescence régnait dans le pays. On tenta de négocier un arrangement; ce fut en vain. Le mois suivant, on répandit le bruit que les gens d'armes de Boucicaut descendaient le Rhône, se dirigeant vers le Comtat.

Le seigneur de Mazan, envoyé par le pape, vint à Montélimar, accompagné d'un grand nombre de soldats pour rétablir l'ordre. Il fallut une véritable armée. Le rendez-vous général fut fixé à Montélimar, et dès le milieu de mai, on vit arriver dans cette ville de nombreux détachements : le recteur du Comtat et le bâtard de Poitiers, lieutenant du comte, s'y trou-

---

(1) ANSELME, t. VI, p. 319. — Le contrat est du 33 décembre 1393; la cérémonie religieuse eut lieu le lendemain dans la chapelle du château de Baux.

vèrent (1). Tous les préparatifs achevés, on alla faire le siège de Savasse, tenue par les hommes de Raymond. Le 9 juin, la place fut emportée d'assaut. Quelques gens d'armes se rendirent au péage de Lène, et le 11, réussirent à s'emparer de la tour, qu'ils démolirent (2). Le 15, l'armée pontificale rentrait triomphante à Montélimar. Elle n'avait accompli qu'une partie de sa tâche. Elle en sortit le 20 juin, sous le commandement du recteur du Comtat, pour aller assiéger Châteauneuf-de-Mazenc.

La place, pourvue de bonnes murailles et d'abondantes munitions, fut vaillamment défendue par la garnison qui avait à sa tête Louis de Tournemine, dit Mars, lieutenant du bâtard de Beaufort. Le siège, commencé le 20 juin, ne se termina que le 9 novembre, ayant duré ainsi près de cinq mois. Plusieurs assauts avaient été donnés, mais toujours sans succès. Les assiégés auraient sûrement triomphé de tous les efforts de l'armée pontificale et gardé leur position, sans l'intervention du gouverneur du Dauphiné qui, d'après les ordres de Charles VI, se transporta sur les lieux et, au nom du vicariat impérial, somma Tristan de Beaufort d'avoir à lui livrer la place (3). Menacé d'encourir l'indignation du roi et im-

---

(1) Ch. De Coston, *Hist. de Montélimar*, t. Ier, p. 402-8, qui a puisé la plupart de ces détails dans les registres des délibérations consulaires de cette ville.

(2) Humbert de Beaumont, seigneur de Pellafol, dans une enquête qui eut lieu à Romans en 1422, donne d'assez curieux détails sur cette guerre. « Dit outre que durant ladite guerre les gens du pape Clément, avec lesquels étoit led. feu comte, mirent le siège devant lesd. villes et chasteaux de Savasse et se rendirent a eux les gens dud. messire Raimon, qui dedans estoient. Et après, lesd. gens du pape firent abattre et démolir led. chastel, qui estoit fort et notable, et abattre les murs d'environ icelle ville en plusieurs lieux : laquelle ville estoit grosse et notable et bien peuplée. Et pareillement lesd. gens du pape prindrent led. chastel de Leyne, qui estoit bel et notable et le firent abattre et démolir, et y avoit un gros village près qui fut presque destruit. »

(3) La lettre royale, datée de Paris, le 9 juin 1394, donne des détails sur les causes de cette petite guerre et sur quelques-unes des désordres

puissant à se mesurer avec le gouverneur de la province, Tristan résolut de céder. Il vint trouver le gouverneur, prêt à faire tout ce qu'on exigerait de lui. Le 7 novembre, Jacques de Montmaur et Tristan de Beaufort se présentèrent sous les murs de Châteauneuf. Elevant la voix, Tristan appela le capitaine Louis de Tournemine et lui dit : « Louis, je vous ai confié
« ce château. Je ne veux ni désobéir au roi, ni déplaire à Dieu ;
« aussi je vous prie et vous requiers de livrer ce château à
« mon seigneur le gouverneur qui est là, parce que je le veux
« et il est nécessaire d'agir de la sorte. Du reste, le gouver-
« neur vous donnera, à vous et à vos compagnons, toutes les
« garanties de sécurité que vous pourrez désirer. Baiquin et
« Andrevon de Rodant que j'ai envoyés pour cette affaire à
« Avignon, m'ont rapporté que les gens du maréchal de
« France le veulent et m'ordonnent de faire ainsi. » Tourne-

---

qui en furent la suite. Après avoir rappelé, qu'aux termes des derniers traités, la comtesse *major* devait confier la garde de Châteauneuf à Dorète, le roi poursuit de la sorte : « Et despuis cela, lad. comtesse, sans nostre commandement et ordonnance et sans le seu de nostred. oncle, ne desdits commissaires, ait osté led. Dorete et ait mis et ordonné capitaine de lad. forteresse ung appelé Tristaing de Beaufort, chevalier, lequel de son autorité et contre la volunté de lad. comtesse, s comme elle dit, a faict guerre à nostredit saint père et auxdits evesque et comte, et reançonne aucunes gens de la terre dud. comte et faict plusieurs grans dommaiges aux marchans de nostre Daulphiné et a autres du païs d'environ, en grant esclande et lesion de justice et au grant préjudice et dommaige irréparable de la chose publique, et des subjects de nostredit Dauphiné, si comme l'en dit ; nous voulans pourveoir a ce et obvier aux dommaiges de nos subjects, vous mandons et commettons que vous vous transportiés par devers led. Tristaing et luy faictes commandement de par nous que sur quanqu'il se puet mesfaire et dobte mesprendre envers nous et sur paine de perdre corps et biens et d'estre banny de nostre royaume, il se parte de lad. forteresse et ycelle vous rende et baille et délivre pour en ordonner a nostre volenté et plaisir, et avecque ce faittes commandement de par nous à tous ceulx que vous trouverez estre de sa compagnie, sur les paines dessus dites, qu'ils se despartent de la compagnie dud. Tristaing et de lad. forteresse... »

mine tint à bien dégager sa responsabilité et demanda qu'un notaire dressât un acte constatant l'injonction qui venait de lui être faite. François Nicolet, de Crémieu, rédigea l'acte demandé, devant le château, dans la tente de Guillaume, bâtard de Poitiers, en présence de Lambert Adhémar, seigneur de La Garde, et de Louis Adhémar, son frère. Le lendemain 8 novembre, Tristan releva le capitaine Tournemine de tous ses serments. François Nicolet rédigea un nouvel acte pour ce sujet, en présence de Guillaume de Roussillon, seigneur du Bouchage, *acta fuerunt hec in obsidio ante dictum castrum Castri Novi.* Le 9 novembre, eut lieu la remise de la place au gouverneur, qui put alors y entrer et en prendre possession. Jacques de Montorsier arbora sur la plus haute tour du donjon l'étendard delphinal, les panonceaux du prince et ceux du gouverneur. Le 10 novembre, par lettres données à La Bâtie-Rolland, Jacques de Montmaur nomma châtelain de Châteauneuf-de-Mazenc Guillaume d'Hostun, damoiseau, ce que le roi ratifia à Paris le 16 décembre (1).

L'intervention du gouverneur dans cette guerre et l'autorité avec laquelle il dispose de Châteauneuf témoignent de la faiblesse du comte de Valentinois, devenu impuissant à réprimer le désordre sur ses terres et à revendiquer ses droits. Un événement qui aurait eu lieu en 1395, d'après Juvénal des Ursins, (qui ne fait ici que résumer la chronique du moine de St-Denis), contribua encore à discréditer le comte dans l'esprit de ses sujets. Une compagnie de gens d'armes, revenant d'Italie, dans le plus piteux état, et se proposant de gagner le Languedoc, « passoient par les destroits de Savoie et du Dauphiné et n'avoient aucun argent pour eux deffrayer en retournant. » Ils se présentaient en mendiants plutôt qu'en soldats, « requérant qu'on leur donnast à manger, en les laissant passer. » A la nouvelle de leur approche, le comte

---

(1) Archives de l'Isère, B, 3143.

de Valentinois, l'évêque de Valence et le prince d'Orange eurent bientôt réuni environ 3,000 hommes et leur firent dire que s'ils ne livraient point leurs personnes et leurs armes, pas un d'entre eux n'échapperait au gibet. Toutes leurs supplications furent inutiles. Ils avaient à leur tête « un chevalier, nommé messire Amaury de Séverac, qui vaillant chevalier estoit et pour lors jeune d'aage. » Celui-ci « parla à ses compa« gnons, en leur montrant qu'il valait mieux qu'ils se défen« dissent que de eux laisser prendre et tuer et qu'il avoit « confiance en Dieu et en leurs courages. Et faisoient lesdits « seigneurs la nuit grands feux, mais petit guet : car en rien « ils ne craignoient la puissance dud. Séverac et des siens, « lesquels, comme dit est, estoient la plus grande partie nuds « et sans arroy. Au point du jour vinrent frapper sur les no« bles du Dauphiné, et les desconfirent. Et y furent pris led. « comte de Valentinois, l'evesque de Valence, le prince « d'Orange et plusieurs autres. » Séverac comprit que, dans la circonstance, il était prudent d'user avec modération de la victoire. Les prisonniers, tremblant d'être massacrés, si leurs gens tentaient de les délivrer, désiraient plus encore en venir à un accommodement, et « demandèrent audit Séverac qu'il « leur fit bonne compagnie et on les laisseroit passer seure« ment. Lequel en fut d'accord et ses gens. Et au regard desd. « princes, ce qu'ils voulurent donner de leur franche volonté, « Séverac et ses gens en furent contents, et des autres gentils« hommes, chacun paya un marc d'argent. Et par ce moyen, « led. Séverac et ses gens qui estoient tout nuds, mal habillés « et sans argent, s'en vinrent à leur pays et devers leur sei« gneur, le nouveau comte d'Armagnac, montez, armez et « bien garnis. Ainsi va aucunes fois des aventures de la guerre. « Et desdits du pays de Dauphiné se mocquoient les Fran« çois, Anglois et tous autres nations (1). »

---

(1) Jean JUVENAL DES URSINS, *Hist. de Charles VI*, dans Collection MICHAUD et POUJOULAT, t. II, p. 403-4. — Le chroniqueur donne à cet événement la date de 1395 ; il pourrait se faire qu'il ne fût qu'un épi-

Cette aventure ne causa pas seulement une humiliation profonde au comte de Valentinois, mais encore une perte d'argent fort sensible, eu égard surtout au triste état de ses finances. Le récit du chroniqueur laisserait croire, il est vrai, que la rançon fut peu élevée. Séverac et ses gens n'étaient pas hommes à relâcher leurs prisonniers sans en retirer grand profit. Le bâtard de Mercussan ou Bertusan, aux mains de qui Louis II de Poitiers était tombé, exigea 3,000 écus pour sa mise en liberté (1). En attendant de pouvoir retirer cette somme de ses vassaux, obligés, comme on le sait, de s'imposer pour faire la rançon de leur seigneur, il dut l'emprunter à un juif, maître Héliot d'Arles, qui habitait Valence; l'obligation qu'il lui souscrivit est datée du mois de février 1396 (2). Ce fut, sans doute, pour se procurer quelque argent que le 3 de ce même mois, il confirma aux habitants de Montélimar, représentés par leurs consuls Rostaing de Pracomtal et Pierre Vauchier, les anciennes chartes de libertés accordées à la ville, et donna l'autorisation nécessaire pour qu'on en fît une copie authentique (3). Le comte avait alors sa résidence au château de Sauzet. Trois ans plus tard, sa dette envers le juif Héliot n'était pas éteinte, car nous voyons, le 9 janvier 1399, sur les ordres formels du comte et de Pierre Chabert, receveur général de ses finances, les habitants de Crest prendre l'engagement de payer, dans l'année, à ce banquier de Valence, une somme de 400 florins d'or qu'ils déclarent

---

sode de l'invasion de 1391, mentionnée plus haut. Ces soldats, en effet, allaient « devers leur seigneur, le nouveau comte d'Armagnac », Bernard VII d'Armagnac, qui succéda à son frère Jean III, mort le 25 novembre 1391.

(1) ANSELME, t. II, p. 198.
(2) Inventaire des titres des Poitiers, n°
(3) *Cartulaire de Montélimar*, p. 221-35. — Parmi les témoins de cet acte figure Aynier du Puy, seigneur d'Odefred et de Gluiras, l'ancien précepteur du comte et son plus fidèle conseiller. Ce personnage testa le 23 janvier 1399 en faveur du comte, qui recouvra ainsi les fiefs d'Odefred et de Gluiras. (Invent. des Poitiers, n° 218.)

devoir à leur seigneur, tant pour sa rançon que pour la dot de sa fille. Le comte avait marié sa seconde fille (dont le nom n'est pas connu) à Aubert de Trassy : la part contributive de la ville de Crest, à l'occasion de ce mariage, avait été fixée à 400 florins par an, pendant dix ans. Le terme des dix ans expirait l'année suivante et les Crestois n'avaient pas toujours régulièrement payé leur taxe. Le 17 février 1400, ils versèrent entre les mains d'Héliot 1,200 florins, dont celui-ci leur donna quittance (1).

Cependant la mort inopinée de Clément VII n'avait point amené la fin du schisme. Sous l'opiniâtre Benoît XIII, le nouveau pape d'Avignon, on vit se perpétuer, se développer tous les désordres qui avaient marqué les tristes années du règne de son prédécesseur. Les louables efforts de l'Université de Paris pour engager les deux papes à donner leur démission et à procurer ainsi le rétablissement de l'unité dans l'Eglise, furent paralysés par l'obstination de l'Université de Toulouse à demeurer fidèle à Benoît, dont elle ne voulait

---

(1) Collections dauph. de M. Perrossier. « ... universitas dicti loci Criste debet et tenetur solvere d. d. comiti..., a festo proximo omnium sanctorum in unum annum immediate sequentem, quater centum florenos auri, tales et talis valoris quod duo scuti auri d. n. Francorum regis, nunc curribiles, valeant tres dictorum florenorum, et e converso quod tres dictorum florenorum valeant duos de dictis scutis, de subsidio sive de summa subsidii per eamdem universitatem eidem domino pro redemptione et matrimonio filie sue ejusdem d. comitis, infra decem annos nondum elapsos, solvendos seu solvenda, videlicet quolibet dictorum decem annorum quatuor centum florenos valoris predicti. De dictis siquidem quater centum florenis, qui solvi debebunt causa qua supra d. d. comiti, a d. festo proximo omnium sanctorum in unum annum immediate sequentem, dicti... nominati omnes simul et quilibet corum in solidum... responderunt solvere mandato eis per d. d. nostrum comitem... et per nobilem Petrum Chaberti, generalem receptorem ejusdem d. d. comitis orctenus, die externa facta in presentia mei notarii infrascripti magistro Helioto de Arelate, judeo, habitatori Valentie, licet absenti... — Le 17 février 1400, Héliot donne aux habitants de Crest une quittance de 1,200 florins, que le comte lui devait.

point permettre qu'on mît en doute la légitimité. Ces querelles religieuses eurent pour résultat de réveiller la vieille animosité qui avait toujours existé, sur le terrain politique, entre le midi et le nord de la France. Le comte de Valentinois, l'évêque de Valence et les autres seigneurs de la vallée du Rhône se montrèrent toujours dévoués au pontife avignonais. Ces désordres servaient à merveille la politique française, à qui tous les moyens étaient bons pour étendre l'autorité royale. Les fréquents passages, à travers nos contrées, de princes, de hauts dignitaires ecclésiastiques et laïques, se rendant à Avignon ou revenant de cette ville, avec des escortes plus ou moins nombreuses et disciplinées, devenaient un fléau pour nos malheureuses populations, fléau presque aussi redoutable que les fameuses compagnies. Cet état de choses et peut-être aussi les secrètes menées du gouverneur de la province inspirèrent aux habitants de Valence la pensée de se placer, eux et leurs propriétés, sous la sauvegarde delphinale. Ils jugeaient leur évêque, Jean de Poitiers, incapable de les défendre ; ils supportaient du reste avec impatience son caractère violent et autoritaire. Les habitants des communautés de Châteauneuf-d'Isère, de Montvendre, de Montéléger, d'Allex, de Beaumont, de Loriol et de Mirmande se joignirent à eux. Le 20 juillet 1396, dans une assemblée tenue à Valence, ils choisirent des délégués pour aller à Paris, implorer la protection du roi-dauphin et régler les conditions de la sauvegarde qu'ils imploraient ; ils désignèrent Jarenton Ebraud, Jean Revel, Guillaume Juven, notaire, et Pierre de Mirmande. Ceux-ci se rendirent donc à Paris, où leurs démarches, comme il fallait s'y attendre, eurent un plein succès. Les diverses clauses du traité, qui plaçaient sous la sauvegarde delphinale les communautés dont ils étaient les mandataires, furent arrêtées le 3 octobre entre eux et les fondés de pouvoirs du monarque, Réginald de Corbières, chancelier de France et du Dauphiné, Simon de Crevant, patriarche de Jérusalem, Philippe de Molins, évêque de Noyon, Nicolas du

Bois, évêque de Bayeux, Jacques de Montmaur, gouverneur du Dauphiné, et Jacques de Saint-Germain, procureur fiscal. Sans vouloir toutefois préjudicier aux droits de l'évêque, du comte, du pape et de l'empereur, Charles VI prenait les Valentinois et leurs alliés sous sa protection, promettait de les défendre contre les agressions injustes et leur accordait les libertés et franchises dont jouissaient ses sujets de Grenoble. Les Valentinois, en retour, s'obligeaient à contribuer loyalement et sans fraude aux subsides, aides et impôts royaux, tels qu'ils existaient en Dauphiné : ils promettaient aussi de fournir au roi et à ses successeurs une compagnie de cent hommes de pied, armés de toutes pièces et entretenus à leurs frais, pendant un mois de l'année, le roi se réservant la faculté de prolonger la durée de leur service, en les prenant à sa solde (1).

Heureux du résultat obtenu, les délégués se hâtèrent de revenir à Valence, porteurs des lettres royales. Le 23 mai, sur la place des Clercs, près de N.-D. de la Ronde, ils les présentent à l'évêque et lui demandent humblement de vouloir bien y donner son approbation. Il est aisé de comprendre que le traité conclu à Paris constituait une grave atteinte aux droits de souveraineté du prélat. Aussi se montra-t-il fort irrité contre ses sujets ; il ne voulut leur donner pour le moment aucune réponse, se réservant, dit-il, d'en délibérer avec son conseil. Les esprits des Valentinois s'échauffèrent. Six jours après, le 29 mai, les chefs de famille s'assemblent dans le réfectoire des Cordeliers et déclarent ratifier toutes les conditions souscrites par leurs délégués à Paris, tout en protestant hautement qu'ils ne veulent en rien préjudicier aux droits de l'évêque et de son Église (2).

---

(1) Archives de l'Isère, B, 3142. — Bibliothèque de Grenoble, U, 926, f° 1-31. Ces documents nous présentent un tableau lamentable des ravages exercés dans nos pays par les routiers et les voleurs.

(2) Ibid. — Cf. OLLIVIER (Jules), *Essais hist. sur Valence*, pp. 256-72.

Cette attitude sentait quelque peu la révolte. Jean de Poitiers, fin diplomate, sut avec beaucoup d'habileté retourner contre le roi et sa politique le coup qu'on venait de lui porter. Il prit de là occasion d'agir sur l'esprit faible et indécis de son cousin le comte de Valentinois pour le détacher insensiblement de l'alliance française, l'indisposer contre le monarque et le faire revenir de son projet de céder ses Etats à la France, au préjudice de ses héritiers naturels. Pendant que le comte se laissait entraîner sur la pente où le conduisait l'évêque de Valence, celui-ci ne craignait pas d'accentuer son mécontentement contre le roi, en s'attachant plus que jamais à la cause de Benoît XIII, alors que la cour de France avait ordonné l'abandon de l'obédience de ce pontife et que la plupart des cardinaux avaient quitté Avignon. Bien plus, Jean de Poitiers conduisit lui-même un secours au pape délaissé, s'enferma avec lui dans le fameux château et y endura toutes les privations d'un siège de plus de sept mois. Son nom figure parmi ceux des prélats qui assistèrent à la translation des restes mortels de Clément VII, cérémonie qui eut lieu le 18 septembre 1401, pendant que durait encore le blocus (1).

Provoquée ainsi et par le comte et par l'évêque, la cour de France en vint bientôt contre eux à des mesures de rigueur. Par des lettres datées de Paris, le 16 octobre 1400, Charles VI ordonnait au gouverneur du Dauphiné, Geoffroy Le Meingre, dit Boucicaut, de se faire livrer les châteaux de Châteauneuf-de-Mazenc et de Lène pour les remettre au duc de Bourbon. La comtesse *major* en avait la jouissance sa vie durant, et y avait établi comme capitaine Guillaume d'Hostun. Le comte de Valentinois, à qui ils devaient revenir après la mort de la comtesse, s'en voyait ainsi frustré. Le 21 septembre, le duc de Bourbon donnait commission à Humbert Alleman pour en prendre possession en son nom (2). Mais ce n'était là qu'un

---

(1) BALUZE, *Vitæ paparum Avin.*, t. Ier, p. 538. — Cf. Notre *Essai hist. sur Die*, t. II, pp. 320-1.
(2) Inventaire des Poitiers, n°s 398, 399, 401.

avertissement. Le grand coup fut porté peu après que le duc de Bourgogne eut pris en main la direction des affaires. Une ordonnance royale, en date du 31 août 1402, enjoignit au gouverneur du Dauphiné de saisir les terres, châteaux possessions, revenus que le comte de Valentinois et de Diois tenait en fief de la couronne, à raison du Dauphiné (1). Le gouverneur occupa diverses places et y mit garnison. Il va sans dire que le véritable motif de cette confiscation ne fut pas donné. On voulait créer des embarras au malheureux

---

(1) Archives de l'Isère, B, 3504. — Le 3 avril 1402, le comte transigea avec le commandeur de St-Vincent, au sujet de l'exercice de leurs juridictions. (Archives de l'Isère, B, 2983, f° 1.) — Le 15 juillet 1402, étant à Crest, il fonde une messe dans l'église des Cordeliers : « Voluit et ordinavit celebrari et dici, perpetuis temporibus, die qualibet usque in perpetuum, in ecclesia conventus fratrum minorum de Crista, videlicet in capella beate Marie, quam ibidem construi et edificari fecit id. d. comes, unam missam cum bona et magna solemnitate, alta voce cantando, ut est consuetum cantare in notam missas solemnes per fratres dicti conventus que singulis diebus in ipso conventu celebrantur, videlicet incontinenti quando ipsi fratres dixerunt primam, voluitque idem d. comes ipsam missam singulis diebus celebrari, quamdiu ipse vixerit, de officio beate Marie virginis et ad honorem ejusdem ; post vero ipsius comitis mortem, ipsam missam voluit perpetuo, hora predicta, celebrari, singulis diebus de mortuis sive de officio mortuorum... » Tous les frères devront y assister, sous peine, pour les absents, de perdre la distribution et de voir leurs noms inscrits dans un registre. Tous les ans, les religieux prêteront serment que la messe est régulièrement célébrée. Si cette messe venait à être omise un mois durant, les Cordeliers de Crest perdraient leurs droits, qui passeraient aux Dominicains de Valence, chargés dès lors de la fondation : à ces derniers, il substitue les Dominicains de Die. Le comte donne, pour cette fondation, à Guillaume Chapuis, gardien, et aux sept religieux du couvent tous les revenus de ses moulins de Crest : « quorum unum vocatur molendinum superius et aliud molendinum medium, quod molendinum medium olim fuit Jordani Guillelmi quondam, et in et ex gauchatoriis et massatoriis ac aliis artificiis quibuscunque in ipsis molendinis factis et faciendis... » Dans le cas où cette fondation serait après lui contestée par ses héritiers, il donne d'ores et déjà, par donation entre vifs et irrévocable, la ville de Crest et ses dépendances à l'Eglise romaine. (Collect. de M. Perrossier.)

comte, qui en avait assez déjà avec ses créanciers; on voulait lui faire sentir combien il était dangereux de s'éloigner de l'amitié du roi ; on voulait enfin le contraindre, d'une certaine façon, à traiter ou du moins à donner des gages de la cession de ses Etats à la France, pour laquelle il n'avait encore fait que de simples promesses. Voici le motif qu'on allégua pour se saisir ainsi violemment d'un certain nombre de ses fiefs. On se souvient qu'Aymar VI de Poitiers avait été condamné à une amende de mille marcs d'argent envers le roi, pour des faits se rattachant à la cession du Faucigny au duc de Savoie, cession à laquelle il avait présidé comme gouverneur du Dauphiné. Or, plus de quarante ans s'étaient écoulés depuis le jugement; la somme avait été réduite à 15,000 florins, et finalement remise avait été faite de la dette. Les conseillers du roi trouvèrent le moyen de contester la légitimité de ces derniers actes et reprirent contre Louis II le procès intenté autrefois à son prédécesseur. Le comte, poursuivi comme débiteur envers le trésor d'une somme de 15,000 florins, vit donc saisir un certain nombre de ses terres.

L'évêque, réputé le principal instigateur des menées contre la France, vit à son tour l'orage fondre sur lui. Sa fidélité à Benoît XIII irritait encore le monarque. Le gouverneur du Dauphiné reçut l'ordre d'occuper les biens des évêchés de Valence et de Die. C'était au moment où le pape, trompant la vigilance de ses ennemis, réussissait à sortir du château d'Avignon et à reconquérir sa liberté. Jean de Poitiers, plus que jamais, se montra dévoué à cet opiniâtre et infortuné vieillard ; il le suivit à Tarascon, se plaignit des violences exercées dans son diocèse et obtint une bulle du 7 décembre 1403 qui enjoignait à l'abbé de Valcroissant, au doyen de Lyon et à celui de Vienne d'agir, en qualité de commissaires apostoliques, contre les usurpateurs et détenteurs des biens des Eglises de Valence et de Die, leur ordonnant d'écouter les plaintes du prélat et de lui faire rendre justice (1).

---

(1) Voir notre *Essai hist. sur Die*, t. II, p. 322.

Mais l'orage déchaîné un instant avec tant de violence sur l'évêque et le comte n'avait pas tardé à se calmer : le retour de la France à l'obédience de Benoît XIII dut, sans doute, contribuer à la pacification générale et devenir profitable aux anciens alliés du pontife avignonais. Le comte, toutefois, ne put recouvrer encore ses domaines mis en séquestre, et cette mesure ayant tari pour lui une source de revenus, il se trouva réduit à une situation financière de plus en plus difficile. La vente de quelques-uns de ses fiefs ne suffit pas pour satisfaire l'avidité de ses créanciers, et il fallut bientôt sérieusement songer à une mesure suprême, vendre à la France sa principauté, tout en s'en réservant la jouissance, sa vie durant. Enfin, après des années de persévérants efforts, de politique habile, les conseillers du dauphin croyaient voir arriver l'heure où l'héritage des comtes de Valentinois allait échoir à leur maître. Ils n'étaient pourtant pas au bout des difficultés.

Charles de Poitiers, chef de la branche cadette de la famille, revendiqua des droits à l'héritage de son neveu, et nous connaissons déjà les solides raisons sur lesquelles il appuyait ses prétentions. C'était un prince puissant, aimé et estimé de tous. On ne pouvait raisonnablement traiter sans lui : c'eût été préparer, pour un avenir prochain, une ère de nouveaux procès, de nouvelles luttes. D'autre part, les embarras financiers de la cour, les querelles des ducs d'Orléans et de Bourgogne, les menaces incessantes des Anglais commandaient au roi de ne pas aggraver encore sa situation, en se créant des ennemis dans la vallée du Rhône, mais bien d'acheter l'abandon des droits de la maison de Saint-Vallier par de larges concessions. Tout ayant été concerté d'avance entre les représentants du prince et le comte de Valentinois, celui-ci fit par procureur, le 19 juin 1404, à Valence, dans le palais épiscopal, une transaction, aux termes de laquelle Charles de Poitiers, seigneur de Saint-Vallier, consentait, pour lui et les siens, à ce que son neveu cédât au roi-dauphin ses Etats, renonçant ainsi à toutes les prétentions qu'il pouvait avoir ; mais en échange de ses droits, on lui reconnaissait, pour lui et pour ses successeurs, dès maintenant, la propriété de la baronnie de Clérieu, à l'exception de la Roche-de-Glun, et, après la mort de la comtesse *major* et celle du comte, la propriété de la baronnie de Chalencon en Vivarais, des villes de Privas et du Pouzin, de Durfort, de St-Fortunat, de Château-Bourg, de Mézenc, du péage de Maupas, de Tournon près Privas, de St-Pierre de Barre, de St-Vincent, et généralement de toute la partie des comtés située sur la rive droite du Rhône, à l'exception toutefois du château de Baix (1).

Le même jour, 19 juin, le seigneur de Saint-Vallier donna procuration à son fils l'évêque de Valence pour traiter avec le roi de ses prétentions sur les comtés. L'évêque se munit encore de la procuration de ses frères : Louis de Poitiers la lui donna le 19 juin ; Charles, évêque de Châlons, le 20 juin ; Philippe, le 23 juillet (2). Quelques jours auparavant, le 14 juin, le comte Louis II, se trouvant au château de Sauzet, n'avait cru mieux faire que de prendre pour son fondé de pouvoirs le même évêque de Valence, son cousin, à qui il associa Pierre de l'Isle et Pierre Chabert, les chargeant solidairement de traiter, en son nom, avec le roi, des conditions du transport de ses Etats à la couronne (3). Le choix fait par les intéressés témoigne de la confiance qu'on avait dans l'habileté du négociateur. Jean de Poitiers était, en effet, un fin diplomate, très dévoué à sa famille, et ne reculant devant aucun moyen pour mener à bout ses entreprises. Comme on va le voir, son rôle dans toute cette affaire fut considérable.

Jean de Poitiers se rendit donc à Paris. Après de longues

---

(1) Duchesne, *Preuves*, p. 61-3.
(2) Bibliothèque de Grenoble, U, 926, p. 140-64. — Louis donna sa procuration à Valence ; Charles, à l'Isles-l'Evêque, au diocèse de Châlons ; Philippe, en la prévôté de Paris.
(3) Ibid., f° 79.

conférences avec les délégués du roi, les évêques de Noyon et de Meaux (1), deux traités furent signés le même jour, 11 août 1404, le premier réglant la situation faite à Charles de Poitiers et à sa famille, le second renfermant les diverses clauses du transport des comtés à la France. Nous allons donner un aperçu rapide de ces deux documents.

Le premier traité est divisé en douze articles : 1°-4°. Le roi abandonne au seigneur de Saint-Vallier la baronnie de Clérieu, et lui remettra, après la mort du comte, les terres de la rive droite du Rhône qui appartiennent aux comtés de Valentinois et de Diois, avec les exceptions mentionnées plus haut. Si le comte meurt sans laisser d'enfant mâle, le seigneur de Saint-Vallier pourra entrer en possession des terres situées au royaume sans autres formalités. — 5° Le roi donnera au seigneur de Saint-Vallier 20,000 écus d'or, payables dans le terme qui sera assigné pour le payement des 100,000 promis au comte, et ce sous peine de nullité du présent traité. — 6° « Item. Le roi-daulphin veut et consent que sans aulcune « finance soit admorties audit seigneur de Saint-Vallier 100 « livres de rente au royaume ou en Daulphiné ès fiefs ou « arrière-fiefs du royaume ou de M. le daulphin, pour em- « ployer en fondation ou augmentation d'esglises pour l'âme « d'iceluy sire de Saint-Vallier. » — 7° « Item, sera tenues « lesdites terres dud. Mre Charles ès libertés et franchises des « pays où elles sont et seroient. ». — 8° Le seigneur de Saint-Vallier pourra acquérir jusqu'à 500 livres de terres au royaume ou en Dauphiné, tenues en fief ou en arrière-fief du roi ou du dauphin, « sans avoir à payer les lods, ne ventes ou aultres

---

(1) Philippe de Moulins, évêque de Noyon (24 déc. 1388-31 juillet 1409), avait occupé précédemment le siège d'Evreux (1383-1388) : le roi l'avait déjà employé pour la pacification des troubles occasionnés par Raymond de Turenne. (VALOIS, *La France et le Grand Schisme d'Occident*, t. II, p. 346, 381.) — Pierre Fresnel, évêque de Meaux (10 novembre 1391-20 août 1409). Il fut employé dans de nombreuses négociations, notamment pour l'extinction du schisme.

droicts de quart denier. » — 9° Comme il pourrait arriver que le comte eût un fils et qu'il voulût revenir sur la vente des comtés et l'annuler en rendant au roi les 100,000 florins qui lui sont promis, il est bien convenu que le seigneur de Saint-Vallier et ses héritiers n'auront à rembourser au roi les 20,000 écus que quand le comte aura entièrement rendu les 100,000 ; alors seulement les Poitiers-Saint-Vallier, en rendant les 20,000 écus, recouvreront tous leurs droits sur les comtés, et le roi, en garantie du payement de cette somme de 20,000 écus, occupera la terre de Clérieu. — 10° « Après la mort du comte et le transport de ses Etats à la couronne, le roi fera délivrer aux Poitiers-Saint-Vallier des vidimés ou copies de tous les testaments des anciens comtes de Valentinois, « pour qu'ils s'en puissent ayder au temps advenir, mais
« ils jureront qu'ils ne s'en ayderont, ni ne les bailleront à
« aulcun autre pour s'en ayder aulcunement à venir contre
« ledit traité. » — 11° Deux copies seront faites des présents traités. Une d'elles, vérifiée par la chambre des comptes, « sans finance », sera remise au seigneur de Saint-Vallier. Le sénéchal de Beaucaire, les baillis du Viennois, du Vivarais et du Valentinois, et les autres officiers du roi seront avisés de tout ce qui vient d'être arrêté. — 12° Enfin, le seigneur de Saint-Vallier « renonce à tous les droits et actions qu'il peut
« avoir et qui lui compétent et appartiennent... ès comtés de
« Valentinois et de Diois.., excepté ce qui est contenu au
« présent traité... (1). »

Le second traité règle les conditions du transport des comtés à la couronne. Il comprend 37 articles.

1° On convient « que led. comte, qui n'a de présent aucuns
« hoirs masles légitimes et n'est en espérance d'en avoir et
« désire de tout son cœur que en cas qu'ils trespasseroit de
« ce siècle sans hoir masle naturel et légitime procréé de son
« corps, ses terres et seigneuries viengnent ès mains du roy

---

(1) Bibliothèque de Grenoble, U, 926, p. 93-139.

« nostre sire daulphin, cède, baille, délaisse et transporte..
« au roy nostre dit sire daulphin de Viennois les comtés de
« Valentinois et de Diois, excepté la baronnie et apparte-
« nance de Clérieu, sans y comprendre le chastel et la ville
« de la Roche de Cluy .., et aussi excepté... les terres dud.
« comté de Valentinois estant au royaume de France, les-
« quelles terres... Mre Charles de Poitiers, oncle dudit comte,
« doit avoir et aura pour luy et les siens, afin qu'il consente
« audit bail... et transport, sans toutefois les chastel et chas-
« tellenie de Baix, avec toutes leurs appartenances, qui seront
« comprinses esdits bail... et transport, par ainsin que lesd.
« comtés de Valentinois et de Diois ne puissent jamais être
« hors de la main dud. roy-daulphin, ou de son fils aisné,
« daulphin de Viennois. Ainçois seront lesd. comtés de telle
« nature, manière et condition comme par le Daulphiné de
« Viennois, et auront lesd. comtés et tous les habitants d'icel-
« les, situés et demeurant en l'empire, telles libertés, à tou-
« jours, comme ceux du Dauphiné, et seront lesd. comtés
« de V. et D. adjoints avec led. Daulphiné. Et oultre auront
« led. comte et tous ses officiers et serviteurs privilège, du-
« rant la vie d'iceluy comte, qu'ils pourront appeler des griefs
« à eux faits par le gouverneur au conseil delphinal, au roy
« nostre sire daulphin, ou à son fils aisné daulphin, ou à la
« cour de parlement, ou mieux leur plaira. Et se font lesd.
« bail, cession, délaissement et transport au cas que led.
« comte ira de vie à trespassement sans hoir masle légitime
« procréé de son corps, par telle manière et condition, c'est
« à savoir que le roy daulphin, et son fils aisné, ne aultre,
« pour cause ou occasion desdits bail... et transport, ne
« pourra ou pourront rien prendre, ne demander, en quelque
« manière que ce soit, esdits comtés de Valentinois et de
« Diois durant la vie dudit comte, et pour cause de ce, et
« pour contemplation de la bonne et parfaite amour que led.
« comte a envers led. roy daulphin et son fils aisné daulphin,
« led. roy daulphin baillera et nombrera et transportera aud.

« comte la somme de 100,000 écus d'or ayant coûrs à pré-
« sent, pour une fois, dedans la feste de Toussaint prochain
« venant et au plus tard dedans la feste de S. André prochain
« venant après ensuivant. »

2° Si le comte a un fils légitime, il pourra (lui ou les siens) recouvrer ses droits en rendant les 100,000 écus. Le comte fera jurer à ses vassaux de reconnaître pour légitime seigneur le roi ou le dauphin. « De la somme de 100,000 écus
« seront présentement rachetés, par les gens du roy et dud.
« comte, tous les chasteaux et terres engagés, et le demeu-
« rant d'icelle somme sera réellement baillé audit comte. »

3° Charles de Poitiers donne son consentement au traité, aux conditions indiquées.

4°-5° Cécile de Beaufort, femme du comte, aura après la mort de celui-ci une rente annuelle de 600 florins, avec Grane ou Sauzet pour résidence, à son choix. Elle jouira, en outre, sa vie durant, des revenus de la terre de Rompon, à elle assignée en contrat de mariage.

6° Le roi se charge de payer à la comtesse *major* ce qui pourrait lui être dû à raison de son douaire, car elle est à ce sujet en procès avec le comte devant le parlement et devant la cour du petit scel de Montpellier. Il est stipulé que la somme que pourrait payer le roi, est en déduction des 100,000 écus. Si la comtesse était condamnée, le roi prélèverait les frais du procès, et le surplus reviendrait au comte.

7° Le roi remet au comte et à ses hoirs toutes les décimes échues ou à échoir, à cause des clameurs faites au temps passé.

8° « Item, led. seigneur, comme roy, ne comme daulphin,
« ou vicaire d'Empire, ne octroyera doresnavant aulcunes
« sauvegardes en la terre dud. comte, tant comme iceluy
« comte vivra, ne les subjects ne s'en pourront ayder tant
« comme toucheroit led. comte, ses officiers ou ses serviteurs,
« et si aulcunes en y avoit, led. roy daulphin les révoque ».

9°-10° Les officiers royaux n'accorderont aucunes marques contre les sujets du comte, tant qu'il vivra. Le roi ne contraindra pas le comte à venir à ses « osts et franchises. »

11° Le comte ne pourra aliéner aucune terre « du patrimoine des comtés », mais seulement celles qui pourraient lui venir « par convicts, forfaiture ou aultrement. » Il pourra disposer librement de ses biens meubles.

12° Si le comte avait à soutenir une guerre, le roi ne permettra à aucun de ses sujets du Dauphiné ou du royaume de l'attaquer, et si le comte en appelle à son jugement, le roi devra le secourir.

13° « Item, considéré les grands dommages qui sont notoi-
« rement advenus n'aguières ès terres dud. comte, por le
« faict de l'ancienne comtesse douairière d'icelles, lesquelles
« sont moult destruites en l'empire, et les forteresses abba-
« tues, led. seigneur pourvoyera par raison quant aux terres
« que lad. comtesse tient au royaume comme douairière, afin
« qu'après le décès de lad. comtesse et durant sa vie icelles ter-
« res ne soient diminuées, ne dommagées aucunement, et que
« elles soient restituées aud. comte ou à ceux qui auront cause
« de luy, par la meilleure manière que faire se pourra, à la
« conservation du droit dud. comte, comme seigneur, sa vie
« durant, desdites terres que lad. comtesse tient au royaume,
« et aussi que les procès faits pour les dommages que lad.
« comtesse a souffert estre faicts en Valentinois soient jugés,
« et s'il est trouvé qu'elle soit coupable et que par raison elle
« soit tenue ès dommages dessus dit, ladite terre sera incon-
« tinent rendue audit comte selon l'arrêt qui sera prononcé,
« pour en jouir comme des autres terres desdits comtés, et
« pour ce que l'on ne scait si le procès aura prins fin durant
« la vie de ladite comtesse, ledit seigneur roy daulphin, après
« la mort d'icelle, baillera ou fera bailler audit comte la pos-
« session desdites terres. »

14° Châteauneuf-de-Mazenc, Savasse et Lène seront confiés, durant la vie de l'ancienne comtesse, à la garde de Charles de Poitiers, seigneur de Saint-Vallier, ou de son fils Louis, « en la forme et la manière que les tient monseig. de Bourbon. » Après la mort de la comtesse, ces places seront remises au comte. Si le roi fait saisir quelques-uns des châteaux de l'ancienne comtesse, « pour raison de défense », il les remettra au comte, pour en jouir sa vie durant.

16° « Item, que doresnavant ne sera usé en aulcune manière ès comtés de Valentinois et Diois, la vie dud. comte durant, de puissance de vicariat de l'empereur, ne d'autre vicariat. »

17° Le comte pourra doter ses enfants illégitimes de châteaux et de terres qu'il viendrait à acquérir, et le roi légitimera ces enfants.

18° Le comte ne pourra être poursuivi que devant le roi ou le parlement.

19° Le roi ratifiera et maintiendra toutes les libertés dont jouissent les habitants des comtés.

20°-23° L'exercice de la justice est ainsi réglé : les habitants des localités que le comte tient en fief du dauphin pourront porter leurs procès, s'ils le veulent, devant la cour comtale ; les premières appellations iront devant « le juge des appeaux « du comte, et d'iceluy au juge du dauphin ; et au cas que « lesd. sujets ou parties ne voudroient consentir de venir en « lad. cour ordinaire du comte, iceux sujets seront convenus, « civilement et criminellement, devant les officiers, chaste-« lains ou juges que tient led. comte de Mgr le daulphin. » — Les feudataires du comte iront devant la cour comtale ; de là devant son juge des appeaux, puis devant le juge du dauphin. — Les sujets du comte, dans les lieux qu'il tient du dauphin, ne pourront être contraints à venir devant la cour delphinale, ni d'en appeler devant la cour de Chabeuil, mais directement à Grenoble.

24°-26° Tous les habitants des localités que le comte tient en fief du dauphin, devront contribuer aux charges des comtés, payer les aides pour la garde des places, « l'évacuation des gens de guerre », etc.

27° « Item, le roy ou ses successeurs daulphins de Vien-« nois, après la mort dud. comte, feront tant que les juifs ou

« juifves habitants ès dits comtés devront estre contents de
« luy et desd. successeurs, quant à leur garder les libertés et
« franchises à eux octroyées au temps passé. »

28° « Item. Et pour ce que la terre dud. comte de Valenti-
« nois, laquelle il tient du daulphin est mise en la main du
« roi daulphin, pour ce que le procureur delphinal prétend
« led. comte de Valence estre tenu en certaine somme de de-
« niers, à cause d'un reste de composition que feu son prédé-
« cesseur comte de Valentinois, pour cause de condamnation
« esquelles il avoit esté condamné, à cause du gouvernement
« et administration qu'il avait eus en Daulphiné, et à cause
« des eschanges de Savoye, ainsy comme il est contenu plus
« à plain ès lettres sur ce faites, et led. comte prétend estre
« quitte desdites sommes, tant par la grace que le roy luy a
« faicte, comme par les émoluments des terres et péages qui
« ont esté mis pour ceste cause en la main du roy, le roy au
« cas que led. comte debvroit aulcune chose de reste pour les
« causes dessus dites, luy remet et donne tout ce qu'il luy
« debvroit. »

29°-33° Le roi confirme tous les péages que possède le
comte au royaume et en l'empire. Il facilitera la fin de tous
ses procès et lui remet toutes les condamnations prononcées
jusqu'à ce jour contre lui. Enfin il l'autorise à disposer de
250 florins de rente annuelle, hypothéqués sur les terres du
Valentinois, pour des œuvres pies.

34° « Item. Le roy retient de son conseil led. comte, sa
vie durant, et lui assigne pour ce pension de 1,000 fr. par an,
à prendre sur les revenus des aydes ordonnés pour la guerre
au royaume de France. »

35°-36° Les 100,000 écus d'or, promis au comte, lui seront
payés d'ici à la Toussaint, ou au plus tard à la Saint-André,
« et s'il y a desfaut, le roy veult et consent que, nonobstant
« ce présent traité, lequel sera de nul effet, en ce cas led.
« comte fasse et puisse faire de sesdites comtés et terres à
« son plaisir, aussy comme si le traité n'eust oncques esté

« pourparlé. » Les 100,000 écus seront payés à Aouste, près de Crest, et là seront définitivement rédigés les actes de la cession des comtés.

37° Enfin le roi agira de telle sorte que les procès intentés à la comtesse *major* soient terminés le plus tôt possible (1).

En signant les conditions de ce traité, l'évêque de Valence était bien persuadé que les intérêts des seigneurs de Saint-Vallier ne se trouvaient pas compromis. Il y avait, entre autres, une clause qui allait embarrasser le monarque et fournir au prélat le moyen de paralyser les effets de ces longues négociations. Il était aisé de prévoir que le trésor royal ne pourrait de longtemps donner les 100,000 écus, dont le comte avait un extrême besoin pour sortir d'une situation désespérée.

Le 1er novembre 1404, Louis II ne reçut aucun argent. Comme la Saint-André approchait, des lettres patentes du roi furent expédiées à Boucicaut, gouverneur du Dauphiné, pour qu'il eût à réunir à Grenoble, le 13 novembre, les Etats de la province, à qui il avait à demander un secours pécuniaire en vue de l'acquisition des comtés. Les Etats s'assemblèrent le 14 novembre. Le gouverneur était absent, mais Jacques de Saint-Germain, avocat fiscal, se chargea d'exposer les volontés du monarque et de montrer combien était avantageuse l'acquisition projetée ; il invita les députés à donner une réponse favorable à la lettre du roi, dont lecture allait leur être faite par Aubert Lefebvre, receveur général du Dauphiné. En gens pratiques et soucieux des deniers publics, les députés des villes demandèrent copie de la lettre, ajoutant qu'ils en délibéreraient. Le 17 novembre, ils firent connaître leur réponse. James Marc, docteur ès lois, porta la parole en leur nom. Voici le résumé de sa harangue, dans laquelle se reflètent toutes les préoccupations de la bourgeoisie d'alors,

---

(1) Bibliothèque de Grenoble, U, 926, p. 33-73. — Il existe de nombreuses copies de ces divers actes de 1404.

sans cesse en garde contre les exactions des grandes compagnies et aussi du fisc.

« Les députés des Etats, dit-il, veulent être tenus pour bons et fidèles sujets du roi ; ils n'ont rien tant à cœur que de se montrer dociles à ses volontés et ils se réjouissent de tous les accroissements que peut recevoir la province. « Toutefois, « pour ce que led. procureur et avocat, en exposant le con- « tenu ès dites lettres, a dit et exposé, entre autres choses, que « c'estoit l'un des sept cas en quoy le seigneur peut imposer « tailles sur ses sujets, fut repliqué par led. M. James Marc « que considéré la teneur des libertés et franchises du Dau- « phiné, confirmées et jurées par le roi daulphin, nulle taille « ou subside ne se doit, ne se peut imposer audit pays si ce « n'est qu'il procède du bon vouloir des trois Estats. » Les demandes du roi prouvent que lui et les gens de son conseil « n'ont pas esté informé de l'estat et de la pauvreté et des « charges de sondit pays, car ils tiennent tous que s'ils en « eussent été informé ils en eussent eu compassion de les re- « quérir des moyens d'avoir somme d'argent plus qu'ils n'ont, « et pour ce qu'ils leur semble que le roy et nostred. seigneur « de son sang et ceux de son conseil ne sont pas informés de « la pauvreté du pays..., et aussy que cette année ils n'ont « eu blé, ne vin, tant pour tempeste, comme aultrement, et « aussy que présentement les semences sont de très petite « valeur..., si ont advisé tous ensemble... pour notifier les « choses au roy... ils seroient d'intention (réservé le bon vou- « loir de Messieurs du conseil de Daulphiné) de eslire d'au- « cuns d'eux qui allassent devers le roy. » En conséquence ils demandent d'être autorisés à envoyer au roi une députation, pour lui faire connaître la misère du pays, et se proposent de faire un emprunt pour couvrir les frais du voyage de leurs délégués.

Le conseil répondit : « que les gens des Estats estoient assez « sages pour savoir ce qu'ils avoient à faire ; qu'il ne feroit « ni commandement, ni défense d'élire des procureurs, » mais qu'il n'autoriserait aucun emprunt pour ce voyage ; si quelqu'un, toutefois, leur avançait librement la somme nécessaire, il ne s'y opposait pas.

Le 18 novembre, nouvelle réunion des Etats, qui choisirent leurs ambassadeurs auprès du monarque. C'étaient Aynard, vicomte et seigneur de Clermont, Geoffroy, seigneur de Clavaison, Guillaume, seigneur du Bouchage, et Aymé, seigneur de Miribel. L'assemblée les autorisa « à engager « le pays, pour ceux qu'il leur plaira, pour la somme de « 3,000 francs, pour une fois, ensemble ou par partye, pour « avoir finance à poursuivre les choses à eux commises, et « icelle somme de 3,000 fr. distribuer à qui bon leur sem- « blera (1). »

Pour le moment, il fut impossible au roi d'obtenir un secours des Etats. Il ne put remplir ses engagements au temps marqué, et si l'évêque de Noyon, envoyé auprès du comte, lui remit quelque somme, elle fut certainement de minime importance. Le roi de France n'était alors guère plus heureux que le comte de Valentinois. Celui-ci dut accorder un premier délai pour le payement des 100,000 écus ; ses créanciers se résignèrent à attendre, mais continuèrent à creuser l'abîme, prêt à le dévorer. Le 2 août 1406, il accordait une nouvelle prorogation de terme (2).

Pour comble de malheur, l'infortuné Louis II de Poitiers eut encore, dans le même temps, à soutenir une guerre sur laquelle nous manquons de renseignements bien précis. Toutefois, ce qui ressort assez clairement des pièces qu'il nous a été donné de recueillir, c'est que les faits dont nous allons parler se rattachent à cet ensemble de négociations et de mesures violentes par lesquelles le comte de Valentinois s'efforçait de faire entrer dans ses domaines les biens de la famille Adhémar (3).

---

(1) Bibliothèque de Grenoble, U, 926, p. 173-196.
(2) Bibliothèque de Montélimar. Mémoire sur le Valentinois. Preuves, n° 19.
(3) Voir plus haut, p. 381.

Lambert Adhémar, seigneur en partie de Montélimar, avait fait son testament le 17 décembre 1404 en faveur de Guyot Adhémar, seigneur d'Aps, son parent à un degré très éloigné (1). Celui-ci, par acte du 30 août 1405, vendit à Louis II de Poitiers toute la portion qui pouvait lui revenir par cet héritage dans la ville de Montélimar (2). Bientôt des difficultés surgirent entre les contractants. Elles amenèrent une levée de boucliers. Les seigneurs de Grolée et d'Entremonts furent les alliés de Guyot Adhémar et vinrent, à la tête d'une petite armée, recrutée en Savoie, porter la dévastation sur les terres du comte, dans les environs de Montélimar. Ils s'emparèrent de Clansayes, près de St-Paul-Trois-Châteaux, petit village qui paraît avoir été alors l'objet du litige entre le comte et les Adhémar. Le dauphin l'avait pris sous sa sauvegarde et placé sous sa main ; mais les habitants, hostiles à la domination des Poitiers, avaient fait cause commune avec les envahisseurs et combattaient maintenant dans leurs rangs. Les troupes ennemies faisaient sans cesse des courses sur les terres du comte et trouvaient à Clansayes, défendu par le site et par de hautes murailles, un asile assuré.

Manquant de courage et probablement aussi de ressources, le comte résolut de faire appel au roi-dauphin, le château de Clansayes étant de la directe de ce prince et sous sa sauvegarde. Le 2 juillet 1407, il passa procuration à Pierre Bourguignon, de Romans, pour aller à Grenoble demander au gouverneur de lui prêter secours contre les seigneurs de Grolée et d'Entremonts, qui occupaient le château de Clansayes. Le 5 juillet, Pierre Bourguignon exposait au conseil delphinal les plaintes et les demandes du comte (3). En l'absence du gouverneur, le conseil fit expédier, le lendemain, un ordre aux habitants de Vienne pour qu'ils n'eussent à laisser

---

(1) Inventaire des Poitiers, n° 315.
(2) Inventaire des Poitiers, n° 52, 53.
(3) Inventaire des Poitiers, n° 575, 47.

passer aucune troupe, par eau ou par terre, venant de la Savoie (1). Il « envoya, dit Chorier, Odinet de Courteville, « damoiseau et châtelain de la Buissière, au comte de Savoie « et Giron de l'Aire, bailli du Graisivaudan et après lui Guil- « laume d'Hostun, bailli des Baronnies, à Grolée et à Entre- « monts : celui-là pour prier le comte de commander à ses « sujets de se retirer et de mettre bas les armes ; et celui-ci, « pour sommer Grolée et Entremonts de vider *Clansayes* « comme un fief qui relevait du dauphin (2). » Informé de ce qui se passait, le gouverneur écrivit le 28 juillet pour ordonner de prendre toutes les mesures à l'effet d'expulser Guyot Adhémar, seigneur d'Aps, du château de Clansayes, « dont il s'était emparé, bien qu'il fût sous la main delphinale (3) ». Celui-ci n'attendit pas d'être attaqué et quitta la place, et le 26 juillet, une ligue offensive et défensive fut conclue entre Louis II de Poitiers et les habitants de Clansayes, « qui avaient pris les armes contre lui » et qui promirent de le servir contre tous, excepté contre le dauphin (4).

Cependant les seigneurs de Grolée et d'Entremonts continuaient à guerroyer dans le Valentinois, sans qu'il nous soit possible de bien saisir leurs griefs particuliers ; nous savons seulement qu'ils réclamaient au comte certaines sommes d'argent. Quoi qu'il en soit, le. . . . . . . 1408, Louis de Poitiers écrivait au roi une lettre, dans laquelle, après s'être plaint amèrement qu'on ne lui a pas encore remis les 6,000 écus annoncés depuis longtemps, il dit qu'il est en guerre avec le seigneur de Grolée et que le prince doit lui venir en aide : il ajoute que ce qui rend encore sa situation plus critique, c'est que bon nombre de ses châteaux sont toujours aux mains de la comtesse *major* et qu'il ne peut s'en servir (5).

(1) Anselme, t. II, p. 196.
(2) Chorier, t. II, p. 404-5. — Cet auteur dit que la localité enlevée par Grolée et Entremonts s'appelait Clausenc. Il faut lire Clansayes.
(3) Inventaire du Valentinois, t. II, 305.
(4) Ibid.
(5) Archives de l'Isère, B, 3498.

Le roi se décida à secourir son vassal. « Ayant mandé des
« ordres exprès, il chargea ses officiers de faire défense, en
« son nom, aux uns et aux autres, de rien entreprendre con-
« tre le comte de Valentinois et commandement de rendre ce
« qu'ils lui avoient pris. Jean d'Angest, grand maistre des
« arbalestriers de France, s'étoit avancé jusqu'à Lyon et y
« faisoit un gros d'armée pour l'amener au comte et il pré-
« tendoit passer à travers le Dauphiné. Mais on n'avoit pas
« moins à craindre ce passage dans ce pays que la guerre
« effective dans le Valentinois. Aussi Courteville lui fut en-
« voyé et au sénéchal de Mâcon pour le divertir du dessein
« de faire prendre cette route à ses troupes et pour lui ins-
« pirer celui de les mettre sur le Rhône. Cependant Grolée,
« qui ne douta pas que le roi faisant son affaire de celle du
« comte, la partie seroit inégale, rechercha de s'accommoder.
« Tout y étoit disposé ; et ses prétentions contre le comte
« furent fixées à une somme dont il lui étoit encore dû, l'an
« 1409, 2,000 florins (1). »

Dans les premiers jours de décembre 1407, après s'être fait
beaucoup prier, les Etats du Dauphiné avaient accordé au roi
un secours de 30,000 florins, pour lui permettre de s'acquitter
en partie de ses engagements envers le comte (2). Il était
prudent de ménager ce dernier, qui se fatiguait de donner régulièrement, chaque année, un nouveau délai à son débiteur.
Nous venons de voir que le gouverneur, obéissant aux ordres
de la cour, fit des efforts pour pacifier le différend qu'il avait
avec le seigneur de Grolée. Le mobile de ce beau zèle, mis
tout à coup au service des intérêts du comte de Valentinois,
est aisé à découvrir, si l'on suit attentivement la marche des
événements. Jean de Poitiers, évêque de Valence, que nous
connaissons déjà très hostile au traité de 1404 et qui cher-

---

(1) CHORIER, l. c. — LACROIX, *L'Arrondissement de Montélimar*, t. II,
p. 283-6.

(2) Mémoire ms. (Montélimar), f° 13.

chait tous les moyens d'assurer à sa famille la possession des comtés, était devenu, grâce à ses intrigues et à son habileté, un personnage important et jouait maintenant son rôle sur la scène politique. Il avait été des derniers à abandonner Benoît XIII. Ce ne fut que quand le concile de Pise eut prononcé la déchéance de ce pontife et lui eut donné un successeur, qu'il renonça à son obédience pour reconnaître Alexandre V. Or, comme ce dernier le savait diplomate, il se hâta de lui confier la charge de recteur du Comtat, avec la mission d'expulser de cette province Rodrigue de Lune et les Aragonais (1). On pouvait dès lors s'attendre à ce qu'il userait de toute son influence pour amener son cousin à modifier ses résolutions.

Recteur du Comtat, Jean de Poitiers tint à justifier la confiance que le pape lui témoignait. Il leva des troupes et, à leur tête, commença le 23 mai 1410 le siège du palais d'Avignon, occupé par les Aragonais (2). Jean XXIII, successeur d'Alexandre, le confirma dans l'exercice de ses fonctions de recteur, par une lettre du 23 août de la même année (3). Le blocus du fameux palais continua, et Rodrigue ne pouvant recevoir aucun secours se vit réduit à capituler le 30 septembre 1411 (4). Ces événements politiques, aussi bien que la malheureuse expédition de Boucicaut à Milan et à Gênes, occasionnèrent dans le pays beaucoup de désordres, dus surtout aux passages fréquents des compagnies. Au mois de décembre 1410, on signalait l'approche de Jean de Broquiers et de plusieurs capitaines qui, suivis d'une multitude d'hommes d'armes de diverses nations, se disposaient à envahir le Venaissin et le Valentinois. Renier Pot, gouverneur

---

(1) COTTIER, *Notes hist. concernant les recteurs du ci-devant Comté-Venaissin*, Carpentras, 1806, in-8°, p. 112; — FANTONI-CASTRUCCI t. Ier, p. 293-4.
(2) Ibid.
(3) Ibid., p. 114.
(4) FANTONI-CASTRUCCI, l. cit.

du Dauphiné, se trouvant à La Côte-Saint-André, écrivit le 16 décembre 1410, à Guy de Sassenage, seigneur d'Izeron et de Montrigaud, bailli des Baronnies, pour lui enjoindre de réunir en toute hâte des troupes et de se porter au secours du comte de Valentinois (1).

L'année suivante, la cour parut s'inquiéter des dispositions du comte. On ne lui avait encore donné qu'une très faible partie de ce qu'on était convenu, et l'argent qu'il retirait était aussitôt englouti dans le gouffre de sa dette. On lui faisait force promesses et il signait prorogation sur prorogation. A ce jeu, il finissait par se lasser. Sur ces entrefaites, le roi donna le Dauphiné à son fils, Louis, duc de Guyenne, et pour flatter l'amour-propre de l'évêque de Valence et gagner ce prélat, il le chargea de prendre possession de nos pays, au nom du jeune prince, et de l'y faire reconnaître comme dauphin (2). La prise de possession eut lieu le 19 avril 1410. On s'engagea en même temps à payer enfin, le premier mai de l'année suivante, les 100,000 écus. Mais les mois s'écoulèrent et n'amenèrent point d'argent. Les factions d'Armagnac et de Bourgogne dévoraient la France et appelaient l'étranger. Au milieu de ces calamités inouïes, la cour de France songea, un instant, à Louis de Poitiers ; ce fut pour lui envoyer un conseiller qui devait le supplier de prendre encore patience. Jacques Gélu vint donc de la part du dauphin trouver le comte qui faisait alors sa résidence au château de Sauzet, et après bien

---

(1) Archives de l'Isère, B, 3498. « ... Ad nostrum pervenit auditum quod nobilis Johannes de Broquiers et quidam alii capitanei, cum magna armatorum multitudine diversarum nationum, pro veniendo contra patriam Venayssini et comitatum Valent. et Dien. et dumpna dando et inferendo in comitatibus antedictis, se preparant... »

(2) Archives de l'Isère, B, 3177. — Louis, dauphin, duc de Guyenne, était né le 22 janvier 1396. Ce prince frivole, adonné à une vie inutile et luxueuse, usé par de précoces excès, mourut le 14 décembre 1415. Jean, duc de Touraine, son frère, qui lui succéda, ne devait pas lui survivre longtemps ; il fut emporté par un mal subit, le 5 avril 1417.

des explications, obtint de lui que le terme du payement serait encore prorogé du 1er mai au 1er août. L'acte est daté du 10 avril 1411 (n. s.). Le comte accorde cette nouvelle faveur « pour l'honneur et révérence du roy, et de mondit sei-
« gneur le dauphin, en recognoissance de la bonne affection
« et amour que le roy et mondit seigneur le dauphin ont
« envers luy, pour tousjours plus complaire à eulx et mieulx
« démontrer la bonne volonté qu'il a eu et a à eulx... (1) » Il va sans dire qu'au mois d'août rien ne fut payé. Dès le 30 juillet, on avait fait consentir à Louis II « un délai jusqu'au 1er mai 1412 », et des actes analogues nous apprennent qu'au mois de janvier 1413, le comte attendait toujours.

Cependant les craintes de la cour de France étaient maintenant fondées. Les événements prenaient une autre tournure, et si l'évêque et son frère eussent continué à agir sur l'esprit faible et inconstant de leur cousin avec sagesse et réserve, s'ils eussent continué à exploiter le manque de parole du roi, les embarras financiers du comte, il est probable qu'ils eussent, à la longue, obtenu gain de cause auprès de ce dernier et assuré à leur famille l'héritage qu'ils convoitaient.

Charles de Poitiers, seigneur de Saint-Vallier, mourut en 1410 (2). Il avait fait son testament le 18 mars précédent et désigné pour son héritier universel son fils Louis (3). Charles de Poitiers était d'un caractère doux et conciliant. Il fut aimé et regretté de ses sujets. Dans un siècle où les princes donnaient, sans pudeur, libre cours à leurs haines implacables et à leurs honteuses débauches, il était « tenuz et réputez ès dits
« pays tout communément un grant et notable seigneur, de
« grant et haut lignage, de bonne vie, renommée et honneste

---

(1) Bibliothèque de Grenoble, B, 6263.
(2) DUCHESNE, *Preuves*, p. 87. D'après une enquête faite à Crest, en 1421, le seigneur de Saint-Vallier serait mort vers l'âge de 80 ans.
(3) DUCHESNE, *Preuves*, p. 84-6. Nous dirons plus loin quels furent ses enfants.

« conversation (1). » Nul doute que Simone de Méry, sa vertueuse épouse, n'ait exercé sur lui une heureuse influence. Elle était morte en odeur de sainteté ; son tombeau dans l'église des Cordeliers de Romans devenait le but d'un pèlerinage, et la piété des fidèles y faisait « plusieurs offrandes « tant de cire que autrement, ainsi qu'on a accoustumé de « faire aux corps saints (2). » Ses fils n'avaient point hérité de ses vertus ; ils étaient bien de la race des Poitiers que nous connaissons, gens âpres au gain, durs envers les petits et les faibles, d'une conscience fort peu délicate. A peine Charles de Poitiers était-il mort, que Louis, son fils, le nouveau seigneur de Saint-Vallier, excité et conseillé par l'évêque de Valence, manifesta hautement l'intention de ne tenir aucun compte du traité de 1404, quand viendrait à s'ouvrir la succession de son cousin. Les choses allèrent si loin que le roi, dans le dessein de paralyser toute tentative de retour sur ce qui avait été conclu, crut devoir déclarer solennellement, le 31 décembre 1412, qu'il ratifiait la cession du Valentinois à la France et qu'il acceptait les charges qu'elle lui imposait (3). De son côté, le dauphin fit une semblable déclaration le 28 janvier de l'année suivante.

Ces mesures ne découragèrent point le seigneur de Saint-Vallier. Tout porte à croire qu'il était encore secrètement excité à poursuivre ses revendications et par l'empereur et par le pape, qui tous les deux redoutaient les conséquences que pourrait avoir pour leur autorité l'annexion du Valentinois aux

---

(1) Duchesne, *Preuves*, p. 86. Les contemporains qui font l'éloge de « sa bonne vie » n'ignoraient pas qu'il avait eu cinq enfants naturels ; mais déjà à cette époque le niveau moral était tombé si bas que des désordres de ce genre n'étaient comptés pour rien, surtout dans les familles princières.

(2) Duchesne, *Preuves*, p. 87. Le nécrologe des Frères Mineurs de Troyes dit qu'elle décéda le 4 juillet. Elle appartenait au tiers ordre de St-François.

(3) Anselme, t. II, p. 196.

Etats du dauphin. Nous serions tenté d'en trouver la preuve dans certaines particularités du voyage entrepris par l'empereur Sigismond, à la demande du concile de Constance, pour essayer d'amener Benoît XIII à renoncer à la papauté. Comme on le sait, Sigismond traversa la Savoie (1), où il fut magnifiquement fêté par le comte Amédée VIII, qui en récompense vit peu après son comté érigé en duché. Le 2 août 1415, l'empereur était à Vienne, et le 4 à Valence, où il fit Jean de Poitiers « comte du sacré palais de Latran et de l'impérial
« consistoire, avec tous droits et privilèges dont les autres
« comtes jouissent, et avec pouvoir de créer des notaires, ta-
« bellions et juges ordinaires et de légitimer les bâtards et les
« rendre capables de successions, charges et dignités (2). »
Après l'insuccès de ses tentatives auprès de l'opiniâtre Benoît XIII, Sigismond repassa dans nos pays et gagna Lyon, d'où le 5 février 1416 il délivra un diplôme au comte de Valentinois, pour lui reconnaître les droits souverains dans ses Etats et déclarer qu'il ne relevait que de l'Empire (3).

Le conseil delphinal s'émut des actes de souveraineté exercés par l'empereur dans nos pays et adressa au roi un long mémoire pour les lui signaler (4). Mais le roi se mit peu en peine de ce qu'avait pu faire l'empereur, dont l'autorité dans l'ancien royaume d'Arles ne subsistait plus qu'à l'état de vague souvenir; il ne jugea pas utile de suivre l'avis de ses conseillers qui le pressaient de solliciter le titre de vicaire impérial. Il avait, du reste en ce moment, d'autres préoccupations. Les affaires de France étaient aussi bas que possible. On était au lendemain du désastre d'Azincourt. Tous les malheurs qui depuis quelques années s'abattaient sur la France

---

(1) Pour l'itinéraire de Sigismond, voir *Le Mystère des Trois Doms*. Introd., p. 129-137.
(2) Bibliothèque nationale. MS. lat. 16829, f° 54.
(3) Archives de l'Isère, B, 2984, f° 279, et B, 2987, f° 129.
(4) Archives de l'Isère, B, 3313.

servaient à merveille les desseins du seigneur de Saint-Vallier et de son frère. Ne trouvaient-ils pas là, en effet, une excellente raison à faire valoir auprès de leur cousin, pour le convaincre que le roi serait désormais dans l'impuissance absolue de s'acquitter des conditions du traité de 1404 ? Si depuis douze ans il n'avait pu réunir les 100,000 écus d'or promis en échange des droits du comte, comment se les procurerait-il aujourd'hui que l'Anglais était victorieux et ravageait les plus belles provinces ? Les deux frères harcelaient le pauvre comte, qui ne puisait un peu d'énergie pour résister à leur obsession que dans la haine qu'il nourrissait contre la branche cadette de sa famille.

Ils obtinrent pourtant de l'opiniâtre et vindicatif vieillard qu'il consentît à soumettre leurs différends à l'arbitrage de l'archevêque de Narbonne, François de Conzié (1). Le 22 mars 1416, ce prélat fut donc choisi pour arbitre. « Ils lui exposè-
« rent leurs droits, dit le Mémoire manuscrit qui a été le point
« de départ de ce travail. L'évêque et le seigneur de Saint-
« Vallier prétendoient que les comtés de Valentinois et de
« Diois leur avoient été substitués par le testament de leur
« ayeul. Le comte, au contraire, soutenoit en avoir la libre
« propriété. Mais après quelques procédures de part et d'au-
« tre, ce différend resta sans être terminé, par les éloignements
« que l'archevêque de Narbonne fit naître, soit qu'il ne trou-
« vât pas le droit de l'évêque de Valence et du seigneur de St-
« Vallier aussy évident qu'ils le soutenoient, ou que le comte,
« de son côté, voulût en éloigner la décision, espérant de
« traiter plus avantageusement pour lui avec le roy de France,
« avec lequel il avoit déjà pris des engagements, et même

---

(1) François de Conzié, archevêque de Narbonne (19 septembre 1391-31 décembre 1432), originaire de la Savoie, avait été successivement évêque de Grenoble (6 février 1380-1388), archevêque d'Arles (31 janvier 1388-1390), archevêque de Toulouse (17 octobre 1390-1391); il porta encore le titre de patriarche de Constantinople.

« ceux en qui il avoit mis sa principale confiance l'entrete-
« noient dans sa résolution par des espérances flatteuses (1) ».

Nous voici maintenant arrivé à un épisode des plus dramatiques. Pour l'honneur de l'évêque de Valence, nous préférerions ne pas en parler ; mais la vérité a des droits, et l'historien des devoirs. Le lecteur connaît d'ailleurs ce singulier prélat, digne fils des Poitiers, diplomate et guerrier à ses heures, parvenu à l'épiscopat à l'âge de 22 ans, grâce aux sollicitations des siens auprès de Clément VII en quête de partisans et qui ne pouvait rien refuser. Notre récit n'apprendra rien de bien nouveau. Les documents inédits, que nous avons eu entre les mains, vont nous permettre seulement d'apporter plus d'exactitude, de précision dans l'exposé des faits et de mettre en relief certains détails piquants qui peignent au vif les mœurs de l'époque.

L'évêque de Valence et le seigneur de Saint-Vallier, voyant que les choses ne tournaient point au gré de leurs désirs, résolurent d'obtenir par la violence ce que la persuasion ne pouvait leur donner. Le plan concerté entre eux consistait à s'emparer de la personne du comte et à le contraindre ensuite, par toutes sortes de menaces, à reconnaître dans un acte authentique les droits de la branche cadette des Poitiers. Le moment paraissait favorable pour réaliser ce hardi coup de main. Le comte ne pouvait raisonnablement soupçonner d'aussi noirs projets chez ses cousins, et ceux-ci étaient bien persuadés que le roi, tout entier aux affaires du royaume, n'apporterait qu'une attention fort distraite à ce qui aurait lieu dans nos lointaines régions.

Un dimanche, 2 août 1416, vers deux heures de l'après-midi (2), Louis, seigneur de Saint-Vallier, arrivait devant le

---

(1) Mémoire MS. sur le Valentinois (Bibl. de Montélimar), p. 15.

(2) Tous les détails qu'on va lire sont tirés des diverses dépositions faites à Crest, dans l'enquête ordonnée par le conseil delphinal sur ces événements. Il existe aux archives de l'Isère plusieurs copies de cette

château de Grane, où le vieux comte faisait alors sa résidence ; il se présentait à la porte qui regarde le village, ayant avec lui trois affidés, Pierre Roux, de Crest, un certain Charbonnel et son barbier. Eymonet de Mont-Didier, qui avait la

---

enquête : B, 3498, et B, 2889, f⁰⁸ 168-209. Nous donnerons ici, d'après la dernière copie, deux dépositions :

« Et primo fuit inquisitum cum Eymoneto de Monte Disderio, portierio d. d. comitis, qui ejus juramento deposuit se tantum scire super captione ipsius domini comitis, videlicet quod die dominica secunda presentis mensis augusti, quasi per duas horas post meridiem, d. Ludovicus de Pictavia, dominus Sancti Valerii, venit ad locum de Grana, ad castrum spectabilis d. Ludovici de Pictavia, comitis Val. et Dien., et ad portam qua itur ad villam de dicto castro, et erant cum eo Petrus Ruffi, de Crista, et vocatus Charbonnel, et barberius ipsius d. Ludovici, et incontinenti quod ipse deponens vidit ibidem d. predictum S. Valerii descendit et aperuit sibi dictam portam et gentibus suis predictis ut intrarent, sicut volebant. et ipse non credebat quod haberent intensionem sinistram, et pro eo ita faciliter ipse deponens dictam portam aperuit.....Item, deposuit quod. d. dominus S. Valerii interrogavit ipsum portierium deponentem ubi esset d. comes, qui respondit quod dormiebat vel erat in camera sua. Et inde d. dominus Sancti Valerii, cum dicta comictiva sua, ivit se logiatum in dicto castro, in camera sua consueta, et demum idem dominus Sancti Valerii venit ad d. dominum comitem, prout ipse deponens audivit dici...., et quod dictus comes quando vidit dominum Sancti Valerii, interrogavit eum si habebat sitim, qui dominus Sancti Valerii respondit quod biberat quingentis vicibus quibus non habebat tantam sitim. Deinde dixerunt eidem deponenti gentes d. domini comitis quod d. dominus Sancti Valerii cenaverat dicta eadem die cum d. domino comite in eadem mensa, et quod d. d. comes sibi facerat magnum et bonum vultum, et post cenam biberunt vinum *de retrait*, et prefatus d. comes dixit : *Frère, alez vous coucher.* Deposuit etiam quod, adveniente die lune sequenti, in aurora, prout eidem dixit loquenti dictus Robinus, socius suus, qui erat in d. porta, absente ipso deponente qui iverat ad deponendum naturalia, d. dominus Sancti Valerii dixit d. Robino : *Robin, ecce Monseigneur de Valence*; et dum idem dominus episcopus Valentinensis intravit dictam portam, cum suis gentibus, dictus Robinus admiratus dixit quod erant nimis gentes seu plures quam deberent, tunc d. dominus Sancti Valerii cepit dictum Robinum per raubam quam deferebat de tela injuriose, quam

garde de cette porte, les ayant vu venir, descendit aussitôt pour la leur ouvrir et, ne se doutant de rien, les introduisit dans la forteresse. Le seigneur de St-Vallier lui demanda où était le comte. Il répondit que celui-ci dormait en ce moment, que du moins il était dans ses appartements. Saint-

---

sibi laceravit, dicendo : Ribalde, si tu plus dicas verbum, tu es mortuus, sibi petendo alias claves, et quod aperiret sibi portam prati. Cui respondit idem Robinetus quod erat nudus, non habens nisi dictam raubam tele, et erat totus decalciatus, sed dictus d. Sancti Valerii non fuit passus quod se induceret et fecit apperiri dictam portam prati et cepit omnes claves et posuit ipsum Robinum et omnes gentes d. domini comitis extra castrum, in dicto prato, ne gentes ville se insurgerent, et, apprisonato ipso domino comite, dictas gentes ipsius d. d. comitis expulserunt extra d. castrum. Aliud nescit.

Item, fuit magis inquisitum cum venerabili viro fratre Johanne de Petragorda, ordinis beati Anthonii..... Et in aurora diei sequentis lune, que fuit tertia dicti mensis Augusti, ipse deponens et dictus bastardus audierunt magnum rumorem, unde credebant, quando audierunt, quod frangebatur dictus paries postium super eos; fuerunt valde stupefacti, formidantes de eorum personis, quia clamabant ipse gentes predictam parietem frangentes: *Tuis, sus! leveȝ-vous. Appert, appert!* ingredientes cum suis ensibus evaginatis, armati lauricis, et inde dominus episcopus Valentinensis cepit ipsum deponentem per brachium et duxit eum ad portam castri, ubi est quidam pons per quem itur ad dictum pratum, et ibi erat dominus Sancti Valerii, cui ipsum deponentem tradidit idem dominus episcopus, qui erat armatus, et etiam dominus Sancti Valerii. Quo facto d. dominus Sancti Valerii eumdem deponentem poni fecit in dicto prato, in quo ponebantur et erant reducti servitores et gentes d. domini comitis. Et postea restituerunt sibi calceamenta sua et capucinum, et aliis existentibus in d. prato restituerunt vestimenta sua, et subsequenter incontinenti, vidit d. d. episcopum armatum super crenellos dicti fortalicii, dicentem alta voce quod dominus comes Valentinensis *les voloit desheriter faulcement et maulvaisement; et qu'il ne feroit pas comme premierement de oster leur chevance, et qu'il avoit aulcunes gens qui l'avoient gouverné faulcement et maulvaisement, et pour ce ils voloient prendre le gouvernement et gouverneroient, et en après il jura moult fort que s'il advenoit que aulcun mist bacinet en teste contre eulx que ils le lanceroient du mur en bas.* Aliud dicit se nescire...

Vallier alla s'installer dans la chambre qu'il occupait d'ordinaire quand il venait rendre visite à son parent. Peu après il se rendit auprès du comte, qui ne voyant dans cette visite qu'un témoignage de déférence et d'amitié, le reçut avec démonstration de joie, lui prodigua le nom de frère, lui fit servir des rafraîchissements, le retint à sa table pour le souper, et ne lui permit d'aller prendre son repos qu'à une heure avancée, après avoir bu ensemble « le vin de retrait » et lui avoir souhaité une bonne nuit.

Mais Saint-Vallier songeait à toute autre chose qu'au sommeil. Dès la pointe du jour, il se lève et envoie son barbier dire à l'homme qui fait le guet au sommet de la tour d'aller au village prier le chapelain de faire sonner la messe, car il désire l'entendre avant de partir. Sous prétexte de diverses commissions, il fait sortir du château plusieurs serviteurs du comte. La cloche qui sonnerait la messe devait donner le signal convenu entre Saint-Vallier et l'évêque. Celui-ci arrivait, en effet, au moment marqué, ayant une escorte de vingt-six à vingt-sept hommes armés et à cheval. Saint-Vallier qui s'était fait livrer par Robin, le serviteur du portier, les clés de la forteresse, prétextant qu'il voulait promener dans le pré et y réciter ses heures avant le commencement de la messe, ouvrit à son frère et l'introduisit dans la place avec son escorte. Robin ne put s'empêcher de faire remarquer qu'il y avait là beaucoup de monde : « Tais-toi, lui dit Saint-Vallier, ou tu es mort », et saisissant ce pauvre homme, sans même lui donner le temps d'aller prendre ses vêtements, il le poussa violemment hors de la forteresse, dont il referma aussitôt la porte.

L'évêque et son frère étaient les maîtres du château. Ils se mirent à le parcourir l'épée à la main et le casque en tête. Les hommes d'armes qui les accompagnaient frappaient aux portes des chambres, les enfonçaient au besoin, en criant : « Tuis, sus, levez-vous ! appert ! appert ! » Les gens du château étaient à peine debout, qu'on les saisissait et qu'on les conduisait en

chemise hors de la forteresse, dans le pré où se lamentait le pauvre Robin. Lancelot, bâtard du comte, y fut mené comme les autres à demi-mort de frayeur. « L'évesque et le seigneur
« de Saint-Vallier allèrent aussi aux chambres où étoient cou-
« chées trois filles bastardes du comte ; ils leur dirent douce-
« ment de se lever, qu'ils avoient de mauvaises nouvelles à
« leur annoncer. Elles crurent qu'ils vouloient se rire d'elles.
« Mais ayant sceu la détention du comte, elles se mirent de-
« vant l'évesque de Valence en pleurant. Il les releva pour
« lors en les embrassant et leur dit de ne pas pleurer, que la
« détention de leur père seroit cause qu'elles seroient bientôt
« mariées. Ils les firent cependant conduire au pré du château,
« comme les autres prisonniers (1). »

L'expulsion de tous les gens du comte avait été aussi rapide que complète. Celui-ci ne se doutait encore de rien. Pendant que des hommes d'armes gardaient sa porte, l'évêque, toujours revêtu de son armure, monta aux créneaux des remparts et de là fit signe à tous ceux qui attendaient dans le pré et à qui on venait de faire distribuer quelques vêtements, qu'il voulait leur parler. Il tâcha de leur expliquer brièvement sa conduite et celle de son frère ; il dit, entre autres choses, « que le comte les voloit deshériter faulcement et mauvaise-
« ment, et qu'il ne feroit pas comme premièrement de oster
« leur chevance, et qu'il avoit aulcunes gens qui l'avoient
« gouverné faulcement et mauvaisement, et pour ce ils vo-
« loient prendre le gouvernement et gouverneroient. Et en
« après il jura moult fort que s'il advenoit que aulcun mist
« bassinet en teste contre eulx que ils le lanceroient du mur
« en bas. »

Suivis de quelques affidés, les autres gardant soigneusement les avenues du château, l'évêque et le seigneur de Saint-Vallier se rendirent à la chambre du comte, où se trouvaient avec lui deux valets. Ils heurtèrent à la porte, qui ne tarda

---

(1) Mémoire ms. sur les comtés..., p. 17.

pas à s'ouvrir. Saint-Vallier et son frère entrèrent l'épée à la main, avec sept ou huit de leurs gens armés. L'évêque s'avança vers le comte, qui au premier bruit s'était levé précipitamment ; il le fit remettre au lit et lui dit de ne pas remuer, sinon il était mort. Le malheureux comte, victime de ce guet-apens, fut pendant une heure à crier merci, craignant à chaque instant qu'on ne le tuât. Il se mit plusieurs fois à genoux, demandant à l'évêque qu'il voulût au moins le confesser avant de le faire mourir. Le prélat qui n'avait sûrement pas la pensée de commettre un pareil crime, mais qui voulait faire peur à son parent pour l'amener à ses fins, toujours l'épée à la main, porte une relation, *continuo tenens in manu ensem evaginatum, loco baculi pastoralis,* lui dit en colère qu'il eût à faire son acte de contrition et que cela suffisait. Les conjurés menèrent ensuite le pauvre comte, plus mort que vif, dans une salle basse voûtée, et là le constituèrent prisonnier.

Cependant la nouvelle de cet attentat, digne d'une troupe de brigands, s'était promptement répandue dans le pays. Dès le lendemain, le conseil delphinal siégeant à Grenoble était au courant de tout. Louis II de Poitiers était vassal du dauphin ; l'outrage qui venait de lui être fait atteignait donc aussi le souverain. Le conseil, à qui appartenait l'autorité dans la province en l'absence du gouverneur, nomma le jour même deux délégués, Jacques de Saint-Germain, avocat fiscal et procureur général, et Aubert Faure, trésorier delphinal, avec mission de se transporter immédiatement à Crest, pour ouvrir une enquête sur les faits signalés. Le 7 août, les délégués reçurent leurs lettres de commission et s'acheminèrent vers le Valentinois, où régnait la plus grande agitation (1). Les

---

(1) Archives de l'Isère, B, 2989, f° 168. « In nomine Domini. Amen. Anno nativitatis Domini millesimo quatercentesimo decimo sexto, et die septima mensis Augusti, receptis reverenter per honorabiles viros dominos Jacobum de Sancto Germano, advocatum fiscalem et procuratem generalem Delphinatus, et Aubertum Fabri, thesaurarium Delphi-

vassaux du comte commençaient à s'assembler à Crest ; ils ne tenaient nullement à passer sous la domination des Saint-Vallier et parlaient de tenter une expédition pour délivrer leur seigneur.

L'évêque de Valence et le seigneur de Saint-Vallier étaient toujours avec leur prisonnier enfermés dans la forteresse de Grane. Leur situation ne tarda pas à devenir critique. L'émotion qui gagnait le peuple, le soulèvement des vassaux qui couraient en armes leur firent appréhender qu'on ne vînt les assiéger et leur couper la retraite. Quelques-uns des principaux vassaux s'étant présentés au château pour visiter le comte, on les autorisa à pénétrer dans sa prison. Ils le trouvèrent dans une chambre basse, gardé à vue par des gens armés et ne pouvant parler à personne, sans l'autorisation des auteurs de sa captivité. Voyant ses vassaux, il se mit à pleurer et à gémir, comme un homme lâche et vulgaire ; il leur dit qu'il voulait absolument sortir de l'état où on l'avait réduit, que pour cela il était prêt à faire la déclaration que l'évêque et le seigneur de Saint-Vallier lui demandaient. Ceux-ci, en effet, s'engageaient à le remettre en liberté, pourvu qu'il consentît à leur assurer son héritage, dans le cas où il mourrait sans enfant mâle légitime. Le 17 août, après

---

natus, consiliarium Delphin., commissarios ad supra scripta peragenda per venerabile consilium Delphinale, Gratianopoli residens, regens Delphinatum, specialiter deputatos, litteris eorum commissionis, quarum tenor inferius est insertus, ipsi domini accesserunt ad locum de Crista in Valentinensi, pro recipiendo informationes super captione spectabilis domini Ludovici de Pictavia, comitis Valentinensis et Diensis, hominis et vassali domini nostri Dalphini, capti et detenti per reverendum in Xpo patrem d. Johannem, episcopum et comitem Valentinensem, et d. Ludovicum de Pictavia, d. Sancti Valerii, ejus fratrem, et deinde die ultima mensis Augusti ipsi commissarii ad receptionem dictarum informationum, juxta tenorem dicte commissionis, processerunt ut sequitur infra..... » — Suit la teneur de la lettre de commission : « Datum Gratianopoli, sub sigilio dicti Consilii, die quarta mensis Augusti, anno Domini 1416..... »

quinze jours de captivité, le comte signa tout ce qu'on voulut, et jura même sur le corps du Christ ce qu'on lui fit signer. Il avait encore pris l'engagement solennel de réunir tous ses vassaux et de leur faire prêter serment qu'ils reconnaîtraient, après lui, l'évêque de Valence et le seigneur de Saint-Vallier pour légitimes seigneurs, et jusqu'à ce que cette formalité fût accomplie, il devait demeurer sous la garde des seigneurs de Montlaur et de la Roche, qui s'étaient portés garants de sa parole. Cette déclaration obtenue, les deux frères s'étaient hâtés de quitter Grane.

Mais le comte n'avait point encore recouvré sa liberté que déjà les seigneurs de la Roche et de Montlaur s'étaient rendus auprès de Barthélemy La Vernade, lieutenant du sénéchal de Beaucaire, pour réclamer son appui et protester contre les engagements que les Saint-Vallier leur avaient fait prendre. Ils lui représentèrent avec quelle barbarie le comte était traité par ses cousins, qui allaient jusqu'à lui refuser de voir son confesseur et son médecin ; ils l'avaient trouvé, ajoutèrent-ils, comme un homme hors de lui, prêt à souscrire à toutes les conditions pour être délivré, et recommandant surtout de traiter avec ses ennemis, parce que ceux-ci avaient menacé de le jeter du haut des remparts si on tentait de l'arracher de leurs mains de vive force. Ce fut le 16 août qu'ils exposèrent leur requête au sénéchal (1). Deux jours après, le 18, en pré-

---

(1) Archives de l'Isère, B, 3586. «..... Attento maxime quia idem d. episcopus et dominus de Sancto Valerio, ipsum detinentes, confessorem cui sua peccata confiteretur medicumque qui langorem et infirmitatem sui corporis curaret, eidem d. comiti, postulanti sepissime et continue, denegaverant, comminantes.... quod nunquam a d. arresto.... relaxaretur, quousque eorumdem voluntati.... juxta ordinationem certorum jurisperitorum per ipsos fratres eligendorum, acquiesceret. Quapropter idem d. comes eosdem dominos Montislauri et de Rupe, ut idem dominus de Rupe ibidem asseruit, instanter requisierat et rogaverat quathenus ejus expeditionem a dictis arresto et imprisionamento et ut sue restitueretur libertati, totis eorum viribus, diligenter et ce-

sence de ce même Barthélemy La Vernade, le comte, rendu à la liberté, fit entendre ses protestations, réclamant la nullité des contrats qui lui avaient été imposés par la violence (1). Cependant, comme il se considérait lié par ses serments, il convoqua pour le 24 août, dans l'église de Saint-Sauveur de Crest, tous ses vassaux, ainsi qu'il l'avait formellement promis, afin de leur enjoindre de reconnaître après lui pour comte de Valentinois le seigneur de Saint-Vallier et en prendre l'engagement dès ce jour, sous la foi du serment. L'assemblée se tint, en effet, à la date indiquée, mais tous refusèrent d'obéir à ses injonctions : le seigneur de Clavaison, parlant au nom des feudataires, déclara que tous lui demeureraient fidèle jusqu'à sa mort, mais qu'ils n'avaient pas d'autres serments à prêter ; le juge et le bailli dirent qu'ils se démettraient de leurs charges plutôt que de prendre l'engagement demandé ; enfin les nobles qui ne tenaient pas de fief et les roturiers dirent par l'organe du comte de Montoison que si on voulait insister pour avoir leurs serments, ils en appelaient à qui de droit (2).

Cependant le comte de Valentinois, tout en multipliant ses protestations contre la violence que lui avaient faite ses cousins, songeait aux moyens de les priver à jamais de cet héritage qui avait été le mobile de leur perfide conduite. Mais une question de conscience l'arrêtait : durant sa captivité, il

---

riter procurarent, ipsum a mortis periculo eruendo, per viam tractatus seu accordii et non guerre seu facti, etiam quecunque iidem domini episcopus et de Sancto Valerio fratres, ipsum detinentes, per ipsum d. comitem sibi concedi postularent, concedendo, attento quod ipsi domini episcopus et de Sancto Valerio eidem domino comiti sepissime fuerant comminati quod, quamprimo eis constaret aliquem pro ipso et ejus expeditione contra eosdem guerram inchoare, et viderent aliquem seu aliquos contra ipsos arma portantem, ante dictum castrum de Grana, ipsum dominum comitem projicerent per fenestras seu merletos dicti castri ad terram.....

(1) Archives de l'Isère, B, 3586.
(2) Archives de l'Isère, B, 3586, 3498 et 2989, f° 168-209.

avait prêté serment, sur le corps du Christ, de laisser après lui ses domaines au seigneur de Saint-Vallier, et il se considérait comme lié par un acte aussi solennel. Il s'adressa donc au concile de Constance, réuni alors pour mettre fin au schisme d'Occident, et lui soumit le cas théologique qui l'embarrassait. Par une lettre du 16 avril 1417, le concile donna commission à l'official de Viviers d'instruire l'affaire, et si les faits s'étaient réellement passés comme Louis de Poitiers les avait exposés, de le relever, lui et ses fidéjusseurs, de tous leurs serments (1).

---

(1) Archives de l'Isère, B, 3586. — Le rédacteur de cette pièce donne constamment à Louis de Poitiers la qualité de *clerc*, par suite, sans aucun doute, d'une erreur; il paraît ignorer que celui qui sollicitait la protection du concile était le comte de Valentinois. — Sacro sancta et generalis synodus Constantiensis dilecto ejus filio officiali Vivarien. salutem et Dei omnipotentis benedictionem. Ad audientiam nostram pervenit quod olim dilecti ecclesie filii, Jausserandus Sylvionis, canonicus ecclesie Valent., nobilis vir Ludovicus de Pictavia, dominus loci de Sancto Valerio, Stephanus de Pictavia, Philippus de Redemont, armigeri, Petrus Bernardi et Petrus Ruffi, Vienn. et Valent. ac Dien. diocesium, associatis sibi quibusdam suis in ea parte complicibus, suadente diabolo, dilectum ecclesie filium Ludovicum de Pictavia, clericum dicte Valent. diocesis, in castro de Grana ejusdem Valent. diocesis, in quo idem clericus tunc degebat, et ad quod prefati nobiles armigeri et laici, manu armata, accesserant, in quadam camera incarceraverunt et detinuerunt et detineri fecerunt per plures dies captivatum, nec ipsum a captivitate relaxari voluerunt hujusmodi quousque quamdam transactionem tunc expressam et sibi valde prejudicabilem idem nobilis fecisset, et contra transactionem hujusmodi non veniret juramentum et fidejussoriam cautionem, confectis inde patentibus litteris et instrumentis publicis ac penis adjectis, fuit prestare coactus per vim et metum qui cadere poterant in constantem. Cum igitur juramentum vinculum iniquitatis esse non debeat et ea que in metus causa fiunt carere debeant robore firmitatis, cumque etiam dictus clericus, sicut asserit, potentiam nobilium armigerorum et laicorum predictorum merito perhorescens, eos infra civitates seu dioceses Vien., Valent. et Diensem nequeat convenire secure, discretioni tue per nostra scripta mandamus quatinus, si est ita, prefatum nobilem quoad juramentum ipsum omnino relaxet

L'official de Viviers se mit à l'œuvre; mais les procédures ecclésiastiques sont toujours longues, puis ce qui pouvait encore ralentir le zèle du délégué du concile, le principal coupable était un personnage qu'il fallait ménager et dont les Pères de Constance, dans leur lutte avec la faction de Benoît XIII, avaient alors grand besoin : l'évêque de Valence, Jean de Poitiers, exerçait en effet les fonctions de recteur du Comtat. On avait intérêt à le ménager (1). Aussi la lettre de délégation donnée à l'official, qui relate les noms de tous les auteurs de l'attentat de Grane, omet à dessein celui de notre évêque. Les choses n'allaient donc pas au gré des désirs du comte, qui s'impatientait de ces retards, dont, sans doute, il devait soupçonner la cause. Pour accumuler les obstacles devant les prétentions de ses cousins, il résolut de convoler à de secondes noces; mais avant de mettre à exécution ce projet, il confirma le traité conclu en l'année 1404 avec la France, y ajoutant quelques clauses nouvelles, dans le but d'obliger le monarque à seconder ses projets de vengeance.

Ce fut le 19 juillet 1417 que Louis II de Poitiers régla de nouveau avec le roi et le dauphin, représenté par « messire Guillaume Séguier, sénéchal de Beaucaire », les conditions du transport de ses Etats à la couronne. Le traité comprend trente articles, qui ne sont guère différents de ceux de la pré-

---

et fidejussores ab eodem clerico super hoc datos ab hujusmodi fidejussione absolvat, monitione premissa, per censuram ecclesiasticam, appellatione remota, compellas; super aliis vero auditis hinc inde propositis, quod justum fuerit, appellatione remota, decernas, faciens quod decreveris, per eamdem censuram, firmiter observari. Testes autem qui fuerint nominati, si se gratia, odio vel timore substraxerint, censura simili, appellatione cessante, compellas veritati testimonium perhibere. Datum Constantie, xvi kal. maii, anno a Nativitate Domini millesimo quadringentesimo decimo septimo, apostolica sede vacante.

(1) Il avait été, comme on l'a vu, un des derniers à abandonner Benoît XIII. D'autre part, les Aragonais occupaient encore diverses places dans le Comtat.

cédente convention. Ainsi il fut stipulé que le comte, qui était dans l'intention de se marier, dans le cas où il n'aurait pas d'enfant mâle de ce second mariage, donnait ses Etats au roi, à l'exception de ce qui avait été autrefois réservé, par contrat, à feu Charles de Poitiers, seigneur de Saint-Vallier et à ses descendants ; à l'exception encore de Clérieu et ses dépendances (non comprise la Roche-de-Glun), qui devaient revenir aux Saint-Vallier ; à l'exception toujours de Châteauneuf-de-Mazenc, qu'il voulait laisser à Lancelot de Poitiers, son fils bâtard. Les comtés de Valentinois et de Diois demeureraient unis au dauphiné (1), sans pouvoir jamais en être séparés, et leurs habitants jouiraient de tous les avantages, de tous les privilèges accordés aux Dauphinois. Le roi ferait remettre au comte « dedans la ville de Baix, du diocèse de « Viviers, la somme de 100,000 écus d'or, tels et de telle « valeur où estoient les Estats dud. seigneur, en l'an 1404, « que fut faict autre traicté de transport. » Le comte jouira des comtés, sa vie durant ; mais s'il vient à avoir un enfant mâle, il remboursera la somme donnée et reprendra sa liberté. Il est bien stipulé que le roi s'engage à poursuivre Louis et Jean de Poitiers, les auteurs de l'attentat de Grane, jusqu'à ce que justice soit faite. Le comte était de plus en plus animé contre ses cousins, et dans ce troisième article du traité, où il demande vengeance, il fait peser une grave accusation sur la mémoire de feu Charles de Poitiers : « Louis de Poitiers, « fils et héritier universel dud. m^{re} Charles de Poitiers, oncle « dud. comte, est ressemblant du vice paternel, que son père « au temps jadis conspira de faire mourir dissolument m^{re} « Aymar, jadis comte de Valentinois, dernier possesseur des

---

(1) Les comtés de Valentinois et de Diois devaient suivre les conditions politiques du Dauphiné, mais, non englobés dans cette province, ils conservaient leur autonomie. Voilà pourquoi les dauphins ne s'intituleront pas seulement dauphins de Viennois, mais encore *comtes de Valentinois et de Diois*.

« comtés. » Lancelot est déjà légitimé par le roi. Si le comte se remarie, sa seconde femme jouira, après lui, de tout ce qui avait été attribué à Cécile de Beaufort, soit 600 florins de revenus et le château de Grane, ou bien celui de Sauzet, pour résidence. Le roi prend à sa charge tout ce qui serait dû aux héritiers d'Elips de Beaufort, pour les prétentions qu'avait autrefois celle-ci, et il continuera le procès intenté à ses héritiers.

Viennent ensuite une série de clauses, dont nous ne ferons connaître très sommairement que les principales. Tous les procès que le comte pourrait avoir avec le roi sont réputés finis ; toutes dettes du comte envers le roi, éteintes. Le monarque n'invoquera plus son titre de vicaire impérial, pour accorder des sauvegardes aux sujets du comte ; il n'exercera plus sur ses terres le droit de marque, celui de chevauchée, etc. ; il le protègera contre ses ennemis. Les vassaux du comte, en l'Empire, « ne seront tenus de faire ni prester « les hommages des fiefs qu'ils tiennent desd. comtés, ne « serment de fiance, sinon dans le lieu de Crest, et ceux du « royaume, dedans le lieu de Baix. » Tout ce qui se rattache à la justice est conforme au précédent traité. Le comte pourra racheter « le chastel de Chastel-Boc et le péage de Malpas de « l'Hermite de la Faye (1), à qui led. comte les avait vendus, » sans payer les lods au roi. Enfin, le trentième et dernier article stipule que « les lettres de nobilitation de m^re Jean San-« glier, phisicien dud. comte, seront sans finance. »

Le lendemain du jour où ce nouveau traité fut signé, les plénipotentiaires de Louis II de Poitiers arrêtaient à Thonon, le mariage de ce prince avec Guillemette de Gruyères (2). Cette dame, d'une illustre famille de Savoie, était fille de Raoul de Gruyères, chevalier, et d'Antoinette de Salins, dame de

---

(1) Bibliothèque de Grenoble, U, 926, p. 349-401. — Hermite de la Faye était sénéchal de Beaucaire.

(2) Archives de l'Isère, B, 3586.

Montferrant et de Vaugrenant (1). Amédée VIII, duc de Savoie, cousin de Guillemette, consentit à cette alliance par acte donné à Thonon, le 16 août 1417 (2). Les solennités du mariage eurent lieu peu après à Chambéry.

Un nuage restait à l'horizon et troublait à certains moments l'âme à demi-chrétienne du comte de Valentinois. L'official de Viviers, chargé par le concile de Constance d'étudier l'affaire du fameux serment prêté à Grane, n'avait rien décidé. On lui substitua le cardinal Othon Colonna ; mais les occupations nombreuses de ce prince ne lui permirent pas de terminer le procès délicat ; il fit nommer à sa place, comme délégué du concile, l'archevêque de Narbonne, François de Conzié, qui avait autrefois travaillé à mettre d'accord Louis II de Poitiers avec ses cousins (3). Mieux que personne, cet illustre prélat connaissait le fond de leur querelle de famille. Les choses en étaient à ce point, lorsque le 11 novembre 1417, le concile de Constance appela sur la chaire de saint Pierre le cardinal Colonna, qui prit le nom de Martin V. De même qu'il s'était adressé précédemment au concile, Louis II de Poitiers présenta au nouveau pape une requête, pour lui demander justice contre l'évêque de Valence et le prier d'annuler le serment prêté à Grane durant sa captivité.

Cette requête est du plus haut intérêt. Le comte se plaint amèrement de la conduite de l'évêque de Valence, en particulier, qui n'a jamais payé, dit-il, ses bienfaits que par la plus noire ingratitude. Quand ses cousins vinrent à Grane, il ne pouvait soupçonner que ce fût pour l'arrêter : par une tran-

---

(1) Raoul de Gruyères était mort à l'époque de ce mariage. Il avait laissé quatre enfants : Catherine, entrée dans la maison de Vergy ; Guillemette, seconde femme de Louis II de Poitiers ; Jeanne, mariée en 1413 à Humbert de Grolée, seigneur de Bressieux, et Antoine, comte de Gruyères.

(2) Archives de l'Isère, B, 3586.

(3) Ces détails sont connus par la bulle dont nous allons donner le texte.

saction précédemment conclue, tout différend entre eux paraissait terminé. Il donnait à ses cousins de fréquents témoignages de confiance et d'amitié ; il se persuadait qu'ils seraient pour lui un appui, un bâton de vieillesse. En particulier, tout soupçon devait être éloigné de l'évêque, qui n'avait été élevé à la dignité épiscopale que par les instantes supplications du comte auprès de Clément VII. Jean de Poitiers était alors recteur du Comtat, charge qui l'obligeait à rendre justice aux vassaux de l'Eglise ; il était évêque de Valence et comme tel obligé de donner à ses diocésains l'exemple d'une vie pure et même son sang pour le salut de leurs âmes. Il lui en coûte de rappeler les détails du guet-apens dont il a été victime, mais la justice, qu'il vient réclamer auprès du pontife romain, l'oblige à revenir sur des faits qu'il faudrait ensevelir dans un éternel oubli. Après ce préambule, le comte expose tout au long la série des événements que connaît le lecteur et insiste spécialement sur ce qui est de nature à montrer l'évêque sous d'odieuses couleurs (1).

---

(1) Archives de l'Isère, B, 3498. Sanctissime pater, pro parte devoti filii et vassali vestri Ludovici de Pictavia, comitis Val. et Dien., gravi cum querela exponitur..... Ipsi fratres sub colore amicabilis introitus ipsum comitem, more solito, in castro suo de Grana, Valent. diocesis, repertum inhermem, tanquam de nemine diffidentem, quinymo in ipsis fratribus et eorum quolibet, tanquam in illis quos credebat indubie baculum sue senectutis existere, singulari confidentia, presertim in episcopo predicto, in quo fiduciam gerebat singularissimam, tum quia ad precamina ipsius comitis extitit per felicis recordationis d. Clementem VII creatus in presulem Valent., tum quia rector comitatus Venayssini pro tunc erat, a quo sola ista ratione debebat ab opinione violentie ipsum comitem defendi, cum sit vassalus ecclesie romane, tum quia ejus prelatus erat pro quo animam suam ponere......— ... cum terrifico armorum impetu captivarunt et more hostili XVII diebus et totidem noctibus continuis ferociter captum detinuerunt sub carcerali custodia, sibi graviter comminando quod donec cuidam dictate per eosdem fratres transactioni super transportu et successione dictorum comitatuum ad eorum libitum acquiesceret, eorum manus non evaderet incolumis, et multa alia contumaliosa eidem comiti dixerunt dicique fecerunt per suos in

Le souverain pontife avait alors de trop grandes difficultés pour s'en créer de nouvelles en sévissant avec rigueur contre l'évêque de Valence : il ne pouvait alors se passer des services d'un prélat qui était universellement reconnu pour un guerrier habile et un fin diplomate. Il se garda bien de se le rendre hostile ; peu après son élection, le 11 janvier 1418, il lui renouvela tous ses pouvoirs de recteur du Comtat, et dans la bulle qu'il lui adressa pour ce sujet, il le combla d'éloges, louant la sagesse, la probité dont il avait donné des preuves nombreuses et éclatantes dans l'exercice de sa charge (1). Mais d'autre part, comme il fallait aussi ménager

---

hac parte complices, que magis optari deberent sola mente concipi quam ulteriori verborum congerie reserari. Ut tamen veritas tunc inique gestorum ecclesie romane inotescat, opus est eam magis specifice declarare, prout factum processisse dignoscatur, quod est tale. Anno Domini currente M°. CCCC°. XVI°, in exordio dicti mensis augusti, ad ipsum comitem tunc in dicto suo castro de Grana pacifice cum sua familia residentem, solito more, multum amicabili..... — C'est dans ce document, dont le style est assez remarquable, que se trouve la réponse faite par Jean de Poitiers au comte de Valentinois, lorsque celui-ci, persuadé qu'on voulait le mettre à mort, demandait au moins qu'on lui permît de se confesser : « Dyabolus vos occidere possit, non ego ! Dyabolus possit vos confeteri ! Habeatis bonam contritionem et sufficit ! »

(1) Archives du Vatican. Registres de Martin V. Officiorum, t. Ier, f° 29-30. (Communication de M. l'abbé Félix Vernet). Après avoir constaté que les partisans de Pierre de Lune occupent encore diverses places du Comtat et que dans ces circonstances il faut mettre à la tête de cette partie des domaines de l'Eglise, un homme expérimenté, le pape poursuit en ces termes : Intensis itaque desideriis cupientes ut comitatus ipse ac partes hujusmodi ic degentes in eis, justi, providi ac salutaris Rectoris regimine gubernentur, ad personam tuam, spiritualium et temporalium experiencie dotibus illustratam, ac in magnis expertem et in arduis eximia probitate et fidelitate probatam, ac opere potentem pariter et sermone, et quum fide digna relatione didicimus curam, regimen et gubernationem et administrationem comitatus Venayssini et partium predictarum hactenus, ex deputatione per bone memorie Petrum, olim tituli Sancte Suzanne presbyterum cardinalem, ac in civi-

le comte de Valentinois, un des grands vassaux de l'Eglise, il résolut de lui donner satisfaction. Le 23 avril 1418, il prescrivit à l'archevêque de Narbonne d'étudier soigneusement cette affaire et de la terminer (1); mais celui-ci reconnut qu'il était impossible d'aller plus loin. Le pape, après avoir mûrement pesé toutes les circonstances qui avaient accompagné la prestation du serment, rendit de son autorité souveraine et de son propre mouvement, *motu proprio,* un jugement définitif qui en déclarait la nullité. La bulle qui notifiait au comte cet arrêt depuis si longtemps désiré, fut expédiée de Turin, le 26 septembre 1418. Cette pièce relate encore les principaux détails de l'arrestation du comte. A cause de son importance et des conséquences qu'elle aura, nous en insérerons ici le texte :

Martinus episcopus servus servorum Dei, dilecto filio, nobili viro Ludovico de Pictavia, comiti Valent. et Dien., salutem et apostolicam benedictionem.

Ad Christi vicarii, presidentis in apostolice dignitatis specula, circumspectionem pertinet sic fidelium quorumlibet, presertim Romane Ecclesie devotorum, qualitates attendere sicque illorum invigilare profectibus, ut omnis ab eis dispendii jurgiorumque auferatur materia ac ipsorum commoditatibus ubilibet consulatur. Dudum siquidem, pro parte tua, generali Constancienci synodo, antequam divina favente clementia ad apicem summi apostolatus assumeremur, exposito quod venerabilis frater noster Johannes, Valent et Dien. episcopus, et dilectus filius, nobilis vir Ludovicus de Pictavia, dominus loci de Sancto Valerio, Vien. diocesis, fratres, qui

---

tate nostra Avinionensi et comitatu et partibus supradictis, pro Baldassari, olim Johanne papa XXIII, sic in sua obedientia nuncupato, et prefata ecclesia, in temporalibus, vicarium generalem, sicut ex relatione fide digna didicimus, hactenus de te facta, laudabiliter prefuisti, direximus oculos nostre mentis, tenentes indubie quod in tuis votis sedare fluctuantes turbines, justicie terminos colere, humiliare subjectos rebelles........ Datum Constancie, iii idib. januarii, pontificatus nostri anno primo.

(1) Bibliothèque de Montélimar. *Précis historique des comtés de Valentinois...* MS cité, Preuves, n° 26.

tui consanguinei existunt, pluribus eorum complicibus armatis sibi associatis, ad castrum de Grana, Valent. diocesis, ad te pertinens et in quo tunc residebas, accedentes, te nullam alicujus sinistri contra te suspicionem de ipsis fratribus habentem, nullaque diffidatione precedente, ceperant et in quadam camera, sub firma custodia, detinuerant invitum, et finilater tibi suggestum fuerat quod a captivitate hujusmodi nullatenus liberareris, nisi prius celebrares et faceres unacum eisdem fratribus quamdam transactionem in effectu, inter cetera continentem quod, te vita functo, ipsi fratres aut alter ipsorum in Valent. et Dien. comitatibus et aliis terris tuis tibi, hereditario nomine, succedere debuerent aut deberet, et ad ipsam transactionem fiendam et firmandam fidejussoriam cautelam prestares, et quedam alia in transactione expressa faceres, tuque dictam transactionem, proprio tuo juramento, super sacram eucharistiam, dictis fratribus facere et jurare vallaveras, cupiens manus predictorum fratrum evadere libertatique pristine restitui, videns mortis periculum tibi imminere, propter metum qui cadere poterat in constantem. Pro dicta transactione fienda et vallanda certos nobiles illarum partium, tuos consanguineos et amicos, dictis fratribus, pro fidejussoria cautela, dederas, gerens tamen in animo quod, te ab eodem carcere liberato, dictam transactionem, via juris, rescindi quomodolibet procurares, quam cito tute et commode fieri posset, quibusdam juramentis et fidejussoria cautela per te metu predicto prestitis, ut prefertur, tuque adhuc a prefata carcerali custodia non relaxatus, in presidentia cujusdam presidentis, seculari judicio, solemniter protestatus fueras quod d. juramentum prestiteras terrore carceris et metu mortis, ut prefertur, quodque ipsam transactionem facere intendebas fecerasque postea duntaxat propter persone tue liberationem a detentione predicta, a te de facto extortam, et quod dictam transactionem et omnia inde subsequenda, necnon ea que promissurus et juraturus eras in ea parte dum plenaria libertate gauderes, quantum esset in te, intendebas revocare seu revocari et anulari procurare, via juris; ac successive dicti fidejussores, antequam predictam fidejussionem facerent, coram quodam alio presidente, etiam seculari judicio, in eisdem etiam partibus, solemniter protestati fuerant quod ipsi solum fidejubere intendebant, pro te, ad hoc ut te a dicta carcerali custodia, propter hujusmodi mortis periculum, tibi alias verisimiliter imminens, ut prefertur, eriperent, ad quod tenebantur, ut dicebant, tanquam tui consanguinei et amici, cum ad id aliam viam, pro tunc, utiliorem non viderent, per quam manus ipsorum, qui te tunc captivum detinebant, evadere posses, et deinde, pro liberatione ipsorum fidejussorum, ut predicitur, datorum, ipsam transactionem feceras et medio juramento firmaveras, cum quibusdam promissionibus et obligationibus, tunc expressis per te, predictis fratribus feceras, prout de premissis constare dicebatur publicis instrumentis, et pro parte tua hujusmodi Synodo humiliter supplicata, ut tibi ad effectum agendi et jus tuum prosequendi, in ea parte, contra ipsos fratres et complices, juramentum et fidejussorias cautelas hujusmodi relaxare et alias tibi in premissis oportune providere dignaretur : ipsa Synodus, attendens quod ea que in metus causa fiunt carere debeant robore firmitatis, officiali Vivariensi, ejus proprio nomine non expresso, suis dedit litteris in mandatis quatinus, si vocatis dictis episcopo et domino et aliis qui forent evocandi, ita esse inveniret, juramentum necnon fidejussorias cautelas hujusmodi, tibi omnino relaxaret, ad ipsum effectum agendi, ut prefertur, prout de jure foret faciendum, sicuti in ipsis litteris plenius continetur. Postmodum vero Synodus ipsa causam, quam tu dictis episcopo et domino, premissorum occasione, movere intendebas, nobis, tunc in minori officio fungentibus, primo et subsequenter, postquam per nos in causa hujusmodi ad nonnullos actus inter te et dictos episcopum et dominum processum fuerat, sicut didicimus, ex certis causis venerabili fratri nostro Francisco, archiepiscopo Narbonensi, camerario nostro, etiam tunc in civitate nostra Avinionensi residenti, audiendam commisit et fine debito terminandam : qui quidem archiepiscopus etiam in ea ad nonnullos actus inter te et dictos episcopum et dominum dicitur processisse, et per nos intellecto quod licet officialis, ut ad effectum eundem juramentum et cautelas relaxaret hujusmodi in mandatis habuerit, ut prefertur, quia tamen ad relaxationem ipsam hactenus non est processum, ac dictus archiepiscopus in vim sibi, ut premittitur, facte commissionis ejusdem, ad similem effectum, predicta juramentum et cautelas relaxare valeat ab aliquibus hesitatur, Nos tuis super his pro hujusmodi potissime consternendis vi ac metu, statui et indemnitatibus oportune consulere volentes, statum quoque cause habentes, presentibus pro expresso, motu proprio, non ad tuam vel alterius pro te nobis super hoc oblate petitionis instantiam, sed de nostra mera liberalitate, tibi juramentum et cautelas hujusmodi, ad eundem agendi effectum, relaxamus omnino per presentes, non obstantibus premissis ac constitutionibus apostolicis ceterisque contrariis quibuscunque. Datum Taurini, vi kal. octobris, pontificatus nostri anno primo (1).

---

(1) Archives de l'Isère, B, 3586.

Comme on le voit, le pape s'abstient de juger la conduite de l'évêque de Valence; il ne fait que relever le comte de ses serments et lui rend la liberté de poursuivre, par les voies juridiques qu'il jugera convenables, ceux qui s'étaient rendus coupables envers lui d'un si noir attentat.

Tout entier à ses projets de vengeance, Louis II de Poitiers traînait depuis deux ans une existence malheureuse. Sa santé, ébranlée déjà par des excès de débauche, éprouva le contre-coup des événements et alla de jour en jour en déclinant. Il avait cru trouver dans un second mariage un remède à ses maux et comme un regain de vie : ce fut peut-être ce qui le conduisit au tombeau. Le séjour de Grane lui était devenu odieux ; ce nom retentissait douloureusement à son oreille et renouvelait son chagrin. Malade, il se fit transporter à Baix, en Vivarais, sur les bords du Rhône. Il comprit que sa fin était proche, et voulut, d'un même coup, par un testament solennel, enlever à ses cousins tout espoir d'obtenir un jour son héritage, et associer, par l'intérêt, à ses désirs de vengeance, le roi de France, le duc de Savoie et le pape. Ce testament, reçu par les notaires Pierre Ferrand et Bertrand Rabot, est daté du 22 juin 1419 ; il se compose d'un grand nombre d'articles, dont nous donnerons un rapide résumé.

Louis de Poitiers (1) recommande son âme à Dieu, à la Vierge et aux saints, et veut que son corps repose dans l'église des Cordeliers de Crest, dans la chapelle qu'il y a élevée en l'honneur de la Bienheureuse Vierge Marie. La bière, qui renfermera son corps, sera recouverte d'un drap noir et portée par douze pauvres, hommes de sa terre, habillés de noir. Douze autres pauvres, habillés également de noir, porteront

---

(1) In nomine Domini nostri Jesu Christi. Amen. Anno incarnationis ejusdem Domini millesimo quatercentesimo decimo nono, indictione duodecima cum eodem anno sumpta, et die jovis vicessima secunda mensis jugnii..., Nos, Ludovicus de Pictavia, comes Valentinensis et Dyensis, sanus mente et intellectu..., licet aliquali egritudine corporali aliquantulum detentus...

chacun une torche ardente de cire, du poids de deux livres. A chacun de ces vingt-quatre pauvres, on fera l'aumône d'un florin, monnaie courante ; on leur fera don du vêtement noir, qu'on leur aura mis pour la circonstance. On invitera à ses funérailles autant de prêtres et de religieux qu'on pourra en trouver ; ils prieront pour le soulagement de son âme et de celles de ses parents : à chaque prêtre, on donnera 4 gros ; à chaque clerc, un gros (1).

Il lègue au gardien des Frères Mineurs de Crest 2 florins, et à chaque religieux de ce couvent, qui sera présent à ses obsèques, 1 florin. Il donne et lègue pour marier de pauvres filles de sa terre une somme de 500 florins, qui sera distribuée comme l'entendront ses exécuteurs testamentaires. Aux couvents des Cordeliers d'Avignon, d'Orange, de Valence, de Romans, de Vienne, de Die, d'Aubenas, de Valréas et de Montélimar ; aux couvents des Dominicains d'Avignon, d'Orange, de Valence, de Die et d'Aubenas ; aux couvents des Carmes d'Annonay, de Tournon et de Chomérac ; aux Augustins de Lavoulte ; aux Ermites d'Aubenas ; à l'abbaye de Léoncel ; au prieuré de Saint-Marcel-lès-Sauzet : à chacune de ces maisons, il lègue 5 florins, à la condition qu'on y fera un repas funèbre *(pro una pitancia)* et que ce jour-là tous les prêtres de ces maisons célébreront la messe à son intention, et tous les autres religieux prieront pour lui. Il lègue à l'abbaye de Cruas et à celle de Saou 10 florins, pour quatre messes à célébrer dans chacune de ces abbayes, l'année de sa mort.

Il donne et lègue au couvent des Cordeliers de Crest une

---

(1) Le comte défend que le jour de ses funérailles, la noblesse fasse certains jeux funèbres, en usage, paraît-il, dans ces circonstances. C'est, du moins, ce que nous croyons comprendre dans les lignes suivantes : « Et nolumus, ymo expresse prohibemus quod aliqua carolla sive capictullum fiat nobis seu corpori nostro, nec aliqui equi armati vel alia talis et consimilis solempnitas in nostra predicta sepultura offerentur neque fiant. »

rente annuelle de 10 florins à prendre sur le péage de cette ville, pour deux pitances à perpétuité, à servir aux religieux de ce couvent, la première le jour où son corps aura été mis au tombeau, la seconde le trentième jour après : ce jour-là, tous les religieux prêtres célébreront la messe pour lui et ses parents ; les autres religieux prieront à la même intention. Il enjoint à ses exécuteurs testamentaires de faire terminer, à ses frais, la voûte du chœur de l'église de ces mêmes religieux. Il donne 10 florins à chacun des hôpitaux d'Etoile, de Grane, de Baix au royaume, du Pont-Saint-Esprit, de Saint-Antoine de Viennois, de Privas et de Chalençon ; 20 florins en particulier à l'hôpital *de castro vocato Helemosina*. Outre ces legs pieux, il donne 2,000 florins qui seront distribués à de pauvres filles à marier ou pour des messes. Il renonce à tout ce que ses sujets pourraient lui devoir, à raison des lods ou investitures, droits d'aubaine, etc. Il veut que toutes les dettes et tous les legs de ses prédécesseurs soient payés, comme les siens ; on fera une proclamation pour inviter tous ceux à qui il aurait pu causer du dommage à présenter leurs requêtes, et ses exécuteurs testamentaires seront obligés de s'en rapporter à leurs déclarations confirmées par un serment. Il recommande en particulier qu'on répare les torts qu'il a autrefois occasionnés aux habitants de la Garde, qui avaient été dépouillés de leurs biens.

Il confirme le douaire assigné à sa femme Guillemette de Gruyères en contrat de mariage, reçu par Bertrand Rabot et par Jean Robert, notaire du duc de Savoie : il lui donne, en outre, le château de Grane pour sa résidence, y compris les revenus du lieu et ceux de Chabrillan, de quelque nature qu'ils soient ; il lui donne toutes les provisions et tous les animaux domestiques qui s'y trouveront à l'époque de sa mort ; quant aux meubles, joyaux, etc., il en sera fait un inventaire, afin qu'ils reviennent, après le décès de sa femme, à son héritier universel. Si Guillemette préfère habiter Sauzet, elle aura ce dernier château, avec ses revenus et ceux du comte à Montélimar. Elle pourra ainsi choisir l'une ou l'autre de ces résidences, mais cette faveur ne lui est accordée qu'à la condition de ne pas convoler à de secondes noces.

Il donne et lègue à Lancelot, son fils bâtard, Châteauneuf-de-Mazenc, avec toutes ses dépendances et ses droits féodaux. Il lui donne encore les créances qu'il peut avoir sur Guillaume de Vesc, seigneur d'Espeluche, sur Pierre Roux, de Crest, et sur Raymond de la Chau (de Calma), ce dernier ayant été condamné envers lui à diverses amendes pour fait de rébellion. Il lui enjoint de ne jamais transiger avec les Saint-Vallier au sujet des violences et des injures que ceux-ci lui avaient faites.

A chacune de ses filles naturelles, Marguerite, Guillette et Marie, il donne 1,000 florins, qui leur seront payés le jour de leur mariage ; plus 100 florins à chacune pour leurs robes de noce. Si Marie, la plus jeune, veut entrer en religion, on lui donnera 1,100 florins.

Il lègue à Antoine de Clermont, seigneur de Montoison (1), son cousin, les châteaux et terre de Montmeyran et de Vaulnaveys, excepté le péage de Vaulnaveys qui se perçoit à Crest, à la condition de payer aux héritiers de feu Pierre Aynard, seigneur de Gières, 2,000 florins auxquels il pourrait être condamné en justice, ayant autrefois hypothéqué cette somme en faveur dudit Pierre Aynard sur le fief de Montmeyran. Il renouvelle au même Antoine de Clermont l'abandon qu'il lui avait déjà fait du domaine d'Aiguebonne.

---

(1) Antoine de Clermont, seigneur de Montoison, était fils de Geoffroy baron de Clermont, vicomte de Clermont en Trièves, et d'Isabelle, dame de Montoison ; il était petit-fils d'Aynard de Clermont et d'Agathe de Poitiers, fille du comte Aymar V et de Sibille de Baux (voir plus haut, p. 319. Anselme, t. II, p. 192, et t. VIII, p. 910). Antoine de Clermont épousa Jeanne de Claveyson, dont il eut une fille, Marie de Clermont, dame de Montoison, morte sans enfant d'Humbert de Seyssel, seigneur d'Aix. Il testa au château de Clermont en Viennois le 8 août 1434, instituant héritier Claude de Clermont, son neveu, tige des Clermont-Montoison (Anselme, t. VIII, pp. 919-921).

Il laisse 4,000 florins aux personnes de sa maison : nobles Dalmas de Flandènes, Eynard Cornillan, Claude Chaber, Antoine de la Motte, Colinet Endeyne, Péronnet Sablier, et Michel du Pré, Pierre Ferrand et Bertrand Rabot, ses secrétaires. A chacun de ses palefreniers, il lègue 100 florins, et à Annequin, son piqueur *(venatori suo)*, ses chiens et 50 flor.

Toutes les dettes que pourraient avoir contractées envers lui ses sujets et ses officiers, il les leur remet ; il veut en outre que tous les prisonniers, retenus dans ses cachots, soient, le jour de sa mort, remis en liberté.

Il ratifie et confirme toutes les libertés, tous les privilèges, accordés par lui ou ses prédécesseurs aux habitants des villes et villages de ses Etats ; il veut que personne à l'avenir ne puisse les leur enlever, et prescrit à ses successeurs de s'y engager par serment.

Le seigneur de Montoison et Lancelot devront, aussitôt après sa mort, occuper toutes les places de ses Etats jusqu'à ce que son héritier universel ait satisfait aux obligations que le testament lui impose. Tous les baillis, capitaines ou châtelains devront leur obéir et ne faire aucune difficulté de leur remettre les places qu'ils détiennent.

Si, à l'époque de sa mort, il laisse une ou plusieurs filles légitimes ; s'il lui arrive d'en avoir de posthumes, il donne pour tout héritage, à chacune d'elles, 10,000 florins.

Il établit héritier universel de tous ses biens le fils aîné qu'il pourrait avoir à son décès, lui substituant les autres dans leur ordre de naissance. A ses fils cadets, il laisse un revenu annuel de 1,000 florins d'or.

Pour le cas où il ne laisserait aucun fils légitime, il institue héritier universel Charles, dauphin de Viennois, fils du roi Charles VI, à la condition de ne prendre possession qu'après avoir compté à ses exécuteurs testamentaires 50,000 écus d'or, qui devront être employés d'après les clauses de son testament, et de poursuivre le procès commencé par lui contre l'évêque de Valence et le seigneur de Saint-Vallier, jusqu'à sentence définitive. Les comtés demeureront perpétuellement unis au Dauphiné. Si le dauphin ne veut observer ces conditions et ces réserves, il lui substitue Amédée, duc de Savoie, et si ce dernier n'est pas mieux disposé à remplir ses intentions, il constitue héritière universelle de tous ses biens la sainte Eglise romaine (1).

---

(1) Et si ita sit et casus occurat nos nullos habere, tempore mortis nostre, liberos masculos, legitimos naturales, ex nobis et de legitimo matrimonio susceptos, item nec dictam consortem nostram fore gravidam seu pregnantem, dicto mortis nostre tempore, in hoc casu eveniente et occurente, heredem nostrum universalem facimus... in dictis nostris bonis immobilibus, terris, castris, tam in imperio quam in regno Francie..., hominibus, homagiis..., serenissimum principem et dominum nostrum d. Carolum, dalphinum Viennensem, filium illustrissimi d. n. d. Caroli, Francorum regis, cum et sub tamen adjectionibus, conditionibus et retentionibus, videlicet quod incontinenti post nostrum decessum, dictus d. Dalphinus, heres noster, antequam se ingerat de dictis terris..., expediat ac solvi... faciat, realiter et effective, executoribus nostris infrascriptis quinquagenta millia scutorum auri, de quibus necnon de bonis nostris aliis mobilibus infra declaratis d. d. executores... solvere habeant... omnia debita nostra legataque per nos superius facta, clamores et forefacta nostra et nostrorum predecessorum, in quibus causam habemus et habuimus, et quod causam per nos inchoatam contra episcopum Valent. et Dyen. ac d. Ludovicum de Pictavia, ejus fratrem, adversarios nostros, prosequi et fini debite deduci faciat juridice. Et ulterius quod dicte terre et comitatus sint semper conjuncte et unite patrie Dalphinatus, et nunquam de eis divisio fiat a dicto Dalphinatu, nec in alic em seu aliquos transferre queat in solidum vel in partem, juxta formam, mentem ac tenorem tractatus ultimo tractati per nos super transportu dictarum terrarum nostrarum et comitatuum cum d. Guillelmo Sanheti, senescallo Bellicadri et Alberto Fabri, thesaurario dalphinali, commissariis a d. n. dalphino super hoc deput is, quem tractatum volumus sortiri effectum, ipso casu, mediante tamen solucione facienda de dictis quinquagenta millibus scutorum auri dictis executoribus.

Si vero d. d. n. Dalphinus... hujusmodi conditiones... observare renuerit et etiam recusaverit actendere contenta in eis, in hoc casu, heredem nostrum facimus universalem... serenissimum principem et dom. n. carissimum d. Amedeum, ducem Sabaudie, ipsum ore nostro proprio

Enfin il nomme ses exécuteurs testamentaires le camérier de Sa sainteté, l'évêque de Viviers, l'abbé de Cruas, Antoine de Clermont et Dalmace de Flandènes. Pour exécuter ses intentions, ils devront être au moins trois, et parmi ces trois, il faudra qu'il y ait toujours le seigneur de Clermont et Dalmace de Flandènes.

Comme nous l'avons déjà dit, le testament de Louis II de Poitiers fut rédigé à Baix-sur-Rhône, un jeudi, 22 juin 1419, par les notaires Pierre Ferrand et Bertrand Rabot, en présence d'Antoine de Clermont, de Dalmace de Flandènes, d'Antoine de la Motte, de Claude Chabert, de Colinet Endeyne, d'Eynard Cornilhan, écuyers du comte, de nobles Hugues de Pierregourde et de Guillaume de Vesc, seigneur d'Espeluche, de Mathieu Gervais, du diocèse du Puy, licencié ès-lois, et de maître Jean Sanglier, d'Aubenas, diocèse de Viviers, licencié en médecine (1).

---

nominando, dumtaxat idem d. dux adimpleat... conditiones..., videlicet quod solvat .. d. nostris executoribus..., antequam se ingerat de dictis terris..., quinquagenta millia scuta auri, et hujusmodi causam inchoatam per nos cum d. nostris adversariis prosequi faciat et deduci ad executionis effectum, et alia contenta in nostro presenti testamento faciat et observat.

Et in casu quo d. d. de Sabaudia, si et quandocunque horum terræ et comitatus nostri vigore institutionis per nos super facte et ex causis et modo supra contentis pervenire, pertinere et devolvere debeant, et etiam spectare, dictas conditiones... adimplere recusaverit aut alias renuerit, videlicet quod dicta quinquagenta millia scuta auri non tradiderit... nostris executoribus... ac dictam causam prosequi et fine debito terminari... non fecerit, in hoc casu facimus... heredem nostrum universalem... sacrosanctam Romanam Ecclesiam, ipsam ore nostro proprio nominando, que adimpiere debeat predictas conditiones... et ad hoc faciendum ipsam oneramus et adstringimus.

(1) Il existe plusieurs copies de ce testament. Nous nous sommes servi de celle qui est dans les archives du château de Châteaudouble. M. du Bourg a bien voulu autoriser M. l'abbé Magnat, curé de la paroisse, à en faire une transcription, que notre confrère, paléographe habile, s'est empressé de nous communiquer.

Tels sont les grandes lignes de ce testament fameux, dont une des clauses, celle qui prescrit de continuer les poursuites commencées contre l'évêque de Valence et le seigneur de Saint-Vallier, va soulever un nouveau procès qui durera plus de quatre-vingts ans, mettra en jeu tous les ressorts de la diplomatie et tentera de se vider sur les champs de bataille : nous verrons successivement les Poitiers-Saint-Vallier, le duc de Savoie et le pape disputer à la France l'héritage du comte de Valentinois.

Ce pauvre comte, détesté de ses sujets qu'il ne savait que pressurer d'impôts, mourut peu de jours après avoir fait son testament, le 4 juillet 1419. Le lendemain, sa dépouille mortelle fut portée dans l'église des Cordeliers de Crest (1), où reposaient plusieurs de ses ancêtres.

Louis II, dernier comte de Valentinois et de Diois de la maison de Poitiers, avait, comme on l'a vu, épousé en premières noces Cécile de Beaufort, dont il eut :

1º Louise de Poitiers, promise par traité du 3 novembre 1381 à Humbert de Villars VIIIᵉ du nom, seigneur de Roussillon, d'Annonay et de Montdidier, puis comte de Genève. Le mariage ne fut célébré que le 15 novembre 1389. Elle ne laissa pas d'enfant (2).

2º N. de Poitiers, femme d'Aubert de Trassy, duquel on trouve une quittance de 20,000 francs, donnée à Louis de Poitiers, comte de Valentinois, le 29 novembre 1390 (3).

De son second mariage avec Guillemette de Gruyères, Louis II ne laissa pas d'enfant. Cette dame avait reçu une dot de 7,000 florins d'or ; par testament, en 1473, elle en légua 5,000 à son frère Antoine, comte de Gruyères, et 2,000 à sa sœur Jeanne, épouse d'Humbert de Grolée, seigneur de Bressieux (4).

---

(1) Duchesne, Preuves, p. 69.
(2) Duchesne, Preuves, p. 61.
(3) Anselme, t. II, p. 197.
(4) Guidonis Pape *Consilia singularia*, Lugd. 1533, in-8º, f. viii-x.

Le comte de Valentinois eut un certain nombre d'enfants naturels, comme du reste la plupart des membres de cette maison de Poitiers. Voici ceux de ses bâtards dont les actes font mention :

1º Lancelot de Poitiers, qui eut beaucoup de peine à se maintenir à Châteauneuf-de-Mazenc, dont son père l'avait investi par héritage (1). Nous aurons l'occasion de revenir sur ce personnage.

2º Guiotte de Poitiers, épouse d'Antoine d'Urre, dit Cornilhan, seigneur de la Beaume-Cornillane, écuyer, par contrat du 24 janvier 1414 (2).

3º Catherine de Poitiers, qui avait épousé, avant la mort de son père, Guillaume de Vesc, écuyer, seigneur d'Espeluche (3).

4º, 5º et 6º Marguerite, Guillemette et Marie de Poitiers. On a vu plus haut que le comte leur laissa par testament à chacune 1,000 florins d'or, plus 100 florins pour leurs robes; il autorisait Marie, la plus jeune, à entrer dans un monastère et recommandait qu'on lui donnât toujours 1,100 florins.

---

(1) Cf. notre *Essai hist. sur Die*, t. II, p. 330-1.
(2) Elle était veuve en 1433.
(3) Guillaume de Vesc, fils de Pierre, était seigneur d'Espeluche, de Lalo et de La Touche, et coseigneur de Vesc. Il testa en 1459 et laissa quatre enfants, entre autres Talabard de Vesc, qui accompagna le dauphin Louis en Flandre et lui demeura toujours fidèle.

TABLE ANALYTIQUE

Introduction. Division de cet ouvrage . . . . Pages 1-3

PREMIER MÉMOIRE.

ORIGINE ET FORMATION DES COMTÉS DE VALENTINOIS ET DE DIOIS.
GRANDEUR ET DÉCADENCE DE LA MAISON DE POITIERS.

Introduction. L'ancienne Burgondie. Les patrices de la Viennoise. Les *missi dominici*. Les comtes et les évêques : leur antagonisme. Démembrement de l'empire de Charlemagne. Élection de Boson. Louis l'Aveugle. Invasion sarrasine. Hérédité des charges. Mort de Rodolphe III. Morcellement féodal 4-15

SECTION PREMIÈRE.

LES ANCIENS COMTES DE DIE.

Les comtes de Forcalquier et d'Embrun. Ponce, comte de Die, bienfaiteur du prieuré de Domène. Ses possessions dans le Trièves. Guillaume, comte de Die, usurpateur de biens d'Église. Hugues de Romans, élu évêque de Die. Sa consécration à Rome. Lettre de S. Grégoire VII au comte de Die, 1074 15-23

Urbain II en France. Les croisades. Isoard I*er*, comte de Die, suit en Orient le comte de Toulouse. Rôle des Provençaux durant l'expédition. Le comte de Die à Antioche et au siège de Jérusalem 24-30

Conséquences de ce mouvement vers l'Orient. Josserand, comte de Die, et sa femme Béatrix. Isoard II, comte de Die, leur fils, bienfaiteur de Durbon (1149), 1160. Ses différends avec Hugues II, évêque de Die, au sujet de Luc. Arbitrage du comte de Toulouse, 1159. Bulle d'Alexandre III, 1165. Hommage du comte à l'évêque, 1168 . . . 30-36

Enfants d'Isoard II : Pierre-Isoard, Isoarde, Roais. 1° Pierre-Isoard. La légendaire comtesse de Die. — 2° Isoarde, épouse de Raymond d'Agoult, grand seigneur, présent au sacre de Frédéric Barberousse à Arles, 1178, et bienfaiteur de Durbon. Leurs trois enfants : Raymond d'Agoult, Isoard d'Entrevennes, et Bertrand de Mison, seigneur de Recoubeau. Partage de famille, 1225. Les d'Agoult du Diois 37-46

3° ROAIS, épouse de HUGUES D'AIX. Leurs bienfaits à Durbon, 1176, 1191. Hugues, devenu veuf, prend l'habit religieux à Saint Marcel de Die. Il laisse deux fils : Guigues-Artaud et Guillaume Artaud. . . . 46-50

1° GUIGUES-ARTAUD, mort dès 1205, avait laissé de son épouse, Almonde de Mévouillon, Hugues d'Aix le Jeune et Rostain de Sabran. Almonde, héritière de son fils Hugues, vend à l'évêque de Die Gensac et Barnave, 1227 50-52

2° GUILLAUME-ARTAUD, seigneur d'Aix, au couronnement de Frédéric Barberousse, à Arles, 1178. Il épouse Raimonde d'Aix, fille d'Amalburge de la famille des anciens possesseurs de Châteaudouble et de Crest. Il est pris pour arbitre par les chartreux de Durbon, 1199, 1205. Il est au siège de Crest, 1217. Il hérite de son neveu Hugues d'Aix et fait hommage à l'évêque de Die, 1224, 1239. Il laisse deux fils, tiges des seigneurs de Châtillon et des seigneurs d'Aix 52-61

A. *Branche des seigneurs de Châtillon.*

ISOARD D'AIX, baron de Châtillon. Ses libéralités à Durbon, 1239. Il épouse Dragonette de Montauban et en a deux enfants : Malberjone d'Aix et Raymond de Montauban. Malberjone épouse Raymond Ier de Baux, prince d'Orange. Sa dot : Condorcet, Teyssières, etc. Différend au sujet de ces terres entre Isoard d'Aix et Dragonet de Montauban, neveu de sa femme. Origine de cette affaire. Guerre et traité de 1242 . . 61-69

Les descendants de Dragonet. Isoard fait le partage de ses biens. Il assigne à Malberjone la baronnie d'Aix. Raymond se prétend lésé et guerroye contre son père. Celui-ci le déshérite, 1261 70-75

1° Raymond de Montauban traite avec son beau-frère, le prince d'Orange, 1266, prend part à la croisade de 1270, conclut une ligue avec divers seigneurs en 1280. Ses descendants. Conflit de juridiction entre Raymond de Montauban, seigneur de Montmaur, le dauphin et l'évêque de Gap, 1326. Mabile de Montauban, fille de Raymond et son héritière, épouse Guillaume Artaud, seigneur d'Aix 75-80

2° Malberjone d'Aix, princesse d'Orange, dame de Châtillon, mère de Bertrand IV de Baux. Ses querelles avec son fils. Sentence arbitrale de Raymond d'Agoult, seigneur de Luc, 1294. Charte de libertés aux habitants de Châtillon, 1304. Derniers actes connus de Malberjone, 1305, 1307. Raymond II de Baux, prince d'Orange, vend la baronnie de Châtillon à l'Eglise de Die, 1321 80-89

B. *Branche des seigneurs d'Aix.*

PIERRE-ISOARD, fils de Guillaume Ier Artaud, seigneur d'Aix, etc., fait l'acquisition de Recoubeau, 1241. La maison de l'hôpital à Recoubeau. Créé chevalier par le dauphin, 1247, il est pris pour arbitre par le comte de Valentinois, 1248, et par le dauphin, 1250. Saure de Mévouillon, son épouse; règlement de la dot de cette dame. Il fonde le couvent des frères mineurs de Die. Il laisse huit enfants, et sa veuve se retire à Avignon, où elle teste en 1286 90-99

Guillaume Artaud II, seigneur d'Aix..., épouse Flotte de Sassenage. Règlement de la dot de cette dame. Il échange les droits de sa femme sur Sassenage et Iseron contre ceux du dauphin à Montclar et à Véronne, 1263; fait des acquisitions à St-Nazaire et à Montanègues, 1279, et rend hommage à Aymar de Poitiers pour une moitié d'Aix et diverses terres. Il se met à la solde du dauphin. Il termine un différend avec l'évêque au sujet de Montclar, vend cette localité à Raymond de Mévouillon qui la revend à Aymar de Poitiers, 1298. Il laisse deux fils : 99-109

1° Pierre-Isoard II, seigneur d'Aix, de la Roche-sur-Buis, etc... Ses antécédents. Il sert le baron de Mévouillon contre le prince de Baux, et reçoit de lui Pommerol et La Charce. Son frère lui fait hommage pour Bellegarde, et lui-même se déclare homme-lige du dauphin. Procès de Raymond VI de Mévouillon avec les dominicains : le seigneur d'Aix vient en aide à son parent. Ses différends avec l'évêque. Son testament, 1334. Sa sépulture 109-117

2° Hugues d'Aix, seigneur de Bellegarde, fait chevalier, 1291, prend possession, au nom de l'évêque, de la baronnie de Mévouillon, 1292. Il épouse Alix, fille de Geoffroy de Châteauneuf et de Catherine de Bourdeaux, et laisse deux enfants : Guillaume-Artaud III, qui suit, et Catherine, épouse d'Agoult de Baux 117-119

Guillaume-Artaud III hérite de son oncle Pierre-Isoard, devient seigneur d'Aix, de Bellegarde, de la Motte, etc... Il prend part à la bataille de Varey, 1326, fait hommage à Humbert II, 1335, accompagne ce prince à Paris, 1339, puis à la croisade, 1345. Union du Dauphiné à la couronne. Il fait hommage au roi. Transaction avec l'évêque au sujet des limites de Die et de Molières, 1359. Les routiers. Le seigneur d'Aix représente l'évêque à la conférence de 1363. Il cède ses droits sur Valdrôme en échange de ceux de l'évêque à la Motte, 1373. Son testament, 1374. 119-128

Les descendants de Guillaume Artaud III. Guigues Artaud, seigneur d'Aix, hommage au dauphin, 1376, 1377, 1388. — Guillaume Artaud IV laisse deux fils, dont l'un, Jean Artaud, continue la lignée des seigneurs d'Aix, et ajoute à son nom celui de Montauban, que lui transmet sa mère, dernière héritière de cette maison. Il teste, 1464, laissant Gaspard Artaud-Montauban, seigneur d'Aix, et Balthasard, qui devient à son tour seigneur d'Aix à la mort de son frère et dont le fils Gaspard II fut le dernier seigneur d'Aix de la maison des Artaud 128-133

SECTION SECONDE.

LES ANCIENS COMTES DE VALENCE.

Causes de la pénurie de documents historiques sur le Valentinois du IXe au XIIe siècle. Principaux cartulaires. Comtes de Valence douteux : ODILON donne à St-Chaffre l'église de Savenne, 840 ; — ADALELME, 903. Louis l'Aveugle eut-il un fils nommé Geilin, tige des comtes de Valence ? 133-137

GEILIN, comte de Valence. Ses donations à Saint-Chaffre, 937, 956, 962 137-140

LAMBERT, fils de Gontard et d'Ermengarde, comte de Valence, fonde le monastère de St-Marcel de Félines, 985. . . . . 140-142.

LAMBERT, évêque de Valence, et son compétiteur Humbert d'Albon, 996. ADÉMAR, comte de Valence, frère de l'évêque Lambert. Echange de la terre de Bésayes contre celle de Faramans entre les Eglises de Vienne et de Valence, 997. L'Eglise de St-Victor de Valence cédée à St-Chaffre. GUIGUES, évêque de Valence, 1016. HUMBERT D'ALBON devient évêque de Valence, 1027. Libéralités du comte Adémar envers St-Marcel de Sauzet, 1037. PONCE, évêque de Valence, 1031-1056 . . . 142-146

HUGUES, fils du comte Adémar, a-t-il porté le titre de comte ? Les trois fils de Hugues :

1° ADÉMAR, évêque du Puy. Son rôle à la première croisade . . 146-149

2° GUILLAUME HUGUES, tige des Adhémar, seigneur de Monteil ou Montélimar. D'où son surnom de Hugues et pourquoi le nom d'Adhémar, porté par ses descendants. 149-150

3° LAMBERT FRANÇOIS, seigneur de Peyrins, hérite des biens de sa famille dans le Royans. Il prête main forte à l'archevêque de Vienne Guy de Bourgogne. Sa parenté avec ce prélat. Son voyage en Terre-Sainte. Ses libéralités envers les églises. Les chanoines de Romans lui inféodent Pisançon. Election de Calixte II. Le pape confie à Lambert François une mission en Espagne. 151-158

Les descendants de Lambert François. RAYNAUD et ses deux fils, FRANÇOIS et BERLION. Les biens de cette famille dans le Royans passent par un mariage aux Béranger. Chabert François et les chartreux de Bouvantes. [158-162

Quelques problèmes historiques. GEILIN, comte de Valence, bienfaiteur de St-Chaffre, 1086, et ses fils, GUILLAUME, abbé de St-Chaffre, 1087-1136, et GONTARD, évêque de Valence, 1063-1099. Les origines féodales et le traité de 1067 entre Léger, archevêque de Vienne, et Gontard, évêque de Valence. Formation du domaine temporel de l'Eglise de Valence. [162-167

SECTION TROISIÈME.

LES COMTES DE VALENTINOIS ET DE DIOIS DE LA MAISON DE POITIERS.

Origine des Poitiers. Opinions de Guy Allard, d'Aymar du Rivail, de Chorier, de Dom Vaissette, de Fontanieu. Ce que disent les documents. Le nom de Poitiers porté par une famille des environs de Narbonne. Eustache, évêque et comte de Valence, à Carcassonne, 1118. Silvion de Clérieu épouse Mételine, de la famille des vicomtes de Narbonne. Un *castrum de Pictavis* près de Nyons. Les vicomtes de Nice et leurs descendants en Dauphiné, les Montaynard et les Béranger. Identité des armes des de Baux et des premiers Poitiers 168-181

GUILLAUME Ier 181

II. AYMAR Ier. Chartes de Léoncel et de Bonlieu (?). Eustache, prévôt de Valence. 182-184

III. GUILLAUME II DE POITIERS, comte de Valentinois, reprend en fief de l'évêque de Die Suze et Gigors, 1163. Sa présence à Arles, 1178. Il intervient en faveur des chanoines de Saint-Ruf pour leurs possessions à Montvendre et à Montmeyran. Ses libéralités à Saint-Chaffre et à la Silve-Bénite, 1187. On lui donne pour épouse la célèbre comtesse de Die 185-190

IV. AYMAR II DE POITIERS, comte de Valentinois. Son but politique. Ses libéralités envers les chartreux de Bouvantes, 1187. La charte lapidaire de Crest, 1189. Il établit des péages dans le Diois. Raymond V, comte de St-Gilles, lui cède ses droits sur le Diois, 1189. Son mariage avec Philippa de Fay, et les possessions de cette dame en Vivarais. Ses donations à l'abbaye de Léoncel; aux prieurés de Rompont, de Montmeyran, etc. Ses différends avec Béatrix, comtesse d'Albon; avec l'évêque de Die 190-198

La croisade contre les Albigeois. Le comte de Valentinois est favorable à la cause de Raymond. Il est menacé des armes des croisés, 1213. Philippe Auguste lui reconnaît des droits de péage sur le Rhône, 1209. Frédéric II, à la sollicitation de l'évêque de Die, lui défend de lever des péages dans le Diois, 1214. Transaction entre le comte et Géraud Bastet au sujet des péages du Rhône, 1215. Il reçoit l'hommage du seigneur de Baix. 198-202

Expédition de Simon de Montfort dans le Valentinois. Siège de Crest, 1217. Fin de la croisade. Traité de Paris de 1229 et ses conséquences pour le Valentinois et le Diois. Silvion de Crest cède ses biens à l'Eglise de Valence. 202-206

Démêlés du comte avec Guillaume de Savoie, élu de Valence. Causes de ces différends. Mort de Guillaume de Poitiers, fils du comte ; Aymar, son petit-fils, sous la tutelle de Flotte de Royans et sous la protection de l'évêque. Guerre à cette occasion. Aymon de Faucigny, venu au secours du comte, épouse Flotte de Royans 206-209

Quelques faits secondaires. Acquisition de Châteaudouble, 1221. Libéralités aux églises de Silve-Bénite, de Montmeyran. Les habitants de Saillans affranchis des droits de péage à Quint et à Pontaix, 1226. Donation de Cléon aux hospitaliers, 1228. Le comte fait hommage à l'évêque du Puy. — Raymond VII reprend le Comtat et le marquisat de Provence, 1234. Aymar, fils du comte, déclaré déchu de ses droits par le comte de Toulouse, 1239. — Philippa de Fay et ses démêlés avec son petit-fils. [209-216

V. GUILLAUME DE POITIERS, mort avant son père, a laissé de Flotte de Royans 216

VI. AYMAR III DE POITIERS, comte de Valentinois (1239-1277), ne prend pas tout d'abord le titre de comte, transige avec le seigneur de Crussol, au sujet de certaines possessions à Etoile, a des différends avec Philippe de Savoie, élu de Valence, et expose ses griefs à l'archevêque de Vienne, 1244. Charte lapidaire d'Etoile. Alliance avec les de Baux . 217-224

Attitude d'Aymar dans la querelle du sacerdoce et de l'empire. Le concile de Lyon, 1245. Grave différend avec le dauphin, au sujet de St-Nazaire. Arbitrage de Géraud Bastet, 1250. Règlement pour les péages, 1243. Acquisition de la terre d'Ourches, etc. Conséquences de la mort de Raymond VII 224-230

Le comte acquiert l'hommage du seigneur de Rochefort, 1252. Différend avec l'évêque de Valence, réglé par l'évêque du Puy. Guerre avec l'évêque de Viviers. Lettre au roi S. Louis. Transactions avec le prieur de Charaix, 1261, et les coseigneurs de Châteauneuf-de-Mazenc, 1264. Nouvelles acquisitions de terres, notamment de celle de St-Gervais, ce qui amène un conflit avec les religieux de St-Chaffre, possesseurs du prieuré de Cléon. Clément IV intervient, 1266. 230-234

Philippe de Savoie renonce à l'état ecclésiastique. Le comte réclame la part de l'héritage maternel à Clérieu. Guerre avec le sire de Clérieu qui est fait prisonnier. Le comte échange avec le dauphin ses prétentions sur Clérieu contre tout ce que celui-ci peut prétendre à Crest, Aouste et Divajeu. Robert d'Uzès, élu de Valence. Guy de Montlaur et Guillaume de Monteil se disputent le siège épiscopal de Valence. Guy de Montlaur l'emporte et entre en lutte avec Aymar de Poitiers. Trève, 1269. 234-238

La croisade de 1270. Aymar auprès d'Alphonse de Poitiers ; il fait un premier testament. Mort du comte de Toulouse. Grégoire X reconnaît Guy-

de Montlaur, 1272, et nomme des délégués pour les différends du comte avec St-Chaffre. Le Comtat à l'Eglise romaine. Concile œcuménique de Lyon. Affaire de Crest. Le pape s'en réserve le jugement. Union des Eglises de Valence et de Die, 1276. L'évêque Amédée de Roussillon. Affaire de Crupies. Testament d'Aymar III, 1277. Etendue de ses Etats.
[238-247

VII. Aymar IV de Poitiers, comte de Valentinois. Sa femme Polie de Bourgogne lui apporte la terre de Saint-Vallier. Il prête hommage au dauphin pour Etoile, 1277. Sa guerre avec Amédée de Roussillon : sièges d'Espenel, de Barry et de Pontaix; occupation de Crest, de Bourdeaux, etc. Sentence arbitrale rendue à Romans, sous les auspices du roi, 1278 248-252

Amédée fonde un chapitre à Crest. L'évêque veut soumettre les chanoines de Saint-Médard à Saint-Ruf; résistance des chanoines encouragés par le comte. Les religieux de Sainte-Croix se placent sous la protection du comte. On se prépare à une nouvelle guerre. Ligue contre les Roussillon, 1280. Aymar à Paris; il fait hommage au roi pour le comté de Diois; le roi l'affranchit de tout lien féodal pour ce comté. L'évêque absorbé par les affaires de l'Eglise de Vienne. Sa mort, 1281. 252-258

La prieure d'Aleyrac fait hommage au comte. Le royaume d'Arles et la maison d'Anjou, 1282. Suite des différends de l'Eglise de Valence et du comte. Contestations avec Roger de La Voulte et Louis de Beaujeu. Guerre pour la succession du Dauphiné. Aymar prend le parti d'Humbert de La Tour et se met à sa solde. Humbert l'emporte, 1286 Droit de gîte reconnu au comte à Saillans. Il fait des acquisitions à Quint, à Charpey, à Baix-aux-Montagnes, etc. 258-263

Jean de Genève, évêque de Valence et de Die. Esprit conciliant. Le comte épouse sa sœur Marguerite de Genève. Le concile de Vienne et sa lutte contre les privilèges des religieux, 1289. Les religieux, avec l'appui du comte, en appellent à Rome. Diète impériale à Morat, 1291 . 263-266

Meurtre d'un sujet de l'évêque par le fils du comte. Nouvelles acquisitions de terres. Les Antonins se reconnaissent feudataires du comte pour Ste-Croix. Hommages de l'abbesse de Commiers, d'Arnaud de Rochefort, de Lantelme de Vassieu, etc. Règlement de comptes avec St-Médard. Acquisition de Taulignan, 1295. Droits sur le Chaffal. Aymar fait hommage à la cour romaine, 1296. Il est en butte aux tracasseries des officiers royaux. Le fief de Pont-de-Barret, 1298 266-275

Guillaume de Roussillon fait l'acquisition de Saillans, 1289. Guerre à cette occasion. Arbitrage de l'archevêque de Vienne. L'abbé de Léoncel reconnaît les droits du comte, 1303. Construction de la bastide de Lène. Acquisitions de nouveaux droits à Châteauneuf, Etoile, Montmeyran.
[275-280

Affaire de la bastide de Lène. L'évêque se plaint au pape de ce qu'il donne à Aymar le titre de comte. Il s'intitule à son tour évêque et comte de Valence et de Die. Henri VII écrit à l'évêque pour lui enjoindre de renoncer à ce titre, 1311. Aymar se rapproche de l'empereur et s'éloigne du roi. Son refus d'aller à l'armée de Flandre 280-286

Maladie du comte. Son fils commence à administrer ses affaires. Défauts de ce jeune prince. Jean XXII maintient avec peine la tranquillité dans le Valentinois, 1319. Affaires d'Arnaud de Rochefort. Massacre de deux inquisiteurs à Montélier, 1321. Le fils du comte et Graton de Clérieu, prisonniers du comte de Savoie. Le sire de Clérieu vend une partie de ses terres. Les hostilités éclatent entre l'évêque et le comte au sujet de Crest, 1329. La mort enlève les deux rivaux, 1331. Enfants du comte Aymar IV 285-295

VIII. AYMAR V DE POITIERS, comte de Valentinois et de Diois, traite avec Aymar de La Voulte, évêque de Valence et de Die, 1331 : Crest, ville neutre ; l'évêque donne 20,000 florins au comte, et celui-ci fait hommage au prélat pour toutes ses terres situées en l'empire ; leur dénombrement. Eléonore de Poitiers épouse Bermond d'Anduse 295-300

Règlement avec le dauphin. Arrestation du seigneur de Rochefort. Procès pour la succession de Guichard de Clérieu. Intervention du dauphin. Aymar condamné devant diverses juridictions. Nouveaux différends avec l'évêque. Arbitrage du dauphin, 1338. Testament d'Aymar V. 300-305

Fragments d'un registre des recettes et des dépenses du Valentinois. Monnaies en usage dans le pays : valeur numéraire et valeur relative. Les mesures. Nature des recettes et des dépenses. Détails fournis par ce registre. Total des revenus de quelques châtellenies. Appréciation du revenu total des comtés. 305-314

Enfants d'Aymar V 314-319

IX. LOUIS Ier DE POITIERS, comte de Valentinois et de Die. Ses antécédents. Il reçoit l'hommage de Lambert Adhémar pour un quart de Montélimar, 1340 Etat politique de cette ville. Benoît XII achète une portion du fief. Le comte nommé lieutenant général en Languedoc. Il sert le roi en Bretagne et en reçoit diverses terres. L'abbesse d'Aleyrac lui rend hommage, et le seigneur de Rochefort lui abandonne son château, 1342.
[320-324

Reprise de l'affaire de la succession de Guichard de Clérieu. Le roi, qui négociait alors avec le dauphin la cession du Dauphiné à la France, décide ce prince à renoncer à ses droits sur Clérieu en faveur du comte. Mariage d'Aymar, fils du comte, avec Alix de Beaufort, nièce de Clément VI. L'évêque Pierre de Châlus. Trève imposée par le pape, 1345. Le comte à l'armée de Guyenne. Il est tué à Auberoche. Son testament. Ses enfants. 324-330

X Aymar VI de Poitiers, dit Le Gros, comte de Valentinois et de Diois. Il est dans le Périgord, pendant qu'en Valentinois, menaces de guerre. Il reçoit l'hommage de nombreux vassaux. Le roi cherche à se l'attacher, 1346 330-332

Dernière phase de la lutte des évêques et des comtes, dite *guerre des épiscopaux* (1346-1358). Crest, cause de la rupture. Evénements de décembre 1346 et de janvier 1347. Le pape charge l'abbé de Cluny de négocier une trêve. Mort de cet abbé, février 1347. Reprise des hostilités. Pierre de Châlus cité à comparaître devant le pape. Trêve de six mois imposée. 332-339

Les évêques d'Uzès et de Lisbonne, délégués apostoliques pour juger l'affaire, viennent dans le pays. La guerre recommence. Siège de Crest par les épiscopaux. Bataille d'Upie. Les délégués poursuivent ur enquête et prononcent en faveur de l'évêque. Le comte en appelle au pape, 1347. [339-342

La peste noire. Cession du Dauphiné à la France, 1349. Politique impériale. Le comte se sépare de l'alliance française et accepte le vicariat impérial, 1349. Prorogations successives de trêves. Mort de Pierre de Châlus, 1352. Nouvel évêque et nouveau pape. Efforts pour maintenir la paix. Le roi cherche à gagner le comte 342-347

Aymar veut terminer ses différends avec l'Eglise de Valence par un coup d'audace. Ses troupes occupent Crest. L'évêque, résigné à la paix, souscrit au traité de Lyon, 1356, abandonnant ses droits sur Crest contre les fiefs de Bourdeaux et de Bezaudun, plus une somme d'argent à débattre. Cette dernière clause amène de nouvelles difficultés. Traité définitif à Avignon, 1358 347-353

Faits d'importance secondaire de 1347 à 1358. Aymar à Montpellier en 1359. Mort de Gaucher Adhémar, seigneur de Monteil et de la Garde. Le comte réclame sa succession. Les routiers. Urbain V provoque une ligue. Raoul de Loupy 353-358

L'empereur Charles IV traverse le Valentinois et se fait couronner à Arles, 1364. Aymar à Paris; il obtient des lettres du roi qui le mettent à l'abri des poursuites de ses créanciers. Urbain V l'appelle à la défense du Comtat, menacé par les grandes compagnies, 1368. Le comte poursuivi devant le parlement et accusé de haute trahison dans son gouvernement du Dauphiné. Sa condamnation. Ses démêlés avec Hugues de Châlon. Il est fait prisonnier : cinq mois de captivité. 358-368

Aymar se rend à Avignon. Son testament, 1373. Il se place sous la suzeraineté pontificale, en échange de 30,000 florins et de la parerie de l'Eglise à Montélimar. Dénombrement de ses châteaux. Sa mort. La comtesse Alix de Beaufort. 368-375

XI. Louis II de Poitiers, comte de Valentinois et de Diois. Caractère de ce prince. Deux parties dans sa vie. Il traite, par l'entremise du pape avec Charles de Poitiers, seigneur de St-Vallier, son oncle, des droits que celui-ci prétendait avoir à l'héritage d'Aymar VI, 1374. Il fait hommage au pape, 1375. Il reçoit l'hommage de ses vassaux . . 375-380

Continuation de l'affaire de Montélimar. Le comte fait saisir Ancône et d'autres places, 1375. Intervention du gouverneur du Dauphiné, comme lieutenant du *vicaire impérial*. Guerre. Suite de cette affaire et jugement de 1382. 380-388

Embarras financiers du comte. Dots des princesses de Poitiers. Le comte, à la solde du roi, va guerroyer contre les anglais. Les grandes compagnies. Fortifications de diverses places. Atelier monétaire de Crest. Etats de Romans. Le comte appelé à fournir son contingent. . . . 389-391

Raymond de Turenne. Ses différends avec Louis II. Traité de Mende, 1390 Projet d'expédition contre les *schismatiques*. La croisade détournée de son but. Destruction de l'armée, dont les débris arrivent dans le Valentinois et occupent diverses places, 1391 394-398

Reprise des hostilités par Raymond de Turenne. Le comte cherche un appui auprès du roi et déclare vouloir lui céder ses Etats, 1391. Protestations des Saint-Vallier. Désordres dans la province. Les routiers à Egluy, Pélafol, etc. Raymond les prend à sa solde. Traité de Saint-Remy, 1392. [398-403

Le comte va à Paris pour régler les conditions de la cession de ses Etats. Enquête sur leurs revenus. Il se plaint des officiers du roi en Dauphiné et spécialement du gouverneur. Raymond de Turenne et Boucicaut, son gendre, reprennent les armes. Sièges de Savasse et de Châteauneuf-de-Mazenc par les hommes du pape. Intervention du gouverneur qui se fait remettre la place, 1394. Episode d'Amaury de Séverac : le comte fait prisonnier 403-410

Dettes croissantes de Louis II. Les habitants de Valence et d'autres localités recherchent la sauvegarde delphinale, 1396. Jean de Poitiers, évêque de Valence, excite le comte à rompre avec la France. Le roi fait confisquer les biens de l'évêque et quelques châteaux du comte. . . . 411-418

Détente générale. La France revient à l'obédience de Benoît XIII. L'évêque de Valence se rend à Paris. Traités de Paris de 1404 qui règlent les conditions de l'abandon des prétentions de la maison de St-Vallier sur les comtés, et de la cession de ces mêmes comtés. Promesse de 100,000 écus au comte. 418-427

Le roi impuissant à trouver la somme promise. Les Etats refusent un secours. Le comte en guerre avec les seigneurs de Grolée et d'Entremont.

Affaire de Clansayes. Appel au dauphin. Secours promis par les Etats, 1407. L'évêque recteur du Comtat 127-435

Mort du seigneur de Saint-Vallier Ses fils refusent d'accepter le traité de 1404 et revendiquent leurs droits aux comtés. L'empereur Sigismond traverse le pays et comble de faveurs l'évêque de Valence, 1416. L'archevêque de Narbonne arbitre entre le comte et ses cousins. Guet-apens de Grane. Le comte, prisonnier, jure sur le corps de Christ de ne point déshériter les Saint-Vallier 435-446

Protestations du comte. Il en appelle au concile de Constance et règle de nouveau avec le roi les conditions du transport de ses Etats, 1417. Mariage du comte avec Guillemette de Gruyères. Martin V le relève du serment prêté à Grane 446-458

Testament de Louis II. Sa mort, 1419. Ses enfants. 458-466

Corrigez :

P. 58, ligne 19, *au lieu de* 20 mars, *lisez* 20 mai.

Valence, imprimerie Jules Céas et fils.